经以济世
建德崇基

贺教育部
重大攻关项目

顺利立项

李程林
癸巳春八

教育部哲学社会科学研究重大课题攻关项目

全球新型金融危机与中国的外汇储备战略

NEW GLOBAL FINANCIAL CRISIS AND CHINA'S FOREX RESERVE STRATEGY

陈雨露 等著

经济科学出版社
Economic Science Press

图书在版编目（CIP）数据

全球新型金融危机与中国的外汇储备战略/陈雨露等著.
—北京：经济科学出版社，2014.10
（教育部哲学社会科学研究重大课题攻关项目）
ISBN 978 – 7 – 5141 – 4984 – 5

Ⅰ.①全… Ⅱ.①陈… Ⅲ.①金融危机 – 研究 – 世界
②外汇储备 – 研究 – 中国 Ⅳ.①F831.59②F822.2

中国版本图书馆 CIP 数据核字（2014）第 207524 号

责任编辑：王长廷
责任校对：杨晓莹
责任印制：邱　天

全球新型金融危机与中国的外汇储备战略
陈雨露　等著
经济科学出版社出版、发行　新华书店经销
社址：北京市海淀区阜成路甲 28 号　邮编：100142
总编部电话：010 – 88191217　发行部电话：010 – 88191522
网址：www.esp.com.cn
电子邮件：esp@esp.com.cn
天猫网店：经济科学出版社旗舰店
网址：http://jjkxcbs.tmall.com
北京万友印刷有限公司印装
787×1092　16 开　37 印张　700000 字
2014 年 10 月第 1 版　2014 年 10 月第 1 次印刷
ISBN 978 – 7 – 5141 – 4984 – 5　定价：93.00 元
（图书出现印装问题，本社负责调换。电话：010 – 88191502）
（版权所有　翻印必究）

课题组主要成员

项目首席专家 陈雨露

课题组成员 马勇 李濛 何青 宋科
张成思 张晓朴

编审委员会成员

主　任　孔和平　罗志荣
委　员　郭兆旭　吕　萍　唐俊南　安　远
　　　　　文远怀　张　虹　谢　锐　解　丹
　　　　　刘　茜

总　序

哲学社会科学是人们认识世界、改造世界的重要工具，是推动历史发展和社会进步的重要力量。哲学社会科学的研究能力和成果，是综合国力的重要组成部分，哲学社会科学的发展水平，体现着一个国家和民族的思维能力、精神状态和文明素质。一个民族要屹立于世界民族之林，不能没有哲学社会科学的熏陶和滋养；一个国家要在国际综合国力竞争中赢得优势，不能没有包括哲学社会科学在内的"软实力"的强大和支撑。

近年来，党和国家高度重视哲学社会科学的繁荣发展。江泽民同志多次强调哲学社会科学在建设中国特色社会主义事业中的重要作用，提出哲学社会科学与自然科学"四个同样重要"、"五个高度重视"、"两个不可替代"等重要思想论断。党的十六大以来，以胡锦涛同志为总书记的党中央始终坚持把哲学社会科学放在十分重要的战略位置，就繁荣发展哲学社会科学做出了一系列重大部署，采取了一系列重大举措。2004年，中共中央下发《关于进一步繁荣发展哲学社会科学的意见》，明确了新世纪繁荣发展哲学社会科学的指导方针、总体目标和主要任务。党的十七大报告明确指出："繁荣发展哲学社会科学，推进学科体系、学术观点、科研方法创新，鼓励哲学社会科学界为党和人民事业发挥思想库作用，推动我国哲学社会科学优秀成果和优秀人才走向世界。"这是党中央在新的历史时期、新的历史阶段为全面建设小康社会，加快推进社会主义现代化建设，实现中华民族伟大复兴提出的重大战略目标和任务，为进一步繁荣发展哲学社会科学指明了方向，提供了根本保证和强大动力。

高校是我国哲学社会科学事业的主力军。改革开放以来，在党中央的坚强领导下，高校哲学社会科学抓住前所未有的发展机遇，紧紧围绕党和国家工作大局，坚持正确的政治方向，贯彻"双百"方针，以发展为主题，以改革为动力，以理论创新为主导，以方法创新为突破口，发扬理论联系实际学风，弘扬求真务实精神，立足创新、提高质量，高校哲学社会科学事业实现了跨越式发展，呈现空前繁荣的发展局面。广大高校哲学社会科学工作者以饱满的热情积极参与马克思主义理论研究和建设工程，大力推进具有中国特色、中国风格、中国气派的哲学社会科学学科体系和教材体系建设，为推进马克思主义中国化，推动理论创新，服务党和国家的政策决策，为弘扬优秀传统文化，培育民族精神，为培养社会主义合格建设者和可靠接班人，做出了不可磨灭的重要贡献。

自2003年始，教育部正式启动了哲学社会科学研究重大课题攻关项目计划。这是教育部促进高校哲学社会科学繁荣发展的一项重大举措，也是教育部实施"高校哲学社会科学繁荣计划"的一项重要内容。重大攻关项目采取招投标的组织方式，按照"公平竞争，择优立项，严格管理，铸造精品"的要求进行，每年评审立项约40个项目，每个项目资助30万~80万元。项目研究实行首席专家负责制，鼓励跨学科、跨学校、跨地区的联合研究，鼓励吸收国内外专家共同参加课题组研究工作。几年来，重大攻关项目以解决国家经济建设和社会发展过程中具有前瞻性、战略性、全局性的重大理论和实际问题为主攻方向，以提升为党和政府咨询决策服务能力和推动哲学社会科学发展为战略目标，集合高校优秀研究团队和顶尖人才，团结协作，联合攻关，产出了一批标志性研究成果，壮大了科研人才队伍，有效提升了高校哲学社会科学整体实力。国务委员刘延东同志为此做出重要批示，指出重大攻关项目有效调动各方面的积极性，产生了一批重要成果，影响广泛，成效显著；要总结经验，再接再厉，紧密服务国家需求，更好地优化资源，突出重点，多出精品，多出人才，为经济社会发展做出新的贡献。这个重要批示，既充分肯定了重大攻关项目取得的优异成绩，又对重大攻关项目提出了明确的指导意见和殷切希望。

作为教育部社科研究项目的重中之重，我们始终秉持以管理创新服务学术创新的理念,坚持科学管理、民主管理、依法管理,切实增强服务意识,不断创新管理模式,健全管理制度,加强对重大攻关项目的选题遴选、评审立项、组织开题、中期检查到最终成果鉴定的全过程管理,逐渐探索并形成一套成熟的、符合学术研究规律的管理办法,努力将重大攻关项目打造成学术精品工程。我们将项目最终成果汇编成"教育部哲学社会科学研究重大课题攻关项目成果文库"统一组织出版。经济科学出版社倾全社之力,精心组织编辑力量,努力铸造出版精品。国学大师季羡林先生欣然题词:"经时济世 继往开来——贺教育部重大攻关项目成果出版";欧阳中石先生题写了"教育部哲学社会科学研究重大课题攻关项目"的书名,充分体现了他们对繁荣发展高校哲学社会科学的深切勉励和由衷期望。

创新是哲学社会科学研究的灵魂,是推动高校哲学社会科学研究不断深化的不竭动力。我们正处在一个伟大的时代,建设有中国特色的哲学社会科学是历史的呼唤,时代的强音,是推进中国特色社会主义事业的迫切要求。我们要不断增强使命感和责任感,立足新实践,适应新要求,始终坚持以马克思主义为指导,深入贯彻落实科学发展观,以构建具有中国特色社会主义哲学社会科学为己任,振奋精神,开拓进取,以改革创新精神,大力推进高校哲学社会科学繁荣发展,为全面建设小康社会,构建社会主义和谐社会,促进社会主义文化大发展大繁荣贡献更大的力量。

教育部社会科学司

前　言

　　20世纪70年代以来，在世界范围内各国金融体系迅速发展壮大的背景下，由金融自由化和金融全球化推动的金融危机，不仅成为现代经济运行中的一个周期性现象，而且其发生、传染和扩散机制也具备了一些新的特征。特别是，2008年发端于美国的全球金融危机，由于其源于储备货币国家，并且卷入了金融衍生品、信用评级和国际货币体系改革等诸多新问题，使之不仅成为"新型金融危机"的突出代表，并且成为研究金融稳定与外汇储备管理的重要案例。

　　面对以美国"次贷危机"为代表的新型金融危机，传统金融危机理论的解释力已经显得捉襟见肘，亟需理论创新。在此背景下，开展对新型金融危机问题的研究，不仅对推动国际金融危机理论的完善和创新具有直接价值，同时也对全球经济新形势下的宏观金融管理和改革具有现实的指导意义。与此同时，将全球新型金融危机与中国的外汇储备问题相结合，既符合当前中国实现汇率机制平衡转轨、稳步融入世界经济发展新格局的历史契机，同时又能为其它新兴市场国家的外汇储备管理提供有益的借鉴和示范。对于中国而言，只有全面、系统地考察全球新型金融危机的特点、机制和传导路径，并在此基础上认真研究新型金融危机对中国经济金融发展的实际影响，才能在全球视角下科学合理地调整外汇储备战略和策略，从而有效应对金融危机对中国外汇储备管理和经济发展的挑战。

　　事实上，在全球经济金融一体化的大背景下，面对国际金融危机的冲击，金融稳定、经济发展与中国的外汇储备问题绝非各自独立，而是密切关联。尤其是在全球经济和金融体系面临重构的"后危机时代",外汇储备的规模应当如何调控,外汇储备的投资策略和投资结构应当如何调整,整个国家的外汇储备战略应该如何制定,这些都是亟待解决的重大理论和现实问题。有鉴于此,本书旨在对全球新型金融危机的特征和机理进行系统研究的基础上,结合危机后全球经济格局的调整演变和中国经济金融发展的实际需要,对中国的外汇储备战略问题进行系统研究。

在研究思路的整体设计上,由于外汇储备问题不仅关系到中国国家财富的保值增值,更关系到中国在未来世界金融格局中的地位,因此,研究中国的外汇储备管理问题不仅要有微观思维,分析具体的管理方法、技术和策略,更应该具备宏观视野,站在国家利益的高度,深入分析外汇储备管理的长期战略。毋庸讳言,要从根本上解决中国当前所面对的外汇储备难题,必须逐步打破"金融帝国主义",摆脱人民币对美元的依赖,在未来的10~20年内有规划、有步骤地提升人民币在国际货币体系中的地位,最终使人民币自身成为国际重要的储备货币。

基于上述指导思想,本研究的基本目标是通过深入分析新型金融危机与外汇储备的联系机理,努力构建一个既符合中国国情、又能适应世界经济格局动态变化的外汇储备管理战略框架。为实现这一基本目标,本研究以实际案例和典型事实为基础,遵循宏观经济与管理研究的基本方法论原则,综合采用理论建模、实证分析、模拟分析和案例分析等多种手段,系统研究了新型金融危机的内涵、机制及其与中国外汇储备管理之间的深层联系,并在新的全球金融视野下重建了中国外汇储备管理的国家战略框架。

希望本研究最终能够"抛砖引玉",为理解新型金融危机和中国的外汇储备管理问题提供一些新的思路。

摘 要

从2008年9月开始，由美国"次贷危机"引发的全球金融危机，从美国到全球，从金融领域向实体经济，逐渐蔓延深化。受金融危机深化的影响，全球经济都遭受重创。作为"震源"的金融业危机仍未见底，坏账和信贷问题不断出现，"去杠杆化"过程仍在继续，投资和消费明显不足。

回溯历史，在过去几十年里，从最富有的国家到最贫穷的非洲地区，从经济高增长的东亚经济体到转轨经济国家，几乎没有哪个国家不曾遭遇这样或那样的金融危机。频繁发生的金融危机不仅成本巨大，而且给实体经济带来了沉重打击。尤其是20世纪70年代以来，在世界范围内现代金融体系基本建立的背景下，由金融自由化和金融全球化推动的现代意义上的金融危机（本研究定义为"新型金融危机"），不仅成为现代经济运行周期中的一个常见现象，而且其发生、传染和扩散机制也具备了一些新的特征，而此次发端于美国的全球金融危机，更是使包括中国在内的美元储备货币国家面临宏观经济调控和外汇储备管理的双重挑战。

应该指出，在全球经济金融一体化的大背景下，面对全球金融危机的冲击，金融稳定、经济发展与中国的外汇储备问题绝非各自独立，而是密切相关。尤其是在全球经济和金融体系面临重构的"后危机时代"，中国外汇储备规模应当如何调控，外汇储备的投资策略和投资结构应当如何调整，整个国家的外汇储备战略应该如何制定，这些都是亟待解决的重大理论和现实问题。在此背景下，中国如何通过外汇储备战略的调整，在合理确定"常规"外汇储备规模的基础上，进一步用好、用活"超额"外汇储备，一方面使常规性的外汇储备能够继续从容应对日常经贸往来和维护国家金融稳定，另一方面又能使超额的外汇储备可以更好地服务于国家经济发展和战略转型，成为摆在决策者面前的一个现实问题。

本书旨在对全球新型金融危机的特征和理论基础进行全面反思的基础上，结合危机后全球经济格局的演变和中国经济金融发展的需要，对中国的外汇储备战略问题进行系统研究。这一研究包括相辅相成的两个基本方面：一是对新型金融危机的特点、机制和路径进行归纳和总结，重建关于现代金融危机的基本理论框架；二是根据新型金融危机的理论启示和经济影响，结合危机后全球经济金融发展的总体趋势，将中国的外汇储备问题置于国家长期发展的战略框架下进行研究。

从结构上看，本研究共分八章，各章的主要内容如下：

作为整个研究的宏观背景，第1章从历史与国别的双重视角，在纵向的时间跨度和横向的空间跨度中全面审视了有关金融危机的事实和现象，从而对全球视角下的金融危机形成了一个宏观的立体分析视野。在本章中，我们不仅对金融危机的基本类型进行了归纳总结，从历史维度勾勒出了全球金融危机史的整体脉络，而且全面分析了金融危机的经济成本与社会影响、阶段性特征与演变趋势，并在此基础上总结出了本研究所定义的"新型金融危机"的五大基本特征：一是金融创新和金融危机之间的关系越来越紧密；二是伴随金融开放和金融自由化的危机频繁发生；三是在通货膨胀得到较好控制的背景下，信贷扩张在特定领域（如房地产）的集中导致资产价格泡沫愈演愈烈，成为诱发现代金融危机的主要路径；四是全球金融一体化和全球产业链的转移分工使得相互依赖性加强，金融危机在全球范围内的传染速度迅速增快；五是在全球金融资本投机性大大增强的背景下，一个国家的金融控制力在本国的金融稳定中扮演着重要角色。

第2章主要对新型金融危机的内在机制进行研究。从20世纪70年代以来全球金融体系发展的关键事实来看，金融体系的过度顺周期性是新型金融危机的基本机制，这一机制内涵地包括了相关经济政策和经济制度的顺周期性效应。通过对全球主要经济体的跨国实证分析表明，危机中普遍存在的信贷扩张、资产价格和金融监管的顺周期性是绝大部分危机背后共同存在的核心机制。在这一机制下，无论是处于市场内部的交易主体（如金融机构、企业），还是处于市场外部的监管主体（如监管当局），又或者是介于市场内部和市场外部之间的第三方机构（如评级机构、会计与审计机构），都无法摆脱上述"三个周期"的顺周期效应。这意味着，在传统的市场运行机制和金融监管模式下，整个市场的信息处理与反馈环节完全受制于市场波动而不是平抑市场波动，在此基础上的政策选择面临严重困境。在对新型金融危机的基本机制进行分析的基础上，本章还对源于储备货币国家的危机机制、传导路径和全球影响进行了概要性分析。

第3章将金融危机置于其与实体经济动态联系的框架中加以研究。通过对危机前后的关键经济变量进行统计描述，本章首先概况出了实体经济在金融危机前后的若干基本表现和特征事实。在对经典的"金融加速器理论"进行扩展分析的基础上，我们从市场主体投资行为的角度，为分析泡沫、实体经济和金融危机之间的作用机制提供了一个完整的周期性框架。这一框架突破了主流文献在局部均衡分析中的不足，将视角扩展至整个泡沫经济和金融危机形成、发展和崩溃的全过程。通过纳入信贷市场的承诺本质和信贷资金供求的高度彼此依赖性，我们强调，只有从金融与实体经济的持续反馈机制中去认识危机过程中的价格、利率和信贷机制，才能动态地理解泡沫经济推动金融危机的渐进过程，并为泡沫的识别与危机的防范提供现实的依据。从为实体经济发展构建稳健的货币金融基础的角度出发，本章提出，要从根本上破解新型金融危机下泡沫、实体经济和金融危机的交互作用机制，必须将金融目标和经济目标同时纳入政策视野，在一个内生性的视野下构建金融和实体经济的"双稳定"框架。根据这一框架，要实现无金融危机的稳定增长，需要在金融和实体经济之间构建起合理的制度安排，最终实现金融和实体经济的共同稳定。

基于第3章提出的"双稳定框架"，第4章主要从货币政策视角对中国的外汇储备战略进行研究。本章的实证分析表明，在经济结构内外失衡、外汇储备不断积累的情况下，由于外汇占款持续增加，导致国内流动性严重过剩，流动性过剩催生资产泡沫，并对通货膨胀产生了驱动作用。从实践效果来看，由于外汇储备不断增加，中国逆周期的货币政策操作带来的却是顺周期的货币政策效果，从而使得货币政策的宏观调控能力下降，尤其是难以有效应对金融失衡和资产价格泡沫问题。基于货币政策视角，本章提出，中国的外汇储备战略转型包括两个基本要点：一是进一步理顺中央银行基础货币的投放机制，彻底切断新增外汇储备与基础货币被动投放之间的制度性关联，并在此基础上形成更为科学和合理的逆周期货币政策框架；二是建立合适的外汇储备使用机制，通过将部分外汇储备导入实体经济，实现增量外汇储备的有效分流，缓解中央银行流动性控制的压力和成本。

第 5 章从金融稳定视角对"双稳定框架"下的外汇储备战略问题进行了研究。在经历了拉美和东亚金融危机之后，外汇储备在金融稳定方面的重要作用已经获得广泛共识。过去的经验表明，过低的外汇储备可能使一国在面临投机性冲击时丧失国家金融控制能力，最终导致本国的货币和金融危机。本章在对外汇储备与金融稳定之间的关系进行理论分析的基础上，从静态和动态两个层面对中国的外汇储备规模和动态管理策略进行了研究。通过将金融稳定要素纳入外汇储备需求模型，本章建立了中国的最优外汇储备需求模型，确定了不同条件下的最优外汇储备规模，并根据这一模型预测了中国未来的外汇储备需求规模。实证结果显示，未来 10 年，中国的适度外汇储备需求规模位于 1.3 万亿～1.6 万亿美元之间。此外，近年来中国外汇储备出现了规模急速上涨和资产结构单一的现象，这不仅造成了本国实际财富的损失，也影响了经济的正常发展。对此，本章基于最优外汇储备构成模型测算提出，随着新兴市场国家特别是中国的崛起，应该逐步减少美元资产在外汇储备中的配置比例，并逐渐实现外汇储备结构的多元化。

第 6 章从宏观审慎监管的视角对"双稳定框架"下的外汇储备战略问题进行了研究。作为此轮新型金融危机的主要教训之一，在传统微观审慎的基础上全面建立和完善宏观审慎监管已经成为大势所趋。在这一背景下，如何有效利用中国的外汇储备来为宏观调控服务，实现金融和实体经济的共同发展，成为中国外汇储备战略的重要组成部分。本章在对系统性金融风险和金融危机机制进行系统反思的基础上，提出了从微观审慎到宏观审慎过渡的基本目标、主要工具和相关制度安排,并对宏观审慎监管视角下的外汇储备战略进行了研究。本章的研究表明,外汇储备在我国过去的金融稳定和金融改革中已经发挥过重要作用,在下一步宏观审慎监管体系的建设过程中,中国外汇储备的战略运用包含以下四个层次:一是维持足够的国际清偿能力,确保经济金融体系顺畅运转;二是作为抵御外部冲击的"危机准备金",继续发挥国家金融安全保障功能;三是作为国内金融改革和发展的准备金,建立必要的资本支持和危机救助机制;四是参与或推动建立对外金融合作组织或外汇储备库,全面提升中国在国际金融组织的话语权和在区域金融事务中的领导力。考虑到未来10年中国将处于跨越"中等收入陷阱"的关键阶段,为有效提高转型期的风险处置能力与危机应对能力,实现无危机的稳定增长,本章提出,应适当提高正常经济条件下的适度外汇储备规模,使其达到约2万亿美元左右的水平。

第7章在总结前文分析的基础上,提出了中国超额外汇储备管理的战略性框架。本章首先分析了中国外汇储备管理的现状与问题,并对超额外汇储备管理的理论基础和国际经验进行了系统梳理。在此基础上,本章结合中国国情和实际需要,提出了中国超额外汇储备管理的目标、原则与结构。从目标来看,中国超额外汇储备的战略运用要体现"三个基本定位":一是外汇储备必须服务于技术引进和产业振兴,体现发展功能;二是外汇储备必须作为"无金融危机增长"的风险准备金,体现稳定功能;三是外汇储备必须作为货币金融崛起的准备金,体现保障功能。从运用原则来看,与常规外汇储备管理的"安全性、流动性和盈利性"原则不同,超额外汇储备的运用应着重遵循战略性原则,这一原则可概括为三个基本方面:一是在使用范围上,通过将外汇储备投资锁定在海外市场,既解决"二次结汇"造成的流动性过剩和货币政策困境,同时也全力支持有意向和有能力的中国企业"走出去",促进中国经济的国际化;二是在投资标的上,通过更多地进口一些海外重要的大宗商品,或者锁定一些核心资源,加快全球范围内的战略性资产购置和配置,使外汇储备能够更好地为未来的可持续发展服务,提高外汇储备的长期收益贴现价值;三是在投资结构上,通过投资对象、投资方式和投资工具的多样化,全面分享全球经济增长的收益,同时减少这一过程中的风险。概要言之,中国超额外汇储备的运用应结合国家的中长期发展战略，坚持新兴产业与资源性产业并重、发达国家与发展中国家并重，通过构建有效的全球资产组合，利用金融资本推动建立中国的全球经济网络，同时解决中国经济的转型与发展两大基本问题。

第8章结合危机后的国际货币体系改革，对人民币国际化视角下的外汇储备战略进行了前瞻性分析。通过对2010~2040年间的数据进行测算，本章提出，人民币国际化可分为三个基本阶段：2011~2020年为第一阶段，2021~2030年为第二阶段，2031~2040年为第三阶段。对于人民币国际化进程中的外汇储备需求，本章的研究表明，在人民币国际化的前两个阶段，仍需要相对充足的外汇储备以应对人民币国际化过程中的各种不确定性；但到了人民币国际化的第三阶段，随着人民币成为国际重要储备货币，对外汇储备的需求将逐渐降至GDP的4%左右。对于人民币国际化视野下的外汇储备战略而言，最核心的问题是如何充分利用庞大的外汇储备资源，以人民币国际化为契机和载体，推动实施中国的全球发展战略。从目前的情况来看，可考虑从以下几个方面入手：一是从周边一些小型经济体开始，逐步放开资本管制，实现人民币自由兑换，形成区域性的人民币自由流通区；二是对债务危机国家提供人民币和美元混合的低息长期贷款，并通过逐渐增加人民币贷款的比重来推动人民币在欧美地区的使用；三是通过提供美元和人民币的"捆绑资助"，努力参与世界银行、IMF和亚洲开发银行等国际机构的改革，逐步提升人民币的国际话语权；四是大力推动中国企业海外并购，努力扩大人民币结算和使用的范围，为人民币国际化奠定坚实的经济基础；五是积极发展人民币离岸金融市场，增强人民币在国际金融市场的影响力。

Abstract

Since Sept. 2008, the global financial crisis triggered by the subprime mortgage crisis in America began to spread worldwide from the financial sector to real economy. The development of the crisis greatly traumatized the global economy. Till now, the crisis in the financial sector, which is the source of the global crisis, is still sending its ripples with constant emergence of bad loans and credit issues. In addition, de-leveraging is still encouraged and there has been a lack of investment and consumption.

Tracing back to previous decades, every country in the world, may it be rich, poor, fast-growing economy in East Asia or transition economy, has to some extent suffered from certain financial crisis. The frequent occurrence of financial crisis brought not only huge losses, but also severe impacts on the real economy. Especially since the 1970s when the modern financial system was initially established worldwide, financial deregulation and financial globalization have given birth to the financial crisis of the modern era (defined as the "new financial crisis" for the purpose of this research). The new financial crisis has then become a regular phenomenon in modern economic cycle and showed new features in its emergence, transmission and expansion. The current global financial crisis, in particular, has posed dual challenges to countries holding US dollar reserves like China in terms of macro-economic control & regulation and forex reserve management.

It is notable that under the background of financial and economic globalization, no country can stay immune from the global financial crisis, and financial stability, economic development and China's forex reserve are inter-connected. Particularly in the post-crisis era when global economy and financial system are in urgent need of restructuring, China's forex reserve scale, forex reserve investment strategy & investment structure, and the holistic forex reserve strategy will be real-term issues crying for solutions. Against this backdrop, China may adjust its forex reserve strategy by making good use of "excessive" forex reserve based on its "regular" forex reserve scale. By doing so, China can handle daily trade and maintain financial stability through the "regular" part, and better serve its economic development and strategic transformation with the "excessive" part. It's really up to the policy makers to make this decision.

This research aims to look back on the features and theoretic basis of the new global financial crisis and conduct systematic study into China's forex reserve strategy against the changes in global economic landscape and China's needs in economic and financial development. This research consists of two complementary parts: 1) a summary of the features, mechanism and transmission paths of the new financial crisis and re-construction of the basic theoretic framework for modern financial crisis; and 2) a study of China's forex reserve against the long-term development strategy of China. The second part will be based on the theories and economic influences of the new financial crisis, as well as global financial trends in the post-crisis era.

Structurally speaking, this research paper consists of eight chapters:

As a macro-background, Chapter One studies financial crisis in both diachronic and synchronic manners (from the perspective of historic and country-specific records), thus providing a macro-3D perspective for the current global financial crisis. In this chapter, we summarize the basic types of crisis and give a general view of its history. At the same time, we fully analyze the economic cost and social influence of the crisis and its features and trends in every phase. Based on that, we summarize the five basic features of the "new financial crisis" as follows:

1. Ever closer connection with financial innovation;

2. Frequent occurrence due to financial opening and deregulation;

3. Triggered mainly by asset bubbles, which are caused by credit expansion (in real estate, for instance) under good control of inflation;

4. Rapid global transmission due to increased mutual dependence of global financial integration and transfer & labor division of global industrial chain;

5. Likely to increase speculation in global financial capital, which makes financial control an important role for a country to ensure financial stability.

Chapter Two studies the inner mechanism of the new financial crisis. Since the 1970s, it can be observed that the excessive pro-cyclicality of the financial system is the fundamental mechanism for the new financial crisis. This mechanism includes the pro-cyclical effects of relevant economic policies and systems. Through analysis of major global economies, the common core mechanism of crisis is found to be the prevalent credit expansion, asset price and pro-cyclicality of financial regulation. Under this mechanism, market trade subjects (financial institutions and enterprises), regulatory bodies outside the market (regulating authorities) and third-party agencies in between (ratings agencies and accounting & auditing agencies) are all subject to the pro-cyclical effect of the "Three Periods". This means that under traditional market operation and financial regulation, the information process and feedback of the market is completely subject to, instead of subjecting, market fluctuations. Policy making is thus cornered. Bases on the analysis of its fundamental mechanism, Chapter Two also analyze in general the mechanism, transmission path and global influence of crisis originating in reserve currency countries.

Chapter Three studies financial crisis under the framework of the crisis' dynamic relationship with the real economy. By calculating and describing key economic variants before and after the crisis, this chapter manifests the basic presentation, features and facts of the real economy in corresponding periods. Based on the expanded analysis about the classic "financial accelerator theory", we also provide a complete cyclic framework for analyzing the inter-connection among bubbles, real economy and financial crisis. This framework solves the lack of partial equilibrium analysis in mainstream literature and expands the scope to cover the formation, development and burst of bubble economy and financial crisis. We also include the high mutual dependence between the commitment of the credit market and credit supply & demand. By doing so, we stress that we must learn the pricing, interest rate and credit mechanisms of a crisis through the continuous feedback mechanism of finance and real economy, so as to fully grasp in a dynamic way how bubble economy is driving financial crisis, and also to provide facts for bubble identification and crisis precaution. Starting from the need to establish solid monetary and financial foundations for the development of real economy, this chapter proposes to once and for all shatter the interacting mechanism among bubbles, real economy and financial crisis; and to include financial and economic goals into policy making so as to create an endogenous "Dual Stability" framework for finance and real economy. This framework requires a reasonable system arrangement to ensure stable growth without financial crisis and to ultimately achieve common stability in finance and real economy.

Based on the Dual Stability framework proposed in Chapter Three, Chapter Four studies China's forex reserve strategy from monetary policies. Empirical analysis in this chapter indicates that under imbalanced internal and external economic structures and constantly increased forex reserve which contributes to funds outstanding for forex, China is faced with severe excessive liquidity. Excessive liquidity is the hotbed for asset bubbles and is likely to drive inflation. From the perspective of actual practices, as forex reserve increases, China's counter-cyclical monetary policies in reality are bringing pro-cyclical effects. As a result, macro-regulation is weakened and the monetary policies cannot effectively address financial imbalance and asset bubbles. From the perspective of monetary policies, this chapter states that China's forex reserve strategy transformation has two requirements: 1) we need to straighten out Central Bank's mechanism for putting base money into circulation; cut off the systemic connection between newly added forex reserve and base money put into circulation; and formulate a more scientific and reasonable counter-cyclical monetary policy framework; 2) we need to establish a proper mechanism for forex reserve use; ensure effective distribution of added forex reserve by channeling part of it into the real economy, so as to ease Central Bank's pressure and cost in liquidity control.

Chapter Five studies forex reserve strategy under the Dual Stability framework. Crisis in Latin America and East Asia have reaffirmed the important role of forex reserve in financial stability. Past experience has shown that a low level of forex reserve is likely to deprive a country of its financial control in face of speculative impacts, which will ultimately result in monetary and financial crisis. This chapter conducts theoretical analysis of the relationship between forex reserve and financial stability, and studies forex reserve scale and dynamic management strategies of China from both static and dynamic perspectives. By adding into consideration financial stability, this chapter establishes the best forex reserve demand model for China and also defined the best scales under different circumstances. The scale of China's forex reserve demand is also extrapolated from this model. Empirical results show that in the next decade, China's proper demand should be between 1.3 to 1.6 trillion USD. Moreover, China's forex reserve increased dramatically in recent year but its asset structure remained undiversified, which caused wealth losses and hindered economic development. To address this, Chapter Five base on the proposed best forex reserve portfolio model to suggest that along with the emergence of new markets, especially China, the ratio of dollar assets should be gradually decreased in forex reserve and diversification of reserve portfolio should be targeted.

Chapter Six studies forex reserve strategy under the Dual Stability framework from the perspective of macro-prudential regulation. One of the lessons learnt from the current financial crisis is that a comprehensive macro-prudential regulation system should be built based on the traditional one. Under this background, how to effectively utilize China's forex reserve to serve macro-control has become an important issue in the forex reserve strategy, as it has a bearing on the common development of finance and real economy. This chapter looks back on systemic financial risks and financial crisis mechanism to propose the goal of transiting from micro-prudential to macro-prudential regulation, main tools and relevant system arrangement. Forex reserve strategy from the perspective of macro-prudential regulation is also studied in this chapter. It is also shown that forex reserve has played an important role in China's financial stability and reform in the past. In the future construction of a macro-prudential regulation system, four aspects will be included into China's forex reserve strategy: 1) maintain enough reserve for international settlement to ensure smooth operation in economic and financial systems; 2) use reserve as "crisis emergency fund" to guard against external shocks; 3) use reserve as preparation fund for domestic financial reforms and development, so as to establish necessary capital support and crisis relief mechanism; and 4) participate in and contribute to foreign financial cooperation organization or forex reserve pool, so as to promote China's right of speech in international financial organizations and its leadership in regional financial affairs. Considering that China will be struggling overcome the "mid-income trap" in the next decade, this chapter proposes to increase proper forex reserve scale to around 2 trillion USD under normal economic conditions, so as to enhance risk management and response ability in China's transformation and achieve steady growth without crisis.

Based on the previous analysis, Chapter Seven proposes a strategic framework for the management of China's excessive forex reserve. This chapter first analyzes the status quo and issues in China forex reserve management and systematically reviews theoretic basis and international experience in this regard. The goals, principles and structure for China to manage its excessive forex reserve are also proposed based on China's national circumstances and actual needs. In terms of goals, China's strategy should able to exercise "three basic functions": 1) development function, which means forex reserve must serve technology import and industrial rejuvenation; 2) stability function, which means that forex reserve must be used as crisis emergency fund to ensure "growth without financial crisis"; and 3) guarantee function, which means forex reserve must be used as preparation fund for monetary and financial emerging. In terms of the principles, the use of excessive forex reserve is different from normal forex reserve, which stresses security, liquidity and profitability. The principles for excessive one can be summarized into three aspects: 1) regarding scope of use, forex reserve investment should be focused on overseas market, so as to resolve excessive liquidity and monetary policy dilemma caused by "second-time settlement" (where China's forex reserve investment is re-invested in China), and to encourage qualified enterprises to go global; 2) regarding investment objects, more overseas bulk commodities or core resources should be targeted, so as to accelerate the global purchase and allocation of strategic resources, better serve sustainable development and to increase discount value of long-term returns; 3) regarding investment structure, investment targets, ways and tools should be diversified, so as to share the profits from global economic growth and reduce risks. In summary, the use of China's excessive forex reserve should take into consideration development strategy in the middle and long term. Equal importance should be attached to newly emerging industries and resource-intensive ones and investment should go to both developed and developing countries. We can form an effective global asset portfolio to create China's global economic network through financial capital, thus promoting China's economic transformation and development.

Chapter Eight conducts forward-looking analysis of forex reserve strategy from the perspective of the globalization of RMB, which is related to the international monetary system reform after the crisis. Based on data from 2010 to 2040, this chapter states that the globalization of RMB can be divided into three phases: 2011 – 2020, 2021 – 2030 and 2031 – 2040 respectively. In the first two phases, we still need enough forex reserve to respond to uncertainties in the globalization process. When it comes to the third phase, however, forex reserve demand will gradually decrease to about 4% of GDP due to the rise of RMB as an important reserve currency. The core issue of forex reserve in RMB globalization is how to fully utilize our abundant forex resource. That is, how to take advantage of RMB globalization to implement China's global development strategy. Currently, we can start with the following:

1) Relax capital controls towards some small neighboring economies, enabling free conversion of local currencies with RMB, thus forming a RMB free flow region;

2) Provide long-term low-interest loans both in RMB and USD to countries in debt crisis and promote RMB use in Europe and the Americas by increasing the ratio of RMB loans;

3) Provide "assistance package" which consists of both RMB and USD; actively participate in reforms of such international organizations as the World Bank, IMF and

Asia Development Bank, so as to promote the status of RMB in the international community;

4) Support overseas M&A by Chinese enterprises to expand RMB settlement and scope, laying a solid economic foundation for RMB globalization;

5) Develop RMB offshore financial markets to increase RMB's influence in the international financial market.

目 录

第1章 ▶ 新型金融危机：全球视角　1

1.1　全球视角下的金融危机：一个概览　1
1.2　新型金融危机的国别研究：典型案例　17
1.3　新型金融危机的理论基础：主流文献梳理　55
※本章基本结论※　72

第2章 ▶ 新型金融危机的基本机制：顺周期问题　101

2.1　金融体系的过度顺周期性：理论、事实与动力机制　102
2.2　主要经济政策和经济制度的顺周期效应　111
2.3　信贷扩张、监管错配与金融危机：跨国实证　122
2.4　源自储备货币国家的金融危机及其全球影响　143
※本章基本结论※　147

第3章 ▶ 新型金融危机与实体经济：构建"双稳定"框架　149

3.1　金融危机前后的实体经济：特征与事实　149
3.2　金融危机如何恶化实体经济：金融加速器效应　167
3.3　泡沫、实体经济与金融危机：一个周期分析框架　175
3.4　构建双稳定目标体系：金融稳定＋实体经济稳定　194
※本章基本结论※　197

第4章 ▶ 双稳定框架下的外汇储备战略Ⅰ：货币政策视角　200

4.1　外汇储备、流动性过剩与资产泡沫：待解的货币政策困境　200
4.2　资产价格与货币政策的双向动态影响：基于中国的实证分析　240
4.3　反周期的货币政策框架与外汇储备战略转型　267

※本章基本结论※　　282

第5章 ▶ 双稳定框架下的外汇储备战略 Ⅱ：金融稳定视角　　284

5.1　外汇储备需求与金融安全：理论和分析方法　　287
5.2　纳入金融稳定需求的外汇储备适度规模：静态预测　　299
5.3　金融稳定与外汇储备的动态管理：门限自回归模型　　312
5.4　从适度外汇储备规模到最优储备结构　　323
※本章基本结论※　　339

第6章 ▶ 双稳定框架下的外汇储备战略 Ⅲ：宏观审慎监管视角　　341

6.1　系统性金融风险与金融危机：重建金融稳定的理论基础　　341
6.2　危机后的金融监管变革：从微观审慎到宏观审慎　　360
6.3　宏观审慎监管的实施：目标、工具与制度安排　　375
6.4　宏观审慎框架下的外汇储备战略运用　　394
※本章基本结论※　　407

第7章 ▶ 管理中国的超额外汇储备：战略框架　　411

7.1　中国的超额外汇储备管理：现状与问题　　411
7.2　超额外汇储备管理的理论框架　　424
7.3　超额外汇储备管理的国际经验　　441
7.4　中国的超额外汇储备管理：目标、原则与结构　　448
※本章基本结论※　　459

第8章 ▶ 人民币国际化与外汇储备战略调整：方向和路径　　462

8.1　危机后的国际货币体系改革与人民币国际化：基本背景　　463
8.2　人民币国际化的前景预测：2011~2040　　482
8.3　人民币国际化背景下的外汇储备战略调整　　505
※本章基本结论※　　526

参考文献　　528

Contents

Chapter 1 The New Financial Crisis: A Global Perspective   1

    1.1   Financial crisis from a global perspective: a general view   1

    1.2   Contry-specific study on the new financial crisis: typical cases   17

    1.3   Theorectic basis of the new financial crisis: mainstream literature   55

    ※Conclusions※   72

Chapter 2 Fundamental Mechanism of the New Financial Crisis: Pro-cyclicality   101

    2.1   Excessive pro-cyclicality of financial systems: theories, facts and driving machanism   102

    2.2   Main economic policies and pro-cyclical effect of economic sytems   111

    2.3   Credit expansion, regulation mismatch and financial crisis: multi-national cases   122

    2.4   Financial crisis originating in reserve currency countries & its influence   143

    ※Conclusions※   147

Chapter 3 The New Financial Crisis and the Real Economy: Constructing a "Dual Stablility" Framework   149

    3.1   Real economy before and after financial crisis: features and facts   149

3.2　How financial crisis worsens thereal economy: financial accelerator effect　167

3.3　Bubbles, real economy and financial crisis: a cyclical analysis framework　175

3.4　Construting a dual stability system: financial stability plus stability in real economy　194

※Conclusions※　197

Chapter 4　Forex Reserve Strategy under the Dual Stability Framework Ⅰ: From the Perspective of Monetary Policies　200

4.1　Forex reserve, excessive liquidity and asset bubbles: unsolved monetary policy dilemma　200

4.2　Two-way dynamic interaction between asset price and monetary policy　240

4.3　Counter-cyclical monetary policyframework and strategic transformation of forex reserve　267

※Conclusions※　282

Chapter 5　Forex Reserve Strategy under the Dual Stability Framework Ⅱ: From the Perspective of Financial Stability　284

5.1　Forex reserve demand and financialsecurity: theories and analysis methods　287

5.2　Proper scale of forex reserve with financial stability included: static prediciton　299

5.3　Financial stability and dynamic management of forex reserve: threshold autoregressive model　312

5.4　From proper scale to the best reserve structure　323

※Conclusions※　339

Chapter 6　Forex Reserve Strategy under the Dual Stability Framework Ⅲ: From the Perspective of Macro-prudent Regulation　341

6.1　Systemic financial risks and financial crisis: theorectic basis for reconstructing financial stablitity　341

6.2　Post-crisis financial regulation reform: from micro-prudential to macro-prudential　360

6.3　Implementation of macro-prudential regulation: goals, tools and system arrangement　375

6.4　Forex reserve strategy under the macro-prudential framework　394

※Conclusions※　407

Chapter 7　Management of China's Excessive Forex Reserve: Strategic Framework　411

7.1　Management of China's excessive forexreserve: status quo and issues　411

7.2　Theoretic framework for management　424

7.3　International experience　441

7.4　China's excessive forex reserve management: goals, principles and structure　448

※Conclusions※　459

Chapter 8　RMB Globalization and Forex Reserve Strategy Adjustment: Orientation and Paths　462

8.1　Post-crisis international monetary system reform and RMB globalizaion: background　463

8.2　Forecast of RMB globalization: 2011–2040　482

8.3　Forex reserve strategy adjustment under RMB globalization　505

※Conclusions※　526

Bibliography　528

第 1 章

新型金融危机：全球视角

如何确保高效而稳定的金融体系一直是金融界长期关注的核心问题之一。大量的研究也表明，稳定的金融体系通过把资金导向更有效率的部门而促进了经济增长（King & Levine, 1993; Levine & Zervos, 1998; Beck, Levine & Loayza, 2000）。然而，不稳定的金融体系所带来的问题也是巨大的，正如米什金所言："历史上的每次严重经济动荡，都与金融危机有关。"

深刻理解金融危机的特征与本质，我们需要一个历史与国别的双重视角，在纵向的时间跨度和横向的空间跨度中去全面审视有关金融危机的事实和现象，从而形成一个立体的分析视野。从根本上说，国别的视角也是关乎历史的，因为它反映了一个时间断面上的历史事实。对于经济学家而言，了解历史和事实非常重要，因为一切数理和逻辑的分析，如果不是源于真实世界的现象，或者失去了现实经验的支持，就将成为彻头彻尾的空洞之物，只能悬于空想的阁楼之上。

1.1 全球视角下的金融危机：一个概览

1.1.1 金融危机的基本类型与历史维度

1. 金融危机的基本类型

按照一般的通行分类方法，根据危机源或者危机作用领域的不同，金融危机大致可以分为货币危机、银行危机和债务危机3个基本类型。在本章末的附表1中，我们给出了20世纪70年代以来各类金融危机发生国家与时间的一个清单。

（1）货币危机（Currency Crisis）。货币危机通常是人们对一国的货币丧失信心，大量抛售该国货币，从而导致该国货币的汇率在短时间内急剧贬值的情形。狭义的货币危机是指实行固定汇率制的国家在经济基本面恶化或遭遇强大投机攻击的情况下，被迫对本国的汇率制度进行调整，转而实行浮动汇率制，而由市场决定的汇率水平远远高于之前官方所意在维护的汇率水平。卡明斯基、里佐多和莱因哈特（Kaminsky, Lizondo & Reinhart, 1998）对货币危机的定义是："针对一国的货币冲击导致货币大幅贬值或外汇储备大幅减少，或者两者兼而有之"。艾肯格林、罗斯和维普洛斯（Eichengreen, Rose & Wyplosz, 1996）将货币危机定义为"汇率、利率和外汇储备变动的加权超出其平均值2个标准差"，而埃斯基韦尔和拉瑞恩（Esquivel & Larrain, 1998）则把货币危机定义为实际汇率连续3个月累计贬值大于或等于15%。

（2）银行危机（Banking Crisis）。通常情况下，银行危机是指由于一组金融机构的负债超过了其资产的市场价值，从而引起了挤兑、资产组合转换和政府干预的情况，其伴随现象是不良资产比重增加、清算、合并或重组事件增加（Sundararajan & Balino, 1999）。卡明斯基和莱因哈特（Kaminsky & Reinhart, 1999）将银行业危机定义为：发生了银行挤兑并导致银行被关闭、合并或接管的；没有发生挤兑、关闭、合并或接管，但是出现了政府对某家或某些重要银行的大规模援救。德米尔哥-昆特和德特拉贾凯（Demirguc - Kunt & Detragiache, 1999）综合对1980~1994年全球范围内银行部门的研究，提出了比较具体的银行危机界定标准，即发生以下4种情况之一即构成银行危机：银行系统的不良贷款占总资产的比重超过10%；援助经营失败银行的成本至少占国内生产总值的2%；银行业的问题导致了大规模的银行国际化；出现大范围的银行挤兑，或者政府采取了存款冻结、银行休业、存款担保等非常规措施以应付危机。在本章末的附表2中，我们给出了4种典型的系统性银行危机分类信息。

（3）债务危机（Debt Crisis）。债务危机是指一国不能按时偿付其国外债务，包括主权债和私人债务，表现为大量的公共或私人部门无法清偿到期外债，一国被迫要求债务重新安排和国际援助。通常情况下，国际债务危机是国内和国际因素共同作用的结果，其直接原因是对国际资本盲目借入和管理不当，具体表现为：外贸形势恶化，财政收入锐减，外债规模膨胀、外债结构不合理、外债使用不当等①。

从历史事实来看，以上3种危机并不是孤立存在的，尤其是从20世纪80年代开始，银行货币危机和货币危机经常同时发生，使得"孪生危机"（Twin Crisis）成为金融危机研究中的一个典型现象。通常情况下，银行困境会成为汇率稳定的一个主要障碍，并加重货币崩溃带来的创伤。实际上，在金融全球化和自由化的背景下，各种金融元素已经形成了一个密不可分的立体网络，在这种错综复杂的网络结构中，不仅货币危机和货币危机经常同时发生，而且在一些较大的金融危机案例中，我们甚至能看到银行危机、货币危机和债务危机的同时发作的现象。

2. 金融危机的历史维度

回溯历史，从20世纪30年代的大萧条到20世纪80年代的拉美债务危机，再到20世纪90年代的亚洲金融危机，金融危机在历史上给人类留下了惨痛的回忆：20世纪30年代的大萧条过后，世界大战随即爆发；80年代拉美债务危机过后，经济陷入长期停滞；20世纪90年代的亚洲金融危机之后，经济滑坡和社会矛盾随即接踵而至。

然而，历史上的金融危机还不仅仅局限于上述三个阶段性典型。根据卡普里奥、杰勒德和克林格比尔（Caprio, Gerard & Klingebiel, 2003）的研究，在1980~2003年间，不仅很多国家都发生了银行危机，而且几乎所有国家都经历了不同程度的银行问题。根据国际货币基金组织（IMF）的数据，从20世纪70年代以来，世界范围内共发生124起银行危机，208起货币危机，63起债务危机。从实际案例来看，从20世纪60年代的英镑危机到20世纪80年代的美国银行危机，再到20世纪90年代的墨西哥金融危机（1994~1995年）以及最近的美国次贷危机（2007~2009年），频繁发生的金融危机不仅成本巨大，而且朝着越来越复杂的形态转变。在某些国家，银行危机、货币危机和债务危机接踵而至，给实体经济带来了毁灭性打击。

如果从更加长期的历史维度来审视全球范围内发生的金融危机，那么，我们可以看到一幅关于金融危机全球分布的更为久远的历史图景。实际上，早在17世纪30年代的荷兰，就发生了人类历史上第一次有记载的金融泡沫——"郁金香泡沫"。在关于这场泡沫的详细记载中，我们几乎可以看到所有与金融危机相

---

① 苏特（Sutter）从经济周期的角度提出了综合性的国际债务理论。他认为：首先，随着经济的繁荣，国际贷款扩张，中心（资本剩余）国家向国外投资，边缘（被投资）国家外债增多；其次，债务的大量积累导致债务国偿债负担的加重，并逐渐失去偿债能力，最终爆发债务危机；最后，债权、债务国就债务清理问题进行谈判并达成协议，债务国得以继续从国际市场上融资，但不良偿债记录限制了债务国的融资规模，直至新周期贷款繁荣阶段的到来。

关联的那些基本元素：价格泡沫、投机狂热、过度杠杆、金融创新以及意外时间的冲击等。在荷兰郁金香泡沫破裂80年后，1719年法国出现了著名的"密西西比泡沫"。这一事件的关键人物是被称为"天才加骗子"的一代怪杰约翰·劳（John Law）。接受过良好政治经济学教育的约翰·劳坚信"增发银行纸币→换成股票→最终可以抵销国债"的逻辑，结果却缔造了历史上一次大的金融泡沫。如果说荷兰的"郁金香泡沫"基本上是民间投机炒作的话，那么法国的"密西西比泡沫"却有着明显的官方背景。同时由于"密西西比泡沫"主要发生在股票和债券市场，因而比"郁金香泡沫"更具有现代特色。进入20世纪以来，金融危机的发生频率明显增加，几乎每隔10年就会发生一场世界瞩目的金融危机，横扫了包括发达国家和发展中国家在内的全球主要经济体。

1.1.2 金融危机的经济成本与社会影响

近年来，对金融危机的研究之所以越来越受到学界和实务界重视，是因为金融危机导致的成本是巨大的。根据巴斯、卡普里奥和莱文（Barth, Caprio & Levine, 2000）的研究，自1980年以来，130多个国家经历了不同程度的银行问题，既阻碍了经济的发展，也造成了巨大的经济损失。考夫曼（Kaufman, 2004）详细研究了1975~1997年间全球范围内的金融危机，发现金融危机带来的GDP实际损失和经济恢复所需要的时间成本都是巨大的（见表1-1）。在艾伦和盖尔（Allen & Gale, 2004）的一项关于银行危机的研究中，银行危机带来的产出损失平均达到GDP的27%左右（见表1-2）。上述情况的出现，使得如何确保金融体系的稳定性成为世界范围内金融改革和发展的一个现实议题。

表1-1　金融危机的成本：相对于趋势的产出损失（1975~1997年）

类别	危机数量	经济恢复时间（年）	危机的平均累计产出损失（%）	伴随产出下降的危机（%）	伴随产出下降的危机平均累计产出损失
货币危机（Currency Crises）	158	1.6	4.3	61	7.1
工业国家	42	1.9	3.1	55	5.6
新兴市场	116	1.5	4.8	64	7.6
货币崩溃（Currency Crashes）	55	2.0	7.1	71	10.1

续表

类别	危机数量	经济恢复时间（年）	危机的平均累计产出损失（%）	伴随产出下降的危机（%）	伴随产出下降的危机平均累计产出损失
工业国家	13	2.1	5.0	62	8.0
新兴市场	42	1.9	7.9	74	10.7
银行危机（Baking Crises）	54	3.1	11.6	82	14.2
工业国家	12	4.1	10.2	67	15.0
新兴市场	42	2.8	12.1	86	14.0
货币和银行危机（Currency & Banking Crises）	32	3.2	14.4	78	18.5
工业国家	6	5.8	17.6	100	17.6
新兴市场	26	2.6	13.6	73	18.8

注："经济恢复时间"是指危机后 GDP 增长重回趋势所需要的时间长度；"危机的平均累计产出损失"通过将危机开始后直至年产出重回趋势这之间的趋势增长和产出的差额加总而得，是所有危机的均值；"伴随产出下降的危机"是指危机开始后，产出低于趋势值的危机所占的比例；"伴随产出下降的危机平均累计产出损失"是指在产出低于趋势值的危机中，通过将危机开始后直至年产出重回趋势这之间的趋势增长和产出的差额加总而得，是所有危机的均值；"货币崩溃"（Currency Crashes）是指当指数进行危机报警后，外汇市场压力指数中的货币成分占到 75% 以上的那些危机；"货币和银行危机"（Currency & Baking Crises）是指在货币危机发生一年内同时发生银行危机的情况。

资料来源：Kaufman, Macro – Economic Stability and Bank Soundness, Revised Draft 4/4/01.

表1-2　　1977~1998年由银行危机带来的产出损失

类别	危机次数	平均危机长度	平均累计产出损失（占 GDP 百分比）
全部	43	3.7	26.9
其中：单个银行危机	23	3.3	5.6
银行业与货币危机	20	4.2	29.9
发达国家	13	4.6	23.8
发展中国家	30	3.3	13.9

资料来源：Allen & Gale. Competition and Financial Stability. Journal of Money, Credit and Banking, June 2004.

实际上，除了直接经济损失外，金融危机的发生往往还意味着经济增长的放缓、停滞甚至倒退。作为经济基本面恶化的基本指标之一，银行不良贷款率直接体现出了宏观经济的恶化趋势，而金融危机（尤其是银行危机）的发生往往伴随着经济增长率的下降。在表1-3中，我们容易看出，不论是发达国家还是发展中国家，无论是高收入国家还是中低收入国家，与高的不良贷款率相对应的是低的经济增长率：高收入国家危机爆发时期的不良贷款率为13.5%，实际GDP增长率只有0.7%；中低收入国家分别为27.8%和0.59%；所有国家平均水平分别为22.4%和0.62%。

表1-3　　银行危机发生国的不良贷款率与经济增长率

国家	年度	持续年数	不良贷款比率（%）(a)	银行贷款/GDP（%）(b)	实际GDP平均增长率（%）	货币危机发生与否
高收入国家						
芬兰	1991~1993	3	9.0*	89.9	(89.9)	-3.24	是**
日本	1992~1998	7	13.0	119.5	(182.5)	1.01	否
韩国	1997~		30~40	70.3	(82.2)	1.90	是**
挪威	1988~1992	5	9.0*	61.2	(79.6)	1.83	否
西班牙	1977~1985	9	n/a	68.1	(75.1)	1.54	是
瑞典	1991	1	11.0*	50.8	(128.5)	-1.12	是**
美国	1984~1991	8	4.0*	42.7	(45.9)	3.01	否
平均		5.5	13.5	71.8	(97.7)	0.70	
中低收入国家							
阿根廷	1980~1982	3	9.0*	29.8	(33.0)	-2.73	是**
阿根廷	1995	1	n/a	19.7	(20.0)	-2.84	否
巴西	1994~1996	3	15.0	31.7	(36.5)	4.28	否
智利	1981~1983	3	19.0	58.8	(60.2)	-3.41	是**
哥伦比亚	1982~1987	6	25.0*	14.7	(14.7)	3.36	是**
加纳	1982~1989	8	n/a	25.2	(25.2)	2.59	是**
印度尼西亚	1994	1	n/a	51.9	(51.9)	7.54	否
印度尼西亚	1997~		65~75	60.8	(60.8)	-3.24	是**
马来西亚	1985~1988	4	33.0*	64.5	(91.8)	3.65	否
墨西哥	1994~1995	2	11.0*	31.0	(36.3)	-0.88	是**
菲律宾	1981~1987	7	n/a	23.2	(31.0)	0.29	是

续表

国家	年度	持续年数	不良贷款比率（%）(a)	银行贷款/GDP（%）(b)	实际GDP平均增长率（%）	货币危机发生与否
中低收入国家						
斯里兰卡	1989~1993	5	35.0	21.3 (21.3)	4.86	否
泰国	1983~1987	5	15.0*	44.5 (48.5)	6.21	否
泰国	1997~		46.0	118.8 (134.9)	-2.22	是**
土耳其	1994	1	n/a	14.2 (15.3)	-4.67	是
乌拉圭	1981~1984	4	n/a	33.4 (47.8)	-3.57	是**
委内瑞拉	1994~1995	2	n/a	8.9 (12.3)	0.80	是
平均		3.7	27.8	38.4 (43.6)	0.59	
所有国家平均		4.2	22.4	48.1 (59.4)	0.62	
其中：双危机		4.1	26.1	46.5 (56.5)		
只有银行危机		4.3	17.7	50.8 (64.2)		

注：*表示来源于国际货币基金组织（MF），《世界经济展望》，1998年5月，第四章。(a) 估计值。在进行国别比较时应注意该国对不良贷款内涵的具体界定，不良贷款率常常被低估。(b) 危机期间的平均水平。储蓄货币银行对私人部门的贷款，括号中的数值包括来自其他银行的贷款。

从货币危机和银行危机的比较来看，银行危机对经济的危害程度明显大于货币危机。如表1-4所示，虽然产出的12个月变化在货币危机之后仍然比平静阶段的标准要低（平均10个月），但要从银行危机中恢复过来却需要前者两倍的时间。这种缓慢回复模式约需要2.5年回到正常水平。资产价格的弱势以及低于正常水平的股价，因银行危机而持续平均30个月——约是从货币危机中恢复时间的2倍还多（Goldstein, Kaminsky & Reinhart, 1999）。一般认为，银行危机之所以会对实体经济造成更沉重的打击，主要原因在于：银行危机切断了家庭和公司基金的国外和国内来源，而货币危机只切断了前者——换言之，银行危机下的信贷脆弱性更加严重。

表1-4　　　　银行危机和货币危机后的恢复时间

指数	银行危机	货币危机
银行存款	30（以下）*	12（以上）
国内信贷/GDP**	15（以上）	9（以上）

续表

指数	银行危机	货币危机
出口	20（以下）	8（以下）
过多 M1 余额	9（以上）	8（以下）
进口	29（以下）	18（以下）
贷存比率	0	3（以上）
M2 乘数	7（以上）	21（以下）
M2/储备	15（以上）	7（以上）
产出	18（以下）	10（以下）
实际汇率	8（以下-高估）	23（以上-高估）
实际利率***	15（以上）	7（以下）
实际利率差	15（以上）	7（以下）
股价	30（以下）	13（以下）
贸易条件	4（以下）	9（以下）

注：*括号中标记的是变量在平静阶段标准以下还是以上。所谓"平静阶段"是指：不包括货币危机之前和之后 24 个月的阶段；对银行危机而言，则是其开始前 24 个月和结束后 36 个月都不属于平静阶段。**国内信贷占 GDP 的比重在正常水平之上主要由于危机后 GDP 的下降。***实际利率的危机后表现的不同体现在大部分货币危机发生在 20 世纪 70 年代，那时利率受到管制且不能获得大量市场信息。

资料来源：Goldstein, Kaminsky & Reinhart (2005).

此外，银行危机还将明显导致政府财政状况的恶化。图 1-1 显示了银行危机发生后 3 年内实际公共债务（real public debt）的累计增加幅度[①]。这些数据表明，银行危机导致的政府财政状况的恶化可能远远超出人们的预期，其历史均值高达 86.3%。莱因哈特和罗格夫（Reinhart & Rogoff, 2008）对长达 1 个世纪的危机历史的研究发现，政府债务的大幅增加是危机后的一个明显特征，而政府债务的恶化主要是因为税收的大幅下降和政府反危机支出的大量增加，相比之下，用于银行担保的成本支出在一些案例中实际上只占了危机后债务负担总额的一个较小比例。

不仅如此，银行危机将同时导致经济增长的减缓和不菲的财政成本支出，并且这些代价随着危机的严重程度而增加。从全球范围的情况来看，银行危机（尤其是系统性银行危机）通常都意味着巨大的财政成本，在拉美等新兴市场国

---

① 这里之所以使用债务增加的百分比而不是债务与 GDP 之比（债务/GDP），是因为危机可能导致的产出的大幅下降使得债务/GDP 的解释变得不太确切。

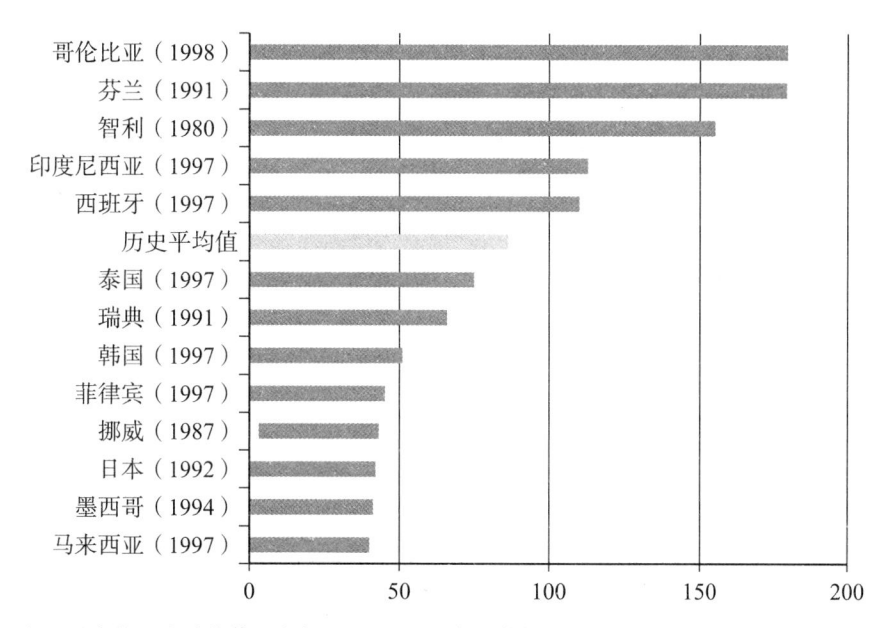

注：图中的历史平均值不包括 2007 以后的危机数据。

图 1-1　银行危机发生后 3 年内实际公共债务的累积增加（%）

资料来源：Reinhart & Rogoff (2008).

家尤其如此。根据卡普里奥和克林格比尔（Caprio & Klingebiel, 2003）的研究，拉美国家的危机财政成本达到了 GDP 的 20% 左右，这一数值相当于经济合作与发展组织国家的 2 倍，比其他新兴市场国家的均值也高出了 1/3 左右。此外，危机的财政成本与危机前后 3 年之间的 GDP 增长率的平均变动呈现出显著的负相关关系（见图 1-2），这说明随着危机程度的加深，危机的干预成本也随之上升。

总体而言，金融危机对经济发展的危害极大，因为它将导致经济活动的一系列紊乱。危机通常将导致信贷供需双方的资产负债表同时恶化，这意味着无论是金融机构的信贷能力还是借款人的融资能力，都将出现普遍的下降。这种净财富的急剧缩水，将不可避免地引发信贷紧缩，并导致投资和消费的减少。随着危机的深化和支付体系的崩溃，原本正常的市场交易被迫中止，产出进一步下降。蔓延在金融体系中的恐慌情绪和投资者对于经济前景的悲观预期将导致市场信心的普遍下降，随着国内外存款者从金融体系抽离资金并从实体经济中撤出投资，资本外流使得本就摇摇欲坠的经济更加不堪一击。当金融机构轮番破产的时候，不仅大量企业的资金链面临断裂威胁，而且大量关于借款人的有用信息也将随之灰飞烟灭。这一切不仅彻底破坏了金融体系，而且摧毁了资源经由金融体系向实体经济进行有效配置的能力，其结果是金融体系和实体经济在双向负反馈的环节中陷入恶性循环。在本章末的附表3中，我们给出了一个更为详细的系统性银行危机时间与经济成本的清单。

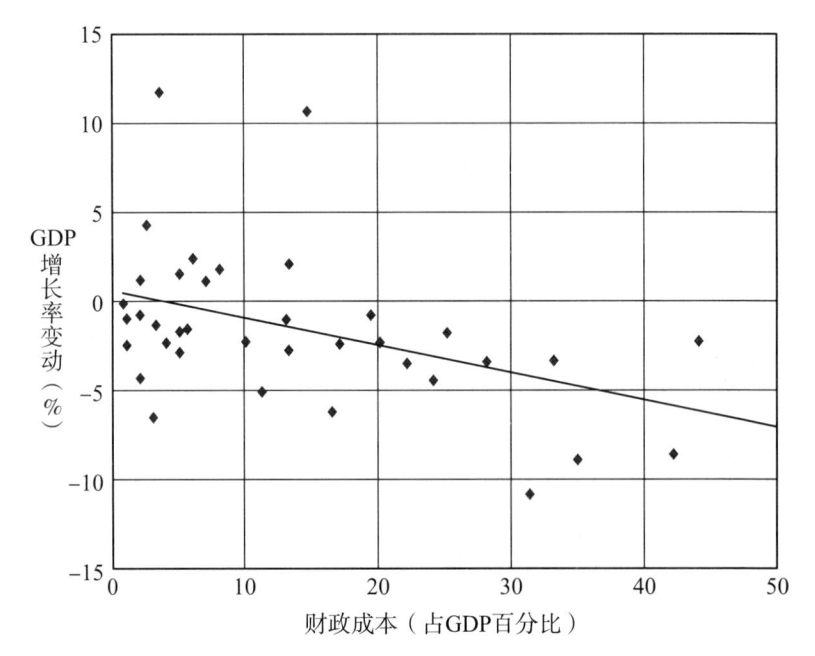

图1-2 财政成本和GDP增长率

资料来源：Caprio 和 Klingebiel（2003）以及美洲开发银行（IDB）估计。

1.1.3 金融危机的阶段性特征与演变趋势

在关于金融危机的经典定义中，金德尔伯格（Kindleberger，1978）把金融危机的形成过程概括为六大阶段：在第一阶段，宏观经济体系外部冲击改变获利机会，使预期发生变化，部分经济主体开始大量投资；在第二阶段，经济活动达到顶峰，设备投资、金融投资持续扩张；在第三阶段，出现资产过度交易及投机行为，资产价格暴涨；在第四阶段，市场行情异常狂热，出现过度投机和泡沫经济；在第五阶段，随着资金需求显著增大，货币流通速度增加，利率上升，一旦资产价格上升势头停止，投资者便纷纷抛售资产导致价格骤然下挫，交易过度的经济主体因金融头寸不足而倒闭；在第六阶段，如果政策当局没有采取适宜的对策，就会迅速出现信贷紧缩，从而陷入金融危机。

从金融危机的演变趋势来看，我们可以从表1-5~表1-7所列示的典型事件中得一些基本启示：首先，债务的累积和流动性问题几乎伴随着所有的危机事件，这说明过度负债和流动性枯竭一直在金融危机中扮演着重要角色；其次，资

表1-5　一些金融危机事件的特征概要（1933~1985年）

风险类型	1933年美国大萧条	1970年美国宾夕法尼亚中央铁路公司(Penn Central)危机	1973年英国二级(Secondary Banks)危机	1974年德国赫施塔特(Herstatt)危机	1982年大发达国家债务危机	1984年美国大陆伊利诺伊银行(Continental Illionois)危机	1985年加拿大地方银行(Regional Banks)危机
债务累积	√				√	√	√
资产价格泡沫	√		√			√	√
风险集中	√		√	√	√	√	
制度转变(Regime shift)	√			√			
新中介的进入	√		√				
创新	√	√	√	√	√		
货币紧缩	√	√					
金融机构资本充足率下降	√		√	√	√	√	√
信贷配给/流动性危机/银行挤兑	√	√		√	√	√	√
市场传染	√	√		√			
国际传导	√			√	√		
当局行动	√		√	√	√	√	√
严重的宏观影响	√				√		
金融体系雍疾/经济崩溃	√						

资料来源：Davis, E. P. Sources of Instability in Financial Systems, www.ephilipdavis.com.

表 1-6　一些金融危机事件的特征概要（1986~1991年）

风险类型	1986年浮动利率票据（FRN）市场崩溃	20世纪80年代美国储贷危机	1987年股市崩溃	1989年美国垃圾债市场危机	1989年澳大利亚银行问题	1990年瑞典商业票据（CP）危机	1990年挪威银行危机	1991年法国银行危机
债务累积	√	√		√	√	√	√	√
资产价格泡沫	√	√	√	√	√		√	√
风险集中	√	√			√		√	√
制度转变（Regime shift）	√	√	√	√		√	√	√
新中介的进入	√		√			√	√	√
创新		√	√		√	√		
货币紧缩			√	√	√		√	√
金融机构资本充足率下降		√					√	√
信贷配给/流动性危机/银行挤兑			√	√	√	√	√	√
市场传染	√		√					√
国际传导			√		√			√
当局行动		√			√	√	√	√
严重的宏观影响	√				√		√	√
金融体系雍瘦/经济崩溃	√						√	√

资料来源：Davis, E. P. Sources of Instability in Financial Systems, www.ephilipdavis.com.

表1-7 一些金融危机事件的特征概要（1991~1998年）

风险类型	1991年瑞典银行危机	1992年日本银行危机	1992年欧洲货币（ECU）单位债券市场崩溃	1992年欧洲货币（ERM）危机	1994年债券市场反转（reversal）	1994年墨西哥危机	1997年亚洲金融危机	1998年俄国和长期资本管理公司（LTCM）危机
债务累积	√	√					√	√
资产价格泡沫	√	√					√	√
风险集中	√	√	√				√	√
制度转变转换（Regime shift）	√		√	√	√	√	√	√
新中介的进入	√	√	√					√
货币紧缩	√	√		√	√	√		√
金融机构资本充足率下降	√	√					√	√
信贷配给/流动性危机/银行挤兑	√	√					√	√
市场传染				√	√		√	√
国际传导			√	√	√	√	√	√
当局行动	√	√				√	√	√
严重的宏观影响	√	√				√	√	√
金融体系瘫痪/经济崩溃		?					?	

资料来源：Davis, E. P. Sources of Instability in Financial Systems, www.ephilipdavis.com.

产价格泡沫从20世纪80年代以来越来越频繁地出现于各类危机事件中，已成为现代金融危机的重要特征之一；第三，伴随制度转变（Regime shift）的危机逐渐增多，尤其是在20世纪90年代的主要危机事件中几乎都可以看到制度转变带来的影响；第四，20世纪90年代以后，金融危机的国际传导呈现出上升趋势。

从金融危机的风险来源、经济影响和后期处置来看，不同阶段和不同类型的金融危机既存在共性，也存在一些差异。以十国集团国家的银行危机为例（见表1-8），可以看出：（1）信贷风险（尤其是房地产贷款）导致了瑞士、西班牙、英国、挪威、瑞典、日本和美国等国家广泛的银行问题，而需要大规模公共援助的破产事件均起因于信用风险；（2）信贷集中风险（credit concentration risk）尤其是集中于房地产市场的贷款风险在表1-8列举的13次危机中出现了9次，成为重要的风险来源；（3）市场风险是德国赫斯塔特银行倒闭的主要原因，同时也在美国储贷危机的初始阶段发挥了重要作用；（4）金融自由化（放松管制）伴随着滞后和无力的监管，往往与大型的银行危机如影随形；（5）银行危机的波及范围在国与国之间大相径庭：在瑞士、英国和1998~2000年的美国，只有小银行受到了影响，而在西班牙、挪威、瑞典、日本和20世纪80年代的美国，整个银行体系都受到影响；（6）危机处置和危机后的政策调整存在很大的国别差异：在大部分情况下，大面积扩散的银行破产事件通常需要一定数额的公共援助，除英国的小银行危机之外，大部分国家在遭遇危机之后均对监管政策进行了调整。

1.1.4　定义新型金融危机

在本书中，"新型金融危机"是指20世纪70年代以后（尤其是里根总统和撒切尔夫人上台以来），在世界范围内现代金融体系基本建立的背景下，由金融自由化和金融全球化推动的现代意义上的金融危机。

根据上述定义，从典型事实来看，新型金融危机具有以下基本特征：一是随着金融创新越来越频繁[①]，金融创新和金融危机之间的关系越来越紧密；二是伴随金融开放和金融自由化的危机频繁发生[②]；三是在通货膨胀得到较好控制的背景下，信贷扩张在特定领域（如房地产）的集中导致资产价格泡沫愈演愈烈，成为导致现代金融危机的主要路径；四是全球金融一体化和全球产业链的转移分工，使得相互依赖性加强，金融危机的全球感染范围和速度都在迅速增大；五是

[①] 有关1960年以来全球范围内的金融创新发展情况，详见本章末的附表5。
[②] 有关发展中国家的系统性银行危机与金融自由化之间的关系，详见本章末的附表4。

表1-8 十国集团国家银行危机的一个小结

风险类型	瑞士 1991~1996	西班牙 1978~1983	英国 国际商业信贷银行 1991	英国 小银行 1991~1992	巴林银行 1995	德国 赫斯塔特 1974	挪威 1988~1993	瑞典 1991~1994	日本 1994~2002	美国 大陆伊利诺伊银行 1984	美国 储贷危机 1982~1995	美国 新英格兰银行 1990~1991	美国 次级贷款机构 1998~2000
信贷风险	√	√	√	√	×	×	√	√	√	√	√	√	√
市场风险	×	×	×	×	√	√	×	×	×	×	√	×	×
操作风险	×	×	√	×	√	√	×	×	×	×	×	√	√
宏观:实体经济冲击	√	√	√	√	×	×	√	√	√	×	√	√	×
资产价格	√	√	×	√	×	×	√	√	√	×	√	√	×
银行体系	√	√	√	×	×	√	√	√	√	×	×	×	×
金融自由化	×	√	×	√	×	√	√	√	√	×	√	×	×
监管不力	√	×	√	×	√	×	×	×	√	×	√	×	√
风险集中	×	√	×	√	√	√	√	√	√	√	√	×	√
银行特定风险	×	×	√	×	√	√	×	×	×	√	×	×	√
影响: 整个银行体系	×	√	×	×	×	×	√	√	√	×	√	√	×
仅小银行	√	×	×	√	×	√	×	×	×	×	×	×	√
一个银行	×	×	√	×	√	√	×	×	×	√	×	×	×

续表

风险类型	瑞士 1991~1996	西班牙 1978~1983	英国 国际商业信贷银行 1991	英国 小银行 1991~1992	巴林银行 1995	德国 赫斯塔特 1974	挪威 1988~1993	瑞典 1991~1994	日本 1994~2002	美国 大陆伊利诺伊银行 1984	美国 储贷危机 1982~1995	美国 新英格兰银行 1990~1991	美国 次级贷款机构 1998~2000
系统性风险	×	√	×	√	×	√	√	√	√	√	√	×	×
危机处置													
处置速度	快	快	快	慢	快	快	快	快	慢	快	慢	快	快
主要关闭	×	×	√	×	√	√	×	×	×	×	×	×	√
主要援助方式	私人	公共/私人	公共	私人/公共	×	×	公共/私人	私人/公共	公共	公共	公共	公共	公共
处置的成本（占GDP百分比）	<1	5	Nil	0.007	Nil	Nil	3.1	4.0	(a)	0.0003	2.1	Nil	Nil
危机后监管改革	√	√	√	√	√	√	√	√	√	√	√	√	√

注：×代表没有或者不是危机原因；Nil 表示破产成本为零或者接近零。（a）日本金融服务局报道，至 2002 年 11 月，日本的银行持有 3.42 亿美元坏账。

资料来源：BIS, Bank Failures in Mature Economies, WP No. 13, April 2004.

在全球金融资本投机性大大增强的背景下①，国家的金融控制力在一国的金融稳定中扮演着重要角色。关于上述新型金融危机的基本特征，我们还将在后面的章节中通过理论和实证分析进行全方位和多层次的论证。

此外，从此次全球金融危机来看，由于危机发源地美国是储备货币国家，这使得危机可以通过更为广泛的货币金融途径向全球范围广泛延伸。在经济和金融全球化、一体化的背景下，全球最发达的经济体出现了货币金融危机，这给以美元为主要储备币种的中国外汇储备体系带来巨大挑战，也对未来国际货币体系提出了新的问题。一方面，从理论上看，新型金融危机的爆发，使得货币政策与资产价格的联动性关系出现新的变化，资产价格范畴有待重新定义，宏观货币政策和金融监管面临新的挑战；另一方面，国际货币体系的不稳定性迅速增加，加之储备货币国家借助一体化的全球金融市场转移和分散风险，这要求以美元为主要储备币种的国家积极应对。

1.2 新型金融危机的国别研究：典型案例

1.2.1 发达国家的金融危机：从美国到日本

1. 美国的金融危机

美国是一个金融危机频发的国家，在过去的一个多世纪里，美国几乎每隔10年就会发生一次金融危机。这些大大小小的金融危机，伴随着不同的历史背景，在人类经济发展史上留下了不可磨灭的印记。在第二次世界大战之前，金融危机往往与经济危机相伴而行，在金融监管和风险防范措施相对落后的情况下，这些金融危机以其对实体经济的巨大杀伤力而加剧了社会矛盾、民族矛盾和国家矛盾，甚至在某种程度上加速了两次世界大战的爆发。"二战"后，随着美国在全球范围内建立起经济霸权地位，世界经济秩序围绕美国进行了重构，全球金融体系也以美国为核心建立起来。在此后的发展阶段，美国显然从过去的金融危机中吸取总结了教训，相关的金融监管和危机防范救助机制逐渐完善起来，但大大小小的金融危机事件依然间歇性发作。

① 有关历史上主要的投机事件与金融危机的关系，详见本章末的附表6。

"二战"后，美国发生的金融危机至少包括以下几次：

◆ 20 世纪 80 年代的储贷危机

由于自身结构设计问题和经营环境变化（比如资产与负债不匹配、大量投机于垃圾债券、欺诈以及对商用房地产的巨额投资等），加之缺位的监管以及政府对储贷机构存在的问题长期采取掩盖和拖延的政策，美国曾于 20 世纪 80 年代陷入了自 30 年代大萧条以来最严重的以储贷协会（Savings & Loan，简称 S&L）为中心的银行业危机[①]。这场危机严重地威胁了整个金融体系，并作为史上最为昂贵的金融危机之一留在人们的记忆中[②]。美国的储贷业和政府为此付出了沉重代价：1980~1994 年的 15 年间，共有 1 295 家储贷协会倒闭，倒闭率 35.75%，平均不到 3 家储贷机构就有 1 家倒闭；倒闭储贷协会的资产总额 6 212 亿美元，占全部储贷协会资产总额的 41.36%；美国政府为处理储贷协会危机付出了 1 614 亿美元的代价，其中纳税人大致付出 1 240 亿美元，而储贷行业本身则承担余下的几百亿美元。

◆ 1987 年的"金融地震"

1987 年 10 月 19 日，这一天因为被称为"黑色星期一"而广为人知。当天，美国的道琼斯指数下跌了 508 点，跌幅达到 22.6%，5 000 亿美元瞬间蒸发。受此影响，10 月 20 日，伦敦股票市场应声下跌 249 点，跌幅为 11%，500 亿英镑随之化为乌有。此外，巴黎股票市场下跌 9.7%，东京股票市场下跌 14.9%，香港股票则停止了交易。危机前，美国连年出现的巨额财政赤字和贸易赤字被认为是引发这次金融危机的罪魁祸首，而金融市场的高度投机行为进一步助长了股票市场的不稳定，随着危机前美国连续 5 次提高利率，投资股票的收益率降低，投资者行为开始发生逆转。1987 年金融危机引发了全球经济震荡，投资者和消费者的信心受到严重挫伤，而股市暴跌引起的债券和黄金价格上涨，导致汇率下跌，国际经济关系也受到不小影响。

◆ 2007~2008 年的"次贷"危机

2007 年以来，在美国发生了一场因次级抵押贷款机构破产、投资基金被迫

---

① 储贷协会是美国金融机构中规模仅次于商业银行的重要存款机构，是政府实施住房政策的重要工具。直至 20 世纪 80 年代，所谓"储贷机构"大多只是单一业务线的小机构，从居民手中收取零星存款，再发放住房按揭贷款，简单、保守、亲民。

② 有学者认为，美国储贷危机是"这个国家历史上规模最大、最臭名昭著的金融乱局之一"。1989~1990 年储贷危机达到顶点。1989 年，美国资产重组托管公司耗资 1 350 亿美元解决了 318 家储蓄和借贷机构，1990 年出资 1 300 亿美元解决了另外 213 家。1990~1992 年美国资产重组托管公司继续救援计划，但 1992 年只用了 440 亿美元解决了 59 家机构。1993~1995 年需要美国资产重组托管公司监管机构的数字锐减至 13 家，危机结束。

关闭、股市剧烈震荡引起的金融风暴——次贷危机①（见图1-3）。美国"次贷危机"于2006年春逐步显现，至2007年8月，危机已经席卷至美国、欧盟和日本等世界主要金融市场。从危机发生的机制来看，由于次级按揭贷款人的资信用状况本来就差，次贷本身内含的风险就是巨大的②。但是，在宽松的信贷政策下（2001~2003年美国进入连续降息周期）③，当华尔街的"天才"投资银行家们通过资产证券化将充满风险的次级债券继续包装并一层层衍生的时候，风险"魔术般"地消失了：高风险和高回报，只要房价一往无前地上涨，所有人都可以尽情享受泡沫经济带来的盛宴。但是，任何资金推动的泡沫都注定会破灭，当次贷的风险不断累积，伴随着信贷环境的改变④，违约事件如期而至并迅速蔓延。当贝尔斯登、美林证券、花旗银行和汇丰银行等国际金融机构相继宣布数以百亿美元的次贷损失后，华尔街的金融"大腕"们纷纷元气大伤。重新审视这场21世纪的"新型"危机，应该说，美国次贷危机本质上依然是泡沫的自然破灭过程，而包括金融机构在内的市场参与者也都扮演了催生和放大泡沫的角色，唯一不同的是，在这次危机中，投资银行家们摆弄着炫目的衍生工具技术，向我们展示了金融创新如何让泡沫在无形中膨胀和爆炸的。而对于金融监管者而言，次贷危机背后若隐若现的监管不足，在某种程度上可以看做是崇尚自由经济文化所导致的无序的一种代价。

---

① 美国次贷危机，全称应该是美国房地产市场上的次级按揭贷款的危机。顾名思义，次级按揭贷款，是相对于给资信条件较好的按揭贷款而言的，指按揭贷款人没有或缺乏足够的收入（还款）能力证明，或者其他负债较重（因而其资信条件较"次"），这类房地产的按揭贷款，就被称为次级按揭贷款。

② 理查德·比特纳在《贪婪、欺诈和无知》写道："如果你在次贷行业干的时间够长，你就会遇到三教九流不同人等：脱衣舞女、囚犯、皮条客、暴徒和其他正派的社会公民。"有意思的是，这本书的副标题是："美国次贷危机真相"。比特纳是在抵押贷款行业里干了14年的行家里手，按他的说法，如果一个借款人过去的经历复杂，因此出现了信用方面的问题，曾经失业或是收入来源不明，那么，他最终都会找上次贷公司。

③ 从2001年年初美国联邦基金利率下调50个基点开始，美联储的货币政策开始了从加息转变为减息的周期。此后的13次降低利率之后，到2003年6月，联邦基金利率降低到1%，达到过去46年以来的最低水平。宽松的货币政策环境，反映在房地产市场上，就是房贷利率也同期下降。30年固定按揭贷款利率从2000年年底的8.1%下降到2003年的5.8%；一年可调息按揭贷款利率从2001年年底的7.0%，下降到2003年的3.8%。这一阶段持续的利率下降，是带动21世纪以来的美国房产持续繁荣、次级房贷市场泡沫起来的重要因素。

④ 从2004年6月起，美联储的低利率政策开始了逆转。到2005年6月，经过连续13次调高利率，联邦基金利率从1%提高到4.25%。到2006年8月，联邦基金利率上升到5.25%，标志着这轮扩张性政策完全逆转。连续升息提高了房屋借贷的成本，开始发挥抑制需求和降温市场的作用，促发了房价下跌，以及按揭违约风险的大量增加。

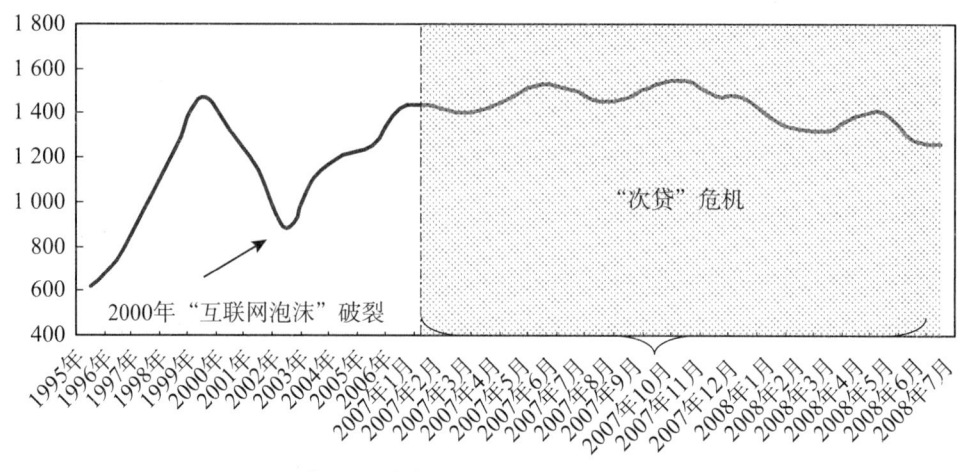

图 1-3 美国标准普尔 500 指数（1995~2008 年）

资料来源：http://www.economagic.com/em-cgi/data.exe/djind/day-djiac.

2. 日本的金融危机

较之美国常常发生周期性的金融危机不同，日本用其 20 多年的经历，向我们充分演绎了如何从"不可一世"的经济巨人到经济衰退的戏剧性转变。1986~1989 年，日本经济出现了以资产（主要指股票、土地等）价格猛涨并严重脱离实际资产价值的经济现象，造成日本经济浓重的泡沫成分。进入 1990 年，日本经济又转入资产价格一路下跌与经济长期萧条的局面。由于日本泡沫经济的崩溃造成了严重的后遗症，其影响持久而广泛，面临的问题和矛盾也复杂而深刻①。

日本的经济金融危机，虽然本质上也是泡沫经济的崩溃过程，但这一次日本的泡沫吹得特别大，而最终当泡沫破裂时，也就不可避免地跌入了难以逆转的深渊。回顾这段历史，在经历了战后短暂的恢复重建后，日本经济进入了持续稳定的增长期，年均增长率居西方国家首位。进入 70 年代后，虽然石油危机曾导致日本经济短暂的衰退，但日本经济仍然得以稳步发展。1985 年之前，日本经济强劲增长，逐渐发展成为全球第二大经济体，人均 GDP 接近 30 000 美元。此时，日本在经济上已经成为可与美国匹敌的强大对手。

但是，建立在高储蓄率和内需相对不足基础上的外向型经济，导致日本贸易收支出现持续大幅顺差的状况。随着日美贸易摩擦的不断升级，日元面临很大的升值压力。在这种情况下，日本政府于 1985 年 9 月和 1987 年 2 月先后与美、

---

① 此后，日本历届政府均试图消除泡沫经济的严重影响，但收效甚微。1997 年，东南亚金融危机波及日本，泡沫经济的潜伏的危机再度爆发，形成更加错综复杂的经济局面。日本政府在综合运用财政政策和金融政策刺激经济方面顾此失彼，疲于应付，导致政府更迭频繁。

英、联邦德国等国签署了以协调汇率为主的"广场协议"和以利率调整为主的"卢浮宫协议"。自1985年后，重重受压下的日元经历了4年左右的逐步升值，然后进一步发展至过度升值，到1995年，日元的汇率最高已达到1美元兑换78日元。如图1-4所示。

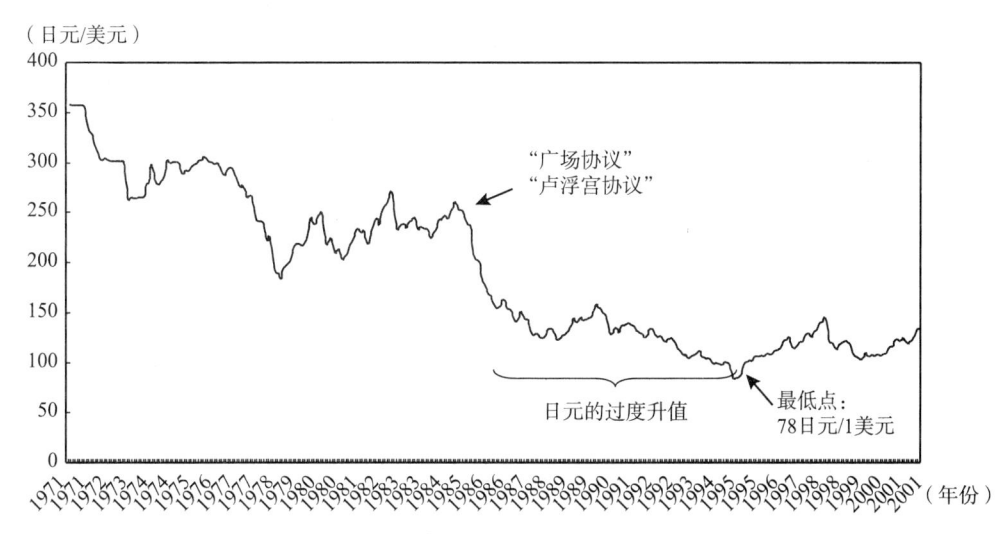

图1-4 日元的汇率走势（日元/美元）：1971~2001

日元升值预期的不断强化，极大地刺激了境外资金流入，从而推动了房价及股价持续大幅上涨。1979年，国外净购入日本股票仅1.92亿美元，至1980年已增加到61.5亿美元。1987年4月，东京证券交易所股票市值猛增至26 600亿美元，一举超过当时的纽约证券交易所（约26 520亿美元市值）。日交易量也大幅上升，1989年日交易量曾达到25 000亿日元。在此过程中，日经指数从1985年的1万点一路飙升至1989年的近4万点（见表1-9）。

表1-9　　　　1985~1992年间日经平均股价指数　　　　单位：日元

年度	平均	最高	月/日	最低	月/日
1985	12 556	13 128	12/17	11 545	1/5
1986	16 386	18 936	8/20	12 881	1/21
1987	23 176	26 646	10/14	18 544	1/13
1988	27 011	30 159	12/28	21 217	1/4
1989	34 042	38 915	12/29	30 183	1/5
1990	29 474	38 712	1/4	20 221	10/1
1991	24 295	27 146	3/18	21 456	8/19
1992	18 179	23 801	1/6	14 309	8/18

注：日经平均股价指数是由日本经济新闻社编制并公布的反映东京证券交易所股票价格变动的股票价格平均指数，以1950年9月7日为基期开始计算，也称日经225股价指数。

但是，日本股市的短期连续暴涨缺乏坚实的经济基础。将 1985~1989 年间日本和美、英、法四国股票市盈率和收益率情况进行了比较（见表 1-10），可以看出，在 4 年时间里，日本股票的投资收益率下降了一半，远远低于美、英、法，而市盈率却增加了 1 倍，远远高于美、英、法。这意味着，在 1989 年购买 1 只股票，平均大约需要 70 年才能收回投资，而此时并未考虑投资应获得的利息。股价的疯狂上涨完全背离了客观经济发展的状况，在一个高市盈率和低收益率的证券市场中，投资的价值越来越小，投机的氛围越来越浓，股票交易在高速运转，泡沫破灭的风险也越来越大。

表 1-10　　1985~1989 年间日本股市市盈率及收益率的国际比较（年末、全产业）

年份	市盈率（倍）				收益率（%）			
	日本	美国	英国	法国	日本	美国	英国	法国
1985	35.2	10.51	10.72	14.00	0.92	4.20	4.38	3.89
1986	47.3	13.50	12.19	18.40	0.74	3.47	4.24	2.72
1987	58.3	15.89	13.90	16.30	0.59	3.09	3.42	3.03
1988	58.4	11.15	10.36	10.80	0.51	3.63	4.27	3.78
1989	70.6	11.66	11.25	12.30	0.45	3.43	4.12	2.65

资本的不断流入，不仅刺激了股价的非理性上涨，还大幅推高了房地产价格，催生了更为严重的全面泡沫。随着金融限制的放松，城市用地和房宅成为金融机构竞相投资的热点，主要城市的不动产价格节节攀升，东京的地价一度高得离谱，资金推动下的价格飙升已经严重脱离了价值轨道。

在日元持续升值期间，迫于外部压力，在扩大内需、经济自由化和国际化的口号下，日本仓促开展了金融自由化改革：①实施利率自由化；②放松资本管制，取消外国资本在日本投资及从事其他金融业务的限制；③实行混业经营，允许银行、信托、证券相互参与其他行业的业务，允许交叉持股；④允许某些社会保障性质的资金参与高风险的股票、外汇投资。在日本金融自由化改革过程中，银行的信贷行为导致了更为集中的泡沫化风险：1986 年以后银行向被限制三类产业的贷款（包括建筑业、金融保险业和不动产业的贷款余额）合计大大超过了作为日本经济支柱的制造业。银行投向不动产的贷款激增，直接缔造了所谓"地价不跌"的神话：以大城市为中心，地价飞涨，至 1989 年，日本平均地价较 1980 年上涨超过 150%，三大城市圈（东京、京都、大阪）的平均地价更是上涨超过 280%。从全国的情况来看，1989 年年底对日本不动产价值的官方估价竟达到 20 000 兆日元。虽然日本的国土面积仅是美国的 1/25，但日本不动产的价值却是美国的 4 倍。按 1990 年年初的土地价格，用东京可以买下整个美国，用皇宫一带的土地可以买下整个加拿大①。

资本管制放松和汇率大幅波动导致的资本流入，不断推高资产价格，支持了日本泡沫经济时期的投资过剩；而资产价值持续上升预期下的信用急剧膨胀，更是成为"资金推动投机"的第一动力。资产泡沫和金融泡沫彼此强化，缔造了世界经济史上又一次"蔚为壮观"的泡沫经济。

到了 1989 年，严重的经济泡沫迫使政策当局不得不开始注意问题的严重性。大藏省被迫动用利率手段，从 1989 年 5 月至 1990 年 8 月共调息 350 点，贴现率迅速攀升至 6%。为控制泡沫，日本政府自 1990 年开始，相继采取土地总量控制、税收强化、收缩银根和限制金融机构向不动产业界贷款等手段试图控制过热的经济，但一切都为时已晚，旨在纠偏的调控措施最后被证明只不过充当了刺破泡沫的"针尖"罢了。1990 年，日本平均地价狂跌 46%，日经指数则从 1989 年 12 月平均 38 915 点的历史高点急速回落，至 1992 年 8 月跌至 14 309 点，跌幅达 63%。此间，大批银行、企业和证券公司在瞬间陷入巨亏状态。

1992 年春，日本政府正式承认经济减速，综合手段已挤碎了泡沫：从事土地和股市投机的不动产企业、建筑公司和高尔夫开发商大都陷入破产倒闭，从事土地担保融资的银行也因为这些企业的纷纷倒闭而产生大量坏账，金融机构跟着接连倒闭（见图 1-5）。至 1998 年年底，日本的土地和股市共遭受 1 200 万亿日元的损失。

泡沫经济的破灭对日本银行业的打击是致命的。日本银行的债权价值大大缩水，违约率上升，不良债权问题严重。自 1992 年以来，虽然日本政府已经投入了大量资金来解决金融机构不良贷款的问题，但是形势依然没有好转。根据 2001 年 8 月日本金融厅的调查，截止到 2001 年 3 月，日本金融业不良贷款总额达 43.4 万亿日元。日本银行虽然自 1991 年 7 月以来一直降低贴现率，甚至于 1995 年实行了零利率的政策，但由于金融机构的"惜贷"倾向，仍然无法达到刺激投资需求、恢复经济活力的目的。超低的利率和堵塞的传导机制造成了货币政策的失灵。2001 年 2 月，新上任的美国财政部部长奥尼尔（O'Neil）曾说，"日本经济已无药可救"。日本经济的窘境可见一斑。

---

① 在 20 世纪 80 年代后半期经济普遍繁荣的推动下，日本全国范围内出现了城市再开发和农村休养地开发的热潮，一些高消费设施投入建设和开发，土地价格随之猛涨。具有代表性的六大城市商业地区地价指数从 1986 年的 200 上升到 1989 年的 600 多，约增长两倍多。全国平均地价上涨幅度也在 1 倍以上。国民总资产中的"土地及其他项目"（主要是土地）从 1985 年年底的 1 049 万亿日元增加到 1989 年年底的 2 024 万亿元，约增长 1 倍，到 1990 年更增加到 2 391 万亿日元，是 1985 年年底的 2.28 倍。

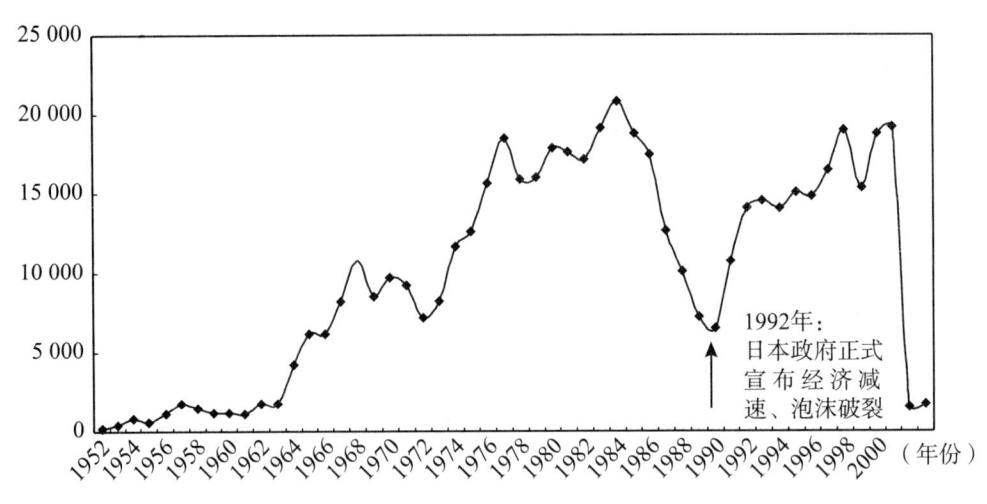

图 1-5 日本破产机构的数量

资料来源：日本东京商工研究机构。

泡沫经济崩溃后，"银行不倒"和"地价不跌"的神话破灭：不动产价格一落千丈，不动产公司资不抵债，进而累及放贷的住宅专业金融公司及其母体银行。银行坏账大量增加引发了"多米诺骨牌效应"，大小金融机构纷纷破产，金融市场伤痕累累。在最高年份，破产事件达到 2 万件，金融负债最高年份达到 25 万亿日元。日本经济从此滑入长达 20 多年的低迷期[①]。

1.2.2　发展中国家的金融危机：从拉美到东亚

1. 拉美金融危机

自从 20 世纪 70 年代以来，各种各样的金融危机（银行危机、货币危机、债务危机）就像幽灵一样"阴魂不散"地笼罩在拉美国家的上空。无论是从金融危机的发生频率、危害程度以及持续性等各个方面来看，拉美金融危机都可以看

[①] 日本早稻田大学的学者们认为，日本泡沫经济有许多诱因，但当时政府的政策也存在严重失误。日本政府的失误表现在，在接连放弃对金融业的种种限制后，未能根据情况的变化采取相应的金融监管措施。例如，1990 年日本政府宣布对不动产业信贷采取"总量控制"时，不少大银行依然我行我素，继续通过其子银行向不动产业扩大贷款，而日本政府对这种明显的违规行为却采取了纵容态度，最终导致不动产价格暴跌、金融机构破产的连动性恶果。另一个失误是较长时间内维持低利率，错过了金融紧缩的时机。1985 年以后，资本大规模流入股市、房市、土地市场等，资产价格泡沫急剧膨胀。货币政策试图通过低利率转变资本流入的态势，但低利率不但没有阻止资本流入，反而在日元不断升值预期的刺激下不断流入，进一步支持了资产价格上涨，形成了资本不断流入、资产价格不断上涨的恶性循环。

做是世界范围内的一个"标准样本"。在最近20多年中,以曾经发生过两次以上危机的国家数量为指标进行计算,拉美和加勒比地区位居全球榜首,其中35%以上的拉美国家曾经历过数次危机,该指标几乎是世界其他地区的3倍。

事实上,从20世纪70年代以来,拉美地区的外债负担就日益沉重,以至于在80年代初陷入债务危机长达10年之久①。此后,虽然"布雷迪计划"②暂时缓解了拉美国家的债务困难,但要从根本上解决问题依然遥不可及。在20世纪80年代初第一次拉美债务危机爆发时,整个拉美地区的外债为3 800亿美元,经过20年的经济发展后,拉美的债务却近乎翻番,总额接近8 000亿美元③。由于拉美国家患上了严重的"债务依赖症",在经济发展向好时,大量私人资本的涌入助长了经济繁荣,但同时也埋下了债务危机的种子:一旦经济形势稍有逆转,外资就会闻风而逃,从而导致股市暴跌,货币贬值,金融和经济危机一触即发。当经济困难出现时,为寻求国际援助以得到大量的救济资金,拉美就需要满足国际货币基金组织(IMF)那些痛苦(甚至不切实际)的改革过程。如此一来,在背上了更沉重的债务负担后,下一个"恶性循环"似乎又开始了。

◆ 1994年墨西哥金融危机

1994年12月的墨西哥金融危机是金融全球化时代新兴市场国家的第一次危机。为了遏制通货膨胀,墨西哥实行了稳定汇率的政策,即利用外资的流入来支持本已非常虚弱的本国货币,使比索与美元的汇率基本稳定(仅在一个很窄的范围内波动)。20世纪90年代初期,墨西哥通货膨胀率的上升和国际竞争力的下降使得墨西哥比索不断高估,汇率高估引起贸易逆差(见图1-6)。由于外贸赤字不断恶化,外国投资者信心开始动摇。在资本大量持续外流的压力下,1994年12月20日墨西哥政府不得不宣布让新比索贬值15.3%。然而,这一措施不仅未能起到稳定效果,反而在外国投资者中引起了恐慌,资本外流更加迅猛。墨政府在两天之内损失了40亿~50亿美元的外汇储备,至12月22日外汇储备几近枯竭,降到了少于一个月进口额的水平。万般无奈之下,墨政府不得不放弃了对外汇市场

---

① 早在20世纪70年代,随着南锥体国家(如智利、阿根廷、乌拉圭)逐步实施金融自由化,危机就已经在这一地区初现端倪。进入80年代,拉美国家在70年代积累起来的巨额债务终于"发威"。1981年,墨西哥到期的公共债务本息达到268.3亿美元,由于无力支付本息,要求国外银行准许延期支付,但遭到拒绝。墨政府不得不在1982年夏宣布无限期关闭兑汇市场,暂停偿付外债等措施,债务危机由此爆发。此后,巴西、阿根廷、秘鲁等国家也相继告急。这就是广为人知的拉美20世纪80年代的"债务危机"。

② 这是一个由发达国家和国际机构联合进行的旨在救助发展中国家债务的计划。由于庞大的债务随时可以威胁到国际金融的稳定性,如果拉美国家发生倒账,作为债主的西方几百家大银行将不堪设想。经过努力,债务危机已经不像原先那样严重,但是还是像"定时炸弹"一样,随时会危及全球经济。

③ 这意味着每个拉美人欠着1 500美元的外债,同时也意味着拉美每年用于支付外债的资金就近1 500亿美元,相当于本地区年外贸收入的30%左右。

的干预，被迫宣布让新比索自由浮动。此后短短几天之内，新比索下跌了40%。

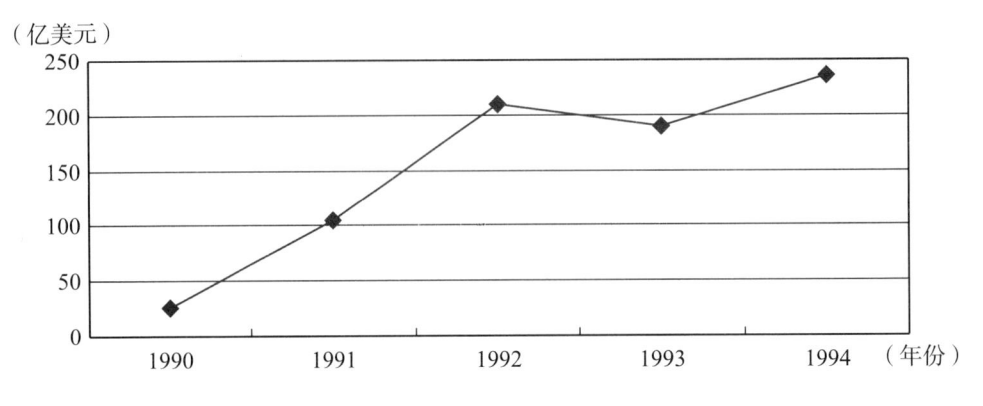

（亿美元）

图1-6 危机前墨西哥的贸易逆差

当比索贬值的消息在墨西哥精英阶层引发巨大恐慌时，许多有钱的墨西哥人迅速从股票和债券市场套现。他们趁比索贬值大肆抛售比索，以牟取期货市场的短期效应，从而使问题进一步加重。虽然政府为18家国内主要银行提供了紧急援助，但仍有8家银行倒闭，墨西哥政府不得不出售黄金储备来平衡比索贬值，以避免经济危机引发墨西哥大选的政治风波。

由于固定汇率短时难以改变，为吸引外资以弥补贸易赤字，墨西哥只能提高利率，而利率的上升会导致国内经济的进一步衰退，并使偿还债务本息的负担愈加沉重。这种进退维谷的局面正是国际投机资本肆虐的好时机。从进入墨西哥的外资结构来看，直接投资很少，绝大部分都是追求高收益的证券投资，其中又以短期有价证券居多。如此一来，一旦金融利率发生变化，这些具有很大投机性和流动性的"燕子资金"就会闻风而逃。随着资本外逃的不断加剧，塞迪勒新政府实施比索贬值政策，但仍然无法偿还到期的短期债券"特搜公债（tesobons）"①。债券持有者

---

① 墨西哥金融危机爆发时，比索迅速下滑至交易区间的下限，萨利纳斯政府不得不采取一系列冒险措施，如发行短期债券"特搜公债（tesobons）"，将价值300亿元的债券与美元汇率挂钩。在比索贬值的压力得到缓解的情况下，这种债券虽然销售容易，但存在到期兑现困难。墨西哥政府只有50亿美元的外汇储备，但面临230亿美元"特搜公债（tesobons）"债券的兑付要求。墨西哥政府面对的困境是：如果为了将外国资本留在国内而将利率大幅提高，投资和就业就会受到破坏，流入国内的外资将大大减少；如果为了偿还债务而大肆发行货币，那么由此引发的恶性通货膨胀将会产生同样的后果。如果不按照协定偿还外债，那么依靠美国资金来支持墨西哥经济改革的希望将付之东流。为缓解金融危机，墨政府不断向投资者提出展期偿还短期债务的要求，同时寻求弥补性措施，如减少联邦政府开支，增加消费税，中央银行紧缩贷款并提高利率，通过适度比索贬值来抑制进口、增加出口等。为了吸引国外资金，墨西哥政府将比索汇率上升到超出其价值水平。此种情况下，一旦发生金融危机，投资者将紧急抛售墨西哥资产。危机期间，大约有250亿美元流出墨西哥，最终导致比索崩盘，在短短几个星期内，墨西哥的购买力损失了一半。

要求以美元偿还，但金融危机使他们的希望完全落空。墨西哥国内金融精英们和美欧等国投资者一样，迅速从债券市场撤出。墨西哥股票市场持续下跌，3个月内股价下跌了48%。随着股票市场出现前所未有的萧条，墨西哥经历了有史以来最为严重的金融危机。

从墨西哥金融危机的发生背景来看，从1990年起，其经济体内部发生的一系列变化是值得高度重视的：(1) 国内储蓄率急剧下降，从1990年的19%降到1994年的14%左右，同时国内的投资和生产几近停滞，经济成长率仅为2%左右；(2) 高利率导致大量的外资涌入，年流入量达250亿~300亿美元；(3) 实际汇率的持续上升损害了出口商品的竞争力，造成经常项目赤字增加到每年约230亿美元，达到GDP的7%；(4) 整个经济过分依赖外资，但大部分外资被用于增加消费，投资和外贸出口并未显著增长，大量美资涌入墨西哥后，随着1994年美国6次加息，以美元计价的资金成本大幅上升，墨西哥的外债负担也骤然增加[①]。

除了经济基本面的因素外，不合理的政策调控也是诱发危机的重要原因。首先，萨利纳斯担任总统后，为了应对以美国为首的债权国的债务压力，墨西哥政府根据"华盛顿共识"的要求进行改革，开始实施空前的私有化工程[②]。然而，"华盛顿共识"不仅没有改善吸引外资的环境，反而在美国众多企业和产品涌入后导致墨西哥大批民族企业倒闭，并引发了诸如高失业率、贫困化、两极分化和社会不公正等大量社会问题。其次，墨政府推行的旨在控制通货膨胀的汇率稳定政策给外国投资者造成了一种"稳定幻觉"：在感觉墨政府推行隐含的"汇率保障"后，外国投资者降低了风险预期，外资更加疯狂地涌入——此时一旦外资流入减缓，外汇储备就面临大幅减少的困境，当外国投资者察觉这一点并开始把投资大量撤回本国时，危机就发生了。再其次，墨西哥金融危机还表明了货币和财政政策不透明带来的严重后果。1994年墨西哥银行的外汇储备数据在6个月之后才开始公布，财政赤字一直隐匿在发展银行的账户上，由于潜在的环境恶化的事实一直被隐而不报，所以一旦比索贬值，市场的反应就尤其迅猛。最后，长期积累的巨额预算赤字、急剧上升的通货膨胀以及居高不下的公共借贷利率，都显

---

① 据有关资料显示，1993年墨西哥接收的30亿美元的外来投资中，约80%投资在有价证券方面，直接投资仅占20%。投资资金投向的不平衡更造成经济结构失衡，一旦出现利率和汇率风险，外资大量流失，经济就会崩溃。

② 比如借助外国资本实行国营企业私有化，单方面降低贸易壁垒，实现资金和贸易的自由流动，并与美国签署《北美自由贸易协定》（1993年实施）等。墨西哥加入北美自由贸易区后，其主要贸易伙伴是美国等少数国家。与富裕的邻国进行自由贸易给墨西哥带来了空前的贸易危机，从而使墨西哥的外汇储备枯竭。自由贸易的结果只是美国低技术产业进入墨西哥廉价劳动力市场，墨西哥的出口产品仍然是过去那些为替代进口而生产的产品，对该国的产业升级毫无帮助。

著加大了汇率压力,当汇率的下降不断转化为日益沉重的外债负担时,该国实行的将本币贬值和自由浮动的政策,不仅未能遏制资本外流,反而使以外币计价的债务负担不断加重——在这种情况下,墨西哥被迫采取紧缩政策,遏制预算赤字和通货膨胀,将大量资金转而用于偿还债务,国内生产和消费随之大幅度减少,金融危机随之发生。

◆ 1999年巴西金融危机

1999年1月7日,巴西第三大州米纳斯吉拉斯州州长、前总统伊塔马尔·佛朗哥突然宣布因财源枯竭,90天内无力偿还欠联邦政府的154亿美元的债务。这一消息成为引发巴西金融危机的导火索。当日,巴西股市重挫6%,巴西政府债券价格也暴跌44%,雷亚尔持续走弱,央行行长在三周内两度易人。债务延期的消息动摇了市场信心,外国投资者仓皇撤资,仅1月12日一天就流出12亿美元,大量资金外流导致1月共流失约54亿美元[①]。由于雷亚尔对美元的汇价接连下挫,股市接连下跌。"桑巴旋风"迅速向亚洲、欧洲及北美蔓延,对拉美、欧洲、亚洲等国家的资本市场形成了直接冲击。

在外汇储备大量流失的情况下,为阻止资本外逃,巴西政府希望通过高利率政策来保持雷亚尔汇率稳定。在很短时间内,巴西央行将基准利率从34%提高到37%,之后又提高到41%,但在盯住美元的汇率制度安排下,高利率并不能改变资本外逃和雷亚尔贬值的趋势。雷亚尔一度跌至1美元兑换2.17雷亚尔,许多商业银行出现了挤兑风潮。面对危机,巴西政府除了让雷亚尔自由浮动外已别无选择[②]。1999年1月13日,洛佩斯正式宣布改革爬行盯住美元的汇率制度,扩大雷亚尔对美元的浮动区间(即从1.12~1.20雷亚尔兑1美元扩大到1.22~1.32雷亚尔兑1美元),雷亚尔随之急剧贬值,包括巴西在内的全球主要股市大幅下挫。1月15日,巴西中央银行再次放宽雷亚尔对美元的浮动区间,并允诺在18日前中央银行不再采取任何干预措施,雷亚尔随即进一步贬值,一度达到1.50雷亚尔兑1美元。1月18日,巴西中央银行发表公报,宣布实行让雷亚尔

---

① 米纳斯吉拉斯州的债务拖欠很快引发了投资者的恐慌情绪:(1)米纳斯吉拉斯州还可能宣布它无法偿还其发行的欧洲债券;(2)米纳斯吉拉斯州的违约将使卡多佐政府的财政改革计划难产;(3)其他州可能会步其后尘,推迟还本付息,从而使联邦政府的财政陷入更加困难的境地;(4)一系列连锁反应可能会诱发联邦政府的违约。

② 时任巴西中央银行行长的弗朗西斯科·洛佩斯指出,危机中的巴西面临三种选择:一是坚持盯住汇率制度,继续实行外汇管制;二是雷亚尔美元化;三是雷亚尔自由浮动。他指出,盯住汇率制度和外汇管制最终将使巴西陷入既不能从国际市场融资、也不能偿还外债的地步,雷亚尔美元化也会给国家带来更大的灾难。因此,除了雷亚尔自由浮动以外,巴西政府其实已经别无选择。洛佩斯认为,如果实行自由浮动汇率,中央银行停止对外汇市场的干预,不必继续动用外汇储备来稳定外汇市场,那么,巴西中央银行的外汇储备(360亿美元)就有可能支付1999年的到期外债(120亿美元)。

与美元及其他主要货币完全自由浮动的汇率制度①，至此，雷亚尔完成了从盯住美元到完全自由浮动的转变。

由于巴西是在外汇储备损失严重的情况下被迫放弃盯住汇率制度的，市场的恐慌情绪久久不能消除，雷亚尔持续下跌，1999年1月29日雷亚尔兑美元的汇率跌至2.20/1，创历史最低纪录。此后，美国政府出于对本国巨额债权（约160亿美元）清偿安全的考虑，很快牵头组织了"拯救巴西"计划。由于援助及时，危机的恶化趋势很快被遏制，而拉美其他国家在1994年墨西哥金融危机后注意挤出"经济泡沫"，危机没有进一步扩散。

回顾整个巴西金融危机，虽然在一定程度上受到了亚洲金融危机的外部影响，但危机的根源依然在于"雷亚尔计划"带来的经济弊病的长期积聚②。"雷亚尔计划"将雷亚尔和美元挂钩以稳定货币，一方面大幅提高利率来治理通胀，另一方面大量举借外债使国内经济债台高筑。更加严重的是，该计划的私有化方案使国家资产遭到大肆拍卖（包括国营的石油公司）。短短几年里，巴西经济事实上已经徘徊在了危机的边缘：

（1）"雷亚尔计划"下的币值高估与经常项目逆差。雷亚尔计划在降低通货膨胀率方面较为成功，但政府未能及时扭转雷亚尔币值高估的趋势（一般认为高估25%）。在"雷亚尔计划"下，雷亚尔实行盯住美元的制度，由于20世纪90年代升值幅度高达30%~40%，严重高估的雷亚尔恶化了巴西的贸易条件。1995年以来，巴西的经常账户连年赤字，至1998年已达到325亿美元，相当于GDP的4%左右。

（2）巨额财政赤字和难以为继的债务负担。在实施"雷亚尔计划"期间，巴西的GDP增长了10.7%，而联邦政府的财政开支却增长了31%，其中用于公共债务的利息支付额增长了108%。1997年，巴西的财政赤字额占GDP的6.2%，到1998年达到了7%，远高于世界公认的3%警戒线。此外，巴西的公共债务水平也令人咋舌，债务依存度一度高达57.3%③。

（3）畸高的利率水平。早在1995年，巴西就摘得了世界最高利率的"桂冠"。1998年春，巴西的国债利率为30%，后来为了阻止资本流出，1998年9月进一步将利率调至40%。畸高的利率一方面抑制了私人投资，造成了经济衰退，大量工人失业，而巴西的经济增长率也从1994年的5.85%降到1998年的

---

① 即雷亚尔的汇率水平完全由市场来决定，只有当雷亚尔兑美元汇率出现大幅波动时，巴西中央银行才会进入外汇市场进行有限的、暂时的干预。

② 20世纪80年代，拉美国家爆发了一场严重的债务危机，巴西也深陷其中，经济发展速度减缓，通货膨胀严重。为了摆脱这一状况，1994年开始实行稳定货币的"雷亚尔计划"。

③ 此外，巴西用高利率政策来维系雷亚尔的汇率，这意味着利率每提高1个百分点，政府用于支付3 200亿美元内债的利息每年会增加25亿美元。

0.5%；另一方面，高利率还吸引了大量出于投机和套利目的的国际游资，1997年巴西外资银行的资产总值达984亿美元，占巴西银行业总资产的23%。据统计，从1998年年初到危机爆发，约有400亿美元游资从巴西仓皇出逃，这直接成为短期内危机强化的加速器。

◆ 2001年阿根廷金融危机

作为拉美第三大经济体的阿根廷，自1970年以来发生8次货币危机后，2001年，这个国家再次遭遇了史无前例的金融危机，并同步发生了政治危机和社会危机。2001年年初以来，由于阿根廷经济持续衰退，税收下降，政府财政赤字居高不下，金融形势不断恶化，数次出现金融动荡。2001年7月，酝酿已久的金融危机终于一触即发，证券市场一路狂跌，梅尔瓦指数与公债价格屡创新低，国家风险指数[①]一度超过1 600点。由于资金大量外逃，国际储备和银行储备不断下降，国内商业银行为求自保，纷纷抬高贷款利率，有的甚至达到250%~350%。同时，政府财政形势极端恶化，经济已经濒临崩溃的边缘。

危机爆发后，阿根廷的银行存款开始迅速下降，短短几个星期内阿根廷人从银行挤兑了约80亿美元的存款，这一数字相当于阿根廷私人存款的11%。同时，2001年8月以来，阿根廷外汇储备由年初的300亿美元下降到不足200亿美元。11月，阿根廷股市再次暴跌，银行间隔夜拆借利率达到令人瞠目的"天文数字"（250%~300%），而纽约摩根银行评定的阿根廷国家风险指数也一度突破2 500点。12月，阿根廷实施紧急措施，进一步削减公共支出，加大税收力度，同时限制取款和外汇出境，金融和商业市场基本处于停顿状态。此间，由于阿根廷政府与国际货币基金组织（IMF）有关12亿美元贷款到位的谈判陷入僵局，有关阿根廷陷入债务支付困境和货币贬值的谣言四起，银行存款继续流失。2002年1月6日，阿根廷国会参众两院通过了新政府提交的经济改革法案，此后，在国会的授权下，阿根廷宣布放弃比索与美元1:1挂钩的货币汇率制，比索旋即贬值40%。危机很快波及至阿根廷邻国，巴西及智利货币兑换美元屡创新低[②]，巴拉圭和乌拉圭等国也产生了连锁反应[③]，欧洲、中东及非洲等地新型债券、货币及股票市场，在波兰货币兹罗提及南非货币兰特的带动下出现了全面大跌。

2001年阿根廷金融危机是多种因素综合作用的结果，概括起来，这些因素中的典型化事实包括：

---

① 该指数反映了一个国家的信贷风险程度。
② 尽管巴西央行曾入市干预，但是其货币雷亚尔仍大幅贬值。
③ 这两个国家相继宣布货币贬值，以减少阿比索贬值后阿商品的竞争冲击。

（1）僵硬的汇率制度导致本币严重高估。为了控制居高不下的通货膨胀[①]，1991年阿根廷采用了以国际储备为基础并与美元挂钩的货币局制度（Currency Board），此举虽然使通胀很快得到控制，但被动受制于美元走势的比索却逐步被推高，从而大大削弱了阿根廷出口商品的竞争力，经常收支长期处于赤字状态，国际储备随之减少，这一结果又反向导致实行货币局制度的基础变得薄弱。有评论戏谑地指出：货币局汇率制度形成的"美元枷锁"，仿佛"砍掉了阿根廷的货币政策这一条胳膊"，使政府无法有效地运用降低利率或放松银根等手段来调控基础不稳的宏观经济[②]。

（2）庞大而难以为继的财政赤字。阿根廷公务员队伍数量庞大，公务员工资待遇高、福利好，财政支出居高不下。20世纪90年代以前，税收是阿根廷主要的财政收入来源[③]。随着货币局制度的建立，1990～1995年，阿根廷通过对123家国有企业进行私有化获取了184.5亿美元的收入，这成为当时政府最为重要的替代性收入来源。但由于私有化收入不具有持续性，进入1996年以后，这笔收入锐减。但是，当时的梅内姆总统为了谋求第三次连任，中央政府支出不减反增，同时中央对地方政府也失去了控制，这使得各级财政收支逐步恶化。

（3）结构失衡和不堪重负的外债负担。为了弥补公共财政收支缺口，各级政府大量举借外债，中央政府债务从1996年的900亿美元急速上升到2001年的1 550亿美元，占GDP的比例超过40%。这一比重虽未逾越国际通行的所谓60%的警戒线，但作为发展中国家的阿根廷却面临另一个困境：外债结构的失衡。由于阿根廷的对外债务还本付息期限集中在2001～2004年，再加之利率较高，这使得债务负担出现了时间、期限和规模集中化的弊端。此外，根据阿根廷宪法，地方政府不必经过中央政府批准就可自行举债[④]，这无疑大大削弱了中央政府对全国债务负担水平的调控能力，当各地方的过度举债超越了国家的整体承

[①] 1991年之前阿根廷常用发行钞票的办法弥补财政赤字，加上其他因素，致使通货膨胀长期居高不下，1989年曾高达49%。

[②] 《美国展望》杂志2002年1月1日刊登了马克·艾伦·希利（Mark Alan Healey）和欧内斯特·西曼（Emesto Seman）题为《正统的代价》的文章，文中指出："比索盯住美元的汇率制度成了问题的关键。由于政府仅能在钞票可以被兑换成美元的情况下才能印更多的钞票，所以经济只有通过获得直接投资、出售国有企业、出口盈余或者贷款等方式引入更多的外资才能得到发展。在最初的一阵私有化的浪潮过后，新的外资的进入慢下来了。1994年因墨西哥比索的突然贬值而引发的席卷整个拉美的金融危机进一步使外资的进入减少了。与此同时，美元的升值使出口商品昂贵得卖不出去，于是增加货币供给和发展经济的唯一办法就是举债。"

[③] 尽管政府曾通过发行货币的方式弥补收支缺口，但由于此间经济基础尚好，税收成为了政府的主要收入来源。

[④] 只需省议会批准，各省就可以直接在国内外举债和发行代币券。

受力时，一旦"借新债还旧债"的链条断裂，债务危机就在所难免①。事实上，从图1-7我们可以看出，自1992年起，阿根廷的债务负担就不断加重，而日益沉重的债务负担最终使政府不得不"倒账"。

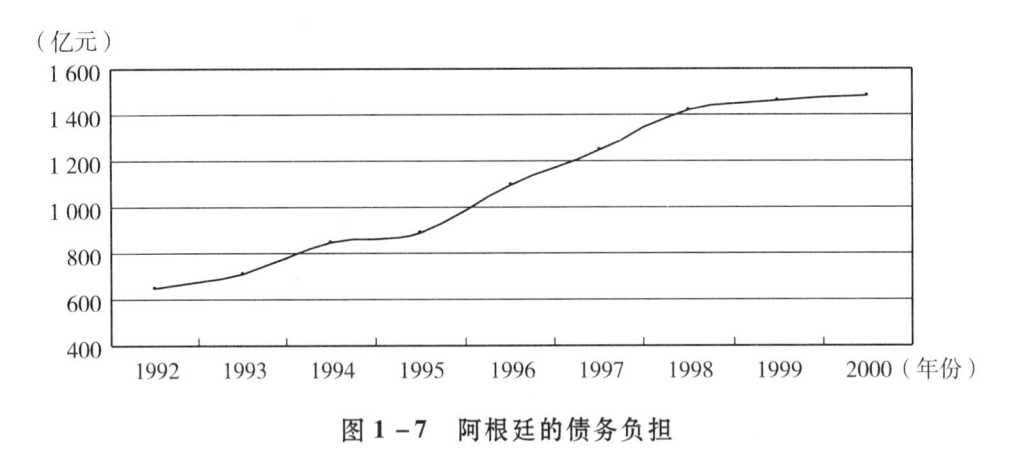

图 1-7 阿根廷的债务负担

（4）过度的金融自由化和羸弱的金融监管。作为全面实行金融自由化的国家，阿根廷在金融监管能力跟上自由化步伐之前就允许资本自由流动，而且在银行私有化过程中，外资控制了商业银行总资产的近70%（在10大私有银行中，7家为外资独资，2家为外资控股）。从某种意义上说，过快的金融自由化和滞后的金融监管使阿根廷丧失了对金融必要的国家控制力，从而无法对转型期的金融改革和宏观经济稳定保持必要的驾驭能力。当本着趋利动机的外国资本在危机前夜大肆出逃并在危机过程中"落井下石"的时候，阿根廷发现，羸弱的金融监管根本无力应对这场错综复杂的金融乱局。危机发生后，政府采取的那些过于简单化、行政化的措施（如限制居民提取存款，控制资本流动，暂时停止支付到期外债，大幅度削减工资和养老金等）最终被证明不仅无助于问题的解决，反而激化了既有矛盾，进一步恶化了危机。

（5）经济问题政治化。阿根廷的国内政局一直不稳。自20世纪80年代初阿根廷军政府实施"还政于民"的策略以来，政治民主化不断发展，党派之争也日趋激烈，出现经济问题政治化的倾向。执政党欲推行的一些经济政策受到很大掣肘，并出现了中央政府债务和地方政府债务同时失控的现象。随着国内问题的累积，政府高层曝出矛盾，而过于简单化和行政化应对危机的措施也激起了民愤，导致阿根廷政权更迭频繁，12天之内总统宝座五易其主。由于经济问题政治化，阿根廷的"三重危机"相互影响并彼此强化：经济危机使政治危机和社

---

① 金融危机后，中央政府加强了外债管理，统一接管了地方政府主权外债。

会危机"雪上加霜",而政治危机和社会危机则使经济危机变得更为严重。

2. 东亚金融危机

东亚会爆发金融危机,令大多数经济学家始料未及。自1993年世界银行发表了《东亚的奇迹:经济增长和政府政策》之后,东亚国家一直被视为发展中国家的"优秀毕业生",东亚模式也成为其他发展中国家效仿的榜样。

但是,1997年7月,一场金融风暴席卷了东南亚国家,泰国、菲律宾、马来西亚和印度尼西亚的货币大幅贬值,股市暴跌,经常项目赤字剧增,经济增长明显放慢(见表1-11)。这场危机迅速波及亚洲其他国家和地区,尤其是韩国和日本,并蔓延至东欧和拉美,是继1994年墨西哥金融危机后又一次全球金融大震荡。由于这次亚洲金融危机不同程度地触及了世界经济的每一个角落,严重影响了国际金融体系的稳定和全球经济的健康发展,而危机爆发的突然性、危机在国家之间蔓延的速度和规模以及资产价格和汇率下跌的幅度都远超人们的预期,因此,东亚金融危机不仅对这一地区国家的经济是灾难性的,同时还将全球金融体系置于了巨大的压力之下。

表1-11　　　　东亚金融危机各国(地区)受影响的程度

国家(地区)	货币贬值幅度			股指下跌幅度			经济增长率下跌点数		
	1997年6月30日汇率	1997年7月~1998年9月间最低汇率	货币贬值幅度	1997年6月指数	1997年7月~1998年9月间最低点	下跌幅度	1997年	1998年	增减百分点
泰国	24.75泰铢	55.80	-55.65	527.28	257.44	-51.2	-1.8	-10.0	-8.2
印度尼西亚	2 432印尼盾	16 475.0	-85.24	724.556	339.536	-53.1	4.9	-13.7	-18.6
马来西亚	2.5246林吉特	4.660	-45.82	1 077.30	435.84	-54.5	7.5	-7.5	-15.0
菲律宾	26.376比索	46.10	-42.79	2 809.21	1 518.00	-46.0	5.2	-0.5	-5.7
韩国	888.10韩元	1 967.0	-54.85	745.40	280.00	-62.4	5.0	-5.8	-10.8
新加坡	1.4307新元	1.7930	-20.21	1 987.95	1 048.96	-47.2	9.0	0.3	-8.7

续表

国家（地区）	货币贬值幅度			股指下跌幅度			经济增长率下跌点数		
	1997年6月30日汇率	1997年7月~1998年9月间最低汇率	货币贬值幅度	1997年6月指数	1997年7月~1998年9月间最低点	下跌幅度	1997年	1998年	增减百分点
中国台湾	27.818新台币	34.95	−20.41	9 130.28	7 089.56	−21.5	6.8	4.8	−2.0
中国香港	7.7475港元	7.75050	−0.04	15 196.79	7 462.50	−50.9	5.3	−5.1	−10.4

注：货币汇率以美元为标的，即：1美元兑换的货币量。汇率变动幅度的计算公式为：[（新汇率−旧汇率）/旧汇率]×100%；如果上式计算结果为正值，表示升值幅度；如果计算结果为负值，表示贬值幅度。

资料来源：汇率来自 http://www.oanda.com/convert/fxhistory（全部以中间价计）；股指下跌幅度的数字取自日本贸易振兴会；经济增长率数字引自《1999年世界经济白皮书》（日本经济企划调查局编）。

纵观整个东亚危机，大致可分为3个阶段：第一阶段金融危机在泰国率先爆发，第二阶段泰国的金融危机向其他亚洲经济体（尤其是与泰国具有近似特征的"同质经济体"）扩散，第三阶段东亚金融危机造成全球范围内的金融动荡。关于此次危机的一些细节，可参见表1−12。

表1−12　　　　　东亚金融危机的主要阶段和经过

阶段划分	主要特征	事实经过
第一阶段	泰国危机	1997年2月，因泰国金融机构发放了大量的房地产贷款，房地产市场的低迷使其面临着严重的资金周转问题。2~3月期间，国际投机基金挟巨资大量抛售泰铢，致使泰国金融体系发生动荡。3月，泰国政府针对坏账居高不下的局面，公布新金融措施，要求金融机构提高坏账准备金。泰国随即发生挤兑和金融银行股暴跌事件。5月，国际投机基金卷土重来，大量抛售泰铢，泰铢对美元的汇率一度跌至11年来的最低点。7月泰国央行为维持泰铢汇率几乎耗尽外汇储备，最后不得不宣布放弃盯住汇率制，东南亚金融危机由此爆发

续表

阶段划分	主要特征	事实经过
第二阶段	东南亚危机	泰国货币急剧贬值迅速在亚洲地区形成多米诺骨牌效应：自泰铢放弃固定汇率制度之后，菲律宾、印度尼西亚、马来西亚等相继实行浮动汇率制，与美元脱钩。在汇率制度的剧烈变动和对冲基金的猛烈攻击下，东南亚各国货币汇率连创历史新低，之后韩元大跌引发第二轮风暴。危机使得泰国、菲律宾、马来西亚、印度尼西亚以及韩国等国家的汇市和股市接连下挫，大批金融机构倒闭，失业增加，经济衰退。中国台湾、中国香港及其他东亚国家的金融市场也承受着巨大压力
第三阶段	全球金融震荡	东南亚地区的金融危机进入10月中旬以来，不仅没有得到有效遏制，反而愈演愈烈，冲击了东亚各国的金融体系，并导致了全球主要金融市场的震荡。香港恒生指数的大跌引发了各主要新兴市场的连锁反应，甚至连纽约、东京和欧洲各主要金融市场也无法幸免。全球股市的下跌反过来又加重了东南亚国家和地区的股灾，一场大的风暴席卷了全球金融市场

　　从经济基本面来看，尽管危机前东亚各国宏观经济都呈现出良好的发展势头，例如强劲的经济增长、温和的通货膨胀、平衡的财政收支等，但建立在高度依赖外债基础上的高投资率和单一的出口推动型经济增长模式（典型的如泰国）缺乏持续能力，经济结构调整的缓慢加上过于乐观的增长预期直接导致了经济过热和资本的过度利用，忽略了资源配置的合理性：危机爆发前，房地产、汽车制造、电子电器等部门已经存在大量的产能过剩，盈利能力明显减弱，同时由于缺乏新的主导产业群引导，大量资金转而涌向高度投机的证券市场和房地产市场，金融和房地产泡沫的迅速膨胀直接导致了宏观经济抗冲击能力的下降[①]。

　　应该说，整个东亚金融危机是多种因素综合作用的结果，相关的文献也已汗牛充栋。在下文中，我们将侧重从涉及金融的层面对东亚金融危机中的一些典型事实和成因进行分析。

◆ 过度负担的外债水平与失控的资本流动

　　在1997年的东亚金融危机中，泰国是诸国中最先遭受冲击并最终力不能支的国家。由于东亚各国经济体的同质性，源于泰国的危机很快引发了国际资金对

---

① 由于亚洲各国具有相似的经济结构和经济发展轨迹，造成了危机在亚洲的迅速蔓延。危机削减了亚洲国家的需求，给日本、欧盟和美国的贸易带来不同程度的影响。经合组织29个成员都受危机波及，而日本尤甚（日本对东南亚的出口远超过欧美，对外贷款60%流向了亚洲）。

东亚相关经济体的普遍担忧,这些担忧逐渐演变为普遍的信心危机,最终致使危机迅速向东亚各国蔓延、扩展。回溯整个危机过程,以下与此前的拉美金融危机高度相似的情况再次出现了:出于对新兴市场国家安全性的普遍担忧,各种性质的外资向来处于高度戒备状态,一旦有风吹草动就纷纷撤离东道国,这给本来就高度依赖外资的东亚各国造成了沉重打击[①]。

对于大多数东亚国家(地区)而言,在国内投资超过储蓄的情况下,经济增长的动力几乎全部来自外国资本流入,反映在经常项目余额上就是逆差(见表1-13和表1-14)。就1990~1997年间的经常项目而言,除韩国于1990年有少量顺差外,其余四国整个期间的逆差都在快速增长,截至1997年,相关国家经常项目逆差占GDP的比例分别达到:印度尼西亚(-2.3%)、韩国(-1.7%)、马来西亚(-4.9%)、菲律宾(-5.3%)、泰国(-2.0%)。在这些经济体中,便利的外国短期贷款加剧了私人资本对不明项目和不动产的投资,随着投机者在银行和企业出现困难时抽离资金,所有这些经济体都将面临货币贬值的风险。

表1-13　　　　亚洲的储蓄率(S)和投资率(I)

国家(地区)	1980年		1990年		1995年		1999年	
	S	I	S	I	S	I	S	I
泰国	23	29	34	41	36	43	33	21
印度尼西亚	38	24	32	31	36	38	32	24
马来西亚	33	30	34	32	37	41	47	22
韩国	24	32	37	38	36	37	34	27
菲律宾	24	29	18	24	15	23	20	19
新加坡	38	46	44	37	51	33	52	33
中国	35	35	38	35	42	40	40	37
中国香港	34	35	36	27	33	35	31	25
中国台湾	33	34	29	23	27	25	26	23
日本	31	32	33	32	31	29	28	26
世界	24	25	24	24	21	23	25	23

资料来源:World Bank,"World Development Indicators" and "World Development Report";中国台湾的数据取自"Industry of Republic of China"。

---

① 有不少学者认为,1997年的东亚金融危机突然爆发,其主要的动力是资本大量且迅速地外逃,但其起点则是1994年12月墨西哥及随后阿根廷的通货危机:拉美的通货危机触发了外资对"新兴市场"安全性的普遍疑惧,这一经历使得投资于新兴市场的外资对市场变动异常敏感,稍有风吹草动,就可能出现恐慌性集体撤离。

表1-14　　　　东亚宏观经济指标（1991~1996年）　　　　单位：%

	增长率	通胀率	储蓄率占GDP	投资率占GDP	财政余额占GDP	经常项目余额占GDP
危机波及经济体						
印度尼西亚	8.67	7.82	29.64	32.44	0.90	-2.80
马来西亚	8.65	4.20	31.21	38.99	0.22	-7.78
韩国	7.40	5.99	34.81	37.01	-0.07	-2.20
菲律宾	2.80	10.13	18.34	22.64	-0.47	-4.30
泰国	7.99	4.98	33.86	41.06	2.60	-7.20
危机免疫经济体						
中国大陆	11.38	12.30	39.65	39.04	-0.71	0.61
中国香港	5.27	8.74	33.15	30.40	n.a.	2.76
中国台湾	6.48	3.64	27.91	23.68	-2.59	4.20
未受危机影响的经济体						
新加坡	13.55	2.36	49.05	34.79	12.62	14.25

注：数据为1991~1996年的均值。

资料来源：帕德玛·德塞（Padma Desai）：《金融危机、蔓延与遏制——从亚洲到阿根廷》，中国人民大学出版社2006年版，第97页。

应该说，东亚诸国长期形成并不断累积的外债结构具有很强的脆弱性，甚至早在金融危机爆发多年以前，东亚诸国的外债情况早已处于持续的恶化之中。通过对东亚危机国家的国别数据进行分析，上述判断很容易得到基础数据的印证。见表1-15。

从表1-15可以看出，除少数年份外，样本各国的外债增量均为正值，且危机前各国的对外债务总额一直呈上升趋势。从10年间外债余额的增长速度来看，首当其冲的是泰国（36.0%），其次分别为：韩国（26.0%）、印度尼西亚（15.9%）、马来西亚（10.7%）和菲律宾（5.3%）。

特别值得注意的是，作为东亚危机的肇始国，泰国的外债风险暴露最为突出：无论按外债增长速度或官方担保比的趋势指标计算，泰国均是5个国家中表现最为糟糕的债务国。以代表较高安全度的长期外债占外债总额的比例来看，虽然样本期间各国均处于下降状态，但泰国下降的幅度最大（22.1%），其余各国的数据为：马来西亚（21.4%）、韩国（20.5%）、印度尼西亚（15.1%）和菲律宾（10.8%）。无独有偶，作为彰显潜在金融风险的另一指标，"长期负债中无第三者担保的债务比例"也是泰国增势最为迅猛（1987~1997年间泰国的

表1—15　东亚五国的外债结构

单位：百万美元

项目		印度尼西亚 1997	印度尼西亚 1987~1997 年均增长率[a]	韩国 1997	韩国 1987~1997 年均增长率[a]	马来西亚 1997	马来西亚 1987~1997 年均增长率[a]	菲律宾 1997	菲律宾 1987~1997 年均增长率[a]	泰国 1997	泰国 1987~1997 年均增长率[a]
外债总额（定量）	金额	136 174	15.9	143 373	26.0	47 228	10.7	45 433	5.3	93 416	36.0
	%	100		100		100		100		100	
长期负债[1]	金额	97 199	11.4	78 517	16.2	32 289	5.8	32 784	3.3	56 151	23.7
	%	71.4		54.8		68.4		72.2		60.1	
官方或官方保证[2]	金额	55 869	3.7	40 241	6.8	16 808	-0.6	25 950	1.3	22 009	5.9
	%	41.0		28.1		35.6		57.1		23.6	
民间无保证	金额	41 330	80.1	38 276	52.7	15 482	49.3	6 834	27.3	34 142	110.3
	%	30.4		26.7		32.8		15.0		36.5	
IMF信贷[3]	金额	2 970	31.5	11 064	—	0	0	855	-3.2	2 429	15.0
	%	0.2		7.7		0		1.9		2.6	

续表

项目		印度尼西亚 1997	印度尼西亚 1987~1997 年均增长率ª	韩国 1997	韩国 1987~1997 年均增长率ª	马来西亚 1997	马来西亚 1987~1997 年均增长率ª	菲律宾 1997	菲律宾 1987~1997 年均增长率ª	泰国 1997	泰国 1987~1997 年均增长率ª
短期负债⁴	金额	36 004	46.6	53 792	47.9	14 939	53.7	11 794	21.1	34 836	120.8
	%	26.4	—	37.5	—	31.6	—	26.0	—	37.3	—
外债总额变动（流量）⁵		7 233		11 633		7 555		5 288		2 794	—

注：1. 长期负债：对非本国居民用本币或外币表示为期一年以上的借入款。2. 官方或官方保证：含政府（官方机构）出面担保偿还的民间债务。3. IMF 信贷：规定配额外，会员国取得并有义务偿还的信贷部位，其项下含扩大性贷放、特殊融通（如物资调剂、补偿性融资、油价平衡差）、信托基金贷款及结构调整工具（SAF）与强化结构调整工具（ESAF）架构下的授信活动。4. 短期负债：对非本国居民用外币表示为期一年以下的借入款。5. 外债总额变动：净流入 A + 当期积欠债息 + 债息本金化 - 债务减免 + 净债交叉汇率变动调整项（对美元）+ 尾差；净流入 A 定义：扣除偿还本金不含短期外债的债务净流量。即 $D_{t+1} = D_t + \Delta D_{t+1}$，年外债总额 = t 年外债总额 + $(t+1)$ 年外债总额变动。ᵃ 简单算数平均（单位：%）。

资料来源：欧阳承新：《东亚五国的外债与总体经济分析》，载于《东南亚经贸投资研究季刊》（中国台湾），1999 年第 6 期。

"外债无担保比"从 14.0% 猛增至 36.5%，增幅为 22.5%），其余各国的这一指标分别为（见图 1-8）：印度尼西亚（21.7%）、马来西亚（21.4%）、韩国（11.4%）、菲律宾（8.8%）。

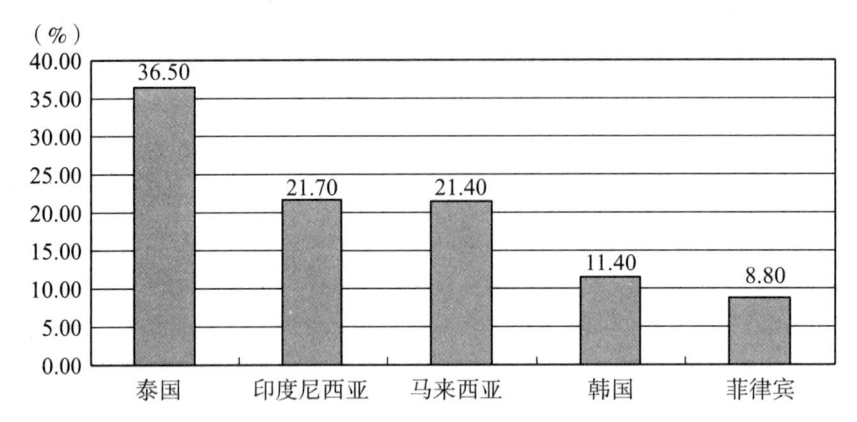

图 1-8　危机各国的外债无担保比例：1987～1997

从上面的分析可以看出，沉重并且日益增长的外债负担已经成为东亚国家危机前的一个普遍特征。在这些国家，亢奋的国内投资所产生的资金缺口，迫切需要国外资金加以弥补；而国际资金在利差和寻求高收益等因素的多重驱动下，也不断涌入这些地区，最终使东亚国家的高投资增长模式在短期内获得支撑并得以强化。但外资的使用并不是"免费的午餐"——且不论任何外资（长期或者短期）的进入都是本着赢利动机，还有相当一部分外资是出于纯粹的套利和投机目的。由于基于投机和套利的外国资本往往具有短期性、不确定性和不稳定性，一旦东道国家无法实时地正确评估这些短期资本的性质、动向和集中流动所造成的潜在影响，或者不能对这些可能随时发生的资本流动施加必要的控制力的话，那么，这些国家对外国资本的依赖就成了潜在风险的聚集区。从图 1-9 和图 1-10 我们可以看到一个非常有意思的现象：在那些遭受金融危机的东亚国家，**储蓄率全都低于投资率**；而在那些未受危机影响的经济体，储蓄率均高于投资率。

同样以东亚危机五国为例，1996 年私人资产投资（Equity Portfolio Investment）与民间借贷（含商业银行及非银行金融机构）的流入净额合计达 930 亿美元，次年净流出的金额为 121 亿美元，两项合计达到 1 050 亿美元，约占危机前五国 GDP 总额的 11%，如此巨额的资金流动无疑会对各国经济产生极大的冲击。特别值得注意的是，东亚五国民间借款中增长最为显著的是短期外债：至 1997 年年中，印度尼西亚、马来西亚及韩国的"短期外债存量/外汇准备"指标均超过 100%，这意味着这些国家已经处于外汇储备资不抵债的状态，一旦违约

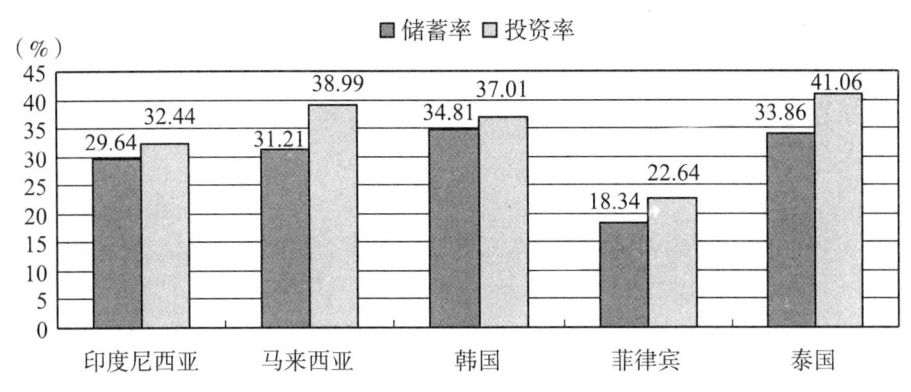

图 1-9　东亚发生危机国家的储蓄率和投资率

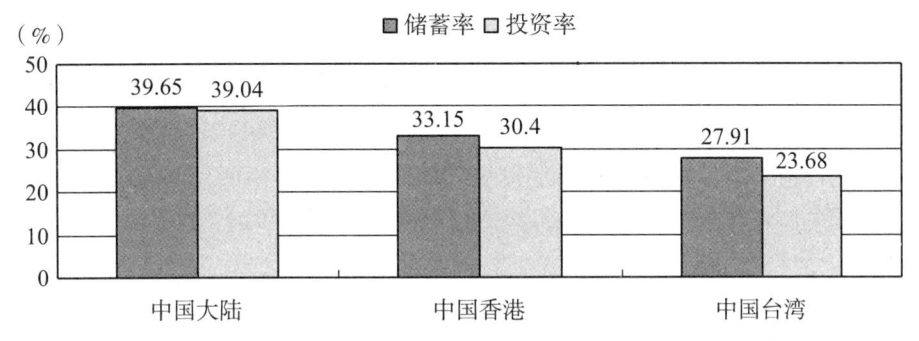

（印度尼西亚 储蓄率 29.64 投资率 32.44；马来西亚 31.21 / 38.99；韩国 34.81 / 37.01；菲律宾 18.34 / 22.64；泰国 33.86 / 41.06）

图 1-10　东亚未受危机影响的地区的储蓄率和投资率

（中国大陆 储蓄率 39.65 投资率 39.04；中国香港 33.15 / 30.4；中国台湾 27.91 / 23.68）

风险暴露，可能迅速演变为国家层面的债务和金融危机。显而易见，作为国际资本流动中最难以估测的部分，短期外债的集中涌入和群体退出都将造成金融市场的剧烈波动，而这也被屡次证明成为货币金融危机的导火索。实际上，在拉德勒特和萨克斯（Radelet & Sachs, 1998）的实证研究中，短期外债因素甚至被认为是所有市场和制度因素中与金融危机关联最大的解释变量。

◆ 问题重重的银行体系与过度的风险承担

银行在东亚国家的金融体系占有举足轻重的地位是毋庸置疑的（见图1-11）。以国内信贷占国内生产总值（GDP）的比例计，截至危机前的1996年，国内信贷额在金融体系尚不发达的泰国、韩国与马来西亚均远远高于GDP的1倍。总体来看，亚洲国家的这组数据还是要明显高于作为对比样本的欧美发达国家和拉美新兴市场国家①。

---

① 当然，例外还是存在的，比如英国的国内信贷占国内生产总值（GDP）比就大于1，达到了123%。

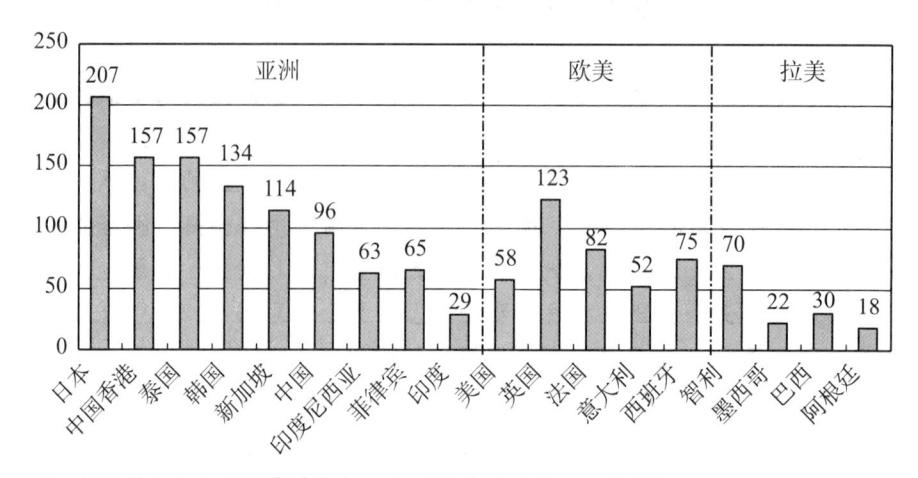

```
250
         亚洲                    欧美              拉美
200  207
150      157 157
             134
                 114
100              96               123
                     63  65          82   75  70
 50                      58             52
                            29                 22 30
                                                     18
     日 中 泰 韩 新 印 菲 印 美 英 法 意 西 智 墨 巴 阿
     本 国 国 国 加 度 律 度 国 国 国 大 班 利 西 西 根
        香        坡 尼 宾          利 牙    哥    廷
        港           西
                     亚
```

注：图中数据取自国际货币基金组织（IMF）及胡祖六（1998）。

图 1-11　银行在东亚国家（地区）中的地位

鉴于银行部门在东亚国家（地区）金融体系中的主导地位，银行体系的脆弱性在外部冲击下造成连锁反应式的信用恐慌与崩溃被很多经济学家认为是金融危机的导火索。时任美国高盛投资银行经济研究执行董事的胡祖六（1998）认为，虽然亚洲金融危机主要表现为货币或汇率危机（currency crisis）和随之而来的外债危机，但这两大病症都源于早已长期潜伏的银行危机，其直接表现是东亚各国（地区）银行的资产负债平衡表上背负了惊人数量的不良资产（见表1-16）。

表1-16　　　亚洲国家（地区）的银行不良资产比例　　　单位：%

国家/地区	不良资产占总资产比例	高峰期比例	高峰不良资产占GDP之比
新加坡	2	>8	9
中国香港	2.1	>8	13
印度	17	15	4
菲律宾	3.4	10~15	7
马来西亚	5.6	>20	28
中国	20	>25	24
印度尼西亚	9.2	>40	25
韩国	14	>25	34
泰国	18	>25	40

资料来源：胡祖六，银行问题与亚洲金融危机，清华大学中国经济研究中心工作论文（No. 199806），1998。

从表1-16可以看出，高峰期的银行不良资产占GDP的比例在泰国高达40%，在韩国高达34%，在印度尼西亚高达25%。在这种情况下，一旦外部冲击来临，银行体系的巨额不良资产将成为国际资本争先恐后撤回资本的理由，而由此带来的汇率贬值和汇市危机将进一步导致更多的不良资产——在此种恶性循环模式下，不良资产大量累积，构成对整个金融体系和整体经济的现实威胁。

在"投资饥渴症"的驱动下，东亚危机国家（地区）普遍存在金融机构过度承担风险的现象，呆账、坏账迅速增加。由于东南亚各国（地区）的房地产价格持续暴涨，吸引了金融机构蜂拥向房地产大量投资，一些银行甚至降低了向房地产业贷款的标准。据统计，泰国金融机构贷给房地产业的资金约占其贷款总额的50%，马来西亚占29%，印度尼西亚占20%，菲律宾占11%。后来，随着这些国家经济发展速度放慢，商业建筑严重供过于求，造成大量住宅、商业建筑被闲置，银行的呆坏账急剧增加。以泰国为例，90年代以来，由于泰国经济高速增长，房地产价格飙升，股票市场高企，房地产业和股市成为人们赚取高额利润的主要场所。在此过程中，金融机构大规模向房地产和股市放贷（其中包括借用大量的外国资本）。据统计，到爆发金融危机以前，泰国各类金融机构对房地产市场的放贷占其放贷总额的50%左右，金融类股票已占到泰国股票市场的1/3。至1996年年底，泰国近30%的国外贷款和80%的外国直接投资被投放到房地产和证券市场，住宅空置率高达20%。但是，脱离了经济基本面、纯粹依靠资金推动的房地产市场和股票市场的虚假繁荣注定不能持续，当这两个市场的泡沫开始破裂时，金融机构的坏账激增。泰国股指也从1996年年初的1 300多点跌至1997年6月的500点，跌幅超过60%，而银行的呆账在1997年6月已超过300亿美元。

美国国家经济研究局和哥伦比亚大学商学院教授米什金（2003）认为，东亚金融危机是一个系统性崩溃，而银行资产负债状况的恶化是东亚国家陷入金融危机的关键因素。由于金融和非金融机构的资产负债状况持续恶化，加重了信息不对称问题，其结果是金融市场无法将资金导向有效率的投资，最终造成对这些国家经济的破坏性影响。此外，在脆弱的银行体系下，投机性的货币袭击很可能得逞。很多因素会激发这种袭击行为，巨额经常项目赤字就是其中一种因素。可见，银行体系状况的恶化是造成货币危机的关键因素（米什金，2003）。

◆ 超越发展阶段的金融自由化与国家金融控制力的衰微

作为后起和具有典型"追赶型"特征的经济体，东亚国家（地区）一般都经历了伴随经济增长的金融业迅速发展进程。在这一过程中，以解除金融抑制和促进金融自由化为目标的金融改革成为重要议题，有些国家甚至采取了激进的迅速自由化改革方案。虽然就金融危机和金融自由化之间的关系尚存争论，但超越本国经济和金融发展阶段的"盲目自由化"被很多研究者认为是导致东亚金融危机的基本制度性诱因。在东亚危机国家，资本项目的过早开放、利率管制的过于放松以及金融监管的长期滞后成为金融自由化过程中的典型事实。

由于超越本国经济和金融发展阶段的金融自由化本身就内含着金融不稳定的潜在风险，而金融自由化导致的资本流入和信贷扩张又进一步使这些风险长期积聚，再加之外部监管的滞后和羸弱，东亚国家短时间建立起来的"金融帝国"就像是根基不稳的百尺高楼，表面上风光无限，但却在风雨飘荡中摇摇欲坠。对此，米什金（2003）认为，与以前的金融危机一样（例如进行过类似分析的1982年智利金融危机和1994～1995年墨西哥金融危机①），金融自由化导致由资本流入支持的借款猛增是危机过程的开始：一旦放松利率封顶和借款类型的限制，借款急剧增加。显而易见，国际资本流动在金融不稳定中扮演着重要角色，而东亚国家政府保护网的存在以及对银行体系不充分的监管进一步鼓励了资本的流入，这又导致了贷款激增和银行的过度风险承受。戈德斯坦（Goldstein，1998）和卡明（Kamin，1999）等发现，亚洲危机国家的信用扩张速度远远超过了GDP增长速度，而贷款激增和银行的过度风险承受往往是银行危机的预测器（Gavin & Hausman，1996）。卡明斯基和莱因哈特（Kaminsky & Reinhart，1996）甚至直接指出：较之国际资本流动，金融自由化是银行危机的一个更为重要的预测器。

金融自由化本身无可厚非，但是脱离本国国情和发展阶段的金融自由化无疑会损害金融体系的稳定和经济的健康发展。如果要总结东亚危机国家在金融自由化过程中的政策偏颇和失误，那么，僵化的汇率制度和政策、失衡的国际收支、缺乏控制力的外汇储备、问题重重的金融机构、不合时宜的货币控制以及国内宏观政策的不协调等将会成为经济学家嘴边的"关键词"。然而，我们认为，上述种种表象只不过是如下两个根本性问题的具体反映：一是金融自由化进程与金融体系的发展阶段不协调，二是金融自由化进程与总体经济的发展阶段不协调。前者主要表现为：金融自由化忽略了本国的基本国情，其进程在金融深度的绝对量和相对进展上都超过了其能够承载的限度，导致资本项目的过早开放②和本国金

---

① 关于智利危机，可参考迪亚兹－亚历杭德罗（Diaz－Alejandro，1985），关于墨西哥危机，可参看米什金（Mishkin，1996）。

② 泰国是资本项目过早开放的典型。泰国政府于20世纪90年代初基本取消了对资本流动的管制，实现了本币的完全可自由兑换。1993年3月，泰国政府批准在曼谷开设了期权金融中心，并随之放宽了外国银行在泰国设立支行的限制，允许外国资本在曼谷期权金融中心进行交易。1995年，泰国政府宣布泰国将在2000年前完全实现资本自由输出、输入。实际上，泰国实行资本项目开放的条件远未成熟：一是泰铢与美元挂钩的固定汇率制尚不是市场汇率，不能真实反映实际汇率水平；二是泰铢存贷款利率水平居高不下（平均达15%），超过国际资本市场利率平均水平2倍，使泰国股市、汇市极易遭受国际短期投机性资本套汇套利性冲击；三是国家宏观经济调控能力薄弱，长期存在财政赤字，国际收支经常项目严重逆差，国家外汇储备水平偏低，无法有效调节社会总供需平衡和维持宏观经济稳定。过早的资本项目开放，导致泰国对资本流动失控，1997年1～6月，面对外国短期资本纷纷外逃的局面，泰国政府除了通过央行抛售外汇平抑外束手无策。

融机构的过度风险承担，最终危及金融体系的安全性①；后者主要表现为：金融自由化进程中的金融制度和政策安排（典型的如汇率制度和汇率政策）未能很好与产业政策相协调，放大了金融波动对实体经济的冲击，而东亚国家普遍存在的多重政策目标的内在矛盾在资本项目开放期尤其严重。

对于很多"追赶型"经济体而言，国家对金融控制能力的衰微是导致金融危机无法得到及早遏制的重要原因。陈雨露和马勇（2008）认为，在经济转型和金融发展长期滞后的双重约束条件下，面临加速开放的经济体，出于稳定的需要，保持适度的国家控制力对于金融稳定和经济安全是非常必要的②。在金融自由化过程中，利率市场化、机构准入自由化、金融业务自由化、资本账户开放等都将成为金融改革的"既定参数"，但"追赶型"经济体面临的现实又往往是：多年来积累的庞大金融风险尚需消化，接踵而至的是不得不以开放的姿态直面跨国金融机构的竞争；而刚刚发展起来的金融市场，无论是从容量、深度或者广度而言，都远未达到全面开放的基本要求。在这种情况下，金融业加速开放面临的宏观金融和经济风险是巨大的。因此，国家应该利用既有的资源优势，对金融开放进程有所把握，在维持金融稳定和经济安全方面具有预见性和主动性能力（陈雨露、马勇，2008）。

在东亚金融危机中，国家缺乏金融控制力的一个重要表现是偏低的外汇储备根本无法抵御国际流动资本的冲击。以泰国为例，为了追求经济快速发展，泰国的外汇储备水平长期维持在300亿~350亿美元（相当于泰国3~4个月的进口用汇量）。显而易见，这种"照搬标准教科书公式"确定的外汇储备水平只能满足作为一个"正常经济体"的一般性对外支付需求，根本无力应对特殊情况，尤其没有考虑到泰国失衡的外债结构中所隐含的风险暴露（及由此产生的额外储备需要）。由于国家的外汇储备水平偏低，泰国中央银行的金融宏观调控能力受到严重限制。1997年1~7月，面对国际投机资本的狙击，为避免金融市场动荡，泰国央行对金融市场累计投放了约200亿美元外汇，但在强大的国际投机资本面前依然无力回天，干预失败后泰铢大幅贬值，金融危机也随之爆发。

◆ 金融和政治腐败的推波助澜

根据魏和西弗斯（Wei & Sievers，2000）分析，政治家们可能援助私人部门的裙带关系，却不会及时清除金融体系中的不安全因素，因此，存在腐败的国

---

① 典型的事实比如，在现代商业银行制度尚未建立、本国商业银行竞争力还比较薄弱的情况下，匆忙放松了对金融机构业务范围等的管制。

② 对此，陈雨露、马勇（2008）指出："国家控制可以有多方面的具体内涵，但主要表现为两个方面，即国家控制权和国家控制力，前者涉及资源的分配，后者涉及对改革进程和方向的驾驭能力。"详见：陈雨露、马勇：《中国金融业混业经营中的开放保护与国家控制》，载于《财贸经济》2008年第3期。

家，政府对金融体系的有效监管可能显著降低，导致这些国家的银行体系不堪一击。不仅如此，在金融危机日益严重时，援助方式还可能取决于政治捐助和援助受益人之间的关系网。许多研究表明，在20世纪90年代初，印度尼西亚的救援行动的主要对象是政府的裙带关系，而1997年金融危机初期，泰国的援助目标也主要是直接资助与政治有裙带关系的银行部门（Padma Desai，2003）。

虽然有学者认为在特定情况下，某种程度的腐败也可能会推进经济发展的进程，但更多的学者倾向于承认，腐败于经济的长期发展不利，而且已有许多实证研究发现，腐败会减少国内投资（Mauro，1995），并阻碍外国投资（Wei，1997），最终抑制经济增长。许多学者认为，如果"亚洲小虎"不存在腐败，它们在既有的经济增长曲线上将会走得更快①。

魏尚进（Shang－Jin Wei，1999）重点研究了"政府官员在经济领域的腐败行为"。魏尚进对腐败的定义是：政府官员为了个人利益，滥用职权，榨取或者接受私人部门的贿赂。在表1－17中，魏尚进从三个方面给出了一些国家（地区）的腐败指数。

表1－17　　　　　部分国家（地区）的腐败指数

国家（地区）	商业国际 （1～10刻度）	透明度国际97 （1～10刻度）	世界竞争力报告97 （1～10刻度）
亚洲国家（地区）			
新加坡	1	2.34	1.84
中国香港	3	3.72	2.31
日本	2.25	4.43	2.50
中国台湾	4.25	5.98	3.43
马来西亚	5	5.99	5.01
韩国	5.25	6.71	5.50
泰国	9.5	7.94	7.98
菲律宾	6.5	7.95	6.73
印度	5.75	8.25	7.32

---

① 根据帕德·玛·德赛（Padma Desai，2003），腐败可能是寻租也可能是寻利。当裙带关系在生产和分配领域拥有极大权力时，寻租现象就会发生，这会造成效率损失和增长率降低。在另一方面，裙带关系可以获得利润丰厚企业的股份，将这些利润转移至国外，减少国内投资，整个过程都会影响经济增长，例如俄罗斯。在这种情况下，效率和增长率都会受到严重损失。然而，如果经济向国外投资和贸易开放时，这会激励特权地位的裙带关系与国外合作者进行合作，扩大合资企业的规模，因此，东亚国家（地区）处于扩张阶段时，这种盛行的寻利腐败可能是经济增长的主要因素。

续表

国家（地区）	商业国际 （1~10 刻度）	透明度国际 97 （1~10 刻度）	世界竞争力报告 97 （1~10 刻度）
印度尼西亚	9.5	8.28	8.40
巴基斯坦	7	8.47	n. a.
孟加拉国	7	9.20	n. a.
非亚洲国家			
加拿大	1	1.9	1.84
英国	1.75	2.72	1.71
德国	1.5	2.77	1.92
美国	1	3.39	2.11
法国	1	4.34	2.77
墨西哥	7.75	8.34	5.83
肯尼亚	6.5	8.7	7.08
哥伦比亚	6.5	8.77	6.81
俄罗斯	n. a.	8.73	7.08
尼日利亚	8	9.24	7.83

注：数值越高，表示腐败程度越高。BI（商业国际）指数，是基于专家/顾问调查基础上得到的指数（通常每个国家或地区有一个顾问），按 1980~1983 年间"每个国家/地区中涉及腐败和有问题支付的商业交易的程度"进行排序（Wei，1999，P.3）。TI（透明度国际）指数，自 1995 年以来每年进行，"对不同领域的 10 份调查结果进行加权平均"得到（Wei，1999，P.4）。GCR（世界竞争力报告）指数，这个指数基于 1996 年对 2 381 家企业管理者的调查，根据他们对"与进口许可证、营业执照、外汇控制、税额、政策保护或者贷款使用等有关的不正常或额外支付"问题的回答，确定腐败程度（Wei，1999，P.4）。

资料来源：帕德玛·德塞（Padma Desai）：金融危机、蔓延与遏制——从亚洲到阿根廷，中国人民大学出版社 2006 年版，第 260 页。

为了进一步考察金融和政治腐败在东亚金融危机中的作用，我们进一步考察了以下 3 个替代性的参考指标："银行腐败指数"、"政府纪律及管理能力"和"制度发展程度"。"银行腐败指数"取自全球商业环境调查（The World Business Environment Survey，WBES），它直接反映了一国银行业的腐败程度：指数越高，意味着银行业的腐败程度越高。此外，由于金融业的腐败往往与不廉洁和制度发展不健全的政治环境相关，因此，我们进一步考察了衡量一国政府和制度环境发展情况的指标："政府纪律及管理能力"和"制度发展"。政府纪律及管理能力指标主要取自 LLSV（拉波塔、洛佩兹、施莱弗、维什尼，1998），它是一个综合反映政府治理能力和管理水平的指标,该指标值越大,政府的纪律性越高,管理能力越强。"制度发展程度"指标取自贝克、德米尔古克-昆特和西莫维克(Beck, Demirguc-Kunt & Maksimovic, 2003),它是一个包含了腐败控制、监管质量、政治稳定性、法律规则、行政效率等内容的综合指标,该值越大,一般认为该国的制度发展越健全,因此,该指标可以在一定程度上反映不同国家的腐败控制力。东亚危机五国的各项指标如表1-18所示。为了有所对比,我们还列出了两个危机免疫经济体(即未受危机深度影响的经济体)的相关指标。

表1-18　　　　东亚诸国家(地区)银行业的腐败和腐败控制情况

国家(地区)	银行腐败指数	制度发展程度	政府纪律及管理能力
韩国	1.87	0	6.24
马来西亚	1.88	0.51	7.78
菲律宾	2.18	0.21	3.91
泰国	3.14	0.15	5.53
印度尼西亚	2.47	-0.77	3.95
中国香港	—	1	8.76
新加坡	1.26	1.44	9.02

从表1-18的数据可以看出,越是受危机打击严重的经济体越是倾向于拥有较高的银行腐败指数、较低的制度发展水平和较低的政府纪律及管理能力;而在两个危机免疫经济体(中国香港、新加坡),情况恰好相反。这也从一个侧面说明了,金融和政治的腐败可能在东亚金融危机中起着重要的诱导作用。

最后,需要指出的是,腐败的经济成本会因社会制度的完善程度而发生变化。对此,帕德玛·德塞(Padma Desai, 2003)曾有非常形象的描述:"在新闻界非常警惕的民主环境中,华盛顿裙带关系的报酬受法律法规的制度约束。克林顿对于裙带关系的奖励是在林肯卧室里待一会儿,而苏哈托的裙带关系可以获得垄断印度尼西亚汽车生产的权利。在法治国家,这种裙带腐败的经济成本通常是有限的。"换句话说,在制度发展较为健全的国家,腐败对经济的破坏性作用可能会受到抑制;而在那些制度发展不健全的国家,腐败在金融危机中的作用将具有推波助澜的放大效应。毫无疑问,在东亚金融危机中,我们更多地看到的是后者。

1.2.3 发达国家与发展中国家的金融危机：国家控制力视角

1. 发达国家与发展中国家的金融危机：情况有何不同

虽然一些重要的全球性金融危机几乎都发端于发达国家，但如果从一个长期的历史视角来看，金融危机在发展中国家发生的频率不仅更高，而且存在以下被理论界长期忽略的"非对称性"特征，即：当发展中国家发生金融危机时，发达国家可能较少受到严重打击；而一旦发达国家爆发金融危机，发展中国家往往难以幸免于难。产生上述现象的原因在于，发达国家的金融危机往往具有"主动型"特征，即金融危机主要是由于自身内部的因素所引发；而发展中国家的金融危机则往往具有一定的"被动型"特征，即在自身内部矛盾尚不足以导致金融危机的情况下，来自国外资本的冲击也可能加速金融体系的崩溃，这在拉美和东亚金融危机中都有鲜明体现。

发展中国家的金融危机之所以具有"被动型"特征，主要是因为一些国家在金融开放的过程中出现了盲目的"自由崇拜"，未能把握好金融开放的"度"（包括速度和程度），最终导致国家金融控制力的衰弱和缺位。而一旦失去了金融控制力，发展中国家的宏观调控和危机遏制能力就会出现急剧下降，此时，伴随自由化进入的外国资本（资金）将取代国内金融资本成为金融不稳定的主导力量，并可能在问题出现时扮演兴风作浪和落井下石的角色，以从金融不稳定中谋取巨额的"危机暴利"。因此，认识到发展中国家的金融危机具有"被动型"的特征是非常重要的，它有助于我们将目光从当前的危机解读扩展至更具预见力的危机理论，并进一步加深对发展中国家金融危机特性的认识。

2. 金融稳定与国家金融控制力：渐进开放的关键

在金融全球化进程中，金融开放以及伴随这一过程的金融自由化，并不总是如预期的那样"放松管制、解放压抑的金融业就能解决一切问题"，事实证明，脱离国情和发展阶段的、不施加必要约束的盲目开放可能造成事与愿违的结果。

通过研究拉美和东亚国家金融开放过程中的经验与教训，我们发现，当发展中国家通过短暂改革把金融"彻底"归还给市场后，它们看见的并不是"华盛顿共识"所预言的有序与和谐，而他们所倚重的外国投资者也并不总能扮演稳定的角色。最后，当危机不可避免地接踵而至的时候，这些国家只能眼睁睁看着失去控制力的金融体系轰然倒塌。通过反思拉美和东南亚国家金融自由化进程中的经验与教训，陈雨露和马勇（2009）认为：（1）金融开放本身是手段而不是目的，单纯地以开放作为政策目标往往导致加速开放和金融风险的迅速积聚，最终可能导致国家层面的"开放失控"状态；（2）在金融开放进程中，需要更加重视发挥金融监管的积极作用以控制转型期的各种特殊风险，而不是把外部监管作为金融开放的阻碍加以排斥；（3）金融开放应该是一个"有序"的进程，对开放的节奏应该从宏观上进行必要的控制，以降低开放过程中的不确定性和潜在风险；（4）金融开放应该视为一个"系统工程"，需要结合国情和发展阶段审慎地、有步骤地推进各项具体规划，对涉及促进金融开放效应有效实现的制度支持必须给予足够的关注。

在表1-19中，我们初步总结了拉美和东亚部分危机国家在金融自由化匹配失衡和国家控制力衰微方面的具体表现。在我们列举的5个"失衡的金融自由化"和7个"国家的金融控制力衰微"项目中，大部分国家多有涉及。而在那些危机反复发生的国家（如墨西哥、阿根廷）和受危机打击尤其沉重的国家（泰国、印度尼西亚），金融自由化匹配失衡的程度和国家金融控制力衰微的程度明显更为突出。

表1-19 部分危机国家匹配失衡的金融自由化和国家控制力衰微的表现

		拉美			东亚		
		墨西哥	阿根廷	巴西	泰国	印度尼西亚	马来西亚
危机发生时间		1982/1994	1982/2002	1999	1997	1997	1997
失衡的金融自由化	宏观经济不平衡	√	√	√	√	√	√
	宏观政策不恰当	√	√	√	√	√	√
	滞后的金融监管	√	√	√	√	√	√
	过激的金融改革	√	√		√		
	资本项目过早开放	√	√	√	√	√	√
国家的金融控制力衰微	过度的债务负担	√	√	√	√	√	√
	外债结构不合理	√	√	√	√	√	√
	外汇储备不合理	√	√	√	√	√	√
	失控的资本流动	√	√	√	√	√	√
	政治与经济腐败	√			√	√	
	国内资本过度退出	√	√				
	外国资本占据主导	√	√				

此外，尤其值得指出的是，对于发展转型国家而言，在金融自由化和金融全球化过程中，开放并不等于简单地引入外国投资者，更不等于把金融资产直接"打折出售"。例如，在拉美的金融自由化过程中，国内资本的大量退出和外国资本的大规模进入不仅未能从根本上提高效率（典型的如墨西哥和阿根廷，参见表1-20和表1-21），反而使这些国家在短时间就丧失了必要的金融控制权，从而最终降低了国家的宏观金融控制力。

表1-20　拉美银行体系的所有制结构（1990 vs. 2001）

国家	1990年			2001年		
	政府	私人	外国	政府	私人	外国
阿根廷	36	54	10	33	19	48
巴西	64	30	6	46	19	27
智利	19	62	19	13	46	42
墨西哥	97	1	2	0	18	82
秘鲁	55	41	4	11	43	46
委内瑞拉	6	93	1	27	39	34

表1-21　拉美银行体系的所有制结构（2002年）

	政府	私人	外国
§国有银行占主体的国家			
哥斯达黎加	62	15	23
§外国银行占主体的国家			
墨西哥	0	17	83
巴拿马	12	29	59
§私人银行占主体地位的国家			
哥伦比亚	18	60	22
秘鲁	0	57	43
委内瑞拉	7	50	43
厄瓜多尔	14	79	7
沙尔瓦多	4	84	12
危地马拉	3	88	9
洪都拉斯	0	81	19
§混合所有制国家			
巴西	32	36	32
阿根廷	32	38	30
智利	13	40	47

总体来看，对于那些处于"开放"和"发展"双重困境下的发展中国家而言，匹配失衡的金融自由化和国家控制力的衰微在危机过程中扮演着关键角色。尤其是对于很多"追赶型"经济体而言，国家金融控制能力的衰微是导致金融危机无法得到及早遏制的重要原因。对此，陈雨露和马勇（2008）认为，在经济转型和金融发展长期滞后的双重约束条件下，面临加速开放的经济体，出于稳定的需要，保持适度的国家控制力对于金融稳定和经济安全是非常必要的。在金融自由化过程中，利率市场化、机构准入自由化、金融业务自由化、资本账户开放等都将成为金融改革的"既定参数"，但"追赶型"经济体面临的现实又往往是：多年来积累的庞大金融风险尚需消化，接踵而至的是不得不以开放的姿态直面跨国金融机构的竞争；而刚刚发展起来的金融市场，无论是从容量、深度或者广度而言，都远未达到全面开放的基本要求。在这种情况下，金融业加速开放面临的宏观金融和经济风险是巨大的。因此，国家应该利用既有的资源优势，对金融开放进程有所把握，在维持金融稳定和经济安全方面具有预见性和主动性能力。

3. 开放与发展双重困境下的国家金融控制力：如何获得平衡

通过上文的分析，可以看出，为了确保开放和发展双重背景下的金融稳定，发展中国家既需要保持适度的国家控制权，也需要保持必要的国家控制力，并在此基础上采取渐进的金融自由化和审慎的全球化策略，防止超越发展阶段的"匹配失衡"和国家金融控制力衰微导致的风险失控。

就国家控制权而言，金融业开放过程可能导致国家控制权缺失，进而危及国家经济安全。从根本上说，外资进入中国的根本动力仍然是利益驱动，这一点不会因为资金的性质和停留时间而有任何实质区别。在开放过程中，金融企业引入外资要坚持适度性原则并且以提高金融业竞争力为导向，防止大量股权流失给国家金融和经济造成的潜在风险。尤其是在当前国际游资豪赌人民币升值的预期下，更要防止各种基于"真投机"目的"假合作"形式，在开放过程中保持国家对金融改革的控制力，确保金融稳定和经济安全。

就国家控制力而言，新兴市场经济国家在经济开放过程中都会遇到的一个共同问题，即经济转轨的政策选择究竟采用何种具体模式和发展路径，这其中的本质就是国家对金融改革进程和方向的驾驭能力问题。我们知道，在转型经济学研究领域，主要存在"华盛顿共识"和"演进—制度观"（evolutionary-institutionalist perspective）两种观点，前者以新自由主义理念为核心，主张激进的"休克疗法"；而后者更加关注不同制度的差异性，认为不同的初始条件决定着不同的制度演进道路和方式（罗兰，2002）。暂且不论两种主张在理论上的争议，仅就新兴市场国家的开放实践结果而言，"华盛顿共识"的追随国家大都经历了惨痛的金融危机（见表1-22）。可以说，"华盛顿共识"所倡导的全面自由化、快速私有化和政府角色最小化等理论上貌似"完美"的政策主张遭遇了实践的尴尬。相比之下，中国的渐进式改革模式虽然与"华盛顿共识"大相径庭，但却实现了相对平稳的过渡。虽然现在我们还无法确定特定条件下政府在构造适合市场经济发展的制度基础方面是否具有不可替代的作用，但是，在改革开放进程中通过保持某种程度的国家控制力，对于金融稳定和经济安全是完全必要的。尤其是考虑到金融开放作为一种制度形成后，将产生巨大的"退出成本"，因此，在没有现成经验可循的"纠错式"渐进改革[①]过程中，以适度的国家控制力对整个金融改革进行必要的把握具有实践操作上的主动性和现实性。

表1-22　　　　新兴市场国家金融危机的背景因素

		韩国	泰国	俄罗斯	土耳其	墨西哥	阿根廷	巴西
危机发生时间		1997	1997	1998	2001	1982/1994	1982/2002	1999
宏观经济不平衡				✓	✓	✓	✓	✓
经常账户逆差		✓	✓			✓		✓
汇率制度僵化		✓						
资本账户开放	激进式			✓	✓		✓	
	渐进式	✓	✓			✓		
外债结构不合理		✓		✓	✓	✓		
国内金融部门	脆弱的银行业	✓		✓	✓	✓		✓
	金融资产泡沫	✓	✓					
	金融自由化改革	✓	✓			✓		✓
	金融监管不力		✓	✓	✓			
宏观经济政策不恰当				✓	✓		✓	

资料来源：王芳：《渐进式经济体制改革与金融安全》，载于《货币金融评论》2005年第6期。

实际上，从表1-22提供的各国金融危机的发生背景可以看出，涉及国内金融部门的几大因素，即脆弱的银行业、金融资产泡沫、金融自由化改革和金融监管不力等因素都直接或者间接地与国家控制能力及其意愿密切相关。如果从一个更为广泛的视角来看，宏观经济政策的选择与搭配、开放次序的选择和安排、外汇储备的管理与运用、贸易政策的拟定与调整以及金融监管的制定与

---

① 邓小平将这种改革模式形象描述为"摸着石头过河"。这种实践观具有灵活性，且渐进式的重复反馈机制使得整个过程的风险相对可控。

执行等各方面都体现着开放进程中国家控制的意愿与能力,而这些几乎涵盖了一国金融稳定和经济安全的全部主要决定因素。正是从国家金融稳定和经济安全的角度,我们认为,国家控制对于一个处于转型和开放双重背景下的经济体是不可或缺的。

当然,我们并不是国家干预主义思想的代言人,对于国家控制在金融改革中的运用,我们必须强调其适度性。所谓"适度的国家控制权",主要是指以提高金融竞争力为目的的金融改革,在涉及金融资源的所有权和控制权的分配和重新组合时,国家有必要以适当的身份和形式维持在既有金融资源的主导地位,又要摒弃早期不合理的资源垄断性独占,更不能在改革过程中以大规模退出的形式走向另一个极端。所谓"适度的国家控制力",主要是指国家应该利用既有的资源优势,对金融开放进程有所把握,在维持金融稳定和经济安全方面具有预见性和主动性。同时必须指出的是,"适度的国家控制力"强调控制方式的正当性和适当性,要在对旧有行政性控制模式进行深入检讨的基础上,形成符合市场化要求的控制手段和调节方式。总的说来,国家控制在金融改革中的运用,强调的不是控制本身,而是控制的能力和目标,以及这些能力获得和目标实现的合理方式。

对于国家控制在金融稳定和金融危机防范中的运用,以及建立在"国家控制"基础上的金融开放的路径选择问题,陈雨露和马勇(2008)给出了一个基本的理论模型(以下我们简称"露马模型")。这个模型简单、直观地描述了具有"开放"与"发展"双重性质的经济体如何在一个渐进的开放进程中确保金融稳定与效率的长期均衡。如图1-12所示,在一个立体空间中,OX代表金融稳定,OZ代表金融效率,OY代表金融开放进程。在金融开放进程中,金融稳定和金融效率之间存在一定矛盾,而国家控制需要在这二者之间进行权衡,即在确保金融稳定的前提条件下提高金融效率,因此,在OXZ平面上,国家控制的理想轨迹应处于角XOZ的平分线上。但在实践中,任何国家都不可能总是在效率与风险的最优匹配路径上运行,因而实际可供选择的效率与风险集合就演变成了具备一定弹性空间的可行立体空间集YOBA。在这个立体空间集中,各个国家不同时点上的具体选择还可能受到不同经济体相对偏好的影响:如果在某个特定的时点上(时段里),国家对风险的控制要求(偏好)大于对金融效率的追求(偏好),那么,在立体空间集YOBA中,实际的选择向三角平面OYB靠近;反之,如果在某个特定的时点上(时段里),国家对风险的控制要求(偏好)小于对金融效率的追求(偏好),那么,在立体空间集YOBA中,实际的选择向三角平面OYA靠近。

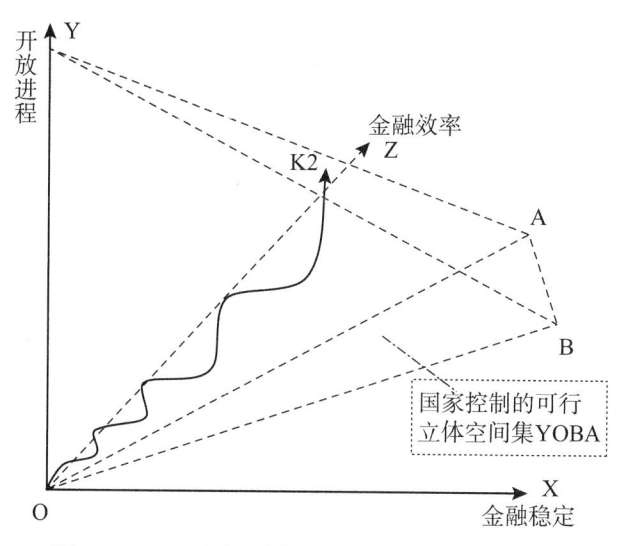

图 1-12　"露马模型"中的国家金融控制

应该说，"露马模型"的核心主张是明确的：对于同时处于改革和开放双重背景下的发展中国家而言，金融业的开放进程（路径）需要在金融业的稳定和效率之间进行综合权衡，而金融业的"开放发展"本身具有内生的矛盾与特殊性，正是这些矛盾与特殊性决定了通过适当的外部控制力量（如国家金融控制）促进金融业平稳发展的重要性、原则性和方向性。基于上述思维，在渐进的开放节奏中，以适度的国家控制确保金融安全前提下的效率实现，就应该成为发展中国家金融改革目标函数和政策工具的核心内容。

作为建立在发展中国家背景基础上的理论主张，"露马模型"显然有着强烈的政策含义：对于那些加速开放的经济体而言，通过适度的国家金融控制，在确保金融稳定的前提下促进金融效率并对开放进程进行适当把握和控制，不仅有助于金融效率的实现，还能最大限度地降低这一过程中的不确定性和潜在风险。

1.3　新型金融危机的理论基础：主流文献梳理

2008 年源于美国的"次贷危机"引发全球金融危机后，经济学界再次掀起了对主流金融危机理论的反思。毫无疑问，如果不能对金融危机的发生、传染与扩散机制进行有效分析，金融危机的内在机理和发展路径很难被真正理解。正是基于上述认识，本节对现代金融危机的发生、传播和制度机制进行了一个比较系统的分析梳理，这一梳理有助于我们加深对危机机制和路径的理解。

1.3.1 金融危机的发生机制

1. 流动性机制

对于一个典型的金融机构（银行）而言，资产负债表的重要特征是存在着期限错配（maturity mismatch）问题，即负债（主要是存款）的期限较短且流动性强，而资产（主要是贷款）的期限一般较长且流动性差。当金融机构的流动性需求超过短期资产价值时，挤兑就会成为一种可能事件。事实上，流动性不仅仅是单一资产的特性，资产间的流动性还往往存在着联动特征（Chordia et al., 2000）。

在流动性与银行危机的研究方面，戴蒙德和荻伯威格（Diamond & Dybvig）的经典模型（1983，简称 DD 模型）认为，银行的功能是给存款人提供流动性保险（将流动性差的贷款转换为流动性好的存款），但由于存款人随时可以向银行要求提现，这就造成了银行内生的脆弱性，而存款人何时提取则主要取决于对其他存款人是否会进行"恐慌性挤兑"的预期①。与 DD 模型是纯粹恐慌（或自我实现）的挤兑模型不同，杰克林和巴塔查里亚（Jacklin & Bhattacharya, 1988, 简称 JB 模型）的挤兑模型引入了双向信息不对称的影响：银行不能观测到存款者的真实流动性需要，存款者也不知道银行资产的真实状况，当一部分存款者获得了关于银行风险资产回报的不利信息时，挤兑就会作为唯一的均衡而发生。清泓和摩尔（Kiyotaki & Moore, 1998）的信贷周期模型表明，流动性短缺（illiquidity）将沿着信贷链条逐层加速传播，从而导致金融危机。阿尔杰（Alger, 1999）的研究将视角扩展至银行间市场，他假定银行的流动性水平能够被观察到，而当银行同业市场的信贷风险或银行间借款的违约概率过高时，具有流动性和清偿能力的银行不会选择进行借贷，此时银行间的同业市场将会崩溃。另外一些研究表明，当市场主体面临不同的贴现率并对极端事件发生的可能性持有不同的信念时，金融危机可能作为预期自我实现的一种结果出现，这意味着人们当前形成的关于未来流动性短缺的预期也可能导致银行挤兑的发生（Sandroni, 1998）。

在流动性与金融市场危机的研究方面，很多文献指出，股票和债券市场的流

---

① 因此，在 DD 模型中存在两个"纳什均衡"：一个是没有挤兑的高效率均衡（正常经营），另一个是发生挤兑的低效率均衡（危机破产）。事实上由于任何导致"挤兑"预期的事件均会可能诱发恐慌性挤兑，因此通过适当的机制安排避免这种不必要的低效率均衡就具有现实意义。由于这里存款人的挤兑预期起着关键作用，为此，戴蒙德和荻伯威格提出了旨在增强公众信心、消除无效率挤兑的一系列方案，如建立存款保险和最后贷款人制度以及其他相关的金融监管措施等。

动性都会在市场低迷时期严重下降,危机期间甚至会出现流动性枯竭的现象。比如,一些研究发现,流动性不仅具有周期性特征,而且在市场低迷时期下降尤为明显。帕斯特和斯坦博(Pastor & Stambaugh, 2003)通过对美国股市的流动性进行研究,发现流动性指标伴随着指令流在金融市场崩溃的月份(1987年10月)出现了最大幅度的下降。米切尔等(Mitchell et al., 2007)认为,在可转换债券市场上,当主要的流动性供给者(如可转换套利基金)受到由赎回带来的资本冲击后,他们将被迫对赎回进行反向操作并转变为流动性需求者,从而导致市场的流动性供给急剧下降,这一结论在1998年长期资本管理公司(LTCM)的破产危机得到了证实。哈特曼等(Hartmann et al., 2008)的研究也证实,在1997年亚洲金融危机期间和1998年长期资本管理公司破产期间,严重的流动性不足现象随处可见。卡尔沃(Calvo, 1999)研究了在一个由知情投资者(informed investors)和非知情投资者(uninformed investors)构成的资本市场中,危机是如何通过流动性冲击并在乘数效应的作用下引发危机蔓延的。在Calvo的分析中,当某一市场的知情投资者面临追加保证金的要求时,他们将被迫出售其他市场的有价证券,当这种操作行为被非知情投资者错误地理解为是其他市场流动性不足的一个信号时,非知情投资者就会大量抛售这些市场的有价证券,从而使得多个金融市场同时出现流动性不足的现象。

近来,研究者开始关注不同市场间以及不同部门间流动性的依存关系。伯纳多和韦尔奇(Bernardo & Welch, 2004)认为,金融危机在本质上是由对于未来流动性冲击的担忧所驱动的,而交叉流动性(cross-liquidity)的限制可能比之前想象的还要重要,因为一个市场中的流动性问题可能导致其他市场相关资产的加速变现,从而引发关联市场的流动性问题。迪亚、萨卡尔和苏布拉马尼亚姆(Chordia, Sarkar & Subrahmanyam, 2005)考察了美国股票市场和债券市场流动性的相互关系,发现对其中一个市场流动性(如买卖报价差和报价深度)的冲击会给另一个市场的流动性造成影响,同时,股票市场流动性在危机时期并不会显著地下降,因为政府会适时采取扩张的货币政策来减轻金融市场的流动性不足问题,而未预期到的联邦基金利率上升(下降)会引起流动性的下降(上升),并增加(减少)股票和债券市场的波动性。类似地,汤勇军和严弘(Tang & Yan, 2006)采用总报价次数、交易次数、指令差额以及买卖报价差作为信用违约互换(Credit Default Swap, CDS)市场流动性的衡量指标,发现债券市场、股票市场和期权市场对信用违约互换市场具有明显的流动性溢出效应。

2. 资产价格和信贷机制

金融危机的经验表明,在很多国家,严重的银行问题均与资产价格的巨大波动关系密切（Kaminsky & Reinhart, 1999；Herring & Wachter, 1999）。特里谢（Trichet, 2002）剖析了在金融全球化背景下资产价格波动性显著增强的原因，如短期主义、羊群效应、指数管理和风险管理技术等①，这些原因会鼓励机构投资者对市场冲击做出同质化反应，从而破坏金融市场平稳运行所需要的行为多样性。

事实上，一些发达国家和新兴市场国家过去30多年来的经历表明，资产价格泡沫在金融危机中扮演的角色越来越重要。在许多危机案例中，房地产价格崩溃之前，价格往往已经持续攀升了很长一段时间（Kindleberger, 1978）。西蒙（Simon, 2003）总结了资产价格泡沫的四个基本特征：一是泡沫通常与新技术有关（新技术蕴涵的较高的不确定性导致过高的估值水平）；二是人们持有资产的目的是投机而非投资；三是景气时期形成了泡沫赖以构筑的乐观情绪；四是泡沫往往得到银行信贷的支持②。

艾伦和盖尔（Allen & Gale, 2000a, 2000b）将信贷扩张、资产价格波动与金融危机爆发的过程大致分为三个阶段。在第一阶段，某些原因（如经济高涨、金融自由化或中央银行有意识的决定）刺激了信贷市场的大规模扩张，增加的资金随即流入房地产和股票市场，导致资产价格持续大幅上涨。在第二阶段，通常是在很短的时间内（如几天或者几个月），泡沫开始破灭，资产价格崩溃。在第三阶段，随着资产价格下跌，通过借款购买资产的企业（个人）陷入财务困境，违约大量出现，银行危机和货币危机接踵而至。一旦泡沫破裂，大量的投机性项目很快转化为银行的不良贷款。从负债方面来看，由于居民和企业的收入减少和流动性需要增加，这将造成银行存款减少，导致银行资产负债进一步恶化。随之而来的信贷紧缩将进一步强化不良贷款恶化的预期，从而导致更加严重的信贷紧缩，这样就形成了所谓的"信贷紧缩——不良贷款"陷阱。艾伦和盖尔认为，当只有非常高的信贷数量扩张比率才能防止资产泡沫的破灭时，银行制度将变得非常脆弱，此时危机的发生将不可避免。

萨克斯（Sachs, 1996）分析了"贷款景气"、银行危机和货币危机之间的关系。在萨克斯框架中，银行资产组合可能由于外部的冲击而突然变得脆弱，但"坏运气"并不是银行脆弱的唯一原因，脆弱性往往与过快的信贷扩张相关。尤

---

① 短期主义，即越来越多的市场参与者变得更加乐于追求短期利益；羊群效应，即当基金业绩随时会被投资者用来进行比较时，基金经理均试图超越市场指数；指数管理，即那些实施指数管理的基金会在市场上升时买入，在市场下降时卖出；风险管理技术，如在险价值（VAR）等的计算模式。

② 泰勒尔（Tirole, 1985）曾对容易产生泡沫的资产特征进行了描述：一是这种资产必须具有耐久性（Durable），因为泡沫产生的前提是通过对资产再出售获取收入的预期；二是这种资产必须是稀缺的或者在短期中缺乏供给弹性，否则资产的大量供应很难持续推高价格；三是这种资产必须有一个活跃的交易市场和一种能够协调共同信念的社会机制，使得关于泡沫会继续膨胀的预期能够得到自我实现。

其是在一国的金融自由化过程中，一些银行采取了激进的经营模式，导致存款利率上升，贷款项目风险扩大，当资本外流时，银行系统的脆弱性开始显现①。彼得（Peter，2004）在跨代生产的基础上，把宏观经济和银行的资产负债表连接起来，探讨了资产价格波动与银行脆弱性二者之间的双向互动机理，并认为在资产价格下降和银行危机之间存在一个间接和非线性的反馈过程。袁志超（Yuan，2005）认为，当一个负向冲击导致资产价格下降时，知情投资者由于受到借款约束而不能利用掌握的噪声信息进行交易，同时非知情投资者出于流动性的考虑远离市场（不愿持有任何有价证券），这种局面将导致资产价格进一步下降，并使得知情交易者面临更强的借款约束，其结果是：即使在资产基本面没有发生明显变动的情况下，危机依然可能发生。

3. 经济周期机制

经济学家对危机的经济周期机制关注已久②。金德尔伯格（1978）通过对金融危机史的回顾和分析，发现金融危机往往伴随经济的繁荣周期爆发③。20 世纪 80 年代中期以后，伯南克（Bernanke，1983，1996，1999）等创立和发展的金融经济周期理论（Financial Business Cycle Theory）认为，信贷市场缺陷、信贷配给和资产价格波动等现象之间存在内在联系，如果贷款人无法通过提高贷款价格的方式补偿无担保债权的风险，信贷配给就会出现，由于资产价格与信贷约束之间相互影响，导致货币冲击得以持续、放大和蔓延，从而形成金融经济周期的重要传导机制——金融加速器。资产负债表渠道和银行信贷渠道是金融加速器最重要的两个传导机制，其发生作用的前提条件是借贷双方信息不对称和金融摩擦。明斯基（Minsky，1977，1982）从经济繁荣与紧缩长期波动的角度揭示了金融脆

---

① 在20世纪70年代和80年代，从银行自由化到贷款景气，再到发展为金融危机，这一过程在许多国家上演过，如阿根廷、智利、哥伦比亚、印度尼西亚及马来西亚等。

② 巴杰特（Bagehot，1873）最早正式将金融因素引入经济周期模型，他认为，当银行家手中的可贷资金余额全被借光，将会刺激真实经济扩张，拉动实际利率和商品价格上升。在繁荣阶段过后，经济结构将会变得十分脆弱，这将导致经济扩张的结束和危机爆发。经济结构的脆弱性体现在两个方面：一是经济扩张期的价格不断攀升，几乎所有的生产商都会高估市场需求，从而无形中犯了一个"错误"；二是现代的金融资本和金融中介出现以后，价格加速攀升往往诱惑人们去犯更多的"错误"。

③ 金德尔伯格（Kindleberger，1978）把金融危机的形成过程概括为六个阶段：在第一阶段，宏观经济体系外部冲击改变获利机会，使预期发生变化，部分经济主体开始大量投资；在第二阶段，经济活动达到顶峰，设备投资、金融投资持续扩张；在第三阶段，出现资产过度交易及投机行为，资产价格暴涨；在第四阶段，市场行情异常狂热，出现过度投机和泡沫经济；在第五阶段，随着资金需求显著增大，货币流通速度增加，利率上升，一旦资产价格上升势头停止，投资者便纷纷抛售资产导致价格骤然下挫，交易过度的经济主体因金融头寸不足而倒闭；在第六阶段，如果金融、财政当局没有采取适宜的对策，就会迅速出现信贷紧缩，从而陷入金融危机。

弱性，并指出金融体系的内生脆弱性是导致周期性金融危机的基本诱因。麦金农和皮尔（McKinnon & Pill, 1997, 1999）认为，对于某些经济体来讲，由于存在存款保险和无管制的银行部门，资本的流入导致了消费增加和经常项目赤字扩大，进而导致银行的过度贷款周期。在这个周期的开始阶段，伴随股票和房地产市场的繁荣，会出现实际汇率升值、竞争力下降以及经济增长放慢的现象；随着经济进入衰退期，繁荣时期的过度贷款使得银行部门变得非常脆弱，而经常账户的恶化也使得投资者担心外国贷款是否存在违约的可能，这些都使得捍卫本国货币的任务就变得更为困难，并最终导致货币崩溃。

从实证研究来看，许多案例和实证分析都发现银行危机与经济周期之间存在高度的关联性。在戈顿（Gorton, 1988）关于美国银行危机的研究中认为，恐慌经常在经济周期的高峰或接近高峰之时发生。波尔多（Bordo, 2008）通过把美国的金融危机放在一个更长的时间段来分析，发现金融危机与信用周期和经济周期的关系密切。波尔多采用1921~2008年以Baa公司债券收益率与美国10年国债综合国债利率之差作为信用级差，对美国经济研究局（NBER）的参考周期及主要经济事件（如股市崩盘、银行危机和重大的政治事件）进行了对照分析，发现信用周期（以信用级差替代）的峰值正好位于参考周期的上升点上，诸如股市崩溃、1930年危机等事件都发生在周期的波峰位置，而2008年Baa公司债券级差仅仅低于1980年经济危机时期的信用级差，其信用级差也达到了历史高位。

近年来，在关于金融危机的研究中，与经济周期密切相关的一个问题是金融体系的顺周期性问题（procyclicality）。博里奥、费帆和罗维（Borio, Furfine & Lowe, 2002）认为，存贷差、资产价格、银行内部风险评级以及贷款损失准备等都呈现出顺周期性特征，这些顺周期性与实体经济相互作用，放大了经济波动。泰勒和古德哈特（Taylor & Goodhart, 2004）认为，巴塞尔资本监管协议及IAS39公允价值会计记账法会导致银行体系中的顺周期效应，从而扩大信贷投放的波动幅度。怀特（White, 2006）分析了金融体系中的顺周期现象，并据此对当前的金融稳定框架提出了质疑，他认为，构建一个完善的金融体系必须考虑顺周期性的影响。

4. 信息机制

信息问题在金融危机的发生和扩散过程中至关重要，信息的溢出效应会直接导致银行危机（挤兑）的发生（Chari & Jagannathan, 1988）[①]。在李（Lee,

---

[①] 在这一模型中，一部分存款者能获得长期风险资产收益的信息，另一部分存款者则根据早期所能观察到的存款提取数来协调行动。

1998）及查理和基欧（Chari & Kehoe，2002）的模型中，宏观经济基础和金融资产价格之间存在多重均衡关系，这主要是由投资者在信息不完备（或信息不对称）情况下的预期行为模式所导致。莫里斯和慎一（Morris & Shin，1998，2000）、戈德斯坦和波兹内（Goldstein & Pauzner，2000）的模型通过将有关经济基础变量的公共知识用带有噪声的能观察到的信号来替代，使存款者之间的行动达到了协调一致，从而实现了经济中唯一的均衡，该模型为研究信息的结构提供了一个框架①。

作为信息连锁反应所导致的一种行为方式，"羊群行为"模型在行为金融理论中占有重要地位。羊群行为容易导致灾难性后果的原理在于：当分散个体趋向于一致行动时，一个较小的冲击也可能导致群体的行为发生巨大偏移，个体甚至可能放弃私人信息（哪怕是准确可靠的信息）而仅仅依靠公共信息来选择自己的行为模式。在典型的银行挤兑中，存款者观察到的是属于私人信息的白噪声信号，由于信息是私有的且不完备，而行动却是能公开观察到的，这就导致了社会学习（social learning）——没有采取行动的存款者试图根据其他存款者的行为信息来做出推断。如果所有的存款者都不考虑自己的私人信息，而是高度依赖于公共信息进行行为决策，那么羊群行为就会导致银行挤兑的发生（Chari & Jagannathan，1988）。大量投资者的羊群行为会进一步加剧市场的风险，甚至造成国家金融体系的崩溃（Avery & Zemsky，1998）。

金融市场中羊群行为的研究兴起于20世纪90年代，主流的理论包括：不完全信息理论、声誉理论以及薪酬结构理论等。基于不完全信息的羊群行为理论模型包括班纳吉（Banerjee，1992）、比赫昌达尼（Bikhchandani，2000）等；基于声誉的羊群理论包括沙尔夫斯泰因和斯坦（Scharfstein & Stein，1990）、格拉哈姆（Graham，1999）等②；基于薪酬结构的羊群理论模型始见于罗尔（Roll，1989）和布伦南（Brenan，1993）等人的文献，此后茅格和奈克（Maug & Naik，1996）发展并完善了这一模型③。克鲁格曼（Krugman，1998）认为，金融市场上易于产生羊群行为的原因在于投资的委托代理问题。在卡尔沃和门多萨（Calvo & Mendoza，1998）的研究中，如果一个投资者收集一个国家或一家银行的信息成本是高昂的，那么当投资者（存款者）放弃私人信息转而按照公共信息来

---

① 在这一框架下，通过用私人信息的不对称来代替公共知识，或者提高私人信息的准确性（但不完全消除其中的白噪声成分），均可以增加信息的透明度，而信息透明度的增加可以减小具有"自我实现"性质的银行挤兑的发生概率。

② 其基本思想是，如果一个投资经理对于自己的决策没有把握，那么明智的做法是与其他投资经理保持一致，当大部分投资经理也这么考虑时，羊群行为就产生了。

③ 这些研究认为，假设投资代理人的薪酬取决于他相对于其他投资代理人的业绩表现，这种薪酬结构扭曲了投资代理人的激励，从而产生羊群行为。

选择行为时，经济的不利冲击就可能诱发羊群行为，使经济从一个没有投机攻击的均衡转向一个有投机攻击（银行挤兑）的均衡。一般认为，由于个体的认知资源是有限的，所以个体会节约自身在决策过程中所投入的认知资源。龟田和仲西（Kameda & Nakanishi，2003）通过对个体行为的成本与收益进行分析，发现个体是否表现出羊群行为与搜集信息的成本有关：当搜集信息的成本较低的时候，个体倾向于自己搜集信息，加工信息并形成决策；当搜集信息的成本较高的时候，个体偏好关注其他个体的决策行为，并与他们的行为保持一致以节约成本。

5. 概要性小结

在金融危机的发生机制方面，在上文中，我们梳理出了四大基本机制，即：流动性机制、资产价格和信贷机制、经济周期机制以及信息机制。从流动性机制来看，关键是要理解金融资产负债表的特殊性和市场流动性需求随预期变化而出现结构性变动的"临时聚集"特性；从资产价格和信贷机制来看，关键是要理解银行信用创造能力和资产价格彼此高度依赖的螺旋式结构，这种结构使得银行资产负债表的膨胀可以建立在一个失去价值基础的"自我实现"模式上；从经济周期机制来看，关键是要将金融体系的变化置于宏观经济的整体框架中加以理解，历史上所有重大的金融危机都显示出了与经济周期的同步性，经济的失衡必然引发金融失衡；从信息机制来看，关键是要理解市场机制本身也可能产生扭曲的信息，而这种市场内生的信息扭曲往往意味着市场的风险分布状态已经出现了系统性的失衡。

1.3.2 金融危机的传染与扩散机制

银行危机的传染性是指单个银行事件带来的负面影响降低了其他银行的价值（Aigbe，2001）[①]。库马尔（Kumur，1994）提出了银行危机传染的两种类型：一是"特定行业"型传染，即发生危机的银行通过信息传播影响到行业中的所有银行；二是"特定企业"型传染，即发生危机的银行通过信息传播影响到其规模、地理位置等相似的其他银行。阿哈洛尼和斯韦（Aharony & Sway，1983）、弗兰纳里（Flannery，1998）通过检验危机事件时候的股票异常收益，认为同一地区的银行之间必然存在"特定企业"型的传染。值得注意的是，银行危机的

[①] 他们的实证研究表明：（1）银行不论大小，均存在传染性，但设有多个分行的银行一旦发生危机，其传染程度更大；（2）小银行受到的影响程度较大，因为这些银行抵御外界冲击的能力较差；（3）资本充足率低的银行更容易受到传染，因为这类银行很难抵御财务状况恶化。

扩散模式与普通企业具有不同的特征。通常情况下，虽然普通企业的破产也会通过乘数效应扩展，但每一轮的次级效应一般是递减的；而在一个典型的银行网络体系中，由于各个银行之间的信用链条错综复杂，任何一家银行的破产都有可能诱发其他银行的财务困难，并通过进一步的债权债务关系波及关联的企业和借款人。这意味着，银行破产的负面影响会随着每一轮而次第增加，少数银行的破产会像滚雪球一样越滚越大，直至蔓延至整个银行体系。这样，单个银行的风险就极易演变成系统性的银行危机。

1. 流动性冲击与信息溢出机制

由于各个银行之间存在着密切复杂的债权债务关系，一旦某个银行的金融资产贬值以至于不能保持正常的流动性头寸时，单个或局部的金融风险就可能很快演变为全局性的金融动荡。这种银行危机从局部向全局演化的基本动力机制在于，信息的外部性或银行之间的信贷关系使得银行破产得以在银行之间进行传染。即使银行间的经济基础变量是相互独立的，银行之间的信贷关系也会使得经营业绩之间有很强的相关性。当存款者观察到银行经营业绩之间的强相关性时，信息传染就可能发生。一旦发生挤兑，银行就必须以低于公平价值的价格来出售长期资产或者以更高的利率进行拆借，这又将导致流动性问题向清偿问题转变。

一般认为，信息不对称和跨市场套期保值能力是金融危机传染的根本原因，因为没有关联信息（甚至没有直接共同影响因素）的不同市场会发生同样的变动（Kodres & Pritsker，2002）。达斯古普塔（Dasgupta，2000，2004）假定银行之间通过互相持有存款来抵御流动性危机，一旦流动性冲击出现，高提取区域的银行将从低提取区域的银行获得借款并承诺在将来偿还本金和利息，这意味着债权人银行（低提取区域的银行）将来的收益是债务人银行（高提取区域的银行）经营绩效的函数，债权人银行在债务人银行存款的价值取决于债务人银行是否破产，这种"溢出效应"使得银行之间的危机传染成为可能。阿查里雅（Acharya，2001）基于风险转移动机和银行倒闭造成的外部性，建立了一个包含两家银行的两阶段模型。在这个模型中，当一家银行在第一阶段倒闭时，生存下来的银行在第二阶段只能获得倒闭银行的部分存款者①。存款者减少造成市场均衡利率上升，银行盈利能力降低。由于信息不对称，一家银行的倒闭会使另一家银行的安全性受到怀疑，造成融资成本上升。在这种情况下，两家银行存在选择相同领域进行风险投资的内在激励，以避免对方倒闭对自己造成的负面影响（"要么同生，要么共死"）。阿查里雅将这种动机称为"集体性风险转移"（collective risk

---

① 由于倒闭银行有其经营的独特性，故生存下来的银行无法提供某些存款者要求的服务。

shifting)。这种行为模式的结果是，由于持有高度相关的资产，银行同时倒闭的概率大大提高了。

艾伦和盖尔（Allen & Gale，2000，简称 AG 模型）的研究发现，银行都面临着存款者关于流动性需求的不确定信息，因而都受到流动性风险的威胁，在一个非完美的银行间市场中，由于银行之间的紧密关系，当其中一个银行出现问题的时候，整个银行系统都面临着金融风险从一个银行向其他银行传染的威胁。布鲁塞奥和卡斯提格昂内斯（Bruseo & Castiglionesi，2007）在 DD 模型和 AG 模型的基础上引入投机性长期资产，并通过银行的道德风险渠道将危机传染的机制内生化：由于银行间市场的流动性保险机制，银行会投资更多流动性差的长期资产而承担过度风险，这将导致银行破产和危机传染的概率严格为正，在较大的流动性冲击下，一旦风险项目失败，危机传染就会发生。戴蒙德和拉詹（Diamond & Rajan，2000a，2000b）也认为，银行危机不单是由早期研究所认为的存款者恐慌或银行间的契约联系而引发，而是因为单个银行的破产可能导致整个市场的流动性短缺，而市场流动性的普遍下降和信用紧缩将导致破产蔓延，最终引发整个金融市场体系的崩溃。戈德斯坦（Goldstein，1995，1998）等的研究进一步说明了对一个特定市场的担忧是怎样导致危机蔓延的问题：当投资者在某个市场的交易遭受损失后，由于风险承受能力下降，他们开始在各个市场上清算自己所持有的头寸，这将导致相关市场的流动性降低，随着价格波动和市场关联性的增加，危机开始蔓延。

2. 网络互联与外部性机制

银行既是同业市场的积极参与者，同时也是支付系统的主要结算者，银行的内在关联性导致金融系统变成一个脆弱的网络。在这个网络中，遍布着银行之间彼此关联的"借方—贷方"关系，一旦一个很小的危机出现，都可能通过敞口在系统内不断地被放大，从而给整个系统带来巨大的风险（Solow，1992）。

近年来，关于危机传染研究的一个新方向是网络概念和模型的应用。艾森伯格和诺埃（Eisenberg & Noe，2001）通过将所有关联支付的金融系统模型化为彼此联结的金融网络，发现与孤立公司所面临的情形不同，在一个互联金融网络中，即使是非系统性的、非扩散的冲击，也可能引起整个系统的价值降低。达斯古普塔（Dasgupta，2004）的模型表明，在一个相对不稳定的系统中，银行的最优选择是不完全联结；而在一个相对稳定的系统中，完全联结是避免流动性冲击的最佳选择。

除资产负债关联引起的违约冲击的传染渠道之外，西富恩特斯等（Cifuentes et al.，2005）研究了资本充足要求所导致的流动性风险传染渠道，发现随着金融网络联结程度增加，系统的稳定性先下降后上升。盖和卡帕迪亚（Gai & Kapadia，2008）利用复杂系统的数学方法，研究了在任意结构的资产负债关系构成的银行网络中，未预期冲击造成的传染：一方面，联结程度在某个区间内可能发生传染，传染概率随着区间之内的联结程度增加而减小；另一方面，资产价格变化既能增加传染概率又能增强危害程度，说明资产价格风险对于危机的传染具有重要影响。

内勒等（Naylor et al.，2008）将关于复杂网络理论的最新研究成果应用于金融市场，提出了基于异质行为者的金融危机传染模型。他们将外汇市场设定为零星聚类网络（sparsely clustering network），用以研究门限参数值、聚类内部和外部的联结程度等网络整体拓扑结构参数对于外汇市场危机传染的影响。通过仿真研究，内勒等发现：聚类外部联结的模式和密度以及每个节点被赋予的行为规则是诱发传染的主要因素，危机传染取决于聚类之间的外部联结而不是其内部联结。

布伦纳迈尔（Brunnermeier，2009）对"次贷危机"的研究表明，金融机构之间存在普遍的"资产负债联结"和"网络效应"，这些放大机制将次贷市场的损失迅速放大并扩散至整个金融市场，进而引发实体经济的衰退。在上述机制下，一方面，资产价格下降引发的资本损失和融资困难会迫使金融机构出售自身资产，从而引发资产价格的新一轮下跌；另一方面，场外交易的大多数结构性金融产品使得金融机构之间的风险敞口彼此相连，这使得某些机构遭受的冲击会因为资产负债联结而迅速蔓延到其他机构和市场，从而形成系统性风险。

3. 共生危机机制

在过去的金融危机案例中，由于金融市场的不完善，以及银行资产和负债之间的货币不匹配，使得包括共生危机在内的多重均衡成为可能。在这些案例中，银行危机、货币危机和债务危机互相触发和互相恶化，引起金融体系的猛烈收缩和实际经济的巨大衰退。奥布斯特费尔德（Obstfeld，1996，1997）指出，对于那些银行体系脆弱的经济体而言，一旦爆发货币危机，如果在资本外流时没有进行冲销，就会因信贷紧缩而危及银行体系稳定，此时货币当局试图通过急剧提高利率来缓解外汇市场压力的做法可能导致银行危机。斯托克（Stoker，1995）认为，在固定汇率机制下，外部冲击首先会导致货币危机，当货币危机发生后，信用收缩，破产增加，银行危机随之出现[①]。艾伦和盖尔（1998，2000）指出，当银行发生危机时，银行资金外流，为缓解危机一般要求采取弹性汇率，因而货币

---

① 罗贾斯、苏亚雷斯和韦斯布罗德（Rojas Suarez & Weisbrod，1995）认为，在面对汇率压力时，若决策者采取大幅度提高利率的对策，那么货币危机就会使脆弱的银行体系陷入危机。米勒（Miller，1996）论证到，如果银行存款被用来投机一国货币，而且银行头寸用尽，那么这种投机冲击就会引发银行危机。

危机和银行危机往往同时爆发。杜利(Dooley,2000)认为,如果银行的外币负债超过了外币资产,政府支持银行耗尽了外汇储备时,会同时爆发银行危机和货币危机。

戈尔德斐杰恩和巴尔德斯(Goldfajn & Valdes,1995,1997)说明了资本流动和共生危机之间的关系,分析了国际利率和资本内流的变动如何由于银行的作用而加大,这样的变动又是怎样加剧经济周期以及导致银行挤兑和货币危机的。危机是外部或内部冲击的结果,这种危机通过金融机构放大和扩张到经济其他部门。张和贝拉斯科(Chang & Velasco,1998,1999)认为,国际资本流动不足是引发银行危机和货币危机共生的充分条件。伯恩赛德、艾肯鲍姆和雷贝洛(Burnside,Eichenbaum & Rebelo,2001)的共生危机模型则表明,经济基本面决定危机是否发生,而自我实现的预期决定危机的发生时间①。在包丁(Baudino,2002)的研究中,共生危机的根本原因在于银行部门的脆弱性,如果这种脆弱性遭遇流动性冲击,即短期债权人的支付要求增加,经济的其他部分会由于银行负债货币化受到影响,即使没有银行挤兑导致的崩溃,中央银行为救援银行体系而注入的流动性也足以危及货币稳定。索罗门(Solomon,2003)考虑了外国和国内投资者之间的博弈,认为如果国内外投资者同时从银行体系提取资金,将加大共生危机的爆发概率。布伦纳迈尔和彼得森(Brunnermeier & Pedersen,2009)将资产市场流动性和交易商资金流动性联系起来②,通过对保证金和损失这两种流动性旋涡(spiral)的讨论,提出了资金流动性与市场流动性之间的相互关系所构成的加速螺旋机制(spiral mechanism),从而为金融市场危机和银行危机的共生机制提供了一个新的理论解释。

在实证研究方面,卡明斯基和莱因哈特(Kaminsky & Reinhart,1999)的研究发现,在过去20多年中,许多发生货币危机的国家,在它们的外汇市场遭到冲击的同时,也会发生程度相当的国内银行危机,他们对1970～1995年20个工业化国家和发展中国家的研究显示,诸如经济衰退、出口下降、实际利率上升、股票市场不景气以及信贷膨胀等构成了货币危机与银行危机同时爆发的共同原因。格利克和哈奇林(Glick & Hutchison,1999)通过对1975～1997年90个国家的样本数据进行分析,发现货币危机和银行危机共生的现象主要集中在实施金

---

① 在该模型中,货币危机与银行危机同时出现至少有三个共同原因:一是银行资产与负债之间货币的不匹配;二是银行没有对汇率风险进行全部的套期保值;三是政府对银行和国外债权人隐性担保。政府的担保引发了自我实现的对国内货币的抛售,最终导致货币贬值和银行危机。

② 他们将资产市场流动性定义为交易的便捷性,而将交易商的流动性定义为资金的可获得性,并讨论了市场最重要的交易商都面临着资本约束和流动性要求,如交易商、对冲基金和投资银行。建立在资金的流动性会随着净资本的减少而下降这一基本假设之上,资金的流动性不足会使得交易商不情愿持有新的头寸,这会导致金融市场中的流动性迅速降低并最终枯竭,反之亦然。

融自由化的新兴市场国家,在这些国家,银行危机是货币危机的一个很好的预警指标,但货币危机却不能很好地预测银行问题。福根和霍(Hugen & Ho, 2003)根据 1980~2001 年 49 个国家的数据,采用指标法辨别货币危机和银行危机,结果表明,只有在新兴市场国家银行危机才是货币危机的先行指标。

4. 概要性小结

在本部分,我们概括了金融危机传染和扩散机制的三个基本路径(模式):一是流动性冲击与信息溢出机制,在这种机制下,由于银行持有高度关联的资产,单个银行的破产可能导致整个市场的流动性短缺,在信息外部性的作用下,银行之间的信贷关系使得破产在银行之间传染,最终引发系统性的崩溃;二是网络互联与外部性机制,在这种机制下,银行的内在关联性导致金融系统变成为一个脆弱的网络,任何一个小的危机都可能通过敞口在系统内不断放大,从而破坏整个系统的稳定性;三是共生危机机制,这种机制说明了危机在银行体系、货币市场、股票市场和债券市场之间普遍互联的关系,并使得不同层次市场间的多重危机(银行危机、货币危机和债务危机)可能同时出现。

1.3.3 金融危机的制度机制

1. 汇率体制安排

传统的银行业危机模型,都是基于封闭经济条件构建的[①]。1997 年亚洲金融危机爆发后,人们发现这些国家在汇率崩溃的同时也出现了国内银行业危机,于是开始考虑将汇率与银行危机联系在一起。张和贝拉斯科(Chang & Velasco, 1998a)探讨了汇率制度和银行脆弱性之间可能存在的关系,他们认为,在银行起着重要微观功能的经济中,不同的汇率制度对金融脆弱性程度有着重要影响。通常情况下,在实行固定汇率制度的国家,一旦发生银行挤兑,中央银行将面临"两难选择":如果不介入,银行破产和严重的经济崩溃就会发生;如果介入并提供信贷给"问题银行",那么对国际储备的巨大需求也会造成严重困扰。相比之下,在灵活的汇率制度下,央行的最后贷款人功能会实现最优分配并避免"自我实现"的银行挤兑。

米什金(1997)和奥布斯特费尔德(Obstfeld, 1997)认为,政府维持固定

---

① 如具有代表性的戴蒙德和荻伯威格(Diamond & Dybvig, 1983)、戈顿(Gorton, 1985)、查夫和贾甘纳坦(Chaf & Jagannathan, 1988)以及杰克林和巴塔查亚(Jacklin & Bhattacharya, 1988)等。

汇率制的承诺通常被看成是对存款人和外国贷款者的隐性担保，这些担保将促进信贷过度膨胀，一旦货币贬值，就会诱发银行危机。豪斯曼（Hausmann, 1999）认为，固定汇率制增加了银行体系对外部不利冲击的脆弱性：在固定汇率制度下，不利的冲击会造成国际收支赤字、货币供给下降和国内利率提高，信贷紧缩加大了不利冲击对银行资产质量的影响；而在弹性汇率制度下，冲击通常伴随着名义汇率的贬值和国内价格水平的上升，这将降低银行资产和负债的实际价值，从而与银行的偿付能力保持一致①。还有一些研究认为，银行挤兑取决于银行部门和实际部门的货币错配、汇率贬值和存款人对未来贬值的预期，只要存款美元化和贷款美元化造成了银行或企业资产负债表上的货币错配，就可能引发银行危机（Petrova, 2003）。

在实证研究方面，既有文献并未得出一致的结论。莱因哈特和韦格（Reinhart & Vegh, 1995）考察了12个通过汇率稳定计划（exchange rate-based stabilization，ERBS）来对抗恶性通货膨胀的国家，结果表明，大部分的ERBS本身就埋下了崩溃的种子，并最终以严重的金融危机告终②。艾肯格林和阿特塔（Eichengreen & Arteta, 2000）采用1975~1997年间发展中国家的数据，研究了汇率制度、金融自由化和存款保险对银行危机可能性的影响，发现汇率制度对银行危机可能性的影响并不显著。多马克和佩里亚（Domac & Peria, 2003）基于1980~1987年间发展中国家与发达国家的数据研究了汇率制度的选择是否会对银行危机的概率、成本及持续时间产生影响，结果表明：一方面，采用固定汇率制度降低了银行危机在发展中国家爆发的可能性；但另一方面，一旦银行危机爆发，采用固定汇率制度的国家，其银行危机的实际成本也会更高。

2. 金融自由化

20世纪70年代以来，全球范围内展开了以金融自由化或金融深化为旗帜的金融改革。在很多发展中国家，由于境内资本缺乏，利率水平较高，过快的金融自由化诱使大量境外资金流入。投机性资金的流入进一步刺激了这些国家的信贷繁荣，促使资产价格暴涨，经济迅速泡沫化。世界银行（World Bank, 1997）的研究发现，大规模的外国资本流入和逆转是导致金融危机的重要原因，外资通过银行信用扩张加重了国内宏观经济和金融业的脆弱性。许多研究发现，大规模的

---

① 需要指出的是，这些理论研究所指的固定汇率制度倾向于除了浮动汇率制度的其他汇率制度。
② 在第一阶段，通货膨胀下降，经济扩张，消费支出迅速增加。短暂的经济景气以后，ERBS的负面作用开始浮现。通货膨胀向国际水平的缓慢趋同使实际汇率大幅度升值，加上私人储蓄率下降，导致经常项目赤字和过度借债。这时政府面临的政策选择：要么实行通货紧缩，要么实行贬值。面对货币攻击，政府一般选择货币贬值，ERBS宣告失败。

外资流入会使一国的宏观经济稳定性下降，出现诸如资产价格泡沫、投资过热、汇率升值、经常项目恶化等情况，这一过程常常同时伴随着银行的过度放贷，随着风险贷款比重和不良贷款的比例增加，银行业的脆弱性显著增加，此时一旦发生外部冲击或内部振荡，投机者将乘机发动投机性冲击，其结果是外资逆转引发货币危机（卡尔沃，1998）。

从实证研究来看，威廉姆森（Williamson，1998）研究了1980～1997年间35个发生系统金融危机的案例，发现其中24个与金融自由化有关。卡明斯基和莱因哈特（1998）对20个国家（5个发达国家和15个发展中国家）银行危机的实证分析表明，金融自由化以及伴随这一过程的信贷大幅度扩张是银行危机的前兆。德米尔古尔－昆塔和德特拉雷凯（1998）对1980～1995年发生过银行危机的53个国家的实证分析也表明，金融自由化增加了银行危机的发生概率，国内信贷的大规模扩张和资产价格的膨胀是发生银行危机的前兆。鲍里斯（Boris，2003）对20个国家的银行信贷数据和不动产价格数据进行了协整检验，结果表明：从长期来看，资产价格波动驱动了银行信贷扩张；从短期来看，二者相互影响，彼此强化。

3. 监管宽容与政府干预

许多实践案例表明，为了维护监管声誉，金融监管者倾向于推迟对"问题银行"的处理，或通过注入政府资金使"问题银行"在监管任期内不会破产。麦金农和皮尔（1996，1997）以及克鲁格曼（1998）都认为，政府存款保险制度下银行的道德风险是亚洲金融危机的主要原因，政府的保护使存款人失去了对银行行为进行监督的激励，从而使银行承担了过度的风险，最后导致银行危机的发生。

哥的哈德和黄（Godhard & Huang，1999）的模型分析了当最后贷款人同时面临着风险传染和道德风险时如何进行权衡的问题：（1）在假设只有道德风险或传染风险的单一模型中，当造成银行不稳定的结构性变化出现时，中央银行通常会倾向于拒绝或者满足各种大小商业银行的援助请求，而不是关心那些银行的规模是否达到了门槛值；（2）在单一模型中，较之纯粹的风险传染，道德风险下的均衡风险与"问题银行"的规模相关程度并不十分显著，尽管均衡风险水平的确是由问题银行的平均规模决定的（平均规模越大，均衡风险越大）[①]；

[①] 这在一定程度上和现实吻合：当规避道德风险是中央银行的首要目标时，中央银行总是有很强的动机去拒绝问题银行的最后贷款援助请求；当避免传染风险成为首要目标时，规模大小成为了选择的因素，大银行总是最让中央银行担心的，同时大银行也会要求中央银行采取迅速的最后贷款人行动。

（3）在传染风险和道德风险同时存在的动态模型中，银行是否能够得到中央银行的救助，取决于中央银行对传染风险和道德风险"负外部性"的衡量；（4）由于存在不确定性，大银行的倒闭及其引起的恐慌将造成更大的负外部性影响，"大而不能倒"（Too Big to Fail）问题的出现将导致最后贷款人行为的合意度难以把握。

科塞蒂、皮塞蒂和鲁比尼（Corsetti, Pesenti & Roubini, 1999, 2000）认为，政府担保或"裙带资本主义"（crony capitalism）造成了银行部门的道德风险，并进一步诱发了过度投资、过度对外借款以及经常项目赤字。在政府担保下，银行借入过多的国外资金贷给国内部门（居民和企业），在这一过程中，一些无利润的项目也得到了融资或再融资，当财政赤字上升到一定程度时，如果国外债权人停止为亏损项目融资，那么为了维持偿付能力，政府可能不得不求助于铸币税。在这种情况下，对通货膨胀的预期可能造成本国货币的崩溃和系统性的银行危机。迪亚兹－亚历杭德罗（Diaz - Alejandro, 1985）对1982年智利金融危机的研究表明，政府对金融机构的救援引起信贷的大量扩张，进而导致固定汇率的崩溃。贝拉斯科（Velasco, 1987）强调了中央银行为拯救问题银行而进行的信贷扩张是导致货币危机的重要原因。波尔多和珍妮（Bordo & Jeanne, 2002）进一步强调，金融不稳定与货币政策之间的关系一定程度上是内生的，资产价格、金融不稳定与货币政策之间本质上是一种复杂的非线性关系。

荻克和克莱兹（Dekle & Kletzer, 2002）在内生增长模型中引入金融中介部门，建立了一个以一般均衡模型为基础的金融危机模型。这一模型认为，危机的根源在于政府担保和监管不力，而政府的干预过晚则成为危机爆发的直接原因。在荻克和克莱兹模型中，当政府提供存款保险并缺乏对银行的有效监管时，银行事实上承担了政府与存款者之间的转移功能角色：它一方面把从优质贷款中获得的收益以红利的形式分配给存款者，另一方面则不断累积着最终要由政府"兜底"的不良资产。在这种情况下，政府对银行进行干预的时间选择会影响干预后的经济增长率，如果政府等待或观望的时间过长，那么即使外部冲击没有发生，银行危机也可能出现。对此，布特和塔科尔（Boot & Thakor, 1993）认为，为了减少代理成本，金融监管政策应该尽量限制金融监管人员"随机选择"的操作空间，制定金融监管政策的"单一规则"[①]。

4. 制度安排

从制度安排和金融危机之间的关系来看，很多研究表明，制度的完善程度以

[①] 在吸取20世纪80年代储蓄贷款协会危机教训的基础上，1991年的美国联邦存款保险公司改正法案（FDICIA）明确规定了银行净资产值恶化是金融监管人员必须采取的干预措施。

及不同的制度安排均会对金融体系的稳定性产生影响。例如，巴斯、卡普里奥和莱文（Barth，Caprio & Levine，2000）构建的"制度发展"指标[①]在很多研究中都被证明对金融体系的稳定性有正向影响——在那些制度发展越健全的国家，发生金融危机的可能性越小，相应的金融体系稳定性也越高。从银行业的制度发展来看，银行业腐败程度较高的国家，其金融危机发生概率更高，这说明银行业的制度完善有助于提高金融体系的稳定性（Beck，Demirg - Kunt & Maksimovic，2004）。有意思的是，作为金融安全网的支柱之一，显性存款保险制度虽然在防止银行挤兑方面作用明显，但迄今为止却没有任何证据表明这一制度有助于降低危机的发生概率：一些研究显示，是否建立显性存款保险制度与金融危机的发生概率之间并无显著的相关关系；另一些研究甚至发现显性存款保险制度的建立反而增加了银行危机的发生概率（Dermiguc - Kunt，Karacaovali & Laeven，2005）。制度发展程度和制度安排的不同对金融危机的显著影响表明，从发生机制来看，虽然经济因素确实在金融危机的发生过程中扮演着重要角色，但诸如政治、制度和监管等非经济因素同样是非常重要而不能忽略的。

5. 概要性小结

在本部分，我们对金融危机与金融体系制度安排之间的关系进行了初步的综述与评论。总体而言，在金融危机的制度机制方面，一个核心的思想是，除了经济因素之外，不同的制度结构和制度框架也可能对金融稳定产生重要影响，这意味着全面审视金融危机和金融体系的稳定性，需要构建一个多维的视角。在一个更系统的多维视角下，诸如汇率体制的选择、金融开放和金融自由度的选择、金融监管模式的选择等都可能对金融危机的发生概率和传播路径产生重要影响。但就目前的情况来看，关于金融危机和金融稳定制度基础的研究还非常有限，亟待进一步探索。

1.3.4 结论性评价

在上文中，我们从三个大的方面，全面系统梳理了金融危机的发生、传播与制度机制。与传统主流文献强调外生性冲击和外源性因素不同，本书更加注重对危机内生性机制的理解和评析，因为从最基本的逻辑判断来看，如果金融体系本身是足够健康和富有弹性的，那么即使外部冲击发生也应该具有足够的承受能

[①] 这是一个包含了腐败控制、监管质量、政治稳定性、法律规则、行政效率等内容的综合指标，该值越大，一般认为该国的制度发展越健全。

力,但现实经济中已经发生的若干事实表明,外部冲击往往只不过是"压垮骆驼的最后一根稻草",内生的结构性变化(失衡)往往先于外部冲击发生。因此,深入理解金融危机的内在机理,不仅需要突破无视金融因素的"面纱论",还需要将研究视角从重点关注外生冲击转移到重点关注内生性失衡上来。实际上,从两种视角所隐含的逻辑基础来看,强调外生冲击是危机主因的观点,其核心是相信金融市场的有效性;而强调内生性失衡的观点则认为,金融市场并不总是有效的,危机过程本身就是市场出现无效性的过程。

当然,上述金融危机的发生机制、传染与扩展机制以及制度机制并不是完全独立的,而是存在着普遍的内在联系[①]。这种内在联系主要源自于金融体系内部连续的结构性变化和相应的风险分布状态的系统性改变。从一个连续的视角来看,虽然在金融危机传染和扩散的过程中,可能存在某些由典型事件驱动的加速恶化现象,但从本质上看,金融危机的发生、传染与扩散是一个连续和渐进发展的过程。从空间分布视角来看,在金融危机逐渐蔓延深化的过程中,危机向新的机构和领域传染与扩展的过程本身也是发生机制的一部分。此外,在不同的金融制度结构和制度框架下,不仅金融危机的发生概率存在明显差异,而且危机的发生机制和传染扩散路径也可能存在着不同的特征,这种制度内生决定的危机动态学机制还需要更加细致深入的研究。总之,在内生决定的危机机制视角下,既不存在完全独立的发生机制,也不存在完全独立的传染与扩散机制,甚至在不同的危机阶段也可能存在着显著的结构性改变,关键是要将危机动态置于变动的经济图景中加以分析。

※ 本章基本结论 ※

1. 金融危机是一个全球性的普遍现象。尤其是在金融全球化和自由化的背景下,各种金融元素已经形成了一个密不可分的立体网络,在这种错综复杂的网络结构中,不仅货币危机和货币危机经常同时发生,而且在一些较大的金融危机案例中甚至能看到银行危机、货币危机和债务危机同时发作的现象。

2. 从货币危机和银行危机的比较来看,银行危机对经济的危害程度明显大于货币危机。银行危机之所以会对实体经济造成更沉重的打击,主要原因在于:银

[①] 比如,流动性机制和信息机制既是重要的危机发生机制,也在危机传染和扩散过程中扮演着重要角色;资产价格和信贷机制既可以作为一种独立的危机机制,在一定条件下也可以作为经济周期机制的一部分而存在。

行危机切断了家庭和公司基金的国外和国内来源,而货币危机只切断了前者——换言之,银行危机下的信贷脆弱性更加严重。此外,银行危机还将明显导致政府财政状况的恶化。

3. "新型金融危机"是指20世纪70年代以后(尤其是里根总统和撒切尔夫人上台以来),在世界范围内现代金融体系基本建立的背景下,由金融自由化和金融全球化推动的现代意义上的金融危机。"新型金融危机"具有以下基本特征:一是金融创新和金融危机之间的关系越来越紧密;二是伴随金融开放和金融自由化的危机频繁发生;三是在通货膨胀得到较好控制的背景下,信贷扩张在特定领域(如房地产)的集中导致资产价格泡沫愈演愈烈,成为诱发现代金融危机的主要路径;四是全球金融一体化和全球产业链的转移分工使得相互依赖性加强,金融危机在全球范围内的传染速度迅速增大;五是在全球金融资本投机性大大增强的背景下,一个国家的金融控制力在本国的金融稳定中扮演着重要角色。

4. 从此次全球金融危机来看,由于危机发源地美国是储备货币国家,这使得危机可以通过更为广泛的货币金融途径向全球范围广泛延伸。在经济和金融全球化、一体化的背景下,全球最发达的经济体出现了货币金融危机,这给以美元为主要储备币种的中国外汇储备体系带来巨大挑战,也给未来的国际货币体系提出了新的问题。

5. 虽然一些重要的全球性金融危机几乎都发端于发达国家,但如果从一个长期的历史视角来看,金融危机在发展中国家发生的频率不仅更高,而且存在以下被理论界长期忽略的"非对称性"特征,即:当发展中国家发生金融危机时,发达国家可能较少受到严重打击;而一旦发达国家爆发金融危机,发展中国家往往难以幸免于难。产生上述现象的原因在于,发达国家的金融危机往往具有"主动型"特征,即金融危机主要是由于自身内部的因素所引发;而发展中国家的金融危机则往往具有一定的"被动型"特征,即在自身内部矛盾尚不足以导致金融危机的情况下,来自国外资本的冲击也可能加速金融体系的崩溃,这在拉美和东亚金融危机中都有鲜明体现。

6. 发展中国家的金融危机之所以具有"被动型"特征,主要是因为一些国家在金融开放的过程中出现了盲目的"自由崇拜",未能把握好金融开放的"度"(包括速度和程度),最终导致国家金融控制力的衰弱和缺位。而一旦失去了金融控制力,发展中国家的宏观调控和危机遏制能力就会出现急剧下降,此时,伴随自由化进入的外国资本(资金)将取代国内金融资本成为金融不稳定的主导力量,并可能在问题出现时扮演兴风作浪和落井下石的角色以从金融不稳定中牟取巨额的"危机暴利"。

7. 对于那些处于"开放"和"发展"双重困境下的发展中国家而言,匹配失衡的金融自由化和国家控制力的衰微在危机过程中扮演着关键角色。尤其是对于很多"追赶型"经济体而言，国家金融控制能力的衰微是导致金融危机无法得到及早遏制的重要原因。为了确保开放和发展双重背景下的金融稳定，发展中国家既需要保持适度的国家控制权，也需要保持必要的国家控制力，并在此基础上采取渐进的金融自由化和审慎的全球化策略，防止超越发展阶段的"匹配失衡"和国家金融控制力衰微导致的风险失控。

8. 对于国家控制在金融改革中的运用，我们必须强调其适度性。"适度的国家控制力"强调控制方式的正当性和适当性，要在对旧有行政性控制模式进行深入检讨的基础上，形成符合市场化要求的控制手段和调节方式。国家控制在金融改革中的运用，强调的不是控制本身，而是控制的能力和目标，以及这些能力获得和目标实现的合理方式。

9. 金融危机的发生机制主要有流动性机制、资产价格和信贷机制、经济周期机制以及信息机制。金融危机的传染和扩散机制有三：流动性冲击与信息溢出机制、网络互联与外部性机制、共生危机机制。除了经济因素之外，诸如汇率体制的选择、金融开放和金融自由度的选择、金融监管模式的选择等制度因素也可能对金融危机的发生概率和传播路径产生重要影响，这意味着全面审视金融危机和金融体系的稳定性，需要构建一个多维的视角。

附表1　　　　　　　金融危机的发生国家（地区）与时间

国家（经济体）		系统性银行危机（开始时间）	货币危机（年）	债务危机（违约期）	债务重组（年）
Albania	阿尔巴尼亚	1994	1997	1990	1992
Algeria	阿尔及利亚	1990	1988，1994		
Angola	安哥拉		1991，1996	1988	1992
Argentina	阿根廷	1980，1989，1995，2001	1975，1981，1987，2002	1982，2001	1993，2005
Armenia	亚美尼亚	1994	1994		
Australia	澳大利亚				
Austria	奥地利				
Azerbaijan	阿塞拜疆	1995	1994		
Bangladesh	孟加拉国	1987	1976		
Barbados	巴巴多斯				
Belarus	白俄罗斯	1995	1994，1999		
Belgium	比利时				
Belize	伯利兹				
Benin	贝宁	1988	1994		
Bhutan	不丹				
Bolivia	玻利维亚	1986，1994	1973，1981	1980	1992
Bosnia and Herzegovina	波斯尼亚和黑塞哥维那	1992			
Botswana	博茨瓦纳		1984		
Brazil	巴西	1990，1994	1976，1982，1987，1992，1999	1983	1994
Brunei	文莱				
Bulgaria	保加利亚	1996	1996	1990	1994
Burkina Faso	布基纳法索	1990	1994		
Burundi	布隆迪	1994			
Cambodia	柬埔寨		1971，1992		
Cameroon	喀麦隆	1987，1995	1994	1989	1992
Canada	加拿大				

续表

国家（经济体）		系统性银行危机（开始时间）	货币危机（年）	债务危机（违约期）	债务重组（年）
Cape Verde	佛得角	1993			
Central African Rep.	中非共和国	1976，1995	1994		
Chad	乍得	1983，1992	1994		
Chile	智利	1976，1981	1972，1982	1983	1990
China, P. R.	中华人民共和国	1998			
Colombia	哥伦比亚	1982，1998	1985	，	，
Comoros	科摩罗		1994		
Congo, Dem. Rep. of	刚果人民共和国	1983，1991，1994	1976，1983，1989，1994，1999	1976	1989
Congo, Rep. of	刚果共和国	1992	1994	1986	1992
Costa Rica	哥斯达黎加	1987，1994	1981，1991	1981，	1990
Côte d'Ivoire	科特迪瓦	1988	1994	1984，2001	997，n. a.
Croatia	克罗地亚	1998			
Czech Republic	捷克共和国	1996			
Denmark	丹麦				
Djibouti	吉布提	1991			
Dominica	多米尼加			2002	n. a.
Dominican Republic	多米尼加共和国	2003	1985，1990，2003	1982，2003	1994，2005
Ecuador	厄瓜多尔	1982，1998	1982，1999	1982，1999	1995，2000
Egypt	埃及	1980	1979，1990	1984	1992
El Salvador	厄瓜多尔	1989	1986		
Equatorial Guinea	赤道几内亚	1983	1980，1994		
Eritrea	厄立特里亚	1993			
Estonia	爱沙尼亚	1992	1992		
Ethiopia	埃塞俄比亚		1993		

续表

国家（经济体）		系统性银行危机（开始时间）	货币危机（年）	债务危机（违约期）	债务重组（年）
Fiji	斐济		1998		
Finland	芬兰	1991	1993		
France	法国				
Gabon	加蓬		1994	1986，2002	1994
Gambia, The	冈比亚		1985，2003	1986	1988
Georgia	格鲁吉亚	1991	1992，1999		
Germany	德国				
Ghana	加纳	1982	1978，1983，1993，2000，1983		
Greece	希腊				
Grenada	格林纳达			2004	2005
Guatemala	危地马拉		1986		
Guinea	几内亚	1985，1993	1982，2005	1985	1992
Guinea - Bissau	几内亚比绍	1995	1980，1994		
Guyana	圭亚那	1993	1987	1982	1992
Haiti	海地	1994	1992，2003		
Honduras	洪都拉斯		1990	1981	1992
China, P. R.: Hong Kong	中国香港				
Hungary	匈牙利	1991			
Iceland	冰岛		1975，1981，1989		
India	印度	1993			
Indonesia	印度尼西亚	1997	1979，1998	1999	2002
Iran, I. R. of	伊朗		1985，1993，2000	1992	1994
Ireland	爱尔兰				
Israel	以色列	1977	1975，1980，1985		

续表

国家（经济体）		系统性银行危机（开始时间）	货币危机（年）	债务危机（违约期）	债务重组（年）
Italy	意大利		1981		
Jamaica	牙买加	1996	1978, 1983, 1991	1978	1990
Japan	日本	1997			
Jordan	约旦	1989	1989	1989	1993
Kazakhstan	哈萨克斯坦		1999		
Kenya	肯尼亚	1985, 1992	1993		
Korea	韩国	1997	1998		
Kuwait	科威特	1982			
Kyrgyz Republic	吉尔吉斯共和国	1995	1997		
Lao People's Dem. Rep.	老挝人民共和国		1972, 1978, 1986, 1997		
Latvia	拉脱维亚	1995	1992		
Lebanon	黎巴嫩	1990	1984, 1990		
Lesotho	莱索托		1985		
Liberia	利比里亚	1991		1980	n. a.
Libya	利比亚		2002		
Lithuania	立陶宛	1995	1992		
Luxemburg	卢森堡				
Macedonia	马其顿	1993			
Madagascar	马达加斯加	1988	1984, 1994, 2004	1981	1992
Malawi	马拉维		1994	1982	1988
Malaysia	马来西亚	1997	1998		
Maldives	马尔代夫		1975		
Mali	马里	1987	1994		
Mauritania	毛里塔尼亚	1984	1993		
Mauritius	毛里求斯				

续表

国家（经济体）		系统性银行危机（开始时间）	货币危机（年）	债务危机（违约期）	债务重组（年）
Mexico	墨西哥	1981，1994	1977，1982，1995	1982	1990
Moldova	摩尔多瓦		1999	2002	2002
Mongolia	蒙古		1990，1997		
Morocco	摩洛哥	1980	1981	1983	1990
Mozambique	莫桑比克	1987	1987	1984	1991
Myanmar	缅甸		1975，1990，1996，2001，2007		
Namibia	纳米比亚		1984		
Nepal	尼泊尔	1988	1984，1992		
Netherlands	荷兰				
New Caledonia	新喀里多尼亚		1981		
New Zealand	新西兰		1975，1984		
Nicaragua	尼加拉瓜	1990，2000	1979，1985，1990	1980	1995
Niger	尼日尔	1983	1994	1983	1991
Nigeria	尼日利亚	1991	1983，1989，1997	1983	1992
Norway	挪威	1991			
Pakistan	巴基斯坦		1972		
Panama	巴拿马	1988		1983	1996
Papua New Guinea	巴布亚新几内亚		1995		
Paraguay	巴拉圭	1995	1984，1989，2002	1982	1992
Peru	秘鲁	1983	1976，1981，1988	1978	1996
Philippines	菲律宾	1983，1997	1983，1998	1983	1992
Poland	波兰	1992		1981	1994

续表

国家（经济体）		系统性银行危机（开始时间）	货币危机（年）	债务危机（违约期）	债务重组（年）
Portugal	葡萄牙		1983		
Romania	罗马尼亚	1990	1996	1982	1987
Russia	俄罗斯	1998	1998	1998	2000
Rwanda	卢旺达		1991		
Sāo Tomé and Principe	圣多美和普林西比	1992	1987，1992，1997		
Senegal	塞内加尔	1988	1994	1981	1996
Serbia, Republic of	塞尔维亚共和国		2000		
Sierra Leone	塞拉利昂	1990	1983，1989，1998	1977	1995
Singapore	新加坡				
Slovak Republic	斯洛伐克共和国	1998			
Slovenia	斯洛文尼亚	1992			
South Africa	南非		1984	1985	1993
Spain	西班牙	1977	1983		
Sri Lanka	斯里兰卡	1989	1978		
Sudan	苏丹		1981，1988，1994	1979	1985
Suriname	苏里南		1990，1995，2001		
Swaziland	斯威士兰	1995	1985		
Sweden	瑞典	1991	1993		
Syrian Arab Republic	阿拉伯叙利亚共和国		1988		
Switzerland	瑞士				
Tajikistan	塔吉克斯坦		1999		
Tanzania	坦桑尼亚	1987	1985，1990	1984	1992

续表

国家（经济体）		系统性银行危机（开始时间）	货币危机（年）	债务危机（违约期）	债务重组（年）
Thailand	泰国	1983，1997	1998		
Togo	多哥	1993	1994	1979	1997
Trinidad and Tobago	特立尼达和多巴哥		1986	1989	1989
Tunisia	突尼斯	1991			
Turkey	土耳其	1982，2000	1978，1984，1991，1996，2001	1978	1982
Turkmenistan	土库曼斯坦		1993		
Uganda	乌干达	1994	1980，1988	1981	1993
Ukraine	乌克兰	1998	1998	1998	1999
United Kingdom	英国	2007			
United States	美国	1988，2007			
Uruguay	乌拉圭	1981，2002	1972，1983，1990，2002	1983，2002	1991，2003
Uzbekistan	乌兹别克斯坦		1994，2000		
Venezuela	委内瑞拉	1994	1984，1989，1994，2002	1982	1990
Vietnam	越南	1997	1972，1981，1987	1985	1997
Yemen	也门	1996	1985，1995		
Yugoslavia, SFR	南斯拉夫			1983	1988
Zambia	赞比亚	1995	1983，1989，1996	1983	1994
Zimbabwe	津巴布韦	1995	1983，1991，1998，2003		

资料来源：Laeven, Luc & Valencia Fabian. Systemic Banking Crisis: A New Database. IMF Working Paper, WP/08/224. 2008.

附表2　系统性银行危机及在不同分类下的危机日期

国家（地区）		DD(2002,2005)		CEA(2005)非系统性		CEA(2005)系统性		RR(2008)	LV(2008)
		开始日期	持续时间	开始日期	持续时间	开始日期	持续时间	开始日期	开始日期
Algeria	阿尔及利亚	1990	3			1990	3	1990	1990
Argentina	阿根廷	1980	3			1980	3	1980	1980
								1985	
		1989	2			1989	2	1989	1989
		1995	1			1995	1	1995	1995
		2001	2			2001	2	2001	2001
Australia	澳大利亚			1989	4				
Bangladesh	孟加拉国					1987	10	1987	1987
Benin	贝宁	1988	3			1988	3	1988	1988
Bolivia	玻利维亚	1986	3			1986	3		1986
								1987	
		1994	4			1994	9	1994	1994
								1999	
		2001	2						
Botswana	博茨瓦纳					1994	2		
Brazil	巴西	1990	1			1990	1	1990	1990
		1994	6			1994	6		1994
								1995	
Burkina Faso	布基纳法索	1988	7			1988	7	1988	1988
Burundi	布隆迪	1994	4			1994	9	1994	1994
Cameroon	喀麦隆	1987	7			1987	7	1987	1987
		1995	4			1995	4	1995	1995
Canada	加拿大			1983	3				
CAR	CAR					1980	13		1976
		1988	12					1988	
						1995	5		1995
Chad	乍得					1980	8		1983

续表

国家（地区）		DD (2002, 2005)		CEA (2005) 非系统性		CEA (2005) 系统性		RR (2008)	LV (2008)
		开始日期	持续时间	开始日期	持续时间	开始日期	持续时间	开始日期	开始日期
		1992	1			1992	2		1992
Chile	智利							1980	1976
		1981	7			1981	3		1981
Colombia	哥伦比亚	1982	4			1982	6	1982	1982
									1998
		1999	2						
Congo, DRS	刚果民主共和国					1980	8		1983
								1982	
						1991	2		1991
		1994	9			1994	3		
Congo, Rep.	刚果共和国	1992	11			1992	11	1992	1992
									1994
Costa Rica	哥斯达黎加							1987	1987
		1994	4			1994	3	1994	1994
Cote d'Ivoire	科特迪瓦	1988	4			1988	4	1988	1988
Denmark	丹麦			1987	6				
Dominican Republic	多米尼加共和国								2003
Ecuador	厄瓜多尔					1980	3	1980	1982
		1995	8						
						1996	6	1996	
								1998	1998
Egypt, Arab Rep.	埃及阿拉伯共和国					1980	3	1980	1980
				1991	5				
El Salvador	厄瓜多尔	1989	1			1989	1	1989	1989
Finland	芬兰	1991	4			1991	4	1991	1991

续表

国家（地区）		DD (2002, 2005)		CEA (2005) 非系统性		CEA (2005) 系统性		RR (2008)	LV (2008)
		开始日期	持续时间	开始日期	持续时间	开始日期	持续时间	开始日期	开始日期
France	法国			1993	1				
Gabon	加蓬			1995	8				
Gambia, The	冈比亚			1985	8				
Ghana	加纳	1982	8			1982	8	1982	1982
		1997	6	1997	6				
Greece	希腊			1991	5				
Guatemala	危地马拉			1991	12				
Guinea	几内亚	1985	1			1985	1	1985	1985
		1993	2			1993	2	1993	1993
Guinea - Bissau	几内亚比绍	1994	4						
						1995	2	1995	1995
Guyana	圭亚那	1993	3						1993
Honduras India	洪都拉斯印度	1991	4						
				1993	10				1993
Indonesia	印度尼西亚	1992	4						
				1994	1				
		1997	6			1997	6	1997	1997
Israel	以色列					1980	4		1977
		1983	2						
Italy	意大利	1990	6	1990	6				
Jamaica	牙买加			1994	1				
		1996	5			1996	5		1996
Japan	日本	1992	11			1992	11	1992	1997
Jordan	约旦	1989	2	1989	2				1989
Kenya	肯尼亚					1985	5	1985	1985
						1992	4	1992	
		1993	3						

续表

国家（地区）		DD (2002, 2005)		CEA (2005) 非系统性		CEA (2005) 系统性		RR (2008)	LV (2008)
		开始日期	持续时间	开始日期	持续时间	开始日期	持续时间	开始日期	开始日期
				1996	1				
						1997	6		
Korea	韩国	1997	6			1997	6	1997	1997
Lebanon	黎巴嫩	1988	3			1988	3	1988	1988
Lesotho	莱索托			1988	15				
Liberia	利比里亚	1991	5			1991	5	1991	1991
Madagascar	马达加斯加	1988	4			1988	1	1988	1988
Malaysia	马来西亚	1985	4	1985	4				
		1997	5			1997	5	1997	1997
Mali	马里	1987	3			1987	3	1987	
Mauritania	毛里塔尼亚	1984	10			1984	10		1984
Mauritius	毛里求斯			1996	1				
Mexico	墨西哥					1981	11	1981	1981
		1982	1						
		1994	4			1994	7	1994	1994
Nepal	尼泊尔	1988	4			1988	1	1988	1988
New Zealand	新西兰			1987	4				
Niger	尼日尔	1983	4			1983	14	1983	1983
Nigeria	尼日利亚	1991	5			1991	5		1991
				1997	1				
Norway	挪威	1987	7			1990	4		1991
Panama	巴拿马	1988	2			1988	2	1988	1988
Papua New Guinea	巴布亚新几内亚	1989	4	1989	14				
Paraguay	巴拉圭	1995	5			1995	6	1995	1995
				2001	2				
Peru	秘鲁	1983	8			1983	8	1983	1983

续表

国家（地区）		DD (2002, 2005)		CEA (2005) 非系统性		CEA (2005) 系统性		RR (2008)	LV (2008)
		开始日期	持续时间	开始日期	持续时间	开始日期	持续时间	开始日期	开始日期
Philippines	菲律宾	1981	7					1981	1983
						1983	5		
								1997	1997
		1998	5			1998	5		
Portugal	葡萄牙	1986	4						
Senegal	塞内加尔	1983	6						
						1988	4	1988	1988
Sierra Leone	塞拉利昂	1990	4			1990	7	1990	1990
Singapore	新加坡			1982	1				
South Africa	南非	1985	1						
				1989	13				
Sri Lanka	斯里兰卡	1989	5			1989	5	1989	1989
Swaziland	斯威士兰	1995	1			1995	1	1995	1995
Sweden	瑞典	1990	4						
						1991	4	1991	1991
China, Taiwan	中国台湾			1983	2				
				1995	1				
		1997	2			1997	2	1997	
Tanzania	坦桑尼亚					1986	17		
								1987	1987
		1988	4						
Thailand	泰国	1983	5			1983	5	1983	1983
								1996	1997
		1997	6			1997	6		
Togo	多哥					1993	3	1993	1993
Tunisia	突尼斯	1991	5	1991	5				1991
Turkey	土耳其	1982	1			1982	4		1982

续表

国家（地区）		DD (2002, 2005)		CEA (2005) 非系统性		CEA (2005) 系统性		RR (2008)	LV (2008)
		开始日期	持续时间	开始日期	持续时间	开始日期	持续时间	开始日期	开始日期
		1991	1						
		1994	1	1994	1				
		2000	3			2000	3		2000
Uganda	乌干达	1994	4			1994	3	1994	1994
United Kingdom	英国			1980	23				
United States	美国	1980	13						
				1988	4				1988
Uruguay	乌拉圭	1981	5			1981	4	1981	1981
		2002	1			2002	1	2002	2002
Venezuela	委内瑞拉			1980	8				
		1993	5					1993	
						1994	2		1994
Zambia	赞比亚					1995		1995	1995
Number of crises	危机数量	83		33		78		69	85
Number of crisis/years in % of total years	危机数量/年份占总年份的百分比	15.3		7.6		16.1			
Average duration of crisis	危机的平均持续时间	4.4		5.6		4.9			

注：20 世纪 90 年代中期以后，银行危机的各种分类已被许多研究者使用，其中有四种是比较系统和全面的分类方法，并形成了相应的指标体系，即：DD，基于德米尔古克－昆塔和德特拉贾凯（Demirgüç‐Kunt & Detragiache, 2005）；CEA，基于卡普里奥等（Caprio et al., 2005）；RR，基于莱因哈特和罗戈夫（Reinhart & Rogoff, 2008b）；LV，基于莱文和瓦伦西亚（Laeven & Valencia, 2008）。上述四种分类方法都是对最先由卡普里奥和金格比尔（Caprio & Kinglebiel, CK, 1996, 1999）编制的银行危机分类的更新、修正和/或扩展，并且基本上都是建立在从银行监管机构和/或中央银行获得的、政府应对银行危机所采取的措施的信息的基础上。第一种分类由德米尔古克－昆塔和德特拉贾凯（Demirgüç‐Kunt & Detragiache, 2002, 2005）建立。基于 CK 分类，DD 用于确定 94 个国家危机开始日期和持续时期的更多细节，

覆盖了 1980～2002 年①发生的危机事件，DD 将系统性危机定义为"很大一部分银行部门无力偿债，或流动性不足，没有货币或监管当局的特别援助就不能继续经营的情况"。更确切地说，银行危机事件在有下列之一条件发生时，就被认为是系统性的（ⅰ）大规模国有化，（ⅱ）应急措施，如银行假日，存款冻结，向银行存户或其他债权人的全额保证——以协助银行系统，（ⅲ）救援行动的成本至少是国内生产总值的 2%，或（ⅳ）达到危机高峰期时不良资产至少达到总资产的 10%。危机开始和结束的日期"主要根据林格伦等（Lindgren et al.，1996）和卡普里奥和克林格比尔（Caprio & Klingebiel, 1996）确定"。第二种分类是由卡普里奥等（Caprio et al.）编制的（CEA, 2005），他们更新和扩展了早期的 CK 分类，覆盖了从 70 年代末到 2005 年 126 个国家和银行的破产事件。CEA 没有提供银行危机事件的开始和结束日期的定义，也没有说明危机是否是系统性的，他们只涉及了 CK 中的相应定义。同 DD 分类一样，CEA 分类确定银行危机开始日期和持续时间基本上基于政府应对银行危机的报告的解释。第三种分类是由莱因哈特和罗戈夫（Reinhart & Rogoff, RR, 2008）所编制的，使用的分类标准基本上是卡明斯基和莱因哈特（Kaminsky and Reinhart, 1999）所使用的，即在其分类中，如果出现下列情况中的一个，则银行危机开始："（ⅰ）导致一家或多家金融机构关闭、合并或由公共部门接管的银行挤兑，或（ⅱ）如果没有挤兑，一家重要金融机构（或机构集团）出现关闭、兼并、接管或大规模的政府援助，标志着其他金融机构有类似结果的开始"。然而，不同于先前卡明斯基和莱因哈特的工作，RR 没有定义危机的持续时间，其理由是这是很难甚至无法准确查明的结论。总之，所有已经提出的关于 CEA 分类的条件也适用于 RR 分类，它主要是基于政府应对银行危机的定性信息。第四种分类由莱文和瓦伦西亚（Laeven & Valencia, LV, 2008）所编制，在时间上和国家覆盖面上都对以前的分类做了扩展。LV 修正了早期 Caprio 等人（2005）的危机数据库的分类标准。根据数据可用性，危机年份被确定为：a) 存款挤兑，其定义是每月存款下降超过 5%，或者 b) 存款冻结或全面担保引入，或 c) 流动性支持或银行干预，其定义是货币当局声称流动性准备占总存款的比例"至少 5% 并且至少比上一年的比例增加一倍"。使用这些更明确的量化指标，LV 认为他们"能确认"约 2/3 的 CEA 分类下的危机日期。然而，LV 的 b) 和 c) 标准衡量的是各国政府对银行的系统性冲击的应对，而 a) 可能是（对应对）认识的不精确和滞后的指标。同 RR 一样，LV 没有危机持续时间的估计。

资料来源：Boyd, John, Gianni De Nicolò and Elena Loukoianova. Banking Crises and Crisis Dating: Theory and Evidence. IMF Working Paper, 2009.

---

① 转型期经济，非市场经济，大部分数据系列不完整的国家被排除在这一分类之外。

附表3　　　　　系统性银行危机的时间与经济成本

国家（地区）		系统性银行危机（开始时间）	顶峰时不良贷款所占份额（%）	总财政成本（% of GDP）	产出损失（% of GDP）	最低实际GDP增长率（%）
Albania	阿尔巴尼亚	1994	26.8			-7.2
Algeria	阿尔及利亚	1990	30		6.7	-2.1
Argentina	阿根廷	1980	9	55.1	10.8	-5.7
Argentina	阿根廷	1989	27	6	10.7	-7.0
Argentina	阿根廷	1995	17	2	7.1	-2.8
Argentina	阿根廷	2001	20.1	9.6	42.7	-10.9
Armenia	亚美尼亚	1994				3.3
Azerbaijan	阿塞拜疆	1995				-13.0
Bangladesh	孟加拉国	1987	20		34.7	2.4
Belarus	白俄罗斯	1995				-11.3
Benin	贝宁	1988	80	17	1.9	-2.8
Bolivia	玻利维亚	1986	30		0.0	-2.6
Bolivia	玻利维亚	1994	6.2	6	0.0	4.4
Herzegovina	黑塞哥维那					
Brazil	巴西	1990		0	12.2	-4.2
Brazil	巴西	1994	16	13.2	0.0	2.1
Bulgaria	保加利亚	1996	75	14	1.3	-8.0
Burkina Faso	布基纳法索	1990	16		45.2	-0.6
Burundi	布隆迪	1994	25		66.3	-8.0
Cameroon	喀麦隆	1987	65		118.1	-7.9
Cameroon	喀麦隆	1995	30		0.0	3.3
Cape Verde	佛得角	1993	30		0.0	6.7
Central African Rep.	中非共和国	1976			0.0	2.5
Central African Rep.	中非共和国	1995	40		1.1	-8.1
Chad	乍得	1983			0.0	5.3

续表

国家（地区）		系统性银行危机（开始时间）	顶峰时不良贷款所占份额（%）	总财政成本（% of GDP）	产出损失（% of GDP）	最低实际GDP增长率（%）
Chad	乍得	1992	35		37.2	-2.1
Chile	智利	1976			0.0	3.5
Chile	智利	1981	35.6	42.9	92.4	-13.6
China, P.R.	中华人民共和国	1998	20	18	36.8	7.6
Colombia	哥伦比亚	1982	4.1	5	15.1	0.9
Colombia	哥伦比亚	1998	14	6.3	33.5	-4.2
Congo, Dem. Rep. of	刚果（金）	1983			0.0	0.5
Congo, Dem. Rep. of	刚果（金）	1991			81.0	-13.5
Congo, Dem. Rep. of	刚果（金）	1994	75		0.0	-5.4
Congo, Rep. of	刚果（布）	1992			63.2	-5.5
Costa Rica	哥斯达黎加	1987			0.0	3.4
Costa Rica	哥斯达黎加	1994	32		1.6	0.9
Côte d'Ivoire	科特迪瓦	1988	50	25	0.0	-1.1
Croatia	克罗地亚	1998	10.5	6.9	0.0	-0.9
Czech Republic	捷克共和国	1996	18	6.8		-0.8
Djibouti	吉布提	1991			22.6	-6.7
Dominican Republic	多米尼加共和国	2003	9	22	15.5	-1.9
Ecuador	厄瓜多尔	1982			13.6	-2.8
Ecuador	厄瓜多尔	1998	40	21.7	6.5	-6.3
Egypt	埃及	1980			38.1	2.2
El Salvador	厄瓜多尔	1989	37		0.0	1.0
Equatorial Guinea	赤道几内亚	1983			0.0	-2.3
Eritrea	厄立特里亚	1993				2.3
Estonia	爱沙尼亚	1992	7	1.9		-21.6

续表

国家（地区）		系统性银行危机（开始时间）	顶峰时不良贷款所占份额（%）	总财政成本（% of GDP）	产出损失（% of GDP）	最低实际GDP增长率（%）
Finland	芬兰	1991	13	12.8	59.1	-6.2
Georgia	格鲁吉亚	1991	33			-44.9
Ghana	加纳	1982	35	6	15.8	-6.9
Guinea	几内亚	1985		3	0.0	3.1
Guinea	几内亚	1993	45		0.0	4.0
Guinea-Bissau	几内亚比绍	1995	45		22.8	-27.2
Guyana	圭亚那	1993			0.0	5.1
Haiti	海地	1994			9.3	-11.6
Hungary	匈牙利	1991	23	10		-11.9
India	印度	1993	20		3.1	4.9
Indonesia	印度尼西亚	1997	32.5	56.8	67.9	-13.1
Israel	以色列	1977		30	0.0	1.0
Jamaica	牙买加	1996	28.9	43.9	30.1	-1.2
Japan	日本	1997	35	14	17.6	-2.0
Jordan	约旦	1989		10	66.6	-10.7
Kenya	肯尼亚	1985			0.0	4.1
Kenya	肯尼亚	1992			23.0	-1.1
Korea	韩国	1997	35	31.2	50.1	-6.9
Kuwait	科威特	1982	40		0.0	-9.5
Kyrgyz Republic	吉尔吉斯共和国	1995	85			-5.8
Latvia	拉脱维亚	1995	20	3		-2.1
Lebanon	黎巴嫩	1990			4.2	-13.4
Liberia	利比里亚	1991				0.0
Lithuania	立陶宛	1995	32.2	3.1		1.2
Macedonia	马其顿	1993	70	32		-7.5
Madagascar	马达加斯加	1988	25		0.0	-6.3
Malaysia	马来西亚	1997	30	16.4	50.0	-7.4
Mali	马里	1987	75		5.7	-0.3

续表

国家（地区）		系统性银行危机（开始时间）	顶峰时不良贷款所占份额（%）	总财政成本（% of GDP）	产出损失（% of GDP）	最低实际GDP增长率（%）
Mauritania	毛里塔尼亚	1984	70	15	0.0	2.0
Mexico	墨西哥	1981			51.3	-3.5
Mexico	墨西哥	1994	18.9	19.3	4.2	-6.2
Morocco	摩洛哥	1980			29.8	-2.8
Mozambique	莫桑比克	1987			0.0	1.0
Nepal	尼泊尔	1988	29		0.0	4.3
Nicaragua	尼加拉瓜	1990	50		0.0	-0.4
Nicaragua	尼加拉瓜	2000	12.7	13.6	0.0	0.8
Niger	尼日尔	1983	50		122.7	-16.8
Nigeria	尼日利亚	1991	77		0.4	-0.6
Norway	挪威	1991	16.4	2.7	0.0	2.8
Panama	巴拿马	1988			37.8	-13.4
Paraguay	巴拉圭	1995	8.1	12.9	0.0	0.4
Peru	秘鲁	1983			25.5	-9.3
Philippines	菲律宾	1983	19	3	60.1	-7.3
Philippines	菲律宾	1997	20	13.2	0.0	-0.6
Poland	波兰	1992	24	3.5		2.0
Romania	罗马尼亚	1990	30	0.6		-12.9
Russia	俄罗斯	1998	40	6	0.0	-5.3
São Tomé and Príncipe	圣多美和普林西比	1992	90		0.0	0.7
Senegal	塞内加尔	1988	50	17	25.4	-0.7
Sierra Leone	塞拉利昂	1990	45		32.6	-9.6
Slovak Republic	斯洛伐克共和国	1998	35		0.0	0.0
Slovenia	斯洛文尼亚	1992		14.6	1.0	-5.5
Spain	西班牙	1977		5.6		0.2
Sri Lanka	斯里兰卡	1989	35	5	2.2	2.3

续表

国家（地区）		系统性银行危机（开始时间）	顶峰时不良贷款所占份额（%）	总财政成本（% of GDP）	产出损失（% of GDP）	最低实际GDP增长率（%）
Swaziland	斯威士兰	1995			21.6	2.7
Sweden	瑞典	1991	13	3.6	30.6	-1.2
Tanzania	坦桑尼亚	1987	70	10	0.0	3.8
Thailand	泰国	1983		0.7	9.4	4.6
Thailand	泰国	1997	33	43.8	97.7	-10.5
Togo	多哥	1993			27.7	-16.3
Tunisia	突尼斯	1991		3	0.0	2.2
Turkey	土耳其	1982		2.5	0.0	3.4
Turkey	土耳其	2000	27.6	32	5.4	-5.7
Uganda	乌干达	1994			0.0	5.5
Ukraine	乌克兰	1998	62.4	0	0.0	-1.9
United Kingdom	英国	2007				
United States	美国	1988	4.1	3.7	4.1	-0.2
United States	美国	2007				
Uruguay	乌拉圭	1981		31.2	87.5	-9.3
Uruguay	乌拉圭	2002	36.3	20	28.8	-11.0
Venezuela	委内瑞拉	1994	24	15	9.6	-2.3
Vietnam	越南	1997	35	10	19.7	4.8
Yemen	也门	1996			2.4	3.8
Zambia	赞比亚	1995		1.4	0.5	-2.8
Zimbabwe	津巴布韦	1995			2.4	0.1

资料来源：Laeven, Luc & Valencia Fabian. Systemic Banking Crisis: A New Database. IMF Working Paper, WP/08/224. 2008.

附表 4　发展中国家的系统性银行危机：1980～2003

国家（地区）		系统性银行危机	最低 GDP 增长率	年份	金融自由化
Argentina	阿根廷	1980～1982	－5.7	1981	1977～1997
		1989～1990	－7.5	1989	1977～1997
		1995	－4.2	1995	1977～1997
		2001～	－10.9	2002	1977～1997
Bangladesh	孟加拉国	Late1980s～1996	2.2	1988	n.a.
Bolivia	玻利维亚	1986～1988	－2.6	1986	1985～1997
Brazil	巴西	1990	－4.3	1990	1975～1997
		1994～1999	0.1	1998	1975～1997
Burundi	布隆迪	1994～	－8.4	1996	n.a.
Cameroon	喀麦隆	1987～1993	－7.8	1988	n.a.
		1995～1998	－2.5	1994	n.a.
Chile	智利	1981～1983	－10.3	1982	1975～1997
China	中国	1990s～	3.8	1990	n.a.
Columbia	哥伦比亚	1982～1987	0.9	1982	1980～1997
Costa Rica	哥斯达黎加	1994～1996	0.9	1996	n.a.
Dominican Republic	多米尼加共和国	2003～	n.a.	n.a.	n.a.
Ecuador	厄瓜多尔	Early 1980s	－2.8	1983	1986～1987，1992～1997
		1996～1997	1.7	1995	1986～1987，1992～1997
		1998～2001	－6.3	1999	1986～1987，1992～1997
Egypt	埃及	Early 1980s	3.8	1991	1991～1997
El Salvador	厄瓜多尔	1989	1.0	1989	1991～1997
Equatorial Guinea	赤道几内亚	1983～1985	n.a.	n.a.	n.a.
Ghana	加纳	1982～1989	－6.9	1982	n.a.
Guinea－Bissau	几内亚比绍	1995～1996	3.2	1994	n.a.
Hungary	匈牙利	1991～1995	－11.9	1991	n.a.
Indonesia	印度尼西亚	1997～2002	－13.1	1998	1983～1997
Jamaica	牙买加	1996～2000	－1.1	1996	1991～1997
Kenya	肯尼亚	1985～1989	1.8	1984	1991～1997

续表

国家（地区）		系统性银行危机	最低 GDP 增长率	年份	金融自由化
		1992	-0.8	1992	1991~1997
		1993~1995	-0.8	1992	1991~1997
		1996~	4.1	1996	1991~1997
Korea, Rep. of	韩国	1997~2002	-6.7	1998	1984~1997
Madagascar	马达加斯加	1988	1.2	1987	n.a.
Malaysia	马来西亚	1997~2001	-7.4	1998	1978~1997
Mali	马里	1987~1989	-0.5	1987	no liberalization
Mexico	墨西哥	1981~1991	-4.2	1983	1989~1997
		1994~2000	-6.2	1995	1989~1997
Morocco	摩洛哥	Early 1980s	-2.8	1981	n.a.
Mozambique	莫桑比克	1987~	-11.4	1988	n.a.
Nepal	尼泊尔	1988	1.7	1987	n.a.
Nicaragua	尼加拉瓜	Late1980s~	-12.4	1988	n.a.
Nigeria	尼日利亚	1991~1995	2.7	1997	1990~1993
Panama	巴拿马	1988~1989	-13.4	1988	n.a.
Paraguay	巴拉圭	1995~2000	3.1	1994	1990~1997
Peru	秘鲁	1983~1990	-11.8	1983	1980~1984, 1990~1997
Philippines	菲律宾	1983~1987	-7.3	1984	1981~1997
		1998~	-0.6	1998	1981~1997
Romania	罗马尼亚	1990~1996	-12.9	1991	n.a.
Sierra Leone	塞拉利昂	1990~1996	-19.0	1992	n.a.
Sri Lanka	斯里兰卡	1989~1993	2.3	1989	1980~1997
Swaziland	斯威士兰	1995~	3.8	1995	n.a.
Thailand	泰国	1983~1987	5.6	1983	1989~1997
		1997~2002	-10.5	1998	1989~1997
Turkey	土耳其	1982~1985	3.6	1982	1980~1982, 1984~1997
		2000~	-4.7	1999	1980~1982, 1984~1997
Uganda	乌干达	1994~1996	8.3	1993	1991~1997
Uruguay	乌拉圭	1981~1984	-10.3	1983	1976~1997

续表

国家（地区）		系统性银行危机	最低GDP增长率	年份	金融自由化
		2002～	－10.8	2002	1976～1997
Venezuela	委内瑞拉	1994～1995	－2.3	1994	1981～1983，1989～1997
Zambia	赞比亚	1995～	－8.7	1994	n. a.
Zimbabwe	津巴布韦	1995～1996	0.2	1995	n. a.

注：系统性金融危机是指系统性的银行破产。金融自由化是指利率自由化。系统性银行危机的数据由金融自由化的可得数据得到。最低的GDP增长率是指在危机开始的5年内最低的实际国内生产总值。

资料来源：The construction of this table depends on the idea in appendix A (Banking crises domestic financial liberalization) of Noy (2004). The periods of systemic banking growth rates, and the year*(a) when the lowest growth rates were are all from Caprio and others (2005). Financial liberalization periods*(b) are m Hutchison and Glick (2001).

附表 5　　20 世纪 60 年代以来的主要金融创新一览表

序号	创新时间	金融创新名称	目的	创新国家/机构
1	1934	存款保险	规避风险	美国联邦存款保险公司
2	50 年代末	外币掉期	转嫁风险	国际银行机构
3	1961	欧洲债券	规避管制	葡萄牙 SACOR 公司
4	1959	欧洲美元	规避管制	国际银行机构
5	60 年代初	银团贷款	分散风险	国际银行机构
6	60 年代初	出口信用	转嫁风险	国际银行机构
7	60 年代初	平行贷款	突破管制	英国、美国
8	60 年代初	可转换债券	转嫁风险	美国
9	60 年代初	自动转账	突破管制	英国
10	1970	浮动利率票据（FRN）	规避风险	英国
11	1970	住房抵押贷款	融资	美国联邦住房抵押公司
12	1972	金融期货（货币期货）	避险	芝加哥国际货币市场
13	1973	大额可转让存单	避险	第一国民城市银行（美）
14	1975	利率期货	避险	美国
15	1977	国债期货	避险	芝加哥交易所
16	1980	附带债权人股权证的欧洲债券	突破管制	瑞典
17	1981	利率互换	避险	世界银行与 IMF
18	1985	可变期权债券	盈利	美国
19	1985	汽车贷款证券化	防范流动性风险	美国
20	1985	可变期限债券	创造信用	美国
21	1985	保证无损债券	避险	美国
22	1986	参与抵押债券	分散风险	美国
23	1991	保证回报率投资（GROI）	盈利	瑞士银行
24	1993	股权连接证券（ELKS）	盈利	美国
25	1993	自动可转换股权股份（ACEC）	盈利	美国
26	1993	信用衍生交易	创造信用	瑞士银行
27	1995	复合赎回累积优先股（PERCS）	盈利	美国
28	1996	用证券化为企业并购融资	避险	英国
29	1997	抵押担保证券	避险	荷兰

续表

序号	创新时间	金融创新名称	目的	创新国家/机构
30	1999	欧元期货合同	避险	芝加哥商业交易所
31	1999	欧元期权合同	避险	费城股票交易所
32	2000	欧洲公司债券指数期货合同（ECI）	避险	巴黎股票交易所
33	2000	政府债券指数合同（ESI）	避险	巴黎股票交易所
34	2000	大宗交易便利	盈利	伦敦国际金融期货交易所
35	2001	10年期互换期货	避险	芝加哥股票交易所
36	2002	欧元进入流通领域	—	欧盟中央银行

资料来源：（1）BIS公布的金融创新工具；（2）朱利安·沃姆斯利：《新金融工具》，中国人民大学出版社2003年版。

附表6　　历史上的投机性事件与金融危机一览表

年份	国家（地区）	投机事件	高峰期	危机严重期
1557	法国、奥地利、西班牙	债券	1557年	—
1636	荷兰	郁金香	1636年夏	1636年11月
1720	法国	密西西比公司、兴业银行、皇家银行	1719年12月	1720年5月
1720	英国	南海公司	1720年7月	1720年9月
1763	荷兰	商品、通融票据融资	1763年1月	1763年9月
1773	英国	房地产、运河、公路	1772年6月	1773年1月
1773	荷兰	东印度公司	1772年6月	1773年1月
1793	英国	运河	1792年11月	1793年2月
1797	英国	证券、运河	1796年	1797年2～6月
1799	德国	商品、通融票据融资	1799年8～11月	1799年
1811	英国	出口项目	1809年	1811年1月
1815	英国	出口、商品	1815年	1816年
1819	美国	一般生产企业	1818年8月	1819年6月
1825	英国	拉美债券、采矿、羊毛	1825年年初	1825年12月
1836	英国	羊毛、铁路	1836年4月	1836年12月
1837	美国	羊毛、土地	1836年11月	1837年9月
1837	法国	羊毛、建筑地	1836年11月	1837年6月
1847	英国	铁路、小麦	1847年1月	1847年10月
1848	欧洲大陆	铁路、小麦、房地产	1848年4月	1848年3月
1857	美国	铁路、土地	1856年年底	1857年8月
1857	英国	铁路、小麦	1856年年底	1857年10月
1857	欧洲大陆	铁路、重工业	1857年3月	1857年10月
1864	法国	羊毛、航运、新公司	1863年	1864年1月
1866	英国、意大利	羊毛、航运、新公司	1865年7月	1866年5月
1873	德国、意大利	建筑地、铁路、股票、商品	1872年秋	1873年5月
1873	美国	铁路	1873年3月	1873年9月
1882	法国	银行股票	1881年12月	1882年1月
1890	英国	阿根廷股票	1890年8月	1890年11月

续表

年份	国家（地区）	投机事件	高峰期	危机严重期
1893	美国	白银和黄金	1892年12月	1893年5月
1895	英国、欧洲大陆	南非和罗得西亚金矿股票	1895年夏	1895年年底
1907	美国	咖啡、联合太平洋公司	1907年年初	1907年10月
1921	美国	股票、造船、商品、存货	1920年夏	1921年春
1929	美国	股票	1929年9月	1929年10月
1931	奥地利、德国、英国、日本	各种投资	1929年	1931年5~12月
1974	全球	股票、办公楼、油轮、飞机	1969年	1974~1975年
1980	全球	黄金、白银、钻石	1980年1~2月	1980年3~4月
1985	全球	美元	1985年2~3月	1985年2~3月
1987	全球	股票	1987年8月	1987年10月
1990	日本	股票、房地产	1989年12月	1990年2月
1990	全球	艺术品与收藏品	1990年3月	1991年
1997	亚太地区	房地产、普遍过度投资	1996年6月	1997年10月
1997	俄罗斯	普遍过度投资、低资本银行	1996年	1997年8月
1999	巴西	政府支出	1998年	1999年1月
2000	全球	互联网与科技股票	2000年3月	2001年
2001	阿根廷	政府支出	2000年8月	2001年3月~2002年6月

资料来源：Lars Tvede. Business Cycles: History, Theory and Investment Reality, John Wiley & Sons, Ltd. 2006.

第2章

新型金融危机的基本机制：顺周期问题

"周期性"问题并不只是存在于金融领域。"人有悲欢离合，月有阴晴圆缺"，中国古人早在千年以前就用这样的诗句，生动地描述了人的情感与自然界运转的规律一样，都是具有周期性的。实际上，不仅自然界的运行具有典型的周期性特征，人类社会也具有类似的周期性。仅从经济层面来看，大到宏观经济的运行，小到作为"经济原子"的个体微观行为，也都是具有周期性的。当一组相关联的现象在某些共同因素的驱动下，出现明显的同向或者同趋势变动的特征，我们就说这些现象之间具有"顺周期性"（procyclicality）。

总体而言，虽然伴随总体经济的产出和收益的周期性波动在各个产业均随处可见，但这种周期性特征在金融体系中表现得尤其明显——与实体经济部门的反应相比，金融因素（如金融产品、证券价格、银行信贷等）在上升期扩张得更快，在下行期收缩得更为明显。实际上，由于双向联结着融资部门和投资部门，金融体系不仅是最主要的社会盈余资金的集散地，同时也是总体经济货币供给（M1，M2）和实体部门信贷的主要提供者。此外，在现代金融体系下，银行等金融中介还是中央银行货币政策传导的主要渠道。因此，金融体系在现代经济中的中枢和核心地位决定了，金融因素的波动极容易传导至实体经济的各个部门，其影响的速度、深度和广度都是其他实体部门难以比拟的。正是由于金融体系上述特殊性，金融因素与实体经济的顺周期性效应极易引发二者的"共振"，并最终导致实体经济的过度波动。

当然，部分笃信"有效市场假说"的学者可能会坚持认为，金融体系的顺周期性没必要也不应该得到纠正，因为金融市场本身具有最高的效率。但金融危机反复发作的残酷事实表明,"有效市场"只不过是一个虚无缥缈的概念,它所赖以存在的"理想世界"从来就没有真正存在过。当金融体系对于实体经济的过度反应和推波助澜愈演愈烈时,我们从金融体系中看到的不再是美妙的"镜像反映",而是一个实实在在的"哈哈镜"——里面到处充斥着倒置、畸形和扭曲。

2.1 金融体系的过度顺周期性:理论、事实与动力机制

2.1.1 金融体系的过度顺周期性:定义与初步阐释

在过去几十年里,金融市场的一个显著特征是资产价格和信贷扩张"繁荣—萧条"周期性的增强,这种周期性内生地存在于经济和金融活动之中。经济实践也表明,银行许多错误的放贷决策都是在经济周期繁荣期做出的,而不是在经济衰退期。在经济景气时期,借贷双方对投资项目、预期收入和偿债能力往往过于乐观,这种乐观情绪将导致信贷标准的降低。于是,在宏观经济与金融体系"繁荣—萧条"的同向周期性更迭中,银行常常不由自主地面临两类典型的信贷错误:一方面,在经济繁荣时期,宽松的信贷条件和环境使得许多净现值为负的项目获得了融资,这将在项目到期后不可避免地出现违约并导致不良贷款(一类错误信贷);另一方面,在经济衰退时期,由于不良资产大量增加,银行的风险拨备策略趋于保守,许多净现值为正的项目被拒之门外(二类错误信贷)。

对于金融体系的顺周期性问题,早在20世纪30年代,费雪(Fisher, 1933)就指出,金融体系的脆弱性主要源于过度负债,而过度负债引发的债务清偿问题通常与宏观经济周期密切相关。莫尔顿(Moulton, 1950)运用费雪(1933)的"债务—通缩"理论对美国1873~1879年经济衰退和1929~1933年大萧条提供了有说服力的解释。博利奥等(Borio et al., 2001)认为,风险认知、风险承担意愿等都会随经济波动而相应变化:在经济上行期,贷款更易获得,资产价格也越高,随后这些高价资产作为抵押品的价值增加,因而又可以获取更多的贷款;在经济下行期,上述情况将反向成立。加布里埃尔·吉梅内斯(Gabriel Jimenez, 2005)运用实证方法研究了银行信贷扩张与信贷风险之间的关系,发现快速的

信贷扩张与随后的不良资产率具有正相关关系：在经济景气时期发放的贷款违约率高于信贷低速增长期的贷款违约率，而且在经济景气时期银行倾向于放松对抵押担保的要求，信贷条件比较宽松①。

应该说，金融体系的顺周期性是内生于经济行为的常态，本质上可看作是经济活动扩张与收缩的一种延伸。一方面，作为实体经济运行的"镜像"，经济运行本身所内含的顺周期性特征必然会投射到金融层面上来；另一方面，由顺周期性所引发的金融元素之间彼此强化或者共同弱化的趋势，在本质上反映出金融体系对于实体经济反映的速度、弹性和敏感性，而这正是一个正常运转的金融体系应该具有的对应性（或适应性）反馈能力。然而，20世纪70年代以来，随着金融自由化在全球范围内的盛行，金融活动的规模和影响力都大大地增强了。这种全球范围内的金融扩张不仅强化了金融体系在国民经济中的地位，也使得金融体系对经济发展的影响力日益增强。全球范围内扩大的金融势力逐渐具备了某种脱离实体经济自我扩张的能力，这也使得金融体系固有的顺周期性问题更为严重，并且以一种不断放大的效应对实体经济的发展产生影响。尤其是近年来，金融体系的顺周期性使金融系统具备了某种潜在的倾向，使金融活动持续、显著地偏离长期均衡。这种"金融失衡"最终将会以金融动荡的方式来释放，从而加大周期性波动，导致金融的过度繁荣和萧条。

实际上，近年来反复发作的金融危机所引发的人们对金融体系顺周期性问题的思考，主要不在于金融体系是否具有顺周期性以及如何消灭顺周期性，而关键是：在一定条件下，金融体系是否会产生过度的顺周期性问题并对金融稳定和实体经济带来破坏性结果。一般而言，如果金融体系的顺周期性效应不必要地放大了实体经济的波动程度并显著降低了金融部门的稳定性，我们就说，这样的顺周期性是"过度的"或者说是"非意愿的"。对此，博利奥、艾瑞克和洛维（2001）也指出，金融发展强化了经济后期的动量，在某些情况下导致了经济活动的极端动荡，这些经验使人们对金融体系可能存在过度的顺周期性问题产生了普遍担忧，因为过度的顺周期性将不可避免地放大实体经济的波动效应。

金融失衡及其释放具有高度非线性的特征，通常被定义为金融体系的"过度顺周期性"（Excessive Procyclicality）。德马尼卡和赫默特（Demyanyk & Hemert，

---

① 据加希里埃尔·吉梅内斯（Gabriel Jimenez，2005）的模型估计，在信贷高峰与不良资产高峰之间存在大约4年左右的滞后期。由于滞后期存在，银行的经营者和短期投资者都愿意通过当前的信贷扩张获得短期收益，但是长期所有者、存款人、存款保险人却要为此付出代价。从监管角度来看，信贷增长和不良资产爆发之间长期滞后可能使灾难近视、羊群行为、代理问题等更加严重。银行经营者在激烈的竞争环境中面临对手的压力下，投资者关注季度或年度盈利指标，而且由于更松的信贷标准在短期内不会带来不良资产，银行经理倾向于采取更加冒险的信贷政策。

2007) 认为，金融体系的"过度顺周期性"是当前金融体系内在的潜在特性，而次贷危机的爆发就是金融体系过度顺周期性的表现①。德马尼卡和赫默特的研究表明，次贷市场的演变与传统的信贷"繁荣—萧条"周期极为相似，而次贷市场爆炸性、不可持续的增长模式最终导致了自身的崩溃。莱因哈特和罗戈夫（2008）将次贷危机与历史上主要国家的重大危机进行比较，结果发现，样本危机国家的统计数据在危机前后具有高度的相似性。

2.1.2 金融体系顺周期性的典型事实：关键变量的经济表现

总体而言，实证结果倾向于支持金融体系的顺周期性是金融风险运行的基本机制。在大部分情况下，风险指标都在经济上行期趋于下降，而在经济下行期逐渐增加。比如，很多文献都指出，信贷和资产价格这两个预示金融风险的核心指标都具有显著的顺周期性特征。如图2-1和图2-2所示，无论是信贷/GDP，还是以股票和房地产价格为代表的实际资产价格，均在经济强劲增长的时期出现了持续攀升，而在经济增长放缓时出现了下降。

实际上，在20世纪90年代遭遇银行问题的工业化国家，包括美国、日本、英国、澳大利亚、瑞典、挪威、芬兰等，均经历了经济繁荣时期的信贷和资产价格快速上涨以及随后而至的经济衰退期的金融紧缩。同样的事实也普遍出现在20世纪80年代和20世纪90年代的新兴市场经济体中，在这些国家，伴随"繁荣—萧条"周期的金融体系的顺周期性问题表现得更为明显。

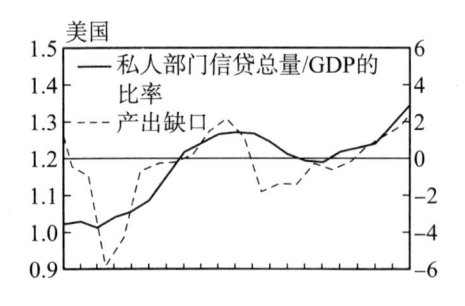

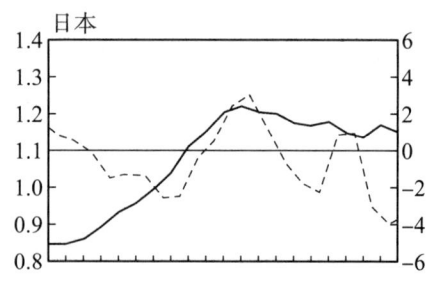

---

① 作者运用美国2001年以来的次贷市场数据进行的实证研究验证了这一点。

图 2-1 信贷总量的顺周期性

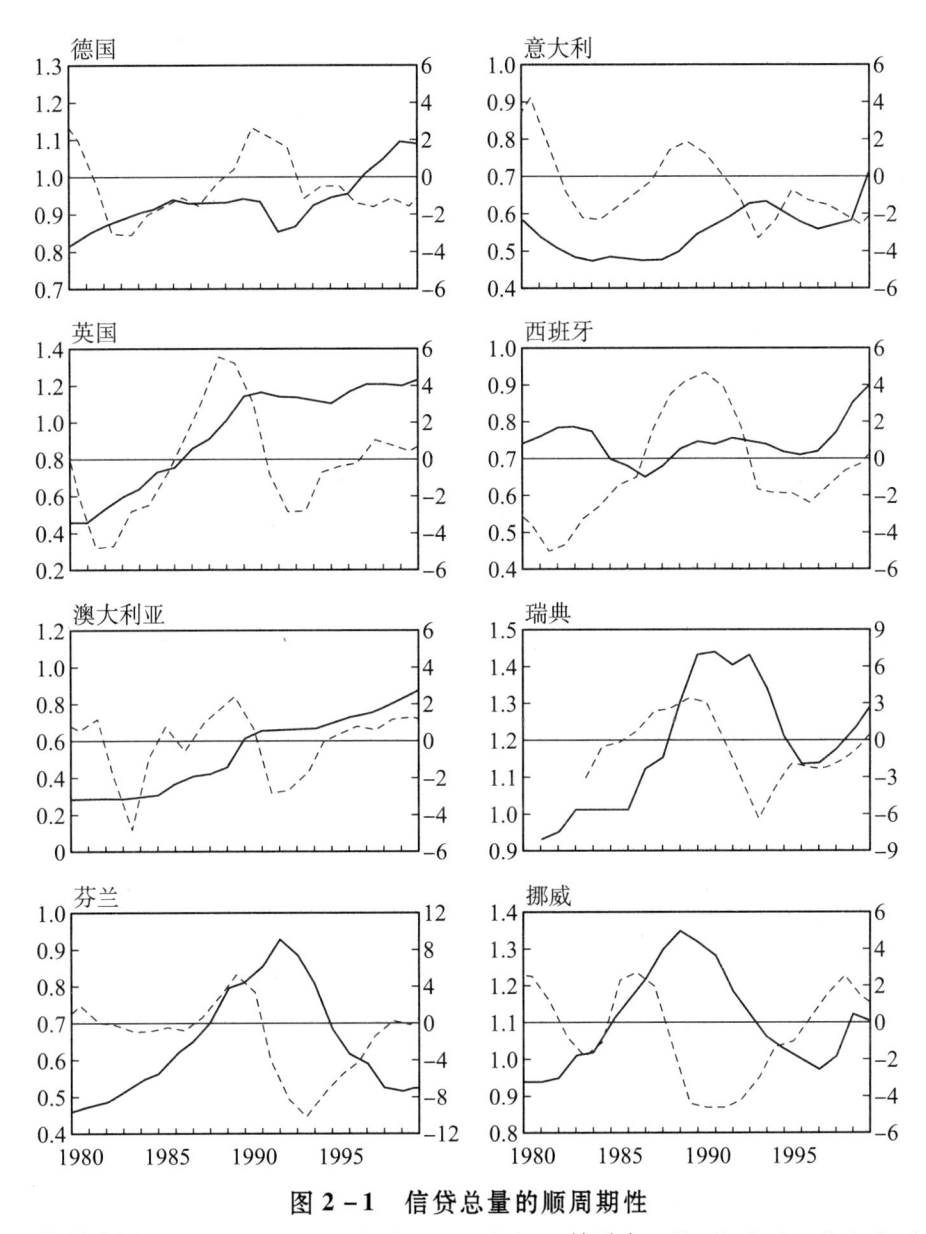

资料来源：OECD Economic Outlook；national data. 转引自：Claudio Borio, Craig Furfine and Philip Lowe, Procyclicality of the financial system and financial stability: issues and policy options, BIS Papers No 1。

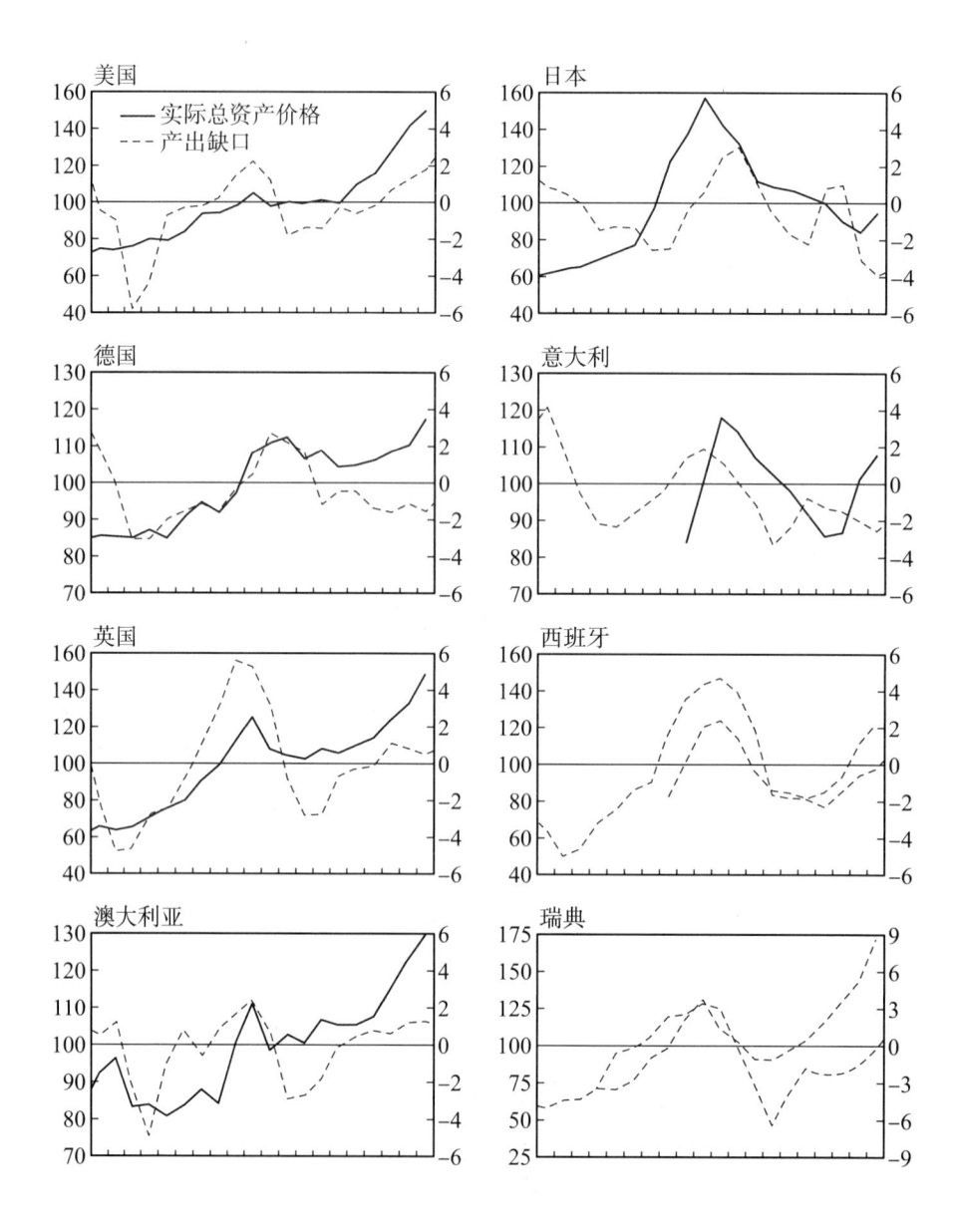

美国	日本
实际总资产价格 产出缺口	

德国	意大利

英国	西班牙

澳大利亚	瑞典

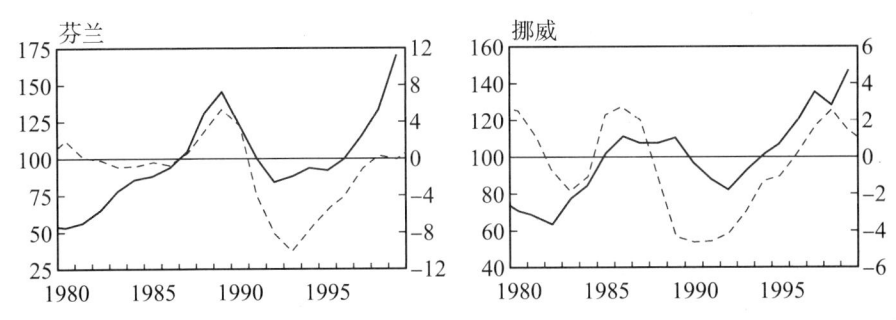

[图：芬兰、挪威 1980—1999 指数走势图]

注：指数 1980～1999＝100（意大利：1988～1999；西班牙：1987～1999）；股价和房地产（商业和住宅）价格的加权平均指数用消费价格指数加以调整，权重为私人部门的财富构成比例。

图 2－2　实际总价格水平的顺周期性

资料来源：OECD Economic Outlook；BIS calculations. 转引自：Claudio Borio, Craig Furfine and Philip Lowe, Procyclicality of the financial system and financial stability: issues and policy options, BIS Papers No 1.

实际上，不仅信贷和资产价格具有典型的顺周期性特征，诸如银行储备、信用评级、债券利差等金融指标也存在明显的顺周期性特征。从图 2－3 的时间序列也可以看出，在美国、日本、英国、意大利、西班牙、澳大利亚和瑞典等国，银行准备金和贷款之比（准备金/总贷款）总是在产出缺口由正转负的时候开始上升，并在产出缺口达到最大负值的时候达到顶峰。这说明，贷款质量总是在正向产出缺口期间持续改善，而在经济过热停止时迅速恶化。表 2－1 的数据也显示，银行准备金具有非常强的顺周期性，与经济周期显著负相关。此外，银行收益的顺周期性还使得银行股价与经济周期正相关，虽然这种正相关较之收益的顺周期性较弱（反映了股票市场的前瞻性特征）。

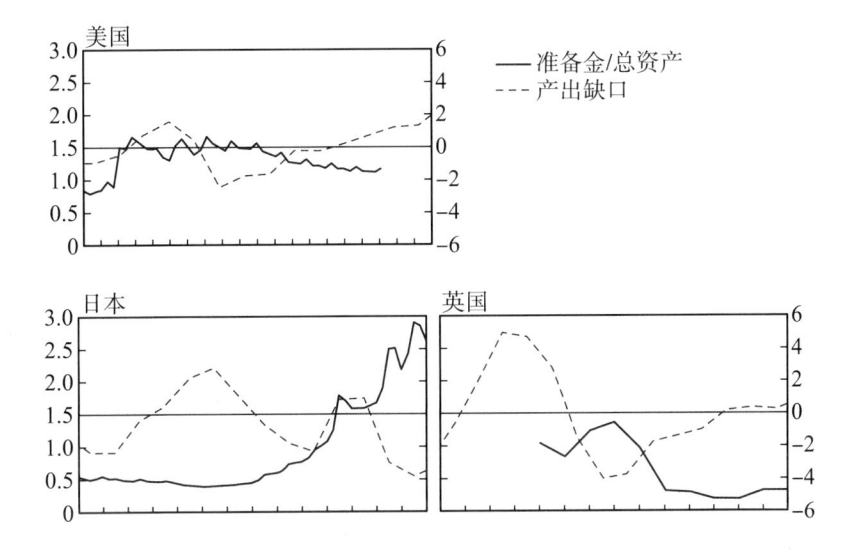

[图：美国、日本、英国准备金/总资产与产出缺口走势图]

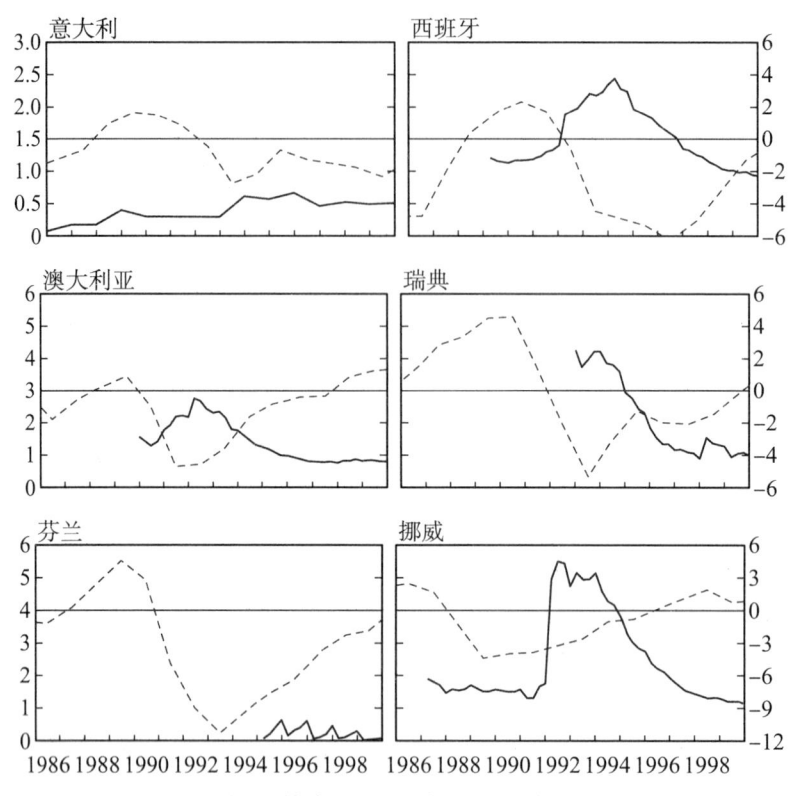

图 2-3 银行储备相对于产出缺口变动的敏感性

资料来源：BIS Papers：Procyclicality of the financial system and financial stability：issues and policy options，March 2001.

表 2-1　　　　产出缺口与银行体系主要指标的相关性

国家	产出缺口与银行主要指标的相关系数			
	准备金	盈利性	股价	资本
澳大利亚	-0.88	0.71	0.47	-0.39
芬兰	—	0.81	0.43	0.04
德国	-0.21	-0.42	0.18	0.2
意大利	-0.21	0.25	0.1	-0.25
日本	-0.43	0.22	0.3	-0.25
挪威	-0.35	0.54	0.03	0.41
西班牙	-0.41	0.84	0.32	0.06
瑞典	-0.83	0.6	0.26	-0.16

续表

国家	产出缺口与银行主要指标的相关系数			
	准备金	盈利性	股价	资本
英国	-0.38	0.12	0.26	0.26
美国	0.14	0.24	0.12	-0.04

注：准备金＝贷款损失准备金/总资产；盈利性＝总收益/总资产；股价＝实际股价对其趋势值的偏离（使用 HP 滤波）；资本＝资本金/总资产。

资料来源：OECD；BIS.

银行资本显然是与经济周期正相关的，但单纯从数据来看，可测量的银行资本比率与经济周期之间的相关性较弱，这可能源于两个方面的原因：一是1988年资本协议（Capital Accord）引入后，一些国家的资本比例发生了结构性变化；二是政府的支持计划可能增加数据分析的复杂性（Borio, Craig and Lowe, 2001）。不仅如此，图2－4的数据还显示，资本与加权风险资产的比例（资本/加权风险总资产）比资本资产比例（资本/总资产）的周期性更强，这反映出了这样一个事实，即当银行危机发生之后，随着银行将资产组合从具有较高风险权重的商业贷款转向具有较低风险权重的住房抵押贷款和公共部门证券，经加权后的风险资产会比总资产下降得更快。

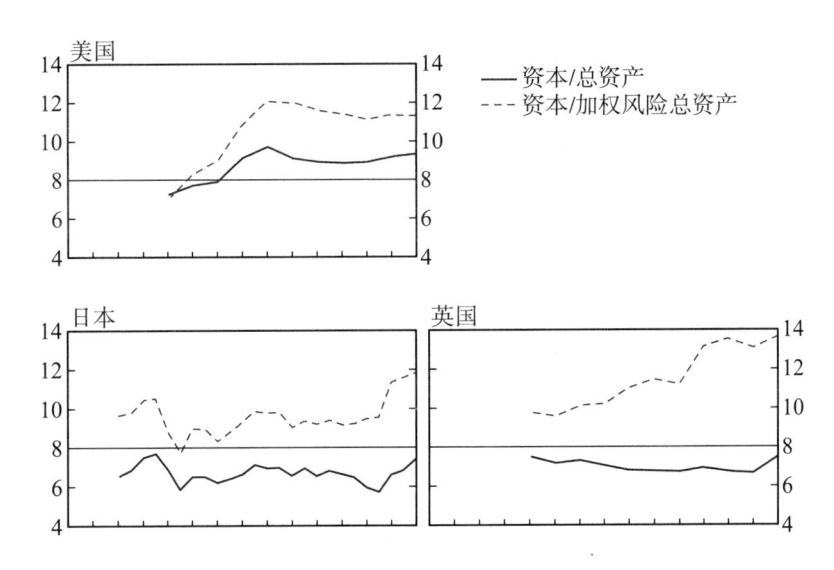

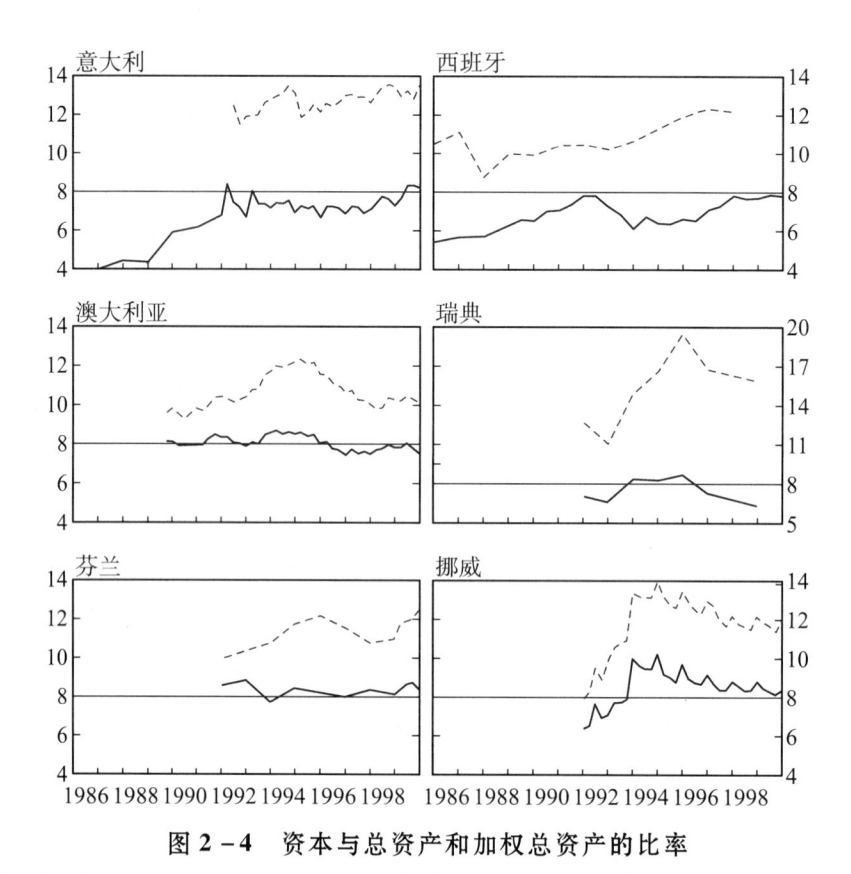

图 2-4　资本与总资产和加权总资产的比率

资料来源：BIS Papers：Procyclicality of the financial system and financial stability：issues and policy options，March 2001.

2.1.3　金融体系过度顺周期性的动力机制：群体行为与认识偏差

需要特别指出的是，任何经济现象都是经济主体行为的内生性结果。在金融体系过度顺周期性现象产生的过程中，也必然存在经济人行为方面的动力机制。这种机制常常被归结为金融市场中的"羊群行为"（Heard behaviour）。

金融市场上的羊群行为往往造成金融活动的极度扩张和收缩，进而诱发实体经济的剧烈波动。尤其是当市场的一致性预期得到强化时，各种经济和金融变量彼此交织，相互作用，导致金融运行越过稳定边界，最终诱发金融和经济危机。

通常情况下，在经济景气阶段，投资者的预期利润随之而提高，随着市场投资情绪的进一步高涨，部分投资者开始放弃原先的谨慎原则而采取冒险的做法，结果是贷款需求猛增。此时银行家容易犯锚定与调整偏差的错误，即在判断和评估贷款时先设定一个最容易获得的信息作为估计的基准值（即锚点），目标价值以锚点为基础结合其他信息进行一定的调整得出。银行一般依据"摩根规则"选择锚点，但实践表明，由于同业间的激烈竞争，银行家们并不总是能按照摩根规则行事，而是倾向于凭借经验解决问题，于是"拇指法则"自然而然地成为了信贷决策的基本依据，信贷扩张随之出现。

当经济景气进入高峰阶段时，市场繁荣容易诱发投机行为，随着股价和房地产价格的飙升，泡沫经济开始盛行。此时，在与企业、中央银行和金融监管机构等"多人博弈"的过程中，银行家和整个市场行为一样容易犯过度自信的偏差，即使感觉到经济已经过热，也相信经济仍将上行。为满足不断增加的贷款需求，银行开始大力吸收存款或通过金融创新扩张资产负债表，市场利率随之上升，市场主体对利率变动的敏感程度也逐渐增强。在经济运行逼近峰顶时，人们逐渐认识到泡沫终将破裂，而这一观点成为市场共识的过程并不是一个平滑的渐进过程，是在充满信心和乐观情绪阶段后的跳跃式变化。随着过剩的生产越过临界点，景气指数迅速下降。此时，银行家基于以往的经验和教训会出现"损失规避倾向"，通过快速地将持有的资产在心理上进行归类（"心理账户"），他们会想方设法回收贷款并拒绝提新贷款。在羊群效应的作用下，银行家们集体减少贷款的行为将引发大规模的信贷紧缩。

博利奥、艾瑞克和洛维（2001）认为，由经济状态改变引发的风险观点（risk attitude）的改变是人类行为的天然组成部分，对于经济主体而言——不论是贷款人还是借款人——均存在围绕周期的对风险的系统性认识偏差，这将导致繁荣期的过度乐观和随之而来的萧条期的过度悲观。上述机制将启动金融加速器（financial accelerator）机制：在资产价格和银行信贷的相互作用下，实体经济周期与金融周期彼此强化，从而为金融不稳定埋下了灾难的种子，随之而来的是伴随金融危机的巨大经济和社会成本（Bernanke, Gertler and Gilchrist, 1999）。

2.2 主要经济政策和经济制度的顺周期效应

2.2.1 财政政策的顺周期性

经典的凯恩斯理论认为，财政政策一般通过两种方式发挥对经济周期的稳定效应：一是随着经济活动的变化，财政系统各部分自然地发生变化，从而产生

"自动稳定器"的功能;二是相机抉择的财政政策,通过政府支出、税收和转移政策熨平经济周期。一般情况下,如果不存在政府调控,在经济萧条期,产出降低,国民收入和税收减少,失业上升,政府转移支付规模相应增加;在经济繁荣期,情况则恰好相反。总体而言,财政效应主要表现为经济运行中财政税收政策顺周期效应和财政转移支付政策逆周期效应(自动稳定器效应)。

由于自动稳定器效应相对有限,相机抉择的财政政策被世界各国不同程度地普遍采纳。为起到平滑经济周期的效果,理想的财政政策选择应表现为:当经济过热时,降低财政支出,增加税收,以减缓经济增长速度;当经济过冷时,提高财政支出,降低税收,以刺激消费和弥补私人投资的不足。换言之,理想的财政政策应起到逆周期调控效果。然而,在实践中,由于受到多种因素的影响,财政政策效应可能存在顺周期性与逆周期性并存的现象。

从目前已有的文献来看,关于发展中国家财政政策的顺周期性基本达成了共识。利特尔等(1993)对18个发展中国家1974～1989年的数据分析表明,经济繁荣导致政府财政收入大幅上升,由于预算软约束及财政独裁制,财政收入被超额侵占,财政支出迅速增加。加文和佩尔蒂(Gavin & Perotti, 1997)认为,国际上的信贷约束使发展中国家很难在经济衰退期获取国际贷款,因此财政收入顺周期减少。莱恩和托内尔(Lane & Tornell, 1999)与塔尔维和韦格(Talvi & Vegh, 2000)指出,由于发展中国家政治激励或制度激励相联系,多种力量作用下政府对财政收入份额的竞争产生"贪婪效应"(voracity effects),而这种效应引致政府与收入不成比例地增加支出[①]。卡明斯基等(2004)通过实证分析认为,在许多发展中国家,因为政府缺乏在经济繁荣时约束花销和在经济萧条期获取融资的能力,所以财政支出具有顺周期特征。巴尔迪尼(Baldini, 2005)指出发展中国家财政政策的不稳定性和顺周期性源于众多因素,如在国际金融市场获取融资的约束和不稳定性,特别在紧缩时期则更为步履维艰;政治周期下公众投资的非法定规划部分(discretionary component)的频繁变动;高度依赖于对经济周期非常敏感的财政来源(如间接税和本国拥有的自然资源转移)等。

相比发展中国家的情况,理论界对发达国家的财政政策效应则存在一定争议,虽然大部分研究认为发达国家的财政政策具有温和的逆周期性,但也有部分研究支持发达国家的财收支具有顺周期性的结论。施瓦茨和帕加诺(1990)通过对丹麦和爱尔兰的财政政策效应进行分析,发现扩张性的财政政策与经济紧

---

① 塔尔维和韦格(Talvi & Vegh, 2000)论证,诸多证据表明新兴经济体和欠发达经济体的财政政策是顺周期的,其部分原因是这些经济体在政治上鼓励在经济繁荣时期能够得到资金时增加赤字规模,同时,发展中国家由于税收制度缺陷,个人消费变动直接反映在财政收入的波动上,政府部门顺周期行为导致个人消费顺周期。

缩紧密相连，即财政政策具有逆周期性。国际货币基金组织（2003，2008）的研究表明，发达国家的多项财政政策变量波动呈现出温和的逆周期波动性，如财政平衡占 GDP 比重、财政收入占 GDP 比重、财政支出占 GDP 比重等，同时，发达经济体的财政政策也大多具有反周期特征，且反周期效应较为平缓。在认为发达国家的财政收支具有顺周期性的研究中，塔尔维和韦格（2005）通过实证分析表明，认为无论是发达国家还是发展中国家，财政收入都具有顺周期性，发达国家的税收与产出水平显著正相关，政府消费支出也表现出顺周期性特征。丹尼尔（Daniel，2005）和玛拿西（Manasse，2006）发现，财政差额的周期敏感性比单纯由自动稳定器带来的预期敏感性强，这说明政策制定者采取了相应的财政措施抵消了自动稳定器的部分影响。

总体而言，财政政策可能带来的顺周期性效应是一个值得关注的现象。关于财政政策顺周期性的原因，早期的研究主要将其归因于金融约束，但近期的研究则将视角集中在政治制度因素方面①。马茨凯维奇（Mackiewicz，2006）认为，利益集团的行动是经济繁荣时期财政扩张和经济衰退期财政收缩的主要因素。艾莱斯那和塔贝里尼（Alesina & Tabellini，2006）将顺周期性解释为政治代理的一种结果，主要源于投票者对腐败政府治理的需要。这类顺周期性既在繁荣期也在衰退期出现，但在腐败盛行和政府对投票者负责的国家更为盛行。莱恩和康奈尔（Lane & Tornell，1996，1998）和康奈尔和莱恩（1998，1999）构造的多权力机构为特定财政收入分配而竞争的模型表明，在经济繁荣期，为特定的财政收入分配而竞争的强度将会增加，因为与收入的增加相比，支出增加得更多②。斯坦（Stein，1999）通过对拉美 26 个国家的实证研究发现，在控制税基的波动性后，较高的政治分工水平将导致政府支出更强的顺周期性反应。莱恩（Lane，2003）计算了经济合作与发展组织（OECD）成员基于回归的不同财政成分周期性指数，然后在控制人均产出、贸易开放和公共部门规模后，发现越是产出越波动和权力越分散化的国家，其财政政策的实施越具有顺周期性特征。吴（Woo，2005）认为，高度的社会偏好极化使得决策者很难就理想政策达成一致，这会造成决策者之间的协调失灵，此时如果约束决策者的制度缺乏，异质性决策者将有很强的激励去坚持他们的政策偏好，并最终选择个体理性但集体非理性（无

---

① 其中具有代表性的理论主要包括：利益集团论（Mackiewicz，2006）、腐败与民主互动论（Alesina & Tabellini，2006）、贪婪效应论（Tornell & Lane，1999；Talvi & Vegh，2005）和社会偏好极化论（Woo，2005）。

② 这一模型实际上说明了谨慎行动的激励较低：每个有权力参与财政分配的机构都清楚，如果在经济繁荣期单方面限制财政收入分配的份额，最终的结果并不会增加预算盈余，因为其他机构必会要求分配得更多。相比之下，在经济衰退时期，财政竞争的强度则较弱。该模型的一个基本推论是，与集权国家相比，分权国家的财政顺周期性程度可能会更加明显。

效率）的政策。这种政策偏好的激励在经济繁荣时可能会变得特别强烈，因为此间不断上升的政府收入或新获得的资源使他们提出的议程变得似乎更加可行，从而产生了顺周期性的财政政策，而以这种方式采取的相机抉择的政策行动也最可能导致波动的财政结果①。

2.2.2 金融监管的顺周期性

目前全球范围内的金融监管框架主要是以《巴塞尔协议》（Ⅰ和Ⅱ）为基础的。2004年，作为1988年《巴塞尔协议Ⅰ》的改进，巴塞尔银行监管委员会颁布了《巴塞尔新资本协议》（即《巴塞尔协议Ⅱ》）。与《巴塞尔协议Ⅰ》相比，《巴塞尔新资本协议》（巴塞尔协议Ⅱ）对资本充足率的框架进行了完善，从单一的资金充足约束转向突出强调银行风险监管，将最低资本要求列为银行监管的三大支柱（监管资本要求、监管响应、信息披露和市场监督）之一。该协议延续了8%的最低资本要求，将风险加权资产由原来单纯反映信用风险改进为全面反映信用风险、市场风险和操作风险，同时对计量风险的方式加以升级和多样化。自发布以来，全球主要经济体都在制定实施新协议的步骤和时间表，其中欧洲主要国家已经基本上实施了资本新协议。

应该说，《巴塞尔新资本协议》修正了《巴塞尔协议Ⅰ》中由于使用固定风险权重所导致的不能准确反映实际风险水平动态变化的缺点，提高了资本监管要求相对于风险的敏感性程度（采用可变的风险权重），使银行的最低资本水平与其所持有的资产组合的风险直接相关。由于《巴塞尔新资本协议》允许金融机构使用内部评级法对复杂产品定价并评估其风险，而资本充足率计算中的风险权重来自内部模型，因此，在其他条件相同的情况下，当经济高速增长时，风险权重通常较低，资本充足率因而较高；而在经济衰退时，风险权重通常较高，资本充足率则较低。因此，金融机构倾向于在好年景时提高杠杆率，在年景不好时降低杠杆率，从而导致繁荣期的泡沫积累以及衰退期的信贷紧缩与资产抛售，最终引发周期性波动的上升。正因为如此，在经济实践中，《巴塞尔协议Ⅱ》比《巴塞尔协议Ⅰ》表现出了更为明显的顺周期性特征（见图2-5）。

---

① 通过进一步的实证研究，吴（2005）发现，偏好极化与顺周期性之间存在着正相关性，并且偏好极化在弱制度下对顺周期性效应的影响更大。

```
         金融产出↑                    巴塞尔协议Ⅱ



                                    巴塞尔协议Ⅰ




                                        时间
```

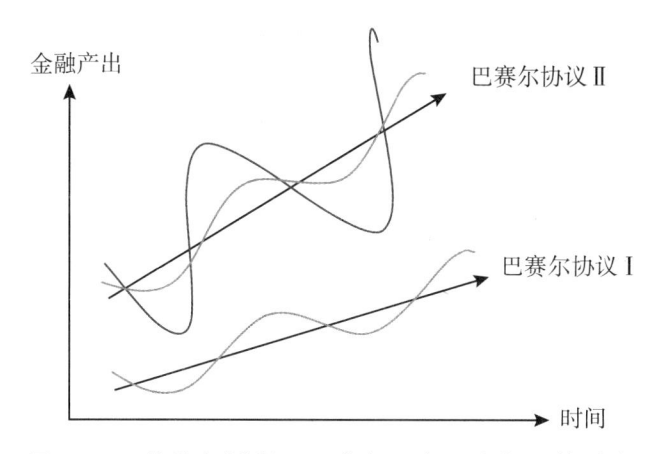

图 2-5　趋势与周期：巴塞尔Ⅰ和巴塞尔Ⅱ的对比

对于银行来说，资本金和贷款损失拨备是两种吸收损失的方法，前者用于吸收非预期损失，一般发生概率较低，而后者用于吸收预期损失，发生概率较高。在其他条件相同的情况下，当经济处于繁荣期时，资产风险权重通常较低，资本充足率较高；在经济处于衰退期时，资产风险权重通常较高，资本充足率则相应较低。换言之，经济衰退时期银行将受到更加严格的资本约束。因此，金融机构倾向于在经济扩张期提高杠杆率，在经济收缩期降低杠杆率，最终导致了繁荣期的信贷扩张和衰退期的信贷紧缩。另外，贷款损失拨备也会产生类似的顺周期性：在经济繁荣时期，贷款违约率下降，银行会减少拨备计提，表现出更高的利润，并刺激放贷积极性；而在经济衰退时期，银行需要计提更多的拨备，利润下降，放贷能力降低。

田中（Tanaka，2002）通过在静态的 IS-LM 模型中引入了监管资本约束，研究了一般均衡框架下新资本协议可能存在的顺周期问题，发现当信用风险随经济周期波动而变化时，监管资本约束将导致银行贷款能力的顺周期变动，从而增大宏观经济的波动程度。瑞奇诺（Zicchino，2006）在一个货币经济模型中引入了新协议的资本约束条件，考察了风险权重随宏观经济运行状况而变动的情况，发现在面对外部冲击时，为满足新协议的资本监管要求，银行会更大幅度地调整贷款规模，并由此放大经济波动。阿吉亚尔和德拉蒙德（Aguiar & Drumound，2007）通过对新旧巴塞尔协议的比较，发现模型中的资本监管规则越接近新协议的规定，经济周期的波动程度越显著，换言之，新资本协议较之"旧协议"具有更强的顺周期性特性。

总体而言，资本金要求和贷款损失拨备是两个最重要的传统审慎管理工具，但是资本监管会造成一定程度的信贷紧缩，从而对经济周期产生影响。布卢姆和赫尔维希（Blum & Hellwig，1995）的研究发现，在银行资本受到监管的情况下，总需求的波动性更大，导致产出和价格水平更大的波动性。卡瓦洛和马杰诺尼（Cavallo & Majnoni, 2001）指出，银行资本的周期性波动主要来自两个方面，一是以风险为基础的银行资本监管，二是贷款损失拨备计提不足。博利奥等（Borio et al., 2001）对 1980~1999 年 10 个 OECD 国家的数据研究发现，银行信贷风险拨备的顺周期特性甚至比贷款数量和资产价格更明显，银行的拨备数量与经济周期之间存在很强的负相关性，就是说，只有经济增长明显放缓时，银行才开始增加计提拨备来覆盖将来的损失。切凯蒂和李（Cecchetti & Li, 2005）对布卢姆和赫尔维希（Blum & Hellwig, 1995）的模型进行了扩展，发现对银行的资本要求在放大需求冲击的同时也会放大供给方面冲击的影响。瑞奇诺（Zicchino, 2005）通过引入巴塞尔新资本协议的资本约束条件，分析了在风险资本充足率要求下，银行资本、银行信贷和宏观经济活动的关系，发现银行信贷供给在新的资本监管规则下表现出了更加明显的顺周期性。瑞普罗和苏亚雷斯（Repullo & Suarez, 2008）研究指出，《巴塞尔协议 II》规定的信贷损失准备计提政策是商业银行顺周期的一个重要原因，它会通过银行资本金作用于银行的信贷活动，从而加剧银行业的顺周期性和经济的周期性波动。

此外，巴塞尔协议下不同的风险度量方法也会对顺周期效应产生重要影响。新资本协议允许银行采用"标准法"和"内部法"两种不同的信用风险度量方法。在标准法下，银行资产的风险权重取决于外部评级，评级机构多采用全周期（through-the-cycle）模型估计借款人在不同经济阶段和各种可能的经济环境下的还债能力和风险状况，估计风险参数时所涉及的数据区间较长；而内部法则主要依赖于银行的内部评级模型和数据，实践中银行多采用时点法（point-at-time），以借款者当前的资产价格和杠杆比率等信息来评估风险，并依据期权定价理论对风险进行度量。时点评级模型对风险的敏感度要远高于全周期模型，因此顺周期影响也更明显。卡塔利亚-艾贝尔等（Catarineu-Rabell et al., 2005）的研究发现，如果银行使用全周期模型来进行内部评级，在经济衰退期，监管资本要求的上升幅度约在 15% 左右；而如果采用时点模型，监管资本要求上升的幅度将在 40%~50% 之间，差距高达 3 倍。从其他实证研究来看，维亚诺和洛维（Segoviano & Lowe, 2002）利用墨西哥银行业 20 世纪 90 年代后期的数据，使用内部评级法分析，发现 1994 年墨西哥金融危机后，按照新协议规则计算出的监管资本要求大幅上升，在经济恢复后才逐步下降。卡林等（Carling et al., 2002）利用瑞典主要银行在 1994~2000 年间的数据，也得出了大体相似的结论：内部评级法的使用，提高了监管资本要求对风险的敏感程度，并强化了银行信贷的顺周期波动。卡什亚普和斯泰因（Kashyap & Stein, 2004）对 1998~2002 年间美国和欧洲银行的监管资本要求变化进行了模拟，结果表明，内部评级法的使用会导致较为明显的顺周期效应。

应该指出，《巴塞尔协议》的核心是以风险为基础来配置资本，风险资产规模越大，所需资本也会越多，反之则会越少。而在现实中，银行所面临的风险天然就有顺周期的特征：在信用风险方面，违约率会随着经济周期波动而变化，因为在经济上升阶段，抵押品价值较高，违约率较低，而在衰退期，抵押品价值大幅缩水，违约率大幅上升；在市场风险方面，经济上升期的市场交易活跃，各类资产价格持续上涨，市场风险和损失规模较小，而在经济衰退期，随着市场流动性急剧下降，市场的风险会突然大幅上升。上述情况意味着，在经济上升期，银行风险资产的规模会有所下降，资本监管的约束力会被弱化，随着银行信贷能力的增强，会进一步推动经济繁荣和泡沫形成；而在经济衰退期，风险资产的规模会大幅上升，资本监管的约束力会被"自我强化"，由于银行贷款能力受到限制，信贷紧缩和经济衰退随之出现。

总体来看，现有的理论和实证研究基本都证实了以《巴塞尔协议》为基础的现有金融监管模式的顺周期性特征。根据德拉蒙德（Drumond，2008）的研究，金融监管顺周期效应的大小主要受以下几个方面因素的影响：一是银行资产组合的结构；二是风险计量方法的选择，即采用标准法还是内部评级法；三是风险计量模型的选择，即采用全周期模型还是时点评级模型；四是风险预期的方式，即采用随机游走式预期还是前瞻式预期[①]。对于如何抑制金融监管带来的顺周期性问题，国际机构（金融稳定理事会、国际货币基金组织和英国金融服务管理局）目前提出的主要解决方案包括：一是提高资本充足率的弹性，在经济繁荣周期严格资本基础的认定标准，在经济萧条周期中放松资本基础的认定标准；二是扩大减值测试覆盖的周期，贷款减值测试由时点法改为周期法，将贷款减值计提方法由目前的静态拨备法改为动态拨备法；三是设定杠杆比率的上限，防止金融机构因过度负债而遭受金融资产公允价值不利变动的消极影响；四是弱化资本监管对会计数据的依赖，降低公允价值会计放大金融波动的潜在效应；五是完善风险计量方法，扩大在险价值（VaR）的观察期，并辅之以严格的压力测试；等等。

[①] 维亚诺和洛维（Segoviano & Lowe，2002）将信用风险预期划分为两种：一种是"随机游走式"预期，即将经济在当前的状态看作其未来变化最好的预测，这种预测会使预期风险在经济繁荣期下降，而在经济衰退期上升；另一种预期方式则是"前瞻式"预期，这种预期假定经济繁荣可能引起金融和实体经济部门的失衡，并导致风险的不断积累，而经济衰退期出现的损失主要是繁荣时期所积累的风险的实现。佩德佐利和托里拆利（Pederzoli & Torricelli，2005）认为，不同预期方式下的监管资本变动存在根本差异："随机游走"预期下的监管资本要求会在经济繁荣期下降，在经济衰退期增大，具有较强的顺周期性；而"前瞻式"预期下的监管资本要求会在经济繁荣期增大，在经济衰退期减小，顺周期效应较小。

2.2.3 信用评级的顺周期性

信用评级不仅直接决定债券的市场交易价格,而且影响着使用评级信息交易的金融主体和投资人。从理论上讲,信用评级机构通过独立的、专业化的信息收集和分析活动,减少证券发行人与投资者之间的信息不对称,从而提高市场效率。然而,在实践操作中,评级机构只能依据历史数据和经验,通过建模对特定有价证券的信用风险(如按期支付本金和利息的可靠程度及违约概率)进行评估,或对发行相关有价证券的企业、机构或其他实体的资信状况和偿付能力进行评估,并确定相应的信用等级。

应该指出,全球金融体系在投资决策和风险管理时高度依赖外部信用评级,从而产生了显著的顺周期性效应。信用评级的顺周期特性,对金融体系的内生顺周期性具有推波助澜的作用。典型地,在经济繁荣时,评级机构按照乐观的预期给予较高的信用评级,从而助长市场的投机氛围,而在经济衰退时,信用评级机构往往在风险显现时调低信用等级,造成进一步的市场恐慌,加剧资产价格下跌,形成恶性循环。在一定条件下,信用评级模型在同一时间产生的方向性结果类似,当全球金融业均使用类似的模型时,资产价格繁荣和衰退的程度都被加剧。有研究表明,在大部分情况下,外部评级机构根据"全周期模型"得出的信用评级结果,大多仅仅是在追随经济周期的变化,并不具备事实上的前瞻性(Tanaka, 2003)。塞姆博吉(Zsamboki, 2007)对评级机构穆迪的研究也证实,经济衰退期企业的信用等级会被普遍调低,而且这种信用等级下调的趋势常常会持续到经济衰退结束之后。

信用评级的顺周期性主要有四个方面的基本来源:(1)评级标准的缺陷。当前国际评级机构把流动性和举债能力作为评估主权债务清偿能力的首要因素,却忽略债务规模本身以及国际收支中经常项目逆差等与偿债风险直接相关的因素,导致在经济景气和全球流动性宽裕时,主要经济体举债能力较强,因而会获得更高的主权评级,而在经济不景气时,全球流动性紧缩,举债能力减弱,主权评级降低。费里等(Ferri et al., 1999)的实证研究发现,在亚洲金融危机时期,一些国家的评级不断下降,甚至超过了其经济基础面所反映的实际情况,导致这些国家的公司面临严重的信贷紧缩,极大地阻碍了经济复苏。(2)评级机构的垄断性。美国三大信用评级机构拥有处于垄断地位的话语权,它们共同形成强大的市场效应。2009年,标普、穆迪、惠誉主权评级的国家(地区)数目分别为123个、109个和106个。据国际清算银行统计,在全球所有参加信用评级的银行和公司中,穆迪涵盖80%的银行和78%的公司,标普涵盖37%的银行和

66%的公司，惠誉涵盖27%的银行和8%的公司。(3)评级方法的雷同。国际信用评级机构评级方法类型、采用的数据来源相同，这不仅影响评级机构的独立性，而且导致3家评级机构的评级结果高度相关，它们叠加在一起将产生强大的周期性力量。(4)对外部评级的依赖。金融市场的专业化分工最终造成了对外部信用评级的依赖，很多投资者都使用三大评级机构的评级结果，并以此作为业务操作和内部考核的标尺，一旦评级公司对于风险的预警出现滞后，投资者就不能及时调整投资策略，直接造成损失。此外，监管部门对评级信息的依赖还常常导致监管政策滞后。

值得注意的一个问题是，近年来随着金融创新的发展，一些结构性的金融产品过于复杂，投资者对这些产品的风险分布很难达到充分理解的程度，从而进一步加大了对外部信用评级结果的依赖。通常情况下，在资产价格上升周期，大多数结构性金融衍生产品都会被赋予较高的信用评级，从而导致投资者在其投资组合中配置大量的该类所谓"低风险"资产，甚至保险公司、养老基金等风险厌恶型的投资者也都大量参与其中。而当资产价格暴跌，信用评级机构又经常在短短几周甚至几天之内将原来评级为AAA/Aaa的金融产品骤然降至BBB级（投资级）以下，这种评级下调会进一步加剧市场的恐慌抛售，导致资产市场价格进一步下跌，并引发市场进入恶性循环。

此外，需要指出的是，在"发行人付费"模式下，评级机构和发行人与普通投资者之间存在着根本的利益冲突，这使得评级机构很难站在第三方公允的立场做出评级判断。在本轮由次贷问题引发的全球金融危机中，评级机构曾给予很多次贷类产品较高的评级，后来又在短期内大幅降低其评级，导致金融机构大规模减计资产，从而进一步增加了对金融体系的冲击。这也是标准普尔、穆迪、惠誉等评级机构的公正性受到广泛质疑的重要原因。

2.2.4 公允价值会计准则的顺周期性

美国一般公认会计原则（GAAP）和国际财务报告准则（IFRS）都使用混合计量属性模型，根据会计要素的特点和管理部门的意图，不同类型的资产和负债使用不同的计量属性。对于金融资产、交易性负债、可供出售的资产以及所有金融衍生品，这两个框架都要求按公允价值进行计量。对于贷款、持有至到期（HTM）的投资、未进行公允价值估值的负债，则使用摊余成本计量。

一般公认会计原则（GAAP）和国际财务报告准则（IFRS）都把公允价值定义为一种资产或负债能够与有意愿的交易对手以有序方式进行交易和清偿的价格。两种会计框架都提供了分层次的公允价值计量方法：层次1为在活跃市场有可观察的价格，因而采用市价对资产和负债进行价值计量，也称盯市原则；层次2为没有活跃市场时可采用模型来估值，但需要输入可观察的参数，称为按模型定价；层次3为类似盯住模型的方法，用不可观察的输入参数和模型假设进行。GAAP和IFRS都要求对公允价值方法的运用、特定假设、风险暴露、敏感性进行披露。

从国际会计准则关于公允价值的定义以及分层计量公允价值的规定可以看出，所谓的公允价值仍然具有很强的主观判断属性，这种主观属性将不可避免地产生顺周期性效应[①]。当市场高涨时，由于交易价格高，容易造成相关产品价值的高估；而当市场低落时，由于交易价格低，往往造成相关产品价值的低估。在实践过程中，由于各种不同模型的差异以及各家机构所设置的诸多变量的差异，当估值基于模型或市场流动性非常差的时候，公允价值计量对假设的变化尤为敏感，这也使得估值结果不可避免地带有很强的主观性。此外，新会计准则要求银行必须以业已发生的损失（incurred loss）为计提基础，这种后顾式的（Backward-looking）的计提方法更加剧了贷款损失拨备的顺周期性。经济繁荣时期损失率很低，银行由于不能够提供合理的、可接受的证明损失的证据，往往保持较低的损失准备水平，在衰退期由于各种贷款损失证据和数据明朗化，贷款损失准备的计提力度明显加大。

从理论研究来看，巴斯（Barth，2004）认为，公允价值的运用加剧了财务报表的波动性，这种波动性有三种来源：估计误差波动性、固有波动性和混合计量波动性。估计误差波动性源自公允价值（特别是占主导地位的第二和第三层次公允价值）计量需要大量的估计和判断；固有波动性源自内外部经营环境对报告主体业务活动产生的影响；混合计量波动性源自现行会计准则要求对一些资产和负债采用公允价值计量，而对其他资产和负债则采用历史成本计量[②]。普兰廷（Plantin，2007）指出，相对"历史成本"而言，虽然"盯市会计"在信息反映上是有效的，但在发掘现行市价的信息含量时却增加了与基本面无关的干扰因素，从而加剧了价格的波动性。泰勒和德哈特（Taylor & Goodhart，2004）认为，国际会计准则第39号（IAS39）公允价值会计会导致银行体系中的顺周期

[①] IFRS和GAAP采用的混合计量属性模型具有内在波动性和顺周期性。历史成本受制于向后看的评估值（如贷款恶化的迹象）以及计提周期性准备，这恰恰发生在经济周期中的衰退阶段。另外，在资产比负债更广泛应用公允价值的情况下，混合计量属性模型应用的非对称增加了资产负债表顺周期性。换言之，当负债中的小部分使用公允价值计量、大部分使用历史成本计量时，权益波动比完全公允价值下的情况要大得多。混合计量属性实际应用于资产和负债的不平衡性越大，会计核算的波动就越大。

[②] 巴斯认为，固有波动属于真实的经济波动，财务报表应当客观反映，而估计误差波动和混合计量波动则属于虚假的人为波动，准则制定机构应当通过提供计量指引或扩大公允价值运用范围等方式，尽可能降低财务报表这两种不可取的波动。

效应，扩大信贷投放的波动幅度。沃利森（Wallison，2008）也认为，公允价值会计不仅在经济萧条时造成资产价格的非理性下跌，而且在经济繁荣时推高资产价格泡沫，具有鲜明的顺周期效应特征。此外，"盯市会计"潜在的传染效应还可能引发顺周期效应在金融体系内的传播（Allen & Carletti，2008）。国际货币基金组织（2008）利用真实数据和模拟法对5家美国和欧洲大型银行采用公允价值会计在正常、低谷和高峰等三种不同经济周期中是否会产生顺周期效应进行系统研究，结果显示：不论采用公允价值对全部金融资产和金融负债进行计量，还是对部分金融资产和金融负债进行计量，都会在正常、低估和高峰这三种不同经济周期引起银行净资产的大幅波动，差别在于，正常周期的波幅要明显小于低谷周期和高峰周期。

  总体来看，在公允价值盯市原则计量模式下，当金融市场运行比较平稳时，由于不存在资产及收益等账面价值的大幅波动，因而企业财务状况和经营成果能够得到比较真实地反映。在市场向好的时候，以所谓公允价值计量的金融产品获利颇丰，金融机构损益表上体现出大量利润，这不仅易使银行家们滋生盲目的乐观情绪，也促使股东增加了多分红利的冲动。尤其是在泡沫经济时期，随着资产价格的快速上涨，金融机构不仅能将金融资产以远高于其成本的价值入账，而且能够在获得超额账面利润的基础上扩大借贷和投资，从而推高杠杆比率和加大经济的泡沫化程度。

  然而，一旦市场处于下行过程中时，公允价值会计的顺周期性就会增加市场的不稳定性。在经济下行的过程中，随着市场信心的丧失，相关金融资产价值被低估。按会计准则要求，金融机构需要按不同的资产属性计提拨备或减少所有者权益，这将影响金融机构的盈利水平和资本充足率水平。为规避由此而带来的不利影响，金融机构通常会加大有关资产的抛售力度。在这种情况下，市场将陷入"交易价格下跌—提取拨备、核减权益—恐慌性抛售—价格进一步下跌—必须继续加大拨备计提和继续核减权益"的恶性循环。欧洲央行（ECB，2004）在《公允价值会计与金融稳定》中也指出，扩大公允价值的运用和《巴塞尔协议Ⅱ》的实施，将加剧银行信贷政策的顺周期效应，因为该协议要求银行在经济不景气时计提更多的减值贷款拨备，弱化了银行的信贷投放能力，而信贷的减少无疑将使宏观经济进一步恶化。

  值得一提的是，银行业现行的一些风险管理模式成为了公允价值会计传导顺周期效应的重要渠道。例如，在信贷风险管理方面，作为银行业控制和规避抵押贷款风险的常用工具，"贷款对资产价值比率"（LTV，loan-to-value ratio）通常在经济繁荣时期随着公允价值的上涨而下降，这将增大银行对抵押贷款的风险偏好，促使银行发放更多的抵押贷款，从而加剧资产价格泡沫。反之，在经济萧条时期，公允价值下跌，LTV 比率开始上升，随着银行对抵押贷款的风险偏好倾向于保守，信贷紧缩将使本已不景气的资产市场更加恶化。在市场风险管理方面，自 20 世纪 90 年代初以来，"在险价值"（Value-at-risk，VaR）被广泛用于计量和管理证券投资组合的市场风险[①]。然而，从实践来看，VaR 也具有典型的顺周期传导效应：在经济繁荣期，证券投资组合的公允价值上升且波动幅度较小，此时 VaR 发出市场风险较低的信号，这将诱使银行提高风险偏好，增加杠杆比率，扩大证券投资组合的头寸，从而刺激公允价值的进一步上升；而在经济衰退期，随着证券投资组合公允价值的下降和证券价格的大幅波动，VaR 也变得越来越大，这将导致银行降低风险偏好和杠杆比率，大幅减少证券投资组合的头寸，从而刺激公允价值的进一步下跌。如果不同银行按照 VaR 发出的信号同时调整证券投资策略，就可能引发资产价格的系统性崩溃，诱发金融危机。

财务会计标准委员会（FASB）和国际会计准则理事会（IASB）从会计层面上提出应对顺周期效应的策略主要包括：一是完善金融资产分类，如将金融资产由四分类改为二分类，即对具有基本贷款特征且以合同收益为基础进行管理的金融资产按摊余成本计量，其余金融资产均按公允价值计量（IASB 的建议），或者对所有金融资产和金融负债全部按公允价值计量（FASB 的建议），以缓解金融工具计量基础不匹配所导致的业绩波动；二是对因流动性危机而导致价格崩溃的特定金融资产（如抵押支持债券、资产抵押债券和债务抵押债券），若管理层认为市价不能代表其真实价值，允许按内部模型进行估值和计量；三是对持有至到期和可供出售金融资产，在减值测试过程中剔除非信用风险因素（如流动性不足）导致的公允价值低估，或允许将非信用风险因素导致的公允价值变动列入其他综合收益，而不计入当期损益；四是改变贷款减值计提方法，由现行的"已发生损失模型"改为"预期损失模型"。

2.3 信贷扩张、监管错配与金融危机：跨国实证

虽然关于金融危机研究的文献已经汗牛充栋，但总体而言，以"三代模型"为核心的现代主流危机理论，虽然对特定国家和特定阶段的金融危机具有解释力，但在跨时期、跨经济体的金融危机的解释方面却缺乏预见性。我们认为，虽

[①] VaR 是指证券投资组合在特定持有期间（通常为 10 天）内和在给定的置信区间（通常为 99%）内，因市场价格波动所可能导致的最大预期损失值。

然每次危机的表现各有不同，但世界各国发生的金融危机确实存在着共同特征，这些共同特征应该成为研究金融危机发生发展机制的基本线索。从最近20多年来金融危机中的典型事实出发，本书认为，危机中普遍存在的信贷扩张、资产价格和金融监管的顺周期性问题是绝大部分危机背后普遍存在的基本机制。

2.3.1 信贷扩张与金融危机：典型事实

绝大多数金融危机都伴随着泡沫，而在金融泡沫形成过程中，银行信贷常常成为主要的"幕后推手"。一般而言，在金融泡沫的酝酿、形成和发展过程中，银行信贷有一个明显的扩张过程。这种扩张从两个方面加速了经济金融泡沫的膨胀：一是短期内信贷量的迅速增加，进一步刺激了相关产业的投资热情，过度投资问题逐渐凸显；二是信贷结构朝着顺周期的过热部门"潮涌"，使本就虚高的资产价格得以维持甚至加强，从而进一步放大了乐观预期并助长了投机风潮。

在上述机制的作用下，金融泡沫不断酝酿并朝着危机方向发展。也正因为如此，不论是发达国家或是发展中国家，金融危机之前均普遍存在银行信贷迅速扩张的现象。从图2-6可以清楚地看到，在美国（1981）、日本（1992）、智利（1981）、墨西哥（1994）等国，危机的发生总是与短期内迅速增加的银行信贷如影随形。

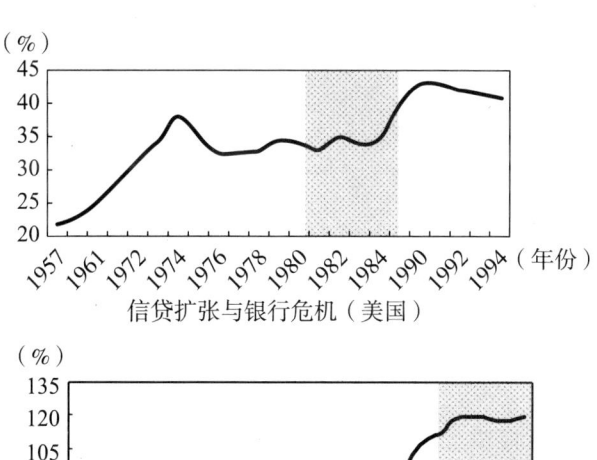

信贷扩张与银行危机（美国）

信贷扩张与银行危机（日本）

信贷扩张与银行危机（智利）

信贷扩张与银行危机（墨西哥）

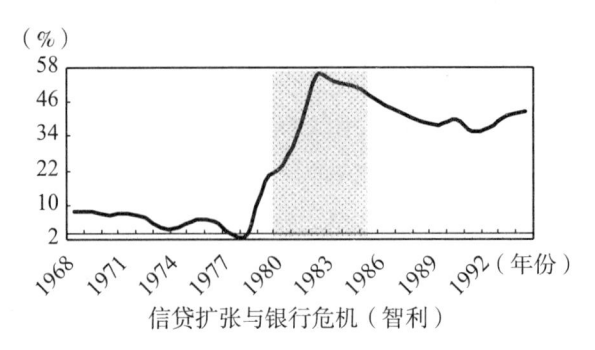

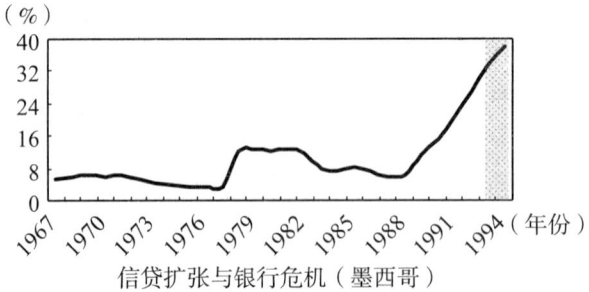

注：上面各图中银行信贷用"银行对私人部门信贷/GDP"表示；图中阴影部分表示银行危机的发生时间（段）；制图的数据来自世界银行数据库（World Bank Database）。

图2-6 信贷扩张与银行危机

实际上，由于金融产业和宏观经济的顺周期性，银行信贷总是在景气周期持续扩张，而在衰退周期持续收缩。当宏观经济处于高涨状态时，银行信贷往往异常放大，流动性充斥市场。当贷款的可获得性不断增加时，过多的资金需要寻找出路。此时，一些实际无"自生能力"的企业和个人也获得了贷款。当过剩的资金开始追逐高风险项目时，风险不断积聚。一旦外部冲击到来或者仅仅是由于预期的突然改变，积累于金融体系内的风险就会集中释放，并引发系统性的金融危机。当信贷扩张难以为继而不得不转为信贷紧缩时，一切又将逆转：资产价格暴跌，企业纷纷破产，金融机构坏账大量增加，消费意愿持续低迷，低投资，低产出，通货紧缩……随之而来的是经济不可避免的衰退甚至萧条。实际上，宏观经济的主要变量（如GDP增长、投资、消费）与银行信贷之间均存在高度的顺周期性特征（见图2-7①）。

当然，任何过分脱离经济基本面的金融泡沫都注定要破灭，一旦景气周期出现逆转，长期积累的问题就会集中暴露和释放。在信贷扩张的推动下，危机前以房地产为代表的资产价格出现飙涨，而一旦危机爆发，资产价格又迅速下跌，这

---

① 图中显示了信贷繁荣期（credit boom，t=0）前后的情况。数据来源为：IMF, International Financial Statistics。

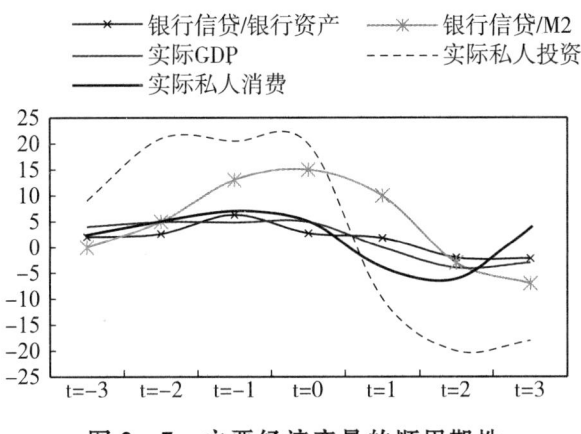

```
——×—— 银行信贷/银行资产      ——*—— 银行信贷/M2
———— 实际GDP              ------ 实际私人投资
———— 实际私人消费
```

图 2-7 主要经济变量的顺周期性

是我们在危机前后反复观察到的一种现象。随着泡沫破裂,消费需求迅速下降,消费信心遭受重挫,商业投资随之锐减,企业和金融机构"连环"破产,经济从危机前的高涨迅速转为衰退。

此外,与金融危机相关的另一个事实是,金融监管在控制和防范金融危机方面似乎收效甚微,而几乎每一次严重的危机爆发后,金融监管都将成为众矢之的。那么,金融监管真的失效了吗?在下一部分,我们将通过实证分析,对信贷扩张和金融监管在金融危机中的实际作用进行考察。

2.3.2 实证分析与检验

本研究选取了全球范围内一个具有代表性的样本,共包括 66 个国家和地区的相关数据,其中:亚洲国家 14 个,欧洲国家 20 个,美洲国家 17 个,非洲国家 12 个和大洋洲国家 3 个[①]。样本区间定位在 1980~1999 年,这一方面是由于此区间是金融危机的高发阶段,覆盖率较好,涵盖了 1970 年以来绝大部分金融危机(见图 2-8);另一方面,更为重要的是,从金融研究的角度而言,1980~

---

① 该样本参考了世界银行(World Bank)跨国数据分析的常用代表性国家样本,涵盖了全球各大洲的主要发达国家与发展中国家,包括:亚洲国家和地区 14 个(日本、韩国、新加坡、孟加拉、中国香港、泰国、马来西亚、印度、印度尼西亚、菲律宾、以色列、约旦、巴基斯坦、斯里兰卡),欧洲国家 20 个(英国、法国、德国、意大利、奥地利、比利时、丹麦、芬兰、希腊、爱尔兰、荷兰、葡萄牙、西班牙、瑞典、瑞士、卢森堡、土耳其、塞浦路斯、挪威、马耳他),美洲国家 17 个(美国、加拿大、墨西哥、哥伦比亚、阿根廷、巴西、智利、玻利维亚、厄瓜多尔、巴拿马、千里达、巴贝多、萨尔瓦多、危地马拉、圭亚那、乌拉圭、苏里南),非洲国家 12 个(南非、埃及、肯尼亚、毛里求斯、尼日利亚、赞比亚、博茨瓦纳、津巴布韦、卢旺达、塞舌尔、莱索托、马达加斯加),大洋洲国家 3 个(澳大利亚、新西兰、斐济)。

1999 年这一时段是一个极富代表性的研究样本区间：在这一时间跨度里，不仅大部分国家完成了向现代金融体系的过渡，而且各国基本上都经历了不同形式的金融稳定和效率的变迁，这使得该区间的跨国比较分析具有较强的可比性和说服力。

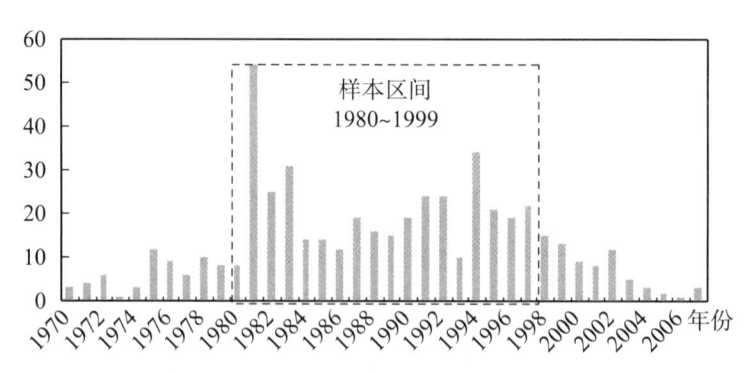

图 2-8 金融危机的发生频率

根据研究目标，实证分析部分我们主要考察信贷扩张和金融监管（管制）对金融危机的作用。因此，模型设定中被解释变量主要为金融危机，解释变量则主要为信贷扩张程度和金融监管（管制）水平。具体的模型设定如下：

$$Y_i = C + \alpha E + \gamma_1 X + \varepsilon_i \quad \text{模型（1）}$$
$$Y_i = C + \beta_1 R + \beta_2 S + \gamma_2 X + \varepsilon_i \quad \text{模型（2）}$$

模型（1）为信贷扩张和金融危机关系的实证模型，模型（2）为金融监管（管制）和金融危机关系的实证模型。作为金融危机指标 Y_i（i = 1, 2, 3）的被解释变量主要包括："系统性银行危机"（Systemic Crisis，记为 Y_1）、"双重金融危机"（Twin Crisis，记为 Y_2）和"银行挤兑危机"（significant run，记为 Y_3）。其中，"系统性银行危机"是指对一国银行业整体产生影响的危机而非局限于单个机构或者某个类型机构的金融危机，"双重金融危机"是指在发生银行危机的前后一年内同时发生了货币危机或者外债危机，"银行挤兑危机"是指危机过程中出现了明显的银行挤兑提款现象。在变量赋值方面，如果一个国家在样本区间发生了相应的危机，则赋值 1，未发生过的国家则赋值 0。以上三组数据主要参考了拉克·莱文和费边·瓦伦西亚（Luc Laeven & Fabian Valencia, 2008）提供的信息。

在解释变量方面，根据本研究的目标，我们主要考察信贷扩张和金融监管（管制）对金融危机的作用。其中，信贷扩张程度（记为 E）我们用"银行信贷和银行存款之比"（bank credit/bank deposit）来表示：经过存款调整后的信贷量不仅可以客观地反映银行信贷相对于其负债的扩张程度，还能消除不同国家金融体系发育程度差异而造成的异质性影响①。在金融监管（管制）方面，我们具体使用的替代变量包括银行业务范围管制（记为 R）和官方监管权力（Official Power，记为 S）。其中，银行业务范围管制指标取自阿斯利·德米尔古克－昆塔和罗斯·莱文（Asli Demirgüç – Kunt & Ross Levine，1999），该数值越大，表示对银行业务经营范围（即同时从事证券、保险、拥有或者参股金融企业或非金融企业）的限制也越大。官方监管权力指标取自贝克、德米尔古克－昆塔和莱文（Beck，Demirgüç – Kunt & Levine，2003），主要通过描述银行监管者在常规或非常规（如面临危机）时期是否能够采取针对银行管理层的一系列行动来界定官方监管权力的大小，数值越高，表示相应的官方监管力量越强。

除了上面的核心解释变量外，我们还适当纳入了其他一些解释变量对不同经济体的基本特征进行控制，以消除不同经济体的异质性可能带来的影响。部分地参考过往研究，我们主要从三个基本层面对不同经济体的特征进行控制：宏观经济因素（如人均 GDP、通货膨胀水平）、产业层面因素（如金融体系结构、银行集中度、一般管理成本、银行净利差）和制度因素（如银行腐败程度、存款保险制度）。这些用于控制经济体特征的非核心解释变量由模型（1）和模型（2）中的多维向量矩阵表示。各解释变量的来源、说明和经济含义如表 2－2 所示。

在上述模型设定中，根据被解释变量的二元性质，我们主要使用 ML－Binary Probit 方法进行回归分析，其主要目标在于通过相关系数的符号判断变量之间的相关关系。

1. 金融危机与信贷扩张的实证分析结果

为了考察金融危机与信贷扩张之间是否存在系统的相关关系，我们首先运用 ML－Binary Probit 方法，分别对影响系统性银行危机（Systemic Crisis）、双重金融危机（Twin Crisis）和银行挤兑危机（significant run）的发生概率的因素进行回归。

---

① "银行信贷和银行存款之比"（bank credit/bank deposit）这一数据来自世界银行（WB）的金融结构数据库（Financial Structure Dataset，2008）。为了反映信贷扩张对金融危机是否存在诱发作用，对于那些样本区间发生金融危机的国家，这一比率取危机前 3 年（包括危机年）的均值；对于未发生金融危机的国家，取样本区间均值。

表2-2 本书各解释变量的来源和说明

变量		具体说明	数据来源
信贷扩张程度		信贷扩张程度＝银行信贷/银行存款（bank credit/bank deposit）。经过存款调整后的信贷量不仅可以客观地反映银行信贷相对于其负债的扩张程度，还能消除不同国家金融体系发育程度差异而造成的异质性影响。该数值越大，表示银行信贷的扩张程度越大	世界银行（WB）的金融结构数据库（Financial Structure Dataset, 2008）
金融监管与管制指标	银行业务范围管制	世界银行通过对全球主要国家的金融管制实际情况的调查，得到了各国银行业务范围管制的基本信息。德米尔古克-昆塔和莱文等学者在此基础上完成了相应的指标编制，最终形成的综合指数值位于1~4之间，数值越大，表示一国对其银行业务经营范围（即银行从事证券、保险、拥有或参股金融企业或非金融企业）的限制程度越大。该指标也可看做是一国金融混业经营程度的反向指标：指标越小，一国金融混业经营程度越大	阿斯利·德米尔古克-昆塔和罗斯·莱文（1999）。相关指标编制的原始信息可见于世界银行（WB）的监管数据库
	官方监管权力	官方监管权力（official power）由以下14个指标构成：(1) 监管人员是否经要求审计师向监管人员汇报同意，就可约见外部审计师查询报告；(2) 法律上是否要求审计师等不当行为；(3) 监管人员是否可对外部审计师的疏忽行为采取法律行动；(4) 监管当局可否强迫银行改变其内部架构；(5) 银行的表外业务是否需要向监管人员披露；(6) 监管当局是否可以要求银行注资，以弥补实际或潜在的亏损；(7) 监管当局是否有权阻止银行派息；(8) 发放奖金或；(9) 给予管理人员额外酬劳的决定；(10) 监管当局是否有权中止问题银行部分或全部股东的意见；(11) 监管当局是否有权中止问题银行或其他政府机构是否具有代替股东的股份；(12) 在银行重组时，监管当局或其他政府机构是否具有代替股东"是"（13) 撤换管理人员或；(14) 撤换董事会成员的权力。在上述问题中，回答"是"加1分，否则为0分。数值越高，说明政府监管权力越大，结果按上述第一主因子法排序	贝克、德米尔古克-昆塔和莱文（2003）

续表

	变量	具体说明	数据来源
宏观层面	人均GDP	作为最常见的宏观经济指标之一，人均GDP反映了一个国家经济发展水平的基本情况，并且剔除了不同国家经济总量大小的差异。该数值越大，表示一国的经济发展水平越高	国际货币基金组织（IMF）发布的国际金融统计数据（IFS）以及Bankstat
	通货膨胀水平	通货膨胀水平被普遍用于衡量一国宏观经济的稳定性程度：在那些通货膨胀水平越高的国家，宏观经济的不稳定性程度越大，发生经济金融危机的可能性也越高	
	金融体系结构	金融体系结构＝银行资产/金融市场市值。用于衡量一国金融体系中银行和金融市场的相对重要性。在比较金融相关研究中，该国的金融体系结构越偏向于"银行主导型"，反之则偏向于"市场主导型"	世界银行（WB）的金融结构数据库（Financial Structure Dataset）
产业层面	银行集中度	用一个国家前五大银行的资产占该国全部银行资产之比来表示。数值越大，表示该国银行产业的集中性程度越高，市场结构越趋向垄断。银行集中度越高，市场越垄断，市场竞争性程度越低，越不利于市场竞争	
	一般管理成本	一般管理成本（overhead cost）＝银行管理成本/银行总资产。该指标反映了银行业经营的成本支出相对于其资产规模的大小。因此，较低的一般管理成本通常被看做是高经营效率的标志	德米尔古克-昆塔和罗斯·莱文（1999，2000）以及巴斯·卡普里奥和莱文（2000）
	银行净利差	银行净利差（net interest margin）＝（银行利率收入－利率支出）/总资产。根据Levine等的解释，尽管许多因素影响银行的利差水平，但较小的利差通常被认为是代表较强的竞争和较高的效率	

续表

	变量	具体说明	数据来源
制度层面	银行腐败程度	银行腐败指数取自世界商业环境调查（WBES）公布的数据。该数据通过全球范围内的问卷调查获得。根据WBES的指标编制方法，该数据越大，表示一国银行业官员的腐败程度也越大。在很多研究中，银行腐败被认为是导致银行低效经营和发生危机的重要原因	全球商业环境调查（The World Business Environment Survey, WBES）
	存款保险制度	存款保险制度作为"国家金融安全网"（financial safety net）的一部分，会对一国银行业的稳定性产生重要影响。在相关文献中，对存款保险制度的分析一般都采用虚拟变量赋值法：若一个国家建立了显性存款保险制度，赋值1，否则赋值0	德米尔古克-昆塔，莱文和卡拉卡瓦利（Demirguc-Kunt, Karacaovali & Laeven, 2005）

当被解释变量为"系统性银行危机"时,回归结果见表2-3。在第一列中,我们给出了一元的简单回归结果;在第二至第五列中,我们分别对不同经济体在宏观层面、产业层面和制度层面的特征进行了控制,控制实现过程采用逐步添加变量的方法,在前一个回归结果中显著的变量会在下一个回归中保留①。

表2-3　系统性银行危机与信贷扩张的 ML – Binary Probit 回归结果

	系统性银行危机	系统性银行危机	系统性银行危机	系统性银行危机	系统性银行危机
信贷扩张	1.979820*** (3.603016)	2.191434*** (2.637181)	2.150791*** (2.557851)	2.140635*** (2.546655)	2.058067** (2.472548)
人均 GDP		-1.211605*** (-2.729726)	-1.437563*** (-3.408610)	-1.333587*** (-3.193565)	-1.108205** (2.094319)
通货膨胀		0.039480 (1.128413)			
金融体系结构			-0.028373 (-0.215246)	0.004129 (0.031615)	
银行集中度			-0.719538 (-0.623997)	-0.600608 (-0.520522)	
一般管理成本			6.969453 (0.543739)		
银行净利差				17.68680 (1.272185)	
银行腐败程度					1.140187* (1.743584)
存款保险制度					1.009287* (1.686510)

---

① 在进行回归分析之前,我们考察了解释变量的相关系数。结果表明,用于控制各经济体特征的变量与本书的主要解释变量(即信贷扩张程度 E)的相关系数的绝对值最大不超过 0.348。这说明在对经济体的其他特征进行控制后,多元回归分析中信贷扩张程度 E 的系数可以相对独立地反映其对被解释变量的影响。在用于控制经济体特征的其他解释变量之间,仅通货膨胀、一般管理成本、银行净利差三个变量之间的相关系数超过了 0.6,在具体的回归分析中,为避免共线性影响,我们采用分别回归的方法,而不将这三个变量同时纳入同一回归方程。下同。

续表

	系统性银行危机	系统性银行危机	系统性银行危机	系统性银行危机	系统性银行危机
常数项	-2.308555*** (-3.872120)	1.475870 (0.879518)	3.021809 (1.566970)	2.158935 (1.085712)	-0.821621 (-0.304068)
McFadden R^2	0.186939	0.403197	0.367245	0.389328	0.426417

注：括号内为 z 统计量；*** 表示在 1% 置信水平上显著；** 表示在 5% 置信水平上显著；* 表示在 10% 置信水平上显著。

从表 2-3 可以看出，信贷扩张对系统性银行危机的发生概率具有统计上非常显著的影响且符号为正，这意味着在那些信贷扩张程度越大的国家，其发生系统性银行危机的可能性越大。在第二至第五列的四个回归方程中，当我们依次分别对不同经济体的宏观经济因素（人均 GDP、通货膨胀水平）、产业层面因素（金融体系结构、银行集中度、一般管理成本、银行净利差）和制度因素（银行腐败程度、存款保险制度）进行控制后①，信贷扩张对系统性银行危机影响的显著性始终维持在较高水平。这说明信贷扩张程度和系统性银行危机发生概率之间的正相关关系具有较强的一致性和稳定性。

当被解释变量为"双重金融危机"时，回归结果如表 2-4 所示。与表 2-3 的分析步骤类似，表 2-4 第一列是简单的一元回归结果，第二至第五列是依次分别对不同经济体的宏观经济、产业层面和制度层面的特征进行控制后的回归结果。

表 2-4　双重金融危机与信贷扩张的 ML-Binary Probit 回归结果

	双重金融危机	双重金融危机	双重金融危机	双重金融危机	双重金融危机
信贷扩张	1.615060*** (3.139476)	1.459576*** (2.641677)	4.449238** (2.238175)	5.671331** (1.961683)	3.698886*** (2.545392)
人均 GDP		-0.889560** (-2.056644)	-2.610376** (-2.208228)	-3.511716* (-1.891579)	-1.792477* (-1.819612)
通货膨胀		0.000271 (0.139944)			

---

① 由于一般管理成本和银行净利差之间的相关系数高达 0.7921，同时纳入回归可能引起共线性问题，因此，对于同属于产业层面因素的一般管理成本和银行净利差我们在第三和第四列中分别回归。下同。

续表

	双重金融危机	双重金融危机	双重金融危机	双重金融危机	双重金融危机
金融体系结构			-0.667751** (-2.073946)	-0.806108** (-2.106013)	-0.521060** (-2.077622)
银行集中度			-2.106760 (-1.057120)	-1.925192 (-0.922689)	
一般管理成本			-16.60429 (-1.196152)		
银行净利差				-32.47549 (-1.443080)	
银行腐败程度					0.753831 (1.261283)
存款保险制度					-0.033420 (-0.042728)
常数项	-2.921563*** (-4.349745)	0.442341 (0.282114)	6.105854* (1.836094)	8.387927* (1.917657)	0.645266 (0.204469)
McFadden R^2	0.191455	0.242138	0.574016	0.605588	0.541381

注：括号内为 z 统计量；*** 表示在 1% 置信水平上显著；** 表示在 5% 置信水平上显著；* 表示在 10% 置信水平上显著。

从信贷扩张对双重金融危机发生概率的影响来看，表 2-4 的结果表明了信贷扩张和双重金融危机之间系统性正相关关系的存在：在那些信贷扩张程度越大的国家，发生双重金融危机的概率显著增加。与表 2-3 的结果类似，在第二至第五列的四个回归方程中，当我们依次分别对不同经济体的宏观经济因素、产业层面因素和制度因素进行控制后，信贷扩张对双重金融危机的统计影响始终具有很强的稳定性和一致性。

采用同样的步骤，当被解释变量为"银行挤兑危机"时，回归结果如表 2-5 所示。

表 2-5 银行挤兑危机与信贷扩张的 ML - Binary Probit 回归结果

	银行挤兑危机	银行挤兑危机	银行挤兑危机	银行挤兑危机	银行挤兑危机
信贷扩张	2.249280*** (3.352877)	2.611146*** (2.697764)	2.470573*** (2.540947)	2.585843*** (2.607472)	3.548363*** (2.795420)

续表

	银行挤兑危机	银行挤兑危机	银行挤兑危机	银行挤兑危机	银行挤兑危机
人均 GDP		-1.232172** (-2.004981)	-1.248925** (-1.959250)	-1.166274* (-1.756856)	-2.207882*** (-2.848867)
通货膨胀		0.017957 (1.065275)			
金融体系结构			-0.138497 (-0.918433)	-0.130338 (-0.826778)	
银行集中度			-1.804484 (-0.961305)	-1.654382 (-0.876756)	
一般管理成本			13.84908 (1.178544)		
银行净利差				17.88391 (1.359481)	
银行腐败程度					-1.143689 (-1.607936)
存款保险制度					2.855554 (0.914800)
常数项	-3.605054*** (-4.220767)	-0.176161 (-0.091386)	1.182724 (0.444207)	0.486967 (0.167383)	1.697478 (0.448780)
McFadden R^2	0.273492	0.487501	0.477591	0.487366	0.542711

注：括号内为 z 统计量；*** 表示在 1% 置信水平上显著；** 表示在 5% 置信水平上显著；* 表示在 10% 置信水平上显著。

表 2-5 的结果表明，信贷扩张程度对银行挤兑危机的发生概率同样具有统计上显著为正的影响。第二至第五列的四个回归方程中，当我们对宏观经济因素、产业层面因素和制度因素进行控制后，信贷扩张对银行挤兑危机的影响保持着极强的稳定性，始终在 1% 水平上显著。由于银行挤兑的发生通常从一个侧面表明了金融危机的恶化程度，因此，上述实证结果倾向于表明：在那些信贷扩张程度越大的国家，其发生银行挤兑的概率增大，金融危机的恶化程度较深。

除了从上述 3 个角度对信贷扩张和金融危机发生概率之间的关系进行考察外，我们还附带考察了信贷扩张程度和危机严重程度的关系。通过从 66 个跨国总样本中分离出发生危机的国家子样本，我们对危机期间 GDP 受冲击程度与信贷扩张的关系进行了回归分析。从表 2-6 的统计结果可以看出，信贷扩张和危机期间 GDP 受冲击程度具有高度一致和稳定的负相关关系：在那些信贷扩张程度越大的国家，一旦发生金融危机，其经济增长受到的负面冲击将显著增大。

表 2-6 危机期间 GDP 受冲击程度与信贷扩张的 OLS 回归结果

	GDP 受冲击程度	GDP 受冲击程度	GDP 受冲击程度	GDP 受冲击程度
信贷扩张	-5.502711** (-2.641735)	-5.794515*** (-2.851994)	-8.652814*** (-4.241645)	-8.642680*** (-4.927600)
银行净利差		75.81069* (1.961253)	106.9428*** (3.179697)	75.52201** (2.439036)
法律传统		3.637211* (1.899145)	3.698989** (2.158363)	4.972318*** (3.228195)
金融体系结构			0.920039** (2.779821)	1.002757*** (3.505510)
人均 GDP			3.609972** (2.560601)	6.752257*** (4.113066)
资本项目开放度				-1.924941** (-2.838180)
常数项	3.639117 (1.364500)	-0.143166 (-0.047990)	-12.84688** (-2.158234)	-22.56093*** (-3.664358)
Adjusted R^2	0.170925	0.322943	0.527348	0.650603

注：括号内为 t 统计量；*** 表示在 1% 置信水平上显著，** 表示在 5% 置信水平上显著，* 表示在 10% 置信水平上显著。

2. 金融危机与金融监管（管制）的实证分析结果

承接第二部分的分析，现在我们考察金融监管与金融危机之间的关系。具体而言，我们希望通过实证分析回答如下问题：在当前的监管规则和监管方式下，随着业务管制的加强和监管权力的增大，金融监管真的可以有效地维持金融稳定、抑制金融危机吗？

一如前面的变量设定，作为金融监管替代变量出现的主要包括：金融管制（银行业务管制）和官方监管权力。采用与前面类似的回归方式，当被解释变量分别为系统性银行危机、双重金融危机和银行挤兑危机时，实证结果如表 2-7~表 2-9 所示。

表 2-7　系统性银行危机与金融监管的 ML-Binary Probit 回归结果

	系统性银行危机	系统性银行危机	系统性银行危机	系统性银行危机	系统性银行危机
银行业务管制	1.028262 *** (2.825016)	0.675234 * (1.704529)	0.800123 ** (2.056336)	0.996113 *** (2.674542)	0.874949 * (1.875547)
官方监管权力	0.448009 ** (2.180986)	0.344080 * (1.655227)	0.410678 * (1.925927)	0.391538 * (1.669845)	0.388547 * (1.656163)
人均 GDP		-1.099777 ** (-2.473958)			
通货膨胀			0.078493 (1.599480)		
金融体系结构				0.010596 (0.118348)	
银行集中度				0.002272 (0.001955)	
一般管理成本				15.89338 (1.305761)	
银行腐败程度					1.985300 ** (2.384863)
存款保险制度					0.645260 (1.010820)
常数项	-2.464765 *** (-2.859562)	2.326488 (1.125499)	-2.625390 *** (-2.686792)	-2.980007 ** (-2.383342)	-5.547679 *** (-3.121655)
McFadden R^2	0.234498	0.338258	0.337707	0.266797	0.395031

注：括号内为 z 统计量；*** 表示在 1% 置信水平上显著；** 表示在 5% 置信水平上显著；* 表示在 10% 置信水平上显著。

表 2-8　双重金融危机与金融监管的 ML-Binary Probit 回归结果

	双重金融危机	双重金融危机	双重金融危机	双重金融危机	双重金融危机
银行业务管制	0.767151 * (1.927395)	0.731676 * (1.804220)	0.818612 * (1.890099)	0.780593 * (1.861087)	0.805202 * (1.691976)
官方监管权力	0.114089 (0.525472)	0.108194 (0.493320)	0.098627 (0.373024)	0.065636 (0.285273)	0.108194 (0.493320)

续表

	双重金融危机	双重金融危机	双重金融危机	双重金融危机	双重金融危机
通货膨胀		0.001029 (0.543605)			
金融体系结构			-0.307694 (-1.364659)		
银行集中度			-1.332494 (-0.957617)		
一般管理成本			4.413721 (0.418485)		
存款保险制度				0.627106 (0.980963)	0.934747 (1.427996)
银行腐败程度					1.018134** (2.359375)
常数项	-2.667430*** (-2.665621)	-2.614835** (-2.558016)	-1.492434 (-1.041291)	-3.203443** (-2.567515)	-5.266892*** (-3.337194)
McFadden R^2	0.100255	0.101465	0.210486	0.118918	0.288068

注：括号内为 z 统计量；*** 表示在1%置信水平上显著；** 表示在5%置信水平上显著；* 表示在10%置信水平上显著。

表2-9　银行挤兑危机与金融监管的 ML-Binary Probit 回归结果

	银行挤兑危机	银行挤兑危机	银行挤兑危机	银行挤兑危机	银行挤兑危机
银行业务管制	0.899607** (2.147490)	0.799454* (1.778662)	0.791148* (1.685007)	0.955077** (2.046571)	1.004936** (2.014338)
官方监管权力	0.314096 (1.211156)	0.302750 (1.052128)	0.158704 (0.532323)	0.247131 (0.836327)	0.220978 (0.730030)
通货膨胀		0.009252 (0.907002)			
金融体系结构			0.022070 (0.248102)		
银行集中度			-1.499760 (-1.067598)		

续表

	银行挤兑危机	银行挤兑危机	银行挤兑危机	银行挤兑危机	银行挤兑危机
一般管理成本			26.24798** (2.113059)	22.52555* (1.888605)	20.67070* (1.754755)
存款保险制度				0.539302 (0.751959)	0.235267 (0.444228)
银行腐败程度					0.497771 (0.673520)
常数项	-3.014441*** (-2.824379)	-3.016937*** (-2.645453)	-2.959270 (-1.868784)	-4.460578*** (-2.948139)	-4.808581*** (-2.870409)
McFadden R^2	0.162583	0.292036	0.294209	0.274549	0.287733

注：括号内为 z 统计量；*** 表示在1%置信水平上显著；** 表示在5%置信水平上显著；* 表示在10%置信水平上显著。

从上面的实证结果可以看出：（1）金融管制（银行业务管制）对系统性银行危机、双重金融危机和银行挤兑危机均有稳定、一致的统计显著影响：随着金融监管方对业务经营管制的加强，各种危机的发生概率均显著增加，其中系统性银行危机受到的影响尤甚；（2）金融监管总体上对金融危机是失效的：官方监管权力对双重金融危机和银行挤兑危机的发生均不存在显著影响，这表明金融监管对上述两种危机不具有显著的遏制力；此外，官方监管权力对系统性银行危机的发生还有一定的负面影响：随着官方监管权力的增大，系统性银行危机的发生概率反而增加了。

在上述结果的基础上，我们还附带考查了金融监管对危机持续时间的影响，如表 2-10 所示。①

表 2-10　危机持续时间与金融监管的 ML-Ordered Probit 回归结果

	危机持续时间	危机持续时间	危机持续时间
银行业务管制	0.921489*** (3.196104)	0.961029*** (3.124604)	0.736102** (2.270297)
官方监管权力	0.277650* (1.769113)	0.312772* (1.885664)	0.408305** (2.396358)

---

① 危机持续时间以年计，为一整数数列，故此处采用 ML-Ordered Probit 方法回归。

续表

	危机持续时间	危机持续时间	危机持续时间
银行资本水平		-0.026256 (-0.694408)	0.221958** (2.182419)
银行资产/GDP			-1.672659*** (-2.613069)
股票市值/GDP			1.171219** (2.296829)
显性存款保险			1.018691** (2.308059)
LR index (Pseudo-R^2)	0.090031	0.104190	0.180735

注：括号内为 z 统计量；*** 表示在 1% 置信水平上显著，** 表示在 5% 置信水平上显著，* 表示在 10% 置信水平上显著。

表 2-10 的结果表明：(1) 随着金融管制（银行业务管制）程度的加大，金融危机的持续时间显著延长；(2) 官方监管权力对危机持续时间具有显著的同向影响，即官方的监管权力越大，危机持续的时间反而增加。

最后，我们还从 66 个国家总样本中分离出发生危机的国家子样本，考察了金融监管对危机期间产出冲击的影响。结果表明，银行业务管制和官方监管权力均对危机期间的产出损失程度没有统计上显著的影响[①]。这说明，金融监管和管制的加强同样不能起到显著降低危机损失的作用。

2.3.3 对实证结果的进一步分析与延伸

1. 金融危机中的信贷扩张：实现机制与强化机制

上面的实证结果表明，信贷扩张对金融危机的发生概率具有显著的解释力。不仅如此，危机前的信贷扩张程度越大，危机时实际经济遭受的负面冲击也将越大，因为任何过度扩张所导致的泡沫都注定是不可持续的，而泡沫破裂的杀伤力总是与其大小和持续时间正向相关。

在确认了信贷扩张在金融危机过程中的作用后，我们面临的下一个问题自然而然是：信贷扩张是如何实现的？毫无疑问，信贷扩张背后往往是实际贷款的增

---

① 因为回归结果均不显著，为节省篇幅，此处不再列出。

加,而在经济繁荣时期,大量廉价贷款的存在无疑在这一过程中起到了推波助澜的作用。在过度乐观的预期下,危机前过低的实际贷款利率引发了几乎无节制的贷款供给和过剩的资金需求。以日本为例,在整个泡沫疯狂生长的20世纪80年代,日本的官方贴现率从9%一直降到2%左右。由于低利率维持了过长的时间,错过了金融紧缩的时机,最终导致流动性泛滥和资产价格飙涨。当1990年日本不得不对不动产信贷进行"总量控制"时,一切为时已晚:包括加息在内的一揽子措施虽然强行刺穿了泡沫,但日本也随之陷入长达20年的经济衰退。无独有偶,在当前的美国次贷危机中,美联储之前的低利率政策也被很多学者认为是导致信贷过度扩张的罪魁祸首。

实际上,除了货币政策和利率机制本身创造的过剩流动性外,受泡沫膨胀所造成的虚假繁荣和信贷需求大量增加的影响,国内的金融机构还会从国际市场上大量融资,而金融体系的过度借贷不仅强化了顺周期性问题,还把风险延伸至国际金融市场。尤其是对于那些正处于加速开放和金融自由化阶段的经济体而言,国内金融机构的借贷冲动容易得到国外资本的支持,从而进一步加重顺周期性问题。进一步地,如果金融自由化大幅度扩大了私人借款者和贷款者的权利,同时政府继续对债务提供担保,那么过度风险的经营和投机活动就将接踵而至,大多数时候必然演变为资产泡沫。最终,脆弱的金融体系难以维系,借贷活动和资产价格随之崩溃。有研究表明,在金融自由化后的5年内,发生银行危机的概率高达60%(陈雨露、马勇,2009)。

此外,信贷扩张引发金融危机还有两种典型的强化机制:一是"自主型"的强化,即通过高杠杆的使用,进一步放大了信贷扩张的总量;二是"被动型"的强化,即在金融管制的约束下,银行经营向信贷业务集中,从而加剧了信贷扩张的结构性失衡(关于这一点,我们在下一部分说明)。就信贷周期中的高杠杆而言,从图2-9我们可以明显看出,无论是工业化国家,还是新兴市场国家,信贷繁荣期之前均存在金融杠杆明显放大的现象,尤其是新兴市场国家的放大效应更为明显和迅速。在美国最近的次贷危机中,银行和储蓄机构的平均杠杆比率在2008年3月31日达到了8.8倍,而作为危机引擎的主要投资银行的杠杆比率更是高达30倍左右。

2. 金融危机中的监管失效:监管错配与管制误区

作为实证分析的另一个主要结论,我们发现,金融监管在防范金融危机方面,大部分情况下是失效的:顺周期下的金融监管不仅在危机的防范与遏制方面并未发挥有效作用,还有可能因为过度管制和不当监管导致危机周期延长。那么,金融监管究竟在顺周期过程中扮演着何种角色呢?

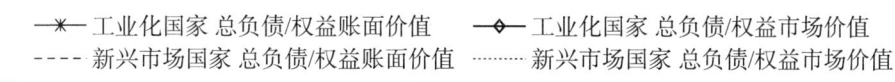

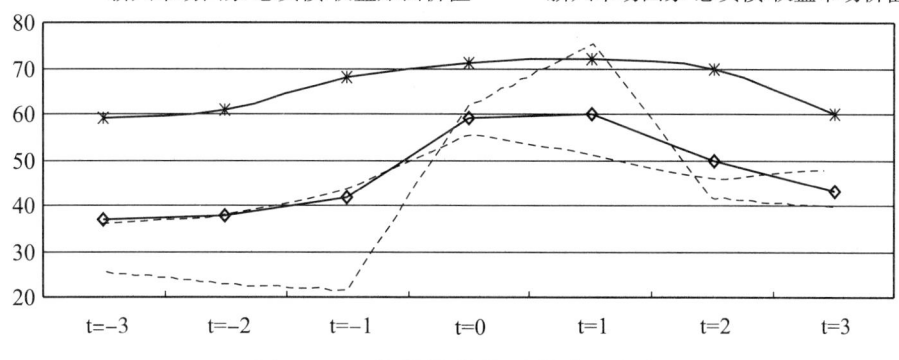

```
——*—— 工业化国家 总负债/权益账面价值    ——◇—— 工业化国家 总负债/权益市场价值
- - - - 新兴市场国家 总负债/权益账面价值   ……… 新兴市场国家 总负债/权益市场价值
```

图 2-9　信贷繁荣前后的金融杠杆

资料来源：Mendoza&Terrones（2008）.

实际上，信贷扩张不仅推动了金融泡沫的膨胀，二者还存在一个彼此强化的机制：在危机爆发以前，信贷扩张推高了资产价格，企业短期盈利增加，银行不仅通过借贷利率获得丰厚的利润，资产质量和资本充足水平也相应提升，其账面价值的增加也增强了继续扩大贷款的能力。在这一过程中，基于规则的监管往往也会承袭这一"顺周期性"：在潜在风险真正暴露之前，企业和金融机构都拥有"漂亮"的资产负债表，金融机构不仅能轻易地满足资本监管要求，而且其资产质量也在宏观经济的繁荣周期中显著提升，这使得基于风险的监管要求也在顺周期的景气循环中被轻松满足。因此，上述顺周期下的信贷扩张与经济繁荣，可以制造一种神奇的假象——在利润的刺激下，银行即使有降低储备金的动力并且这么做了，潜在的风险暴露也会被"欣欣向荣"的资产质量提升的假象所掩盖。其结果是：银行承担了越来越大的风险，但一般监管标准下的银行状态"依然健康"。

也正是基于上述原因，目前被普遍采用的资本监管和风险监管办法从本质上都无法克服上述顺周期性问题。换言之，金融监管本身所具有的顺周期性特征使得金融监管在金融危机过程中的作用出现了明显的"错配"：危机前过松的监管和危机后过紧的监管，不仅无助于降低危机的发生概率，反而可能导致危机的恶化。当外部监管都难以避免的顺周期性问题，寄希望于金融机构通过自身的内部管理来克服就更加不现实。比如，作为银行自我风险管理的一部分，损失准备金本应成为平滑周期收益的一种机制，但实证研究表明，损失准备同样具有典型的顺周期性：银行家们在"好日子"里计提的损失准备严重不足，转而又在"坏日子"到来时被迫增加准备，这不仅放大了损失，还加重了对资本冲击的负面效应（Laeven & Majnoni, 2002）。美国最近的次贷危机也表明，作为第三方的各种评级机构也具有典型的顺周期性，它们无法在风险积聚期及早发现问题，而是当趋势出现下行、问题已经暴露以后才匆匆进行事后的评级修正。但是，这种反应方式不仅无助于抑制风险，还对已经恶化的经济预期火上浇油[①]。

此外，需要特别注意的是，与金融监管的"无所作为"相比，过度的金融管制更具有直接的、明显的危害性。正如前面实证结果所表明的，随着监管当局对金融业务管制的加强，各种危机的发生概率均显著增加，尤其是系统性金融危机。如果将上述结果置于本书的顺周期性框架中加以思考，不难发现：对业务经营范围的管制越大，银行对信贷收入的依赖性越强，由于无法通过多元化经营来平滑收入波动，导致银行业务集中于信贷投放，从而对信贷扩张起到推波助澜的作用，最终进一步强化了顺周期性问题。这也从另一个侧面说明了为什么允许金融业混业经营可能更多地有助于金融稳定而不是相反（陈雨露、马勇，2009）。

2.3.4 结论性评价

以全球范围内具有代表性的66个国家（地区）的跨国数据为基础，本书系统考察了信贷扩张和金融监管在金融危机中的作用与实现方式。概括而言，通过实证分析，我们得出了以下基本结论：

（1）信贷扩张对金融危机的发生概率具有稳定一致的显著性影响。同时，在那些信贷扩张程度越大的国家，一旦发生金融危机，其实体经济受到的负面冲击也将越大。

（2）现行基于规则和单个机构的监管总体上在防范与化解金融危机方面是失效的。官方监管力量在统计上不存在对金融危机的遏制作用，而且在一定条件下还可能导致危机持续时间的延长。

（3）过度的金融管制具有明显的负面效应：随着监管当局对银行业务范围管制的加强，金融危机的发生概率显著增加；同时，金融危机的持续时间也随着金融管制程度的加大而显著延长。

通过对实证分析的进一步解读，我们发现，经济繁荣时期普遍存在的信贷扩张、资产价格膨胀和金融监管的顺周期性，是绝大部分金融危机背后共同存在的基本机制。在这种机制下，传统的立足于单个金融机构和基于规则的监管模式将

---

① 同样的情况还出现在当前全球范围内推广使用的新会计准则上，建立在公允价值基础上的计量原则实际上承袭了市场波动并放大了顺周期性效应：当市场出现价值下跌、价格逆转时，资产价值下降常常导致金融机构资本充足率不足，为了满足资本充足率要求，金融机构不得不抛售资产，而资产"甩卖"又导致了市场价格的进一步下跌。

不可避免地出现明显的错配，导致其在危机的防范与遏制方面难以有效发挥作用。这一机制也可以作为分析金融危机、金融监管和实体经济之间三方联动关系的一个基本框架。

上述分析表明，在资产价格周期、信贷周期和金融监管周期的顺周期性机制作用下，无论是处于市场内部的交易主体（如金融机构、企业），还是处于市场外部的监管主体（如监管当局），又或者是介于市场内部和市场外部之间的第三方机构（如评级机构、会计与审计机构），都无法摆脱上述"三个周期"的顺周期效应。这意味着，在传统的市场运行机制和金融监管模式下，整个市场的信息处理与反馈环节完全受制于市场波动而不是平抑市场波动，在此基础上的政策选择面临严重困境。

上述结论的政策含义是清楚的：既然在整个顺周期性过程中，起到核心推动力的是信贷扩张，而基于规则的监管又是失效的，那么，未来的稳定框架就应该以克服顺周期性问题为指向。这一结论的核心要点是：金融监管应该从当前基于单个机构的一般资本监管转向针对整个金融体系的总体信用水平的监管[①]，并进行相应的反周期操作。

2.4 源自储备货币国家的金融危机及其全球影响

与以往多数危机不同，此次金融危机不是从新兴市场国家发端，而是直接从世界金融体系的中心美国爆发，进而蔓延到欧洲大陆和新兴市场国家。无论是发达国家，还是发展中国家，均受危机波及，从股市暴跌到银行系统倒闭，从全球需求急剧下降到主要经济体陷入严重衰退，危机几乎席卷了全球所有经济联系的国家和经济体。

储备货币国家金融危机的发生，向来具有深刻的全球经济背景。就本轮金融危机而言，在美元本位制条件下，包括美国在内的发达国家属于该体系的"中心国家"，而以中国为代表的新兴市场国家和以中东为代表的资源输出国属于"外围国家"。一方面，来自新兴市场国家和资源输出国等外围国家的商品和资源流入美国换回美元，由此积累了巨额的贸易顺差和外汇储备，同时这些国家又

[①] 当前以《巴塞尔协议》为基本依托的全球范围内的金融监管，都是针对单个金融机构的监管（如要求每个银行金融机构都满足一般资本要求），而不是针对整个金融体系的总体信用水平的监管。以总体信用水平为基础的监管意味着更多地关注整个金融体系的信用创造水平、流动性程度、风险承受程度等宏观稳健性指标并以此作为监管调整的基本依据。

将大量的外汇投资于美国国债等金融资产,致使美元回流美国;另一方面,美国不仅能以极其低廉的价格购买商品和资源,而且还能享受美元回流的好处。这种实体资源与金融资本的"双循环"模式导致了全球国际收支失衡,主要表现在两方面:一是国际贸易不平衡,美国贸易赤字庞大而外围国家积累大量贸易盈余;二是国际资本流动不平衡,国际资本由外围国家持续流向中心国家(见图2-10)。据统计,1999~2007年间,全球约86%的资本流向了美国、日本、英国以及欧元区等发达经济体。

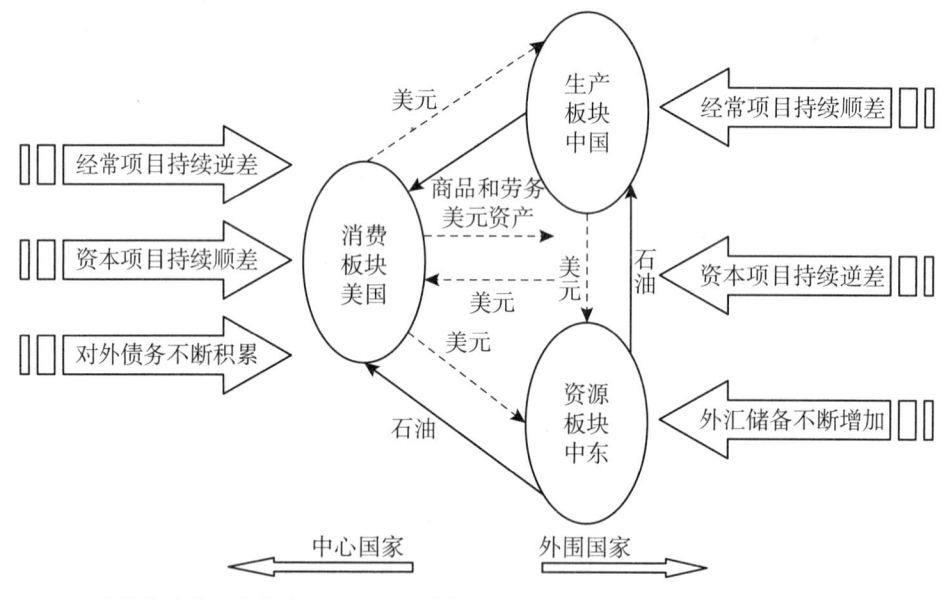

注:实线箭头代表实体资源流向,虚线代表金融资本流向。

图 2-10　中心国家与外围国家实体资源与金融资本的"双循环"示意图
资料来源:李若谷(2009)。

在美元本位体系下,全球经济增长和平衡的基本模式是:新兴发展中国家采取有管理浮动的中间汇率范式,通过软盯住美元实施"出口导向"的发展战略来促进就业和增长,并通过吸收外部直接投资来提高资源配置的效率,同时使用美元储备来干预外汇市场;而储备货币国家则通过廉价货币政策,一方面使用新兴国家大量的美元储备进行低成本融资,另一方面利用资产价格泡沫带来的财富效应,通过消费主导型的模式来促进增长和就业。由于上述模式常常导致资产泡沫破灭引发的金融危机,因此这种内含矛盾的经济增长和平衡模式又被称为全球经济的"恐怖平衡"。

在"恐怖平衡"模式下,美元享受着三大"超级霸权",即:在国际货币中的垄断权、不受监控的美元货币发行权以及对美元铸币税的独享权。这"三大超级霸权"与浮动汇率制相结合,致使全球货币不断扩张,流动性泛滥,加剧了世界经济的波动。近年来,美国为应对国际金融危机、刺激本国经济增长而推出的持续的量化宽松货币,导致石油、贵金属等大宗商品价格大幅上涨,全球通货膨胀水平不断高企,资产价格泡沫问题频频出现。其中,尤以新兴市场国家受到的影响最为严重。由于美元储备体系下的外围国家处于弱势地位,不得不被动承担危机的大部分成本。正如斯蒂格利茨所指出的:"非储备货币国外汇资产的积累意味着世界上最富有的国家——美国可以得到廉价的资金,而穷国则不但得不到廉价资金而且还要承担在储备货币国的投资风险。"

实际上,从更长期的视野来看,任何一个国际货币体系都有所谓的"中心国家"和"外围国家"。中心国家凭借其经济实力和金融实力上的统治地位和主导作用,通常起到引导和稳定整个货币体系的作用,而外围国家则采用盯住中心国家的策略来进行相应制度的安排(包括汇率、储备货币的选择、危机的救助等),并以中心国发行的货币作为外汇储备货币。在这种制度安排下,中心国和外围国的关系变化势必对全球经济带来影响,并有可能导致全球性的金融危机。

一般而言,在一个货币体系的早期,中心国处于绝对控制地位,无论在资源和生产力上都处于最高级,此时它主要通过资本输出的方式来向外围国家提供资金(成为世界经济体系的储备货币供应者),并帮助外围国家通过借贷获得资金用以向中心国家购买商品,进而最大限度地利用中心国家的生产能力。但随着国家之间经济力量的此消彼长,当国际货币体系发展到后期时,情况一般会发生逆转。此时,中心国的地位开始下降,外围国家出现顺差,中心国家则通过逆差的方式输出货币和获得实物资源。这种变化将导致中心国家力量的不断削弱,并最终导致储备货币的价值下降甚至货币危机。

从此轮金融危机的全球影响来看,一方面,源自储备货币国家的危机很快通过全球化机制向全球蔓延,金融机制与经济机制彼此作用和彼此强化,处于外围的新兴市场国家和广大发展中国家不得不被动承担全球经济下滑、外汇储备缩水、债务风险上升、流动性泛滥等危机成本;另一方面,随着发达经济体"霸权守成"力量渐弱和新兴市场国家"力量新兴"渐强,世界经济格局的结构性变化有在危机作用下进一步强化的趋势,这使得国际货币体系改革面临历史性机遇。事实上,早在此轮危机之前,美国 GDP 占全球的比重就已经由超过 50% 回落到 1/4 左右,进出口贸易也从 1/6 降至 1/10 左右。以仅 1/4 的力量支撑 2/3 的国际货币地位,现有的国际货币格局已经难以长期为继(见表 2-11)。

表 2-11　　　　　　　1947~2008 年美国经济地位与美元地位　　　　　单位：%

年份	美国经济占世界经济比重			美元在世界货币市场的地位	
	GDP	出口	进口	在外汇储备中的份额	在外汇交易中的份额
1947	50.0	—	—	—	—
1965	35.3	15.9	13.4	—	—
1980	25.9	12.0	12.3	—	—
1985	33.7	13.0	17.5	—	—
1990	25.8	12.6	14.2	—	45
1995	24.7	12.6	14.2	59.0	—
1998	29.4	13.8	16.3	69.3	43.5
1999	30.3	13.8	17.5	71.0	—
2000	30.6	13.7	18.4	71.1	—
2001	32.5	13.3	18.0	71.5	45.15
2002	32.2	12.4	17.6	67.1	—
2003	29.4	11.0	16.4	65.9	—
2004	27.8	10.3	15.8	65.7	44.35
2005	27.4	10.1	15.7	66.9	—
2006	26.9	9.8	15.1	65.5	—
2007	25.2	9.5	13.7	64.1	43.15
2008	23.4	10.7	13.2	64.0	—

资料来源：李若谷（2008）。

历史经验表明，国际货币体系的结构应当与货币大国的经济实力对比基本统一，才能实现稳定持续的平衡。从这个意义上讲，国际货币体系的重建，根本上取决于大国经济实力对比的逆转（蒙代尔，2003）。可以认为，虽然此轮金融危机的引爆点是美国本土的房地产信贷泡沫，但危机迅速向全球蔓延并不断深化的原因却是长期积累于"恐怖平衡"模式中的各种内在矛盾的集中爆发。在金融全球化日益深化、全球经济多元化发展和全球外汇储备大幅增长的背景下，单一主权货币主导的国际货币体系已经越来越不能适应全球经济发展的内在要求了。随着现行国际货币体系赖以形成及运转的世界经济格局发生深刻改变，新兴力量将对传统的经济势力发出挑战，而这些国家的货币也将在国际货币体系的重建过程中获得更大的话语权。

※ 本章基本结论 ※

1. 在宏观经济与金融体系"繁荣—萧条"的同向周期性更迭中，银行常常不由自主地面临两类典型的信贷错误：一方面，在经济繁荣时期，宽松的信贷条件和环境使得许多净现值为负的项目获得了融资，这将在项目到期后不可避免地出现违约并导致不良贷款（一类错误信贷）；另一方面，在经济衰退时期，由于不良资产大量增加，银行的风险拨备策略趋于保守，许多净现值为正的项目被拒之门外（二类错误信贷）。

2. 20世纪70年代以来，随着金融自由化在全球范围内的盛行，金融活动的规模和影响力都大大地增强了。全球范围内扩大的金融势力逐渐具备了某种脱离实体经济自我扩张的能力，这也使得金融体系固有的顺周期性问题更为严重，并且以一种不断放大的效应对实体经济的发展产生影响。尤其是近年来，金融体系的顺周期性使金融系统具备了某种潜在的倾向，使金融活动持续、显著地偏离长期均衡。这种"金融失衡"最终将会以金融动荡的方式来释放，从而加大周期性波动，导致金融的过度繁荣和萧条。

3. 金融体系的过度顺周期性是新型金融危机的基本机制，这一机制内涵地包括了相关经济政策和经济制度的顺周期性效应。从典型事实来看，大部分风险指标都在经济上行期趋于下降，而在经济下行期逐渐增加。不仅信贷/GDP、股票指数、房地产价格、银行储备、债券利差等经济变量存在明显的顺周期性特征，包括货币政策、财政政策、监管政策、信用评级、公允价值会计准则等在内的经济和金融政策也存在明显的顺周期性效应。

4. 通过对全球主要经济体的跨国实证分析表明，危机中普遍存在的信贷扩张、资产价格和金融监管的顺周期性是绝大部分危机背后共同存在的核心机制（"三周期机制"）。其中，信贷扩张对金融危机的发生概率具有稳定一致的显著性影响，信贷扩张程度大的国家一旦发生金融危机，实体经济受到的负面冲击也越大；基于规则和单个机构的监管总体上在防范与化解金融危机方面是失效的，难以对金融危机的发生和蔓延起到遏制作用；过度的金融管制将导致金融危机的发生概率显著增加，同时危机的持续时间也将随着管制程度的加大而显著延长。

5. 在"三周期机制"下，无论是处于市场内部的交易主体（如金融机构、企业），还是处于市场外部的监管主体（如监管当局），又或者是介于市场内部和市场外部之间的第三方机构（如评级机构、会计与审计机构），都无法摆脱上述"三个周期"的顺周期效应。这意味着，在传统的市场运行机制和金融监管模式下，整个市场的信息处理与反馈环节完全受制于市场波动而不是平抑市场波动，在此基础上的政策选择面临严重困境。

  6. 与以往多数危机不同，此次金融危机不是从新兴市场国家发端，而是直接从世界金融体系的中心美国爆发，进而蔓延到欧洲大陆和新兴市场国家。此轮金融危机的全球影响表明：一方面，源自储备货币国家的危机很快通过全球化机制向全球蔓延，金融机制与经济机制彼此作用和彼此强化，处于外围的新兴市场国家和广大发展中国家不得不被动承担全球经济下滑、外汇储备缩水、债务风险上升、流动性泛滥等危机成本；另一方面，随着发达经济体"霸权守成"力量渐弱和新兴市场国家"力量新兴"渐强，世界经济格局的结构性变化有在危机作用下进一步强化的趋势，这使得国际货币体系改革面临历史性机遇。

第 3 章

新型金融危机与实体经济：
构建"双稳定"框架

3.1 金融危机前后的实体经济：特征与事实

3.1.1 危机前宏观经济运行的主要特征

从历史上的金融危机来看，虽然每次危机都具备自身的特点，但从潜在危机因素的积累到明显失衡的发生，仍然经历了一个真实的经济过程，这使得大部分危机在发生前都具备一些典型的共有特征。总体来看，这些典型特征包括：良好的经济增长表现，国内信贷快速扩张，普遍的过度投资和资产价格快速上涨，贸易持续逆差并不断恶化，币值高估和外部资金大量流入，等等。

1. 良好的经济增长表现

从历史上典型的金融危机来看，大部分国家在危机发生前都具有良好的经济增长表现，部分国家甚至出现了持续多年的高速经济增长。以危机前的东南亚各国为例，泰国、韩国和菲律宾三国国民经济在 1997 年以前，已连续 15 年保持

6%~8%的经济增长,其中1990~1995年泰国GDP的平均增长率高达9.04%。同样的情况也在日本和美国发生。以日本为例,在经历第一次石油危机以后,日本结束了长达10年的高增长,转为低速增长。即便如此,在20世纪90年代发生危机前的15年间,日本经济的平均增长速度仍保持在4%左右,其中1987~1990年的GDP实际增长率分别高达4.9%、6.0%、4.5%和5.1%,远远超过预期。正是在经济高增长的背景下,金融体系的脆弱性不断积累,潜在的危机被繁荣的表象所掩盖。

2. 国内信贷快速扩张

在经济持续向好的背景下,国内的银行信贷通常会快速扩张。例如,在1981~1997年的17年间,韩国、泰国和印度尼西亚等东南亚各国国内信贷的实际平均增长率分别高达13%、17%和25%。在20世纪90年代的墨西哥,银行贷款以每年20%~30%的速度增长。在1985~1990年的日本,法人企业筹集的405万亿日元中有185万亿来自金融机构贷款,各类银行对中小企业的贷款比率也较1975年上升了1倍以上,银行对个人的住房贷款增长更快,在1987~1990年的短短4年内翻了一番。在2008年全球金融危机之前,包括美国、欧洲和英国在内的主要经济体也都出现了明显的信贷扩张现象(见图3-1)。实际上,在发生危机的很多国家,危机前3年的银行信贷与GDP之比都出现了快速增长的现象(见图3-2)。

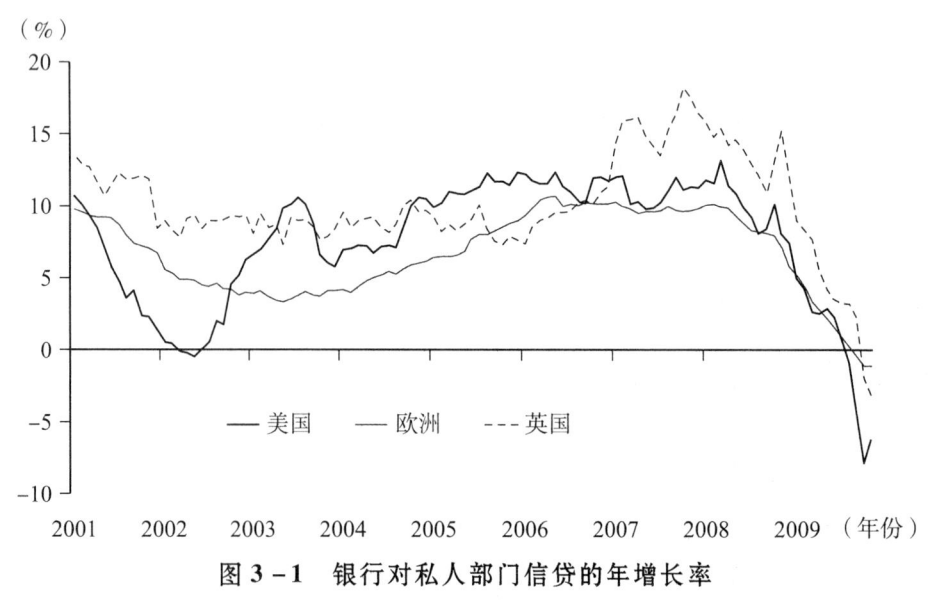

图3-1 银行对私人部门信贷的年增长率

资料来源:IMF. Global Financial Stability Report, January, 2010.

图 3-2 信贷扩张与金融危机

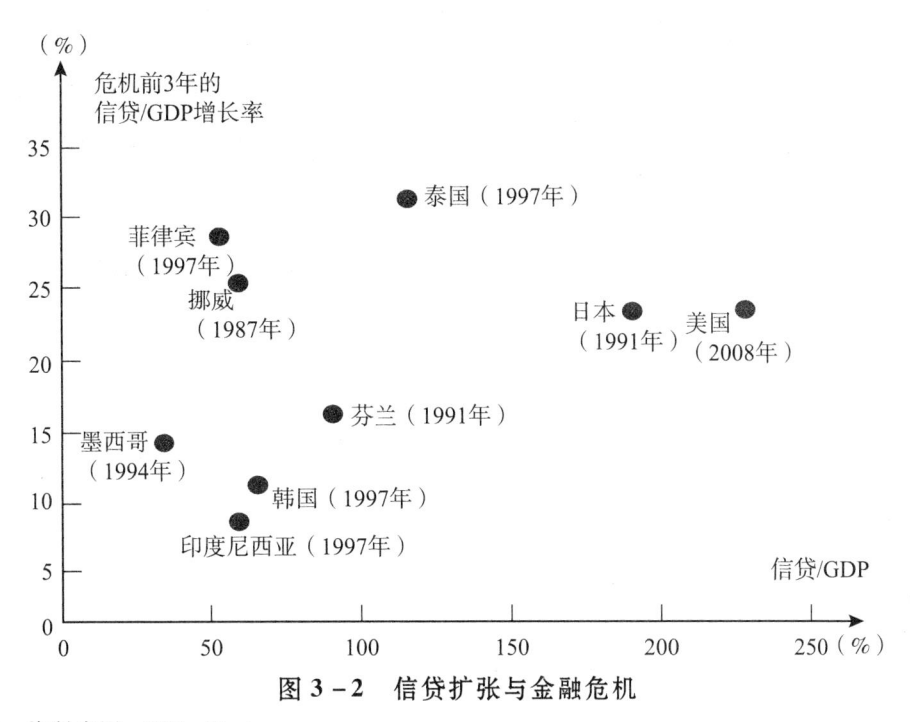

资料来源：IMF, Pivot.

3. 普遍的过度投资和资产价格快速上涨

对经济持续增长的乐观预期加上信贷快速增长的推动，危机前各国普遍出现了过度投资的现象。在 1986~1996 年的韩国、泰国以及印度尼西亚，投资占 GDP 的比例分别高达 33.9%、36.3%、32.6%，1996 年更是达到 40% 以上。在 1984~1985 年的日本，法人企业的金融资产与负债之比从 58% 迅速上升至 95%，企业所筹资金的 64% 用于投资金融资产，而金融机构本身也大量进行股票投资，其持有全日本股票的比例曾一度高达 1/4。在经济过热的背景下，大量资金转向投机性强的证券市场、房地产市场，形成股市泡沫和房地产泡沫。在日本，日经股价指数从 1983 年的 8 000 多点一路上涨至 1989 年的 38 900 点，主要城市的土地价格飙涨（见图 3-3），全日本的土地总市值由 1981 年不到 GDP 的 1/2 上升至 1990 年相当于 GDP 的 5 倍。在 1997 年前的中国香港和 2007 年前的美国，也出现了类似的房地产价格持续快速上涨的情况（见图 3-4 和图 3-5）。

4. 贸易持续逆差并不断恶化

由于国内资产和商品价格的大幅上涨，以及不恰当地长期维持较高的本币汇率，危机前很多国家的贸易状况出现了恶化情况，逆差持续扩大。在第一次债务危机前，拉美各国的经常项目逆差由 1970 年初的平均 70 亿美元猛增到 1975 年的 310 亿美元。1990～1996 年，泰国的经常项目逆差占 GDP 的比例高达 7%，1996 年超过 8%。在墨西哥危机之前，经常项目差额与 GDP 之比也由 1990 年初的 2.8% 迅速增长至 1994 年的 7%。

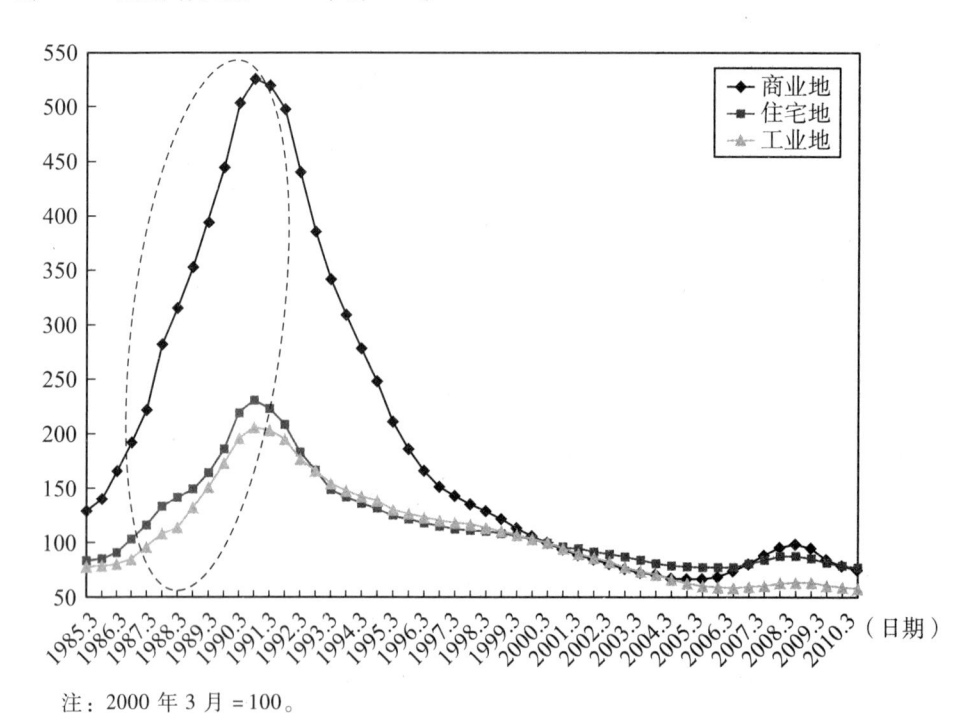

图 3-3　日本 6 大城市土地价格指数

注：2000 年 3 月 = 100。

资料来源：日本不动产研究所。

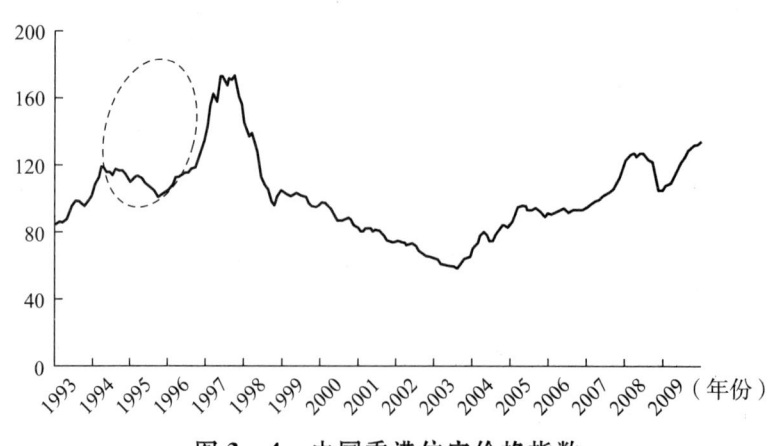

图 3-4　中国香港住宅价格指数

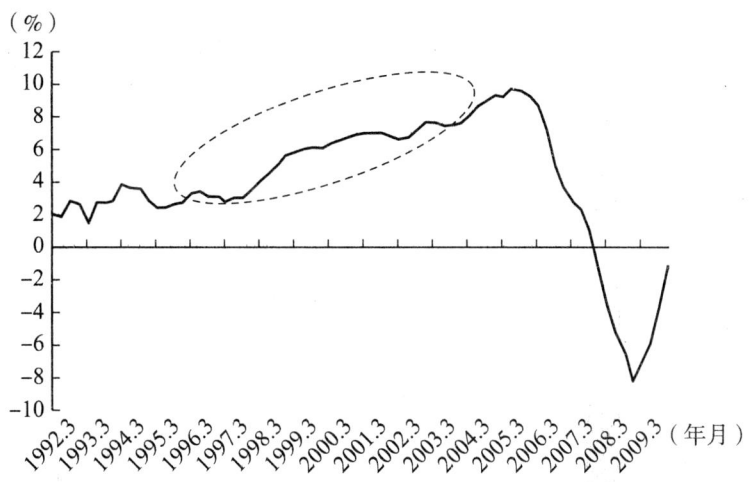

图 3-5　美国房价涨幅（经季节调整美国住屋企业督察局指数）

5. 币值高估和外部资金大量流入

在危机发生前，很多国家都出现了币值高估和外部资金大量流入的情况。泰国、墨西哥等国在危机前都选择了盯住美元的汇率政策，导致本币逐渐被高估。在"广场协议"的背景下，日元兑美元的汇价由 1984 年的 251 上升到 1986 年的 160。以 1997 年亚洲金融危机为例，危机前的汇率高估和危机后的币值暴跌形成鲜明对比，而货币的崩溃往往伴随着短期利率的急剧攀升（见图 3-6）。

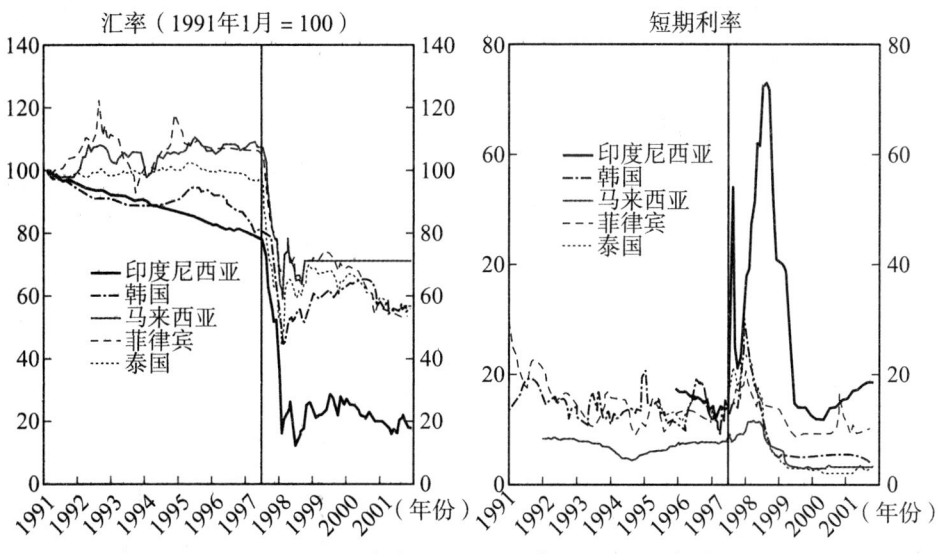

图 3-6　亚洲危机各国的汇率和短期利率表现

资料来源：Charles Collyns & Abdelhak Senhadji. Lending Booms, Real Estate Bubbles and The Asian Crisis, IMF Working Paper, WP/02/20.

此外，经济的持续高增长以及相应的政策因素还吸引了外部资金的大量流入。1991~1996年，泰国等亚洲主要资本输入国年平均资本流入390亿美元，其中1996年达到770亿美元。墨西哥以及拉美其他国家在20世纪80年代和90年代两次危机前，也都经历了大量外资流入的情形。从图3-7也可以看出，在1997年亚洲金融危机中，危机前不仅出现了资本大量流入的情况，而且资本流动还与信贷扩张彼此强化，最终加剧了经济的过热。

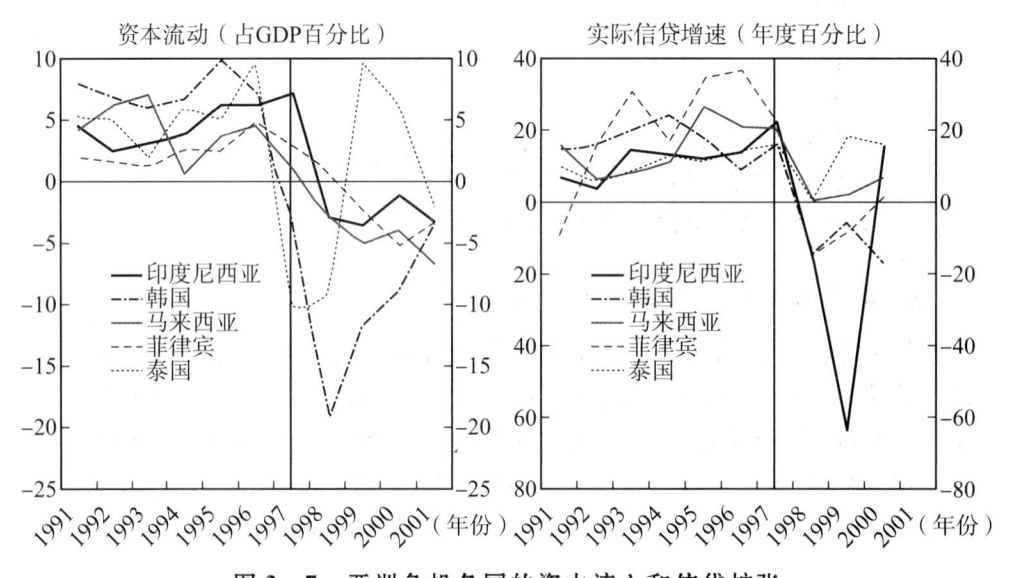

图 3-7　亚洲危机各国的资本流入和信贷扩张

资料来源：Charles Collyns & Abdelhak Senhadji. Lending Booms, Real Estate Bubbles and The Asian Crisis, IMF Working Paper, WP/02/20.

从危机前1年相关经济变量的表现来看，根据表3-1列出的1980年以来40次系统性银行危机的相关指标，大部分国家在危机前1年仍然维持着较高的经济增长率，但经常账户的赤字和财政收支的恶化在很多国家已经表现出来，净国外资产/M2和存款/GDP的均值分别为18.21和46.79，但存在很大的国别差异。

表 3-1　系统性银行危机发生前1年的相关经济变量的表现

国家	财政收支/GDP	公共部门债务/GDP	净国外资产/M2	存款/GDP	经常账户/GDP	GDP增长率
阿根廷1980*	-2.65	10.20	34.21	22.24	0.55	7.10
阿根廷1989	-4.42	89.80	-16.99	21.25	-1.23	-1.96
阿根廷1995	0.03	33.70	25.90	14.96	-2.83	6.25

续表

国家	财政收支/GDP	公共部门债务/GDP	净国外资产/M2	存款/GDP	经常账户/GDP	GDP增长率
阿根廷 2001	-3.61	50.80	24.16	28.22	-3.15	-0.79
玻利维亚 1994	-3.00	76.00	7.89	34.87	-3.99	4.67
巴西 1990	0.00	22.20	0.01	133.25	0.21	3.20
巴西 1994	0.27	23.00	22.69	101.43	-0.12	4.93
保加利亚 1996	-5.63	106.40	9.66	59.81	-0.20	-1.60
智利 1981	4.99	—	42.17	26.62	-6.35	7.94
哥伦比亚 1982	-2.26	—	45.95	24.78	-4.06	2.28
哥伦比亚 1998	-3.95	30.19	31.12	36.14	-5.39	3.43
科特迪瓦 1998	-7.19	—	-35.05	20.57	-14.93	-0.50
克罗地亚 1998	-2.01	26.70	28.67	41.12	-12.61	6.80
捷克 1996	-1.29	12.47	32.51	62.24	-0.09	6.36
多米尼加 2003	-1.37	26.80	-1.03	34.80	-3.69	4.43
厄瓜多尔 1998	-3.02	61.75	8.35	23.25	-3.02	4.05
爱沙尼亚 1992	5.25	—	57.63	72.33	59.70	-7.91
芬兰 1991	5.56	14.04	12.73	52.28	-4.91	0.08
加纳 1982	-0.12	—	-0.06	6.20	-0.32	-6.91
印度尼西亚 1997	-1.13	26.40	21.58	44.74	-2.91	7.82
牙买加 1996	1.99	90.89	19.07	40.73	-4.37	1.01
日本 1997	-5.13	100.48	1.62	252.41	1.42	2.75
韩国 1997	0.24	8.80	15.62	36.55	-4.14	7.00
拉脱维亚 1995	-3.86	14.89	36.32	21.15	-3.61	2.20
立陶宛 1995	-4.22	8.00	39.63	17.43	-3.86	-9.77
马来西亚 1997	1.98	35.16	23.20	119.51	-4.36	10.00
墨西哥 1994	-2.46	27.34	18.12	26.82	-5.80	1.95
尼加拉瓜 2000	-3.30	191.31	-14.10	37.02	-24.90	7.00
挪威 1990	2.54	28.92	10.34	54.44	2.50	1.93
巴拉圭 1995	2.73	15.80	38.86	27.68	-2.02	3.73
菲律宾 1997	-0.18	—	19.03	48.61	-0.18	5.85
俄国 1998	-16.69	52.49	9.47	14.59	0.00	1.40

续表

国家	财政收支/GDP	公共部门债务/GDP	净国外资产/M2	存款/GDP	经常账户/GDP	GDP增长率
斯里兰卡1989	-8.59	108.72	5.80	22.01	-0.23	2.30
瑞典1991	3.39	—	4.79	40.62	-2.57	1.01
泰国1997	2.40	14.15	25.13	76.91	-7.89	5.90
土耳其2000	-14.97	51.31	17.84	37.28	-0.55	-3.37
乌克兰1998	-5.56	29.88	-1.68	6.81	-2.66	-2.99
乌拉圭2002	-0.22	39.05	27.15	75.00	-2.87	-3.38
委内瑞拉1994	-2.92	—	55.29	—	-3.33	0.28
越南1997	-2.36	—	24.66	8.33	-9.86	9.34
均值	-2.02	46.05	18.21	46.79	-2.22	2.35
标准差	4.61	40.69	19.05	44.45	11.17	4.62

注：*每个国家之后的数字表示发生危机的时间。

参考金融危机的历史经验和上述分析，可以发现，经济增长过程总是伴随着矛盾的积累，而金融危机也往往是在经济一片向好的情况下突然出现逆转。通常情况下，经济的持续繁荣都将不可避免地导致信贷扩张和过度投资，进而推高资产价格，吸引外部资金流入，最终导致经济的过热和失控。伴随着金融不稳定因素的不断积累，一旦被华丽外表所掩盖的矛盾暴露出来，经济信心便会出现瞬间丧失，此时任何微小的冲击都可能成为引发危机的导火索。

3.1.2 危机前后相关经济变量的对比变化

1. 危机前后主要经济指标的变化情况

从危机前后主要经济指标的变化情况来看（见图3-8），实际GDP增长率在危机前2年还处于明显的增长阶段，从危机前1年开始下滑，并在危机当年或危机后1年开始触底回升。实际私人信贷在危机前2年达到顶峰后开始急速下降，在危机当年出现一个阶段性底部后，通常还伴随着一个二次探底过程（危机后第2年）。银行存款在危机前2年仍处于攀升期，但在危机前1年开始急速下降，并在危机当年触底，而后开始震荡回升。银行对国外的负债从危机前2年就开始急速下降，这个下降过程通常会持续到危机后第2年或者第3年。实际利率水平从危机前 1 年开始出现明显下降，这个下降周期通常长达 4 年以上，部分国家还会出现负的实际利率。实际汇率水平通常在危机前 2 年或危机前 1 年达到峰值，随后开始急速下降，并在危机当年（全部样本）或危机后 2 年（拉美新兴市场国家样本）开始触底回升。净资本流出通常在危机前 1 年达到顶峰，并在危机后 1 年探底。实际外汇储备的增长水平从危机前 2 年开始快速下降，并在

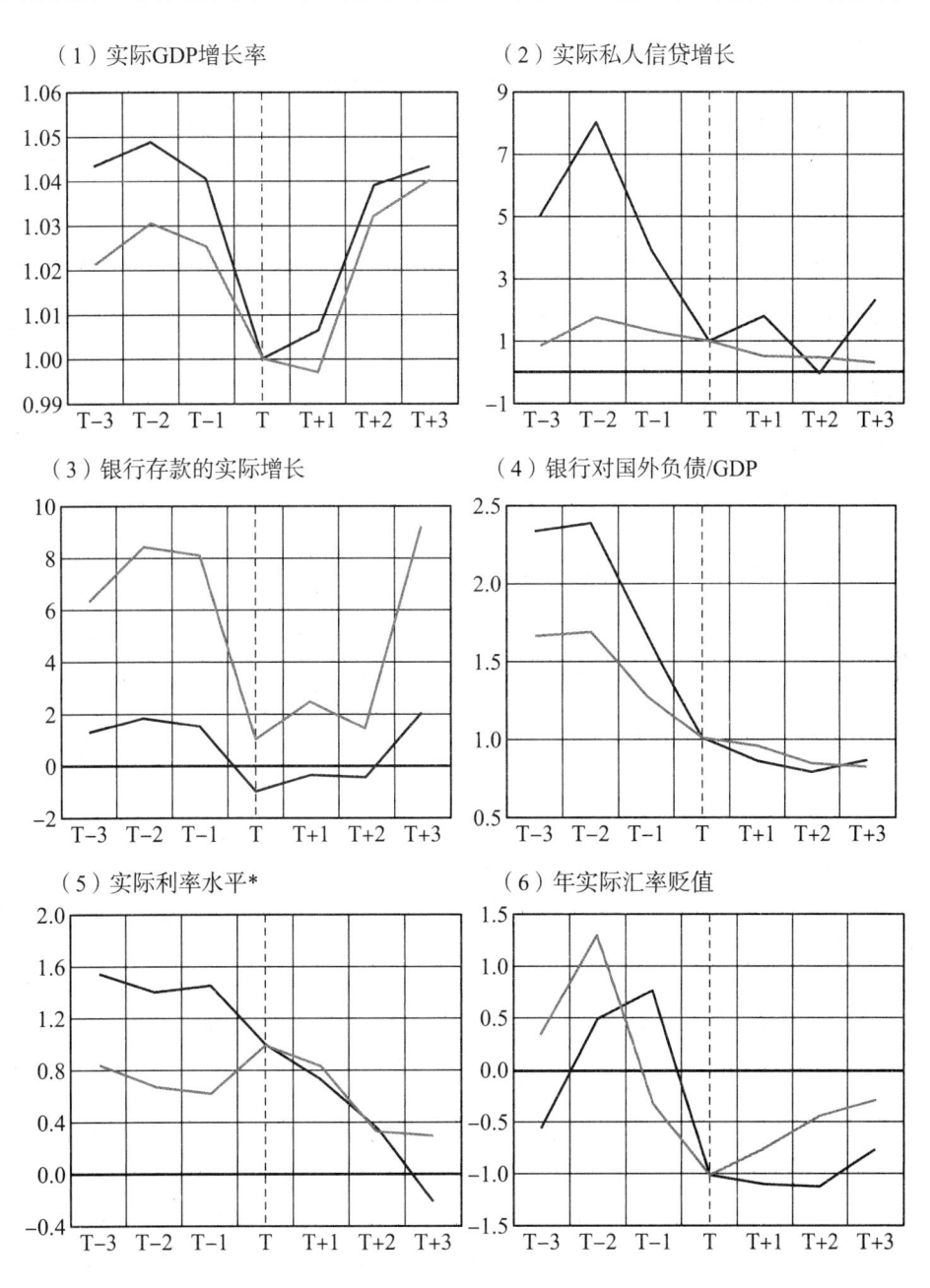

（1）实际GDP增长率

（2）实际私人信贷增长

（3）银行存款的实际增长

（4）银行对国外负债/GDP

（5）实际利率水平*

（6）年实际汇率贬值

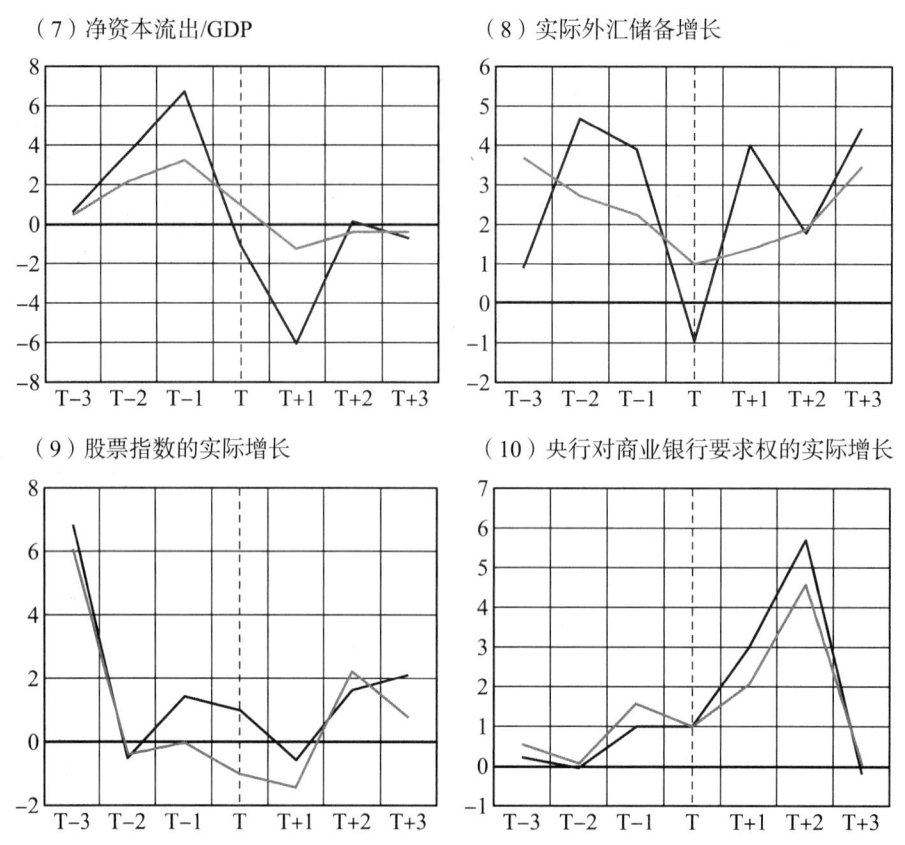

（7）净资本流出/GDP （8）实际外汇储备增长

（9）股票指数的实际增长 （10）央行对商业银行要求权的实际增长

注：(1) *无恶性通胀（hyperinflation）情况下的实际利率；(2) 图中浅色线条表示全部样本国家的情况，深色线条表示拉美新兴市场国家的情况。

图 3-8　危机前后的主要经济指标

资料来源：http：//www.iadb.org/res/ipes/2005/docs/chapter3eng.pdf（2010 年 2 月 20 日）。

危机当年触底后开始回升。股票指数通常在危机前 3 年开始迅猛下跌，至危机前 2 年已经跌至底部区域，而后开始震荡运行。中央银行对商业银行的要求权（claim）从危机当年开始迅速增加，至危机后 2 年达到最高水平后开始下降，并在危机后第 3 年降至 0 水平。

2. 系统性银行危机前后的通货膨胀和经济增长情况

从系统性银行危机前后的通货膨胀和经济增长情况来看，根据我们对 1980 年以来全球范围内 40 次严重的系统性银行危机的统计数据（见表 3-2），大部分危机国家在危机前 3 年或危机期间都经历了严重的通货膨胀，危机后 3 年的通胀表现各国差异较大，但总体上有所缓解。从经济增长情况来看，大部分国家在危机前 3 年都还保持着较高的 GDP 增长率，但在危机期间明显受到冲击（很多国家的 GDP 增长率从正转负），危机后 3 年经济增长逐渐恢复，但恢复的程度存在较大的国别差异。

表 3-2　40 次系统性银行危机前、中、后的通胀水平和 GDP 增长率

国家	危机时间	通胀均值（%）			GDP 增长率均值（%）		
		危机前 3 年	危机期间	危机后 3 年	危机前 3 年	危机期间	危机后 3 年
阿根廷	1980~1982	100.76	123.34	547.57	4.21	-2.73	-0.41
阿根廷	1989~1990	188.13	2 696.71	71.69	2.57	-4.17	9.02
阿根廷	1995~1996	15.86	2.28	0.1	7.46	1.34	2.86
阿根廷	2001	-0.39	-1.07	14.58	-0.11	-4.41	2.32
玻利维亚	1994~1996	14.33	10.17	4.85	3.73	4.57	3.47
巴西	1990	762.72	2 947.73	1 142.41	2.36	-4.17	1.8
巴西	1994~1999	1 142.41	362.14	7.44	1.8	2.65	2.76
保加利亚	1996~1997	76.97	592.11	10.52	-5.63	-6.94	3.93
智利	1981~1983	35.14	18.96	23.35	7.95	-3.39	4.48
哥伦比亚	1982~1987	26.66	21.1	27.69	1.81	1.13	1.8
哥伦比亚	1998~2000	20.05	18.68	9.35	1.57	-1.97	0.86
科特迪瓦	1988~1991	5.19	2.21	10.77	-1.01	-2.86	-2.33
克罗地亚	1998~1999	3.01	4.87	3.36	6.42	0.31	4.1
捷克	1996~1998	13.32	9.36	3.53	3.38	0.85	2.48
多米尼加	2003	0.85	1.58	2.21	0.57	-4.39	2.29
厄瓜多尔	1998~2001	25.96	55.53	7.75	1.57	-0.67	2.98
爱沙尼亚	1992~1995	—	38.33	14.15	-3.81	-5.19	7.89
芬兰	1991~1994	5.55	2.58	1.1	3.53	-1.83	4.61
加纳	1982~1989	83.25	39.51	21.78	-1.41	2.88	4.93
印度尼西亚	1997~2002	8.32	18.67	7.76	7.86	0.98	5.17
牙买加	1996~2000	26.44	11.76	8	1.2	-0.29	1.94
日本	1997~1998	0.2	1.89	-0.58	1.79	-0.24	0.97
韩国	1997~2002	5.22	3.64	3.29	8.24	4.48	3.79
拉脱维亚	1995	72.55	25	3.18	-4.6	-2.08	5.66
立陶宛	1995	241.26	39.46	13.45	-12.98	1.23	7.02
马来西亚	1997~2001	3.46	2.73	1.43	9.68	3.06	5.99
墨西哥	1994~2000	15.97	19.85	5.32	3.27	3.65	0.78
尼加拉瓜	2000~2002	11	6.2	8.18	4.9	2.63	3.87

续表

国家	危机时间	通胀均值（%）			GDP 增长率均值（%）		
		危机前3年	危机期间	危机后3年	危机前3年	危机期间	危机后3年
挪威	1990~1993	6.65	3.05	1.7	0.47	2.26	4.31
巴拉圭	1995~2000	17.99	9.57	10.67	0.14	-1.34	-1.61
菲律宾	1997~1998	8.85	7.79	5.73	4.97	2.3	3.71
俄罗斯	1998	86.66	27.68	42.66	-2.1	-5.3	7.17
斯里兰卡	1989~1993	9.9	13.68	10.69	2.81	4.85	4.95
瑞典	1991~1994	7.57	4.65	1.8	2.15	-0.11	2.63
泰国	1997~2002	5.58	2.97	3.03	8.04	0.8	6.03
土耳其	2000~2001	78.41	54.64	26.36	2.42	0.54	6.93
乌克兰	1998~1999	157.49	16.63	13.64	-7.63	-0.19	7.81
乌拉圭	2002	4.93	13.99	11.08	-2.37	-11.2	6.9
委内瑞拉	1994~1995	34.58	60.37	61.9	5.36	0.8	2.16
越南	1997~1999	10.67	5.1	0.67	9.24	6.23	6.92

注：危机发生时间主要参考了拉克·莱文和费边·瓦伦西亚（Luc Laeven & Fabian Valencia，2008）提供的信息；表中其余各项数值均根据 IMF 公布金融统计数据计算得出。

3. 典型银行危机后的人均 GDP 和失业率情况

从历史上典型银行危机后的人均 GDP 和失业率情况来看，在图 3-9 中，我

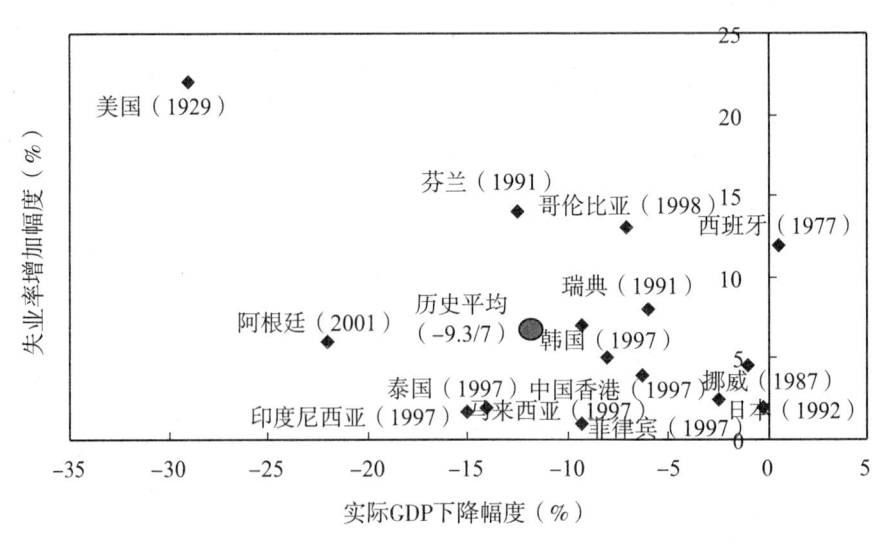

图 3-9 典型银行危机：实际人均 GDP 降幅与失业率增幅

们列示了历史上一些典型的银行危机案例,包括美国(1929)、西班牙(1977)、挪威(1987)、瑞典(1991)、芬兰(1991)、日本(1992)、韩国(1997)、马来西亚(1997)、泰国(1997)、菲律宾(1997)、印度尼西亚(1997)、中国香港(1997)、哥伦比亚(1998)、阿根廷(2001)。这些危机从峰值到低谷(Peak-to-trough)的人均GDP降幅达到9.3%,失业率增幅达到7%。

通过选取典型银行危机前后的情况进行研究,我们发现,危机期间人均GDP从峰值到低谷(Peak-to-trough)之间的平均跌幅达到9.3%,持续时间接近2年(见图3-10)。相比之下,危机对就业的影响则更为显著,从典型银行危机的历史平均值来看,失业率从峰值到低谷增加了7%,持续时间接近5年(见图3-11)。

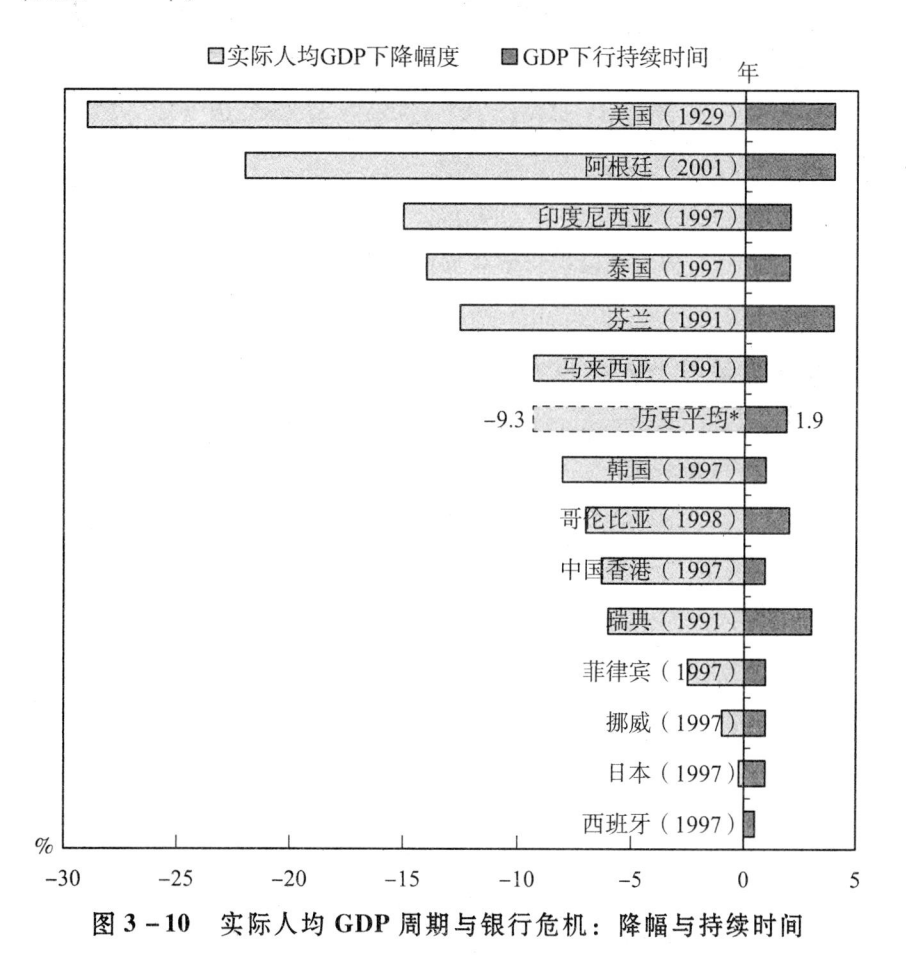

图 3-10 实际人均 GDP 周期与银行危机:降幅与持续时间

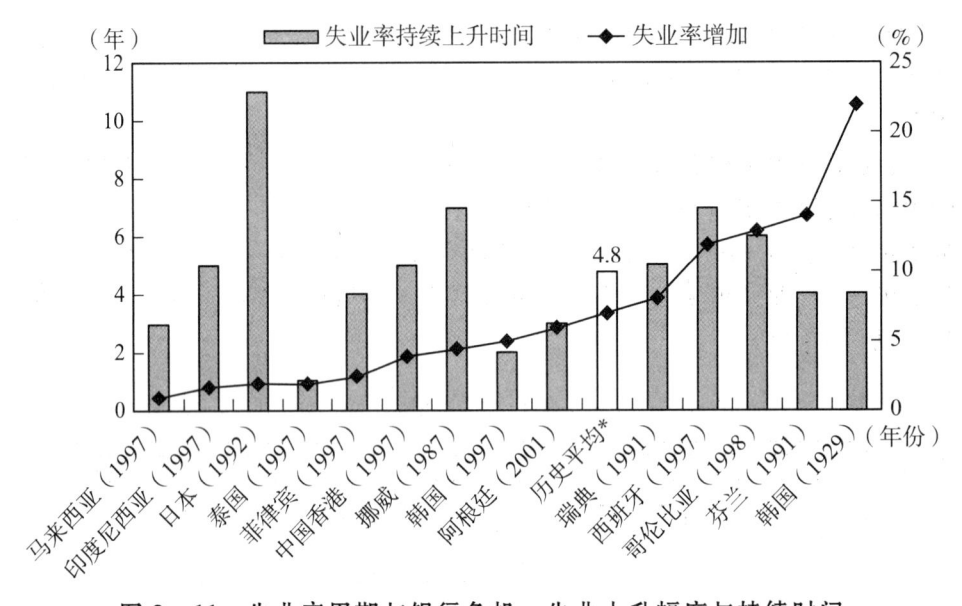

图 3-11　失业率周期与银行危机：失业上升幅度与持续时间

4. 危机前后的资产价格和银行部门表现

从危机前后的资产价格表现来看，以 1997 年亚洲金融危机国家为例，危机前的股票市场通常都经历了一个持续的高涨和繁荣过程，但随着危机来袭，股票价格指数迅速下跌，其中尤以房地产股票价格指数下跌最为迅猛（见图 3-12）。

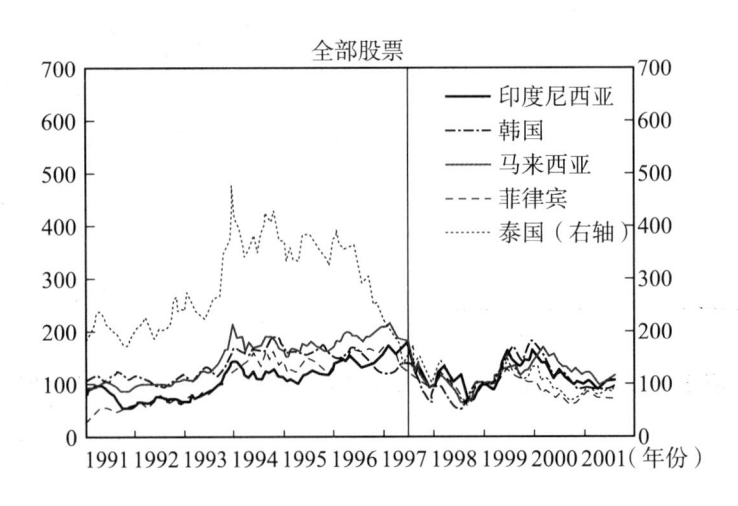

全部股票

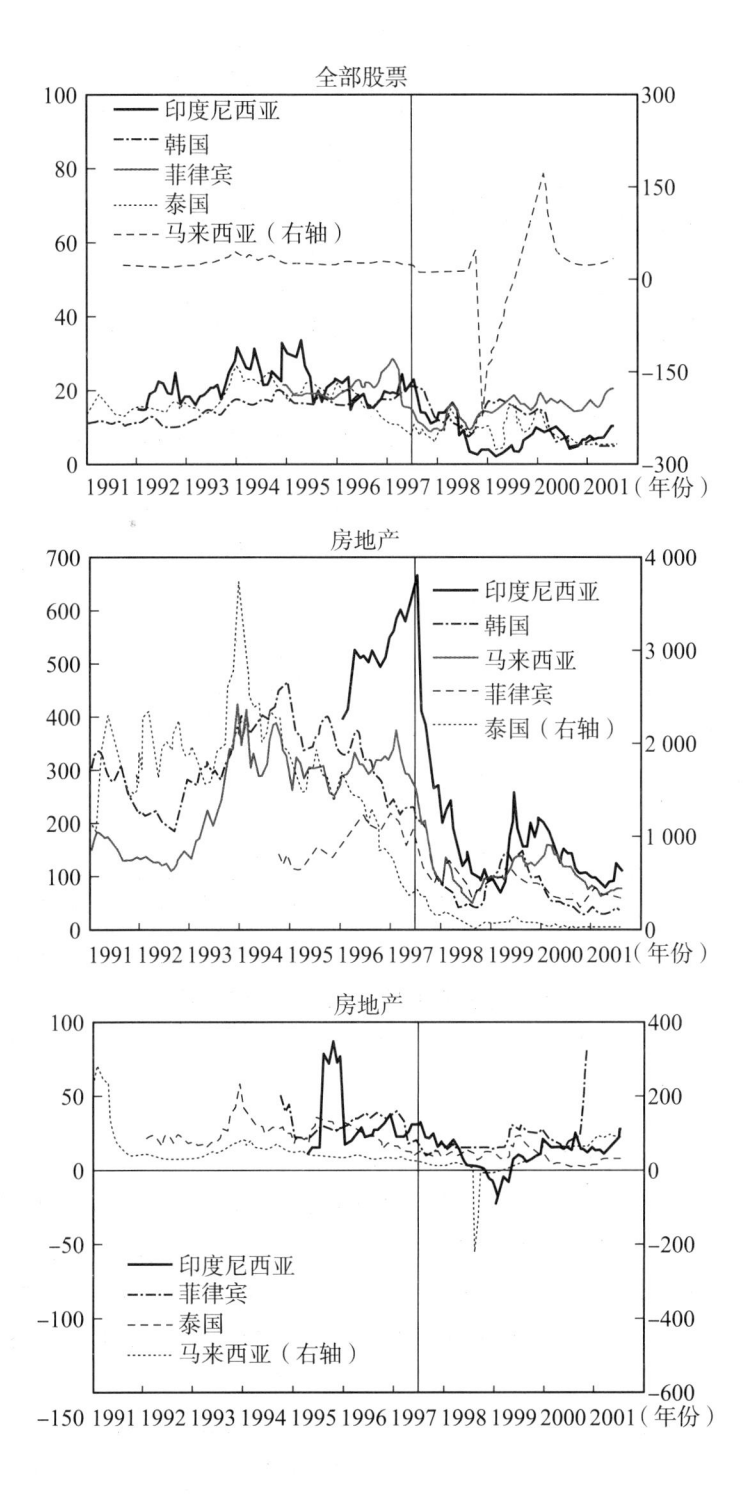

房地产

房地产

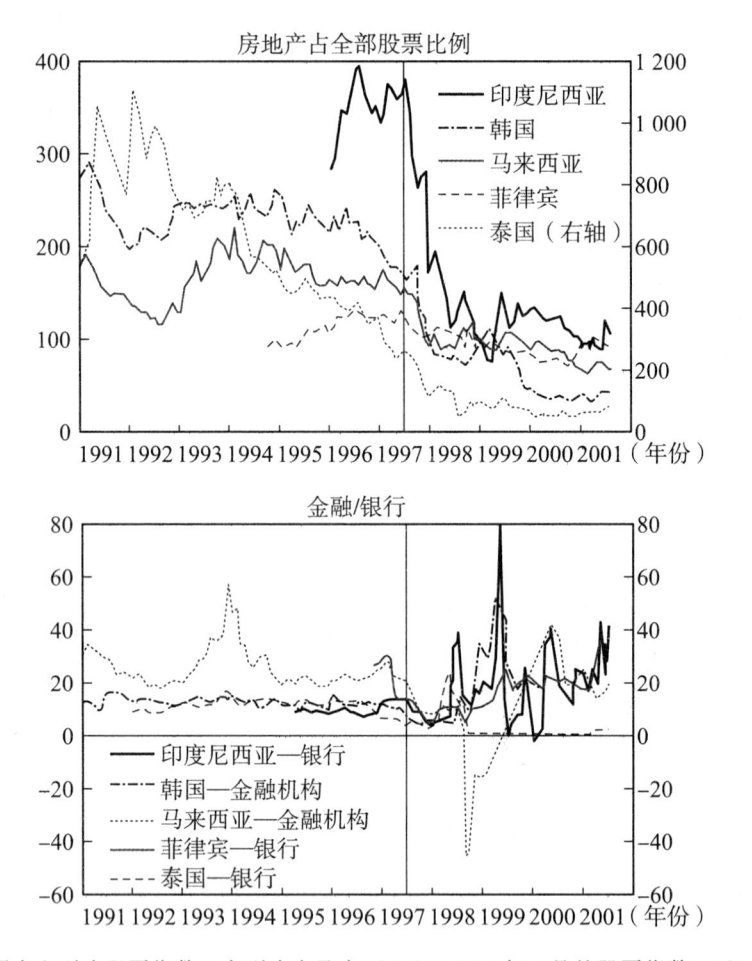

注：图中左列为股票指数，右列为市盈率（PE）。1999年1月的股票指数＝100。

图 3-12 危机前后的股票价格指数与市盈率

资料来源：Charles Collyns & Abdelhak Senhadji. Lending Booms, Real Estate Bubbles and The Asian Crisis, IMF Working Paper, WP/02/20.

从房地产市场的表现来看，根据莱因哈特和罗戈夫（2008）提供的主要历史危机样本数据，在典型的银行危机前后，房地产实际价格从峰值到低谷（Peak-to-trough）的平均下跌幅度为35.5%，完成这一探底过程所需要的时间大约为5～6年①（见图3-13）。相比之下，在银行危机过程中，股票等证券资产的价格下跌幅度更深（历史均值达到55.9%），探底过程也更迅速（历史均值为

---

① 日本1992年危机完成触底的过程较长，达到了17年，因而对样本均值影响较大：如果扣除日本的数据计算样本均值，则平均持续时间为5年；如果包括日本的数据计算样本均值，则平均持续时间为6年。

3.4 年),如图 3-14 所示。

从银行部门的表现来看,危机前的银行信贷一般都有一个明显的扩张过程,并且大部分国家在危机发生当年扩张至峰值,而危机后的银行信贷通常会出现明显下降,并且要经历较长时间才会逐渐恢复(见图 3-15)。从盈利情况来看,商业银行的税前利润与总资产之比往往在危机发生前几年保持良好态势,但危机前 1 年左右的时间即开始出现明显下滑,并在危机后 1~3 年左右的时间内跌至低谷(见图 3-16)。事实上,危机后通常会出现银行不良贷款的猛增,同时伴随着金融银行股指数的急剧下跌(见图 3-17)。

注:*历史平均值根据莱因哈特和罗戈夫(2008)提供的主要历史危机的样本数据计算。

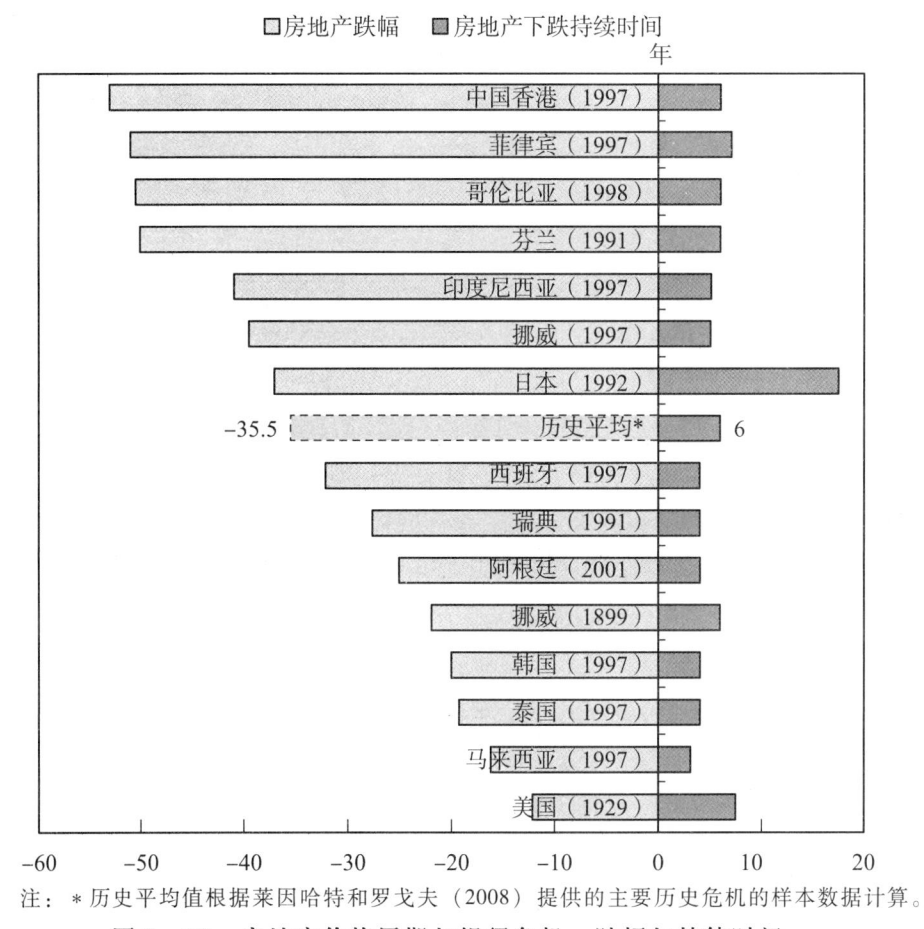

图 3-13 房地产价格周期与银行危机:跌幅与持续时间

资料来源:Reinhart & Rogoff (2008).

图 3-14　股票价格周期与银行危机：跌幅与持续时间

资料来源：Reinhart & Rogoff（2008）．

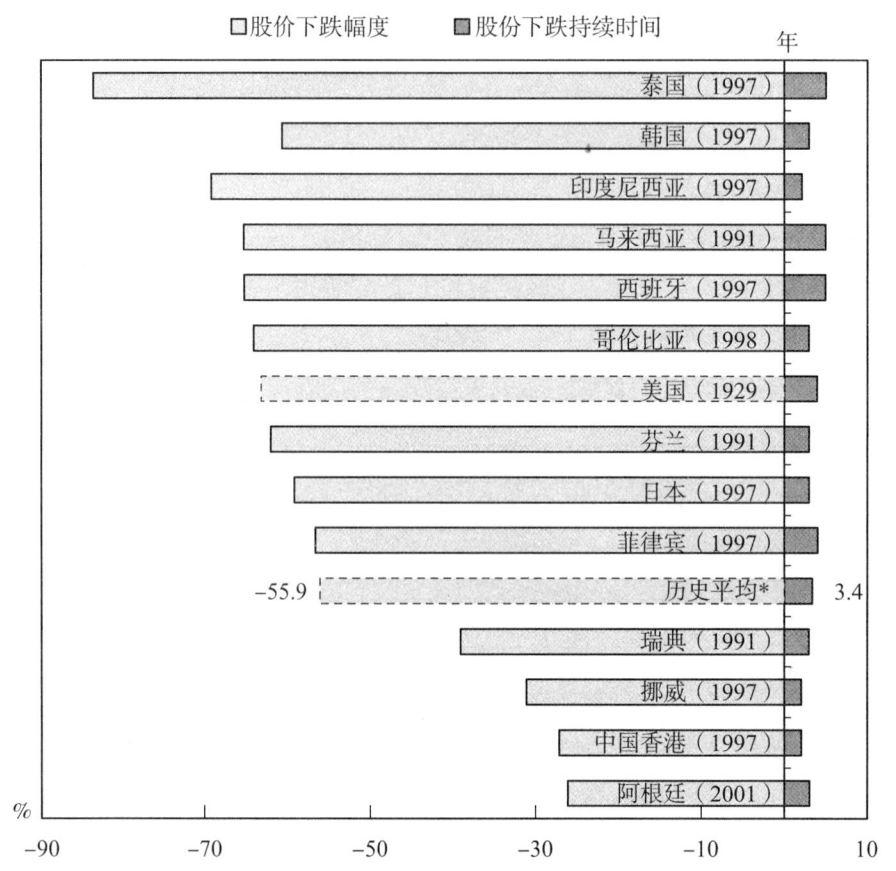

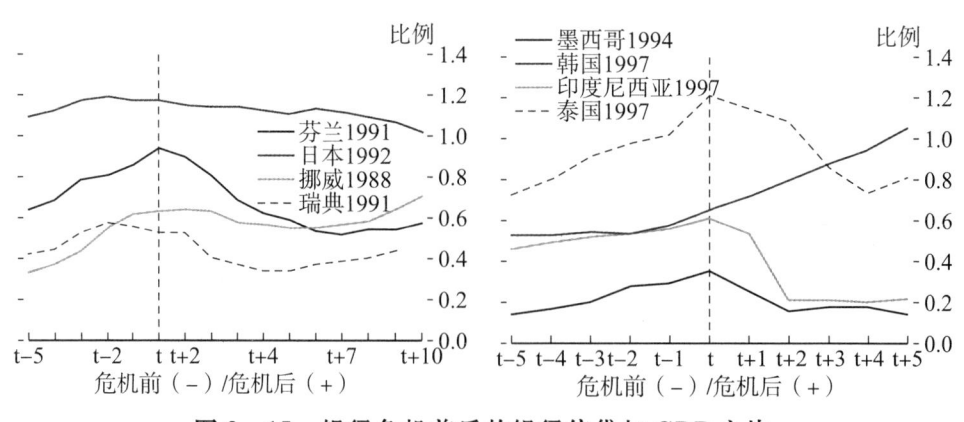

图 3-15　银行危机前后的银行信贷与 GDP 之比

资料来源：Hoggarth & Reidhill. Resolution of banking crises: a review, Financial Stability Review, 2003, December.

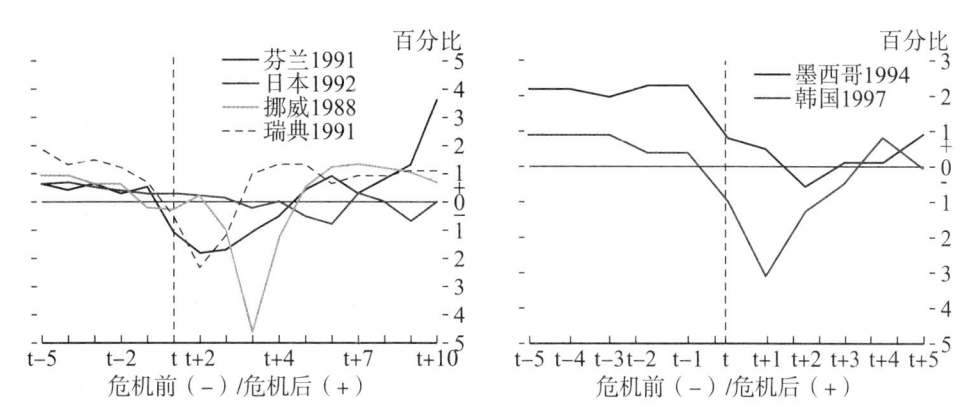

图 3-16　银行危机前后商业银行的税前利润与总资产之比

资料来源：Hoggarth & Reidhill, Resolution of banking crises: a review, Financial Stability Review, 2003, December.

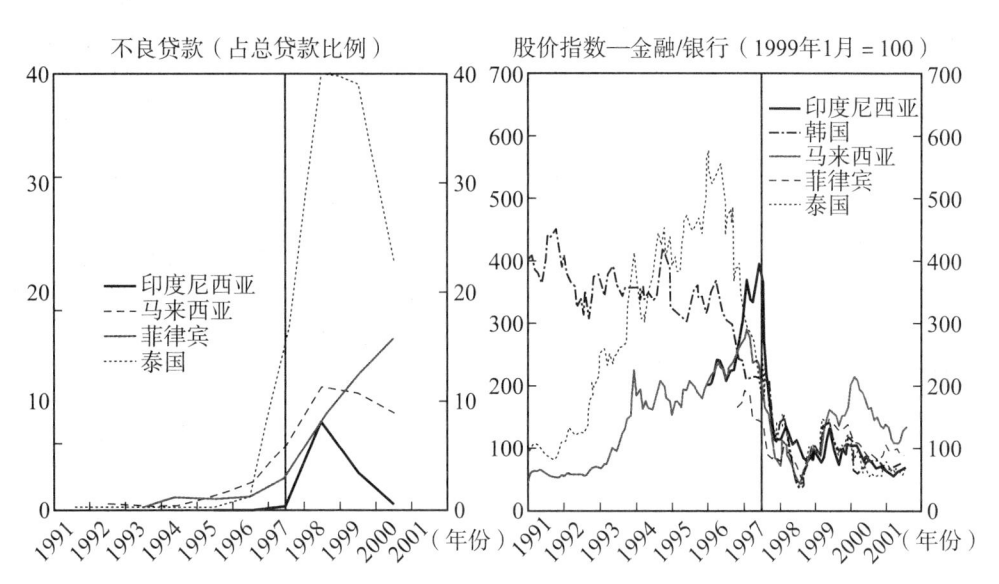

图 3-17　东亚危机各国的金融/银行股指数和不良贷款比例

资料来源：Charles Collyns & Abdelhak Senhadji, Lending Booms, Real Estate Bubbles and The Asian Crisis, IMF Working Paper, WP/02/20.

3.2　金融危机如何恶化实体经济：金融加速器效应

在宏观经济学中，虽然对于经济周期成因的解释已经汗牛充栋，但是，对于较小的外生冲击引起持续和深度的经济萧条这一现象,长期以来却缺乏坚实的理论解释。较早的"债务—紧缩"理论(Fisher,1933)认为,伴随经济萧条的通缩使财富从借款人向贷款人转移,借款人净财富的减少削减了进一步的投资和消费,经济萧条持续加深。而凯恩斯虽然认为金融因素是经济萧条的重要原因,但却把分析重点放在投资者信心方面[①]。弗里德曼和施瓦兹(Friedman & Schwarts,1963)认为,银行普遍的经营困难从两个方面恶化了经济萧条:一是银行股东的财富减少,二是货币供应量的减少[②]。较早正式强调金融中介作用的是格力和肖(Grurly & Shaw,1955),他们认为,金融体系的中介作用表现在便利了可贷资金的流动并以此提高了经济效益,同时他们还认为,随着金融体系的发展,货币存量(money stock)已不适宜作为信贷流量的准确度量手段[③]。但是,格力和肖后不久的 MM 理论严格论证了完善市场条件下经济决策将独立于融资决策,由于这一理论吸引了广泛的注意力,金融因素逐渐在主流经济学中消失。然而,信息经济学的兴起重新激发了经济学家对金融因素的兴趣。托宾(1975)强调了资本市场的不完善,并指出费雪的"债务—紧缩"理论是凯恩斯收入决定理论的天然补充。伯南克(1983)进一步认为,金融体系的瘫痪是经济持续深度萧条的重要原因:金融危机增加了资金在借贷双方流动的实际成本,当信贷渠道不畅时,一方面潜在的借款人将不能获得足够的资金进行投资,另一方面贷款人不得不将资金投向"次优"项目。除此之外,金融危机使信贷市场不能实现有效的风险分摊,而一些不可分的大项目(indivisible projects)也难以得到融资。所有这些不仅降低了资金使用效率,也加深了经济萧条。因此,与完全市场条件下的 MM 理论不同,在信息不对称的情况下,金融因素在解释经济萧条的深度和持续时间方面起着重要作用:经济萧条时期的金融危机反向强化了经济萧条。如图 6-18 所示,虚线表示在没有金融因素情况下遭受冲击的 GDP 运行轨迹,而实线则表示实际经济的运行轨迹:金融市场中的信息不对称问题放大了初始冲击的程度和持续时间,一次性冲击演化为持久的萧条。

---

① 凯恩斯的后继者强调了"流动性偏好",分析的重点仍然是货币而不是信用。
② 但这一理论有两个方面的缺陷,一是货币因素对实际经济的效应表现为长期持续的非中性(protracted nonneutrality)缺乏理论支撑,二是单纯以货币供应量减少来解释产出的大幅度持续下降似乎不够充分(quantitatively insufficient)。
③ 格鲁里和肖因此提出了经济能力的概念,这一概念不仅包括货币存量,还包括各种货币近似物。

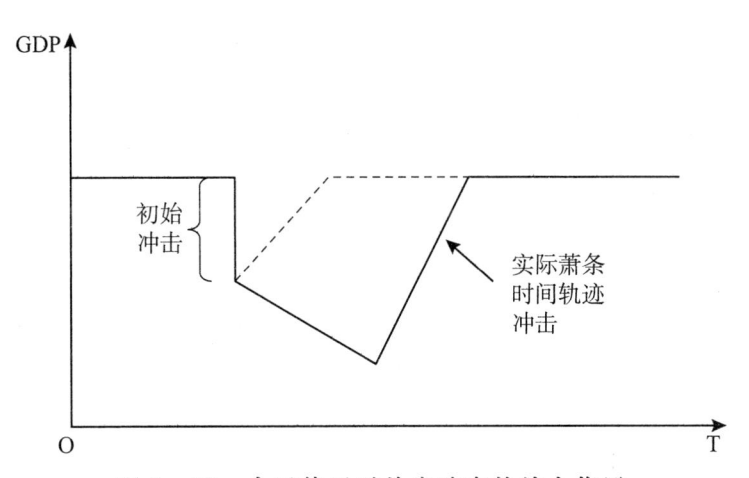

图 3-18 金融体系对外生冲击的放大作用

3.2.1 完全信息下的基本模型

从主流经济学的分析原则出发，模型的基本假定为：（1）厂商是利润最大化者，并且选择所有净现值大于零的项目；（2）厂商的资金来源包括留存收益、各种借款和股票；（3）资本的边际生产率递减，即资本的投资需求曲线向下倾斜；（4）整个生产过程包括三个阶段：t_0，t_1，t_2；（5）项目本身风险较小；（6）市场是完全的，不存在信息不对称。

我们将厂商预期利润记为 $E\pi_i = Ev_i - (1+cc)I$，其中，Ev_i 表示预期项目价值，cc 表示资本成本，I 表示投资额。根据假设（1），厂商将选择所有 $E\pi_i > 0$ 的项目。

投资过程由图 3-19 加以表示：

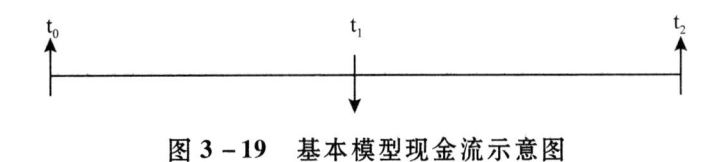

图 3-19 基本模型现金流示意图

其中，在 t_0 时刻，前期项目和留存收益决定厂商可供下期投资利用的内部资金流量；在 t_1 时刻，厂商根据内部资金量和投资额度需要进行投资决策：根据 $E\pi_i > 0$ 的原则选择决定是否进行外源融资以及进行多大的融资，即如果项目必要收益率 IRR 大于资本成本 cc，那么该项目被保留，反之则舍弃；在 t_2 时刻，选择的项目产生相应的现金流量。

由于我们假定市场是完全的，不存在信息不对称，因此，不论厂商是否有足够的内部资金进行全部 $E\pi_i>0$ 的项目，一个有效的金融体系都会确保相应的资金供给：即如果在 t_0 时刻厂商产生的现金流量不足以投资所有 $E\pi_i>0$ 的项目，那么这种需求会及时传递给市场，市场中的消费者将减少相应数量的当期消费以满足有利可图的投资机会。由于市场信息是完全的，厂商借款成本将等于必要收益率（同时等于内部资金的机会成本），在这种情况下，厂商面临的资金供给曲线将是一条水平的直线，结合投资需求曲线我们得到图 3-20：

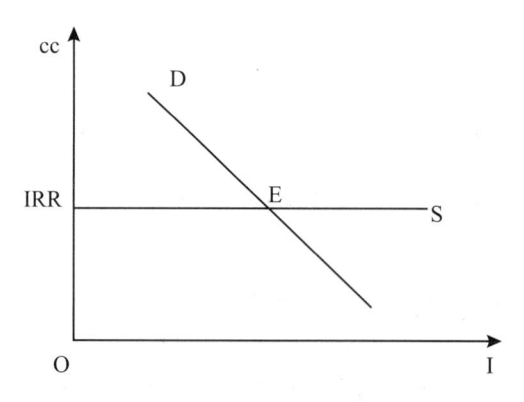

图 3-20　完全信息下的基本模型

从图 3-20 可以看出，在市场信息完全的情况下，投资需求将均衡于 E 点，这时厂商获得最大利润 $\sum_{i=1}^{n} E\pi_i$，其中 n 表示所有能提供 $E\pi_i>0$ 的项目都得到了相应投资。这种均衡状态对应于 MM 理论的基本结论：各种不同来源的资本成本相等，投资决策独立于资本结构。

3.2.2　不对称信息下的模型扩展Ⅰ：经济波动与金融加速器

我们保留基本模型的其他假设，仅仅放松关于完全市场和充分信息的假设，那么在信息不对称的情况下，外部融资渠道成本将不会始终和必要收益率 IRR 相等。一般地，按照"啄序理论"，内部融资成本小于借款，而借款成本又小于股票融资。在这种情况下，资金供给曲线将不是于 IRR 出发的水平直线。我们将有效资本成本和内部自有资金成本之间的差额称为信息溢价（information premium），即 $IP=cc-r$。信息溢价使得自有资金不足的厂商面临融资约束，即，内部资金的不足使厂商面临有利可图的项目时不得不求助外部资金，如银行贷款、股票融资等，但这些融资的成本往往高于内部资金的成本 r：当边际项目的期望收益率小于融资成本时,边际项目将被放弃。因此,在这种情况下,厂商将面临"折弯的资金供给曲线",如图 3-21 所示:

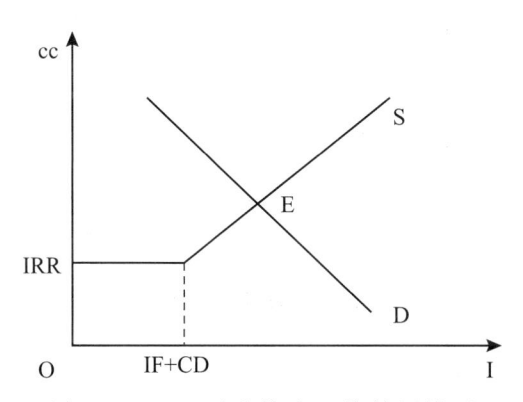

图 3-21 不对称信息下的扩展模型

在图 3-21 中,资金供给曲线在 IF+CD 处折弯,其中 IF 表示内部自有资金,CD 表示足额抵押的贷款[①]。在超过 IF+CD 的部分,资金供给曲线向上倾斜:当厂商扩大投资的时候,外部融资成本的提高使厂商面临越来越大的融资约束。

为简化分析,我们假设(1)厂商面临三个投资项目 H、M、L,其盈利性依次递减,用 r1>r2>r3 表示[②];(2)三个项目的投资额度都等于 I;(3)厂商的预期内部资金 IF 恰好能满足三个项目的全部投资,即 3I=IF。当外部冲击到来时,比如,销售量下降、生产成本意外增加、利率上升等,这时不仅厂商的直接收益下降,而且还会产生进一步的"金融加速器(financial accelerator)效应":留存收益减少使得自我融资能力下降,资产价值和担保抵押价值下降又使得外源融资成本升高。在外源融资成本大于项目预期收益时,本来有利可图的项目变得无利可图。例如,外部意外冲击使得内部资金从 IF 减少到 IF′时(IF′<3I),自有资金将不足以投资全部三个项目,当外部融资成本大于项目 L 的预期收益 r3 时,项目 L 将被放弃,相应地,厂商的利润也将从 $\sum_{i=1}^{3} E\pi_i$ 减少到 $\sum_{i=1}^{2} E\pi_i$。上述过程可表示为图 3-22 所示:

---

① 由于是足额抵押的,因此对贷款人来讲不存在违约风险,市场利率将均衡于必要收益率 IRR 处。
② r1、r2、r3 分别表示三个项目的预期收益率,为集中分析信息不对称对投资活动的影响,我们这里沿用基本模型中(5)的假定,即项目本身的风险较小,因而项目预期收益率等于实际收益率。

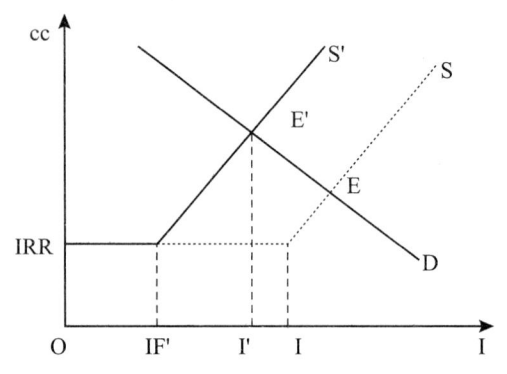

图 3-22 不对称信息与金融加速器效应

在图 3-22 中，外部冲击不仅使厂商的直接收益下降，还通过金融加速器效应发生"二次作用"：利润的下降使得厂商的留存收益下降，因而内部自有资金从 IF 减少到 IF′，厂商面临较高的外源融资成本约束而不得不放弃一些原本有利可图的项目，投资额度从原来的 I 减少到 I′。在新的均衡点 E′上，资本成本增加的同时投资较少。由此可见，经济的一次性冲击可能通过金融加速器效应得以强化：外部融资需求的增加伴随较高的融资成本，投资需求在经济总需求减少时进一步下降，使得经济萧条的深度和持续时间增加[①]。

3.2.3 不对称信息下的模型扩展 II：货币政策与信贷渠道

在信息不对称的情况下，金融加速器还将通过货币政策发生作用：当中央银行通过提高利率或减少货币供给执行紧缩性的货币政策时，信贷机制对消费和投资的影响通过两种渠道得以强化：资产负债表渠道和银行贷款渠道。前者指利率升高使资本成本增加、内部资金减少以及抵押担保价值下降，这些都典型地增加了信息溢价；后者指货币政策手段对银行信贷总量的影响。

◆ 资产负债表渠道

厂商内部资金可定义为：IF =（销售收入 - 成本 - 利息支出 - 税收 - 股利支出），当利率升高时，厂商的经营将受到以下机制的作用：(1) 利息支出增加，现金流量减少，内部资金减少，厂商不得不求助成本更高的外部融资；(2) 担保抵押价值随利率上升而下降，足额抵押的贷款量相应下降，信息不对称使得外

---

① 上述过程的一个推论是，在信息不对称的情况下，MM 理论将不能成立，投资决策将与资本结构密切相关。这种相关性源于内部自有资金对资本成本的影响：拥有较多自有资金的厂商将面临较小的资本成本和较大的投资额度，拥有较小内部资金的厂商将面临融资约束，一些有利可图的项目由于高昂的外部融资成本而被迫放弃。

部融资成本增大。可表示为图 3-23：

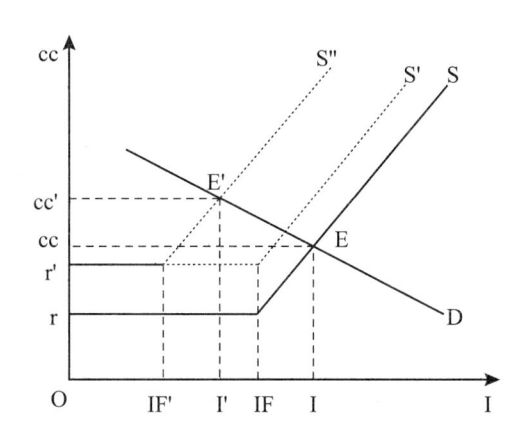

图 3-23 资产负债表渠道与信息溢价

在图 3-23 中，当中央银行执行紧缩性的货币政策时，市场的必要收益率从 r 上升到 r'，这对厂商产生二重影响：首先是市场利率的升高使得内部资金成本同比例地升高，相应地，资金供给曲线由 rs 平移到 rs'；不仅如此，利率升高使原来的利息支出增大，内部资金从 IF 减少到 IF'，这时厂商不得不增加成本更高的外源融资比例来满足投资需要（此外，利率的升高还降低了厂商实物和金融资产的现值，进一步减少了成本较低的完全担保贷款的比例），这使得资金供给曲线由 rs'进一步移动到 rs"。在新的均衡点 E'上，不仅资金成本增加了（cc'> cc），而且信息溢价也进一步增大（cc' - r' > cc - r）。为进一步说明资产负债表渠道，我们用 $E\nu$ 表示项目预期收益，$E\pi$ 表示厂商利润，cc 表示有效资本成本，I 表示投资额，IF 表示厂商内部资金，r 表示厂商内部资金成本，CF_s 表示项目成功时的现金流，C 表示担保品价值并假设 $C < (1+r)I$，r_L 表示银行借款利率，α_s 表示项目成功概率，α_f 表示项目失败概率，p_s 和 p_f 分别表示银行预期的项目成功和失败的概率，EI 表示银行的预期利润。于是我们得到：

(1) $E\nu = \alpha_s CF_s$

(2) $E\pi = \alpha_s [CF_s - (1+r_L)(I-IF)] - \alpha_f C$

(3) $(1+r_L)(I-IF)p_s + p_f C = (1+r)(I-IF)$

(4) $EI = \alpha_s(1+r_L)(I-IF) + \alpha_f C$

(5) $EI = (I-IF)(1+cc)$

由 (2) 和 (3) 得到：$E\pi = \alpha_s \left\{ CF_s - \dfrac{[(1+r)(I-IF) - P_f C]}{P_s} \right\} - \alpha_f C$

对 (4) 作变换得到：(6) $EI = \alpha_s(1+r_L)(I-IF) + \alpha_f C$

$$= \alpha_s(1+r_L)(I-IF) + \alpha_f C + \frac{\alpha_s p_f C}{p_s} - \frac{\alpha_s p_f C}{P_s}$$

$$= \frac{\alpha_s(1+r)(I-IF)}{p_s} + \left(\alpha_f - \frac{\alpha_s p_f}{p_s}\right) C$$

根据（5）和（6），有：

$$(7) \quad (1+cc) = \frac{EI}{(I-IF)} = \frac{\alpha_s(1+r)}{p_s} + \left(\alpha_f - \frac{\alpha_s p_f}{p_s}\right)\frac{C}{(I-IF)}$$

从公式（7）我们可以看出，资产负债表渠道通过以下效应使有效资本成本 cc 的增加得以强化：当中央银行紧缩银根时，厂商内部资金成本 r 上升，担保品贬值 C 下降，内部资金流量 IF 减少，这些使得资产负债表渠道下的信息溢价大于单纯金融加速器效应下的信息溢价。

◆ 银行信贷渠道

与资产负债表渠道主要通过利率作用不同，银行信贷渠道主要通过金融体系中信贷总量的变化发生作用。银行信贷渠道机制包括三个方面：一是外部冲击使得银行信贷总量变化，二是一些公司面临信贷配给时难以获得除银行信贷外的同等成本的其他融资，三是信息问题强化了大公司和小公司获贷水平的差异：在信息不对称的情况下，小公司对银行信贷的依赖性很大，从而很难在银行贷款外获得其他方面的外部融资。

在金融体系中，作为金融中介的银行在处理信息问题方面与金融市场相比有以下优势：一是银行享有一定的"垄断"利益，既可以对那些难以获得其他融资的公司收取高于市场水平的租金；二是银行在贷款前进行的信息收集不仅具有长期功能，更重要的是这些信息可作为商业秘密保留而不会产生"信息渗漏"（information leaks），这使得银行有积极性去收集信息。银行贷款的另一个显著特征是银行本身具有收集贷款人相关信息并建立长期关系的"专长"，而长期关系的建立显著地减少了由信息不对称问题引起的过高的信息溢价。这对于小公司融资尤其重要，因为与大公司相比，小公司缺乏那些"最廉价"传递信息的方式：足够的可供抵押的资产、良好的信誉等。长期关系的建立一方面使得小公司可以获得相对低成本的银行贷款，另一方面也使其面临很大的"转移成本"（switching cost）：即当外部冲击到来，原有的关系银行倒闭或不能提供足够的信贷时，小公司往往不得不收缩本来有利可图的投资，因为其他银行对公司信息了解不全，而长期关系又不可能短时间建立，其后果是要么面对成本过于高昂的贷款，要么根本得不到贷款，在经济萧条时期，由于普遍的信贷紧缩，这种现象更加严重，结果是投资下降进一步深化了萧条程度。

从上面的分析可以看出，在信息不完全的情况下，随着内部融资成本和外部融资成本的差异扩大，厂商内部资金的可获得性将会对宏观经济产生重要影响，并通过金融加速器效应得以放大。金融加速器效应既可以通过资产价值和留存收益下降等"实际性冲击"（real shocks）实现，也可以通过货币政策等"货币性冲击"（monetary shocks）实现。当中央银行通过提高利率或减少货币供给执行紧缩性的货币政策时，信贷机制对消费和投资的影响通过两种渠道得以强化：资产负债表渠道和银行贷款渠道。前者增加了信息溢价，而后者减少了可供利用的信贷总量。金融加速器效应可由图3-24加以总结：

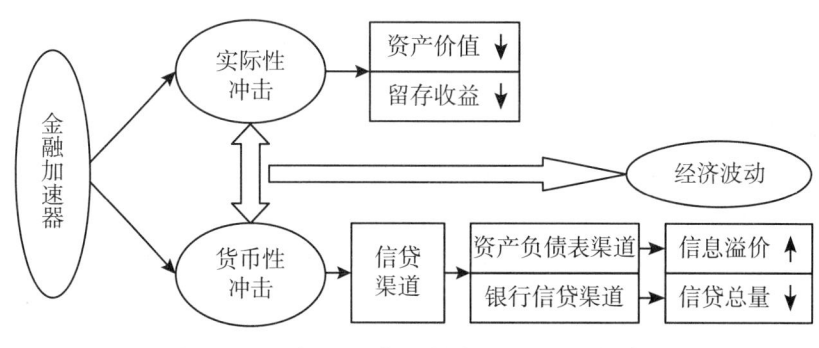

图 3-24　金融加速器效应与宏观经济波动

3.3　泡沫、实体经济与金融危机：一个周期分析框架

20世纪80年代以来，美国经济进入了所谓"大缓和"时代（Great Moderation），经济周期由过去那种起伏剧烈、峰谷落差极大的波动轨迹，向着起伏平缓、峰谷落差缩小的波动轨迹转变。稳定的物价水平、旺盛的消费与投资、欣欣向荣的金融市场，这一切使得人们有理由相信，"新经济"带来的结构性转变似乎已经开启了一个新的增长模式。然而，当主流学者们正耽于如何为"大缓和"时代的种种美好景象提供合理的经济解释时，一场席卷全球的金融危机彻底粉碎了这些乐观派的预期。惠伦（Whalen，2008）等评论家甚至将此轮危机称为"明斯基时刻"（Minsky's moment），质疑经济已经处于"庞齐国度"。

实际上，在所谓"大缓和"时代，经济周期的熨平和拉长不仅掩盖了系统性风险积累的程度，而且制造了一种前所未有的繁荣假象。低通胀、高增长、持续攀升的资产价格，这一切使得人们的风险偏好能力增强，对风险补偿的要求降低，并追求更高的杠杆。无节制的金融创新不仅降低了利率，而且大大提高了信贷资金的可获得性，推动了资产价格的持续攀升。

经济繁荣时期形成的大多数乐观派预期都是建立在现代经典的金融理论之上，而这些理论仅仅蕴含在以历史经验为基础的理想化市场行为模型中。在新古典经济学的主流范式下，"有效市场理论"（EMH）强调市场经济自我实现均衡的特性，模型表面上说风险可以被有效地分散，并转移到能够承担风险的投资者那里，但事实上，风险既没有系统性地减少，也没有出现模型所预言的风险与投资者偏好之间的完美匹配状态。

实际上，细观过去几十年经济学的发展脉络，自"MM理论"严格论证了完善市场条件下经济决策将独立于融资决策后，金融因素就逐渐被主流经济学所忽略。尤其是随着"有效市场理论"的发展和广泛运用，主流经济学对于经济周期和经济波动的研究一直聚焦于实物因素而非金融因素，这也最终导致了人们全盘性地低估过去几十年的风险。然而，近年来反复发作的金融危机表明，"有效市场理论"不仅夸大了金融市场的自我完善能力，而且还使整个金融体系的稳定与效率机制建立在一个看不见、摸不着的空中楼阁之上。

当然，并非所有的经济学家都对上述主流经济学中存在的重大疏漏视而不见。从明斯基的"金融不稳定假说"（Financial Instability Hypothesis）到伯南克等人的金融经济周期理论（Financial Business Cycle Theory），金融因素对经济波动的影响不仅不是可以忽略的，而且极其重要。然而，迄今为止，即便是添加了金融因素的经济理论，在对系统性金融风险的认识方面依然是严重不足的——无论是明斯基的"金融不稳定假说"，还是伯南克等人的金融经济周期理论，都未能对周期性泡沫推动的金融危机的实现机制提供一个完整的理论模型框架，而对泡沫的实现机制和崩溃条件、金融危机不同阶段的特征与机制以及隐藏在周期性危机背后的经济行为逻辑，更是鲜有系统性的深入分析。

正是基于上述考虑，本章试图在明斯基和伯南克等人工作的基础上，对泡沫、实体经济和金融危机之间的作用机制提供一个周期性的分析框架。这一框架将主要从市场主体投资行为的角度来分析周期性金融危机背后的经济逻辑和实现机制，而不是像金融经济周期理论那样将分析的立足点建立在不对称信息所导致的融资约束上。这一框架还将为我们动态地理解经济泡沫化和金融危机的实现进程提供有益的参照，并为防范未来危机的政策制定提供某些现实的参考。本章其余部分的组织结构如下：文章第二部分对相关文献进行简要梳理，第三部分通过建立理论模型对危机进程中金融与实体经济的关系与作用机制进行分析，第四部分着力于对周期性泡沫推动的金融危机的发展阶段与实现机制提供一个"全景式"的刻画，文章最后给出了一个结论性评价。

3.3.1 文献回顾与评价

从现代宏观经济学诞生之日起，对周期性金融危机及其实现机制的研究就开始了。在较早的研究中，费雪（1933）的"债务—紧缩"理论认为，"大萧条"表面是由对经济前景乐观预期、过度投资和过度投机引起的，但根源在于过度负债（over-indebtedness），伴随经济萧条的通缩使财富从借款人向贷款人转移，借款人净财富的减少削减了进一步的投资和消费，经济萧条持续加深。在稍后的研究中，凯恩斯（1936）全面构建了现代宏观经济分析框架，认为大萧条的原因在于总需求不足，金融因素虽然在其中扮演了重要角色，但问题的关键在于投资者信心的缺失[①]。与凯恩斯的分析不同，熊彼特（Schumpeter, 1939）主要从技术创新的角度解释了经济波动和商业周期的发生，他认为，市场经济本身具有繁荣和萧条的周期性特征，而生产技术的革新和生产方法的变革在这一过程中起着关键作用。

明斯基（1975）[②]在凯恩斯理论框架的基础上，发展了费雪的"债务—紧缩"理论，提出了"金融不稳定假说"[③]。通过对资本主义繁荣和衰退的长期（半个世纪）波动进行分析，明斯基认为，私人信用创造机构特别是商业银行和其他相关的贷款人的内在特性使它们不得不经历周期性危机和破产浪潮（即银行危机），而经济在延长的繁荣期中就已播下了金融危机的种子。为此，明斯基提出了独特的融资者分类：第一类是抵补性企业（hedge-financed firm），这些企业只根据自己未来的现金流做抵补性融资，是安全的借款者；第二类是投机性企业（speculative-financed firm），这些企业收入不足以偿还到期本金，但能偿还利息；第三类是高风险的庞氏企业（ponzi firm），它们没有足够的收入来支付应付的本息，而需用借新还旧或变卖资产的方式进行还款。在上述企业分类基础上，明斯基以"商业周期诱使企业进行高负债经营"为框架对金融危机进行了阐释：

[①] 凯恩斯的后继者强调了"流动性偏好"，分析的重点仍然是货币而不是信用（Gertler, 1988）。

[②] 明斯基是一个"非主流"经济学家，早年研读过马克思，并由衷地赞赏凯恩斯的国家干预理论。很多研究将明斯基归入"后凯恩斯主义"或"激进的凯恩斯主义"，但明斯基本人却更喜欢"金融凯恩斯主义"的标签，因为他的方法无非是在凯恩斯的基本分析框架上加上了金融制度。他认为美国的凯恩斯主义者对经济的解释过于简单、教条，由于忽略了货币金融因素在复杂的现代经济中的关键性作用，主流经济学犯了方向性的错误，因而基于主流理论的政策建议是危险的。

[③] 明斯基认为，虽然凯恩斯提到了金融体系的不稳定性，但是没有系统分析金融因素在周期变动中的作用，尤其是忽略了债务结构对各经济主体行为的影响（Minsky, 1975, P.106）。因此，必须在凯恩斯"以投资为中心解释经济周期"的理论框架中融入"投资的金融理论"，要考虑金融制度、金融惯例及其变化。只有这样才能更好地分析投机性投资热潮的产生、经济繁荣内含着危机的萌芽这样一种运行机制（Minsky, 1975, P.80）。

在一个新周期开始时,绝大多数企业都属于抵补性企业;随着经济的进一步繁荣,市场显现出一派利好气氛,企业预期收益上升,纷纷扩大借款,投机性企业和庞氏企业迅速增多,其结果是高风险的后两类借款人的比重越来越大,而安全的第一类借款人所占比重却越来越小,金融脆弱性也愈来愈严重。在这一过程中,随着经济周期逐渐见顶,任何打断信贷资金流入生产部门的事件都将引起一系列的违约和破产,而这又将进一步反向传递给金融体系——金融机构的迅速破产导致金融资产价格泡沫的迅速破灭,金融危机随之爆发①。

从另一个视角来看,明斯基的"金融不稳定假说"实际上同时说明了在周期性的金融危机过程中,资金(信贷)是如何在实体部门和金融部门之间进行动态配置的。在明斯基的分析框架中,由于盈利机会受到生产力增长的制约,但信贷扩张却不受此约束,于是,在经济周期性的扩张过程中,信贷将越来越多地被用于投机性支出,而不是用于满足实物投资项目的融资需要。持类似观点的还有托宾(1965)。托宾指出,资金可以用于投资实物资产,也可以投资于金融资产,当金融资产可以提供比实物资产投资项目更高的收益率时,则投资于金融资产的资金将增多,而用于生产性设备方面的实物投资的资金将减少,由此造成实体经济部门的负乘数效应。宾斯维杰(1999)的"金融窖藏"(financial hoarding)理论进一步认为:大量脱离实体经济而滞留在虚拟经济领域的"金融窖藏"才是加速资产价格上涨、促使泡沫形成的原动力,正常的三部门之间会通过储蓄、投资、消费以及工资利润的转移构筑一个实体经济的货币循环流,但随着金融部门的扩大,一旦实体经济中找不到太多的投资机会,部分资金便开始滞留在金融部门内部形成了独立于实体经济的货币循环流,即"金融窖藏"。一般情况下,滞留在金融部门内部的金融窖藏,并非简单沉淀金融体系内,而是选择流向容易滋生泡沫的地方获取超额收益,于是,当金融资产提供的收益率比实物资本投资的收益率更高的时候,"金融窖藏"的增长就会抑制实物资本的投资,从而造成实体经济的萎缩和金融部门的扩张。

20世纪七八十年代以来,随着信息经济学的兴起,经济周期中的金融因素

---

① 明斯基(1975)认为,在经济增长初期,多数企业都采取稳妥筹资方式;繁荣时期,投资者的过分乐观使预期利润率提高,进而引起现期投资和借入资金流量的增加。在这种情况下,某些企业采取了冒险筹资或"庞齐"筹资战略,造成投资需求的进一步增加,于是短期利率和长期利率相继上升。随着长期利率上升,资本资产的现值逐渐下降,投资变得无利可图,这会造成税后总利润现值的下降。较低的利润预期又会降低资本资产的价格。于是,在长期利率上升和预期利润下降的综合作用下,那些冒险筹资和"庞齐"筹资企业将陷入财务困境。当某些企业不得不变卖资产来偿还债务时,金融和经济危机就会爆发。

再次激起了学者们的研究兴趣①。托宾（1975）强调了资本市场的不完善，并指出费雪的"债务—紧缩"理论是凯恩斯收入决定理论的天然补充。伯南克（1983）进一步认为，金融体系的瘫痪是经济持续深度萧条的重要原因：金融危机增加了资金在借贷双方流动的实际成本，当信贷渠道不畅时，一方面潜在的借款人将不能获得足够的资金进行投资；另一方面贷款人不得不将资金投向"次优"项目。除此之外，金融危机使信贷市场不能实现有效的风险分摊，而一些不可分的大项目（indivisible projects）也难以得到融资，所有这些不仅降低了资金使用效率，也加深了经济萧条②。清泷和摩尔（Kiyotaki & Moore, 1997）研究了资产价格与信贷约束之间相互影响，指出：一方面，资产价格反向取决于信贷约束的程度；另一方面，二者的彼此作用导致货币冲击得以持续、放大和蔓延，从而形成金融经济周期的核心传导机制——金融加速器（financial accelerator）。伯南克等（1999）与英纳森和麦科韦斯（Einarsson & Marquis, 2001）在金融加速器理论的基础上，纳入了金融摩擦对冲击的影响，并分别研究了信贷周期传导的"资产负债表渠道"和"银行信贷渠道"，前者主要通过利率机制（信息溢价）发生作用，而后者主要通过金融体系中信贷总量的变化发生作用③。

应该指出的是，在引入信息不对称之前，经济学的框架就是一个简单的实际经济周期模型，其中的金融结构是无关紧要的（Gertler, 1988）。而伯南克等人建立起来的金融经济周期理论，虽然开启了金融与实体经济彼此作用和强化的基本机制，并且把金融因素对实体经济的影响提升到了一个相当高的位置，但其中的若干重大问题依然有待进一步探索，比如不同性质的投资究竟是如何进行融资的，融资性质的差异如何导致了泡沫的出现？金融投资和实体投资之间究竟是一种什么关系，二者之间的周期性作用如何导致了泡沫的生成和破裂？为什么不同的泡沫具有不同的持续性，泡沫的支撑因素和破裂的临界条件究竟是什么？对这

---

① 在信息经济学兴起之前，由于格利和肖（Grurly & Shaw, 1955）之后不久的 MM 理论严格论证了完善市场条件下经济决策将独立于融资决策，而这一理论在当时吸引了广泛的注意力，因而金融因素逐渐在主流经济学中被忽略。

② 因此，与完全市场条件下的 MM 理论不同，在信息不对称的情况下，金融因素在解释经济萧条的深度和持续时间方面起着重要作用：经济萧条时期的金融危机反向强化了经济萧条。

③ 银行信贷渠道机制包括三个方面：一是外部冲击使得银行信贷总量变化；二是一些公司面临信贷配给时难以获得除银行信贷外的同等成本的其他融资；三是信息问题强化了大公司和小公司获贷水平的差异：在信息不对称的情况下，小公司对银行信贷的依赖性很大，从而很难在银行贷款外获得其他方面的外部融资。银行信贷渠道在一定程度上揭示了信贷可获得性的"同周期性"（procyclical）。典型地，当经济处于萧条时期，银行发现对那些缺乏良好财务记录和稳定现金流的小公司的违约风险评估变得越来越困难，同时宏观经济的不稳定强化了预期风险，对逆向选择和道德风险问题的担忧因为普遍的财务困难而变得更加严重。虽然一些实力雄厚的大公司仍然可以通过各种途径（信贷、债券、股票等）获得足额资金，但面临信贷约束时，小公司因为缺乏别的融资途径而只能减少投资，信息不对称问题在这种情况下以减少总投资的方式恶化了经济萧条。

些问题的回答，不仅触及当前主流经济理论的某些核心命题，而且有助于我们进一步厘清周期性泡沫和金融危机的内在机理。在下文中，我们试图通过建立一个基本的理论框架，对周期性泡沫中的金融与实体经济进行分析，并以此揭示泡沫经济推动的周期性金融危机的基本机制和主要特征。与所谓"标准方法"相比①，这种分析是特别有用的，因为在我们的框架中，金融因素不仅不能被"抽象掉"，而且实实在在地影响着实体经济和市场结构变化的全过程，而以此为基础建立起来的周期性框架无疑为我们理解现实中的金融危机提供了新的思想与路径。

3.3.2　周期性泡沫中的金融与实体经济：基本模型

1. 泡沫的生成：金融投资对实业投资的挤出与替代

假定整个社会经济的初始总实体资产存量为 Q，初始金融投资存量为 I，当前可供利用的新增投资总量为 ΔI（$\Delta I > 0$）。ΔI 可用于实业投资或者金融投资，实业投资部分我们记为 I_1，金融投资部分我们记为 I_2，故 $\Delta I = I_1 + I_2$。

对于实业部分的投资而言，我们知道，只有当新增投资量 I_1 超过当期折旧所需的投资量（假定这一门槛值为 I_0）时，社会总产出才能保持增长（即实现扩大再生产）。假定总产出随实业投资增长的比率关系为 $\left(\frac{I_1 - I_0}{Q + \Delta I}\right)^\alpha$，其中参数 α 满足 $0 < \alpha < 1$，表示投资的边际产品递减②。不失一般性，可设 $\alpha = \frac{2k-1}{2k+1}$（其中 $k \in N$），很显然：当 $I_1 > I_0$ 时，$\left(\frac{I_1 - I_0}{Q + \Delta I}\right)^\alpha > 0$，表示当新增投资量 I_1 超过当期折旧所需的投资量时，总产出将按此比率增长；当 $I_1 < I_0$ 时，$\left(\frac{I_1 - I_0}{Q + \Delta I}\right)^\alpha < 0$，表示当新增投资量 I_1 无法补足当期折旧所需的投资量时，总产出将按此比率减少。

假定实业投资的收益率为 r_1，金融投资的收益率为 r_2，且 $r_1, r_2 > 0$，于是我们得到整个社会的总收益增量为 $F = Q\left[1 + \left(\frac{I_1 - I_0}{Q + \Delta I}\right)^\alpha\right]r_1 + (I + I_2)r_2$。理性的社会投资决策就是要在一定的新增投资量 ΔI 前提下，合理分配实业投资 I_1 和金融投资 I_2 的比例，以使总收益实现最大化，即：

---

① 所谓"标准方法"形成于20世纪70年代初，主要是建立在"有效市场假说"（EMH）的基础上。
② 即产出增长符合一般经济学原理的边际回报递减规律。

$$\max F = Q\left[1 + \left(\frac{I_1 - I_0}{Q + \Delta I}\right)^\alpha\right]r_1 + (I + I_2)r_2$$

由于 $\Delta I = I_1 + I_2$，进一步得到目标函数为：

$$\max F = Q\left[1 + \left(\frac{I_1 - I_0}{Q + \Delta I}\right)^\alpha\right]r_1 + [I + (\Delta I - I_1)]r_2$$

一阶导数为：

$$\frac{\partial F}{\partial I_1} = Qr_1\alpha\frac{(I_1 - I_0)^{\alpha - 1}}{(Q + \Delta I)^\alpha} - r_2$$

二阶导数为：

$$\frac{\partial^2 F}{\partial I_1^2} = \frac{Qr_1}{(Q + \Delta I)^\alpha}\alpha(\alpha - 1)(I_1 - I_0)^{\alpha - 2}$$

①情况 1：当 $I_1 > I_0$ 时

根据前述设定，由于 $0 < \alpha < 1$，$Q > 0$，$r_1 > 0$，$\Delta I > 0$，容易得到二阶导数 $\frac{\partial^2 F}{\partial I_1^2} < 0$，此时，目标函数存在极大值。获得极大值的实业投资量 I_1 由下面的一阶条件决定：

$$\frac{\partial F}{\partial I_1} = Qr_1\alpha\frac{(I_1 - I_0)^{\alpha - 1}}{(Q + \Delta I)^\alpha} - r_2 = 0$$

求解上式，容易得到最优化的实业投资量 I_1^* 为：

$$I_1^* = I_0 + \left[\frac{r_2}{\alpha Qr_1}(Q + \Delta I)^\alpha\right]^{\frac{1}{\alpha - 1}}$$

由于 $0 < \alpha < 1$，显而易见，在初始总资产存量（Q）和新增投资量（ΔI）一定的情况下，最优化的实业投资量 I_1^* 随着金融投资的收益率（r_2）增大而减小，随着实业投资的收益率（r_1）增大而增大。这意味着，最优化的实业投资量 I_1^* 取决于金融投资收益率和实业投资的收益率之间的相对大小（即 $\frac{r_2}{r_1}$）：当金融投资的收益率越是大于实业投资的收益率（即 $\frac{r_2}{r_1}$ 越大）时，金融投资对实业投资的"挤出效应"越强。

特别地，当 $\frac{r_2}{r_1} \to +\infty$ 时，$\lim\left[\frac{r_2}{\alpha Qr_1}(Q + \Delta I)^\alpha\right]^{\frac{1}{\alpha - 1}} \to 0$，$\lim I_1^* \to I_0$。这意味着，当金融投资的收益率充分大于实业投资的收益率时（如 r_1 很小而 r_2 很大），扩大再生产的投资将趋于零，新增投资将仅被维持在弥补折旧的水平（即 I_0），此时社会的总产出水平不能增加。

命题 1（"挤出效应"）：金融投资对实业投资的"挤出"随着金融投资收益

率的增加而增强，当金融投资的收益率充分大于实业投资的收益率时，扩大再生产将不复存在，金融资本完全挤出了增量实业资本。我们将这种情况定义为金融资本对实业资本的"挤出效应"。

②情况2：当 $I_1 = I_0$ 时

当 $I_1 = I_0$ 时，新增投资量恰好等于当期折旧所需的投资量门槛值，这意味着投资增量仅能满足维持既有产出的资产耗损需要，而扣除折旧后的新增净投资为0。此时，产出增长率为 0（即 $\left(\frac{I_1 - I_0}{Q + \Delta I}\right)^{\alpha} = 0$），不存在扩大再生产，社会总产出将维持在初始水平，相应的总收益增量为：$F_{I_1 = I_0} = Qr_1 + [I + (\Delta I - I_0)]r_2$。

③情况3：当 $I_1 < I_0$ 时

当 $I_1 < I_0$ 时，根据相关参数条件，二阶导数 $\frac{\partial^2 F}{\partial I_1^2} = \frac{Qr_1}{(Q + \Delta I)^{\alpha}} \alpha(\alpha - 1)(I_1 - I_0)^{\alpha - 2} > 0$，此时函数 F 存在极小值，并且取得极小值的实业投资量 $I_1^{\#}$ 由一阶条件 $\frac{\partial F}{\partial I_1} = 0$ 决定。容易得到：$I_1^{\#} = I_0 - \left[\frac{r_2}{\alpha Q r_1}(Q + \Delta I)^{\alpha}\right]^{\frac{1}{\alpha - 1}}$。

由于目标是求取函数 F 的极大值，在 $I_1 < I_0$ 的条件下，需要进一步确定 I_1 的定义域。从经济意义上看，$I_1 < I_0$ 实际上意味着新增投资量 I_1 甚至无法抵补当期折旧所需的投资量 I_0，这意味着实体部分的投资无法维持原有的生产状态，可分两段考虑：(a) 当 $I_1 \in [0, I_0)$ 时，虽然新增实体经济投资量无法抵补当期所需折旧，但 I_1 毕竟大于0，这说明实体经济的减少主要来自于折旧带来的耗损；(b) 当 $I_1 < 0$ 时，情况有所不同，实业投资出现了负增长，金融部分的投资则超过了 ΔI，从经济意义上看，这只能通过以变卖存量实业资产（Q）来增加金融投资的方式实现①，换言之，此时 I_1 的下限最低可为 $-Q$，即变卖全部的实业资产来进行金融投资。综合 $I_1 \in [0, I_0)$ 和 $I_1 < 0$ 的情况，容易得到：当 $I_1 < I_0$ 时，I_1 的定义域为 $I_1 \in [-Q, I_0)$。

由于使函数 F 取得极小值的实业投资量为 $I_1^{\#}$，于是得到 F 在整个 I_1 定义域区间 $[-Q, I_0)$ 的单调性为：

(a) 当 $I_1 \in [-Q, I_1^{\#})$ 时，容易得到 $\frac{\partial F}{\partial I_1} < 0$，F 单调递减，故 F 在 $I_1 = -Q$ 时取得最大值，且最大值为 $F_{I_1 = -Q} = Q\left[1 + \left(\frac{-Q - I_0}{Q + \Delta I}\right)^{\alpha}\right]r_1 + [1 + (\Delta I + Q)]r_2$；

---

① 由于此处我们考虑的是整个社会的经济行为，因此，在不考虑对国外负债（从外国融资）的情况下，超过增量投资部分的金融投资只能通过经济体内部的"自融资"来实现，即通过减少实体投资来支持金融投资。在考虑对国外负债（从外国融资）的情况下，具体的分析与下文的关于代表性企业的分析类似。

（b）当 $I_1 \in [I_1^\#, I_0)$ 时，$\frac{\partial F}{\partial I_1} > 0$，$F$ 单调递增，F 在 $I_1 \to I_0$ 过程中极限趋近最大值，即 $F_{I_1 \to I_0} = Qr_1 + [1 + (\Delta I - I_0)]r_2$。

对于 $F_{I_1 = -Q} = Q\left[1 + \left(\frac{-Q - I_0}{Q + \Delta I}\right)^\alpha\right]r_1 + [I + (\Delta I + Q)]r_2$ 而言，由于 Q 是一个相当大的数，而 $\lim\limits_{Q \to +\infty}\left(\frac{-Q - I_0}{Q + \Delta I}\right)^\alpha = -1$，也即 $F_{I_1 = -Q}$ 可以近似的表示为：$F_{I_1 = -Q} = [I + (\Delta I + Q)]r_2$。

由于 $F_{I_1 \to I_0} - F_{I = -Q} = Qr_1 - I_0 r_2 - Qr_2 = Q(r_1 - r_2) - I_0 r_2$，故：

（a）当 $r_1 < \frac{I_0 + Q}{Q} r_2$ 时，$F_{I_1 \to I_0} - F_{I = -Q} < 0$，此时 F 在 $I_1^{**} = -Q$ 时取得最大值；

（b）当 $r_1 > \frac{I_0 + Q}{Q} r_2$ 时，$F_{I_1 \to I_0} - F_{I = -Q} > 0$，此时 F 在 $I_1^{**} = I_0$ 时取得最大值。

根据上述结果，我们得到以下两个命题：

命题 2（"替代效应"）：当实体经济的新增投资量 I_1 低于当期所需折旧 I_0 时，如果金融投资的收益率 r_2 大于实业投资的收益率 r_1[①]，那么，实体投资的缩减和金融投资的增加将持续进行，这种金融资本对实业资本的持续"替代"将最终导致金融投资完全取代实体投资。我们将这种情况定义为金融资本对实业资本的"替代效应"。

命题 3（"排斥效应"）：当实体经济的新增投资量低于当期所需折旧时，如果实业投资的收益率 r_1 充分大于金融投资的收益率 r_2[②]，那么，实体投资将被保持在尽量接近 I_0 的水平，这意味着实体经济具有自我维持动力，金融资本对实业资本的"替代"将遭到"排斥"。我们将这种情况定义为实业资本对金融资本的"排斥效应"。

特别值得注意的是，$I_1^\#$ 实际上定义了 F 在区间 $[-Q, I_0)$ 内的单调性临界点，而 $I_1^\#$ 的值与金融投资收益率和实业投资的收益率之间的相对大小$\left(\text{即} \frac{r_2}{r_1}\right)$有关。很明显，当 $\frac{r_2}{r_1} \to +\infty$ 时，$I_1^\# \to I_0$，这意味着，当 $\frac{r_2}{r_1}$ 充分大时，实际上 F 在整个区间 $[-Q, I_0)$ 内都是单调递减的。换言之，当金融投资的收益率充分大于实业投资的收益率时，"排斥效应"将不复存在，而"替代效应"则将一直持续

---

① 事实上，$r_1 < r_2$ 是一个更严格的条件，如前所述，实际上当 $r_1 < \frac{I_0 + Q}{Q} r_2$ 时即可。

② 本例中，"充分大于"的条件即 $r_1 > \frac{I_0 + Q}{Q} r_2$。

进行，直至实体投资完全消耗殆尽。

2. 泡沫的崩溃：破裂条件与支撑力量

在上文中，我们从社会总体资源配置的角度，对泡沫形成过程中的金融投资和实业投资之间的交替关系进行了分析，这一分析清楚地显示了在资产价格泡沫形成和膨胀的过程中（即金融资产的收益率不断增大的过程中），金融投资是如何一步步"挤出"甚至"替代"了实业投资的。

然而，显而易见的是，在实际经济中，金融投资对实业投资的挤出和替代不可能一直持续到耗尽整个社会全部实业资产的程度——在大部分情况下，在金融投资对实业投资实现完全的替代之前，泡沫就已经破裂了。那么，下面我们要进一步追问的是：在金融投资挤出实业投资的过程中，资产价格泡沫是如何破裂的？又是什么决定了破裂前资产价格泡沫的严重程度？从经济学的视角来看，前者涉及泡沫崩溃的实现条件，后者涉及泡沫崩溃临界点的决定因素。

为简化分析，假定经济中代表性企业的总资产为 A，负债比例为 ϕ（$0 < \phi < 1$），债务利率为 r_m，$r_m > 0$。全部投资分为实体经济投资和金融投资两部分，其中：实体投资占比 α（$0 < \alpha < 1$），收益率为 r_1，$r_1 > 0$；金融投资占比 $1 - \alpha$，收益率为 r_2。设金融投资的收益率 r_2 是一个随机变量，满足 $r_2 = \varepsilon r_{2e}$，其中，r_{2e} 是金融投资的平均期望收益率（$r_{2e} > 0$），ε 为随机变量。不失一般性，设 ε 的分布函数为 F(ε)，F(ε) 单调递增，E(ε) = 1，则 $E(r_2) = r_{2e}$。

作为银行提供贷款的事前约束，企业贷款的债务本息和 $A\phi(1 + r_m)$ 应小于企业的总资产 A 与实业投资的回报 $A\alpha r_1$ 之和 $A + A\alpha r_1$，即：$A\phi(1 + r_m) < A + A\alpha r_1 \Leftrightarrow \phi(1 + r_m) - 1 - \alpha r_1 < 0$。根据一般经济原理，企业破产的条件是资不抵债，即：

$A\alpha(1 + r_1) + A(1 - \alpha)(1 + r_2) < A\phi(1 + r_m)$，P - a.s.

代入 $r_2 = \varepsilon r_{2e}$，可得：$1 + \alpha r_1 + (1 - \alpha)\varepsilon r_{2e} < \phi(1 + r_m)$，P - a.s.

也即：$\varepsilon < \dfrac{\phi(1 + r_m) - 1 - \alpha r_1}{(1 - \alpha) r_{2e}} := \varepsilon_0$，P - a.s.

设银行（贷款人）可接受的违约概率为 p_0，于是有：$\Pr(\varepsilon < \varepsilon_0) = p_0$。

如前所述，由于 $\phi(1 + r_m) - 1 - \alpha r_1 < 0$，$0 < \alpha < 1$，$r_{2e} > 0$，容易得到：ε < 0，于是有：$F^{-1}(p_0) < 0$。

根据前述 ε_0 定义，可得负债比例的上限为：$\phi_u = \dfrac{(1 - \alpha) r_{2e} F^{-1}(p_0) + 1 + \alpha r_1}{1 + r_m}$

设银行（贷款人）可接受的平均贷款抵押率为 γ，则负债比例需满足：

$\dfrac{A\phi_u}{A(1 - \phi_u)} \leq \gamma$

很明显，当金融资产的收益主要是靠贷款投资的支持时，一旦金融资产价格的上涨超过了贷款抵押率所能支撑的范围，资产价格泡沫就会破灭，因为进一步的价格上涨所需的新增贷款无法获得。换言之，当 $\dfrac{A\phi_u}{A(1-\phi_u)} > \gamma$ 时，资产价格泡沫开始破裂。

通过将 ϕ_u 的值代入 $\dfrac{A\phi_u}{A(1-\phi_u)} > \gamma$，可得资产价格泡沫破裂的条件为：

$$r_{2e} < \dfrac{\left(1 - \dfrac{1}{1+\gamma}\right)(1+r_m) - 1 - \alpha r_1}{(1-\alpha)F^{-1}(p_0)} = Z$$

在上式中，Z 实际上定义了泡沫破裂的门槛值（临界条件）。如前所述，由于 $0 < \alpha < 1$ 且 $F^{-1}(p_0) < 0$，于是容易得到：$\dfrac{\partial Z}{\partial \gamma} < 0$，$\dfrac{\partial Z}{\partial r_m} < 0$，$\dfrac{\partial Z}{\partial r_1} > 0$。这说明，当抵押率（杠杆率）提高，债务利率（贷款利率）提高，或者实体投资的收益率下降时，资产价格泡沫破裂的门槛值 Z 将降低。换言之，不断增加的融资杠杆、贷款利率的上升和实业投资收益率的下降，都具有支撑价格泡沫的作用①。

对于 $\dfrac{\partial Z}{\partial \alpha} = \dfrac{F^{-1}(p_0)[\gamma(r_m - r_1) - r_1 - 1]}{(1+\gamma)[(1-\alpha)F^{-1}(p_0)]^2}$，由于实体投资的收益率 r_1 通常情况下大于债务利率 r_m（否则实体经济的投资将会逐渐萎缩至 0），故 $(r_m - r_1) < 0$，结合前述条件 $F^{-1}(p_0) < 0$ 和 $\gamma > 0$，可得：$\dfrac{\partial Z}{\partial \alpha} > 0$，$\dfrac{\partial Z}{\partial (1-\alpha)} < 0$②。这意味着，随着实业投资比例 α 的减小和金融投资比例 $1-\alpha$ 的增大，资产价格泡沫破裂的门槛值 Z 将降低。也就是说，在金融投资挤出实业投资的过程中，资产价格泡沫得到了进一步的支撑。

上述结果是容易理解的，贷款利率的上升和实业投资收益率的下降使得银行和企业都具有更强的动力涌向收益率更高的金融投资，而融资杠杆的提高则意味着银行实施了更为宽松的信贷政策（或信贷标准降低），此时信贷扩张的程度进一步加大，支撑泡沫的资金动力更为充足，而泡沫的"自我实现"过程往往就是资金推动价格攀升的过程。已有的实证文献也已表明，无论是工业化国家，还是新兴市场国家，信贷繁荣期之前均存在金融杠杆明显放大的现象（Mendoza &

---

① 由于资产价格泡沫破裂的临界条件为 $r_{2e} < Z$，因此，Z 值下降实际上相当于降低了资产价格破裂的上限约束，此时 $r_{2e} < Z$ 变得更难满足，于是资产价格泡沫也就更难破裂（获得更强支撑）。

② 实际上，从数学上看，只需 $\gamma(r_m - r_1) - r_1 - 1 < 0$，即 $r_m < \dfrac{1 + r_1 + \gamma r_1}{\gamma} \Leftrightarrow \dfrac{(1+r_m)}{(1+r_1)} < \dfrac{1+\gamma}{\gamma}$ 时，$\dfrac{\partial Z}{\partial \alpha} < 0$ 就可以成立。

Terrones, 2008),而在金融泡沫酝酿、形成和发展的过程中,银行信贷的大幅扩张往往成为主要的"幕后推手"(马勇、杨栋、陈雨露,2009)。

命题 4:高杠杆、高利率和高金融投资将加大资产价格泡沫的严重程度,而实业投资收益率的下降和投资比例的减小将增加资产价格泡沫的自我维持能力。

3.3.3 周期性泡沫推动的金融危机:阶段与机制

从上文的分析,我们可以看出,在泡沫形成、膨胀和崩溃的过程中,资产价格、利率(收益率)水平和信贷的可获得性起着非常重要的作用。然而,要对金融危机发展过程中的价格、利率和信贷之间的关系进行准确刻画却并非易事。在传统经济学的分析框架下,由于隐含假定了各种经济参数的不变性,可贷资金的供给与需求始终被假定为是稳定而相互独立的,即:可贷资金供给和需求的曲线具有不变的斜率,两条曲线的移动并不相互影响①。这些假定意味着,在可贷资金供给不变的情况下,可贷资金需求的增加会导致利率的上升,而利率的升高会增加信贷扩张的成本,从而制约信贷扩张的速度和规模。简言之,市场机制本身具有自我调整和抑制泡沫的效应。

然而,在周期性泡沫推动金融危机的过程中,上述经典的分析模型并不能成立。事实上,在整个泡沫经济的发展过程中,信贷资金的供给与需求不仅不是相互独立,而是高度彼此依赖;同时,信贷资金的供求曲线也并不总是稳定的,而是典型地在不同的阶段会发生显著的斜率变化。理解上述信贷资金供求之间的相互依赖性,其核心要点在于,与一般的商品市场和交易对象不同,信贷市场本质上是一个关于承诺的市场,而作为交易对象的信贷,其价值的决定因素主要不是作为普通商品的使用价值,而是预期。典型地,在泡沫经济的环境中,当融资目的成为市场的主导性驱动因素时,无论是信贷资金的供给,还是信贷资金的需求,均严重依赖于对未来资产价格的预期——此时,信贷资金的供给和需求就将紧密相关且同向变动。此外,随着市场主体随资产价格变动调整预期速率的变化,在泡沫经济发展的不同阶段,信贷资金的供给和需求曲线会发生相应的斜率变化,也就是说,资产价格预期的变化还会导致市场主体对信贷资金价格(利率)敏感性的变动。

根据上述分析,为对周期性泡沫推动的金融危机进行一个直观的刻画,并对危机发展的阶段特征和演变机制进行分析,我们给出了如图 3 - 25 所示的逻辑示意图。图中 D_i 表示信贷资金需求曲线,S_i 表示信贷资金供给曲线。整个泡沫酝

---

① 当一条曲线在外生冲击下移动时,通常假定另一条曲线的位置不变。

酿、持续扩张和崩溃的全过程大致可分为三个阶段:

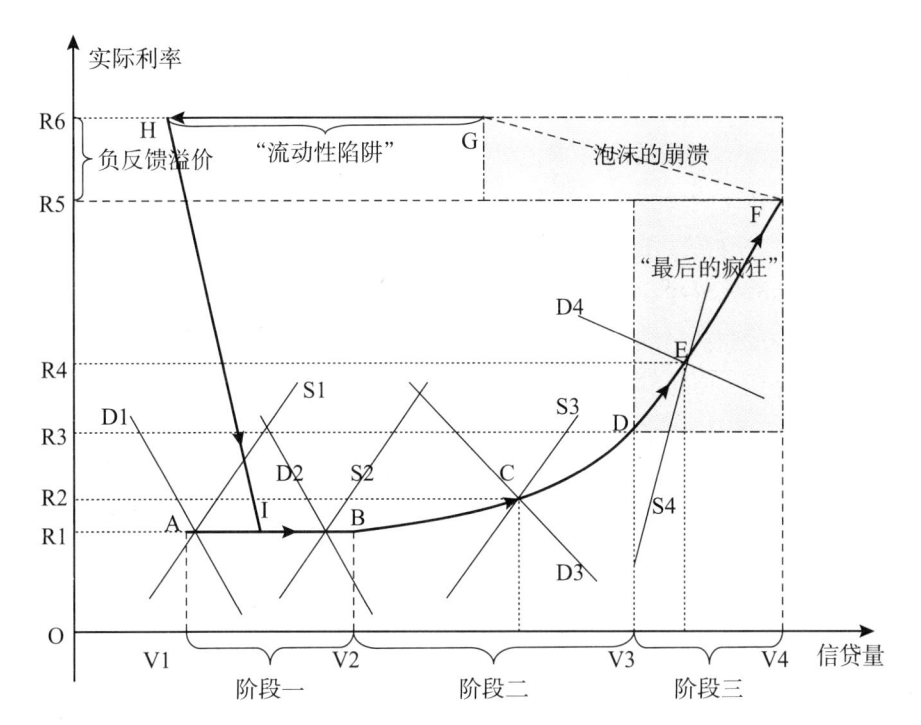

图 3-25 金融危机形成与崩溃过程中的资产价格、利率与信贷

阶段一（A→B）：理性上涨阶段。假定经济最初处于回升初期的 A 点，在这一点上，对应的资产价格为 P_A，P_A 小于按照社会平均预期收益率折现的资产价格，因而资产的价值被相对低估，投资者存在资产价格继续保持上涨的预期。从理论上讲，假定资产的合理价值（即按照社会平均预期收益率折现的资产价格）为 P_B（对应于图中的 B 点），那么，在资产价格达到 P_B 之前，投融资双方将对资产价格的上涨达成一致预期——也就是说，在资产价格从 P_A 上升至 P_B 之前，投融资双方将认为资产价格的上涨是对资产合理价值的理性回归，此时可贷资金的供给与需求将出现伴随资产价格上涨同时右移的情况。于是，在整个从 A→B 的过程中，信贷资金的供给和需求均与预期的资产价格上涨正相关（同时向右移动），而信贷的不断扩张也使得预期的资产价格上涨不断获得了自我实现。由于信贷资金的供给和需求曲线同时向右移动（D1→D2，S1→S2），而均衡的利率水平并不上升（始终维持在 R1 的水平），因而信贷扩张和资产价格的上涨可以在不增加信贷资金价格（利率）的情况下实现。显而易见，在这种信贷资金供给和需求同时随资产价格上涨向右移动的过程中，市场通过价格（利率）升降变化进行自我调整的机制并不存在；信贷量在从 V1 升高至 V2 的过程中，资产价格不断上升，而利率始终维持在较低水平（即初始水平 R1）。总体而言，由于在此阶段（A→B），资产价格的上涨尚控制在"合理价值"范围内，故我们称其为"理性上涨阶段"。

阶段二（B→D）：持续扩张阶段。一旦资产价格超出了 P_B，那么价格的继续上涨就不能再用"价值的合理回归"来解释，这也意味着经济正从回暖走向过热。然而，在此阶段，资产价格轻松越过 P_B 并继续持续上涨的态势，实际上并不会遭遇多大的实际阻力，主要原因在于：在宏观经济持续向好的情况下，投资者会对未来的经济增长产生乐观的预期，这种乐观预期不仅会推动投资和信贷的进一步扩张，而且对增长率预期的提升本身也会增加未来现金流回收的速度，从而推升当前资产的贴现价格。也就是说，在宏观经济从回暖逐渐转向过热的过程中，这种转变不仅难以被投资者准确识别，而且还会强化其乐观预期并对之前的风险态度进行"自我修正"——在资产价格不断上涨的过程中，由于市场短视（myopia）和羊群效应（herd effect）的驱动，原"阶段一"中的部分风险厌恶和风险中性的投资者也会向风险偏好型的投资者转变，而一旦这种转化是系统性的，整个市场的信贷需求曲线就会发生斜率改变：在短期高收益的刺激下，信贷需求对利率变动的反应更加敏感，较小的利率下降将引致更大的信贷需求量（D3 比 D1 和 D2 更为平坦）。同时，对于信贷供给者（银行）而言，宏观经济的景气状态不仅改善了自身的资产负债状况，而且改善了其借款人的资产负债状况，这种借贷双方的同周期性（procyclicality）效应使得银行不仅轻易满足了监管方的资本要求，而且有理由相信其承担的信贷风险正在经历一个真实的、持续降低的过程（马勇、杨栋、陈雨露，2009），此外，宏观经济景气周期中常常伴随着银行之间竞争效应的增强，而这种竞争效应也会导致由抢占市场份额而引发的信贷扩张。于是，在资产价格从 P_B（对应 B 点）上升到 P_D（对应 D 点）的过程中，银行会持续地增加信贷供给，并且保持相对稳定的信贷供给标准（即信贷供给的利率弹性不变，S3 与 S1 和 S2 具有相同的斜率）。上述过程反映在图 3-25 中表现为：与"阶段一"相比，此阶段由资产价格上涨推动的信贷需求更为强劲，在信贷供给稳定扩张的情况下，投资者需求的增加和风险偏好的提升将导致均衡利率的溢价（从 R1 上升至 R3）。总体而言，在整个阶段二（B→D），信贷需求的增加提高了信贷扩张过程中的实际利率水平，但由于景气周期下的风险因素被市场的表面繁荣所掩盖，信贷供给的扩张依然在同周期性效应的作用下稳定进行，于是，在资产价格从 P_B 上升到 P_D 的过程中，信贷量经历了从 V2 到 V3 的持续扩张，但均衡的市场利率只出现了一个温和的攀升，信贷市场通过价格机制进行自我调整的作用依然是严重不足的。

阶段三（D→F）：投机阶段。如果说 B→D 可看作主要是由需求推动的持续扩张的话，那么，从 D→F 的过程则经历了供需双方的同时推动。在 D→F 的过程中，资产价格上涨的速度越来越快，投资者在短期高收益和"博傻"观念的驱动下，逐渐陷入了疯狂性投机的阶段。由于此时投资者的主要目标是获取资本利得（短期炒作），而这种纯粹追逐短期利益的行为模式严重依赖资金的可获得性和借贷成本（利率），因而在此阶段，信贷需求曲线将变得更为平坦（D3→D4），对利率的敏感性也更高。与此同时，随着资产价格的持续迅猛攀升，投机成分越来越严重，市场中的投机性融资企业（speculative-financed firm）和庞氏企业（ponzi firm）迅速增多①，这使得部分审慎经营的银行在提供增量信贷的过程中，不得不通过提高利率来应对未来可能出现的高违约风险。随着越来越多的银行开始对增量信贷采取保守策略，信贷资金的供给曲线也将发生斜率改变——与 S3 相比，S4 更为陡峭——这意味着，在投机主导的高风险状态下，信贷供给对利率升高的敏感性降低，此时利率攀升对信贷供给的刺激效应逐渐减弱。总体而言，在整个阶段三，资产价格的继续上升主要依靠资金驱动，因而投资者对信贷需求的依赖性越来越高，而银行对于信贷供给的条件也越来越严格，两相作用之下，一个相对较小的增量信贷扩张（V3→V4），也将使得信贷市场的均衡利率出现较大幅度的攀升（R3→R5）。

当然，虽然上述资产价格泡沫与信贷扩张的彼此强化具有"自我实现"（self-fulfilling）的性质，但这种"自我实现"并不能无休止地进行下去。正如我们在上一部分所指出的，在泡沫经济的末期，一旦资产价格的上涨超过了贷款抵押率所能支撑的范围时，由于进一步的价格上涨缺乏新增资金的支持，资产价格泡沫就随之达到了破灭的临界条件（Z）。此时，任何一个哪怕是微不足道的外部冲击（或者仅仅是由于预期的突然改变），都可能使整个资产价格泡沫在瞬间崩溃，并由此引发一系列连锁反应，最终诱发系统性的金融危机。特别值得注意的是，当泡沫的积累临近最后阶段时，资产价格高位维持的主要力量来自于预期，但此时的预期却是特别脆弱的，而且越来越短期化，这使得任何影响预期的随机事件都可能带来系统性的崩溃。换言之，泡沫尾声通常呈现出一系列极不稳定的特征，如价格剧烈、频繁的波动，预期的易改变性，以及对市场事件的分歧和过度解读，等等。

为了进一步说明泡沫破裂后的运行轨迹，我们假定资产价格上涨在"阶段三"的末期（F 点）达到了破灭临界值，此时一个外部冲击使得资产价格泡沫开始破裂。由于信贷扩张事实上早已难以为继，于是资产价格加速暴跌，企业纷

---

① 见前文关于明斯基所界定的抵补性企业（hedge-financed firm）、投机性企业（speculative-financed firm）和庞氏企业（ponzi firm）的说明。

纷破产，金融机构坏账大量增加，消费意愿持续低迷，低投资，低产出，通货紧缩，信贷紧缩……随之而来的是经济不可避免的衰退甚至萧条。在危机大规模爆发的最初阶段（F→G），一方面，由于银行坏账大量增加，资本金被严重侵蚀，银行的放贷能力显著下降；另一方面，由于企业大量破产，市场信心极度涣散，投资意愿也迅速萎缩。两相作用之下，实际的信贷量将从危机爆发前的峰值（V4）直接下降至 G 点所对应的信贷水平，同时，市场信息的紊乱进一步削弱了银行的信贷意愿，由于信贷能力和信贷意愿同时下降，F→G 的过程中还将伴随利率升水效应——一种对信贷短缺的"负反馈溢价"①。

当资产价格和信贷从 F 直接下降至 G 所对应的水平后②，虽然实际的利率水平维持在高位（R6），但资产价格和实际的信贷量依然在悲观预期的作用下持续下降。在这一阶段（G→H），中央银行的利率政策将面临"流动性陷阱"，即中央银行试图通过降低利率来刺激信贷增加和经济复苏的措施往往难以奏效，这是因为：经济衰退打击公众信心，有效需求的不足将导致长期利率升高，此时即使名义利率降至为 0，实际利率在通货紧缩的情况下依然很高（Krugman，1998）。随着资产价格的进一步下降，并逐渐重新回到"合理价值区间"③ 的低位时（如图中 H 点对应的资产价格 P_H），由于 P_H 处于被低估区间，部分价值投资者开始购买这些跌入谷底的"廉价资产"，于是资产价格开始缓慢回升，市场信心逐渐恢复，长期高居不下的实际利率也开始下降。在 H→I 的过程中，资产价格和实际信贷开始企稳和慢慢回升，通货和信贷紧缩逐步解除，危机后持续高企的实际利率随之下降，经济重新开始进入逐渐复苏的阶段。

从上面的分析可以看出，在整个周期性泡沫推动金融危机的过程中，A→B→C→D→E→F 属于资产价格、利率和信贷的"正反馈"阶段，F→G→H 则属于三者之间的"负反馈"阶段④。而当 H 在信贷资金的推动下，再次沿着 I→B→C→D→E→F 的方向发展时，下一个泡沫周期又开始了。

3.3.4 结论性评价

20 世纪的最后 20 年里，基于理性预期假设的有效市场理论占据了宏观经济学的主流，这一理论假定人的认知能力是无限的，市场的风险状态是可以识别

---

① 实际利率将从 R5 上升至 R6，(R6 - R5) 即为相应的利率升水。
② 注意，G 点所对应的资产价格水平和信贷量已经回落至资产价格上升期原"阶段二（持续扩张阶段）"的水平。
③ 即原"阶段一"[A，B] 所代表的价格区间。
④ 图 3-25 中两个阴影分别标示了在"正反馈"阶段末期的资产价格非理性飙涨（"最后的疯狂"）和"负反馈"阶段初期的泡沫急剧崩溃。

的，因而均衡状态会自动地朝着有效率的方向趋近①。然而，大量的实证研究发现，市场从来都不是"有效的"，价格剧烈频繁的波动、周期性的泡沫以及由此引发的金融危机已经成为 20 世纪 70 年代以来世界经济的一个常态。尤其是，现代经济金融周期不仅表现出与实际经济周期理论（Real Business Cycle Theory）完全不同的特征事实，而且在一些特定的条件下，任何微小的变化都可能通过金融市场的作用，加速并放大对实体经济的冲击。

与传统危机分析框架集中于信息不对称下的"融资约束"不同，本书认为，要真正深入理解"金融化"条件下的现代经济周期和波动特征，必须通过建立一个金融和实体经济相互联系和彼此作用的基本框架，将分析扩展至整个危机形成、发展和崩溃的全过程②。这一框架既是内生于市场主体投资行为之中的，又能将金融与实体经济之间的持续反馈机制纳入其中。正是基于上述考虑，本章从市场主体投资行为的角度，对泡沫、实体经济和金融危机之间的作用机制提供了一个周期性的分析框架。在这一框架下，我们不仅对泡沫经济推动的周期性金融危机的基本机制和主要特征进行了分析，而且对金融危机发展过程中的价格、利率和信贷机制提供了新的、更加贴近现实的解释。

与传统的主流分析框架相比，本章的分析框架特别强调了以下三个关键的核心要点：第一，信贷市场本质上是一个关于承诺和预期的市场，当融资目的成为市场的主导性驱动因素时，信贷资金的供给与需求不仅不是相互独立，而是高度彼此依赖，这意味着在周期性泡沫推动金融危机的过程中，经典经济学教科书中的那些标准的静态均衡模型并不能成立；第二，在泡沫经济推动金融危机的过程中，必定内生地包括实体投资和金融投资的"交替关系"，泡沫的积累过程既是金融部门膨胀的过程，同时也是实体经济被挤出的过程，只有在金融和实体经济之间的互动关系中，金融危机的生成机制才能被完整理解；第三，泡沫经济推动金融危机的过程是一个分阶段的渐进过程，在泡沫经济发展的不同阶段，资产价格预期的变化会导致市场主体对信贷资金价格（利率）敏感性的变动，理解这一点对深刻认识金融危机发展过程中的价格、利率和信贷机制至关重要——在主流的均衡分析框架下，市场过程往往被简单地"抽象"掉了，而对市场过程本身的认识恰恰是理解泡沫经济和金融危机生成机制的关键。

围绕上述核心要点，在本章的周期性分析框架下，我们得出了以下基本结论和启示：

---

① 由于有效市场理论被当时的学术界和主要国家的中央银行所普遍接受，于是随之而来的是金融自由化和金融创新的活跃，以及金融力量在全球范围内的增长。

② 也就是说，我们需要的是一个完整的周期性分析框架，而不是像过去那样，始终将分析局限于整个危机发生周期的"后半程"（即危机发生后的信贷紧缩和经济衰退，如伯南克等人的研究）。

（1）关于危机视角下金融和实体经济的关系。本章的研究表明，在泡沫经济的形成过程中，金融资本对实业资本的"挤出效应"随着金融投资收益率的增加而增强，一旦实体经济的新增投资量低于当期所需折旧时，只要金融投资的收益率大于实业投资的收益率，那么，金融资本对实业资本的"替代"就将持续进行。也就是说，在可动用的社会总资源既定的情况下，金融部门的膨胀和超速扩张是以实体部门的萎缩和加速衰减为代价的。在现实经济中，我们也看到，近年来在金融创新的推动下，金融部门的发展越来越脱离实体经济，金融交易也越来越脱离真实的经济条件，金融资产数量的成倍扩张早已打破了传统古典和新古典经济学中的"储蓄—投资"转化和平衡机制，而当实体经济活动的一些标准（如实物投资的机会成本）变得要由金融交易来确定时，金融部门实际上已经在很大程度上主导了实体经济。理解后一点很重要，因为与金融资产扩张所带来的"量变"相比，由投资判断标准（机会成本）改变所带来的"质变"才是从根本上导致过度金融创新和经济泡沫化的根源。

（2）关于泡沫的非理性生长。从投资的角度来看，泡沫无疑由过度投资引起的，然而，问题的关键在于，究竟是什么导致了普遍的过度投资呢？本章认为，对于理解投资而言，最重要的问题是预期的影响，而这一点在传统主流经济学框架下长期被忽略。在传统的主流经济中，市场的不确定性通常被描述为以一定概率分布的"信息状态集"，但这种对市场风险的处理方法并不能真正反映市场的不确定性本质，因为任何"可以特定概率定义的预期"从根本上看都只不过是一种先念的设定[①]。在真实世界中，市场是以难以预期的随机变化和事前的计划不一致为本质特征的连续过程，由于针对变化的调整将持续进行，因而这一过程不是数据外生变化的结果，而是主观预期的内生产物[②]。事实上，金融和实体经济的运行都内生于市场主体的行为之中，但由于人的认知能力的有限性，从而使得市场主体的行为表现出该高度的相互依赖性和同质性特征，正是这种普遍的相互依赖性和同质性导致了市场主体行为的高度正向相关性[③]，而这种市场主

[①] 在主流的新古典经济学框架下，信息的不完全性最终被"处理"为正的交易费用，而关于"封闭信息集"的假定则进一步保证了这些成本是可以在事前加以列举和描述的。在这种处理方式下，不确定性实际上已经转化为可以测度的概念，其状态集也最终被假定为完全为决策者所知。对于主流宏观经济学对于金融问题的忽略，以及由诸多不现实假定所引发的危机问题，张晓晶（2009）有一个比较全面的综述和评析。

[②] 对此，罗宾斯（1935, P.76）也曾指出："最基本的价格决定过程特别取决于人们对未来价格的预期，要想理解经济变化的过程，考虑这种预期是必须的，这种预期是整个偏好体系的一部分。"实际上，由于经济周期内生于人们的行为，而认知能力有限的公众处在一个信息不充分的局面中，所以，市场的走势关键取决于多少人持乐观或悲观的态度，而恰恰是这个重要的参数，没有人知道。

[③] 这意味着，有效市场理论所揭示的通过分散化降低风险的原理，其依赖的前提条件，即关于金融产品之间相互独立、人的行为并不关联的假定，实际上并不成立。

体之间的高度正相关性不仅影响现时的市场状态，而且还将通过预期影响未来。因此，一旦市场个体对"合理价格"形成某个取向一致的预期，那么，这个内生于市场过程本身的一致性预期也就成为了决定资产价格波动预期的内在基础。此时，如果市场中的个体认为结构性的变化会形成更高的"合理价格"的预期，那么过度投资和投机就会相继发生，泡沫也会在一致预期的推动下不断被放大，直到支撑这种预期的市场过程发生逆转为止。

（3）关于泡沫的破裂条件。本章的分析表明，在泡沫生长的最后阶段，一旦金融资产价格的上涨超过了信用扩张所能支撑的范围时，资产价格泡沫就达到了破裂的临界条件。同时，当泡沫的积累临近最后阶段时，资产价格高位维持的主要力量来自于预期，但此时的市场预期却呈现出极不稳定的特征，而这种不稳定性实际上反映出市场过程本身可能已经孕育着某些引发预期逆转的力量。在泡沫尾声，我们经常看到的那些典型的经济现象，如资产价格的高位滞涨与剧烈波动，市场行为的举棋不定和分歧加大，市场事件的多重解读和过度解读等，从本质上看，都应被视为市场主体关于"资产价格将继续上涨"这种一致性预期的逐步解体，此时，任何一个随机事件的冲击都可能诱发逆向预期的形成，导致资产价格泡沫的瞬间崩溃。值得注意的是，在高度相互依赖的预期形成机制下，关于利好市场预期的形成可能需要较长时间，而关于利空预期的实现则可能在极短时间内释放——这种预期形成和逆转的"不对称性"特征，可能从根本上源于人性对于安全的天然渴望和对于风险的极端厌恶。

（4）关于预警金融危机的"提前量"。对于经济学家而言，长期困扰他们的一个问题是：在泡沫经济形成的过程中，实体经济是如何被影响的？这其中的实现过程至关重要，因为防止泡沫经济所需要的先行指标是一个"提前量"，这个量不可能在泡沫经济后期去寻找①。本章在资产价格推动的金融分阶段挤出实体投资的框架下，对这一问题的分析提供了一个清晰的思路：在资产价格上涨初期，部分资金流入以股市、楼市为代表的金融领域②，实体部门的投资部分被挤出（这只是实体经济的增量减少）；在资产价格上涨中期，实体投资难以抵御短期高收益的诱惑，开始逐渐转向金融投资（主动变卖资产，证明实体经济的存量也开始减少）；在资产价格上涨末期，随着泡沫经济超预期的崩溃，前期进入金融市场的绝大部分实体资本都无法及时退出，并最终随资产价格泡沫破裂而蒸发。很明显，泡沫经济挤出实体部门投资并最终导致这些实体资本灭失的过程，

---

① 因为那时泡沫已经形成，只能进行泡沫治理而不是泡沫预防了。
② 房地产虽然具有实物形式和确切的使用价值（use value），但从其产业运作的特点来看，具有非常多的金融特性（如低资本金、高杠杆、投机性等）。在经济学文献中，论及资产价格泡沫问题，往往涉及股市和房地产市场。

是一个逐步的、渐进的过程，这也意味着，防止泡沫经济所需要的"提前量"是现实存在的一个过程量，因而是可以寻找的。根据前文的分析结果，以下指标可作为典型的指示经济泡沫化程度的"过程量"：信贷扩张程度、实际利率水平、投资收益率以及企业财务结构。具体而言，不断增加的金融杠杆、实际贷款利率的上升、实业投资收益率的下降和企业资产负债率的提高①，表明经济的泡沫化程度和系统性的金融风险正在加大。而当这些指标开始大幅偏离正常的经验水平时，可能意味着泡沫经济已经濒临崩溃的尾声。当然，这些指标作为"过程量"一直处于变动状态中，基于宏观审慎的政策调控如何选择合适的时点，依然需要细致深入的实证研究。

3.4 构建双稳定目标体系：金融稳定+实体经济稳定

20世纪70年代之前，金融不稳定往往与通货膨胀相伴而行，二者具有高度的一致性，这也使得早期的主流货币金融理论简单地将货币稳定作为金融稳定的充分条件加以对待。比如施瓦兹（1995）就宣称，维护物价稳定的货币政策可以显著降低金融不稳定发生的概率和严重程度，维护货币稳定的货币政策可以同时实现金融稳定。伯南克和米什金（1997）也认为，价格稳定和金融稳定具有高度一致性，二者可以同时在通货膨胀目标制的货币政策框架下实现。总体来看，鉴于早期的金融危机基本上都是在经济不稳定和高通胀时代发生的，因而早期的主流经济理论坚持认为，金融稳定是货币稳定的"副产品"，宏观政策只需要专注于货币稳定，就能同时实现金融和实体经济的双稳定。

然而，随着"大缓和"时代的到来，上述经典理论所依赖的经济基础发生了明显的变化。随着新经济和现代金融的发展，全球金融资产规模迅速增大，资产价格波动逐渐取代传统的一般物价渠道，成为宏观经济不稳定和总体价格波动的主要来源。事实上，自20世纪70年代以来，很多金融危机都是在没有出现明显通货膨胀的背景下发生的。比如，20世纪80年代后期日本的"泡沫经济"和90年代的亚洲金融危机都出现在一般价格水平比较稳定的环境中。IMF在2002

---

① 根据明斯基（1975）的观点，企业的资产负债率可以作为一个测度实体投资和金融投资相对吸引力的指标。一般认为，实体投资安全性较高，企业用自有资金投资实体经济项目，而用借入资金投资于风险较大的金融资产。企业资产负债率越高，说明实体经济盈利机会越来越少，经济增长越来越缓慢，更多的借款被用于非实体投资项目和非实体经济领域（如投机），投资于金融部门和实体经济部门的资金对比差距越来越大。将上述逻辑应用于本章的模型，可以认为，企业资产负债率的提高实际上意味着金融投资比例的上升和实业投资比例的下降。

年的《世界经济展望》也承认:"虽然资产价格波动并不是什么新现象,但是多数工业化国家过去20多年中,一个显著的特点是资产价格的持续上升和急剧下跌发生在消费物价下降和宏观经济稳定的环境中。"费拉多(Filardo,2000)和博利奥和洛维(Borio & Lowe,2002)通过研究后发现,历史上几次大的资产价格泡沫形成过程,都是出现在 CPI 稳定的环境下。美国西北大学教授克里斯蒂亚诺(Lawrence Christiano)的研究也表明,在美国过去 200 年出现的 18 次股市繁荣期中,通胀水平都毫无例外地低于其在非繁荣期的水平,在这种背景下,盯住通胀预期的货币政策模式实际上导致金融市场更加不稳定。

从本轮危机的表现来看,2007~2008 年上半年,全球范围内 CPI 上涨超过两位数的经济体达到 50 多个。但这一轮通胀的一个显著特征是"结构性",即在包括初级产品、股票和房屋等在内的资产价格快速上涨的同时,其余商品的价格总体上依然保持稳定(见图 3-26 和图 3-27)。2003 年初至 2008 年 7 月,包含食品、金属、能源等在内的 IMF 初级产品价格指数上涨了 230%,其中石油价格上涨超过 330%,但与此同时 CPI 基本保持稳定。全球 CPI 的显著上涨在 2007 年之后才开始显现,但也主要表现为以石油、粮食价格大幅上涨带动的结构性通胀,剔除这些因素的核心 CPI 则始终处于相对较低的水平。从某种意义上说,"结构性"通胀已成为当前通货膨胀的一种常态。"结构性"通胀掩盖了经济中的不稳定因素,使得一般意义物价水平的稳定丧失了货币政策"锚"的作用。

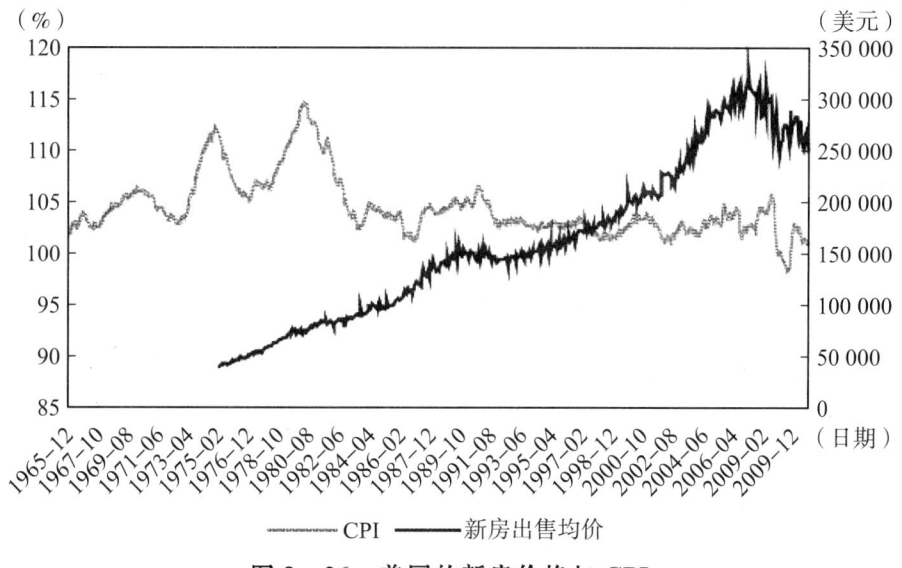

图 3-26 美国的新房价格与 CPI

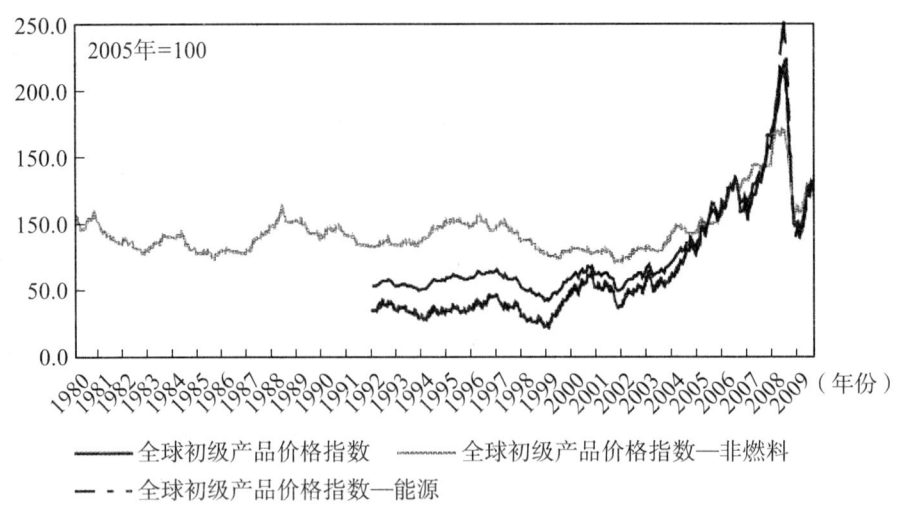

图 3-27　全球初级产品的价格指数

由于物价稳定与金融稳定经常性地出现"背离",导致传统的"物价稳定充分论"逐渐失去了其赖以成立的经济基础。尤其是此轮全球金融危机发生后,越来越多的经济学家开始承认,在新的时代条件和经济环境下,价格稳定仅仅只是金融稳定的必要条件,而非充分条件。事实上,经济失衡并不总是体现在价格水平的变化上,当经济主体存在过度乐观的倾向和对长期低利率政策的预期时,紧盯通胀目标的货币政策很难及时觉察潜在的风险。这意味着,如果中央银行仅仅将视野局限于传统的通胀指标,很可能放任日益扩大的金融失衡,最终导致整个实体经济出现过度的风险承担。

当失衡主要在金融领域发生,而以 CPI、PPI 等传统通胀指标度量的一般物价水平又处于相对平稳状态时,专注于"通货膨胀目标制"的货币政策不仅难以纠正日益严重的金融失衡,也很难捕捉到实体经济内部的各种结构性扭曲。最近 40 年的金融危机史也表明,在现代经济条件下,危机的发生可直接经由资产价格途径而非传统的通货膨胀渠道,仅仅依赖传统的货币政策和微观审慎监管很难维护金融体系的稳定,也很难确保经济的长期可持续增长。

事实上,在现代经济金融体系下,金融稳定和实体经济之间的关系已经密不可分,脱离任何一方面分离设置调控目标都将损伤政策的前瞻性和有效性,导致两方面的调控目标都无法实现。只有将金融稳定和实体经济的稳定同时纳入目标体系,才能加强政策协调性和一致性,并最大限度地避免政策调整滞后的问题。因此,从构建稳健的金融体系和为经济的长期可持续发展奠定货币金融基础的角度出发,迫切地需要将金融目标和经济目标同时纳入政策视野,从战略上平衡金融发展水平和实体经济发展阶段的协调问题,确保金融发展服务于经济发展而不是脱离实体经济"自我扩张",避免过度超前的金融扩张对实体经济的负面影响。

因此,要从根本上破解现代金融体系下泡沫、实体经济和金融危机的交互作用机制,迫切地需要在一个内生性的视野下,构建金融和实体经济的"双稳定"框架。在这一框架下,要实现无金融危机的稳定增长,需要在金融稳定和实体经济稳定之间构建一个彼此关联的合理安排,最终实现金融和实体经济的同时稳定(见图3-28)。这一框架至少应该包含以下三个方面的基本含义(陈雨露,2009):一是宏观调控体系应该把金融稳定和实体经济的稳定、资产价格与商品服务价格的共同稳定同时纳入目标体系之中,突破宏观调控目标设置中只关注"GDP+CPI"的狭窄视野;二是在稳步推进金融业开放的过程中,要确保宏观货币金融的稳定,防泡沫膨胀,防投机冲击,切断国际套利资本过度流入造成的货币金融危机机制;三是推进金融监管改革,重建金融监管的理论基础,将针对单个金融机构的监管和针对整个金融体系的总体信用水平的监管同时纳入监管框架。

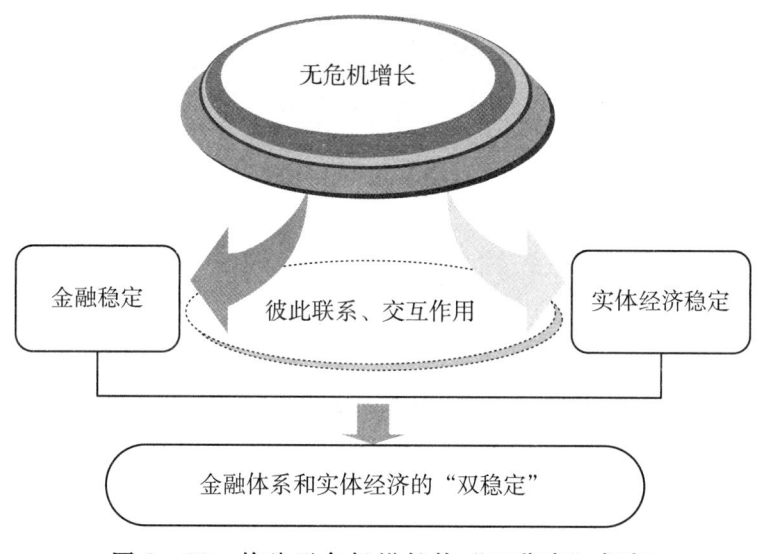

图3-28 构建无危机增长的"双稳定"框架

※ 本章基本结论 ※

1. 虽然每次危机都具备自身的特点,但从潜在危机因素的积累到明显失衡的发生,都会经历了一个真实的经济过程,这使得大部分危机在发生前都具备一些典型的共有特征,主要包括:良好的经济增长表现、国内信贷快速扩张、普遍的过度投资和资产价格快速上涨、贸易持续逆差并不断恶化、币值高估和外部资金大量流入等。

2. 历史经验表明,经济增长过程总是伴随着矛盾的积累,而金融危机也往往是在经济一片向好的情况下突然出现逆转。经济的持续繁荣常常导致信贷扩张和过度投资,进而推高资产价格,吸引外部资金流入,最终导致经济的过热和失控。伴随着金融不稳定因素的不断积累,一旦矛盾暴露,经济信心便会瞬间丧失,此时任何微小的冲击都可能成为危机导火索。

3. 从危机前后经济指标的变化情况来看,实际GDP增长率从危机前1年开始下滑,并在危机当年或危机后1年开始触底回升。实际私人信贷在危机前2年达到顶峰后急速下降,在危机当年出现阶段性底部后,通常还会在危机后第2年出现二次探底。银行存款在危机前1年开始急速下降,并在危机当年触底后震荡回升。银行对外负债从危机前2年开始急速下降,通常持续到危机后2~3年。实际利率水平从危机前1年开始明显下降,通常持续4年以上,部分国家还会出现负的实际利率。实际汇率水平通常在危机前2年或危机前1年达到峰值,随后急速下降。净资本流出通常在危机前1年达到顶峰,并在危机后1年探底。实际外汇储备的增长水平从危机前2年开始快速下降,并在危机当年触底。

4. 针对银行危机的典型案例分析表明,危机期间人均GDP从峰值到低谷之间的平均跌幅达到9.3%,持续时间接近2年。相比之下,危机对就业的影响则更为显著,从典型银行危机的历史平均值来看,失业率从峰值到低谷增加了7%,持续时间接近5年。在典型的银行危机前后,房地产实际价格从峰值到低谷的平均下跌幅度为35.5%,完成这一探底过程所需要的时间大约为5~6年,而股票等证券资产的价格下跌幅度更深,历史均值达到55.9%,探底过程也更迅速(历史均值为3.4年)。

5. 危机前的银行信贷一般都有一个明显的扩张过程,并且大部分国家在危机发生当年扩张至峰值,而危机后的银行信贷通常会出现明显下降,并且要经历较长时间才会逐渐恢复。从盈利情况来看,商业银行的税前利润与总资产之比往往在危机发生前几年保持良好态势,但危机前1年左右的时间即开始出现明显下滑,并在危机后1~3年的时间内跌至低谷。

6. 在信息不完全的情况下,随着内部融资成本和外部融资成本的差异扩大,厂商内部资金的可获得性将会对宏观经济产生重要影响,并通过金融加速器效应得以放大。金融加速器效应既可以通过资产价值和留存收益下降等"实际性冲击"实现,也可以通过货币政策等"货币性冲击"实现。当中央银行通过提高利率或减少货币供给执行紧缩性的货币政策时，信贷机制对消费和投资的影响通过两种渠道得以强化：资产负债表渠道和银行贷款渠道。前者增加了信息溢价，而后者减少了可供利用的信贷总量。

7. 在所谓"大缓和"时代，经济周期的熨平和拉长不仅掩盖了系统性风险积累的程度，而且制造了一种前所未有的繁荣假象。低通胀、高增长、持续攀升的资产价格，这一切使得人们的风险偏好能力增强，对风险补偿的要求降低，并追求更高的杠杆。无节制的金融创新不仅降低了利率，而且大大提高了信贷资金的可获得性，推动了资产价格的持续攀升。

8. 在泡沫经济推动金融危机的过程中，必定内生地包括实体投资和金融投资的"交替关系"，泡沫的积累过程既是金融部门膨胀的过程，同时也是实体经济被挤出的过程，只有在金融和实体经济之间的互动关系中，金融危机的生成机制才能被完整理解。

9. 泡沫经济推动金融危机的过程是一个分阶段的渐进过程，在泡沫经济发展的不同阶段，资产价格预期的变化会导致市场主体对信贷资金价格（利率）敏感性的变动，理解这一点对深刻认识金融危机发展过程中的价格、利率和信贷机制至关重要——在主流的均衡分析框架下，市场过程往往被简单地"抽象"掉了，而对市场过程本身的认识恰恰是理解泡沫经济和金融危机生成机制的关键。

10. 要从根本上破解现代金融体系下泡沫、实体经济和金融危机的交互作用机制，迫切地需要在一个内生性的视野下，构建金融和实体经济的"双稳定"框架。这一框架包含三个方面的基本含义：一是宏观调控体系应该把金融稳定和实体经济的稳定、资产价格与商品服务价格的共同稳定同时纳入目标体系之中，突破宏观调控目标设置中只关注"GDP + CPI"的狭窄视野；二是在稳步推进金融业开放的过程中，要确保宏观货币金融的稳定，防泡沫膨胀，防投机冲击，切断国际套利资本过度流入造成的货币金融危机机制；三是推进金融监管改革，重建金融监管的理论基础，将针对单个金融机构的监管和针对整个金融体系的总体信用水平的监管同时纳入监管框架。

第4章

双稳定框架下的外汇储备战略Ⅰ：货币政策视角

4.1 外汇储备、流动性过剩与资产泡沫：待解的货币政策困境

众所周知，由于科学技术的发展带来的通信交流全球化，及各国经济的快速发展带来的世界经济一体化，国际的贸易合作越来越广泛，跨国公司、直接投资、金融资本的自由流动等，也使各国之间的经济发展相关性越来越紧密。

全球经济同周期趋势下，各国经济的一荣俱荣、一损俱损，给我国经济带来了很严重的内外失衡问题。对外贸易的双顺差，对内的高储蓄、低消费，这些结构不均衡、发展方式扭曲的问题，无疑对我国的经济发展产生了很大的阻碍。更严重的是，与这些问题相伴随的巨额外汇储备及各方要求人民币升值的压力，使货币当局在制定和实施货币政策时也遇到困局。如何安排我国现今巨额外汇储备的用处，如何应对流动性过剩带来的通货膨胀，如何制定合适的货币政策并在其实施过程中尽量避免其他可能产生的问题，均是对我国经济发展的巨大挑战。

以2007年9月15日雷曼兄弟的破产为标志的全球性金融危机波及广、影响大，对很多国家的经济都造成了很大的打击。所以，在这次金融危机之后，各国都开始寻找这次金融危机产生如此之大影响的原因。当然，美国金融监管失效是

这次金融危机很重要的原因之一。但是，对引发金融监管失效的更根本的原因还需要人们有更加深刻的认识。为了应对这次全球性金融危机，各国的出台扩张性的货币政策来刺激经济走出低谷，但是这些政策又可能成为引发下一轮通货膨胀的源头。以中国为例，在2009年，随着各种刺激经济的货币政策和财政政策的出台，信贷高速扩张，原材料价格重新开始高涨，而房地产等主要资产价格也出现攀升，股市也开始回升。但这会不会成为酝酿下一次的经济危机的开始，又很难判定。

从最近20年来的金融危机的发展过程我们可以看出，信贷扩张、资产价格膨胀和监管失效才是隐藏在周期性金融危机背后的基本诱因。我们必须从根本上认识到这个根源，才能有效地应对金融危机并且防范下一次的金融危机。在2009年4月，中国的外汇储备已经达到2万亿元人民币之多。庞大的外汇储备导致外汇占款持续增加，并通过货币乘数效应导致货币供给大幅增长，引发通货膨胀的风险也逐渐升高。因此，央行不得不随着外汇占款的增多，使用金融工具调节货币供给，避免发生通货膨胀。这样，央行的货币政策变得被动，对宏观调控的能力、防范金融危机和经济危机的能力都会受到影响。所以，外汇储备应该如何进行管理，如果有效地使用外汇储备、控制流动性过剩和资产泡沫成为认识经济金融危机的越来越重要的一个问题。

本节的主要内容分为以下四个部分。4.1.1 文献回顾，即从以往的文献中提取主要观点、经验、教训及建议；4.1.2 内外失衡、外汇储备与货币政策困局，即从内外失衡引发的巨额外汇储备和人民币升值压力两方面来论述其所带来的货币政策困局；4.1.3 流动性过剩背景下的资产泡沫与通货膨胀阐述由内外失衡带来的流动性过剩，造成资产泡沫和通货膨胀，以及相关货币政策问题；4.1.4 化解中国经济金融的动态强化机制，提出对货币政策的建议。

4.1.1 文献回顾

全球经济同周期的背景下，我国经济面临的一大问题即经济结构的内外失衡，即对内表现为高储蓄、高投资、低消费，从而造成的产能过剩，对外则表现为由于国内的产能过剩而造成的对外国际收支中持续多年的双顺差现象。中国社科院的余永定（2006）认为，按照发展经济学的理论，发展中国家应该保持经常项目赤字和资本项目盈余，通过利用外国储蓄实现比单纯利用国内储蓄更高的投资水平。他指出，我国经常项目盈余的原因可以归结为四方面，即：储蓄投资缺口、国内和国际经济周期的综合影响、政府的出口导向政策和中国在全球分工中特别是国际生产网络中的特殊地位；资本项目盈余的主要原因则包括：金融市场发展不完善、存在资本管制、财政体制和机构安排使得地方政府吸引外国直接投资（FDI）的动力强、政府鼓励外国投资者对中国公司实施并购和国际战略投资者对中国商业银行的股权投资等。持续的顺差带来了外汇储备的不断积累，而持续的双顺差和外汇储备的不断积累显然不符合中国的长期利益。一个发展中国家保持经常项目盈余意味着穷国通过输出资本为富国的消费和投资提供了融资，更何况中国的双顺差是同严重的市场扭曲相联系的。因此，他认为为了纠正国际收支结构的不合理状况，削减双顺差，降低外汇储备的增长速度，我们必须采取综合治理措施，包括宏观经济政策、贸易和FDI政策、深化金融改革、实施资本项目自由化等。

双顺差和外汇积累使我国在国际上面临来自多方的要求人民币升值的压力，但是在经济环境如此复杂的情况下，如果人民币汇率发生较大变动，必然会带来不可测的影响，有学者认为我国现在的情况与日本历史上的泡沫经济十分相似，20多年前，当日本对美国出现创纪录的双边贸易顺差时，美国政府持续向日本施压，要求其提高日元汇率；后来双方签订的"广场协议"，使日元从1971年的1美元兑360日元一路飙升至1995年4月达到1美元兑80日元的顶点，由此引发了20世纪80年代末期日本股市和地产市场的严重泡沫，1991年泡沫破灭后日本随即步入通货紧缩时代，陷入零利率怪圈，整个90年代成为日本"失落的十年"。但是，尽管日本GDP迅速下滑，日元升值也并没有显著压低日本贸易顺差占其GDP的比例。实际上，经济低迷导致的进口萎缩抵消了日元升值使出口减少的影响。日本的教训使我们认识到在人民币汇率的调整方面要更加谨慎。关于此问题，麦金农（2006）指出，经常项目有盈余的美元债权国，像中国，如果因为对外商业的压力及美国要求人民币升值的压力而使人民币的汇率变得更灵活，这是极其不明智的，因为人民币升值带来的各方对人民币汇率未来走势不确定预期，将会对与生产力相平衡的工资水平产生影响，从而使中国正面临的经济形势更加恶化。因此，如果人民币贸然升值，对中国经济没有任何利处，而且可能会使央行重蹈日本覆辙，即在人民币升值后，贸易出口受到影响，并且引起国内资本市场的泡沫，从而带来经济的衰退。他还提出，人民币的升值或升值所带来的威胁，且如果没有在贸易顺差方面提前采取措施，那么会带来我国宏观经济的衰退，而解决的办法就是保持人民币对美元汇率的稳定性。

由此可以看出，我国经济形势的发展已经引起了世界多方学者的关注，并且已有许多相关的研究，本章将在已有学者研究的基础上，从我国经济的内外失衡入手，对其产生的通货膨胀、人民币升值压力等问题做出研究，并对当局制定和实施货币政策提出建议。

4.1.2 内外失衡、外汇储备与货币政策困局

1. 内外失衡与外汇储备

在上述内外失衡问题的影响下，我国经济面临的最明显最重大的问题之一即高额的外汇储备。如以上分析，我国面临的内外失衡，外部失衡的直接表现是双顺差，即国际收支经常项目、资本和金融项目都呈现顺差。其中，国际收支经常项目指货物进出口收支、服务收支、收益项目收支、经常转移收支等项目；资本和金融项目指各种形式的投资项目，如直接投资、证券投资等。理论上，如果一国的经常项目是贸易顺差，即出口大于进口，则代表着该国的经济发展繁荣，国内生产力水平不仅足够满足国内的商品需求，同时有额外的产品可以出口到国外，带来外汇收入的同时，也表明该国有足够的经济能力对国外市场乃至全球金融市场进行投资。同理，当一国的经济发展水平不高时，则国内生产出的商品不足以满足国内需求，则要从外国进口商品，此时出现经常项目的贸易逆差，同时由于没有足够的能力及外汇储备进行国外投资，则国外的资金会流入进行投资，因此资本项目出现顺差。综上可知，理论上经常项目和资本项目应该是互补关系，即在国际收支平衡表中，经济项目与资本项目应该是"有借必有贷，借贷必相等"。

与理论相悖的是，我国持续15年出现国际收支的双顺差，自改革开放以来，我国经济持续快速发展，生产力得到很大解放，但是国内消费需求并没有同步增长，同时由于外国经济的发展，对我国产品的需求量不断增大，因此我国的对外贸易持续顺差。另一方面，我国为了促进经济的发展，一直大力支持引进外资，并制定了对外资投资的优惠政策，导致国外资本大量流入国内，而中国没有也没有像一个发展中国家通常那样将外商直接投资转换成经常项目赤字，同时尽管中国通过对外直接投资获得了外国资金，但这些资金并没有用于购买外国资本产品、技术和管理经验。由于国内储蓄十分充足，从宏观角度来看，中国并不需要这些外国资金，并且这些资金通过种种渠道又回到美国的政府债券市场。不仅如此，相当于经常项目盈余的国内储蓄也被用于购买美国国库券[①]。这样形成的持续双顺差使我国的外汇储备不断积累。

由图4-1可以看出，首先，资本项目的变动趋势与经常项目和外汇储备的变动趋势稍有不同，例如，2001年突起的变化率其实与2000年下半年急剧缩小的资本项目余额有关，而后者是由于亚洲金融危机期间我国短期对外贸易信贷迅

---

① 余永定：《中国的双顺差：根源及对策》，载于《中国金融》2006年第19期。

速增加形成的，1998年后有所改变，但是在2000年时尚处于恢复期；其次，显而易见的是，经常项目与外汇储备的变动趋势有一定的相似性，尤其是自2004年下半年经常项目余额比上半年要高很多，同期外汇储备增速十分明显，2007年美国爆发金融危机以后，国际贸易中经常项目增速明显降低，徘徊在原点附近，而外汇储备的增长速度随之急剧下跌，甚至出现负数。从2009下半年开始，各方经济逐渐恢复，我国外汇储备的增速又变为正。这表明，我国经济结构的对外失衡，即国际收支中的双顺差，尤其是经常项目的变化，对外汇储备的变化产生直接影响，因此我国外汇储备的不断积累成为经济内外失衡所产生的重要问题之一。

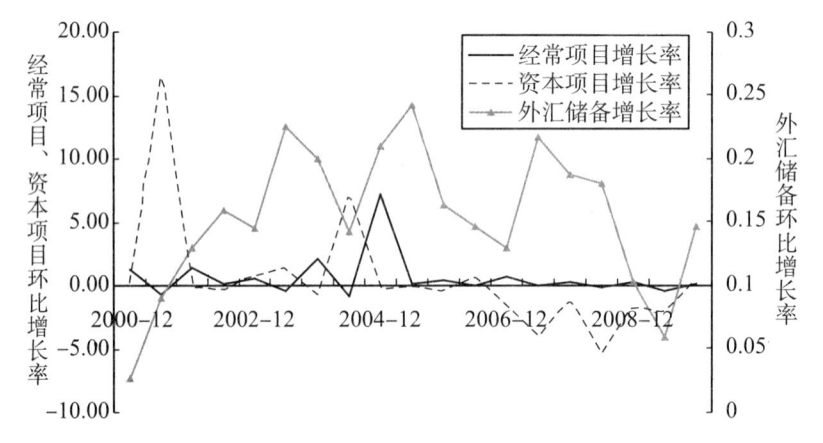

图4-1 2000年12月~2009年12月经常项目、资本项目及外汇储备环比增长率

资料来源：中国国家统计局。

2. 失衡下的人民币升值与外汇储备问题

通常来说，驱使一国货币升值的压力主要有两种，一种是巴拉萨-萨缪尔森的理论，即在一国劳动生产率提高的过程中，人均收入提高，价格水平随之上升，这种升值压力主要与该国经济的发展水平和竞争力的增强相关的，换言之，经历快速经济增长的国家往往同时经历着实际汇率的升值；同时，非贸易部门与贸易部门的工资保持大体相当，不过由于贸易部门劳动生产率的提高有助于该部门通胀率的下降，而非贸易部门的价格涨幅高于贸易部门，即非贸易部门的提价能力更强；另外，贸易品门市部劳动生产率提高导致出口增加，贸易顺差上升引起外汇市场上本币需求增加，外币需求减少，从而名义汇率出现升值压力，即只有当工资水平与劳动生产率的增长速度基本保持相当时，才会避免本币升值的压力，尤其是对于非贸易部门而言更是如此。另一种压力则是来自于一国经济的结构失衡，如经济内部失衡现象通货膨胀压力，外部失衡表现国际收支持续双顺差

等，两者会同时对该国货币产生升值压力。

对于我国而言，人民币所面临的升值压力主要与我国经济结构的内外失衡有关。据中国人民银行最新的数据显示，2004～2008年，我国制造业工资年平均增长率为14.13%，而同期我国劳动生产率的年均增速也达到了10.69%，从此数据来看，人民币所面临的来自劳动生产率提高的升值压力相对较小。而目前，我国对外面临贸易顺差、大量的资本流入及高额的外汇储备，对内面临流动性过剩带来的通货膨胀，这两者才是导致人民币面临严峻的升值压力的更重要的原因。

我国国际收支中持续多年的经常项目和资本项目的双顺差对人民币产生了升值压力。实体经济方面，我国国内低廉的劳动力成本、资源成本使对经济的投资不断增加甚至过热，而我国有限的资源逐渐不能满足不断增长的生产需要，因此我国需要从国外进口资源以使生产继续。生产过程完成后，由于我国国内低消费、高储蓄现象的存在，国内消费需求不能完全消化国内生产的商品供给，因此造成的产能过剩，使生产者只能将产品向国外销售，由于产品生产在我国劳动成本较低，而且我国为了促进对外贸易，对出口企业提供很多如出口退税等方面的优惠，因此我国出口的商品在国际上很受欢迎，因此经常项目保持顺差。从整体上来看这个经济过程，可以发现我国产品生产的投入和销售都相当依赖国际市场，而且生产投入中有一定比例还是吸引过来的外商投资，这样的情况下我国仅仅相当于外国公司的大型加工厂，虽然贸易顺差很大，但是实际获得的经济利得仅是对廉价劳动力的回报，这也体现了我国经济的另一个问题即自主创新相对缺乏，产业结构需要整合以增强竞争力，才能创造价值。贸易中的顺差使人民币面临升值压力。

金融和资本项目方面，由于我国在促进经济发展的过程中，为外商提供了众多优惠政策，因此外国对我国国内的直接投资逐渐增加，由此产生的人民币升值的预期使更多国际"热钱"涌入国内，造成资本项目的顺差，进行更多实体经济和金融市场的投资，与上述的贸易顺差互相促进，使我国的外汇储备不断积累。而由于我国实行强制结售汇制度，因此随着外汇储备的积累而不断投入市场的基础货币使国内的通货膨胀率压力逐渐提高。在这样的背景下，许多人认为如果人民币升值会影响国内出口产业，使贸易顺差减少，且由于生产成本的提高，国外对国内的投资也会相对减少，从而会减少国内的通货膨胀压力，也有利于改善我国国际收支的双顺差现象，因此不断积累的外汇储备及国内通货膨胀也给人民币带来严重的升值压力。

3. 外汇储备积累与货币政策困局

我国自1994年就开始施行强制结售汇制度，该制度要求，除国家规定的外汇账户可以保留以外，企业和个人手中的外汇都必须卖给外汇指定银行，而外汇指定银行则必须把高于国家外汇管理局批准头寸额度之外的外汇在市场上卖出。而央行一般作为市场上的接盘者，买入外汇以积累国家的外汇储备。强制结售汇的实施在改革开放初期为我国积累了大量的外汇储备，为我国经济增长做出了一定的贡献。从图4-2可以看出，在1994年前，我国外汇储备始终保持很少的数量，最多也不超过200亿美元；1994年起，实施强制结售汇制度后，我国外汇储备开始不断增长，尤其是在进入21世纪后，随着我国经济持续保持高速增长，国际收支顺差的不断扩大，外汇储备增速也逐渐增长，规模不断扩大，据国家外汇管理局的数据显示，至2010年6月，我国外汇储备已经达到24 542.75亿美元，居世界首位。外汇储备对经济的贡献作用已经远小于其规模急剧扩大对我国经济带来的弊端。

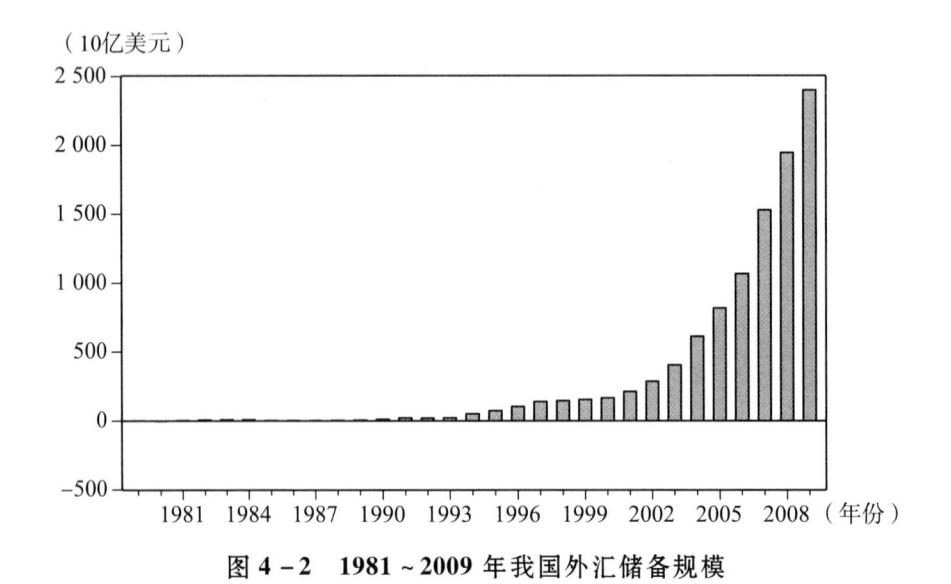

图4-2 1981～2009年我国外汇储备规模

资料来源：中国国家外汇管理局。

外汇储备增加产生的弊端之一即外汇占款，我国实行的强制结售汇制度，央行需要不断买入商业银行卖出的外汇，这带来外汇储备的不断增长，同时意味着基础货币的释放，在中央银行的账户上即表现为"外汇占款"，而基础货币的增加本应与经济发展水平相适应的，如果市场上流通的基础货币过多，则会产生流动性过剩，进而加剧通货膨胀。因此，外汇储备的积累通过外汇占款使国内通货膨胀压力增大，进而对金融稳定和经济发展产生不利影响。另一方面，为了防止手中持有的大量外汇储备遭遇贬值等影响，中央银行将其部分投资于美国、日本等国债，而流入美国、日本的货币一部分又通过外国对中国的投资而再次回流入我国国内，因此不仅会恶化上面提过的贸易双顺差，也使国内流通的货币更加增多，通货膨胀压力再次增大。因此，中央银行为了尽可能减小基础货币不断释放给国内经济带来流动性过剩问题和通货膨胀的压力，需要不断地通过公开市场操作回收资金，从而使央行货币政策的独立性因而受到很大的牵制，而且如何科学合理有效地利用外汇储备也成为货币当局制定货币政策的一大难点。

首先，国际货币基金组织统计了主要国家的外汇储备并得出外汇储备规模下限为进口加偿外债的1/5，上限为其1/3，外汇储备与GDP之比不应超过10%，根据国家统计局的最新统计数据显示，2010年3月底，我国的外汇储备与GDP之比达到了将近30%的水平，远远超出国际经验标准。央行为了对冲外汇储备带来的投放基础货币的压力，通过发行票据在市场上进行货币回笼，随之带来的对冲成本却相当高，一是票据利息的支付，二是支付的利息仍然转变成投放的基础货币，由于外汇储备占比太高，因此使央行制定和实施货币政策的自由空间更小。同时不容忽视的是，当现今发行的用于回笼外汇占款基础的票据在未来到期时，央行需支付票据的本息，仍将面临投放基础货币的局面。因此，外汇储备的不断积累使央行被迫实行成本高昂的货币政策，且效果也不尽如人意。

其次，造成外汇储备不断积累的原因有国际收支中的双顺差、国际资本流动等，而央行实行的货币政策仅相当于是事后的弥补，治标而不治本，这就使央行制定和实施货币政策的自主性降低，即外汇储备的增长是由经济的多个方面共同造成的，不全部在央行的控制范围内，从而使货币政策的效果受到影响。

最后，外汇储备的不断积累对央行制定和实施相应的货币政策提出了挑战，央行需要使用更灵活多样的方式进行调整，并且要想从根本上解决高额外汇储备带来的问题，必须采取措施完善经济结构，改善贸易收支状况；同时学习发达国家的管理经验，加强藏汇于民；最后也要合理利用外汇储备，在投资于外国国债外，也投资于储备战略资源、高新科技等，从而促进国内经济的稳定发展。

4.1.3 流动性过剩背景下的资产泡沫与通货膨胀

正如上面所分析的，我国经济的内外失衡导致了外汇储备的不断积累，在强制结售汇制度的作用下，我国市场上的流动性正严重过剩，其带来的主要影响之一便是加剧了通货膨胀，也给人民币带来了巨大的升值压力；与此同时，货币当局根据当前形势制定和实施适当的货币政策带来了挑战，即如何制定有针对性的、可行的、有效货币政策，并选择适当的时机和方法实施，并在实施过程中积极进行调整。

2007年以来，国内物价不断上涨，以居民消费价格指数（CPI）衡量的通货膨胀出现近10年来的最高水平。2009年，在全球金融海啸冲击下，中国通胀出现下行态势，但由于世界各国普遍大幅降息并且大规模发行流动性，从而使我国仍然面临高通胀的风险。2010年以来，我国CPI指数不断上扬，国家统计局公布的数据显示，7月CPI同比上涨3.3%，涨幅比上月扩大0.4个百分点，环比上涨0.4%，达到近期最大值。

与此同时，人民币汇率机制的改革也在不断深化，人民币在2007年曾一度出现大幅加速升值的态势。而2008年下半年以来，国际金融局势随着全球金融危机发生转变（陈雨露、张成思，2008），人民币升值趋势也有所放缓，自2009年以来，人民币对美元汇率基本保持稳定，但是不容忽视的是，从近来举行的中美战略经济对话可以看到，人民币来自美国的升值压力依然存在，而且这种压力似乎与近年来主张以人民币升值来遏制通货膨胀的呼声相得益彰。例如，哈继铭（2007）提出，人民币加速升值是对抗中国通货膨胀"最有效"的方式。梁红和乔虹（2007）在其研究报告中也指出，人民币大幅快速升值是解决中国通货膨胀的"唯一"出路，否则中国必须接受高通货膨胀。张葆君和胡宗义（2008）利用理论模型模拟人民币升值与中国通货膨胀的关系，也倾向于支持人民币加速升值的策略。这些研究普遍认为，如果人民币不升值，中国出口贸易就会继续高速增长，贸易顺差将会继续增长，投资也会持续增加，进而导致真实经济产出大大超过潜在经济产出，人们消费需求会随之高涨，从而一定会带来更高的通货膨胀。

但是，即使暂时不考虑2007~2008年全球金融危机对国际收支的影响，这些关于汇率与顺差关系的结论仍然存在争议。例如，麦金农（2007）的研究表明，人民币加速升值并不能改变中美贸易失衡现状，中国贸易盈余与居民消费及储蓄习惯有关。库珀（2008）也认为美国的顺差并非由汇率失衡造成，他指出美国的顺差是由金融市场的全球化以及人口的地理位置变迁引致的。当然，麦金农（2007）与库珀（2008）的研究重点不是人民币汇率变动与中国的通货膨胀问题。

近来，国内学者更加关注人民币汇率变动与通货膨胀动态走势之间的关系。例如，贝多广和朱晓莉（2007）的研究较为深刻地认识到人民币升值对通货膨胀的潜在影响。但该研究认为，人民币对外升值会导致国内资产价格的膨胀，而不是体现在传统意义的CPI上涨。从这个角度看，此观点与李晓西和和晋予（2007）的研究结果是一致的，都认为人民币升值会促成流动性过剩，进而推高资产价格，但并未显著影响CPI通胀率变化。这是否意味着人民币升值与居民消费价格上涨无关？抑或进一步加快升值步伐可以将紧缩效应传导到通货膨胀？对这些问题的回答需要对通胀动态传导过程及其动因进行全面深入地研究，从而为当前中国宏观政策面临的现实选择探索科学的依据。

1. 外汇储备与流动性过剩

"流动性"一般指资产变现的难易程度，然而对"流动性过剩"的概念却有很多种理解。余永定（2007）[①] 认为流动性过剩（excess liquidity）的准确翻译应该是"过剩流动性资产"，其传统上的定义为：商业银行所拥有的超过法定要求的存放于中央银行的准备金和库存现金。从这个定义出发，容易看出所谓"过剩流动性资产"就是商业银行所拥有的超额准备金。而本章研究的流动性过剩指的是宏观经济的流动性过剩，即整个经济体系中货币信贷供给量超过了需求从而导致超经济货币发行的现象。本章中的"流动性"则指的是在宏观经济层面，货币流通中过多流动货币的存在，超过了与经济发展相适应的货币量，即流动性过剩。

可能导致流动性过剩的原因有很多，比如，超额的货币供应；经济的内外失衡；由于资本市场的不发达而导致的高储蓄率；国际资本流动等。而对我国经济中的流动性过剩而言，其中一个很重要的原因是持续多年的贸易顺差，使我国的外汇储备在近年来不断增加，从而由外汇占款造成了流动性过剩。具体而言，外汇占款指的是当一个国家存在国际收支顺差时，会导致外汇储备增加和本币升值。为了维持币值的相对稳定，中央银行会通过公开市场操作购买外汇释放基础货币，从而造成货币供应的超额增长。为了使货币增长的速度与我国的经济发展速度相适应，央行必须采取适当措施以控制基础货币的增长速度，以预防流动性过剩带来的本身升值及通货膨胀的压力。

由图4-3可以看出，M2的增长率与外汇储备的增长率趋势很相近，例如自2001年1月至2003年6月，外汇储备一路上扬，M2也同样随时间逐渐增加；2003年6月至2004年下半年，外汇储备经历了下降的过程，M2也同样有下降趋势，2005年之后至今的时间内，二者的变化趋势也相似；另一点值得注意的是，由曲线可以看出，大部分时间里M2的变动趋势一般晚于外汇储备一段时间，即从外汇储备的变动到流动性发生变化通常需要一定的时间。上述两点表明，外汇储备的变动趋势对M2的变化趋势有很大影响作用，当外汇储备增加或减少时，会通过外汇占款及其他可能的途径使现实中流通的货币增加或减少。

---

① 余永定：《理解流动性过剩》，载于《国际经济评论》2007年第4期。

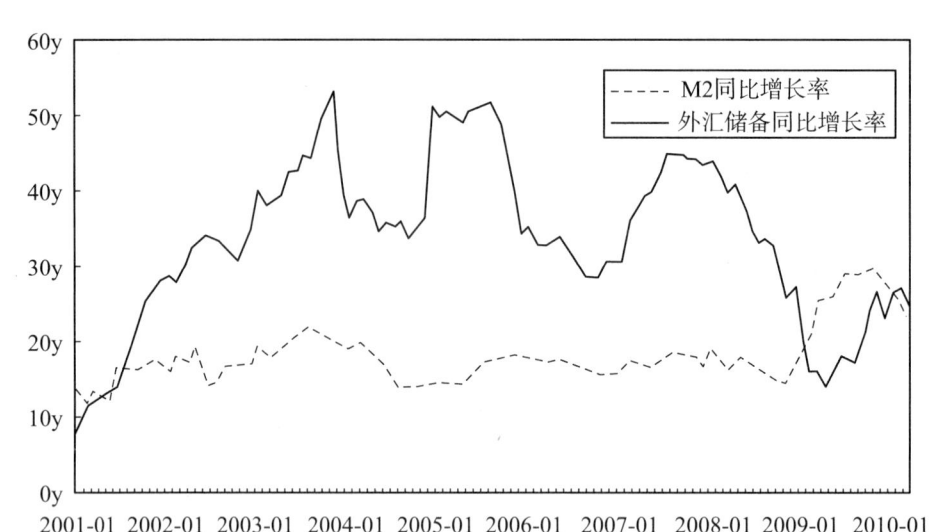

图 4-3　2001 年 1 月～2010 年 1 月外汇储备及 M2 同比增长率

资料来源：中国国家外汇管理局、中国国家统计局。

2. 流动性过剩的度量

对流动性过剩的度量方法主要有两个层面，一是宏观方面，即从货币供应量与均衡货币需求量的角度来度量，二是微观数量方面，最常用的指标是 M/GDP。

报据货币数量论，货币需求的基本公式为 $Md = P * Q/V$ 式中，Md 为货币需要量，Q 为待销售的商品数量，P 为商品价格，V 为货币流通速度。运用微分方法对上述公式进行推导可得：货币需要量变动率＝经济增长率＋物价上涨率－货币流通速度变动率。然后通过比较实际值与均衡值，即可以得出流动性过剩的指标。也有人根据流动性过剩的关于商业银行层面的概念，用银行的超额存款准备金率来度量流动性，即银行的资金中多于存款、信贷所需的部分，代表了超过经济发展所需的流动性。

更常用的，也是本章所采用的方法是用 M/GDP 指标来衡量货币流动性过剩，因为它提供了货币总量相对于经济总量的信息[①]。这里的 M 指货币供应，一般用广义货币供应量，也有少量文献中既用了广义货币，又用了狭义货币。M/GDP 指标在实证文献中比较常见，关于它的理论讨论则比较少。具体而言，该指标又细分为水平值、取对数的动态增长率、与趋势值的偏离三种情况。水平值的应用有以下文献：古特龙和斯皮罗（Gouteron & Szpiro, 2005）用它分别来研

---

① 杨祖艳：《货币流动性过剩的衡量方法：指标比较和选取研究》，载于《金融理论与实践》2009 年第 9 期。

究了欧元区、美国、日本和英国 20 世纪 80 年代以来的货币流动性过剩和资产价格的相关关系；卢夫和斯特拉卡（Rueffer & Stracca, 2006）用该指标研究了 20 世纪 80 年以来的全球流动性过剩问题；贝尔克、奥尔特和西捷亚（Belke, Orth & Setzer, 2008）则对 OECD 国家应用该指标进行了流动性过剩和房地产价格的相关研究。M/GDP 取对数以后的动态增长率就是货币供应增长率减去名义 GDP 增长率，因为 d ln(M/GDP)/dt = d lnM/dt – d lnGDP/dt = M/M – GDP/GDP。在货币流通速度不变的假设下，超过名义 GDP 增长率的货币供应被称为超额货币供给。也有文献用 M/GDP 与其长期趋势的偏离来计算货币流动性的过剩程度。该方法是首先求出该比值的长期趋势，然后用 M/GDP 的实际值与趋势值进行比较。实际值若超过了趋势值，则可认为出现了货币流动性过剩。

3. 流动性、资产泡沫与通货膨胀

根据上面的分析，我们从中国通货膨胀动态传导过程和可能的通胀驱动因素分析入手，运用 1998～2008 年的季度数据建立动态计量模型，并充分考虑 2005 年人民币汇率机制改革可能带来的内生性结构变化影响，对通货膨胀的驱动因素进行实证分析。我们的研究结果显示，自 1998～2008 年这 10 年间，人民币汇率变化对国内通胀不存在显著传导效应，而传统的流动性过剩指标（如马歇尔 K 指标，即 M2 对名义 GDP 的比率）对 CPI 通胀率呈现正向显著影响，并且总是表现为通货膨胀的先行指标，这种关系在 2005 年汇改以后同样具有稳健性。因此，人民币汇率单向大幅变动，对内并不能从实质上调节国内通胀走势，反而会对外激发外汇市场的投机行为，造成短期内资本的频繁进出，不利于稳定国内金融市场。在 2007 年，由于人民币一度加速升值，促进了国内流动性过剩，从而影响了市场对物价稳定的信心，造成通胀预期高企。因此以人民币升值遏制通胀的观点不宜推广，加速升值的策略更需谨慎施行。反之，在当前全球新型金融危机背景下，人民币汇率如果持续单向贬值也同样不利于经济的良性发展。

4. 流动性过剩背景下的资产泡沫形成与通货膨胀动态传导机理

主张以升值遏制通胀的学者认为，中国目前的通货膨胀反映了人民币升值压力，所以通过升值可以解决通胀问题。也就是说，人民币升值对国内通胀有抑制作用。从静态角度看，这似乎是正确的。但从动态角度考虑，这种观点忽视了中国当前通货膨胀动态传导的现实机理，即人民币升值带来的流动性过剩问题所导致的通胀效果远远超过升值对通胀的抑制效应。

在过去几年中，全球各国宽松的货币政策并未导致通胀盛行，全球通货膨胀始终保持在一个温和较低的水平上。例如，图 4-4 描绘了中国和美国在 2000～

2009年期间季度CPI通胀率（同比）的时序数据，可以看到，在2000年至今的10年间，中国CPI通胀率平均只有1.88%，同期美国的CPI通胀率为2.57%左右。根据国际金融统计报告的数据，同时期世界各主要国家的平均通胀水平一般也都保持在3%以下。

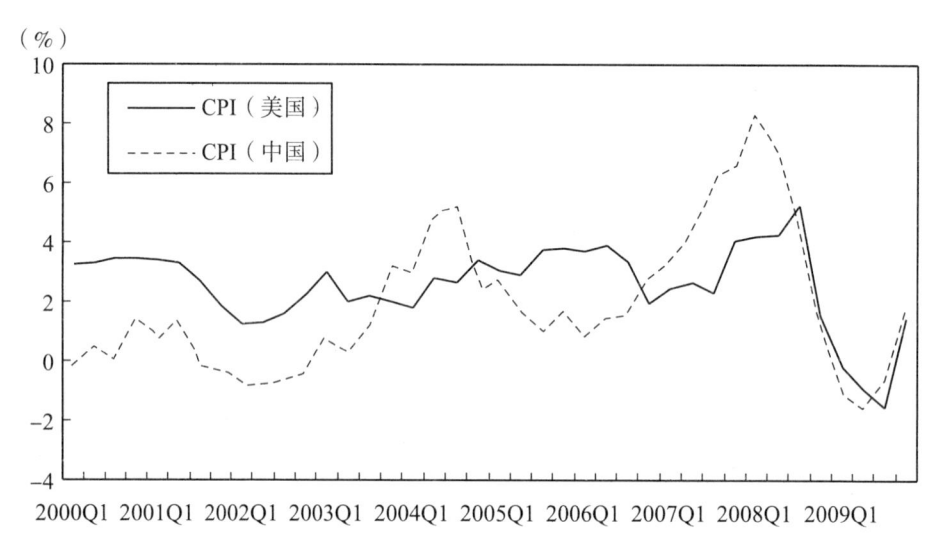

图4-4 2000年第1季度～2009年第4季度中美CPI通胀率

资料来源：中国国家统计局、美国圣路易斯联邦储备银行。

从表面上看，货币供应与通货膨胀之间的联系似乎被打破了，弗里德曼的"通货膨胀无论何时何地均是货币现象"的结论也似乎受到了现实的无情挑战。然而必须注意到，货币供给与通货膨胀之间的关系并不是简单的一一对应的静态因果关系，从绝对水平上看货币供给与通货膨胀的联系往往容易掩藏二者之间的动态传导机制。事实上，经济变量彼此之间的联动关系一般都存在时滞，所以动态视角更能反映客观现实。特别是，从货币供给到通货膨胀需要一定的时间，货币供给相对于经济总量的变化（即流动性过剩指标），很可能会动态地反映在通胀起伏上。例如，当央行出于某些原因开始增发货币时，市场可能不会即刻理解其对价格的影响，工人也不会马上要求提高工资。但随着额外货币不断创造并推动需求，市场开始逐渐意识到价格的上涨，耐用品和硬资产价格可能也会随着人们理财意识的增强而不断攀升。

同时，当市场对未来通胀预期随着货币超发逐渐形成时，无论是生产商还是销售商的定价策略就会随之改变，而消费者的消费方式和投资行为也会随着预期的形成而发生变化。非常典型的例子是，现实中本来不需要或者不急需住房的人，由于担心通胀加速而减少手中持有的货币，转而选择追求房产投资。经过一段时间，房地产价格自然会被逐渐推高，这种上涨趋势又会在投机者的炒作声势下持续上扬。同样，在通胀预期的驱使下，大众不仅会选择房产投资，而且会选择股票、基金等投资，从而推动资本资产价格快速膨胀，中国2006~2007年资本市场的急速繁荣就带有明显类似的特征。2002~2007年期间，非货币金融机构债券和外汇占款等因素导致经济体内货币供应量大幅增加，尽管央行采取相关措施进行反向对冲，但流动性过剩局面并没有得到根本改善。除了部分货币以企业贷款的形式通过信贷传导渠道流向实体经济外，货币流动性大部分都集中在金融体系当中。存在金融体系中的货币一部分直接进入资产市场，另一部分以票据贴现方式间接进入资本市场，大量货币进入资本市场必然导致资产价格的快速非理性上升，催生资产泡沫，2007年前后的地产泡沫和股市泡沫就是最好的证明。

在房产和股市价格快速攀升的过程中，资产涨价也会反作用于市场预期，人们会变得更容易接受物价上涨，例如，人们通常认为房价高涨会使别的消费品的价格也相应提高，在这种情绪的影响下，消费者价格敏感程度下降，企业开始意识到提升价格不会影响其销售。而如果这个时候又恰逢资源品价格（如石油）上升，厂商就更有理由提价。这时我们就会看到，产品价格的上涨可能会远远超过原材料涨价的幅度，导致通货膨胀表现出高企态势。为了更加直观，图4-5刻画了上述从流动性过剩到通货膨胀的动态流程。

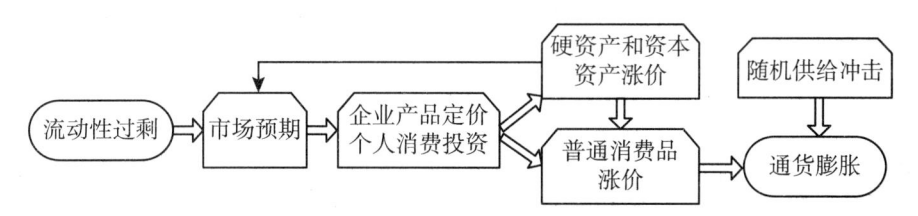

图 4-5　从流动性过剩到通货膨胀的动态流程

此时，由于货币超发引发的通货膨胀开始显现。而从最根本上看，上述这些现象表明，货币增发带来的流动性过剩或者收紧货币带来的紧缩效果对通货膨胀存在动态传导效应。这里，我们需要再次强调分析问题的动态视角，因为即使在低通胀时期（如中国在1998~2003年之间经历的通货紧缩），通货膨胀也不是一成不变的，总是表现出或升或降的动态路径。所以，货币供给相对于经济总量如果发生变化，很可能会动态地传导到通货膨胀指标上来。

为了进一步说明通货膨胀的这种动态传导机理尤其适用于中国，图4-6描绘了M2与名义GDP的比率以及CPI通胀率从2000年第1季度到2009年第4季度的时间序列图①。从图上可以看到，M2/GDP与CPI通胀率动态走势在样本

---

① 注意，因为M2为存量指标，而GDP为流量指标，因此M2/GDP的计算中，M2使用当季数据，GDP使用4个季度移动加总值。

区间内表现出非常相似的特征。仔细观察图 4-6 还会发现，M2/GDP 一般要领先于通胀一个季度左右。如果将 CPI 通胀率向前推移一个季度，如图 4-7 所示，则二者几乎表现出同升同降的对应关系。这说明，中国的货币总量（相对于 GDP）与通胀表现出非常紧密的动态联系，后文将运用正式的计量模型说明这一关系并阐述相关含义。

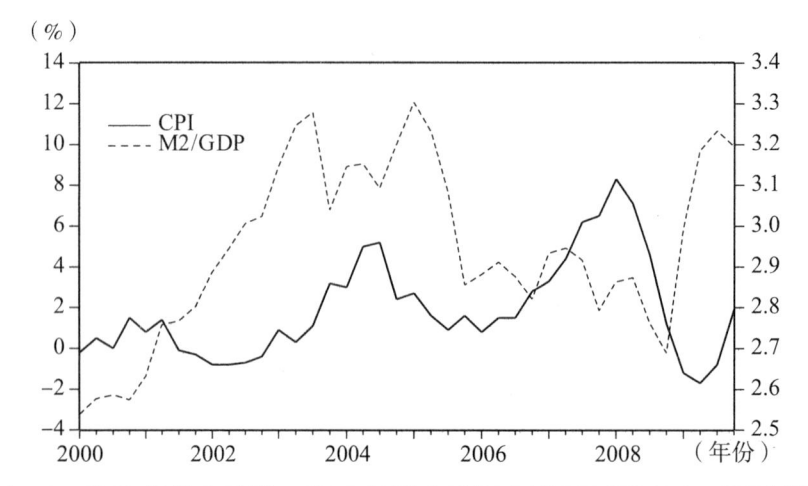

图 4-6 2000 年第 1 季度 - 2009 年第 4 季度中国 M2/GDP 与 CPI 通胀率

资料来源：中国国家统计局、中国人民银行。

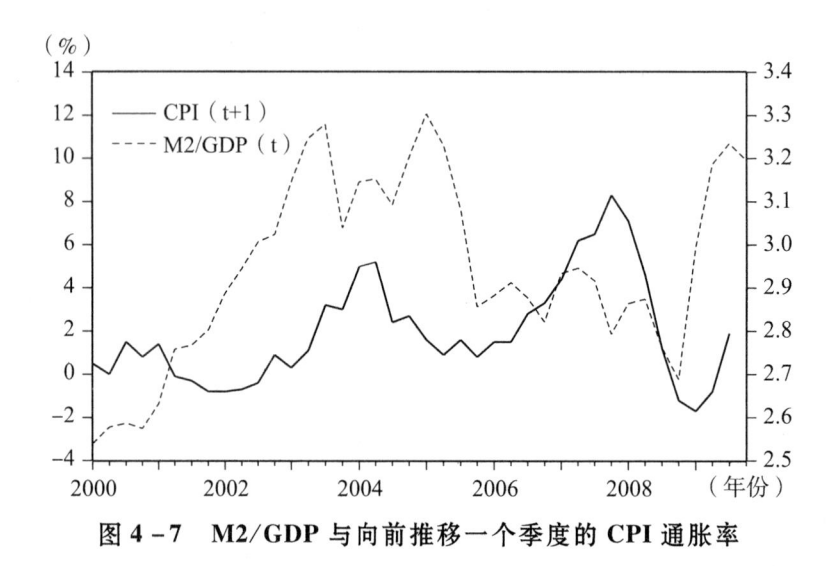

图 4-7 M2/GDP 与向前推移一个季度的 CPI 通胀率

以上介绍的通胀动态传导机理是从新的动态视角诠释弗里德曼的货币数量理论。同时，图 4-6 阐释的通胀动态传导过程也是对克拉里达等（Clarida et al., 1999）提出的新凯恩斯通胀动态传导机制理论在中国特定发展时期的更新。张成思（2007）在综合评述多种通胀动态传导机制理论模型中指出，由克拉里达等人（1999）提出的新凯恩斯菲利普斯曲线、投资存储模型和以利率调节为核心的货币政策反应方程所组成的系统，在刻画通货膨胀动态传导过程方面得到了广泛的认同和使用。在这一系统内，通货膨胀的主要传导过程是通过利率、经济产出和通胀率的相互联动来完成的。

但是我们注意到，中外的经济发展模式与政策调控方式存在相当的差异，所以针对中国的现实情况，克拉里达等人（1999）的模型机制可能存在两点主要问题。首先是该系统完全淡化了货币总量的角色，这与上文介绍的中国现实情况并不一致。以美国为例，其 M2/GDP 的比率长时期保持一个基本恒定的值（0.5 左右），与通货膨胀之间没有明显的互动。

另外，由于中国的进出口贸易非常活跃，净出口在 GDP 中的比重不可忽视，所以汇率因素对国内通货膨胀也可能存在影响。确实，近年来国际学界对一个国家国内价格变化的汇率传递效应的研究（Choudhri & Hakura, 2006），认为汇率变化最终可以显著传递到国内价格变化上来。显然，如果这种思路能够适用于中国的话，我们期望看到人民币汇率（例如有效汇率或中美汇率等）是通货膨胀动态传导过程中的显著驱动因素。并且，如果人民币升值能够抑制国内通货膨胀，那么我们至少应该看到 2005 年汇改以后人民币/美元的汇率对通货膨胀的影响具有统计显著性，这一点将在第三部分中进行检验。

总之，对于我们国家而言，如何将货币总量因素与汇率因素考虑到通货膨胀动态传导模型中至关重要。因此，本章第三部分的动态计量模型在传统的模型框架基础上进行了改进，结合中国的货币政策工具与通胀传导模式（见图 4-5）来设立通胀动态模型。

5. 计量模型与实证分析

A. 基本模型与结果

依据上文图 4-6 和图 4-7 中提供的信息，中国的货币总量相对于经济产出的比率（即 M2/GDP）与 CPI 通胀率之间表现出密切的动态联系，并且 M2/GDP 一般都要先行于通货膨胀。所以，我们在计量建模过程中需要充分考虑这一特征。同时，结合图 4-7 的分析不难看出，从货币超发传导到通货膨胀的过程中涉及很多其他的中间变量，但这里所要分析问题的核心是考查货币超发（即流动性过剩）是否确实对通货膨胀有动态传导作用。所以如果将中间的变量指标都囊括到模型系统内，不仅忽略了分析问题的实质，而且很可能会由于多重共线性问题而导致计量结果不精确。

因此，本书建立的基本模型集中考虑流动性过剩指标以及汇率因素对通货膨胀是否存在显著的动态驱动效应。有鉴于此，基本模型的设立采用如下：

$$\pi_t = c + \alpha(L)\pi_{t-1} + \beta(M2/GDP)_{t-1} + \gamma s_{t-1} + u_t \quad (4.1.1)$$

其中，π_t 表示 t 时刻的通胀率，s_{t-1} 表示 t–1 时刻的人民币名义有效汇率的变化率，u_t 代表 t 时刻的随机冲击因素（如图 4–5 中提示的供给冲击等），而 $\alpha(L) = \alpha_1 + \alpha_2 L + \alpha_3 L^2 + \cdots + \alpha_p L^{p-1}$ 是滞后算子多项式，其中的 p 表示依据一定准则（如 SC 信息准则）判定的最优滞后期数。

注意，模型（4.1.1）中除了考虑流动性过剩指标和汇率指标之外，还考虑了通货膨胀自身的滞后效应。这样的模型设计，不仅可以捕捉通货膨胀的惯性特征，而且同时从实质上确保模型（4.1.1）能够充分刻画流动性过剩和汇率因素可能对通胀率的多期滞后影响，这与中国的现实情况可能更加吻合。为了说明这一点，我们可以利用滞后算子的基本性质，将模型（4.1.1）重新写成

$$\pi_t = c' + \beta\varphi(L)(M2/GDP)_{t-1} + \gamma\varphi(L)s_{t-1} + \varphi(L)u_t \quad (4.1.2)$$

其中 $\varphi(L) = [1-\alpha(L)L]^{-1}$，$c' = c/\varphi(L)$。

经过变形之后可以看到，模型（4.1.2）实质上刻画的是流动性过剩与汇率的多期滞后对通货膨胀的驱动影响。因此，尽管模型（4.1.1）从形式上只出现这两个变量的单期滞后，但是却保证了不会遗漏可能存在的多期滞后影响。

在运用模型（4.1.1）进行分析的过程中，样本区间为 1998 年第 1 季度 ~ 2008 年第 1 季度，CPI 通胀率（同比）的数据来源于中国国家统计局，M2/GDP 指标中的货币总量数据来源于中国人民银行，名义 GDP 来源于中国国家统计局经济景气月报，名义有效汇率来源于国际金融统计。这里需要再次特别指出的是，因为 M2 为存量指标，而 GDP 为流量指标，因此 M2/GDP 的计算中，M2 使用当季度对应的数据，而 GDP 需要使用 4 个季度的移动加总值。与标准的研究相一致，本章假设变量数据为平稳时间序列。在实践中，运用单位根检验给出的结果表明平稳时序的假设是相对合理的。

根据以上设计，表 4–1 归纳了基本模型（4.1.1）的普通最小二乘估计结果。首先，估计结果显示流动性过剩指标的系数 β 在传统显著性水平下具有统计显著性，说明流动性过剩指标确实是通货膨胀的显著驱动因素。该系数的点估计值为 4.014，表明在其他条件不变的情况下，M2 与 GDP 的比率每上升（下降）1 个百分点，则 CPI 通胀率将会上升 4 个百分点。相反，名义有效汇率变化率的系数不具有显著性，所以有效汇率对通货膨胀没有表现出显著的动态驱动效应，从而暗示人民币汇率变动对中国通货膨胀的传递效应不明显。这一发现与贺力平（2008）的研究结论基本一致。

另外，SC 信息准则给出的滞后算子多项式的最优滞后阶数为 4 期。而依据标准的时序分析理论，所有 4 期的通胀滞后项系数之和（即 $\alpha(1) = \sum \alpha_i$, i =

1, 2, 3, 4) 反映了通胀惯性强度, 所以表 4-1 中也报告了对应的通胀惯性系数估计值为 0.673。因为通胀惯性系数越接近于单位 1 表明通胀惯性越强, 所以这里的实证结果说明 1998~2008 年期间中国通胀惯性处于中等偏高水平。

还有一点需要说明的是, 由于这里研究的是动态模型, 因变量的滞后项出现在回归方程的右侧, 所以序列相关性检验对于基于估计结果而得出的结论正确与否至关重要。为此我们进行了布劳殊-戈弗雷拉格朗日乘数 (Breusch - Godfrey LM) 序列相关性检验。从表中报告的 p 值可以看到, 在滞后 4 期的情况下, 模型没有出现显著的序列相关性, 从而确保计量结果的可靠性。

表 4-1 1998~2008 年中国通胀动态模型估计结果

$\hat{\alpha}$ (1)	$\hat{\beta}$	$\hat{\gamma}$	p - auto	$\overline{R}^2$	滞后期
0.673***	4.014**	0.222	0.595	0.86	4
(0.171)	(1.653)	(3.504)			

注: *** 和 ** 分别表示统计量在 1% 与 5% 的水平下具有统计显著性。滞后期数是基于 SC 选取的模型最优滞后阶数。p - auto 指 Breusch - Godfrey LM 序列相关性检验的 p 值 (滞后到 4 期)。

综合来看, 模型 (4.1.1) 的回归结果表明: 中国近 10 年来的通货膨胀起伏变化, 货币与经济产出的比率是显著的动态驱动因素, 而汇率变化对国内通胀并没有表现出显著动态传递效应。当然, 这里的分析没有考虑汇率改革等因素可能对计量模型估计结果的影响。因此, 我们下面对基本结论进行稳健性分析。

B. 稳健性分析

稳健性分析主要考虑两方面问题, 第一是 2005 年汇率制度改革可能对基本模型的结果的影响, 第二是将一维的基础模型拓展到多维的向量自回归模型, 在充分考虑系统内各个变量彼此之间的动态互动关系基础上, 考察影响流动性过剩因素的随机冲击因素对通货膨胀的动态影响是否与上文的结果一致。

首先, 由于 2005 年 7 月人民币汇率制度发生重要变化, 这可能对计量模型带来结构性转变问题。为此, 我们对样本区间内模型的结构性变化进行检验。在检验方法的选择上, 考虑到现实经济运行过程中普遍存在的时滞效应, 我们运用安德鲁斯和普罗波格 (1994) 的未知断点结构性变化检验法, 而不必事先假定一个已知的变化点作为样本分割点来考察问题。

根据安德鲁斯和普罗波格的理论, 假定 m×1 阶的系数矩阵 Φ 表示基本模型中的参数, 在 t<k 时刻有 Φ=Φ$_1$, 而在 t≥k 时刻 Φ=Φ$_2$(Φ$_1$≠Φ$_2$), 并且满足条件 m≤k≤T-m, 其中 T 表示全样本大小。另外, 假设未知结构断点参数的搜索域为 τ (通常选择样本 T 的中间 70% 区域), 首先计算在该域内所有可能断点

$k = T\tau_i$ 对应的一系列 Wald 检验统计量 $W_T(\tau_i)$，该统计量检验的原假设是在结构断点为 k 时模型中参数不发生结构性变化。不难看出，对于原假设来说，这个未知断点参数 k 并不出现，而只是出现在备择假设条件下，这样的参数被称为统计检验中的干扰参数。$W_T(\tau_i)$ 获得之后，可以进一步计算极大 - Wald（Sup - Wald）统计量，即：

$$SupW = SupW_T(\tau_i) \mid \tau_i \in [\tau_{min}, \tau_{max}] \qquad (4.1.3)$$

如果 SupW 统计量具有统计显著性，则其对应的断点时刻即为发生结构性变化的转变时点。

安德鲁斯和普罗波格进一步提出了在干扰参数存在情况下的另外两个具有统计最优特性的检验统计量，即指数 - Wald（Exp - Wald）和均值 - Wald（Ave - Wald）统计量。安德鲁斯和普罗波格的研究表明，由于干扰参数的存在，即使在渐进条件下，上述 3 个检验统计量对应的都是非标准的统计分布。因此，我们运用汉森（Hansen, 1997）的非标准分布函数计算这三个统计量对应的 p 值，获得正确的伴随概率。在实际计算过程中，我们使用无约束条件下模型的异方差修正矩阵计算对应的 p 值。

根据以上设计，我们对模型（4.1.1）在 1998～2008 年期间的结构稳定性进行了检验，从而较为准确地判断我国通胀动态模型是否发生结构性转变以及结构变化的具体时点，为分析基本模型结果的稳健性提供科学依据。表 4 - 2 报告了基本模型的未知断点结构性变化检验的结果。不难看到，虽然极大 - Wald 统计量出现在 2005 年第二季度，但是结构性变化检验的三个统计量对应的 p 值都远大于传统的显著性水平值，说明基本模型不存在结构性变化的原假设不能被拒绝。所以，基本模型没有出现结构性变化问题。

表 4 - 2　　　　安德鲁斯—普罗波格未知断点结构性变化检验结果

	统计量值	p 值	断点
极大 - Wald	3.239	0.853	2005 年 2 季度
指数 - Wald	0.992	0.531	
均值 - Wald	1.883	0.422	

注：原假设为回归模型不发生结构性转变，检验统计量对应的 p 值采用汉森（1997）的方法计算。

在实践中，我们还进一步尝试假定 2005 年为结构断点，使用虚拟变量对基本模型进行重新估计，也尝试了使用人民币/美元汇率代替有效汇率进行回归。但无论在哪种情况下，流动性过剩指标总表现为通货膨胀的显著驱动因素，而汇率变量则无一例外地不具有统计显著性。以上分析表明，基本模型的结果并没有因为汇率改革而发生变化，即使在人民币加速升值之后，仍没有表现出对通胀的抑制效果。

稳健性分析考虑的第二个问题，是基本模型中各个变量之间可能存在的动态互动效应。为此，我们以通胀率、M2/GDP和汇率变化率为元素构建一个三元的矢量自回归（VAR）模型，该向量模型的滞后期数由SC准则确定。这样，通过标准的乔莱斯基分解就可以获得CPI通胀率在分别受到流动性过剩和汇率变化对应的一个单位标准差的随机冲击之后的动态变化路径，即脉冲响应函数（IRF）。因为VAR模型中涵盖的动态信息更加丰富，所以脉冲响应函数可以进一步反映出通货膨胀在受到不同冲击后的反应方式和幅度。图4-8描绘了基于VAR模型计算的脉冲响应函数时序图（虚线表示90%置信区间上下界）。

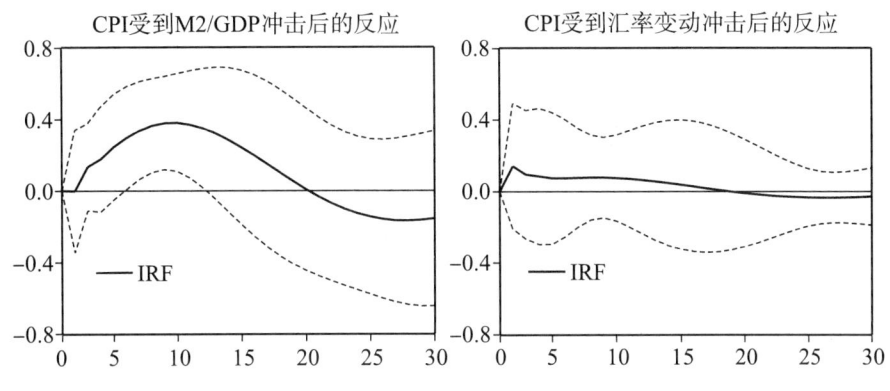

图4-8 通货膨胀受到M2/GDP与汇率变动冲击后的脉冲响应函数

图4-8显示，通货膨胀在受到不同冲击后的反应效果差异非常明显，在受到流动性过剩的冲击之后，出现明显的正向反应，表明随机因素引发流动性过剩状况加剧之后，会随后带来较高的通货膨胀，而且这种驱动效果经过2年左右（即8个滞后期）达到最高点后才逐渐衰减。相反，通货膨胀在受到汇率变动的随机冲击之后，IRF函数偏离0点的幅度很小，说明汇率变化冲击的通胀反应效果非常微弱。

综合来看，我国近10年来的通货膨胀，受到流动性过剩指标的动态驱动效果显著，而汇率变化因素的通胀传递效应乏力，即使考虑汇改因素和使用向量模型，这种结果仍然具有稳健性。

6. 实证结果的深层含义

从上文的计量分析结果我们看到，由经济同周期性给我国带来的流动性过剩从根本上驱动了中国近年来的通货膨胀。而流动性过剩问题正是在人民币升值预期的背景下日益明显的。让我们把时间的焦距稍微拉长，回想一下人民币汇率升值的进程。实际上自 2003 年以来，人民币就一直面临着来自各方尤其是美国的升值压力。在经过几轮博弈之后，在 2005 年 7 月人民币汇率机制改革终于开始破冰。自那时起，人民币兑美元的汇率开始走强，而自 2006 年年底以来升值趋势更为明显，升值步伐进一步加快。与此同时，我们并没有看到中国的国际收支双顺差状况有所逆转，反而表现出持续的上升势头。图 4-9 描绘了中国自 1998 年以来的经常项（CA）和资本与金融项（KA，下称资本项）下的顺差动态走势图。很明显，自汇改以来，双顺差持续大幅上扬，特别是在 2007 年更是出现了接近垂直的上升态势，而经常项下的顺差增长尤其明显。

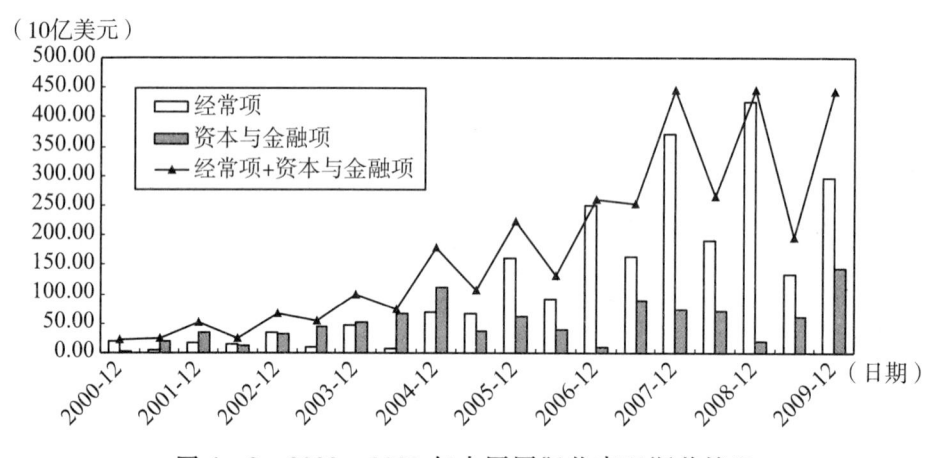

图 4-9　2000~2009 年中国国际收支双顺差情况

资料来源：中国国家外汇管理局。

显然，人民币升值以后中国出现的长期顺差不符合国际金融理论关于升值会带来出口萎缩从而降低顺差的判断。麦金农（2007）认为这一现象是由于中美两国居民消费与储蓄模式不同。不过如果单从进出口贸易上看，中国许多外向型企业在人民币升值之后面临的压力越来越大，企业的出口额也明显回落。根据 2008 年 1 季度的统计数字，外贸出口与上年同期相比增速回落 6 个百分点，进口增幅则提升了 10 个百分点，从而使一季度货物贸易顺差同比减少 49 亿美元，下降 10% 左右。

尽管货物贸易顺差规模有所减小，但是在人民币升值的驱动下，相当规模的短期逐利资本想方设法通过国际收支平衡表中的各种合法渠道涌入中国，所以造成顺差额从表面上看仍然大幅增长。贺力平（2008）的研究显示，经常账户下的职工报酬、投资收益以及经常转移项目近年来表现出异常的活跃，例如投资收益项在 2005 年之后由以往长时期的净流出状态（负值）转变为净流入（正值），而经常转移项在最近 3 年也急速上升，这些都是游资通过经常账户下流入国内的典型特征。

正是由于存在人民币升值预期，资本项下的外汇流入规模也在扩张，如外商直接投资（FDI）以及货币与存款项都显露出热钱涌入的迹象。特别是 2008 年以来，FDI 的额度增长超乎寻常。根据商务部公布的统计数据，2008 年 1 季度，中国实际使用 FDI 总额达 274 亿美元，较上年同期增长了 60% 以上。实际上，FDI 在 2007 年末就开始出现显著的大幅增长势头。从实际经验看，由于 FDI 的外汇既可以在银行开立现汇保留，也可以通过银行卖出，从而方便了游资以 FDI 名义流入，因此 FDI 中很可能夹带着相当数量的投机资本。而资本项下的货币与存款项近年来也出现垂直上升的态势。这一项下大部分为短期资本，这种超乎寻常的大幅上升暗示，在人民币进一步升值预期的驱动下，短期投机资本流入中国的动力和手段都在增强，国际游资正加紧在中国建仓的步伐。

在这样的背景下，中国的外汇储备不断激增。而央行为了吸收大量涌入的双顺差，被迫向市场投放大量货币，造成外汇占款额度大幅飙升。图 4-10 刻画了 2000 年 1 月~2010 年 3 月期间外汇占款与货币总量 M1 的比率，从图上可以清楚地看到，在 2005 年以后，外汇占款额度超过了 M1 的 50% 以上，而在 2007 年以后，达到了接近 90%，在 2008 年以后，甚至上扬到将近 100%，2009 年起稍微回落但是仍保持在 90% 左右。这就意味着，由于人民币升值驱动，国际资本涌入规模增大，从而导致中国的货币供应在很大程度上是被动超发。

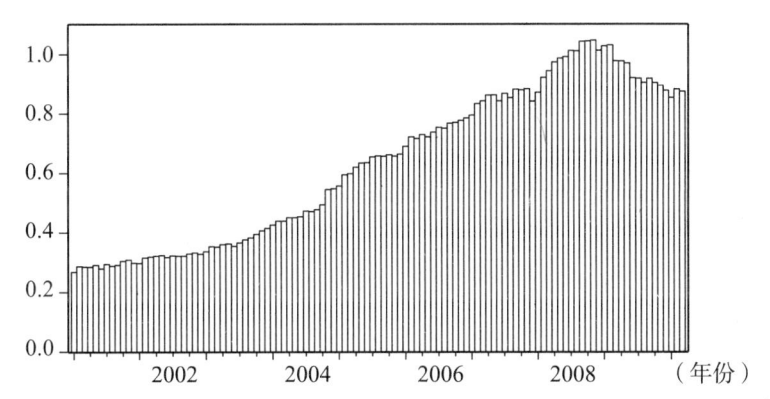

图 4-10 2001 年 1 月~2010 年 3 月年中国外汇占款与 M1 的比率

资料来源：中国人民银行。

正因为如此，中国近年来的狭义和广义货币供给总量增长率都一直保持在 10% 以上的增速。图 4-11 给出了 2000 年 1 月~2010 年 3 月货币总量 M1 和 M2 的同比增长率。很明显，自 2005 年以来，广义货币总量 M2 的增速始终保持在 16% 左右，而且在 2005~2006 年间有明显的高幅增长。而 M1 的增长率自 2005 年开始一路上扬，到 2007 年年初已经飙升到 20% 以上，2008 年稍有回落，但仍然保持在 18% 以上的高位。自 2009 年开始，M1 的增长率一路飙升至 35% 以上，M2 的增长率也一度达到将近 30%。

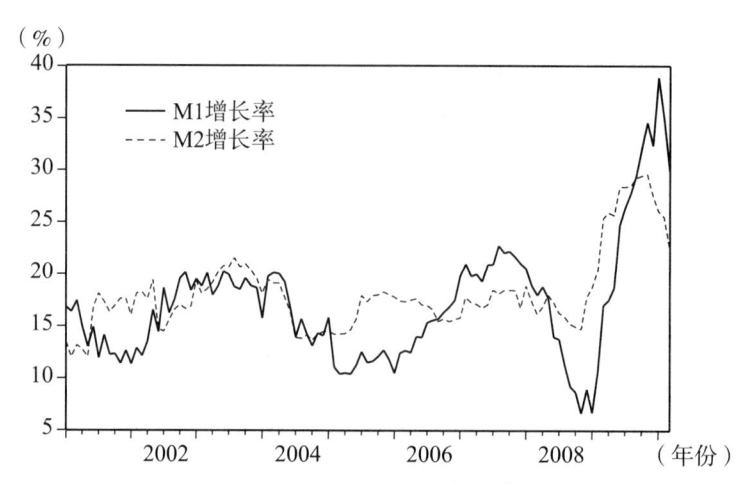

图 4-11　2001 年 1 月～2010 年 3 月中国货币总量同比增长率

资料来源：中国人民银行。

货币发行量的迅速扩张，无疑会造成整个经济体内流动性过剩，而流动性过剩最终就不可避免地带来投机行为的出现，资本市场和房地产市场随之过热，接下来就会逐渐导致市场对未来通胀预期的形成。一旦市场预期物价会持续攀升，那么消费者就会变得更容易接受价格的上涨，生产厂商定价行为也会发生改变，导致商品价格的上涨幅度远远超过原料成本的上涨幅度。如此，通货膨胀就开始盛行，这种传导路径正是图 4-5 所描述的情景。

因此，中国自 2007 年以来逐渐显现出来的通货膨胀，从本源上是由于人民币升值驱动的流动性过剩，通过市场预期的微妙影响，最终传导到居民消费价格的变化上。我们在图 4-6 和图 4-7 中已经清楚地看到：流动性过剩指标与 CPI 通胀率几乎表现出完全相同的变化趋势，并且流动性过剩指标一般要先行于通货膨胀。这说明，中国近年来的通货膨胀，带有明显的流动性过剩的色彩，而流动性过剩的主要根源恰恰在于人民币升值。

7. 货币政策调整

我们从汇率变动、M2/GDP 指标与通货膨胀之间的动态关系出发，运用直观的计量模型，对人民币汇率变动对国内通胀的影响进行了经验分析。实证结果表明，以人民币加速升值来抑制通胀的思路在通货膨胀高企时期是不可取的。这一结果进一步暗示，尽管在 2009 年全球新型金融危机背景下，中国的通货膨胀问题随着国内外经济减速出现缓解，但是以人民币汇率变动来调节中国的物价变化（通货膨胀或者通货紧缩）在人民币汇率机制转轨时期效果有限。因此，在新形势下货币当局亟须进一步维持人民币汇率稳定。

本书的分析还表明，在运用既成的经济理论分析人民币升值与通货膨胀问题过程中，一定不能忽略中国经济当前面临的现实情况。在 2007~2008 年期间，人民币升值带来的流动性过剩所催升的通货膨胀效应远远超过了紧缩效应。当然，有一种观点会认为 2007~2008 年间的通胀形势之所以严峻是因为人民币升值不到位。但我们必须客观地认识到，汇率变化很可能存在"超调"效应，并且如果人民币升值步伐过大，经过一段时间，必定将相当数量的外向型企业推向破产或退出行业的边缘，而短期资本在套利之后又很可能寻求快速流出。如果这些情况发生，将对中国经济带来不可低估的负面影响。并且，在这种情况下即使通货膨胀下来了，那么所付出的代价将是我们不愿意见到的经济萧条。关于这一点，20 世纪 90 年代出现的"日元攀升综合征"最终造成的日本经济长达 10 年（1992~2002）的低迷，是必须认真思考和引以为鉴的。而当前中国经济面临全球金融危机的冲击，人民币大幅持续升值或者大幅贬值策略都是不可行的。

我们认为，汇率调整的策略应该遵循内外兼顾、动态协调的基本原则。对外，进一步增大人民币汇率变化的不可预测性，对国际资本进出的控制在短期内仍然不能放松。在资本进出管制有困难时，采取对已流入资本强制监督与管控。与此同时，努力通过多种渠道不断向有关国家传递信息，让对方清醒地认识到，人民币汇率波动性增大会加大当前金融危机对中国经济的负面冲击，从而对带动世界经济发展大局不利。对内，考虑到全球金融危机余震的影响尚未散尽，需要保持人民币汇率相对稳定，合理引导国内市场预期，并逐步提高经济体制灵活性，才能保持经济的可持续发展。

总之，在当前国际经济格局发生重大转变的时期，调控物价变化走势、推动经济增长不能完全依赖于人民币持续升值或者贬值。特别值得注意的是，在全球经济放缓的形势下，本币的持续贬值同样不可能成为经济可持续发展的治本良方。只有通过政府与企业和市场的动态协作，才能为顺利实现新阶段经济目标做好准备。这不仅对中国经济发展有利，对世界经济发展的良性循环更是具有深远的意义。

4.1.4 化解中国经济金融的动态强化机制

外汇储备的日益增长，使得我国的经济和金融风险加大，也为我国的货币政策制定带来了一定的困难。所以，本书将从外汇储备的角度来探索化解中国经济金融风险的途径。

1. 中国外汇储备发展情况

A. 现状

改革开放以来,中国的国际储备曾经历了两次高速增长时期。第一次是在20世纪90年代中期。1994~1997年,随着社会主义市场经济体系的初步建立和外汇管理体制的改革,中国外汇储备终于摆脱了10余年低速徘徊的局面,出现了连续4年的高增长。第二次发生在21世纪之初。从亚洲金融危机的冲击中恢复之后,中国经济很快就步入了快速发展的轨道。与此相伴,中国的外汇储备从2001年又开始快速增长(见图4-12);到了2004年,年新增储备超过2 000亿美元(见图4-13)。

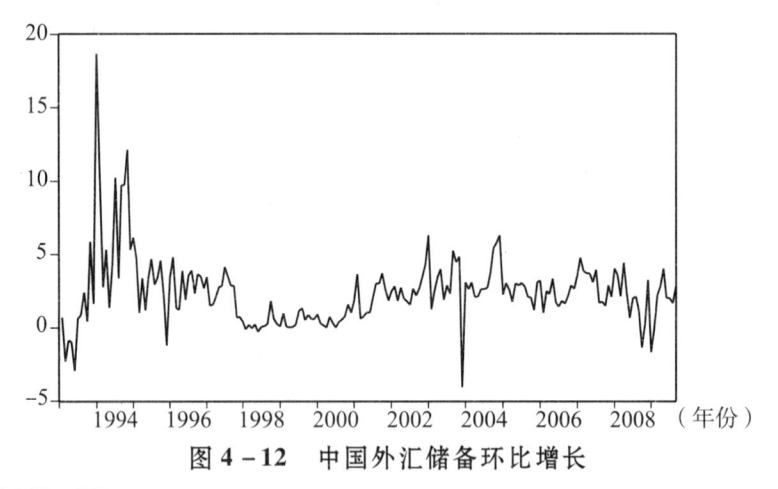

图4-12 中国外汇储备环比增长

资料来源:IFS.

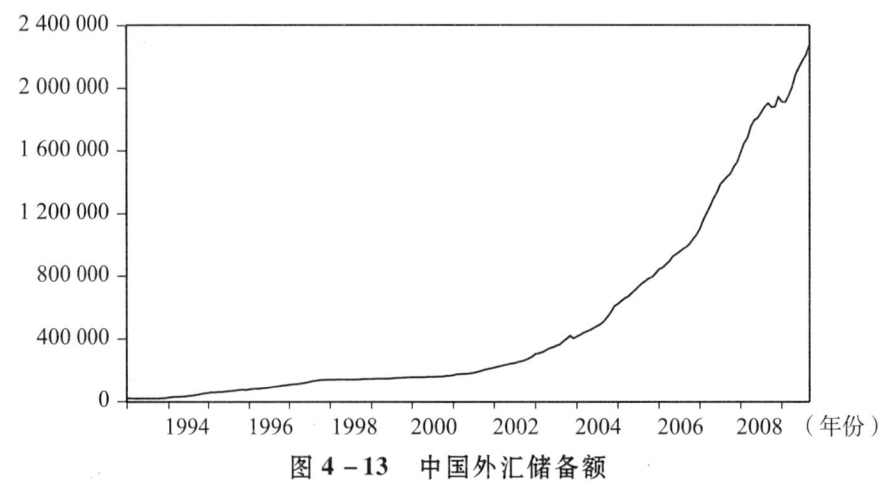

图4-13 中国外汇储备额

资料来源:IFS.

1980~1991年，第一阶段：国家外汇结存和中国银行外汇结存构成了这一时期我国外汇储备的两个组成部分。通常来说，国家对占用基础货币的外汇结存拥有绝对使用权；但由于中国银行结存不占有基础货币，国家外汇结构不能无条件地对其加以使用。在这一时期，国家通过计划实行"出口第一"战略，用有限的资源换取外汇，从而进口一系列物质技术设备，促进国内经济发展。然而，当时我国出口的产品结构单一、附加值较低，这使得创汇效果并不理想。事实上，进口的增加和国际收支上的逆差，使我国外汇储备一直保持在较低水平上；而外汇储备上的不足，反过来又很大程度上制约了我国经济的发展。

1992~1993年，第二阶段：由于外汇管理体制改革不断深化，从1992年开始，只有国家外汇库存可以进行官方储存，中国银行的外汇结存被界定在国家外汇储备之外。这主要是基于我国金融体制改革条例中的相关规定，即所有专业银行都要向真正意义上的商业银行转变，不再执行国家专业银行职能。因此中国银行不再继续担负管理国家外汇储备的职责；这也导致了在1992~1993年间，我国外汇储备略有减少。

1994~2000年，第三阶段：1994年的外汇体制改革取消了企业外汇留成，实施银行结售汇制度；通过汇率并轨，在银行间建立了统一的外汇买卖机制，从而将外币的境内结算和流通限制在特定的金融机构之内。从1996年7月开始，外商投资企业结售汇制度的实施，将所有进出口和外资引进净额的结算货币限定为人民币；这就极大地促进了我国的外汇储备的增长。1996年，我国外汇储备突破1 000亿美元大关；同时，我国外贸进出口额也都分别突破了1 000亿美元大关。这标志着我国外汇储备已经形成一定规模。

2001年至今，第四阶段：2001年11月10日，我国在卡塔尔首都多哈签署世贸组织文件，正式加入世贸组织。随着我国正式加入WTO，我国的国际贸易额和外汇储备量开始飞速增长，仅2003年1年的增长量就超过了1 000亿美元；在2004年、2005年和2006年，更是以每年2 000亿美元的增长速度迅速增长。

B. 中国高额外汇储备的形成原因

我国外汇储备是在强制结售汇、银行外汇周转头寸限制和事实上的固定汇率制三位一体的制度安排下形成的。当前，我国外汇储备主要有三个增长来源，即外贸顺差、直接投资净流入和热钱。我国高额的外汇储备也主要来自于这三部分的高额增长。

总的说来，自从1998年以来，除1998年因受亚洲金融危机影响，资本项目和金融项目出现逆差外，我国已经连续5年出现资本项目和金融项目的"双顺差"。1994~2009年，我国的经常项目保持着顺差（见图4-14），特别是2002年以后，经常项目顺差增长非常快（见图4-15）。2004年之后，资本项目的差额也显著上升（见图 4-16）。

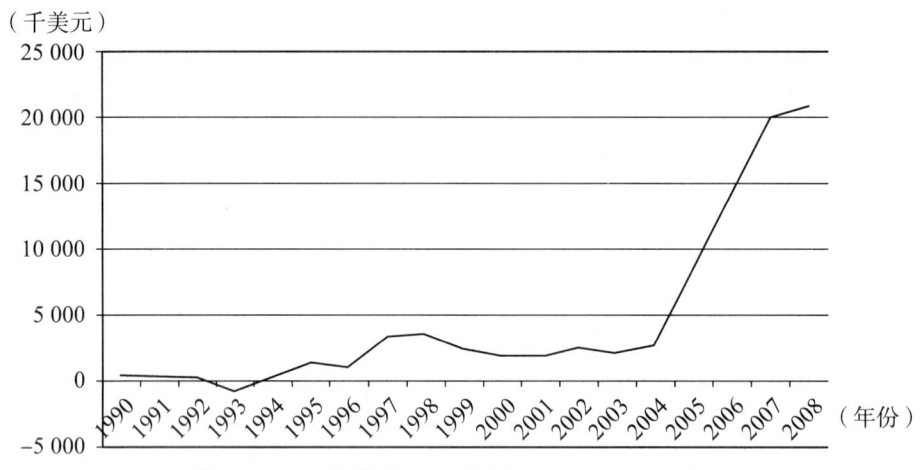

图 4-14　我国进出口差额（1990~2008 年）

资料来源：中经网统计数据库。

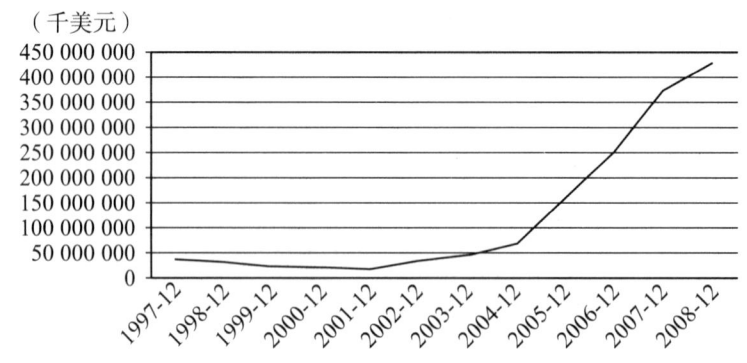

图 4-15　我国经常项目差额（1990~2008 年）

资料来源：中经网统计数据库。

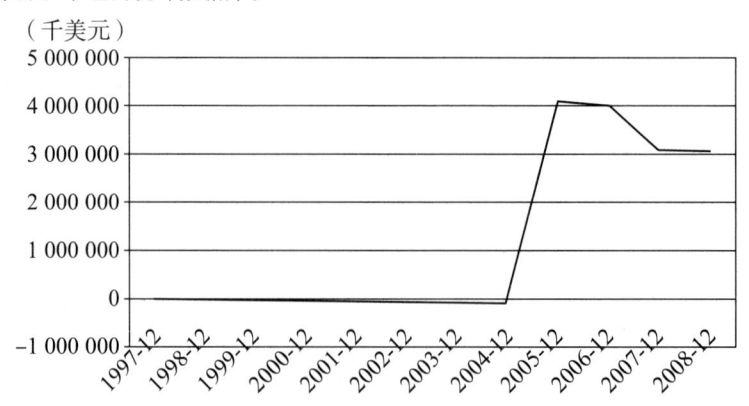

图 4-16　我国资本项目差额（1997~2008 年）

资料来源：中经网统计数据库。

国际收支的高额顺差一定程度上是我国居民储蓄持续大于投资、国内供求失衡的结果。由于我国社会保障体制改革尚未完全到位，居民用于养老、医疗、教育等预防性的储蓄较多，导致了我国高储蓄的传统。同时，国内储蓄转化为投资的渠道不畅，金融市场发展相对滞后，导致企业不得不更多地依赖自有储蓄。再者，近几年我国固定资产投资较快增长，导致制造业产能迅速扩大，在国际市场需求旺盛、内需相对不足的情况下大量出口。所以，相对于进口的大量出口导致外贸顺差增长都非常迅速。这主要是由于过度依赖外需的经济增长方式、人民币汇率形成机制，以及我国以加工贸易的方式参与国际分工。

其次，FDI 大量流入。双顺差与我国吸引大量外商直接投资也有密切关系。我国大量吸引 FDI 的原因包括：（1）在经济全球化的背景下，中国经济稳定、外资政策优惠，国外投资者被我国巨大的潜在市场和廉价的劳动力所吸引，不断进入中国，加大直接投资；（2）中国的财政体制和制度安排使得地方政府有着很强的吸引 FDI 的激励动机。FDI 不仅可以大大提高地方的收入水平，更是衡量地方政府"政绩"的重要标准之一；（3）FDI 在中国又大多数从事加工再出口，进一步强化了我国经常项目和资本项目"双顺差"的局面；（4）我国在 2006 年前对外资的"超国民待遇"的政策。

最后，由于近年来我国国际收支顺差，外汇储备迅速增加，市场上人民币汇率升值的预期逐渐增强。升值预期刺激国际资本向我国流动，大规模热钱通过各种途径进入我国，进一步扩大了国际收支双顺差。

C. 中国外汇储备对金融和经济稳定的影响

高额的外汇储备对我国经济有着很大的正面和负面的影响，正面影响包括：

第一，巨额外汇储备的形成及快速增长，是国家经济实力空前强大、国民财富空前积累的体现，是我国改革开放取得巨大成功的重要标志之一。

第二，外汇储备首先是一笔财富，它增强了我国国家信用，是稳定人民币汇率的重要保障。巨额外汇储备大大提高了国家信用等级，降低了我国政府和企业在国际市场融资的成本。在货币层面上为我国金融体制改革、人民币成为可自由兑换货币打下了基础。

但是，同时也要认识到，持有外汇储备是要付出代价的：

第一，外汇储备表现为持有一种以外币表示的金融债券，并非投入国内生产使用。这就表示，持有外汇储备是有机会成本的。持有外汇储备就意味着需要放弃将这些资产用来进口商品和劳务、增加生产、从而增加就业和国民收入的利益。

第二，持有过多外汇储备还会导致由于外币汇率贬值而产生的巨大损失。在我国的官方外汇储备资产中，外汇储备占绝大部分，其余为特别提款权、国际货币基金头寸和黄金储备。据估计,我国的外汇储备70%以上是美元资产,其中美国国债及政府机构债约占70%。美元这些年的贬值使得我国的外汇储备价值受到很大冲击。

第三,巨额外汇储备给一些国家以口实,加大了人民币被动升值的国际压力,一些国家、国际组织纷纷向我国提出要求,希望我们承担更多的国际责任,而这些恰恰是发展中国家无力承担的。

第四,张曙光和张斌(2007)从外汇储备对我国中央银行资产负债结构、货币供应和金融市场的影响的角度分析了外汇储备积累的经济后果,指出外汇储备过度积累不仅会导致国内经济结构失衡加剧,还造成可观的社会福利损失。

第五,也是本章要着重讨论的问题,外汇储备的增加就要相应扩大货币供应量,如果外汇储备过大,就会增加通货膨胀的压力,使得货币政策变得被动。外汇储备增速过快,使我国货币政策的独立性越来越难以保持。外汇占款成为中央银行基础货币投放的主要方式。外汇占款不仅从总量上制约了宏观调控的效力,还从结构上削弱了宏观调控的效果。由于外汇占款成为社会资金投放的主要方式,因而出口多、引资多的地区或行业,人民币资金就相对充裕,而外汇创收少的地区或行业人民币资金就相对短缺。从而加剧资金在不同地区和行业间分配的不平衡状态,给宏观调控带来很多负面影响。另外,为冲销外汇储备增长导致的基础货币投放量过大,人民银行主要通过发行央行票据回笼货币。

D. 外汇占款导致货币政策被动问题

近年来,随着中国贸易顺差的持续扩大以及人民币升值预期的影响,我国外汇储备规模迅速增加。在由央行主导的现行外汇储备管理模式下,外汇储备的增加不可避免地导致了我国基础货币供给的增加,进而造成了对整个银行体系的流动性过剩,为国内货币政策操作带来了诸多干扰。

为对冲由外汇占款所引起的基础货币供给增加,人民银行在2003年4月开始采用发行央行票据的方式来回笼银行体系过剩的资金。之后,央行票据的发行数量迅速增长,已经成为我国最为主要的外汇占款对冲手段。从几年的实践看来,央行票据的发行规模有了非常快速地增长,发行方式也屡有创新,在外汇占款的对冲方面起到了非常积极的作用。

(1)央行创造了以自身信用为担保的中央银行债务,在保持中央银行资产总额不变的情况下,通过对央行负债结构的调整减少商业银行了的可贷资金量,从而间接对商业银行的贷款规模进行了调控,间接实现了货币政策的调控意图。在过去的几年中,央行票据作为反周期性调控工具在宏观调控中发挥了巨大的作用,成为货币政策灵活调控的主要手段。

(2)由于其连续滚动的发行方式、竞争性招投标、大量的市场供需和活跃的二级市场交易，央行票据的发行利率事实上已经成为我国货币市场的基准利率，为金融机构的其他资产业务提供了利率定价的基准，这在一定程度上推进了我国利率市场化的进程。

（3）在我国目前没有实行国库现金管理，短期国债还没实现滚动发行的情况下，央行票据的出现为中央银行的公开市场操作提供了可替代的工具。此外，央行票据的出现活跃了货币市场交易，有利于提高货币政策传导机制的有效性，也在一定程度上提高了中央银行操作的灵活性。

（4）在微观层面上，央行票据推动了货币市场的快速发展，成为金融机构流动性管理的主要工具，并间接对金融机构的资产负债配置产生了有利的影响。

不过，我们也应该看到的是，央行票据发行式中是我国既定发展阶段上的一种次优选择，考虑到我国外汇储备在中长期内还可能继续增长的压力，以央行票据发行为主的对冲机制在长期内很难有持续性，我们有必要从其他更多的角度来思考外汇储备的管理途径。我国目前由央行主导的外汇储备管理体制是造成外汇占款的根源所在，在这种制度下，外汇储备直接进入央行的资产负债表中，其数量的增加必然会导致央行资产负债规模的扩大，即资产方外汇储备增加会对应着负债方基础货币供给的等量增加，由此形成了外汇储备数量与基础货币供给的联动。为此，要提高国内货币政策的独立性，就有必要从改革外汇储备管理体制入手。

（1）成本问题。由于央行票据构成央行负债，所以，在其操作过程中，央行需要为其发行的票据支付利息，这会导致相当大的政策成本。当然，如果径直将央行票据的利息支出认定为央行票据的成本，那就过于简单了。因为，发行央行票据的目的，是为了对冲央行通过其他渠道过度买进其他资产所造成的基础货币的过度投放，而央行买进的这些资产又是有收益的，所以，全面衡量央行票据的成本，必须从发行央行票据所支付的利息中减去其增加持有的资产的收益。因为，应当将央行票据的发行成本与持有外汇储备的收益进行对比，才能确定央行票据的操作成本。但是，这无疑是数量很可观的一部分成本。

（2）对市场利率的影响问题。发行央行票据意味着央行增加了市场上对资金的需求，它的这一行为必然会对市场利率产生影响。因此，大量发行央行票据，无疑增加了央行在其货币政策操作中两个主要对象即货币供应量和利率之间进行协调的难度。在极端的情况下，若央行为了降低其操作成本而对央行票据的利率有所追求，就会有操作利率之嫌，这与央行的市场稳定只能是明显的背道而驰。

（3）连续性问题。从根本上讲，央行票据在诞生之时就是作为一种过渡性调控工具而产生的，原本只是想在短期内对过快增长的外汇占款进行冲销。但在人民币升值预期持续不减的情况下，央行票据发行规模不断扩大。由于大多数央行票据的期限均在 1 年期以内，人民银行在票据发行时，不仅要对冲新增的外汇占款，还需要对冲到期的票据及利息支出，这会直接导致人民币升值的预期在中期内还很难逆转，作为外汇占款的对冲手段，央行票据的可持续性将受到越来越大的挑战。

（4）高额外汇储备影响了货币政策的传导机制。在外汇占款成为中央银行投放基础货币的主要渠道之前，重要银行主要通过对商业银行和非金融机构再贷款、再贴现进行基础货币的投放。基础货币从投放到扩张为数倍的货币供给总量需要经过一个较长的过程，即从中央银行到商业银行再到企业的一系列存贷转化过程。然而，在高额外汇储备导致外汇占款大量增加后，巨额的外汇占款直接通过银行结售汇体系将基础货币扩张为数倍的信贷货币量，货币供给时滞大为缩短，从而导致央行对货币总量的控制难度增加，形成了消极的货币政策传导。

2. 外汇储备的传统战略："资产收益"战略

实证研究表明，通过妥善管理，外汇储备可以取得令人满意的投资收益。2005 年，国际货币基金组织在一份题为《外汇储备的财务成本》的研究报告中，通过对 110 个国家 1990～2004 年的全部数据进行严格实证分析，得出如下结论：1990～2001 年，即使将所有的成本（包括机会成本）都考虑在内，除发达国家之外的几乎所有国家的外汇储备都获得了净收益。

但是，外汇储备持有过度会导致财政成本、机会成本和货币政策自主性丧失成本的增加。据估算，2000 年至 2007 年 7 月底，中国人民银行发行央行票据进行外汇冲销的利息支出达 3 089.86 亿元，每年外汇储备总的直接成本高达 764.9 亿美元，相当于借入年利率 7.2% 的资产，与之相比，央行运用外汇储备的投资收益率仅为 1% 左右。巨大的成本收益反差要求我国不断提高外汇储备投资收益，实现外汇储备的保值增值。

近年来，我国一直实行"藏汇于国"的外汇政策，通过限制市场微观主体如企业等的外汇持有量，将外汇资源大部分集中于国家，其主要表现为 1994 年开始实施的银行强制结售汇制度，即境内机构经常项目下的外汇收入，除国家规定的可以开立外汇账户保留的以外，均必须卖给外汇指定银行，银行平盘后将多余的头寸卖给国家，另外我国还对个人购汇用汇实行严格管制。在这种"藏汇于国"的政策下，近年来我国外汇储备数量激增。

我国外汇储备投资收益极低，主要是购买美国债券，截至 2003 年中国购买美国债券就达 1 220 亿美元，占外汇运用总额的 64%。据 IMF 的一份研究报告，跨国公司在中国投资的利润率一般在 13%～14% 左右。可见，保持庞大的外汇储备的机会成本是巨大的。

近年来，在保证本国货币体系稳定的基础上，针对如何利用外汇储备，我国金融业和学界进行了多方位的深入探索，主要集中在以下方面：

A. 动用大量外汇储备购买美国国债及机构债

2008年12月末，中国持有的外汇储备余额为1.95万亿美元，其中大约有1.1万亿为美元债券资产，包括约7 000亿美元的美国国债，约4 000亿美元的机构债。据凤凰财经网报道，自2008年下半年以来，中国持有美国国债的增幅逐步加快，7月比6月增加149亿美元，8月比7月增加237亿美元，9月增长达到446亿美元，10月，这一数据更是高达659亿美元。

而伴随我国持有美元债券资产持续的加速，国内对是否应该持续增持美国国债的争论也日趋激烈。何帆、张明（2006）认为，在外汇储备的资产结构方面，过分偏重美国国债投资，忽视了美国机构债、企业债、股权投资及黄金投资，过分偏重安全性和流动性，忽视了收益性，从而在投资方面存在较大的效率损失。因此，中国应该进行外汇储备的资产调整，降低投资于美国国债的比率，提高投资于美国股权、美国机构债和企业债，以及黄金的比率。但是，作者并没有测算调整的具体比率，以及调整后带来的改变。

B. 向股份制改革的金融机构注资

2003年年底，由国务院批准设立的国有独资投资控股公司——中央汇金投资有限责任公司成立，该公司当即向中国银行和中国建设银行注资450亿美元，支持它们启动股份制改革。2005年4月，汇金公司又向中国工商银行注资150亿美元，启动了工行的股改。注资的目的是改善商业银行的资产负债结构，推动这几家商业银行的股份制改革，帮助它们成为真正意义上的商业银行。

C. 尝试外汇储备的市场化运作

成立主权财富基金已经成为一些国家储备资产运作的新模式。主权财富基金（Sovereign Wealth Fund，SWF）是一种不以简单持有储备资产维护本币稳定为目标的特殊基金，它一般由国家成立专门投资机构进行管理运作，资金来源大都为国家财政盈余与外汇储备。相对于传统机构投资者，主权财富基金具有承担更高风险以获得更高回报的潜力。

2007年9月29日，中国投资有限责任公司挂牌成立，就是中国政府对外汇储备市场化运作的一次尝试。中国财政部通过发行15万亿元特别国债购买2 000亿美元外汇储备为中投公司进行了注资。中投公司实行政企分开，自主经营，商业化运作。宗旨是积极稳健经营，在可接受的风险范围内，实现长期投资收益最大化。中投公司在筹备初期，就以国家外汇投资公司名义做出了它的首笔投资，投资30亿美元购买美国黑石集团部分无投票权的股权单位。但由于美国次贷危机引起的全球金融危机使经济形势急转直下，美国股市大幅缩水，意味着中投公司的首笔投资损失将十分惨重。

D. 合格境内机构投资者（QDII）制度的推出是中国外汇管理制度的重大突破

合格国内机构投资者进行跨期和跨市场的投资和资本运作，有利于开拓中国外汇资产的全球配置机会。在更大的范围内分散风险，允许国内投资者购汇然后通过 QDII 基金的投资，不但使投资者获得了向优质的中国海外上市公司投资的机会和盈利的机会，而且有利于减缓外汇储备的过快增长，降低货币当局管理外汇储备资产的难度。

E. 变"藏汇于国"为"藏汇于民"

在 2006 年 3 月 18 日召开的"2006 年中国金融形势分析、预测与展望专家年会"上，央行原副行长吴晓灵表示我国要进一步扩展外汇储备运用方式，变"藏汇于国"为"藏汇于民"，由此我国外汇政策开始向"藏汇于民"转变。吴晓灵（2006）提出了三条对策：一是调整"宽进严出"的外汇政策取向；二是变"藏汇于国"为"藏汇于民"；三是继续实施"走出去"战略。

3. 从资产收益战略向产业振兴战略调整

国家外汇储备作为公共应急储备，除了考虑投资收益，还要更多地从全局考虑到长期、战略性的目标。因此，我们应该积极探索出更多运用外汇储备的创新途径。

陈立（2006）提出了"能力储备"的概念，指出在我国经济处于转型时期时，应加强我国经济发展过程中的自主创新能力，而能力储备则是指有利于提高国家整体经济竞争力而进行的投入，通过这些投入能够获得支持经济发展的战略资源，从而可以保证实现经济社会的稳定和可持续发展，包括物资生产能力的储备、所需人才的储备、技术进步的储备、市场控制能力的储备等。

我国当前的高速经济增长在很大程度上是在牺牲了资源和环境的基础上进行的。而我国在全球的生产分工中的地位不高，出口产品附加价值较低，处于整个价值增值链的中下端。这更加加剧了我国能源和资源供给紧张的情况。所以，我国通过外汇储备的结构进行合理调整，增加能力储备，从而全面加强我国经济的国际竞争力，提升我国在国际分工中的地位。

第一，鼓励实施"走出去"的对外开放战略，扶持和培养我国的跨国公司。从条件来说，中国企业初步具备了跨国并购的基础，改革开放引起的国内市场国际化使得中国企业在国内实际上已经承受着巨大的国际竞争压力，政府政策的鼓励与国内公众的关注、支持也对跨国并购起到强大的推动作用。

第二，鼓励实施对海外重要经济资源开采权的收购。随着我国经济的持续发展壮大，我国对海外经济资源的依赖程度将不断提高，控制海外资源的开采权，比采购资源增加战略储备,具有更大的战略意义,从经济上看也更加合理。日本作为铁矿石(砂)的进口大国,之所以操纵提高铁矿石(砂)国际市场价格,一个重要原因是其在主要铁矿石(砂)生产商中持有股份。我们应该学习日本,尽管日本没有自己的铁矿,但是有着世界最大的钢铁公司。日本长期以来,在国外实施收购矿产企业的部分股份,进行控制,这样可以保持国内企业的原料供应,而风险相对较小。

第三,鼓励对我国具有战略意义的出境基础设施建设进行投入。当前,我国经济发展日渐受到能源瓶颈制约,单纯依靠国内能源开采已经很难满足经济发展的需求,以石油、天然气为例,我国主要是从中东进口,由于航运路途遥远、中东不稳定的安全因素、加之美国逐渐对这一地区的控制,我国的能源进口受到严重威胁甚至受制于人。其实,我国周边国家也蕴含着丰富的能源储藏,通过跨境输油气管道、铁路与公路的建设,对于保障资源与能源供给的安全性,加强我国与周边国家的经济贸易关系,具有重要作用。

第四,鼓励对引进国外的先进技术和关键设备进行投入。我国与发达国家技术水平尚有较大差距,在加大自主开发力度的同时,加大关键设备、技术的进口,仍是提高我国技术水平、增强自主开发能力的重要渠道。受国内经济增长方式和产业结构及发展水平的制约,特别是发达国家的技术出口限制,我国引进的技术与国际先进技术水平还存在着一定的差距;跨国公司输出的绝大部分技术属于二流的,所谓"市场换技术"只是集中在中低水平上,尤其在一些特殊领域的核心技术和关键装备方面,发达国家仍对包括我国在内的发展中国家实行封锁。产业技术的发展仍然是制约我国经济发展的"瓶颈"。通过引进国际先进技术和设备,可以为我国的自主创新打下基础,解决国民经济发展的燃眉之急。

A. 外汇储备与新兴产业振兴战略

发展新兴产业,科技和金融是支撑。由于新兴产业技术研发投入高、周期长,新兴产业风险预期明显高于传统产业,具有核心技术新、市场需求新、发展模式新等特点,非常需要金融的支持。发达国家的实践表明,风险投资可以有效缓解新兴产业处于种子期、初创期时的融资难题。中国现有的风险投资还属于起步阶段,还没有达到像当初中国台湾、日本那样可以足够支持新兴产业发展的程度。但是新兴产业对国家的长期发展却具有非常重要的战略作用。

新兴产业不仅自身为朝阳行业,具有很强的发展优势和潜力,对经济发展能产生重大贡献,而且新兴产业发展成功之后,还能有利于全经济、全社会的发展,例如高科技和新能源等新兴行业还能够有维护国家安全、带动社会全面进步、提升综合国力等作用。所以,新兴行业的发展前景不能仅仅用该行业本身的未来的预期现金流来衡量,很多社会利益是不可估量的,新能源、高科技的发展能够惠及整个社会，甚至改变整个经济结构。所以仅仅从利润出发的一些基金、风投可能只看重该产业本身的发展，无法从全局出发、用长远的眼光来审视新兴行业发展的巨大意义。这就需要政府从全局出发，对新兴产业给予大力支持。

以新医药产业为例，它一方面形成新的经济增长点，同时造福于广大群众，提升我国的医疗卫生服务水平。又如生物种植行业，这是关乎我国粮食安全的重要产业，能为我国带来的好处不仅有经济上的，还有国防外交上的话语权和自主权。再如新能源产业发展商，水能资源（太阳能、风能、水能等）技术、节能减排技术、清洁煤技术、核能技术，这些对中国以至于对人类的贡献都不可小觑，但是对投资者来说，收益可能会慢，风险也会很大，所以非常需要政府的支持。

2009年，温家宝同志发表了题为《让科技引领中国可持续发展》的讲话，再次强调了发展战略性新兴产业的必要性，并进一步指出，将重点发展新能源产业、信息网络产业、新材料产业、生命科学产业和空间、海洋及地球深部探索五大战略性新兴产业。这其中，发展新能源产业、开展低碳经济将成为发展战略性新兴产业的重中之重。

要支持新兴产业的发展，可以加大财政税收扶持力度，设立新兴产业发展导向目录和新兴产业发展专项资金，将扶持重点落实到企业和项目；支持重大产业科技攻关和产业化项目，形成新兴产业发展的多元化投融资体制；加快风险投资体系建设，创立各种新兴产业风险投资基金。因为新产业与国际相比还处于刚起步的阶段，盈利性差。但是一旦有了资金的支持，开始盈利了，就可以发展得很好。例如我国台湾的钢铁行业等。

在我国，第一个用于支持科技型中小企业技术创新的政府专项基金——科技型中小企业技术创新基金已经实施了10年了。它以资助初创期和成长初期企业的技术创新产品开发为切入点，帮助中小企业渡过初创期。该基金成功地帮助了很多新兴产业的快速成长，也证明了通过我国政府设立专项基金，支持新兴产业发展的方法是有效的。但是我国这类政府设立的专项基金数量上、规模上还有待提高，我国的超额外汇储备也可以对这部分产业振兴进行支持，促进我国调整产业结构、转变经济发展方式。

B. 外汇储备与资源能源布局

凭借劳动力和廉价土地资源，中国已经成为世界性的加工制造中心。随着中国经济的快速增长，国内资源短缺程度逐渐加大，从国际市场购买能源材料，同时将加工制成品销往国外的"两头在外"的生产模式成为我国加工贸易的运作方式。而从我国资源供求状况来看，资源短缺程度逐步加大，近年来能源、资源消耗迅猛增长，供需缺口越来越大，对国外的依存度不断攀高。提高资源利用效率、研发替代能源和节约能源等职能在一定程度上缓解但不能从根本上解决资源短缺问题，运用外汇储备建立资源战略已迫在眉睫。

关于将外汇储备用于我国的能源、资源战略储备布局，我国的理论界已经有一些学者提出了相关的建议：张劲晗（2006）提出中国外汇储备功能的转型方向：一是将部分外汇储备转化为战略物资储备，二是将部分货币外汇储备转化为能力储备。夏斌（2006）建议利用中国的外汇储备来建立大宗初级产品的战略储备体系。李志鹏等（2007）提出利用期货手段来实现对矿产品的储备，并建议用外汇储备来为这一方式提供资金支持。

中国人均矿产资源探明储量只有世界平均水平的58%，在世界各国中排在第53位。中国矿产资源储量大的多为一般矿产，大宗战略性矿产储量严重不足。石油剩余可采储量仅占世界总量的1.3%，天然气、铝土矿、铜矿、铁矿分别只占1.5%、2.2%、3.5%和7.1%，难以满足持续利用的需要。除煤、铅、锌、钨、钼等少数矿种外，多数矿种人均探明储量较少，特别是优质能源和部分工业生产急需的矿种人均储量很少。如石油、天然气人均探明储量分别仅相当于世界平均水平的7%、8%，铝土矿、铜矿、铁矿只相当于11%、17%、35%；铬、钾盐等矿产储量更是严重不足。这些重要资源相对短缺，成为中国经济发展的长期制约因素。在全球能源、资源供给偏紧和价格趋升的情况下，我国不仅要面对价格波动带来的成本增加和商业风险，还可能面对潜在的政治和安全风险。因此，我国应当建立资源战略储备，以确保发展战略的实现。

除了我国的能源、资源储备实际上的不足，提议我国利用外汇储备建立石油等战略物资储备的原因还在于能源安全不可小觑。从国家高度来看，能源企业的发展直接与我国国内资源的保护相关，也与国家能源安全有着不可割裂的关系。加大对海外资源的投资，就能够解放我国国内的能源供给。根据最新的数据显示，2010年上半年，中国石油对外依存度上升至54.26%，同比扩大5.7个百分点①。所以，根据中国资源的实际情况，要维护我国的能源安全，就必须将重点放在"走出去"上，加快能源产业资本与金融资本的结合。战略物资储备投资的方式主要有以下几种：

（1）直接以外汇储备换取海外战略资源；同时加快战略物资储备的基础设施建设，如增加稀有金属战略物资储备需建立储藏和加工基地，重点的战略物资都需要相应的储藏设备。

（2）建立国际原材料价格稳定基金，对冲世界原材料价格波动。这主要是凭借国内外汇储备来实现的，通过对一些基础性和资源性国际资产的投资；以及对石油、铁矿石、铜矿石生产厂商的参股或控股，价格稳定基金可以有效地建立

---

① 资料来源：中国石油和化学工业联合会。

稳定、持续的原材料进口渠道。

（3）投资具有战略意义的出境基础设施建设。例如，我国的石油、天然气主要从中东进口，然而运输路线的遥远和沿线的诸多不安全因素，严重威胁了我国能源进口渠道。因此，发掘和利用我国周边地区相关能源的丰富储藏，建设跨境管道、公路等基础设施将有助于保障我国能源的供给安全，同时有利于和周边国家建立多层次的经济贸易关系。

国家储备的形式不只是一个，实物储备形式也是重要的储备形式。中国由于贸易顺差扩大和大量吸纳外资会形成大量外汇收入，但是把这些外汇收入用于增加外汇储备，还是用于增加实物储备，是中国政府可以选择的。中国过去外汇储备不多，为保持国际收支平衡与人民币的稳定，适当增加外汇规模是必需的，但是按照国际惯例，拥有大约相当于3个月的进口规模就可以了，拥有满足6个月进口的外汇储备规模已经足够了，按照满足6个月进口的标准，中国的外汇储备规模1995年就达到了，而到今年3月末，中国的外汇储备规模已经相当于15个月的进口额，实在是太大了，但重要战略资源的实物储备规模以石油来说，却连国际公认标准的10%都不到，又实在是太小了，所以，尽快转换中国储备的形态，实在是一件极为重要的事情。

中国要成为真正的制造业强国，就必须将外汇储备的运用与这一战略结合起来，这是关系我国综合国力及人民福利的重要使命。而运用外汇储备建立资源战略储备是其最佳用途。除此之外，建立资源储备还不会造成货币的二次投放，也不是只顾及个别部门和区域的利益，而是为国家整体利益服务。同时，由于资源类商品良好的变现性和收益性，建立资源储备还可以确保外汇投资公司对预期收益的要求。当然，资源储备的建立并不仅仅是购买实物储备，还可以直接购买或参股资源矿藏，购买资源类企业的股票，通过国际期货市场进行运作等。

C. 外汇储备与经济增长方式转型

传统的比较优势战略使得我国的生产方式低层次、静态化、没有技术，也没有创造力。外汇储备是可以在一定程度上帮助我国实现经济增长方式的转型的。根据北京大学经济研究所所长仲大军所言：就像一个人把钱从左口袋拿出来放到右口袋里，变了一个位置，但所有权不变。他认为，国家作为国民财富的代表，有权以各种形式支配、动用外汇储备的好处是不会给财政造成压力。北京师范大学金融研究中心主任钟伟认为，注资450亿美元是外资存量资金配置的问题，并不涉及人民币基础货币的投放等其他问题，对于物价、对于我国的货币政策决策没有重大影响。

1）要转变依靠外需的经济增长方式。拉动经济增长的"三驾马车"，出口、消费和投资中，我国的经济增长一直是严重依赖外需的。我国由于当前的社会保障制度还不够完善,居民消费的意识还不强,而国内投资的途径也受到多种因素的制约影响,所以,有着廉价劳动力的我国,例如"三来一补"的加工出口贸易一直是支持我国高速经济增长的重要动力。但是,过分依赖出口则进一步地加剧了经济结构的不平衡,使国内原材料、能源更加紧缺,经济抵御外部冲击的能力更弱;房地产、钢铁等行业的波动可能导致企业经营的持续性变差。例如在这次从美国开始的世界经济危机中,外国市场受到严重打击,需求不足,我国的出口受到严重打击。例如我国曾经依赖加工贸易的很多玩具厂、服装厂都大量倒闭,而曾经一度风光的沿海省市的 GDP,也大幅缩水。所以,这次经济危机给中国敲响了警钟,我们应该认识到,依靠外需的经济增长方式是该进行转型了。

2)要转变低成本的经济增长方式。没有自主品牌使得中国一直处于加工厂的地位。过去,我国的经济增长主要依靠我国的劳动力成本低廉,资源价格也低廉的低成本加工厂的模式。这种模式已经对我国居民的福利造成了很大的伤害,也对我国的资源的消耗带来了很大的压力。这种低成本的经济增长方式在现在,不仅是不应该继续,而且也很难继续下去了。我国各经济生产要素成本低廉的现状正在并将逐步改变。首先,劳动力供需结构正在变化,社会保障和公共服务也不断在完善,劳动力成本低廉的情况无法再维持下去。现在,印度、越南等南亚和东南亚国家的劳动力成本已经低于我国了,单纯凭借低水平的加工劳作已经无法再在国际上形成有力的竞争了。同时,我国老龄化的进程将加快,随着"人口红利"的逐渐衰竭,我国的劳动力成本必将加快上升。除了劳动力成本之外,我国的土地治理制度、征地补偿制度和更加规范的土地价格形成机制,必将使我国的土地成本也趋于上升。能源和资源也随着我国之前过快的消耗在供应上逐渐减少,这就使得我国的低成本的能源和资源也无法维系。所以,总的来说,我国生产要素低成本的优势正在发生变化。如果我国不转变传统的低成本的经济增长方式,随着我国生产要素成本的逐渐增加,我国国内的经济和对外贸易的优势渐渐失去,我国经济的快速、稳步增长就会难以维持了。

3)要转变环境污染的经济增长方式。粗放的经营给资源和环境带来了巨大的压力。我国社会产品中物耗比重较高,而且还不断上升,据统计,工业物耗占工业总产值的比重,1978 年为 64.9%,1989 年为 71.7%,1995 年为 67.4%。我国单位国民生产总值的能耗为日本的 6 倍,美国的 3 倍,韩国的 4.5 倍。钢、木材、水泥三材的消耗强度,分别为发达国家的 5~8 倍、4~10 倍和 10~30 倍,比印度等高出 2.5 倍、2.8 倍和 3.3 倍。能源利用率仅达到 30%,比一般发达国家低 20 个百分点。水、耕地、森林等重要资源被加速消耗,部分地区水土流失和沙化加剧。在这种工业经济时代,经济增长主要依靠物质资本的大量投入,消耗了大量的资源,污染了环境,产生了以"三高"(高投入、高消耗、高污染)为代价的经济增长。这种现状必须要尽快改善,一方面要求优化投资结构,另外一方面就是要从新兴产业出发,培植低投入、低消耗、低污染的经济增长。这必然是一个困难而艰苦的过程,但是这也是一个必然的过程。不可以再逃避。

4)要转变忽视民生的经济增长方式。错误的经济发展观念——将经济发展等同于经济增长,忽视了教育、公平、医疗、幸福指数、环保等民生问题。住房、医疗、教育已成为当前最突出的三大民生难题,具体看来,解决百姓住房问题应建立廉租房为主的住房保障制度;解决看病难、看病贵问题应建立人人享有基本医疗保障制度;为了让所有的孩子都上得起学、上好学应建立公平的教育制度。而解决这些民生问题的一个重要方面是需要大量资金支持。建立廉租房为主的住房保障制度,关键是要解决廉租房建设的资金来源。目前资金不足严重阻碍着居民住房问题的早日实现。既然口袋里有美元,为什么不拿来解决亟待解决的民生问题呢?当今世界上无论采取哪种医疗保障制度模式,政府都是投资和筹资的主体。发达国家用于医药卫生的开支占GDP的10%以上,发展中国家中,印度为6.1%,赞比亚为5.9%,而中国仅为2.7%。既然口袋里有美元,为什么不可以用来进口先进的医疗设备等以提高中国医疗卫生事业的装备水平呢?保证教育公平必须增加政府对教育的投入,实践证明政府对于教育的投入越多,就越有利于实现教育公平。目前世界各国的平均教育支出占GDP的比例在7%左右,发达国家甚至高达9%左右,而中国不到4%。既然口袋里有美元,为什么不可以千方百计地发展教育事业以提高整个中华民族的文化素质呢?

解决民生问题关键在政府,政府要着力解决收入分配、就业、社会保障等民生问题,力求取得实实在在的成效。因此,中国外汇储备的剩余绝对不是"英雄无用武之地"。

4.1.5 结论性评价

内外失衡的背景下,我国的对外贸易额不断增长,必然为我国带来越来越庞大的外汇储备。另一方面,以美国为首的国际势力也一直以此要求人民币必须升值,面对来自国际的要求人民币升值的压力、国内出口型企业要求币值稳定的压力,我国货币当局在制定和实施货币政策时不得不更加周全考虑。对于庞大的外汇储备,我们认为只有争取合理运用,才能尽可能地避免金融冲击可能带来的损失。关于如何合理运用我国的外汇储备,国内学者研究众多,比如,以外汇储备来购买国外先进的科学技术,从而弥补我国军事、工业等方面发展的不足,以完善产业结构;购买和储备战略资源以应对现在及未来的资源短缺、枯竭等状况,以减少环境污染,保护生态;用于支持国内企业或购买国外企业来扩张在全国的经济网络，以更广泛地利用全球资源促进本国经济的发展；等等。对于国际各方对人民币升值的不断呼吁，我国从国情出发，始终坚持以市场供求为基础、参考"一篮子"货币进行调节、有管理的浮动汇率制度。自 2005 年 7 月汇率制度改革起至今，人民币对美元逐步升值，已然对我国的对外贸易产生了明显的影响。庞大的外汇储备和人民币升值的压力，给我国货币政策的制定和实施带来更大的难度。

经济结构内外失衡、外汇储备不断积累的情况下，由于外汇占款的不断增加，国内市场上流动性严重过剩，虽然有学者认为人民币升值可以对通货膨胀产生抑制作用，但是，我们通过模型及历史数据的验证得出，流动性过剩对通货膨胀产生了驱动作用，而人民币汇率则对通货膨胀的影响相对很小，这个结果表明，要想以人民币升值来抑制通货膨胀是不可取的，货币当局在制定货币政策时，需要综合考虑对内对外的因素，对内逐步完善产业结构，促进经济从金融危机中的复苏和发展，刺激内需，稳定国内市场；对外加强对国际流动资本的监控，同时面对别国要求人民币升值的压力，通过多种渠道使其了解人民币汇率的变动对其乃至整个世界经济都有很大的影响，且这种影响具有不可测性，需要谨慎考量。

我国的外汇储备问题由来已久，我国外汇储备问题背后的深层次的问题也不是在短时间内形成、并且在短时间内可以解决的。由于我国一直以来实施的低成本、依靠外需的以出口拉动我国经济增长的方式和战略，再加上我国的外汇结存的机制以及我国的汇率制度，外汇储备年年攀升，终于成了全球外汇储备最多的国家。不能否认，充足的外汇储备对一国有非常重要的意义，例如在国防、外交上，我国富裕的外汇储备为我国争取了许多话语权和主动权。这些方面的利益是很难用货币来衡量的。但是，不能因为这样，就否定我国外汇储备从经济上而言过多的现状，也不能否认外汇占款的过多给我国货币政策带来的巨大压力，更不能否认要为我国的外汇储备找到更为合理、更为科学的使用方式的必要性。

有着充足的外汇储备，是我国经济高速发展的象征和成果，我们必须认真思考、积极探索如何有效地利用这些外汇储备，使其效用得到最大限度的发挥。本书讨论了传统的外汇储备的"资产收益"战略，发现在我国，这一战略的收益并不是很高，而且还带来了许多额外的风险。所以，除了在传统的战略方面进行探讨外，我们还应该充分考虑到其他的外汇使用的途径。本书重点分析了外汇储备的"产业振兴"战略。外汇储备是我国宝贵财富，而产业振兴战略又关系到我国经济长远的、健康的发展，所以将这两者有效地结合起来，既可以解决我国庞大的外汇储备造成的诸多负面影响，还可以有效地促进我国的产业政策发展,可谓一举两得。产业振兴的计划是与我国的政策密切相关的,本书重点分析了外汇储备在新兴产业发展、能源布局和转变经济增长方式方面的作用,希望能够为外汇储备更科学的使用寻觅到一条更合理的道路。

总之,一国经济发展的状况是十分复杂的,尤其是我国正处于经济转型的时期,实体经济和金融市场上均面临许多与其他国家共通的或独特的问题。在国际间交流逐渐加强的情况下,我国的经济结构和金融市场受到世界经济和其他国家经济状况的影响也越来越大,由此产生的问题与国内经济本来就存在的问题,比如,经济结构内外失衡、外汇储备不断积累、人民币升值压力、流动性过剩及通货膨胀上扬等,共同对我国政府货币当局、财政管理等提出更多挑战。只有立足于我国具体国情,并结合全球经济形势,综合各因素的变动和影响,才能更有利于我国经济的不断发展。

4.2 资产价格与货币政策的双向动态影响:基于中国的实证分析

随着资产价格对国际经济与各国国内经济影响的不断扩大,其早已成为各国政策当局必须重点加以关注的要素。在此背景下,资产价格与一国政府的主要政策工具之一——货币政策的关系,也早已成为金融理论与实务界讨论的热点议题。2008年金融危机的发生更是引起很多学者和决策者对于这一问题的再讨论。

金融危机之后的一段时间里,各国经济先后跌入冰点:投资、需求萎缩,物价下跌,失业增加,通缩压力增大,出口下降,GDP 增速大幅减缓甚至为负。这其中以股价和房地产价格为代表的资产价格也严重缩水,各国股市暴跌的情况时有发生。从 2007 年 10 月次贷危机爆发到 2008 年 10 月的 1 年内,美国道琼斯工业指数(Dow Jones Industrial Average)疯狂下挫 3 872 点,相对跌幅 27.27%(见图 4-17);纳斯达克综合指数(Nasdaq Composite Index)下跌 389 点,相对跌幅 17.08%。同时下跌的还有美国的房地产价格。由次贷危机造成的房地产贬值使美国某些城市的房价下跌超过 31.6%。美国两大住房抵押贷款融资机构房利美(Fannie Mae)和房地美(Freddie Mac),更是由于陷入财务困境而被美国政府接管。

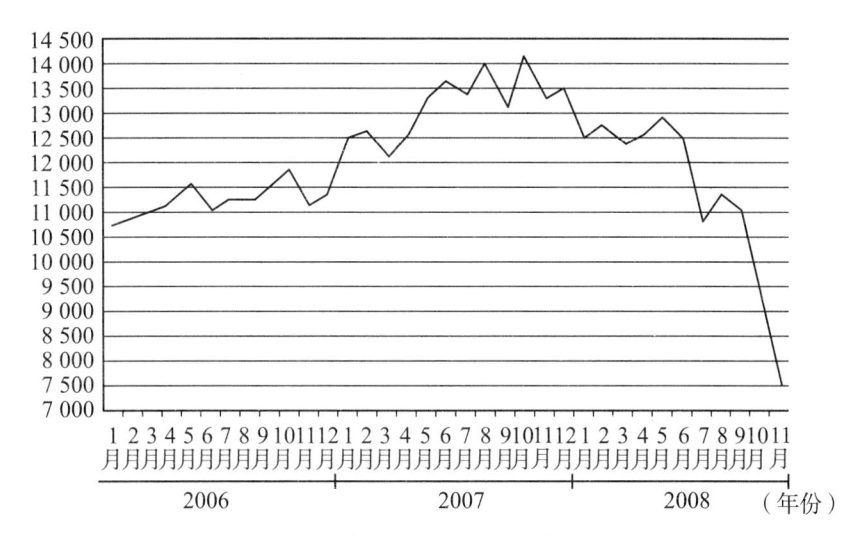

图 4-17　2006 年 1 月～2008 年美国道琼斯工业指数变化

资料来源：维基百科。

为应对危机，刺激经济早日走出衰退的阴影，美联储抛出了一系列救市方案，包括政府拨款 7 000 亿美元增强市场流动性、为金融机构提供担保、减息等政策。作为美联储货币政策调控的一种手段，美国联邦基金利率由年初的 3.50% 下降为 1.50%（见表 4-3）。虽然这一降息行为并不旨在影响资产价格，而在于刺激宏观经济，但是在美国实施扩张性货币政策后的一年时间里，美国几大主要股指均逐步反弹（见图 4-18）。

表 4-3　　　　2008 年美国联邦基金利率变动情况　　　　单位：%

联储局利率变动（2008 年 1 月 1 日后）					
日期	贴现率	贴现率一级	贴现率二级	联邦基金	联邦基金利率
	利率变动	新利率	新利率	利率变动	新利率
2008 年 10 月 8 日*	-0.50	1.75	2.25	-0.50	1.50
2008 年 9 月 30 日	-0.25	2.25	2.75	-0.25	2.00
2008 年 5 月 18 日	-0.75	2.50	3.00	-0.75	2.25
2008 年 3 月 16 日	-0.25	3.25	3.75		
2008 年 1 月 30 日	-0.50	3.50	4.00	-0.50	3.00
2008 年 1 月 22 日	-0.75	4.00	4.50	-0.75	3.50

资料来源：维基百科。

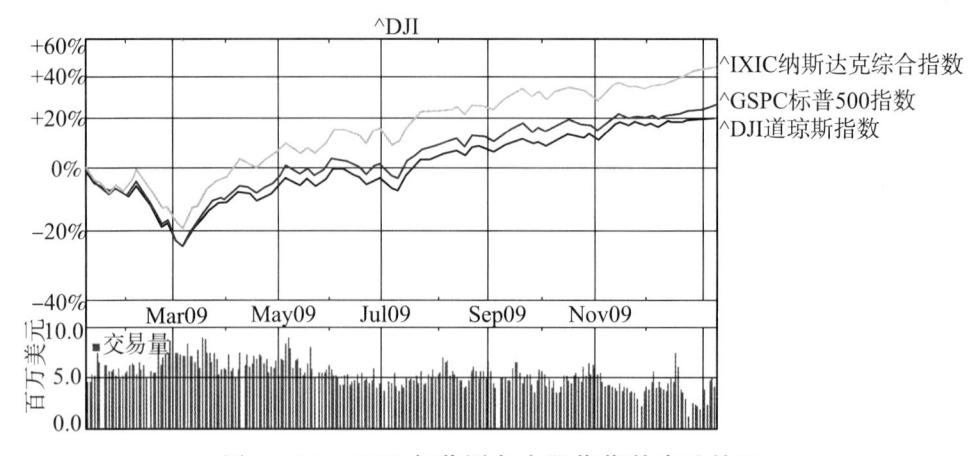

图 4-18　2009 年美国各大股指指数变动情况

资料来源：雅虎财经。

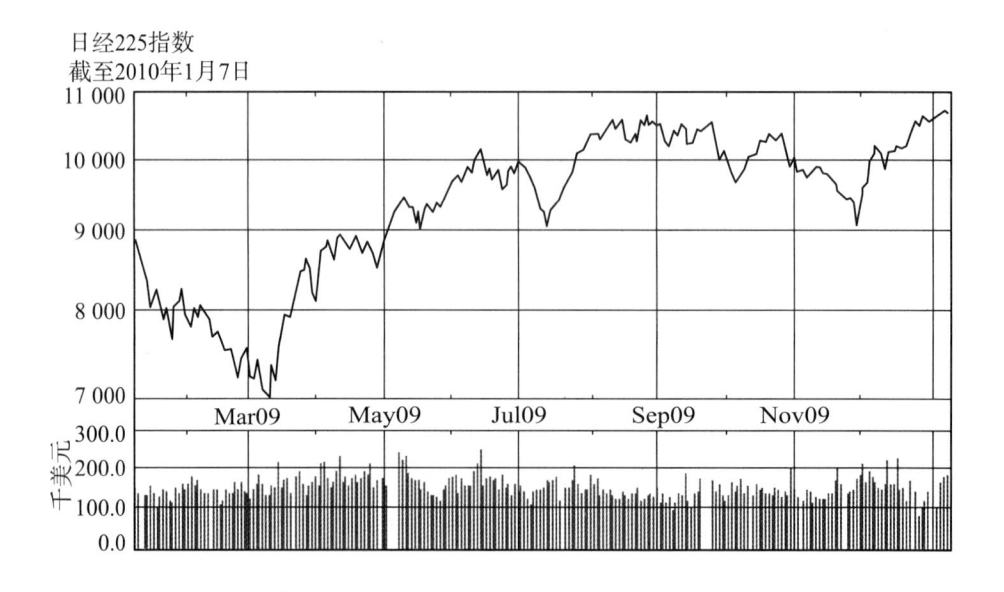

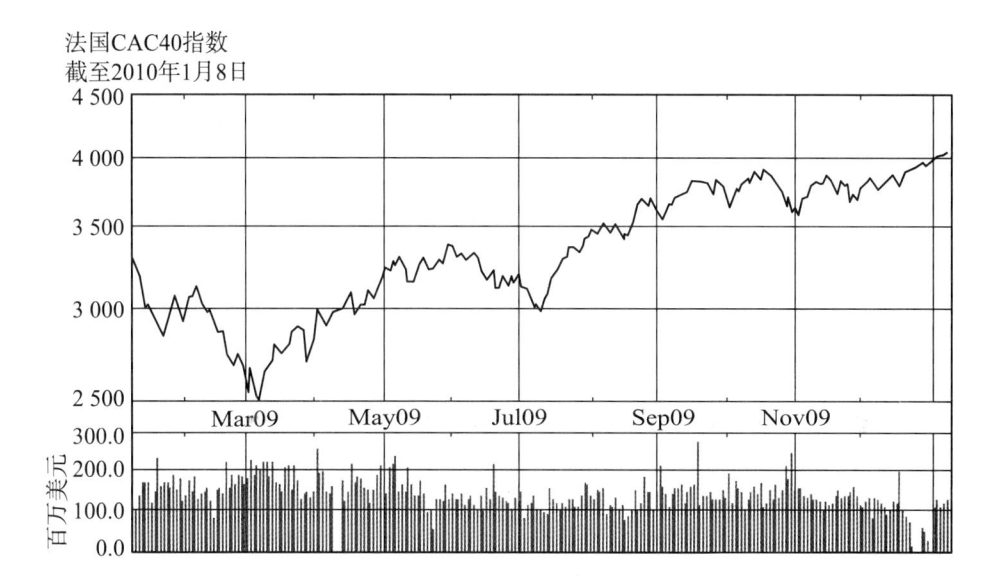

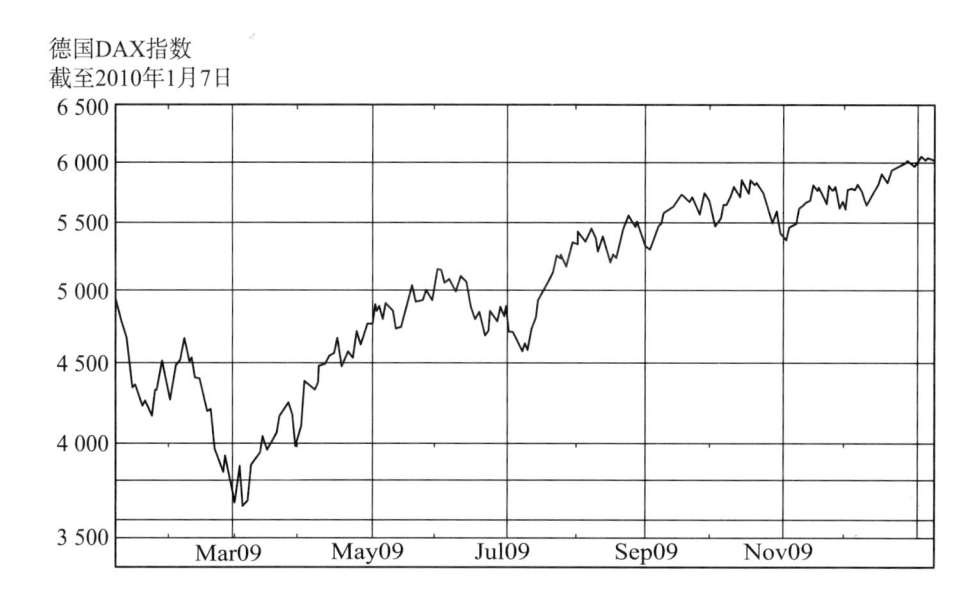

法国CAC40指数
截至2010年1月8日

德国DAX指数
截至2010年1月7日

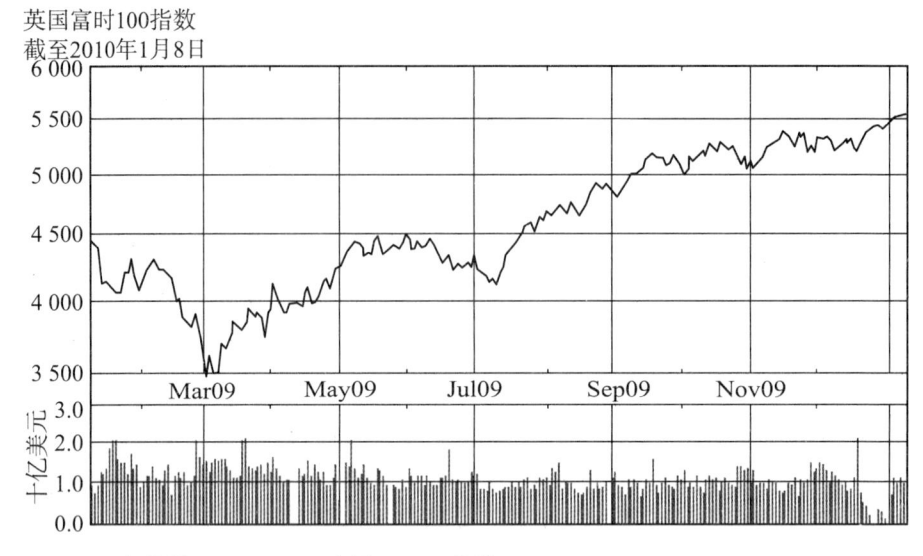

英国富时100指数
截至2010年1月8日

```
^N225 日经指数        ^FCHI 法国 CAC40 指数
^GDAXI 德国指数       ^FTSE 伦敦指数
```

图 4-19　2009 年全球其他股指变动情况

资料来源：雅虎财经。

相同的情况还发生在欧洲、亚太等地的资本市场。一些在金融危机中遭受打击国家的资产价格在宽松宏观政策的背景下都实现回升（见图 4-19）。我国在实施宽松的货币政策之后，上证综指从 2008 年 10 月 28 日 1 664.93 点的最低点逐步上涨至 2009 年 10 月 28 日的 3 031.33 点，涨幅达 82.07%。至于这种资产价格的变动与货币政策调整有无关系，二者之间是否存在单向或相互影响？我们接下来将利用后面的章节讨论这个问题。

4.2.1　文献回顾

关于资产价格与货币政策的关系这一主题，理论界主要存在两种并行的讨论，即资产价格如何影响货币政策，是否应将资产价格纳入当局货币政策的目标范围；货币政策是如何影响资产价格的。下面我们分两部分分别对现有的理论成果进行简要回顾。

1. 资产价格对货币政策的影响

对这一问题的研究主要集中于资产价格在货币政策传导中的作用，即研究货币政策、资产价格与实体经济这三者之间的关系，由此得出是否应将资产价格纳入货币政策指标体系中的结论。而已有的研究又存在两种对立的观点。

第一种观点认为中央银行不应该对资产价格做出反应。持这种观点的学者认为货币政策可以自动地对资产价格波动做出反应，因此没有必要对其进行额外关注，而且由于资产泡沫难以衡量，央行很难真实有效地对资产价格做出反应。

伯南克和格特勒（Bernanke & Gertler，1989）引入"金融加速器"的概念，来描述资产价格对实体经济的影响。他们将其阐述为：一个相对较小的负面冲击会通过信贷市场和资产负债表扩大其负面效应。格特勒等人（1998）认为价格稳定与金融稳定是互补的，借助于稳定一般价格和产出，中央银行即可稳定资产价格。较低的通胀率给了当局足够的空间来应对危机，而应对高通胀的行动可能滋生不稳定。

伯南克和格特勒（1999，2001）认为尽管资产价格对产出有直接的影响，一个包含了产出和预期通胀的政策目标已可以捕捉大部分的信息，将资产价格纳入货币政策目标体系可能收效甚微。资产价格变动本身具有总需求效应，即上升时刺激总需求，下降时减少总需求，而实行通货膨胀目标制可以自动在资产价格上升时提高利率，下降时降低利率，起到自动稳定器的作用。因此，作者认为中央银行应优先考虑通货膨胀目标，其对股价等金融资产价格的变化做出的反应体现在：如果当前金融资产价格变动明显暗示了宏观经济存在通货膨胀或通货紧缩的压力，进而危及长期价格稳定时，中央银行就应对此及时做出反应。短期内，中央银行要把价格稳定与金融稳定这两个目标有机地结合在一起。与之相反，博利奥和洛维（Borio & Lowe，2002）则强调货币政策不应该只盯住通货膨胀。他们认为无限制的信贷扩张会导致资产的过度购买，这样即使在通胀率很低而且较稳定时，仍会出现资产配置不当和经济结构失衡，这种失衡会对银行和企业的资产负债表产生不利的影响，而只盯住通胀目标的货币政策可能会错失发现这种失衡的机会。但是，先发制人的货币政策是没有必要的，因为诸如提高利率等主动行动会给整个金融系统带来压力，会使得整个经济为之付出代价。所以，当局应保持一种"温和忽略"的态度，即在资产价格下跌时采取行动，而忽略资产价格温和上涨的情况。

钱小安（1998）通过分别分析资产价格对货币供应和货币政策传导的影响，得出不宜将资产价格作为货币政策中介目标的结论。他认为资产价格对货币政策有影响是因为它改变了货币需求的稳定性，这表现在五方面：一是当资产价格出现风险溢价时会改变持有货币的机会成本，从而改变人们的货币持有偏好；二是新资产形式较高的收益率使得存款发生转移效应，导致货币供应量和结构发生变化；三是资产存量的增加使商品价格和资产价格之间的相关性有所增强；四是由于资产价格与长期利率密切相关，其变化使货币供应发生结构性变化；五是当资产价格迅速上扬时会降低货币的预防需求，从而给宏观调控增加难度。作者分析了 1994 年下半年以来中国货币供应结构的变化，他认为资产价格变动在其中有着不可忽视的作用：资产价格上扬使得货币流动性增强，而储蓄的机会成本增大，从而造成 M0 相对 M2 增长过快。作者同时还认为资产价格改变了货币政策的传导。当资产价格上扬时，货币会通过同业拆借市场进入资本市场，造成其对实体经济的影响减弱，由此造成货币政策传导产生困难。资产价格变化——尤其是单边上扬会造成物价上涨，增加金融市场信用风险甚至产生泡沫经济，这对于中央银行进行货币数量管理、通货膨胀控制、金融风险规避等方面都会产生一定的影响。然而，由于资产价格形成中市场参与者预期因素意义重大，而且货币政策是中央银行旨在调节短期利率的行为，加之如汇率、各国利差以及国际游资等因素的影响，所以资产价格不是中央银行能够有效调控的指标，货币政策应考虑把通货膨胀作为年度或中期货币政策的首要目标。瞿强（2001）也认为资产价格决定的非市场因素是导致资产价格不应作为货币政策目标的原因。他分析了资产价格对消费、投资和金融体系的影响。他认为资产价格对消费的影响主要体现在其改变了消费者对未来收入水平的预期。同时，实践中各种市场摩擦的存在使得家庭事实上不能单纯地根据收入预期来借贷，当期消费对可支配收入和外部融资"过度敏感"。因此，资产价格的变化影响当期收入和外部借贷成本，从而影响到总消费水平。投资方面，资产价格则通过改变托宾 Q 效应、未来 GDP 增长以及企业融资渠道等途径来产生影响。资产价格的上涨使得企业通过资本市场再融资的成本加大（托宾 Q 变大）从而增加新的投资。而资产价格的下降则使得企业资产总值、担保物品价值等下降，不良贷款增加，从而导致债务人和债权人的行为变得谨慎，通过"信贷渠道"（Credit Channel）导致总需求的萎缩。此外，资产价格变化还会通过它对金融体系的影响进一步扩大。资产价格上升过程中，银行为客户提供信贷购买资产，同时泡沫时期虚假的价格信号也会导致资源配置不当。这就使得这些资产使用范围变得狭窄，一旦泡沫破裂，其价值也会随之减小。但是作者仍认为不宜将资产价格作为直接的目标，最多可以作为间接的参考指标。因为从实证经验来看，投资者的情绪在资产价格变化中起着非常大的作用，这使得资产价格常常偏离基本的经济层面，其定价基础难以把握，且缺乏有效的工具，因此对待资产价格要"关注"而不是"盯住"。吉尔克里斯特和莱希（Gilchrist & Leahy, 2002）则认为用股价作为资产价格构建的"托宾 Q"不是一个好的度量预测指标。作者考查了对预期和企业净值的冲击，结论是资产价格并不含有足够的信息来对未来价格产生预测，因此不主张将资产价格纳入货币政策中。

米什金（2001）同样承认资产价格在货币政策传导中的重要作用，但如果货币当局将其作为政策目标，则可能会导致不良的后果，并会动摇货币政策的独立性。作者考量了股票、房地产以及外汇资产三种形式，分别分析了其对实体经济的影响。中央银行迫于社会和政治压力调整汇率政策则会带来两方面的不良影响：本币升值会使得国内工业失去竞争力，而贬值则会诱发经济危机。此外，过度关注汇率还会使得中央银行对待经济冲击做出错误的反应（Mishkin，1996；1999）。在股票和房地产资产方面，作者认为以刺破泡沫为目标的货币政策是不可取的：首先，央行很难察觉与度量泡沫；其次即便可以识别泡沫的存在，刺破泡沫则可能给经济带来灾难。易纲和王召（2002）也认为央行主动对股市做出反应是不可取的做法。他们建立了一个由产出、消费、价格、托宾Q和长期利率组成的动力系统。他们以股市为代表，讨论了股票价格与一般商品价格的关系，并结合动态方程做出了具体的分析。他们认为股市的存在使得货币政策的传导变得复杂：股票市场会吸收正向货币冲击，如同时存在生产率的提高，则货币政策可能造成股票价格与一般商品价格的反向变化，因此此时不应只考虑一般商品价格。但中央银行如果主动刺激股市、希望借助财富效应拉动消费而采取扩张性货币政策则可能使经济走上一条危险的路径，因为股票价格偏离其稳态时，单靠自身无法回到均衡。

费拉多（Filardo，2000）应用古德哈特（Goodhart，1995）的分析框架（认为中央银行应采用更广泛的通胀度量指标），对美国房地产与股票市场数据作了实证检验。他认为尽管将资产价格纳入通胀考虑范围的建议有充分的理论基础，但经过实证分析得出的结论是：房地产价格上涨确实能够预测未来通胀，但是股票在这方面的作用则比较弱。作者认为采用古德哈特的建议并不能改变美国宏观经济情况。

尽管上述理论都认为央行不应该将资产价格考虑到货币政策目标体系中去，原因多集中于以下两点：一是中央银行缺乏准确度量资产泡沫的政策工具；二是即便识别泡沫的存在，中央银行对其做出的反应反而可能给实体经济带来危害。但是，几乎所有观点都承认资产价格对于实体经济的重要性，货币政策不应对其置之不理。同时这些理论在资产价格对货币政策的传导渠道也达成了共识。

1）托宾Q效应（投资效应）

托宾Q值由托宾（1969）提出，定义为企业市值除以资本重置成本的比值，Q值大于1意味着公司有动机增加投资支出。货币政策的扩张会提高资产价格，增加企业在资本市场融资的成本，从而使得企业增加新投资，即有如下货币政策传导：

$M\uparrow \quad P_s\uparrow \quad q\uparrow \quad I\uparrow \quad Y\uparrow$。

2）财富效应

莫迪利安尼的生命周期模型表明，消费支出由消费者整个生命期内所拥有的资源决定，而金融资产是这其中一个重要的组成部分。扩张的货币政策引起家庭拥有的金融资产价格上涨，使得家庭财富增加，因此增加了消费。即有如下传导机制：

M↑　P↑　W↑　C↑　Y↑

3）企业的资产负债表效应

该机制往往被称作"信贷观点"。扩张的货币政策会引起股价的上涨，增加了企业市值，这使得企业的道德风险减少，从而增大银行信贷规模。较高的借贷引起投资和总支出的增加。即有如下传导机制：

M↑　Ps↑　NW↑　L↑　I↑　Y↑

第二种观点则认为中央银行应该对资产价格变化做出反应。持这种观点的人主要认为央行应该对偏离经济基本面的资产价格波动予以对冲，或者认为资产价格的波动可以预测未来通胀，而这种预测应该得到中央银行的重视并对其做出反应。

阿尔奇安和克莱因（Alchian & Klein，1973）认为 CPI、GDP 平减指数等指标只能反映当前消费的商品价格，而一套完整的价格衡量体系应包括对未来商品价格的变化的预期。举例而言，如未来房价不变而房租增长，这就预示着货币购买力的下降，但从 CPI 指标上观察不到这种变化。所以作者认为应将资产价格考虑进来，以从其变化中考察出价格未来变化的动向。

切凯蒂等（Cecchetti et al.，2000）重复了伯南克和格特勒的实验，他们认为中央银行在产出波动和通胀之间存在一个偏好，这种偏好决定了其对不同货币政策之间进行比较的结果。他们同时也认为很难准确地衡量资产价格正确与否，但是某些偏误却可以事先被发现。而且作为目前很多央行政策目标的潜在产出缺口，其估量并不比对资产价格的估量来得容易，所以，将资产价格纳入政策目标和考虑因素是正确而且可行的。

古德哈特（2001）以美国、英国和澳大利亚为例，强调了房价与经济产出和通胀的紧密联系，因此，货币当局应尽快将其纳入通胀测度的范围，即实行广义通胀目标制的货币政策。有关实际操作方面，作者认为可以通过确认资产价格在最终消费中的权重来实施政策，因为消费者有大量资金用于购买房产等资产消费，所以货币政策中资产价格的比重也应参考这一权重。

波尔多和珍妮（2002）认为中央银行不应该采取单一的货币政策，而应该权衡货币政策的成本和收益。因为如果不对资产价格膨胀做出反应，可能造成后面价格的大幅下跌，从而造成信用危机。作者认为适时采用紧缩性的政策可以看做一种保险措施，即可以防范信用危机的产生——当然这样做的代价是会造成产出下降。换言之，那种认为央行只应在资产价格大幅下跌时采取政策行动，而置价格上升于不顾的"温和忽略"政策是不合理的。

随着经济的不断发展，除了上述主流理论之外，在关于货币政策和资产价格关系方面又涌现出一批新的观点，极大地丰富了这一理论体系。洛丘可－鲍蒂斯塔（Gochoco－Bautista，2008）使用 8 个亚洲国家的数据，采用实证方法验证了资产价格的重要性。他认为资产价格上涨可能会使得宏观经济过度增长，所以货币政策当局不应只根据那些不会随着极端事件（如宏观经济过度膨胀）的产生而变化的单一目标行事，而应该留意这些事件发生的概率，一旦察觉到端倪，应毫不犹豫地做出反应。合理的货币政策在制定时应根据风险管理的原则，考虑将极端事件发生的概率降到最低。李稻葵（2009）则专门考量了"情绪"这一非市场因素的影响。他以此次金融为背景，提出当局在制定货币政策的过程中应充分考虑资本市场的情绪因素。他通过对传统的货币数量论方程与菲利普斯曲线做出扩展来分析存在情绪因素的情况下，中央银行不同偏好的货币政策对真实产出和产品价格的影响。他认为，当资本市场正向的情绪因素造成资产价格升高时，财富效应的存在会使得产出上升，这会带走一部分货币存量，从而使得价格下降。此时，目标不同（分别以稳定产出和稳定价格为目标）的货币政策会有完全相反的反应（分别需要减少和增加货币投入）。因此，作者认为应该将资本市场的市场情绪作为制定货币政策时需要考虑的参考变量，并保持货币政策与市场情绪的反向操作。

2. 货币政策对资产价格的影响

这部分文献以实证研究为主，已有研究多采用计量方法对某一时期资产价格变化以及货币政策调整进行检验，来验证二者之间是否有显著的因果联系。

里哥本和萨克（Rigobon R. & Sack P.，2002，2003）认为由于利率和资产价格与很多因素都存在互相影响，所以研究资产价格对货币政策的反应相当复杂。他们设立了一个基于高频度数据异方差性的估计量，然后证明了可以通过检验"政策冲击"（Policy shocks）在美国联邦公开市场委员会（FOMC）会议期间方差增大来识别货币政策对资产价格的影响。他们发现，短期利率上行会导致股价的下跌和收益率曲线的上移。

周英章和孙崎岖（2002）以 1993 年 1 月到 2001 年 4 月为样本区间，运用时间序列方法研究了不同层次货币供应量 M0、M1 和 M2 与上证 A 股指数波动之间的关系。他们发现从长期来看，股市价格和货币供应量二者在统计上是高度相关的；货币供应量对股市价格的推动作用相对较弱。

以谢平为首的中国人民银行课题组（2002）认为，股票市场已成为我国货币政策传导的重要渠道之一，中央银行的货币政策操作应关注股市价格的波动。

他们认为在我国，利率的变化对股市有一定的影响，利率的每一次下调前后都造成股市一定的波动。

孙华妤和马跃（2003）应用动态滚动式的 VAR 方法对 1993 年 10 月到 2002 年 6 月的样本数据进行了分析，他们发现，所有的货币供应量对股市都没有影响，但是央行的利率变量在子样本中对股价产生了显著的影响。

刘熤松（2004）认为货币政策对股票价格影响的理论解释是建立在一系列假定上的，但在实际经济运行中，这些假定复杂却未必与实际相符。所以，从实际表现上来看货币政策与资产价格之间的关系并非全都符合理论上的推理。他运用计量方法得出货币供应量对股市有重大影响，但货币供应量与股市价格之间并不存在长期的协整关系，M1 的变化对股市价格的变化有明显的影响，股市价格的变化对 M0 的变化有明显的影响。

3. 资产价格（股份、房价）对货币政策的影响

对于货币政策，泰勒（Taylor，1993）认为央行应该系统地按照某一计划实施，而不应对其设定机械的一成不变的公式，他用一个简单的政策规则来描述政策的制定，即著名的"泰勒规则"，其表达式为：

$$i_t = 2 + \pi_t^a + 0.5(\pi_t^a - 2) + 0.5 y_t \qquad (4.2.1)$$

其中 i_t 是联邦基金利率，π_t^a 是前四个季度的平均通胀率，y_t 是产出缺口，即 $y_t = 100(Y - Y^*)/Y^*$，其中 Y 是真实 GDP，Y^* 是潜在 GDP（注：这种规则假定美国均衡真实利率为 2%，联储目标通货膨胀率为 2%）。即本期的利率水平应参考本期的产出缺口与通胀缺口。

Taylor 使用这一规则对美国联邦基金利率做了检验，他发现规则值与历史真实值拟合得很好，即美联储是按规则进行货币政策操作的。伍戈（2007）在考查资产价格对货币政策的影响时将资产价格纳入泰勒规则公式中，得出如下货币政策公式：

$$i_t = \pi_t + r^* + \alpha_1(\pi_t - \pi^*) + \alpha_2 y_t + \alpha_3(\rho_t - \rho^*) \qquad (4.2.2)$$

其中 ρ_t 表示股市内部收益率，ρ^* 表示其目标值。这一公式表明当局本期的货币政策不仅要受到产出与通胀缺口的影响，还与本期资产价格高估值密切相关。作者运用这一公式对美国数据进行了计量检验，得出结论是美国联邦基金利率与股市价值高估呈负相关，即美联储并没有针对股市的高价值做出调整联邦利率的行动，即与格林斯潘认为美联储已对股市泡沫进行干预的看法相反。

同样，在考查我国资产价格对货币政策影响方面，我们沿袭同一思路，主要采用建立货币政策反应方程的方法，即检验本期的货币政策变量是否受前一期资产价格变化的影响。与之不同的是我们主要选取货币供应量作为因变量，即考查

当期货币供应量的变动是否会受到之前资产价格的影响。

A. 数据说明

本书选取 1998 年 1 月至 2009 年 10 月作为样本区间，分别采集货币供应量增长率、利率值、产出增长率、通货膨胀率以及资产价格增长率的月度数据作为样本，共 142 个样本点。其中货币供应量指标采用 M2 数据，利率采用 1 年期定期存款利率 R，产出指标采用工业增加值 GY，通胀率由居民消费价格指数 CPI 同比增长率表示，资产价格指标则分别取月末上证指数 PS。为消除季节影响，除利率外所有变量增长率均采用同比增长率形式。所有数据均来自 Wind 资讯。

B. 模型设立

关于模型的计量检验，我们采用两种方法。一是通过最小二乘估计（OLS）以及两阶段最小二乘估计（2SLS）对模型进行估计，以避免可能存在的序列相关性。工具变量（Insrumental Varibles）选用滞后 1~6 期（经过合理判断与估计，我们选定 6 期为最优滞后期）的解释变量。二是直接对滞后 6 期的解释变量进行估计。下边我们就对这两种方法分别进行说明。

1) 对于第一种方法，我们建立如下货币政策反应方程：

$$m_t = c + \rho m_{t-1} + \beta_1 y_{t-1} + \beta_2 \pi_{t-1} + \beta_3 s_{t-1} + \varepsilon \quad (4.2.3)$$

其中，c 为常数，m_t、m_{t-1} 分别为本期和上一期的货币供应量增长率，y_{t-1}、π_{t-1}、s_{t-1} 分别为上一期的真实产出增长率、通货膨胀率和资产价格增长率，ε 为残差项。

我们使用 M2 增长率、工业增加值增长率 GY、CPI 增长率以及月末上证指数增长率 PS 作为解释变量对上述模型进行最小二乘估计（OLS）。估计结果如表 4-4 所示。

表 4-4　　　　　货币政策反应方程 OLS 估计结果

变量	系数	标准差	t 统计量	P 值
C	0.086711	0.509668	0.170131	0.8652
M2(-1)	1.000905	0.028217	35.47170	0.0000
GY(-1)	0.005200	0.024095	0.215807	0.8295
CPI(-1)	-0.046562	0.041259	-1.128536	0.2611
PS(-1)	-0.002423	0.001747	-1.386634	0.1679

因此有：

$$M2_t = 0.087 + M2_{t-1} + 0.005 GY_{t-1} - 0.047 CPI_{t-1} - 0.002 PS_{t-1} \quad (4.2.4)$$

使用将解释变量滞后 1~6 期的工具变量进行 2SLS 估计，得到如表 4-5 所示估计结果。

表 4-5 使用工具变量的 2SLS 估计结果

Instrument list: M2(-1 TO -6) GY(-1 TO -6) CPI(-1 TO -6) PS(-1 TO -6)

变量	系数	标准差	t 统计量	P 值
C	0.618331	0.511270	1.209402	0.2290
M2(-1)	0.968643	0.031596	30.65733	0.0000
GY(-1)	0.000734	0.024260	0.030243	0.9759
CPI(-1)	-0.035971	0.045748	-0.786276	0.4334
PS(-1)	-0.001853	0.001840	-1.006800	0.3162

于是得到：

$$M2_t = 0.618 + 0.969 M2_{t-1} + 0.001 GY_{t-1} - 0.036 CPI_{t-1} - 0.002 PS_{t-1} \quad (4.2.5)$$

从计算结果可以看出，在既定样本区间，上一期月末上证指数增长率每增加 1 个百分点，当期货币供应量增长率 M2 将减少 0.002 个百分点。但是在传统显著性水平下，这种影响并不显著（p 值为 0.3162。在显著性为 5% 或 1% 的情况下应接受系数为零的原假设）。

2）对于第二种方法，我们建立如下方程：

$$m_t = c + \rho(L)m_t + \beta_1(L)y_t + \beta_2(L)\pi_t + \beta_3(L)s_t + \varepsilon \quad (4.2.6)$$

其中：

$\rho(L) = (\rho_1 L^1 + \rho_2 L^2 + \cdots + \rho_6 L^6)$,

$\beta_1(L) = (\beta_{11} L^1 + \beta_{12} L^2 + \cdots + \beta_{16} L^6)$,

$\beta_2(L) = (\beta_{21} L^1 + \beta_{22} L^2 + \cdots + \beta_{23} L^6)$,

$\beta_3(L) = (\beta_{31} L^1 + \beta_{32} L^2 + \cdots + \beta_{33} L^6)$。

其中，L 为滞后算子，其运算规则为 $L^n y_t = y_{t-n}$。使用相关数据对此模型进行估计得到如表 4-6 所示结果。

表 4-6 对滞后 6 期变量方程 OLS 估计结果

变量	系数	标准差	t 统计量	P 值
C	0.964169	0.829092	1.162920	0.2478
M2(-1)	0.844387	0.103706	8.142099	0.0000
M2(-2)	0.259392	0.143280	1.810382	0.0735
M2(-3)	-0.077527	0.150272	-0.515911	0.6071
M2(-4)	0.232785	0.145751	1.597146	0.1136
M2(-5)	-0.440128	0.146429	-3.005747	0.0034

续表

变量	系数	标准差	t统计量	P值
M2(-6)	0.145434	0.100840	1.442230	0.1526
GY(-1)	-0.035088	0.032278	-1.087067	0.2798
GY(-2)	0.037205	0.035349	1.052529	0.2953
GY(-3)	0.006236	0.034277	0.181935	0.8560
GY(-4)	-0.000627	0.032935	-0.019046	0.9848
GY(-5)	0.011373	0.033127	0.343311	0.7321
GY(-6)	-0.045637	0.030150	-1.513666	0.1335
CPI(-1)	-0.321114	0.182895	-1.755728	0.0824
CPI(-2)	0.104230	0.252200	0.413284	0.6804
CPI(-3)	0.328576	0.257412	1.276461	0.2050
CPI(-4)	-0.064310	0.253792	-0.253396	0.8005
CPI(-5)	-0.217640	0.249879	-0.870978	0.3860
CPI(-6)	0.195371	0.169331	1.153784	0.2515
PS(-1)	0.007401	0.006726	1.100398	0.2740
PS(-2)	-0.012679	0.009369	-1.353225	0.1793
PS(-3)	0.016814	0.010446	1.609690	0.1109
PS(-4)	-0.024120	0.011860	-2.033663	0.0448
PS(-5)	0.030966	0.011803	2.623662	0.0102
PS(-6)	-0.020574	0.009058	-2.271293	0.0254

C. 经验分析

由上面的模型可以看出，在既定的样本区间，我国广义货币供应量 M2 增长率同上证指数增长率呈负相关关系，但并不具有统计显著性。也就是说，如果前期股票价格出现增长，则本期货币供应量会下降。这与基本的经济假设不谋而合，即如果上一年度资产价格出现上浮，本年度央行可能会适度收紧流通中货币量，以防止可能滋生的资产价格泡沫。但二者之间并不显著的相关性也反映我国央行并没有以此作为自身政策的中介目标之一。

D. 含义分析

一般来说，资本市场越发展，其对宏观经济的影响越显著。但是从上面的分析可以看出，我国股票市场在货币政策传导中发挥的作用还比较小。其主要原因可能在于：我国资本市场的发展只有短短十几年，无论从广度还是深度上来讲，都不能与美国等发达国家同日而语。我国经济背景特殊，市场经济存在时间不长，加之长久以来的消费习惯和风俗传统，造成了托宾 Q 效应和财富效应难以发挥。在我国，投资于新的实体企业存在诸多约束（如企业软预算约束、融资约束等），所以即使资产价格上涨使得托宾 Q 增大，企业也不愿进行实体经济投资；同样，传统的消费习惯使得我国居民在资产价格上涨、家庭财富增加的情况下也不会增加消费支出，从而难以给总需求带来明显的扩张效应。

从 1999 年 8 月起，证券公司和基金公司可以进入银行间同业拆借市场；从 2000 年 2 月起，证券公司可以以自营的股票和证券投资基金券作抵押向银行借款。从此，货币市场便不仅是金融机构之间调解流动性的场所，也成了资本市场重要的资金来源。我国目前仍使用货币供应量作为货币政策的中介目标，资本市场上的资金流动不稳定性已经越来越大程度地影响央行货币政策指标的真实性，尤其是股市新股发行时大规模的资金冻结，例如招商证券首次公开募股（IPO）冻结资金 1.1 万亿元，中国建筑更是冻结 1.85 万亿元。这种不稳定的资金流动会直接影响货币供应量统计数据的全面性，并且这会使得广义货币反映实际货币供应量的能力有所减弱。

由于上述情况的存在，就我国情况而言，我们也不主张将资产价格作为当局货币政策的中介目标。

对于激烈争论的资产价格泡沫问题，我们同样认为这并非能够作为将资产价格纳入货币政策中介目标的理由。关于资产价格的存在与发现，至今仍尚无统一定论，我国也不例外。若要识别资产价格是否存在泡沫，就必须通过基本面因素来计算资产内在价值，将其与实际价格对比，来看二者之间是否有显著差异。但是资产价格受市场供求影响，价格必然呈现波动，这种波动在到达多大程度时才会对经济造成影响，才可以将其定义为泡沫本身就难以达成一致［沃斯（Voth，2000）将资产价格泡沫定义为在峰值后至少下跌 50％，并在至少 5 年时间内不能恢复到峰值。斯克拉兹和米勒（Sklarz & Miller，2003）则认为股票指数 5 年变化率超过 200％ 即存在较为明显的泡沫。波尔多和珍妮（Bordo & Jeanne，2002）认为如果特定资产价格过去 3 年内的年均增长率大于所有国家该资产价格过去 3 年内的年均增长率的算术平均数加上 1.3 倍所有国家该资产年均增长率的标准差的算术平均数，则该资产价格在过去 3 年间存在繁荣］。况且，即使泡沫已经形成，影响已经存在，但由于存在滞后性，这种影响也需要过一段时间才能显现。更何况对资产内在价值的估计是建立在对其收益率（折现率）或未来收益做出合理假设之上的，如果这种假设不合理，内在价值的计算也将存在偏误，所有的理论也将难以成立。要在泡沫形成过程中事前（ExAnte）识别资产价格泡沫尤其困难，但即使可以察觉或估量出资产价格泡沫的存在，货币当局是否应主动地对其做出反应（即将其作为中介目标主动调节，也即所谓的"刺穿"泡沫）也值得商榷。一方面，我们很难判断这种价格的偏离是来自基本面因素还是非基本面因素，或者二者共同作用，因此很难给出相应对策。另一方面，盲目地行动去"刺穿"泡沫可能会给经济带来难以估量的损失和潜在的风险。美国20世纪20年代、日本20世纪80年代末期的经验告诉我们，利用货币政策来影响股市价格的水平是非常危险的。

我国资本市场的发育仍不完善，存在诸多投机性因素，如居民日益增多的家庭收入、国际投机性游资等。这些因素都会造成大量资金流入或流出资本市场，带来资产价格的大幅波动，从而带来整个市场的不稳定。金融危机后的接近一年的时间里，我国几个大中城市房价上涨了60%以上。这些资产价格的"非理性繁荣"虽然事前难以准确估量，但其的确会对经济社会造成不良影响，主要表现在以下几个方面：一是资产泡沫吸收大量资金，从而造成实体经济运行资金不足，影响政策有效性；二是一旦泡沫破裂，进入股市、房市的资金将难以收回，从而造成银行系统呆账、坏账增加，加重整个金融系统的风险；三是由于进入资本市场的资金不反映在货币供应统计口径中，这无疑会给央行对经济的判断带来困难，从而削弱其指导经济运行的能力。同时，资产泡沫还加重了通胀预期，增大了整个经济运行的风险，甚至会影响社会安定和国计民生。因此，虽然我们不主张将资产价格纳入货币政策中介目标范围，但货币政策的制定者应密切关注资产价格走势。基于此，我们提出如下政策建议：

1）货币政策应关注而不是盯住资产价格。货币当局应在可能滋生的资产价格泡沫影响到通胀预期和经济增长时做出反应，而不应试图事前防止泡沫出现或盲目"刺穿"泡沫。

2）要完善并进一步发挥货币政策的指导功能。货币当局要根据经济实际运行情况采取灵活的政策操作，通过影响经济参与主体对资产价格未来走势的预期，以使得资产价格波动对经济的影响降到最低。

3）完善机制，控制资金违规流动。当局应建立有效的资金流动监督体系，密切关注资金的流动，尤其是违规进入资本市场的信贷资金以及国际游资，尽可能降低资本市场的投机等非基本面因素对资产价格波动的影响。

4）完善货币政策传导途径。要使用各种可能的方法增加居民消费，同时要进行体制改革，消除对企业投资的种种限制，使得资产价格作为货币政策传导渠道的作用得以顺利实现。

4.2.2 货币政策对资产价格的影响

A. 历史情况与近年来的发展

金融危机后的一段时间,在全球各国的共同努力下,世界经济逐步回暖。我国经济也在政府正确的经济决策指引下呈现快速恢复态势,国内生产总值稳步增长。为了抵抗衰退,中国人民银行在 2008 年下半年开始施行扩张性货币政策,有效地抵御了金融危机冲击。另一方面,随着经济的回暖,在危机中大幅缩水的以股票、房地产为代表的资产价格也迅速上涨。上证综指更是在 1 年的时间内几近翻倍。由此产生了社会对资产价格上升来自实体经济层面还是资金层面的激烈讨论。于是将货币政策对资产价格的影响这一主题推向风口浪尖。

理论上,货币政策变化会通过一定的传导影响资产价格。利率的变动会影响到总投资,进而增加社会的总收入。居民的收入增加便会增加对有价证券或房地产的需求,从而刺激资产价格上涨。货币供应量的变动则会使得整个社会的流动性变得充裕,过多的资金会通过企业和个人流向资本市场,从而将资产价格推向高位。

如前所述,已有的对这一问题的研究多集中在对现实数据进行计量检验,即检验当前的资产价格变动是否与之前的货币政策变量变动显著相关。我们仍将沿用这一方法,通过建立计量模型来验证货币政策变量与资产价格变动的关系。相对于前人的研究,我们做到以下几点扩展:一是增大了样本范围;二是加入有效汇率变量;三是对中国 2008 年以来的情况给予实证检验,力求探索使得我国资产价格上涨的真正原因。

B. 模型设立与说明

(a) 货币政策对股票价格的影响

我们将以 1998 年 1 月至 2009 年 10 月作为样本区间,建立向量自回归模型(VAR)来进行分析。模型变量采用狭义货币供应量 M1、广义供应量货币 M2、1 年期定期存款利率 R、真实产出(以工业增加值 GY 代表)、CPI 通胀率以及月末上证指数 PS。除此之外,我们还引入有效汇率 EER,以从汇率层面解释货币政策对资产价格影响的传导。有效汇率来自国际清算银行。所有变量均采用同比增长率形式。

1) 单位根检验

首先我们对样本数据进行 ADF 检验,以检验其是否平稳。ADF 检验基本模型为:

$$\Delta y_t = \beta_1 + \beta_{2t} + (\rho - 1)y_{t-1} + \sum_{i=1}^{m} \delta_i \Delta y_{t-i} + \varepsilon_t \qquad (4.2.7)$$

模型中 ε_t 为白噪声，Δ 为差分因子。对各个变量及其一阶差分值的检验结果如表 4-7 所示。

表 4-7　　　　变量及其差分单位根检验（ADF 检验）结果

变量	ADF 统计量	5%临界值	1%临界值	P 值	结论
CPI	-1.499314	-2.881978	-3.477144	0.5312	非平稳
ΔCPI	-10.35046	-2.882127	-3.477487	0.0000	平稳
GY	-2.147518	-2.885051	-3.484198	0.2267	非平稳
ΔGY	-10.13135	-2.885051	-3.484198	0.0000	平稳
M2	-0.702845	-2.883930	-3.481623	0.8413	非平稳
ΔM2	-5.392686	-2.883930	-3.481623	0.0000	平稳
M1	-3.013168	-2.882590	-3.478547	0.0361	非平稳
ΔM1	-12.66596	-2.882127	-3.477487	0.0000	平稳
PS	-2.195483	-2.882127	-3.477487	0.2089	非平稳
ΔPS	-8.731520	-2.882127	-3.477487	0.0000	平稳
EER	-1.945614	-2.882127	-3.477487	0.3107	非平稳
ΔEER	-8.274915	-2.882127	-3.477487	0.0000	平稳

由表 4-7 可知，以上变量的水平值在既定的显著性水平上接受原假设，而其一阶差分则拒绝原假设，即它们均为一阶单整过程。此时我们不再使用传统计量分析方法检验它们之间的关系，而采用处理非平稳变量的协整等分析方法。

2) 协整检验

我们使用 Johansen 方法对变量之间的协整关系进行检验。滞后阶数选为 2。结果表明（见表 4-8），在 5%的显著性水平下存在一个协整方程，各变量之间存在长期协整关系。

表 4-8　　　　　　　　　　Johansen 协整检验结果

无限制的协整秩检验（迹）

假设 No. of CE（s）	Eigenvalue	迹 Statistic	0.05 Critical Value	Prob.**
None*	0.301282	104.4879	95.75366	0.0109
At most 1	0.200750	58.95739	69.81889	0.2688
At most 2	0.132243	30.49897	47.85613	0.6932
At most 3	0.065196	12.48487	29.79707	0.9137
At most 4	0.026850	3.922720	15.49471	0.9097
At most 5	0.003664	0.466202	3.841466	0.4947

无限制的协整秩检验（最大特征值）

假设 No. of CE（s）	Eigenvalue	最大特征值 Statistic	0.05 Critical Value	Prob.**
None*	0.301282	45.53055	40.07757	0.0110
At most 1	0.200750	28.45843	33.87687	0.1932
At most 2	0.132243	18.01409	27.58434	0.4940
At most 3	0.065196	8.562155	21.13162	0.8660
At most 4	0.026850	3.456518	14.26460	0.9118
At most 5	0.003664	0.466202	3.841466	0.4947

注：*表示在 0.05 的显著性水平上拒绝原假设；** MacKinnon-Haug-Michelis（1999）p 值。

3）VAR 分析

基于以上数据，我们建立一个向量自回归模型（VAR）：

$$Y_t = C + \Psi(L)Y_{t-1} + \Phi(L)Y_{t-2} + \varepsilon_t \qquad (4.2.8)$$

其中 $\Psi(L)$、$\Phi(L)$ 表示向量形式的滞后算子多项式，最优滞后期数由 AIC 准则确定。表 4-9 报告了 VAR 模型估计的结果（AIC 确定滞后期为 2）。因为模型系统内共含有 5 个变量，表中列出了 5 个回归等式的结果。我们感兴趣的是货币供应量 M1、M2 变动对资产价格 PS 是否具有显著动态驱动效应。从表中报告的结果来看，M1 滞后 1 期和 2 期的系数估计分别为 0.669068 和 -0.747028，对应的 t-统计量为分别为 0.67600 和 -0.74803；M2 滞后 1 期和 2 期的系数估计分别为 -1.639153 和 2.418203，对应的 t-统计量分别为 -0.93315 和 -1.36212。这一结果表明前一期狭义货币供应量增长率对股票价格的贡献是正值，而滞后两期则有负效应；滞后一期的广义货币供应量增长率对股票价格贡献是负值，滞后两期则为正效应。但是，在传统显著性水平下，这些影响并不具有统计显著性。

作为额外关注并加入的变量，我们看到有效汇率变量的系数估计分别为 0.783571 和 -0.852715，对应的 t-统计量分别为 0.70999 和 -0.74755。同样，这种影响也不具有统计显著性。

表 4-9　　　　　　　　　　　VAR 估计结果

	M1	M2	PS	CPI	GY	EER
M1(-1)	0.582242	-0.004399	0.669068	0.080532	-0.085535	0.131029
	[5.52937]	[-0.07424]	[0.67600]	[2.43627]	[-0.44815]	[1.69786]
M1(-2)	0.296173	-0.016208	-0.747028	-0.043902	0.137014	-0.101814
	[2.78752]	[-0.27106]	[-0.74803]	[-1.31627]	[0.71146]	[-1.30749]
M2(-1)	0.285670	0.844831	-1.639153	-0.130468	1.002222	0.087851
	[1.52858]	[8.03266]	[-0.93315]	[-2.22390]	[2.95871]	[0.64141]
M2(-2)	-0.115197	0.143428	2.418203	0.113323	-0.835111	-0.161341
	[-0.60990]	[1.34931]	[1.36212]	[1.91125]	[-2.43934]	[-1.16553]
PS(-1)	0.004661	0.000483	1.155956	0.001993	-0.011543	-0.010398
	[0.46669]	[0.08586]	[12.3152]	[0.63590]	[-0.63770]	[-1.42077]
PS(-2)	0.005341	-0.000498	-0.214982	-0.000403	0.013395	0.007770
	[0.50936]	[-0.08439]	[-2.18124]	[-0.12237]	[0.70478]	[1.01102]
CPI(-1)	-0.333442	-0.219111	4.625131	0.966886	0.532000	0.114302
	[-1.12496]	[-1.31355]	[1.66016]	[10.3915]	[0.99025]	[0.52618]
CPI(-2)	0.092922	0.151445	-5.701545	-0.097028	-0.295460	0.031307
	[0.34135]	[0.98856]	[-2.22836]	[-1.13545]	[-0.59882]	[0.15692]
GY(-1)	0.033154	0.002492	0.681065	0.067856	0.200547	0.011187
	[0.69812]	[0.09323]	[1.52580]	[4.55173]	[2.32986]	[0.32142]
GY(-2)	-0.003014	0.051637	-0.463878	-0.000922	0.281339	-0.072995
	[-0.06074]	[1.84938]	[-0.99476]	[-0.05919]	[3.12859]	[-2.00752]
EER(-1)	-0.196394	-0.016611	0.783571	0.014612	-0.585797	1.305530
	[-1.67261]	[-0.25137]	[0.70999]	[0.39644]	[-2.75249]	[15.1710]
EER(-2)	0.227872	0.056063	-0.852715	-0.016898	0.415958	-0.363819
	[1.87768]	[0.82087]	[-0.74755]	[-0.44357]	[1.89101]	[-4.09052]
C	-4.437217	-4.258506	-4.612133	-0.793623	20.98228	7.633685
	[-1.20460]	[-2.05426]	[-0.13321]	[-0.68633]	[3.14268]	[2.82767]

4）脉冲响应函数分析

由于模型系统内的随机扰动项之间可能存在相关性，所以 ε_t 的方差－协方差矩阵并不一定为对角矩阵。因此，在计算脉冲响应函数的时候，我们使用乔莱斯基分解（Cholesky Decomposition），来获得正交的脉冲响应函数。所谓乔莱斯基分解，就是依据对称矩阵的性质（ε_t 的方差－协方差矩阵为对称矩阵），将可能存在相关性的矢量扰动项 ε_t 分解为互不相关（即正交）的扰动项，再进一步根据脉冲响应函数的基本定义来获得模型系统内每个变量对这些互不相关的扰动项的一阶导数。在图 4－20 中我们列举了几个变量对应正交干扰项冲击之后的反应路径（包括变量对自身冲击的反应）：

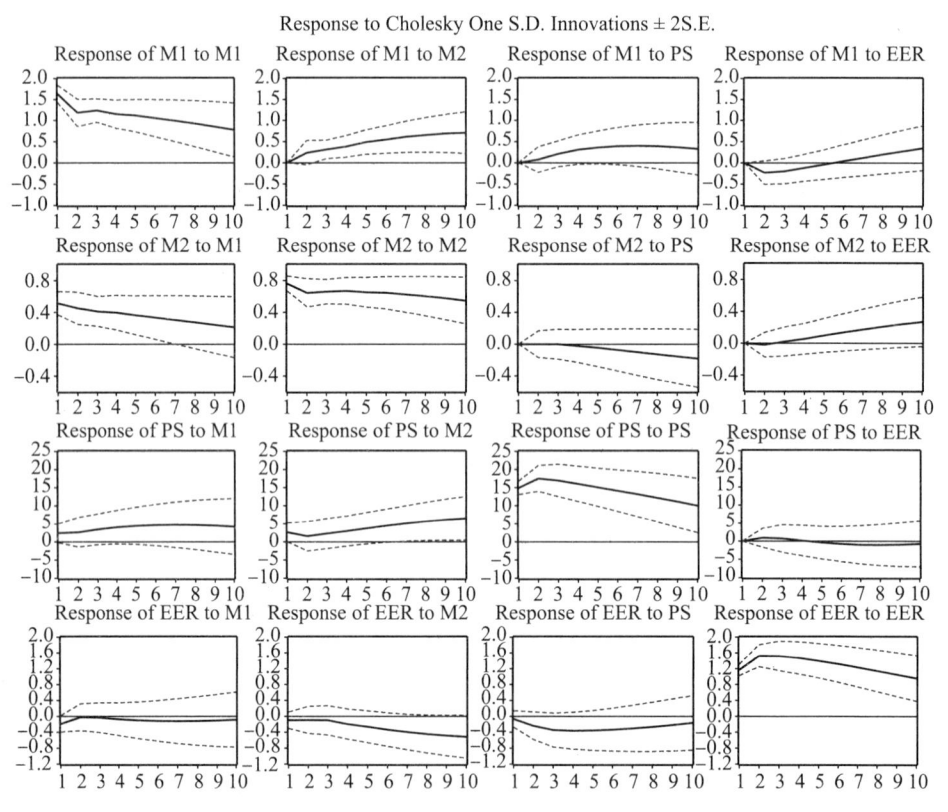

注：图中 M1 表示狭义货币供应量 M1 增长率，M2 表示广义货币供应量 M2 增长率，PS 表示上证月末指数 PS 同比增长率，EER 表示有效汇率 EER 同比增长率。图中曲线代表脉冲响应函数时序轨迹，两条虚线表示脉冲响应函数的 90% 置信区间。

图 4－20　脉冲响应图

由图 4－20 可以看出，出现狭义货币供应量增长正向冲击后，股市价格指数出现上涨，并于一段时间以后趋于平稳；而出现广义货币供应量正向冲击时，股市价格指数首先会下降,稍作调整后会逐渐上扬(第三行左数第一个子图)。而对应有效汇率增长冲击时,价格指数则会出现先升后降的情况(第三行左数第二个子图)。

(b)货币政策对房地产价格影响检验

在分析完货币政策与股票价格的关系之后,我们再来检验其与房地产市场价格的相互影响。在此,我们分别对货币供应量 M2 与房屋销售价格指数 PH 做格兰杰因果关系检验。变量采用季度数据,样本区间为 1998 年 1 季度至 2009 年 3 季度。变量均采用同比增长率形式。所有数据均来自 Wind 资讯。

● 单位根检验。

经过单位根检验我们得知,相应变量均为非平稳,而一阶差分值均为平稳,即为一阶单整过程。检验结果见表 4-10。

表 4-10　　　　　　　　ADF 检验结果

变量	ADF 统计量	5% 临界值	1% 临界值	P 值	结论
M2	-0.872649	-2.933158	-3.596616	0.7871	非平稳
ΔM2	-4.554182	-2.933158	-3.596616	0.0007	平稳
PH	-2.195483	-2.926622	-3.581152	0.5898	非平稳
ΔPH	-4.873195	-2.928142	-3.584743	0.0002	平稳

● 协整检验

对变量进行 Johansen 协整检验,得到如表 4-11 所示结果。

表 4-11　　　　　　　Johansen 协整检验结果

无限制的协整秩检验(迹)				
假设 No. of CE(s)	Eigenvalue	迹 Statistic	0.05 Critical Value	Prob.**
None	0.164376	8.641221	15.49471	0.3996
At most 1	0.016674	0.739836	3.841466	0.3897
无限制的协整秩检验(最大特征值)				
假设 No. of CE(s)	Eigenvalue	最大特征值 Statistic	0.05 Critical Value	Prob.**
None	0.164376	7.901385	14.26460	0.3888
At most 1	0.016674	0.739836	3.841466	0.3897

注:*表示在 0.05 的显著性水平上拒绝原假设;** MacKinnon-Haug-Michelis(1999)p 值。

由以上结果可知,我国房地产销售价格指数增长率与货币供应量增长之间没有长期协整关系。

(c) 利率水平与资产价格

● 利率对股市的影响

从这几年美国经济走势和货币政策操作结果来看,利率对股市价格的影响已有所改变,主要表现在:一方面利率对股市的影响在下降;另一方面股市对货币政策的影响在加大。以前,美联储调息对股市影响很大,当利率上调,股市价格通常是大跌;当利率下调时,股市价格上涨。而这几年从美国联储利率调整的影响力来看,股市投资者是透过利率的变动来预期美国经济走势而非利率本身的含义,也就是说,当利率上调时,股市也同时大涨(个别情况除外),因为利率上调意味着经济的增长趋势;如果利率下调,其意味着经济的疲软,股市也随之下跌。

相对于国外,我国现行的利率制度使得资产价格对利率水平敏感度较低,但是利率水平的变化对资产价格仍有一定的影响。通过对历史上调息日当日,以及前后几日范围内的股市情况的观察可以得出,利率的每一次变动前后都会使得股市产生一定的波动。一般情况下,当利息率上调时会伴随着股价下跌,而利息下调则伴随着股价上升。调息日当天一般会出现股市大盘的高开低走,表明市场在慢慢吸收和消化,两三日后形成一大波浪上升。这种波动同样更多是来自投资者对未来的预期,因为利息下调往往是政策宽松的信号。宽松的经济环境中投资者会预期企业利润增加,股利、分红会增加,进而使得股价水平上升(见图4-21)。

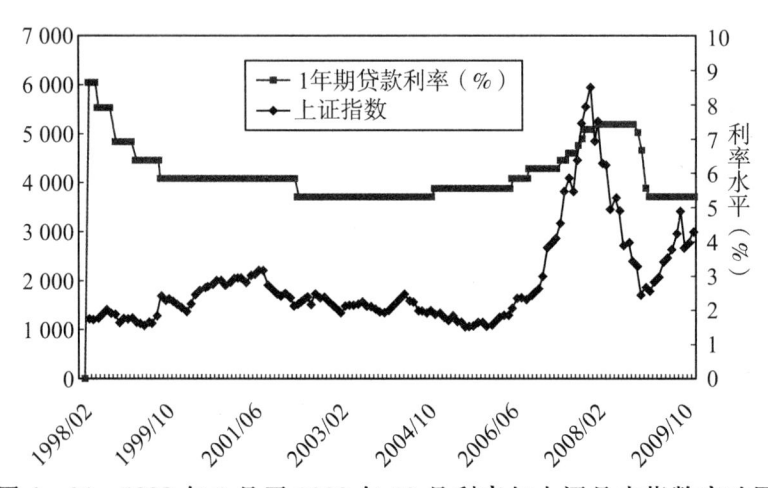

图4-21 1998年1月至2009年10月利率与上证月末指数变动图

在我国,股市的快速发展与持续的实际利率较低是分不开的。20世纪90年代后期，我国连续几次下调利率，从而使利率一直处于相对较低的水平，加之投资理念的增强，人们逐渐将原来的部分储蓄转入资本市场，以期获得高于银行存款利息的收益，此外，企业也开始将部分资金投入股市，这些都在很大程度上促进了我国资本市场的发展。

- 利率对房地产价格的影响

房地产是一种价格较高的资本性商品，多数消费者因缺乏一次性付款购买的能力而多采用抵押贷款的方式进行购买，在一定的期限内按贷款合同偿还本金和利息。利率的变化可以十分显著地影响消费者的还款额。如果利率提高，消费者的还款额会随之增加，购房成本随之上升，一部分消费者就会选择退出房地产市场。购房需求的下降使得房地产价格下跌。反之，如果利率降低，一部分潜在消费者就会进入房地产市场，需求的增加使得房地产价格上涨（见图4-22）。

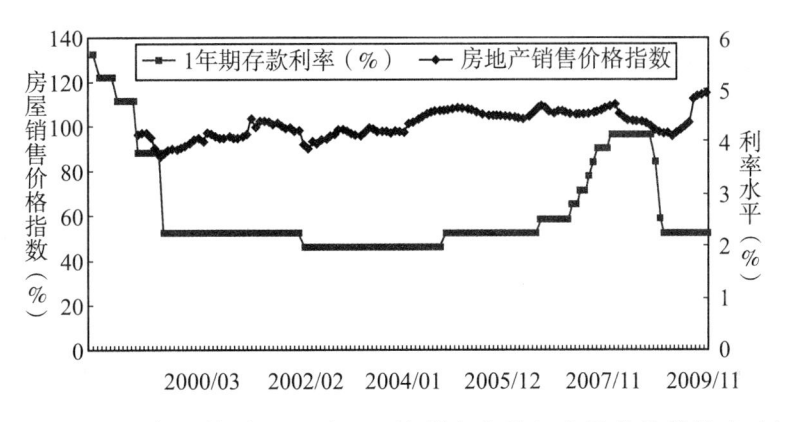

图4-22　1998年1月至2009年10月利率水平与房屋价格指数变动情况

（3）经验结果与分析

A. 货币供应量

经过上面的实证分析，我们大体可以得出以下结论：狭义货币供应量 M1 增加会给股市带来增长效应；而当广义货币供给量 M2 增加时股票市场价格指数并不会立刻出现上涨，相反会出现一定的下跌，在一段时间后才开始攀升。对于 M1 的效应不难理解，M1 统计数据的增加无疑表示整个社会流动性的增加，而宽裕的流动性会通过各种途径进入股市，造成股价上涨；当然，除了真实的影响，这一效应还表现在它会改变投资者的预期，这种来自心理的影响可能会更早于真实影响使得股价上涨：充裕的流动性会使得未来的交易变得活跃，投资者增加有价证券的需求，从而使其价格上涨。而广义货币供应量 M2 对股价影响较为滞后则主要归因于 M2 为 M1 加定期存款，故而 M2 统计量的增加并不会必然代表可进入资本市场的流动性的增加，所以不会带来迅速的增长效应，而需要市场将其消化吸收，其结果才能逐渐显现出来。

在货币供应量对房地产价格影响方面，我们的结论是1998年到2009年的房地产价格与货币供应量并没有明显的长期关系。虽然这些年对于房价上涨的问题，来自资金面的投机因素被认为是主要原因之一，房地产市场资金的增加可以从供给和需求两方面推高房地产价格，但是从实证角度，我们并没有能论证这一观点。

B．利率

如前所述，利率对股价的影响多来自预期层面。利率调整通过影响投资进而影响实体经济，然后使得资产价格上涨这一途径发挥作用需要一个较长的过程，而其对投资者心理的影响则较为明显和迅速。利率变动是未来经济走势的前期信号，因此投资者必然会调整自己的投资策略，增加或减少有价证券的买卖，从而使其价格发生变动。对于货币当局来讲，相对于前面的货币供应量手段，利率在对资产价格的影响更为有利。但若想通过利率手段影响资产价格则须谨慎，除了作用效果存在一定的时滞，其本身也存在着问题：首先，利率的过度提高对于实际经济活动是不利的（我们以抑制资产过高为例），因为在价格黏性的情况下，名义利率提高会导致实际利率的提高，从而可能制约经济的发展，反过来助长投机活动；其次，从理论上讲，利率手段存在失灵的可能性，一方面会发生我们熟知的流动性陷阱问题，另一方面，在资产价格极度膨胀时期，不论利率提高到如何，只要投资者们预期收益率高于提高的利率，那么他们仍会继续通过各种渠道将高成本的资金投入资本市场，继续推动价格的上涨，而此时对货币供应量的控制就显得尤为重要了。

而利率对房地产市场的影响除来自对未来经济的判断，其还直接影响住房按揭贷款利率。利率水平上升是当局抑制经济过热的信号，此时可能出现银行控制信贷规模的现象，而且，基准利率的变动必然伴随着住房按揭利率的变动，这对于居民购房具有抑制效应，需求的减少使得房屋销售价格指数回落。而利率上升则刚好相反，会增加房屋需求，使得房屋销售价格指数上升。从1998年1月至2009年10月利率与房屋销售价格指数变动图来看，也印证了这一点。

C．汇率

一般情况下，我们认为汇率从以下几个方面对一国资产价格产生影响：汇率变化引起的国际的货币流动会影响一国企业的竞争力、贸易均衡，并影响着国内真实产出，从而在微观和宏观两个层面都影响公司的现金流和股价。汇率变动会使得已进口的房屋材料国内价格变动，造成房地产生产成本的增减，影响房地产价格。同时汇率变动会引起一国国内一般价格的普遍性变动，央行在应对汇率变化问题上会调整本国的货币供应，缩紧或扩张流动性，这些都会影响包括资本品在内的所有商品的价格。另一方面，从需求角度来讲，汇率变动可能会引起一国居民货币工资及其他收入的变化，从而改变他们对诸如房地产、有价证券等商品的需求，使得这些商品价格发生变化。同时，国际上愈演愈烈的大规模投机性流动也从需求角度推高了资产价格。国际游资通常游走于世界各地的资本市场，寻求高收益，它们推高了流入国的资产价格，产生了经济的虚假繁荣，并可能给一国经济带来严重的不利影响甚至灾难。国际游资大规模的流进流出通常会影响一国的汇率。金融危机背景下，世界各国资本市场遭遇重创，而我国恢复较快，资产价格很快出现触底反弹，因此我国具备了国际游资进入的条件，分析这一问题具有很重要的现实意义。

在实证方面，阿加沃尔（Aggarwal，1981）考证月度数据，发现美元的定价就与股票市场回报有着正向的联系，同时罗尔（Roll，1992）也发现两个市场间存在着正向关联。格兰杰等（Granger et al.，2000）在对1997年亚洲金融危机的分析中发现股市与汇市存在很强的联系，但在不同国家各不一样。迪米特罗娃（Dimitrova，2005）认为当股票价格是因变量时，股市与汇市变化是同向的，即股票价格上涨导致汇率下跌；当汇率是因变量时，二者关系是反向的，即货币贬值导致股价下跌。与之相反，周等（Chou et al.，1997）对月度数据进行分析发现，股票超回报与实际汇率回报之间没有任何关联。

我们经过实证分析得出的结论是，前一期的有效汇率增长对股价指数有正效应，而滞后两期的有效汇率增长则有负效应。从脉冲相应效果图来看，股价指数在受到正的冲击时首先会有所上升，一段时间后回落，然后趋于平稳，即人民币升值使得股价先升后降。长期以来，国际社会希望中国让人民币升值；中国也积极推行人民币国际化，这些都在不同程度上要求人民币升值。人民币升值对国内资产价格的影响主要来自于：升值会带来资本流入，增加市场流动性；人民币升值是国家实体经济强盛的信号，这些会在初始阶段使得资产价格上涨。但是，一国货币升值对经济的负面影响终究不可忽视，其对国内出口企业并辐射到一般性企业的负面作用仍旧很大，导致这些企业现金流的减少，从而影响资产价格。从实证角度看，显然这方面的影响更为深远。

正如我们多次重申的那样，在资本市场上，诸如投资者对未来经济的预期、心理、情绪等不可量化的因素对资产价格的变化有着举足轻重的作用——这也是行为金融学产生和发展的原因——因此我们使用计量方法对上述问题进行的分析只能从现实角度来解释诸多因素之间在数理上的关系，而其内部真实诱因可能无法被发掘出来（比如某一时期股价出现突然上涨可能源于投资者心理因素的变化，而从实证角度可能表现为与某些经济变量存在因果联系）。

尽管如此，目前仍有学者试图通过新的经济模型来讨论诸如情绪因素等对资本市场的影响，为探讨货币政策与资产价格关系领域的研究做出了新的开拓。李稻葵（2009）对中国的历史数据进行了政策模拟，结果表明，假如资本市场出现了25%的情绪上扬（他将其定义为来自非基本面因素的上涨，比如2 000点的上证综指出现500点的上涨），则这一情绪上扬短期带来的是物价水平下降，如果维持产出稳定是货币当局唯一政策目标，M2应下降大约1.7%；若要维持物价稳定，M2应上升大约2.2%；要二者兼顾，M2应增加约0.28%。

4.2.3 结论性评价

关于货币政策与资产价格关系的讨论在理论界由来已久，关于二者之间的联系有很多相互关联或对立的结论。2008年爆发的全球金融危机更是引起了学术与实务界对这一问题的反思。对这一问题清醒的认识有助于各国迅速走出金融危机的阴霾，恢复在危机中被重创的资本市场，发挥资本市场指引实体经济运行的作用，并为以后维护资本市场运行积累经验，防微杜渐。本章正是在这样的大背景下，运用计量经济方法与手段分析二者之间的动态影响。

对这一问题主要分为两个方向，即资产价格对货币政策的影响，以及反过来货币政策对资产价格的影响。对前一问题的探讨主要集中于是否应将资产价格纳入货币政策考虑的中介目标，货币当局是否应主动对可能出现的资产价格泡沫做出反应；而对后一问题则从实证角度检验货币政策变动是否能够影响资产价格，即前因与后果的关系。

针对第一方面的问题，我们通过对1998~2009年中国历史数据进行实证分析，得出我国广义货币供应量M2与前一期资产价格存在不显著的负相关关系，这表明我国货币当局显然没有将资产价格作为制定货币政策主要考虑的因素。究其原因在于我国资本市场发展时限尚短，本身尚不成熟，所以其传导货币政策的效果尚难以发挥，诸如托宾Q效应、财富效应等这些在国外发达市场主要存在的传导渠道难以达到效果。同时我们也认为不能将资产价格泡沫问题作为将资产价格纳入货币政策中介目标的理由。首先关于资产价格的存在难以识别，而且即使泡沫已经形成，其影响也需要过一段时间才能显现；其次，即使可以识别泡沫，盲目地"刺穿"泡沫可能会给经济带来难以估量的损失和潜在的风险。因此，我们政策建议：货币政策应关注而不是盯住资产价格；要完善并进一步发挥货币政策的指导功能；完善机制，控制资金违规流动；完善货币政策传导途径。

对于后一问题，我们应用VAR模型与真实历史数据检验了中国的情况。结论是狭义货币供应量M1变化会带来股市的正向效应，即M1增加会立刻使得股价上涨，而广义货币供应量影响则比较滞后。但是，在房地产市场上，我们发现价格变化与货币供应量变化之间并无长期的协整关系，这一点与之前的发现稍有不同。利率对股价的影响多来自投资者根据利率变化的信号改变对未来经济的预期，从而改变投资需求进而影响股价；利率对房地产价格的影响除了预期因素，还直接影响住房按揭贷款利率。有效汇率对股价有正向效应，但这种效应在一段时期以后会变为负向并趋于稳定。因此，在目前的外汇储备管理模式和汇率体制下，中国的货币政策宏观调控能力下降，尤其是难以有效应对资产价格泡沫问题。

同时我们也要看到，当今中国资本市场很不完善，无论是市场建设、政策制度，还是投资者组成、所具备的投资理论知识距发达国家尚有差距。这就造成了我国资产价格可能会更多地出现一些脱离了基本层面的变动，这些或多或少地影响了资产价格变化与货币政策之间内在联系的浮现，使得真实情况与经济金融理论不符。这是无可避免的，我们能做的，只能是在继续深入探讨理论发展的同时，加强资本市场建设，出台各项措施使其不断完善，使得资本市场真正能为市场经济建设做出贡献。

4.3 反周期的货币政策框架与外汇储备战略转型

货币政策的周期性一直是学术界的研究焦点，特别是学术界对我国货币政策的周期性分歧较大。例如，于泽（2008）计算的1994年到2007年M2周期性部分和实际GDP周期性部分之间的相关系数为正，发现我国M2呈现明显的顺周期性特征；卡明斯基等（Kaminsky et al., 2004）对104个国家和地区的资本流动、财政政策和货币政策之间的关系以及政策的周期性进行了翔实的研究，他们使用了非参数统计方法和泰勒规则模型两种方法进行了实证，发现对于发展中国家的货币政策都表现出较强的顺周期性——短期利率在经济繁荣的时候走低，在衰退的时候走高。但是，刘金全（2002）的研究却发现1993年到2001年间我国货币政策对实际冲击具有比较稳定的反周期倾向，且我国货币政策在反周期操作过程中兼顾保持经济增长和价格水平稳定的双重目标；科尔（Kaul, 1986, 1990）在研究货币政策周期性对股票收益和通货膨胀关系影响过程中发现，同一国家在不同时期出现了顺周期和逆周期货币政策的交替。

以上文献对理解货币政策的状态和我国货币政策的周期性具有重要意义。但是值得注意的是，已有研究对我国货币政策是顺周期还是逆周期仍然存在争议。而且，学界对货币政策状态的周期性特征和货币政策反应的周期性特征的区分也存在混淆。针对这些问题，我们首先需要运用科学的统计方法刻画各个时点上货币政策的方向、强度和经济周期的波动性特征，从而获得近年20年我国货币政策和经济周期动态波动的完整路径。其次，针对存在的争议，我们科学地区分和探讨货币政策状态的周期性特征与货币政策反应的周期性特征显得尤为重要。

在文章的结构安排上，第二部分对实证分析的数据进行了详细说明和描述性分析；第三部分从图形分析、计算相关系数和建立计量模型三个角度分析了我国货币政策状态的周期性特征；第四部分建立我国货币政策反应方程，并利用货币政策反应方程讨论了我国货币政策反应的周期性特征；第五部分总结全章并归纳了文章分析结果的重要启示意义。

4.3.1 数据描述与分析

为确保本章实证分析的准确性与结果的可靠性，我们在这一部分对所使用的数据进行描述与分析。市场利率、货币存量指标（如 M0、M1 和 M2）都可以作为衡量货币政策状态的指标，但是考虑到缺乏有效的市场利率且保持与相关研究数据的一致性等原因，本书采用广义货币存量 M2 同比增长率的波动成分作为衡量货币政策状态的指标，去除长期趋势的 M2 增长率波动序列更能真实反映货币政策的状态和体现货币增长率上的政策冲击，同时该冲击也是判断货币政策方向和强度的主要指标（刘金全，2002）。分析货币政策的周期性必然涉及经济增长的周期和波动，本书采用真实 GDP 季度同比增长率的波动成分衡量产出缺口，体现经济增长周期。同时，由于货币政策不仅关注经济增长而且对通货膨胀、失业率等重要宏观指标做出反应，因此本书的研究同时考虑了通货膨胀率的影响（由于缺乏有效的失业率数据，因此没有考虑失业率指标），采用居民消费价格指数 CPI 同比增长率的波动成分衡量通货膨胀的变动周期。

关于三个指标波动序列（如产出缺口）的计算，主要有用三种不同方法可供选择，即传统的线性趋势法、赫德里克和普莱斯考特（Hodrick & Prescott, 1997）的 HP 滤波法以及卡尔曼（Kalman, 1960）的卡尔曼滤波法。这三种估算方法对目标变量的假设和计算原理不同，比较具有代表性，从而确保实证结果具有可靠性。例如，线性趋势法假设原时间序列为趋势平稳过程；HP 滤波法假设原始序列为一阶单整过程，使用双侧滤波计算产出缺口；而卡尔曼滤波法则运用单侧滤波方法获得波动序列。考虑到本书原始数据的一阶单整性质和保持研究的一致性，本书采用 H-P 滤波方法提取广义货币供给 M2 同比增长率、真实 GPD

同比增长率和居民消费价格指数 CPI 同比增长率三个指标的波动序列，且该三个指标的波动序列分别记为 HPM2、HPGDP 和 HPCPI。关于 H–P 滤波的技术性描述，在相应的原始文献中都有详尽的介绍，我们这里不再赘述。

根据以上说明，我们首先在图 4-23 中描绘了货币存量 M2 同比增长率、真实 GDP 同比增长率和居民消费价格指数 CPI 同比增长率这三个指标的波动成分的动态时序路径。去除趋势的波动序列 HPM2 可以判断货币政策方向和强度：当波动成分大于零时，货币增长率的当前值高于趋势水平，这时认为货币政策是扩张的，否则认为货币政策是紧缩的。通过图 4-23 可以看出，1991 年到 2008 年近 20 年间我国货币政策呈现出周期性波动态势，1995 年以前我国 M2 增长率偏离趋势增长率的幅度比较大，而 1995 年以后我国货币政策变动的幅度明显变小，反映了我国货币政策的实施强度相对降低。

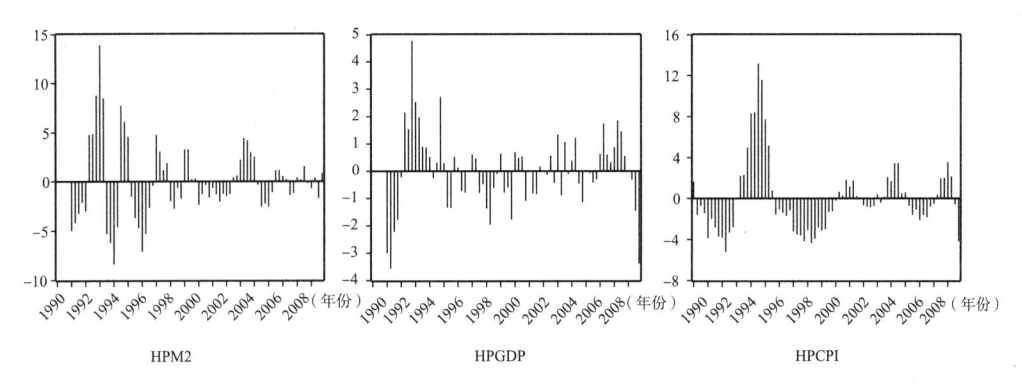

图 4-23　HPM2、HPGDP 和 HPCPI：1990 年 1 季度～2008 年 4 季度

真实 GDP 同比增长率的波动序列 HPGDP 反映了我国经济实际增长率偏离潜在增长率的成分，也可以衡量产出缺口的大小。图 4-23 显示，相比 1994 年以前我国经济增长的大起大落，1994 年之后中国经济增长的周期性波动特征出现了明显平稳化的新轨迹，直到 2007 年全球金融危机爆发导致我国经济增长出现明显衰退。此外，居民消费价格指数 CPI 的波动序列 HPCPI 有效反映了通货膨胀和通货紧缩状态：1990 年到 2000 年的 10 年间我国经济总体上经历了通货膨胀与通货紧缩的交替，2000 年后我国经济进入了温和通货膨胀期，表现为 HPCPI 的波动明显减小并以正值为主。

4.3.2　货币政策状态的周期性特征

货币政策状态的周期性，是指货币政策变量与经济周期之间表现出来的同步关系，即通常意义上的货币政策周期性。如货币供给量与经济增长同步增长或者同步下降，即货币供给量顺经济周期；反之，则为逆周期。

为了直观地观察货币供给量 M2 与经济周期之间的关系，图 4-24 中绘制了 HPM2 与 HPGDP 之间的动态时序图。虽然货币政策变量 HPM2 与经济周期变量 HPGDP 在动态演进路径的细节上不完全相同，但从整体上看，两个序列的总体动态走势基本一致。例如，从 1990 年到 1996 年 HPGDP 变量经历了上升 – 顶峰 – 下降 – 谷底 – 上升 – 顶峰 – 下降，而货币政策变量 HPM2 同样经历了完全相同的波动历程，只是在波动幅度上要显著大于 HPGDP；从 1998 年到 2005 年期间，两个变量的波动幅度同步变小且比较一致；从 2006 年开始 HPGDP 再次表现出明显上升态势，且 HPM2 同步攀升；但是自 2007 年年末开始，两个变量都表现出明显的下行态势，这反映出 2007 年开始蔓延的全球金融危机对我国经济带来冲击的现实。总体上而言，货币政策变量的波动周期与经济增长周期非常吻合，货币供给量 M2 表现出了明显的顺经济周期特征。

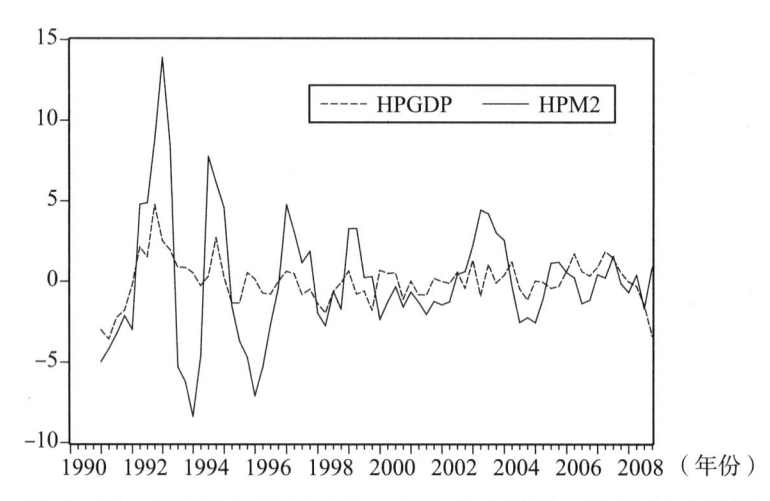

图 4-24　HPM2 和 HPGDP：1990 年 1 季度~2008 年 4 季度

根据卡明斯基等（2004），如果货币政策的状态是顺周期的，则实际利率在经济繁荣期下降、在经济衰退期上升；在缺少积极有效的利率调节的经济体中，货币政策的逆周期表现在实际货币余额在经济繁荣期上升（高位）、经济衰退期下降（低位），即与经济周期正相关。由于我国利率尚未完全市场化，因此本书将用广义货币供应量 M2 来测算货币政策与经济周期的关系。

表 4 – 12　　　　货币政策与经济周期的相关性：相关系数

相关变量	时期	相关系数值
GROWTHM2 和 GROWTHGDP	1990 ~ 2008	0.6540
	1990 ~ 1999	0.7266
	2000 ~ 2008	0.3886
HPM2 和 HPGDP	1990 ~ 2008	0.5128
	1990 ~ 1999	0.6011
	2000 ~ 2008	0.1718

为了进一步说明问题，表 4 – 12 报告了货币政策和经济周期之间整个样本期上的相关性和按照 10 年间隔的相关性。其中，衡量两者的相关性是通过计算货币供给量 M2 增长率和真实 GDP 增长率之间的相关系数，同时为了防止 M2 增长率和 GDP 增长率的趋势因素导致的正相关性，表 4 – 12 还计算了两者的波动成分 HPM2 和 HPGDP 的相关系数。从表 4 – 12 归纳的信息来看，整个样本期间中，利用增长率计算的相关系数（0.6540）和利用增长率的波动序列计算的相关系数（0.5128）都为超过 0.5 的正值；分段样本期间中，所有计算的相关系数值都为正，且进入 21 世纪以后两个相关系数都出现了明显的下降。这一描述性统计结果充分反映出我国货币政策状态的顺周期事实。为了更准确地刻画我国货币供给量 M2 与经济周期的关系，我们在下面部分运用计量模型进行深入分析①。

卡明斯基等（2004）在研究货币政策周期问题中，通过估计泰勒规则方程（4.3.1）来判断货币政策逆周期还是顺周期的特征。

$$i_t = \alpha + \beta_1 (\pi_t - \pi) + \beta_2 y_t^c \qquad (4.3.1)$$

其中，i_t 表示货币当局控制的短期利率，$(\pi_t - \pi)$ 表示实际通货膨胀与目标通胀值的偏差，y_t^c 表示产出缺口。如果模型估计的 β_2 为正值则货币政策为逆周期，反之为顺周期。此外，夸尔（Kual, 1990）在研究货币政策周期性对股票收益和通货膨胀关系的影响中，也利用了类似回归模型来判断货币政策状态的周期性。

考虑到缺乏缺少积极有效的市场利率，因此本书利用广义货币供给 M2 同比增长率的波动序列 HPM2 替代泰勒规则中的 i_t 建立如下回归模型：

$$HPM2 = \alpha + \beta_1 HPCPI + \beta_2 HPGDP + \varepsilon_t \qquad (4.3.2)$$

---

① 在实践中，为确保计量估计与统计推断真实可靠，我们还对回归模型中涉及的所有变量都进行了平稳性检验，结果显示在 1% 的显著性水平下可以拒绝变量含有单位根的原假设，为节省篇幅此处未做报告。

其中，HPM2 用于捕捉货币政策的方向和强度，HPCPI 捕捉了实际通货膨胀率对其趋势的偏离，用于表示经济周期，HPGDP 可以用于捕捉产出缺口的大小。方程（4.3.2）中的系数 β_2 指示了货币政策在经济周期上的状态（见表 4-13），而货币政策与通货膨胀的关系则体现在系数 β_1 上。

表 4-13　　　　　　　　　货币政策的状态与系数 β_2

货币政策的状态	β_2 的符号
顺周期	+，显著
逆周期	-，显著
不明显	+/-，不显著

对模型（4.3.2）的 OLS 回归中，考虑到模型回归可能产生的残差序列自相关和异方差问题，我们在方程右边加入因变量 HPM2 的多期滞后项并采用了异方差稳健标准误（White Heteroskedasticity - Consistent Standard Errors & Covariance）。由于变量之间可能存在的内生性会导致回归估计结果的非一致，本书从稳健性考虑，同时对模型（4.3.2）采用了 TSLS 估计和 GMM 估计，采用的工具变量为 cycle_m2、cycle_cpi、cycle_gdp 的滞后一到二期。表 4-14 报告了模型（4.3.2）的回归结果，系数 β_2 的三种不同回归方法计算的估计值都为正值，且都在 1% 的显著水平下显著，根据表 4-13 可以判断在近 20 年来我国货币政策表现出来很强的顺周期状态，货币供给量 M2 具有明显的顺经济周期特征。

表 4-14　　　　　　　　　模型（4.3.2）回归估计结果

自变量	因变量：HPM2		
	(1)	(2)	(3)
β_1	0.003	-0.153	0.086
	(0.140)	(0.146)	(0.108)
β_2	0.788***	3.077***	3.075***
	(0.309)	(0.631)	(0.560)
β_{31}	0.544***	—	—
	(0.123)		
β_{32}	-0.181	—	—
	(0.171)		
β_{33}	0.032	—	—
	(0.189)		

续表

自变量	因变量：HPM2		
	（1）	（2）	（3）
β_{34}	-0.395** (0.163)	—	—
constant	0.029 (0.290)	—	—
有效观测次数	68	70	70
R^2	0.677		
LM 检验 P 值	0.399		

说明：方程（4.3.1）为 OLS 估计结果，方程（4.3.2）为 TSLS 估计结果，方程（4.3.3）为 GMM 估计结果；标准误在估计值下面的括号中；*、**、***分别表示该系数在 10%、5%、1% 的显著水平上显著。β_{31}、β_{32}、β_{33}、β_{34} 分别表示 HPM2 滞后 1~4 期在方程（4.3.2）中的回归系数估计值。

4.3.3 货币政策反应的周期性特征

实际上，货币政策状态的顺周期并不等于货币当局操作货币政策的顺周期（即货币政策反应的顺周期）。从宏观经济状况（如经济增长、通货膨胀）变动到货币当局采取货币政策对宏观经济变量进行反应需要一段时间（内部时滞），事实上货币当局控制下的货币政策往往是对上期宏观经济变量做出反应，而货币政策变量与宏观经济变量之间的同期关系表示的是货币政策的状态或者操作结果的周期关系。因此，货币政策反应的周期性指的是当期货币政策变量与上一期宏观经济变量之间的关系。

近年来，人们开始认识到货币政策的制定受到了宏观经济条件的影响，现实经济条件在一定程度上决定了货币政策的方向和强度。为此，通过刻画货币政策的具体状态，判断货币政策对于宏观经济条件的反应，特别是对于各种经济冲击的反应，已经成为分析现实经济对于货币政策反馈影响的主要方法。这种定量的货币政策对于宏观经济条件的反应描述，被称为货币政策的反应函数。货币政策反应函数可以度量货币政策指标（policy indicator，经常使用各种基金利率或者货币存量指标）表示与货币政策的宏观经济目标（经常包括国民收入、通货膨胀率和失业率等）之间的相互关系。具有固定常数的货币政策反应函数可以在一定程度上解释货币政策对于宏观经济条件的反应，判断宏观经济条件对于货币政策形式和方向的影响，并且分析货币政策是否具有内生性等问题（刘金全，2004）。刘金全（2004）在研究货币政策反应方程中，建立了方程（4.3.3）所示的线性货币政策反应方程,其中 SM_t 表示货币政策的状态(二值变量,正值表示扩张的货币政策,负值表示紧缩的货币政策),$C\pi_{t-1}$ 和 CY_{t-1} 分别表示通货膨胀的波动成分和产出缺口。

$$SM_t = \beta_0 + \beta_1 C\pi_{t-1} + \beta_2 CY_{t-1} + \varepsilon_t \qquad (4.3.3)$$

为了衡量我国货币政策反应的周期性特征,本书对方程(4.3.3)进行改进并建立如下货币政策反应方程:

$$HPM2_t = \beta_0 + \beta_1 HPCPI_{t-1} + \beta_2 HPGDP_{t-1} + \varepsilon_t \qquad (4.3.4)$$

方程(4.3.4)中,通货膨胀率波动序列 HPCPI 表示货币政策的价格稳定目标,实际 GDP 增长率波动序列 HPGDP 表示货币政策的产出稳定目标,参数 β_1 和 β_2 估计值的预计符号应该都是负的,意味着当出现过高的通货膨胀和过快的经济增长时,货币供给量的增长应该降低,表示出现反周期紧缩性货币政策反应状态。采用 OLS 回归方法对方程(4.3.4)进行回归,同时考虑到回归残差的序列相关性和异方差问题,回归模型中加入多阶因变量滞后项并采用异方差稳健标准误。

表 4-15 报告了方程(4.3.4)的回归结果,参数 β_1 和 β_2 估计值都为负值,与货币政策反应方程预期的符号一致,即在近 20 年来我国货币政策对宏观经济变动的反应是逆向操作,表现出了一定逆经济周期特征,与部分学者对货币政策反应方程的研究结果一致。尽管方程(4.3.4)中 β_1 的系数估计值显著,但是 β_2 的系数估计值并不显著,说明我国货币政策对通货膨胀的反应比较明显,而逆经济周期的货币政策反应并不是特别明显。

表 4-15　　　　　模型(4.3.4)回归估计结果

β_0	β_1	β_2	R^2	LM 检验 P 值
0.232	-0.194**	-0.226	0.669	0.175
(0.275)	(0.077)	(0.336)		

4.3.4　外汇储备与反周期货币政策设计

根据以上的研究,我们发现在近 20 年来我国货币政策表现出来很强的顺周期状态,货币供给量 M2 具有明显的顺经济周期特征;而货币政策反应函数却显示我国货币政策对宏观经济变量(产出缺口、通货膨胀)变动是逆向反应的,表现出了一定的逆经济周期特征。我国逆经济周期的货币政策反应和操作却带来的是顺经济周期的货币政策状态和效果,这其中的原因何在呢?我们认为,我国外汇储备近年来迅速攀升(见表 4-17)引发的货币供给内生问题是导致该结果的重要原因。

1. 外汇储备与货币供给的作用机理

在中央银行制度下,中央银行通过其资产负债表(见表4-16)资产方的运用决定国内基础货币的供给数量。其中,中央银行的资产主要是外汇储备以及对银行和其他金融机构的贷款,影响基础货币供给的手段主要有买卖外汇和黄金、对金融机构的再贷款和再贴现。现代货币供给体制中的货币供给一般方程为:$Ms = m \times B$(Ms为货币供给总量,m为货币乘数,B为基础货币)。中央银行资产发生变动后,相应的负债发生增减变动即基础货币投放发生变动ΔB,进而通过货币乘数m导致货币供给量成倍的变动ΔMs。这样对于外汇储备而言,其影响货币政策的作用机理可以表示为:央行外汇资产增加——外汇占款增加——国内基础货币投放增加——货币供给总量增加。因此,中央银行买卖外汇的行为向国内投放了高能货币,从而影响了货币供给量,而货币供给量是货币政策最重要的中介目标,因此外汇储备与货币政策产生了内在影响机制。

表4-16　　　　　　　　中国人民银行资产负债表

资产	负债
国外资产(净)	储备货币
外汇	发行货币
黄金	对金融机构负债
对政府债券	缴存准备金
对存款货币金融机构债权	债权
对非金融部门债权	政府存款
其他资产	其他负债

资料来源:《中国金融年鉴2000》。

2. 我国外汇储备与反周期货币政策有效性

外汇储备的不断增加导致外汇占款已经成为我国基础货币投放的主要渠道。从表4-17可知,2000年以后我国外汇储备以年均32.02%的增长速度快速增加;截至2009年11月,我国外汇储备总量上升到近24 000亿美元,平均每年增加外汇储备2 300亿美元,且最近3年每年增加额均超过4 000亿美元。外汇储备的巨额快速增长,导致我国中央银行被动的投放数以万亿的基础货币,产生巨大的货币供给量。为了控制过多的货币供给,央行不得不减少再贷款、再贴现等其他货币投放措施的应用,从而外汇占款成为近年来我国基础货币投放的主要渠道。康立(2006)统计研究发现,近年来我国外汇占款占基础货币投放量的80%以上。

表 4-17 我国外汇储备变动情况（2000~2009）

年份	2000	2001	2002	2003	2004
外汇储备	1 655.74	2 121.65	2 864.07	4 032.51	6 099.32
年增加额	108.99	465.91	742.42	1 168.44	2 066.81
年增长率	7.05%	28.14%	34.99%	40.80%	51.25%
年份	2005	2006	2007	2008	2009
外汇储备	8 188.72	10 663.44	15 282.49	19 640.30	23 887.88
增加额	2 089.4	2 474.72	4 619.05	4 357.81	4 247.58
增长率	34.26%	30.22%	43.32%	28.52%	21.63%

注：2009 年数据是截至 2009 年 11 月，其他年份数据均为年末数据。
资料来源：中国人民银行网站，www.pbc.gov.cn.

我国外汇储备的持续增长严重影响了我国反周期货币政策的有效性，特别是在通货膨胀与经济过热时期。由于外汇储备主要受我国贸易顺差和资本流动的影响，中央银行不能影响外汇储备的变动，因此中央银行就不能控制外汇占款量，在目前的结售汇制度下，只能被动投放基础货币，增强了货币政策的内生性。货币供给是中央银行进行反周期货币政策操作的主要中介目标，如果中央银行对货币投放的主要渠道不能控制，那么中央银行进行反周期货币政策操作的有效性就大为减弱。当国内出现通货膨胀、经济过热时，逆周期货币政策操作受外汇储备增加的影响最为严重。即通货膨胀发生后，逆周期货币政策操作要求采取从紧的货币政策，紧缩货币供给量、降低货币供给增长率，从而抑制通货膨胀给经济降温。但是外汇储备的增加使中央银行被动投放大量高能货币，成为央行增加货币供给的主要手段，导致从紧的逆周期货币政策"流产"，最终出现了通货膨胀、经济过热与货币供给量持续增长同步出现的顺周期货币政策状态。

3. 现行外汇储备战略与反周期货币政策有效性

既然外汇占款已经成为我国基础货币投放的主要渠道，那么消除外汇储备对我国反周期货币政策有效性影响的根本立足点在于隔断新增外汇储备与基础货币投放之间的关联。从目前的外汇储备管理战略来看，政府财政将盈余资金或通过发债筹集资金购买外汇资产成立主权财富基金是国际上比较典型的外汇储备管理战略。其中，2007 年 9 月成立的中国投资公司（下称中投公司）就是我国主权财富基金，该主权财富基金致力于分流央行外汇储备、提高中央银行货币政策有效性并提高外汇资产收益率。但是中国投资公司的成立和运营能否真正隔断了外汇储备与基础货币之间的关联是非常值得商榷的，我们将从中投公司和中国人民银行资产负债表安排的角度讨论中投公司运营机制对我国外汇储备及国内基础货币投放的影响。

首先，中投公司外汇资本金来源制度设计仅仅回收小部分外汇占款投放的基础货币。2007年6月全国人大常委会审议通过了中投公司的资本金方案，即财政部向社会公开发行1.55万亿美元特别国债，收购中国人民银行2 000亿美元外汇储备资产，用作中投公司的资本金。中投公司资本金来源的制度设计初衷是通过财政部发行特别国债购买央行外汇储备来回收银行流动性，但是问题的关键在于财政部发行的1.55万亿美元特别国债最终谁来购买持有。根据财政部公布的数据显示，1.55万亿美元特别国债中只有2 000亿美元特别国债面向社会公众发售，而剩余的1.35万亿美元特别国债经中国农业银行转手最终由中国人民银行持有。

汪洋（2009）认为，对中国人民银行持有的1.35万亿美元特别国债而言，相当于中国人民银行在其资产负债表中用财政部发行的特别国债置换了等值的外汇资产，这仅仅是中国人民银行资产方不同资产的一增一减而已（见表4-18），对于银行的整体流动性而言，特别国债的发行仅仅收缩了2 000亿美元的流动性（即面向社会公众发行的2 000亿美元特别国债），而非收缩1.55万亿美元流动性。财政部发行的特别国债相对于其购买的央行外汇储备而言，仅仅能够回收小部分（占特别国债发行额的13%）的基础货币。

表4-18　　　　　特别国债发行对人民银行资产负债表的影响情况

资产	负债
外汇2 000亿美元（1.55万亿美元）	发行货币
+政府债券1.35万亿美元	对金融机构负债
其他资产	其他负债
净变动：-2 000亿美元	

其次，中投公司1/2的外汇资产投资国内导致"二次结汇"，增加了国内货币量供给。中投公司全资子公司汇金公司向中国银行、建设银行、工商银行等国有控股金融机构累计注资近1 000亿美元（见表4-19），占中投公司外汇储备资本金的1/2。接受汇金公司注资的金融机构如果将注资的外汇储备投资于国外资产，那么这部分外汇储备就不会对国内货币供给造成影响，但是这些金融机构并没有投资国外，反而选择了再次出售给中国人民银行，形成"二次结汇"。根据中国银行和建设银行2007年的年报，两家银行按照先前与汇金公司达成的期权协议，共出售给中国人民银行405亿美元的外汇资产，远远超过了向社会公众发行的2 000亿元人民币特别国债的规模。汪洋（2009）认为，上述外汇资产投

资国内的制度安排导致"二次结汇",使得注入银行体系的流动性远远大于从银行体系收缩的流动性规模。因此,中投公司部分外汇资产投资国内的制度安排,不仅没有收缩货币供给,反而形成了"二次结汇"加重了国内银行流动性泛滥。

表4-19 中投子公司汇金公司利用外汇资产注资国内金融机构的资金分布

注资金融机构	注资金额(亿美元)
中国银行	225
中国工商银行	150
中国建设银行	200
建银投资	25
中国农业银行	约200
国家开发银行	200
总计	1 000

资料来源:www.huijin-inv.cn/中央汇金有限责任公司,作者整理。

因而,我国目前主权财富基金的制度设计(财政部特别国债央行持有和外汇资产投资国内形成"二次结汇")并没有隔断外汇储备与基础货币投放之间的关联,没有消除我国外汇储备对反周期货币政策的影响,甚至加重了国内银行体系的流动性泛滥。

4. 外汇储备战略与反周期货币政策设计

由于我国主权财富基金(或者中投公司)没有隔断外汇储备与基础货币投放之间的关联,因此主权财富基金要想消除外汇储备对我国货币政策的影响,就必须在两个方面进行变革:第一,用于购买央行外汇储备的政府债券或者特别国债必须由社会公众持有,中央银行不得直接或间接持有此类政府债券;第二,我国的主权财富基金不能将持有的外汇储备资产直接或间接地投资于国内,这样就根除了"二次结汇"的可能性。这两个方面的制度设计可以将外汇储备资产从央行资产负债表中剥离,收缩银行体系的超额准备金,隔断外汇储备与基础货币投放之间的关联。

既然消除外汇储备对我国反周期货币政策有效性影响的根本立足点在于隔断新增外汇储备与基础货币投放之间的关联,那么关键是买卖外汇的资金不应该是中央银行发行的基础货币或者储备货币,而是主要来源于国内发行存在的货币。因此,一个可行的措施是中央银行不再发行基础货币进行外汇买卖、干预人民币汇率,而由财政部发行债券组织资金进行外汇干预或者由中央银行利用财政部资金干预外汇买卖。

汪洋（2009）认为，如果财政部不介入外汇储备管理，中央政府又不放弃对汇率的干预，那么中央银行必然要进入外汇市场买入外汇干预人民币汇率，那么新增外汇储备就必然通过央行资产负债表与基础货币形成必然联系，中央银行只能被动投放基础货币，导致通货膨胀下的反周期货币政策失效。因此，由财政部通过发行国债解决干预人民币汇率的人民币资金来源问题，取代中央银行发行基础货币直接购买外汇，这是隔断新增外汇储备与基础货币投放之间关联的有效设计。这样的设计将很大程度上消除外汇储备不断增加对通货膨胀条件下的反周期货币政策的影响。

4.3.5 操作时滞、操作目的选择与反周期货币政策

除了外汇储备的持续增长对我国反周期货币政策有效性构成严重影响外，我国货币政策操作时间点选择有误（货币政策操作时滞问题）、操作目标选择有误也可能是导致我国逆经济周期的货币政策操作带来顺经济周期的货币政策状态和效果的重要因素。

1. 关于我国货币政策操作时间点的选择问题

目前货币政策操作的一般规则是根据上一期宏观经济指标表现决定本期货币政策操作的方向和强度。但是，由于货币政策外部时滞（从货币当局采取货币政策到宏观经济变量开始反应需要一段时间）的存在，当本期货币政策对上期经济过热的紧缩操作真正在货币供给等指标上体现出来的时候，宏观经济环境已经发生了由热变冷的转折性变化，从而导致了货币政策变量与宏观经济变量之间的同期正相关关系即顺周期性。换句话说，货币政策的时滞问题影响了货币政策操作时点的选择，而许多学者已经对货币政策时滞问题进行了深入的研究和思考，本书在此不做赘述。

2. 货币政策操作目标的选择问题

目前，在我国货币政策反应函数中，除经济增长变量外，通货膨胀率是一个极为关键的经济变量，是货币政策操作的主要操作目标。因此，准确地测度我国宏观经济的通货膨胀水平就显得极为重要。目前货币当局、学术界以及大众媒体比较关注的通货膨胀测度指标就是居民消费价格水平 CPI 的同比增长率，但是 CPI 能否真实反映国民经济运行的通货膨胀水平一直受到质疑。

图 4-25 展示了 1993~2010 年我国 CPI 同比增长率表示的通货膨胀水平 CPI 通胀和 GDP 平减指数同比增长率表示的通货膨胀水平 GDP 平减指数，我们可以发现两个指标以 2000 年为分界点：2000 年以前，CPI 通胀和 GDP 平减指数的值基本吻合，整体走势极为一致；2000 年以后，CPI 通胀和 GDP 平减指数开始出现较大的偏差，并且 CPI 通胀一直低于 GDP 平减指数 2~10 个百分点。由于 GDP 平减指数是基于每年真实 GDP 计算的通货膨胀指数，因此普遍认为 GDP 平减指数更能反映国民经济中的真实通货膨胀状况。但是，一直以来 CPI 通胀作为货币政策的反应指标，而近年来 CPI 通胀低估了真实的通货膨胀水平，所以当国民经济真实通货膨胀较为严重时，货币政策很可能在应当做出逆向操作的时候却因较低的通货膨胀假象而没有做出逆向操作、或者逆周期操作的力度不够，甚至做出相反的操作，导致了最终的货币政策顺周期现象。

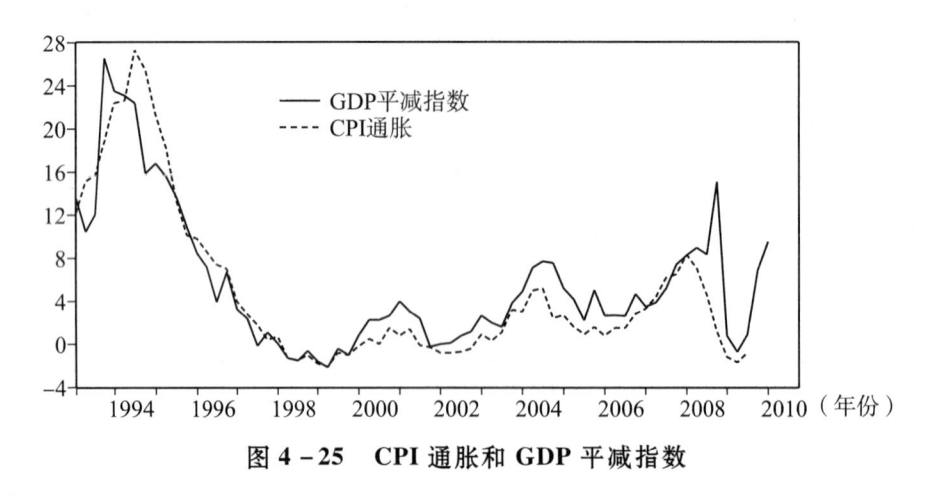

图 4-25　CPI 通胀和 GDP 平减指数

3. 操作时滞、操作目标的选择与反周期货币政策设计

如果逆经济周期的货币政策反应和操作带来顺经济周期的货币政策状态和效果是由于货币政策操作时间点选择和操作对象选择的问题导致的，那么就可以得到一些直接的启示。

第一，准确选择货币政策反应的时间点，特别是提高货币政策的预见性。由于货币政策的外部时滞不可避免，那么提高逆向操作效果的有效策略是将货币政策反应的时间尽量提前，即在经济出现过热或者衰退迹象的当期就迅速出台相应的紧缩或宽松货币政策。换句话说，就是提高货币政策的预见性，这对货币当局对宏观经济的把握能力和预见能力提出了挑战。

第二，合理选择货币政策反应函数的目标变量，提高货币政策反应的准确度。既然 CPI 通胀低估了真实的通货膨胀水平，那么就应该把货币政策反应方程关注的焦点从 CPI 通胀转移到合适的通货膨胀指标上。鉴于 GDP 平减指数具有较好的通货膨胀监测能力，因此考虑建立以 GDP 平减指数为反应目标变量的货币政策反应函数。

4.3.6 结论性评价

本书采用 H-P 滤波方法刻画了最近 20 年来的各个时点上货币政策的方向、强度和经济周期的波动性特征，从而获得近 20 年来我国货币政策和经济周期动态波动的完整路径。然后本书从货币政策状态的周期性特征与货币政策反应的周期性特征两个层次上，采用描述性统计和计量回归模型等方法深入探讨了我国货币政策的周期性问题发现：在近 20 年来我国货币政策表现出很强的顺周期状态，货币供给量 M2 具有明显的顺经济周期特征；而货币政策反应函数却显示我国货币政策对宏观经济变量（产出缺口、通货膨胀）变动是逆向反应的，表现出了一定的逆经济周期特征。即逆经济周期的货币政策反应和操作却带来的是顺经济周期的货币政策状态和效果。

外汇储备的不断增加导致外汇占款已经成为我国基础货币投放的主要渠道，而央行却不能控制外汇占款。因此，当通货膨胀发生后逆周期货币政策操作要求紧缩货币供给量，而外汇储备的增加使央行被动投放高能货币，导致紧缩政策"流产"，最终出现通胀与货币供给持续增长同步出现的顺周期货币政策状态。而解决该问题的关键是隔断新增外汇储备与基础货币投放之间的关联。现行的外汇储备战略（主权财富基金制度）需要做如下修正：第一，用于购买央行外汇储备的政府债券或者特别国债必须由社会公众持有，中央银行不得直接或间接持有此类政府债券；第二，主权财富基金不能将持有的外汇储备资产直接或间接地投资于国内。我们提出了一个可行的措施是中央银行不再发行基础货币进行外汇买卖、干预人民币汇率，而由财政部发行债券组织资金进行外汇干预或者由中央银行利用财政部资金干预外汇买卖。

另外，货币政策操作时间点和操作对象的选择有误对反周期货币政策有效性构成影响。由于货币政策外部时滞的存在，当本期货币政策对上期经济过热的紧缩操作真正在货币供给量等指标上体现出来的时候，宏观经济环境已经发生了由热变冷的转折性变化，从而导致了货币政策变量与宏观经济变量之间的同期正相关关系即顺周期性。同时，一直以来 CPI 通货膨胀作为货币政策的反应指标，而近年来 CPI 通胀低估了真实的通货膨胀水平，所以当国民经济真实通货膨胀较为严重时，货币政策很可能在应当做出逆向操作的时候却因较低的通货膨胀假象而没有做出逆向操作、或者逆周期操作的力度不够，甚至做出相反的操作，导致了最终的货币政策顺周期现象。

※ 本章基本结论 ※

1. 从理论上看，庞大的外汇储备导致外汇占款持续增加，并通过货币乘数效应导致货币供给大幅增长，引发通货膨胀的风险也逐渐升高。随着外汇占款的增多，央行不得不通过发行票据在市场上进行货币回笼，以避免通胀威胁。在这种情况下，央行制定和实施货币政策的自由空间变小，宏观调控能力和危机防范能力随之减弱，同时还面临巨大的冲销成本。外汇储备增速过快使货币政策的独立性越来越难以保持。

2. 中国的外汇储备是在强制结售汇、银行外汇周转头寸限制和事实上的固定汇率制"三位一体"的制度安排下形成的，主要有三个增长来源：外贸顺差、直接投资净流入和热钱。外汇储备的迅速增加导致市场上人民币汇率升值的预期不断增强，升值预期刺激国际资本向我国流动，大规模热钱通过各种途径进入国内市场，导致国际收支双顺差持续扩大。

3. 计量分析显示，由经济顺周期性带来的流动性过剩从根本上驱动了中国近年来的通货膨胀，而流动性过剩问题正是在人民币升值预期的背景下日益明显的。由于存在人民币升值预期，资本项下的外汇流入规模也在扩张，随着外汇储备不断激增，人民银行被迫向市场投放大量货币，造成外汇占款额度持续大幅上升。

4. 实证分析表明，在经济结构内外失衡、外汇储备不断积累的情况下，由于外汇占款持续增加，导致国内流动性严重过剩，流动性过剩催生资产泡沫，并对通货膨胀产生了驱动作用。从政策效果来看，由于外汇储备不断增加，中国逆周期的货币政策操作带来的却是顺周期的货币政策效果，从而使得货币政策的宏观调控能力下降，尤其是难以有效应对金融失衡和资产价格泡沫问题。

5. 外汇占款不仅从总量上制约了宏观调控的效力，还从结构上削弱了宏观调控的效果。由于外汇占款成为社会资金投放的主要方式，因而出口多、引资多的地区或行业，人民币的资金就相对充裕，而外汇创收少的地区或行业人民币资金就相对短缺。从而加剧资金在不同地区和行业间分配的不平衡状态，给宏观调控带来很多负面影响。

6. 高额外汇储备影响了货币政策的传导机制。在外汇占款成为中央银行投放基础货币的主要渠道之前，重要银行主要通过对商业银行和非金融机构再贷款、再贴现进行基础货币的投放。基础货币从投放到扩张为数倍的货币供给总量需要经过一个较长的过程，即从中央银行到商业银行再到企业的一系列存贷转化过程。在高额外汇储备导致外汇占款大量增加后，巨额的外汇占款直接通过银行结售汇体系将基础货币扩张为数倍的信贷货币量，货币供给时滞大为缩短，从而导致央行对货币总量的控制难度增加，形成了消极的货币政策传导。

7. 基于货币政策视角，中国的外汇储备战略转型包括两个基本要点：一是进一步理顺中央银行基础货币的投放机制，彻底切断新增外汇储备与基础货币被动投放之间的制度性关联，并在此基础上形成更为科学和合理的逆周期货币政策框架；二是建立合适的外汇储备使用机制，通过将部分外汇储备导入实体经济，实现增量外汇储备的有效分流，缓解中央银行流动性控制的压力和成本。

8. 目前中国主权财富基金的制度设计并没有隔断外汇储备与基础货币投放之间的关联，要想消除外汇储备对我国货币政策的负面影响，就必须在两个方面进行变革：一是用于购买央行外汇储备的政府债券或者特别国债必须由社会公众持有，中央银行不得直接或间接持有此类政府债券；二是主权财富基金不能将持有的外汇储备资产直接或间接地投资于国内，以彻底根除"二次结汇"的可能性。上述两方面的制度设计可以将外汇储备资产从央行资产负债表中剥离，收缩银行体系的超额准备金，隔断外汇储备与基础货币投放之间的关联。

9. 为阻断新增外汇储备与基础货币投放之间的内生性关联，可考虑不再由央行发行基础货币进行外汇的买卖和干预人民币汇率，而由财政部发行债券组织资金进行外汇干预或者由中央银行利用财政部资金干预外汇买卖。这种制度设计将很大程度上消除外汇储备不断增加对通货膨胀条件下的反周期货币政策的影响。

第 5 章

双稳定框架下的外汇储备战略 Ⅱ：
金融稳定视角

  自布雷顿森林体系解体以来，世界经济呈现出金融自由化和经济一体化的趋势，越来越多的发展中国家取消了贸易保护，放松了资本账户的管制。但由于自身金融和经济体系的脆弱性，金融自由化的结果反而使很多发展中国家暴露在外来经济冲击的不利影响之中。自20世纪80年代以来，货币危机不断地侵扰着发展中国家，世界经济仿佛进入了"货币危机时代"（如80年代拉丁美洲的债务危机，90年代的东亚金融危机，21世纪初的俄罗斯、阿根廷金融危机）。为了防御货币危机，越来越多的发展中国家采用增加外汇储备的方法来保证本国经济的稳定发展。在此背景之下，20世纪90年代之后，新兴市场国家的外汇储备

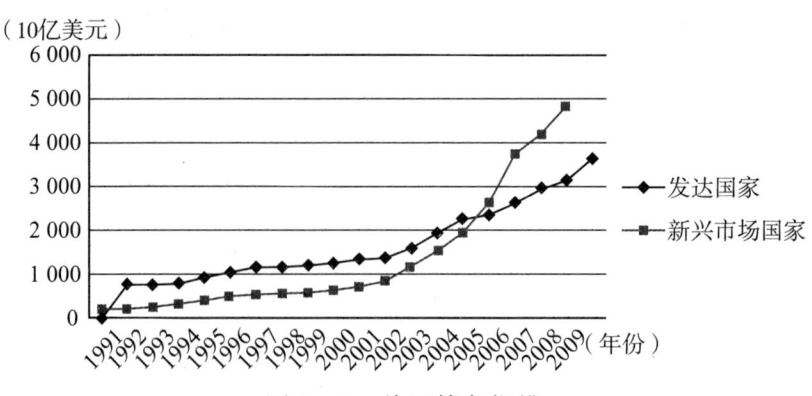

图 5-1 外汇储备规模

规模出现了大幅增长。根据世界银行（World Bank）和国际货币基金组织（IMF）的统计，新兴市场国家外汇储备规模在最近20年内增长了4倍，占GDP的比例超过25%。相比之下，发达国家的外汇储备规模则保持相对稳定，占GDP的比例一直保持在5%左右的水平（见图5-11、图5-2）。

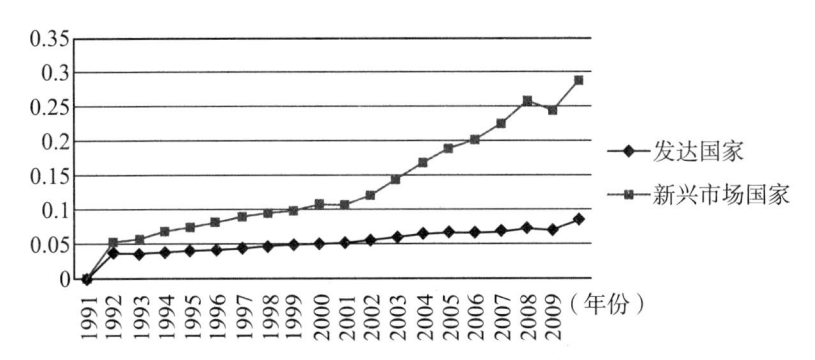

图5-2　外汇储备占国民生产总值（GDP）比例

资料来源：世界银行全球金融发展数据库。

上述现象引起了学术界和政策制定者的高度关注。一些学者认为，发展中国家特别是新兴市场国家，外汇储备的迅猛增长主要出于防止资本流动的不确定性对本国的不利影响，如斯蒂格利茨（Stiglitz，2006）就认为，货币危机使得发展中国家趋向于使用谨慎的外汇储备政策，从而累积了大量的外汇储备。然而，外汇储备规模的不断增长逐渐超过了预防货币危机的需求。珍妮（Jeanne，2007）和阿尔法罗和凯恩斯苏（Alfaro and Kanczuk，2007）发现，无论使用何种外汇储备管理指标，新兴市场国家都累积了大量的超额外汇储备。总体来看，大规模累积外汇储备规模是一种被动防御货币危机的方式，其缺点是显而易见的：一方面，由于外汇储备主要由流动性良好的资产组成，只能产生较低的收益，大量的外汇储备造成了机会成本的损失（Rodrik，2006）[①]；另一方面，更为重要的是，大量的超额外汇储备干扰了经济和金融体系的有序运转，如莫汉蒂和特纳（Mohanty and Turner，2006）的研究发现，大量的外汇储备增加了货币当局的干预成本和外汇管理的难度，既削弱中央银行货币政策的独立性，同时也容易造成信贷市场和资本市场的过热以及资产泡沫的产生。由此可见，被动地增持外汇储备虽能起到防御货币危机的效果，但也可能造成社会福利的损失。

对中国而言，如何解决超额外汇储备的问题显得尤为迫切。自1994年汇率制度改革以来，中国的出口和外汇储备呈现迅猛增长的态势。外汇储备规模在

---

① 罗德里克（Rodrik，2006）通过研究表明，就发展中国家言，持有外汇储备造成机会成本的损失，大约占到国民生产总值的1%。

90年代初不足1 000亿美元,至2011年上半年已突破3万亿美元大关。高额的外汇储备起到了防范货币危机和经济调节器的作用,使中国成功地防范了亚洲金融危机,并减小了美国次贷危机的冲击。但急速的外汇储备增长也使得中国的经济增长蕴含一些潜在风险。伴随着外汇储备的激增,大量热钱以各种渠道流入中国内地市场,推高了股市和楼市价格,增加了泡沫经济的风险。此外,由于外汇占款逐年增加,中国货币政策的有效性和独立性也受到了前所未有的挑战。2008年,源于美国的次贷危机进一步彰显了高额外汇储备所带来的福利损失。由于我国的外汇储备主要以流动性高的美元资产组成,而美国为摆脱金融危机采取了极其宽松的货币政策,从而导致中国所持有外汇储备价值不断缩水。诺贝尔经济奖得主保罗·克鲁格曼(Paul Krugman)在2008年4月接受采访时指出,美元贬值可能导致中国的美元资产损失超过20%。

另一方面,中国正崛起成为一个世界性的大国。2009年,中国占全球产业的份额仅次于美国和欧元区(见表5-1)。2010年以美元衡量的GDP总量,中国已经跃居世界第二位。2004年中国的进出口贸易总额已经超过了1万亿美元,成为继美国和德国之后的世界第三大贸易国。更多的经济学家和学者预测,2011年进出口总额将达到3.5万亿美元,超过美国成为第一大贸易国。虽然中国的经济实力与日俱增,但中国的金融市场还处于不成熟阶段,如果改革的政策和措施不恰当,必然会影响到中国宏观经济和金融市场的稳定,在金融风险不断积累的情况下,同样可能引发货币和金融危机。

表5-1 中国在世界经济中的地位(2009) 单位:%

	占全球产出份额			通胀率 (2005=100)	经常账户 (占GDP的比例)	储备货币 的比例
	名义汇率 衡量	实际购买 力衡量	贸易 份额			
美国	24.2	19.5	12.6	9.9	-2.7	65
欧元区	21.4	15.5	29.3	8.3	-0.3	26
英国	3.7	3.0	4.8	11.3	-1.7	5
日本	8.7	5.7	4.2	0.3	2.8	3
中国	8.6	12.6	7.2	11.7	6.0	0

资料来源:世界银行全球金融发展数据库。

在金融全球化的今天,一方面,中国作为一个新兴市场国家,和其他发展中国家存在着相似的缺点和不足,保持适度的外汇储备有利于本国经济的稳定和发展;另一方面,作为一个正在崛起的大国,中国有能力也必须使得人民币成为国际货币,这就要求在保持适度外汇储备防止货币危机的情况下,有效地使用超额外汇储备,实现中国经济的长期稳定发展。在本章中,我们将对中国外汇储备的适度规模进行系统的研究,首先探讨外汇储备与金融安全之间的关系,并重点讨论外汇储备与金融稳定之间的关系。基于金融稳定的外汇储备需求模型,从总量(规模的角度)上,确定中国的适度外汇储备规模。考虑到市场情绪对引发货币危机的影响,我们结合外汇储备指标的变化规律,提出适合中国外汇储备管理的动态指标。最后,在总量规模的基础上,我们分析了适合中国国情的最优外汇储备结构。

5.1 外汇储备需求与金融安全:理论和分析方法

5.1.1 理论基础

外汇储备的存在始于货币的名义上不一致性,由于社会分工的存在,在商品互换过程中对他国货币的需求也就应运而生。因此对外汇储备的需求的分析,最基本的还是交易性需求,即外汇储备需求的产生主要是为了满足日常经济贸易活动的需求。但随着布雷顿森林体系的瓦解,国际金融体系的发展,金融衍生产品在国际金融市场的普及,国际资本的快速流入和流出成为影响外汇储备管理的重要决定因素。特别是在资本大量流出的情况下,很多新兴市场国家由于缺少充足的外汇储备,无法保证本国金融市场的安全和币值的稳定,从而引发了严重的经济和金融危机。金融危机的频繁发生,催生了外汇储备预防性需求,而对国家金融安全的考虑更进一步将对外汇储备的偿债性需求和本国金融系统的稳定性需求推向了前台。

1. 交易性需求

无论如何,外汇储备都摆脱不了货币的范畴,这也就决定了其基本的货币需求属性——交易性需求。国与国之间的交易性需求主要体现在贸易中,因此交易性需求主要体现在一国的进口用汇需求和弥补国际收支逆差的外汇需求。对于此类需求,特里芬在1947年即发表研究论文通过实证认为外汇储备应满足3个月的进口,按这一结论可以大致测算一国需要的以应对外汇储备交易性需求的储备货币和各币种的存量大小。

从1999年以来的全球贸易总额变化来看,在这10多年间全球贸易约增长了122%,而与此同时,全球外汇储备余额增长了354%,增速远远快于全球贸易,由此可见,外汇储备余额的增长远远超过了满足国际贸易的交易性需求,就目前金融市场的发展而言，交易性的需求已经不再是决定外汇储备规模的主要因素（见图5-3）。

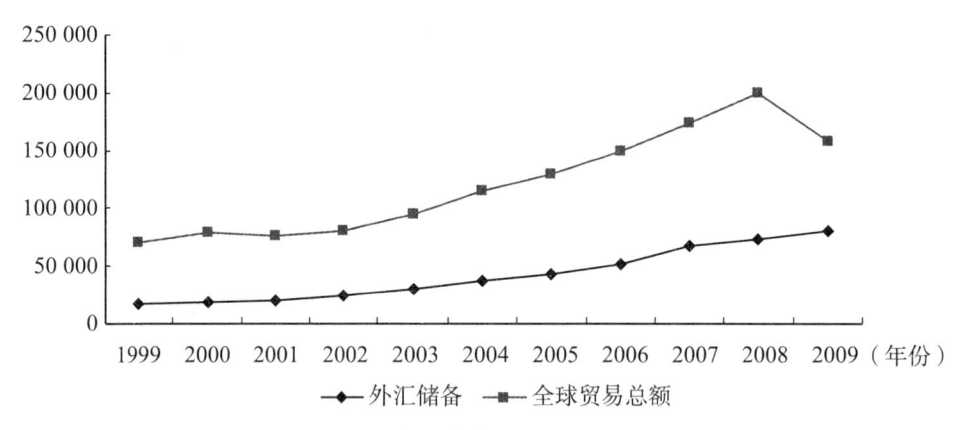

图5-3 外汇储备与全球贸易总额

资料来源：世界贸易组织，国际货币基金组织。

2. 预防性需求

进入20世纪70年代以来，资本在全球范围开始大量地频繁流动。对于新兴市场而言，由于其经济规模较小，金融发展不完善，任何由于突发事件所引起的资本大量流入和流出的事件都对本国的金融市场产生极大的冲击，甚至导致金融市场的崩溃，如20世纪80年代末的拉美经济危机，1994年的墨西哥货币危机以及1997~1998年东南亚的金融危机。金融危机的频繁发生，使得新兴市场国家多年的经济建设成果，一夜之间化为乌有。金融危机的爆发，也拓宽了人们对外汇储备需求的理解，如何运用外汇储备防止金融危机，保证本国经济的平稳运行，成为外汇储备需求的决定因素。新兴市场国家必须通过持有和保留一定的外汇储备来满足自我保护的潜在需求，进行预防性调节以应对未来资本的突然"停止流入"（sudden stop）或"急刹车"行为对本国经济造成的不利影响。

金融危机改变了人们对传统外汇储备需求理论的理解，外汇储备保护国家金融安全的功能逐渐在世界范围内得到了广泛认识。

首先，在外汇储备不足的情况下，快速而且规模巨大的资本逆流极易造成新兴市场国家的金融动荡。比如，1994年的墨西哥危机，在20世纪80年代末至90年代初期墨西哥放宽外资进入限制导致大量外资涌进墨西哥，但由于利率的上扬，再加上墨西哥政局不稳，造成外国投资者大量抽走资金，形成了资本的外流，墨西哥为稳定货币市场，不得不动用国际储备进行干预，到1994年12月1日，外汇储备已经所剩无几，难以维持运转。最终墨西哥不得不在1994年12月

19日宣布比索贬值15%。这一政策调整使得社会进一步产生恐慌，形成了比索的狂抛和剧烈贬值，进而导致金融市场的崩溃。这次危机使墨西哥国家外汇储备由1993年年底的234亿美元猛降到了1995年1月初的55.46亿美元，对外支付能力严重下降。资本的快速流出和外汇储备不足，是墨西哥危机中一个鲜明的特征。

再来看1997~1998年金融危机，此次金融危机始于泰国货币危机，由于经常项目的持续赤字，大量的外国短期资本流入泰国的房地产、股票市场，加剧了金融资产的泡沫，也增加了银行呆账坏账。随着泰国经济情况的继续恶化，投资者对泰国的经济发展局势以及泰铢币值的稳定失去了信心，逐渐开始在金融市场上卖出泰铢。1997年5月国际投机者开始对泰铢发动猛烈攻击，加剧了泰国金融市场的不稳定性，泰国的外汇储备规模大幅度下滑。1997年7月2日，泰国宣布放弃固定汇率制度，当天泰铢贬值20%，泰国货币危机全面爆发。由于菲律宾、印度尼西亚、马来西亚等周边国家也面临与泰铢相似的问题，"传染效应"造成了"多米诺骨牌效应"，货币风潮迅速波及整个东南亚市场。此后菲律宾、印度尼西亚、马来西亚相继扩大了汇率浮动区间或宣布汇率自由浮动，造成投资者信心受挫，外资大量撤离，整个金融市场处于低迷之中。此后中国香港、韩国、中国台湾相继发生程度不同的货币贬值、资本外逃，对当地金融市场造成严重的打击。1998年，亚洲汇市和股市连连走低，在各国央行以及国际货币基金组织的共同协助下，才逐渐从危机中恢复。实际上此次危机与墨西哥危机具有很强的相似性，汇率贬值，资本外流，外汇储备锐减是危机中极其重要的表象特征。这两次危机暴露出来的问题使市场再次认识到资本出逃将会对一国经济，特别是新兴市场国家，造成严重的负面影响。

其次，拥有一定程度的外汇储备，还有利于新兴市场国家快速地从经济和金融危机中恢复过来。危机产生之后，新兴市场国家的产出和投资快速萎缩、信用体系崩溃，有些国家甚至出现了全面的银行危机（卡明斯基和莱因哈特，1999；哈钦森和诺伊，2002）。由于本国信用体系已经被破坏，国内的投资市场和价格传导机制已经失灵，新兴市场国家急需价格稳定的资产，来稳定本国的货币体系。由于外汇储备大都由强势货币和币值稳定的资产组成，它不仅能预防金融危机的爆发，同时也能够有效地缓解金融危机对本国经济的不利影响，快速地恢复价格机制和信用体系，从而能较快从货币危机中恢复过来。实践证明，拥有较多外汇储备的国家，比如，韩国，能够较早地从货币危机中恢复过来，并保持快速的经济增长。

关于预防性需求，现代重商主义则持有不同的看法。他们认为外汇储备的累积是出于新兴市场国家维持出口竞争力的需求。杜利，弗尔克茨—兰多，加贝尔（Dooley, Folkerts-Landau and Garber, 2003）研究表明，一国持有外汇的原因主要是为了保持其在国际上的贸易竞争力,且这一现象在中国等东亚国家尤为明显。他们把外汇储备的积累看做是促进出口的"副产品(By Products)",出口作为产业经济的一部分对国家的持续健康发展非常重要,主要因为出口行业能提供大量就业岗位,吸收传统行业如农业等行业的剩余劳动力,缓解社会问题。在这种情况下,外汇储备的积累有助于防止或者缓解本国货币的升值,从而有利于该国出口的发展。学界更多持有以下观点:预防性的方式使储备起到防范资本流动和波动的作用,而重商主义认为储备增长是产业政策的一部分,这可能对其他贸易伙伴带来负面影响。

3. 偿债性需求

外汇储备的偿债性需求主要满足资本项目中的两个基本要求:

一是防范外商直接投资(FDI)所造成的利润回流。外商直接投资作为一种外国资本投资本国实体经济,在通过合法经营后,所获得的利润实际上是以本国货币的形式存在的,形成了本国的负债,实际上是一种"准国债"。且随着外商直接投资在新兴市场国家投资收益的不断上升,无形中增加了本国经济的负债水平。若外商直接投资需要将利润汇回本国进行消费、投资,就需要将本国币种兑换为外商直接投资来源国货币(主要以美元为主),此时就形成了对外汇储备的需求。20世纪90年代外商直接投资在发展中国家的年回报率约为16%~18%,若按此收益率计算中国外商直接投资所需外汇,按年外商直接投资实际利用额约8 000亿美元计算,接近1 500亿美元,规模相当大。因此,本国的外汇储备中,需要预留部分外汇资产以满足外商直接投资回流所产生的外汇需求。

二是新兴市场国家在经济发展的初级阶段,缺少资本,需要大量的资本流入。除了外商直接投资以外,更常见的是,新兴市场国家由于贸易和经济发展的需要,通常会借入一些债务,比如进口先进的技术和机器设备等。为能够及时地偿付债务须保证充足的外汇储备用。在一个开放的经济体中,负债经营是发展中国家促进本国经济增长的必备手段。一国负债可以分为短期和中长期两种,一般意义上外汇储备主要考虑的是短期性的外债偿还和中长期外债的利息,中长期外债由于偿还时间相对较长可以通过期限结构的搭配进行计划性偿付。若外汇储备不足,在债务到期时没有足够的外汇偿付债务利息和本金,本国的偿债能力产生信任危机,本国货币势必贬值,酿成金融危机(弗兰克尔等,2008)。特别地,随着金融市场的深化,金融市场的波动日益加剧,新兴市场国家还本付息面临更多的不确定性。在亚洲金融危机之后,美联储主席格林斯潘提出了外汇储备需求的法则,即一国的外汇储备至少能够偿付其短期外债,从而应对各种不利金融市场冲击对偿债能力的影响。

4. 本国金融稳定需求

奥布斯特费尔德，香博和泰勒（Obstfeld, Shambaugh and Taylor, 2008）指出以上的各种关于外汇储备需求的观点都有失偏颇，只关注了外汇储备需求的某一特定方面。不管从理论还是实际操作而言，持有外汇储备最根本的动机就是支持和保证整个国家的银行体系，避免本国货币币值的大幅波动。基于这一基本观点，单纯地防御由于资本流入中断（sudden stop）所造成危机并不能保证本国金融体系的稳健运行。

基于以上考虑，奥布斯特费尔德，香博和泰勒（2008）构造了一个考虑个体存在差异（heterogeneity）的预测模型，并重点考虑了一国金融体系的稳健程度，如银行体系的规模、负债程度，和对外汇储备需求之间的关系。这一跨期的最优化模型显示，如果一国当局需要保持本国汇率和币值的稳定，随着本国银行体系规模的扩大，对外汇储备的需求也相应地增加。为了能够更直观地描述金融系统稳定与外汇储备需求之间的关系，我们采用了以下的跨期最优化模型。

模型中存在两期，0 期和 1 期。在 1 期，汇率由以下的方程式决定

$$e(\theta) = \alpha\theta$$

其中 θ 代表了本国经济的未来状态。在模型中，汇率代表本国货币的外国货币价格，所以 e 下降就代表本国货币贬值，上升则表示本国货币升值。在 0 期，本国的政策制定者可能对 1 期的经济情况存在不同的预期。对于任何给定的状态 θ，本国居民在 0 期预期经济的基本面为 $\theta + \varepsilon_i$，其中 ε_i 服从区间 $[-\bar{\varepsilon}, \bar{\varepsilon}]$ 的正态分布。国内所有的居民都是风险中性的。

假定在第 0 期，本国已经出现了外资流入突然停止（sudden stop）的现象，即外国人不愿意在外汇市场上持有本国的货币。因此，本国货币的汇率由本国居民和中央银行共同决定。为了简化分析，模型也假定本国的货币不产生任何的利息收益。因此本国居民在对本国资产和外国资产进行资产配置时，就只需要关注未来汇率的走势，比较 e_1 和 e_0 之间的大小。如果 θ 较低，那么市场将会预期本国货币将持续弱势，但对弱势的程度，本国居民之间则存在不同的看法。

假定本国居民的储蓄是广义货币供给 M 的一个比例。储蓄是流动性很高的资产，本国的居民可以任意的将其变现，而银行资产，比如贷款等，其流动性相对较低。那就意味着，当出现危机时，银行只有借助于本国的中央银行才能清偿债务。

基于前面的假设，本国居民只有在 $E\{e_1 | \theta + \varepsilon_i\} = \alpha(\theta + \varepsilon_i) \leq e_0$ 的情况下，才愿意抛售本国资产，持有外币资产。也就是说，只要在本国居民预期本国货币贬值低于当期水平的情况下，才愿意持有外币。因此，在第 0 期，对外汇的需求（以本国货币计量）就是：

$$\frac{M}{2\bar{\varepsilon}}\left(\bar{\varepsilon} + \frac{e}{\alpha} - \theta\right)$$

那么，当本国货币在 0 期贬值时，对外币资产的需求就会下降。

由于外汇主要由央行提供，在第 0 期外汇市场达到均衡的条件就是：本国居民的外汇需求与央行的外汇供给达到平衡：

$$\frac{M}{2\bar{\varepsilon}}\left(\bar{\varepsilon} + \frac{e}{\alpha} - \theta\right) = \frac{R}{e}$$

通过模型的求解，我们得到了一下的解析表达式：

$$e_0 = \frac{\alpha(\theta - \bar{\varepsilon}) + \sqrt{\alpha^2(\theta - \bar{\varepsilon})^2 + \frac{8\bar{\varepsilon}\alpha R}{M}}}{2}$$

模型的结果表明，外汇储备和银行系统的负债都会影响到一国汇率的走向。外汇储备（R）增加则本币升值，货币供给（M）上升则本币贬值。

模型的求解分析清晰地阐释了外汇储备需求与本国金融体系稳定之间的关系。假定本国经济目前面临不利的经济冲击（θ值下降），对本国货币产生了贬值的压力。本国居民倾向于减少本国货币的存款，投资于外币资产。为了减轻本币贬值的压力，本国央行必须动用外汇储备，进行公开市场的操作，干预外汇市场。但如果本国金融系统的债务规模过大，央行则无力扭转本币贬值的压力，因此需要更多的外汇储备来保持金融系统的问题。

由于一般情况下，本国的货币供给一般与本国的债务水平同比例增长。因此，广义货币供给与本国实际产出的比例就能很好地反映本国债务水平的程度和压力，因而是决定一国外汇储备需求的重要指标。

5.1.2 分析方法

最近 20 年，发展中国家巨额的外汇储备引起了国内外学者的极大关注。鉴于超额外汇储备所引起的社会福利损失，大量的研究着眼于如何确定一国最优的外汇储备规模以满足该国正常的国际收支需求。同时，各国政府、国际货币、世界银行也意识到，外汇储备对一国，特别是发展中国家，防范以及缓和货币危机，保持本国金融市场的稳定起到了至关重要的作用。如何确定适度的外汇储备规模，减少货币危机的影响成为当前研究的重点。

鉴于各种外汇储备需求理论的侧重点不同，相应产生了多种外汇储备需求的分析和预测方法。下面我们将对目前主流的外汇储备决定理论进行回顾，并将分析的重点放在如何将金融稳定纳入到外汇储备的需求模型中，并对一国外汇储备的适度规模进行预测。

1. 成本收益分析方法

成本收益分析是外汇储备管理理论中最早出现的方法[①],可以追溯到赫勒(Heller,1966)。这一分析方法的理论基础在于,一方面持有外汇储备会造成机会成本(Opportunity Cost)的损失[②],而另一方面,如果不持有外汇储备,将不能对外部经济失衡进行及时的调整,如果调整不当,外部经济的失衡将转化成内部经济失衡,造成社会福利的损失[③]。在决定最优的外汇储备规模时,一国政府就应该在两种损失之间进行权衡。在海勒模型中,持有外汇储备的边际收益用边际进口倾向的倒数和储备消耗概率的乘积来反映,持有外汇储备的边际机会成本用资本的社会收益率与持有储备本身的收益率之差来表示。根据两者相等的条件可以推导出最优的外汇储备规模。海勒采用这种方法对世界上许多国家和地区的国际储备进行了测算和检验,研究结果显示世界的国际储备总量是充足的,但存在国别和地区分配不平衡的问题。但是该模型也存在着一些不足和缺陷。比如,首先,模型没有考虑发展中国家和发达国家的区别。其次,缺乏一个科学有效的外汇储备成本衡量的有效方法,因此,预测缺乏足够的精度和准度。这些缺陷使得海勒模型在实证研究中饱受置疑。

为了弥补海勒模型的缺陷,1971年阿格沃尔在《发展中国家的适度货币储备》一文中建立了阿格沃尔模型。阿格沃尔模型是在海勒模型的基础上建立起来的,它克服了海勒模型的不足,主要是为发展中国家建立起来的一个储备决定模型。阿格沃尔对适度外汇储备下的定义是发展中国家的适度储备量应使其在既定的固定汇率下,为一个计划期内出现的短期和非预期的国际收支逆差能够融通资金,同时使这个国家持有的储备收益等于机会成本。另外,阿格沃尔对持有储备的收益和机会成本也进行了重新界定。阿格沃尔所衡量的机会成本是指如果所获得的外汇不作为储备货币,而是用来进口必需品,能够生产出来的那一部分国内产品。而持有储备的收益是一国在发生短暂的、意外的国际收支赤字时因持有储备而避免不必要的调节所节省的国内总产出。在此成本和收益的定义下,阿格沃尔根据边际机会成本等于边际收益的公式求出了最优外汇储备规模。

阿格沃尔模型在对部分国家储备需求进行测算时取得了比较满意的结果。其模型估计的优点包括:其一,对外汇储备的成本函数和收益函数做了切实有效的

---

① 这一类分析方法,已经被广泛地应用于新兴市场国家的最优外汇储备研究中。比如:韦莫查勒(2003,泰国),罗兰(2005,哥伦比亚)以及古普塔(2008,印度)。

② 外汇储备通常由流动性较高的资产组成,收益性远远低于其他的资产组合。所以,外汇储备机会成本的损失指的就是由于将资产购置外汇储备而不同投资于其他资产所造成的投资收益的损失。

③ 这里的社会福利损失指的是内部经济吸收外部经济失衡所造成的调整成本。

估计，使得模型的估计更贴近现实情况；其二，充分考虑到发展中国家和发达国家之间的差异，将进口的刚性以及外汇短缺等因素考虑到模型的估计中；第三，很好地解释了国际收支如何影响外汇储备的需求。但该模型也存在一定的缺陷，如只考虑了国际收支对外汇储备的决定因素，而忽略了政策调整，以及筹融资能力对储备需求的影响。

哈马达和上田（Hamada and Ueda，1977）以及弗伦克尔和约万诺维奇（Frenkel and Jovanovic，1981）等，对海勒和阿格沃尔模型进行了改进，扩展到多期的最优决策模型，也就是说一国外汇储备的规模应该考虑政府多期的需求，达到动态最优化的规模。根据这一理论模型，弗伦克尔和约万诺维奇（1981）进一步得出了外汇储备的需求方程，并采用了多国的数据进行的经验分析。研究结果表明，利率水平，国际贸易的不确定性，以及国际收支的净偿付金额决定了一国的最优外汇储备规模[①]。

在国际金融一体化之前，这些模型很好地预测了一国外汇储备的需求。然而，金融自由化的不断深入改变了原有的外汇管理模式，经常账户的国际收支需求不再是决定一国外汇储备规模的主要因素。伴随着世界范围内资本流动规模和影响力的与日俱增，以及货币危机的频繁发生，防范短期资本流动对资本账户的冲击，防范货币危机，成为最近20多年外汇需求理论的研究重点。也就是说，外汇储备收益已由原来的减缓经常账户冲击，转变为降低资本账户冲击（货币危机）对本国经济的影响。那么相应地，成本收益分析方法也调整为权衡机会成本的损失和货币危机的损失。外汇储备逐渐成为防范货币危机，减少货币危机不利影响的预防性储蓄需求（precautionary savings）。

沿着这一思路，艾森曼和马里恩（Aizenman and Marion，2003）和米勒和张（Miller and Zhang，2006）建立了两期的预防性储蓄需求模型，以此来决定最优的外汇储备规模。卡巴莱罗和潘纳吉斯（Caballero and Panageas，2005）和得都，门多萨和特洛尼斯（Durdu，Mendoza and Terrones，2007）则将这一两期的模型扩展到了多期，在不完全资本市场以及随机跨期均衡（Stochastic inter-temporal equilibrium）的分析框架下[②]，计算并得出了预防性储蓄需求下的最优外汇储备规模。根据他们的模型，三种不同的风险影响着预防性外汇储备需求，分别是：熨平经济波动的需求，金融全球化的风险，资本停止流入的风险（Sudden stop）。而金融全球化和资本停止流入的风险是决定预防性外汇储蓄需求的最重要因素。

[①] 珍妮（2007）指出传统模型的设定也存在着诸多的缺陷。一方面，它只解决了中央政府利益最大化问题，而很少和本国居民的福利相联系。另一方面，外部经济失衡损失的度量也十分的模糊。

[②] 由于这一类模型的设定通常较为复杂，很难得出相应的显示解，所以，通常采用数值计算的方法得出最优的外汇储备规模。

珍妮（2007）在继承前人工作的基础上，将福利经济学的分析方法引入到外汇储备需求的分析中。在她的模型中，代表性的消费者（representative consumer）持有一定的外国资产，可以用于购买流动性高的外汇储备，也可以投资于流动性差但收益较高的资产。那么持有外汇储备的收益就是能够有效地预防和缓和货币危机，而外汇储备的成本就是不能投资于高收入资产的机会成本。代表性的消费者，就要在多期中对成本和收益进行权衡，从而决定最优的外汇储备规模。在国内，张志超（2009）对这一方法在中国的运用，进行了比较好的文献综述。

2. 指标分析方法

虽然使用成本收益的分析方法，我们能找出决定外汇储备需求的主要因素，但实际操作中，成本收益方法在实际操作中存在着诸多问题，每个国家必须根据经济的具体情况，决定适度的外汇储备规模，更为重要的是成本收益方法严重依赖于模型参数的设定和假设。模型设定不当，将严重影响外汇储备管理的有效性。所以，目前世界上通常倾向于使用一些简单的指标来度量外汇储备的适度程度，简化外汇储备管理的程序。比例分析法是指通过外汇储备额与某些指标之间的比例关系来确定最适度外汇储备规模的一种方法。1947年，特里芬教授在《国家中央银行与国际经济》一文中最早提出储备/进口比例法，在20世纪70年代之前，这种经验的方法广为采用。他指出，一国的外汇储备量应该与该国的贸易需求同比增长，他建议使用外汇储备与进口额之间的比例（Reserve to Important Ratio）来度量一国外汇储备的充足程度。国际货币基金组织（IMF）也认为由于国际贸易在国际收支中占主导地位，外汇储备一定要满足一国贸易的需求。在数据分析的基础上，IMF认为一国合理的外汇储备规模应该达到一国年进口需求的30%~50%[①]。虽然，这一标准并不能完全反应一国外汇储备的需求，但由于它简单和易于操作，至今仍然是国际货币基金组织和很多国家监控外汇储备的一个重要指标。

比例关系这一分析思路在特里芬之后得到传播，学者和业界都在寻求更为有效的比例关系。随着全球经济和金融的一体化以及全球范围内资本的自由流动，使得对资本账户的监控成为外汇储备管理的重点。特别是在1997年亚洲金融危机之后，国际货币基金组织和各国政府纷纷意识到，资本市场的波动以及资本的流动对新兴市场国家的金融稳定造成了极大的危害，外汇储备应该要满足短期的债务需求。萨克斯、托内尔和贝拉斯科（Sachs, Tornell and Velasco, 1996）首

---

① 特里芬（1960）则认为30%的比例略显不足，它仅仅能够满足一国4个月的进口需求。按照他的观点，这一比例至少要达到35%。

先将这一类指标运用于预警系统（Early Warning Systems，EWS），希埃和马尔德（Bussiere and Mulder，1999）认为持有流动性较高的资产能有效地降低外来经济冲击对本国经济的影响，一国的外汇储备的规模至少能够覆盖短期外债的敞口。费舍尔（Fischer，1999）也指出持有较多外汇储备的国家，更能有效地防范货币危机的冲击。沿着这一分析思路，在阿根廷前财政部部长帕布洛·吉多蒂（Pablo Guidotti）和美国前联邦委员会主席艾伦·格林斯潘（Alan Greenspan）的倡导下，一国的外汇储备规模与短期外债的比例应该保持在大于等于1的水平（吉多蒂—格林斯潘标准）[1]。在这一基础上，各国还应该额外持有一些外汇储备增加低于流动性风险的能力[2]。韦侯兹和卡普坦（Wijnholds and Kapteyn，2001）注意到吉多蒂—格林斯潘（Guidotti-Greenspan）规则只关注了外部资本账户的失衡，而没有考虑内部资本市场的失衡。在前人分析的基础之上，他们加入了外汇储备占一国货币供给总量的比例来反应一国内部资本流出的程度（比如，资本外逃）。实证结果证明，仅仅满足外汇储备大于一国短期外债水平并不足以预防货币危机[3]，还应该考虑外汇储备占一国货币供给的比例。另外，一国的汇率制度也会决定一国外汇储备的适度程度，一般而言固定汇率制度的国家比浮动汇率制度的国家需要更多的外汇储备。

沿着这一思路又诞生了诸如外汇储备对国民生产总值（R/GNP）、外汇储备与广义货币等比例关系。比如货币主义学派布朗（W. M. Brown）和约翰逊（Herry Johnson）等经济学家认为国际收支不平衡本质上是一种货币现象，当国内货币供应量超过国内需求时，多余的货币就会流向国外，从而引起现金余额的减少，外汇储备的规模取决于一国国内货币供应量，由此提出外汇储备/广义货币比率，认为25%为适度比例。到了20世纪80年代中后期，还兴起一种综合考虑进口支出、外债还本付息和外商直接投资资金回流因素的比例法，但最流行的还是外汇储备与进口的比例关系。

实际上，任何一个比例关系的出现都需要具有一定的现实意义，从以上不断涌现的比例关系来看，外汇储备与进口的关系存在着储备的交易性需求关系，满足了保有外汇储备的最基本的用途，此后出现的对外债的关系也具有偿债性需求的关系，而对于以广义货币的比例关系则是存在一定的预防性需求关系。

这种在以外汇储备需求为基础的逻辑体系建立的适度外汇储备分析方法具有

---

[1] 这里的短期外债指的是到期日不到一年的债务。除了对短期债务的要求，吉多蒂—格林斯潘标准还要求一国外债的到期年限应该大于等于三年。

[2] 这一风险附加，有点类似于商业银行研究中所采用的风险价值的分析方法。也就是说，在一定概率情况下，我们满足流动性需求所相应需要的外汇储备。

[3] 因为本国居民害怕金融危机所造成的资本外逃也会恶化一国的国际收支，从而增加金融危机的风险。

很明显的优势：一是能够在一定程度上解释外汇储备的需求关系，具有一定的解释性；二是计算方法简单易懂、方便可行，数据较易获得，易于推广应用。但是它也存在很大的局限性：首先是在分析方法上，比例分析方法是一种静态分析，它以历史的进口数据和外汇储备数据作为测量适度规模的基础，难以对动态的未来储备需求量进行准确的预测；其次是在早期，比例分析法仅仅考虑了外汇储备对经常项目的支付需要，而未考虑资本项目的支付需要，虽然后期有其他比例进行补充，但由于全球化和国际化，资本流动频繁，仅仅满足经常项目和资本项目的需求也难以构成外汇储备的完整的需求要素，其实用性受到挑战。

3. 动态指标分析方法

虽然大量的学者研究并开发了各种模型，如预警系统模型（Early warning system models）、Logit 模型、Probit 模型，来防范金融危机，然而实际操作中，模型的预测准确度都不能让人满意。庄等（Chong et al., 2008）指出预测模型不准确的原因在于，现有的方法往往依赖于一些静态的指标进行预测[①]。伯德和拉詹（Bird and Rajan, 2003）指出相比外汇储备的绝对量而言，外汇储备的流失速度更能够反应一国货币危机的程度。相比一个外汇储备规模较小的国家而言，一个较多外汇储备但是外汇储备快速流失的国家，更有可能发生货币危机。因为在经济形势恶化的情况下，快速流失的外汇储备会使国内居民和投资者产生恐慌心理，从而加速了金融危机的爆发。一个有效的、合理的监控外汇储备流失速度的指标将更能有效地防范货币危机的爆发（Miller, 2000）。

在这一思想的基础上，庄等（Chong et al., 2008）采用了面板数据的门槛自回归分析方法（Panel threshold autoregressive）对资本充足率的三个指标，外汇储备与进口比例（Reserve/Import），外汇储备与短期外债比例（Reserve/STED）以及外汇储备与货币供给比例（Reserve/M2）进行了实证分析。结果表明，第一个指标已经不能有效地预测货币危机的发生，而后两个指标在危机时期和正常时期的变动形式存在很大的差异，通过分析后两个指标变化的趋势，可以有效地预警货币危机。

4. 横截面回归模型

面板回归模型（Panel regression model）主要通过多元面板线性回归模型，采用历史数据对各国外汇储备的决定因素进行实证分析，并用回归结果预测各国

[①] 比如使用一些指标分析方法的时候，通常的管理办法是设定一些标准值（threshold），当该指标超过这一标准值时，危机发生的可能性将会增加。

的未来几年的外汇储备规模。

弗伦克尔和约万诺维奇（Frenkel and Jovanovic，1981）首先采用了简单的回归模型分析外汇储备的决定因素。在该模型中，他们采用常数项来反映各国的个体风险，使用政府债券的收益来代表持有外汇储备的机会成本，以及外汇储备的波动反映不确定性的程度。弗伦克尔（Frenkel，1983）在此基础上，更新了弗伦克尔和约万诺维奇的数据，实证分析了22个发达国家1971~1975年的外汇储备规模，并运用这一模型成功地预测了发达国家的外汇储备规模。同时，他们也发现抵御经济波动的冲击是外汇储备最重要的决定因素[①]。

随着国际资本市场的迅猛发展，巨额资本流动越来越影响一国经济的稳定性，也成为影响一国经济最大的不确定性因素。鉴于资本流动影响日益加深，弗勒德和马里恩（Flood and Marion，2002）扩展了FJ的分析模型，将汇率制度以及日益加剧的金融市场波动因素放入面板回归模型之中，发现即使是在国际资本大范围流动的情况下，抵御外来经济的不利冲击是决定一国外汇储备规模的最重要的决定因素，而相反，经济的基本面只起到部分作用。

艾森曼和马里恩（Aizenman and Marion，2002）则将研究的视角扩展到全部发展中国家。基于125个发展中国家，1980~2002年的数据，艾森曼和马里恩（2002）全面地分析了外汇储备的决定因素，并将相应的控制变量加入到回归模型中。研究结果表明，1980~1996年，几个重要的因素，比如，外贸的规模、波动性、汇率制度的安排以及政治和制度方面的考虑很好地预测了一国的外汇储备。然而，在经济危机之后，外汇储备需求的决定因素发生了变化，日益增加的主权风险[②]（Sovereign risk）和财政负债极大地刺激了发展中国家增加外汇储备的规模。由于外汇储备增长的国家大都来自于出口拉动型增长的国家，艾森曼和李（Aizenman and Lee，2005，2006）指出重商主义（Mercantilism）可能也在一定程度上增加了一国的外汇储备需求。一方面，为了提高出口的竞争力，这些国家大量地积累外汇储备，降低出口部门的资金成本。另一方面，由于信贷和金融资源向出口部门倾斜，抑制了金融市场的自由发展，同时也使得国内金融市场十分脆弱，相应地需要更多的外汇储备防止外来不利因素对本国金融市场的冲击。为了验证这一理论，艾森曼和李（2005）在回归模型中，加入了代表重商主义的变量，并发现其对外汇储备的决定起了重要作用。

---

① 弗伦克尔（Frenkel，1980）以及利桑多和马西森（Lizondo and Mathieson，1987）使用了弗伦克尔和约万诺维奇的回归模型进行分析，发现外汇储备需求的方程并非线性，存在一些结构性的断点。抵御外来经济的不利冲击的需求也被部分学者解释为自我防御的需求（Self insurance/ Precautionary demand）。

② 主权风险是指主权国家及其相应的政府机构为了自身利益，拒绝偿付或履行担保的责任，从而使得贷款方遭受损失。

莱恩和伯克（Lane and Burke，2001），采用横截面回归的估计模型，对世界各国1981~1995年的外汇储备需求进行了估计和分析。他们的分析结果表明，金融开放程度不是一个显著的影响因素，然而金融深化程度（M2与GDP之比来进行度量）增加了一国对外汇储备的需求。莱恩和伯克认为这主要是因为大多数发展中国家本国金融体系的债务都是外币标价的，因此随着金融深化程度的提高，需要更多的外汇储备预防应急性的债务支付。奥布斯特费尔德，香博和泰勒（Obstfeld，Shambaugh and Taylor，2005）则认为不论本国债务是由何种货币标价，都会增加本国货币贬值的压力，因而增加了本国对外汇储备的需求。罗德里克（Rodrik，2006）认为自20世纪90年代初开始，随着新兴市场国家不断地金融深化，越来越多地融入到了国际金融一体化中，也面临越来越多的外部经济环境的不稳定。为了保持国内金融市场的稳定，出现了新兴市场国家大规模积累外汇储备的局面，这一外汇储备的规模也远远超过了日常贸易和结算的需求。罗德里克进一步指出新兴市场国家花费了巨额的成本，积累过多的外汇储备。对于金融市场的稳定而言，新兴市场国家更应该做的是，改革和发展本国的金融体系，改变金融市场的脆弱性，如：减少短期的资本流入等，从而减少为保持国内金融稳定而被迫积累的巨额外汇储备。沿着金融市场稳定这一分析思路，奥布斯特费尔德，香博和泰勒（2008）对外汇储备需求的决定理论进行了分析和总结，指出一国外汇储备需求的主要决定因素是本国国内金融市场的稳定程度。通过理论模型，他们论证了那些与本国金融市场稳定的相关指标，如：金融市场的债务情况，金融开放程度，外国债券市场的融资能力以及汇率政策等，都是外汇储备需求的重要决定因素。为了验证这一理论，他们收集了1980~2004年134个国家，共2671个年度观测值的数据，在传统模型（弗勒德和马里恩，2002；艾森曼和李，2007）的基础上，加入了代表金融稳定程度的指标，结果表明模型的解释能力和预测能力都得到了显著地提高，而反映金融稳定程度的指标都成为预测外汇储备需求的重要决定因素。

5.2 纳入金融稳定需求的外汇储备适度规模：静态预测

基于前面章节的分析，我们不难发现随着货币危机的频繁爆发，使得保护国家金融安全，防止货币危机成为新兴市场国家外汇储备需求管理的首要问题，因此在外汇储备需求的决定中越来越多的强调了金融稳定因素的影响。而在分析方法的选择上，结构化模型（回归分析方法）也越来越受到学术界、各国政府和金融监管部门的青睐。在本节中,我们将采用包含金融稳定因素的外汇储备需求模型,通过大样本回归,找出适合中国国情的外汇储备需求模型,对中国的适度外汇储备进行分析和预测。

5.2.1 中国外汇储备需求模型

保持金融稳定,一国必须拥有足够的外汇储备,抵御外来资本的投机冲击。为了计算符合中国国家金融安全的适度外汇储备规模,我们采用了面板回归模型的分析方法,参考奥布斯特费尔德等(Obstfeled, 2008)[①] 提出的"金融稳定性模型",我们试图通过研究一般情况下的外汇储备需求的决定因素,将中国的国情考虑到该模型之中,从而确定中国的适度外汇储备规模。

具体的步骤如下:

首先,为了使得外汇储备需求研究的结果具备一般性,在样本国家的选择上,我们选择了世界上主要的发达国家和发展中国家,系统地探讨自布雷顿森林体系解体以来,近30年外汇储备变化的情况和各国金融经济发展之间的关系。

其次,根据已有的外汇储备需求理论,构建相应的外汇储备需求决定因素,结合中国的经济情况,将反应中国外汇储备需求因素的解释变量加入到模型中。通过面板数据(Panel)回归分析的方法,确定相应变量对一国外汇储备需求的影响程度,得到相应的参数。

最后,根据估计好的回归模型以及参数,将中国相应的经济解释变量代入外汇储备需求的决定模型中,从而预测当前中国的适度外汇储备需求。同时,我们针对经济体运行的不同情况,采用情景分析的方法,分别讨论中国经济在乐观、保持现状和悲观的发展情况下适度外汇储备规模的大小。

1. 外汇储备需求决定因素和变量的选择

适度的外汇储备需求取决于一国在外汇储备的成本和收益之间的抉择。一般而言,外汇储备的收益,包括满足流动性需求和金融安全的需求,而外汇储备的成本主要包括持有外汇储备造成的机会成本以及过多持有外汇储备对本国宏观经济的不利影响。国家尽可能在保证金融安全的情况下,减少外汇储备的存量。因此,我们度量一国适度外汇储备的规模,就必须建立在保护国家金融安全的考量上。

[①] 奥布斯特费尔德等(Obstfeled et al., 2008)引入 M2,金融市场开放程度和一国汇率制度等变量构建了"金融稳定性模型"对适度外汇储备规模进行了预测。

A. 流动性需求和相应的解释变量

持有外汇储备的收益主要包括流动性需求和预防外来冲击对本国经济的不利影响。从流动性需求来看，一国外汇储备量的大小主要由一国的贸易水平和该国汇率变动率决定，需要有足够的外汇储备来满足日常贸易往来的需求。一国的进出口贸易越多，就越需要储备一定的贸易国的货币满足进口和出口的需求。另外，对于采用出口拉动型经济增长的国家，特别是东南亚国家而言，需要动用外汇储备，进行市场干预，保持汇率的稳定和低估，从而促进贸易部门的发展，带动整个国民经济的发展。出口量越大，由贸易所创造的外汇储备越多，同时该国政府用于维持汇率稳定的战略储备也越多，出口变动和贸易波动呈正相关关系；对一国币值的波动率来说，币值波动越大，本币升值压力越大，其出口所受压力也越明显，因此需要的用以维持出口的外汇储备需求也越多。根据外汇储备的这一特性，我们采用贸易开放度（贸易量占 GDP 比例）来反映这方面的需求。另外，一国的汇率制度安排也会对日常的贸易往来产生较大影响，因此我们将反映一国汇率制度安排的指标也放入到回归模型中。

B. 金融稳定需求和解释变量

随着全球资本市场的发展和全球金融一体化进程的深化，传统的从纯粹交易角度出发的外汇储备规模决定理论遭到广泛的质疑。很多学者指出，在过去的 50 年间，新兴市场国家的出口就已经得到高速的增长了，而与之对应的外汇储备的高速增长却发生在 1997 亚洲金融危机之后。这种时间上的不匹配使得单纯从贸易角度来解释外汇储备显得比较单薄。

特别是，在金融危机频繁发生之后，出现了很多从金融资本市场角度分析一国最优外汇储备的理论观点。这些观点认为：预防货币危机，保护国家金融安全，是一国外汇储备持有的重要决定因素，适度的外汇储备能使一国免于遭受资本突然大规模抽离、金融危机造成的"突然停止（sudden stop）"和市场波动等不利于经济稳定发展的危险。弗勒德和马里恩（Flood and Marion, 2002）也认为，1990 年以来的全球资本的流动对一国外汇储备量的持有存在重要影响，他们从一国国际收支平衡表出发进行研究得出一国资本账户资金的流动对外汇储备的持有量有显著影响。其中，影响外汇储备规模的最重要的因素是一国短期外债规模大小。在 1997 年韩国金融危机爆发之后，国际货币基金组织当局随即制定了一个关于短期外国债券的适度外汇储备规模的普遍适用规定，该规定又叫吉多蒂—格林斯潘准则。该准则要求一国的外汇储备量必须至少要能满足该国对外的短期负债的偿付，以避免在危机下该国丧失偿付能力而带来的危机的扩散。卡尔沃和莱因哈特（Calvo and Reinhart, 2000）也指出，虽然一国有能力偿付其短期外债的利息，但是由于资本账户资金外流带来的"突然停止"的流动性不足现象，会使得该国丧失及时偿付外债的能力。在此思想的基础上，艾森曼和李（Aizenman and Lee，2006）通过引入以往的金融危机这一虚拟变量进行面板回归，得出危机的发生对一国外汇储备量有显著的解释能力。一国出于预防性动机，会持有大量外汇储备以防止外国资金突然停止等危害本国经济发展的外部冲击事件。一国的外汇储备除了受到一国短期外债规模和金融危机这一虚拟变量的影响外，奥布斯特费尔德等（Obstfeld et al.，2008）还指出一国的广义货币 M2 也是影响外汇储备规模的主要影响因素。通过实证研究，他们认为，作为衡量一国金融深度的变量 M2 的增加，会迫使该国中央银行为防止本币的贬值而增加外汇储备量。

为了反映保护国家金融安全的指标，我们采用了一国汇率的波动程度，金融深化程度（M2/GDP），金融市场的开放程度，以及一国货币国际化的程度等指标。

2. 模型与参数估计

参考奥布斯特费尔德等（2008）[①] 提出的"金融稳定性模型"，同时结合中国经济发展的具体情况，我们根据外汇储备需求的决定因素，选择了以下的解释变量：

- 虚拟变量：是否是发达国家[②]；
- 贸易量占 GDP 比例的对数；
- 汇率波动率（年度化的月度汇率的方差）的对数；
- 金融市场开放程度[③]；
- 一国广义货币 M2 占 GDP 占比的对数；
- 一国的汇率制度安排[④]。

在变量的构成上，我们根据门兹亚·钦和弘·伊托（Menzie D. Chinn and Hiro Ito，2008）所提出的"KAOPEN"这一金融市场开放程度指数，来衡量各国金融市场开放程度。KAOPEN 金融市场开放指数主要从以下四个方面考虑：

- 影响一国汇率的因素；
- 制约一国经常账户流动的因素；
- 制约一国资本账户流动的因素；
- 影响一国出口变动过程的因素。

[①] 奥布斯特费尔德等（2008）引入 M2，金融市场开放程度和一国汇率制度等变量构建了"金融稳定性模型"对适度外汇储备规模进行了预测。
[②] 根据 IMF IFS 的划分标准来定义，具体见附表1。
[③] 来源于门兹亚·钦和弘·伊托（2008）计算出的一国金融开放程度指数。
[④] 来源于克莱因·香博（2004）计算的一国汇率制度体系指标。

在综合以上四个因素，并考虑国际货币基金组织公布的 AREAER（汇兑安排和汇兑限制年度报告）这一虚拟变量影响的基础上，他们构建了衡量金融市场开放程度的 KAOPEN 指数。

在衡量一国汇率制度的指标选取上，我们参考了克莱因·香博（Klein Shambaugh）在 2004 年提出的汇率制度划分方法。该方法认为，如果一国对"盯住国"每月月末的汇率波动率在上下 2% 之内的情况持续一年以上，或者在 12 个月内一国汇率有 11 个月以上保持不变，这样的国家采用的是盯住的汇率政策。在"盯住国"的选择上，克莱因根据一国的汇率制度的历史，以及该国货币当局公布的信息等来判断。

在参考过去的外汇储备预测模型的基础上，我们选用 M2 占 GDP 的比作为衡量一国金融市场深化程度的指标。奥布斯特费尔德等（2008）的实证研究结果表明，广义货币占外汇储备的大小能较好地解释一国外汇储备的需求，且能够预测较长期的外汇储备需求。

此外，考虑到发达国家和发展中国家在银行体系、本币借贷和偿付的能力上的差异，我们引入发达国家这一虚拟变量来反映这些因素对外汇储备需求的影响。最后，我们将一国贸易占 GDP 比例的对数值作为解释变量，来反映交易性需求对外汇储备规模的影响。

为了使得我们外汇储备需求模型的研究更具备一般性和广泛性，我们估计模型的样本包括了 68 个国家，1970～2004 年外汇储备及其他宏观经济变量的数据。在国家的选择上，我们综合考虑了经济发展的差异，选取了世界上主要的发达国家、发展中以及新兴市场国家。

具体来说，我们的预测模型是在传统的外汇储备规模预测模型基础上，将金融稳定这一因素加入到模型的预测中。为了从整体上保证模型预测的准确性和有效性，我们选取了 1970～2004 年间，世界上 68 个主要的发展中国家和发达国家（附表 1 中列出了回归模型中所使用的样本国家），并采用面板数据的固定效应模型作为我们分析的基础。基于模型回归分析得到的参数，我们确定了包含金融稳定需求因素的外汇储备预测模型，再将中国的宏观经济数据代入到模型中，对中国的适度外汇储备规模进行预测。

根据已有经典文献的研究成果，为了得到平稳的外汇储备序列，同时使得各国的外汇储备规模具备可比性，我们外汇储备需求模型的被解释变量选择了外汇储备量/GDP 这一比例[①]。表 5-2 显示了面板模型的回归结果。

[①] 单纯使用外汇储备的绝对量作为被解释变量，在模型的估计中，可能有失偏颇。比如：大国外汇储备规模的绝对量将远远大于经济规模较小的国家，但这并不表明，大国的外汇储备是足够的。

表 5-2　　　　　　基于金融稳定的外汇储备需求模型

变量	模型
发达国家（虚拟变量）	-0.461**
	(0.212)
金融深化程度（M2/GDP）	0.481***
	(0.0498)
贸易开放度	0.543***
	(0.0571)
国际化程度	
汇率制度（1 为固定汇率，0 为其他）	0.0627*
	(0.0371)
金融开放程度	0.0865***
	(0.0147)
汇率波动程度	-0.0275
	(0.0201)
常数项	-2.066***
	(0.145)
观察值	1 611
样本国家	56
调整后的 R^2	0.2318

模型的实证结果表明，发达国家相对于发展和新兴市场国家而言，所需要的外汇储备较少。一国金融深化的程度越高，就需要更多的外汇储备，来满足预防金融危机的需要。贸易开放程度越高，意味着一国受到外来经济冲击的可能性越大，需要更多的外汇储备。同时，由于固定汇率制度的国家更容易受到外来经济的不利冲击，维护本国外汇市场的稳定，就需要更多的外汇储备。另外，金融开放程度的增加，会加剧资本流入和流出的频率和程度，从而增加了一国受到外来经济冲击的可能性，因此，随着金融开放的增加，一国的外汇储备需求也相应地增加。汇率的波动程度对外汇储备需求的影响，从统计学的角度而言并不显著。

5.2.2　模型的预测

我们回归模型的目的是为了找出影响一国外汇储备需求的一般决定因素。在完成对回归模型系数的参数估计后，我们将中国的宏观经济变量放入到回归模型之中，对当前以及未来十年我国的最优外汇储备规模进行预测。

1. 变量预测

发展中国家过渡到发达国家需要较长的时间，按照我国的经济增长速度以及经济结构，我们预测即使我国 GDP 增长速度能维持在当前的发展水平，但我国的人均 GDP 水平离世界主要发达国家还有不小的距离，因此，对于发达国家这一变量而言，未来十年中国仍然是发展中国家，发达国家这一虚拟变量的值为零。

作为世界主要的贸易国家，中国在加入世界贸易组织的近十年内，进出口贸易总额保持了快速增长态势，贸易额占 GDP 的比例，从 2001 年的 44.2% 上升到了 2006 年的最高点 72.1%，由于次贷危机的冲击，我国对外出口在 2008 年下半年和 2009 年年初急剧下滑，贸易占 GDP 的比例在 2009 年回落到 68.4%。虽然受到了多次外部负面冲击的影响，最近这几年内贸易占 GDP 的比例年复合增长率为 5.6%（如图 5-5）。和其他几个贸易大国进行比较，中国现在对外贸易总额占 GDP 比重已经比较高，中国正在进行经济结构调整，重点扩大内需，逐渐降低 GDP 对出口的依存度，但这却是一个长久的过程。故而我们预测中国未来贸易占 GDP 的比值仍然会呈现出一个上升的趋势，但是上升速度会有所下降，因此我们采用十年移动平均增长率来预测未来的贸易占 GDP 的比例。

图 5-4 显示了贸易占 GDP 比重的实际值和未来十年的预测值，根据我们的估计结果，未来十年我国的贸易开放度将维持在 70%~80% 的水平。

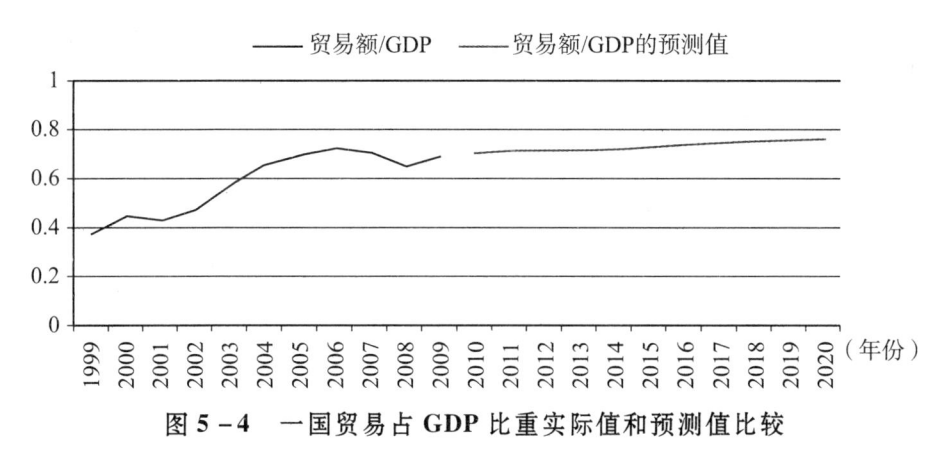

图 5-4　一国贸易占 GDP 比重实际值和预测值比较

资料来源：国际货币基金组织国际金融统计数据库数据整理。

金融深化程度：货币供给占 GDP 的比例反映了一国金融市场的深化程度。过去十年中国 M2/GDP 呈现出稳步上升趋势，由于受到金融危机的影响，为了配合积极的宏观调控政策，2009 年银行体系释放了大量的货币，使得货币供应总量出现了一定的过剩。在近期虽然仍然体现出资金短缺问题，主要是由于投资者预期的不确定造成的。从较长期来看，反通货膨胀压力较为明显，这也决定了 M2 不可能出现大幅度的上升，但是为了维持整个国民经济平稳发展的需要，货币供给的增长速度，可能会配合经济增长而适度增长，所以我们未来 M2/GDP 会呈现出一种缓慢上升态势。故我们使用十年移动平均增长率来预测未来 M2/GDP 值。图 5-5 显示了我国货币供给占 GDP 比例的实际值和未来十年变化的趋势，我们预计货币供给占 GDP 的比例维持在 1.5 之上。

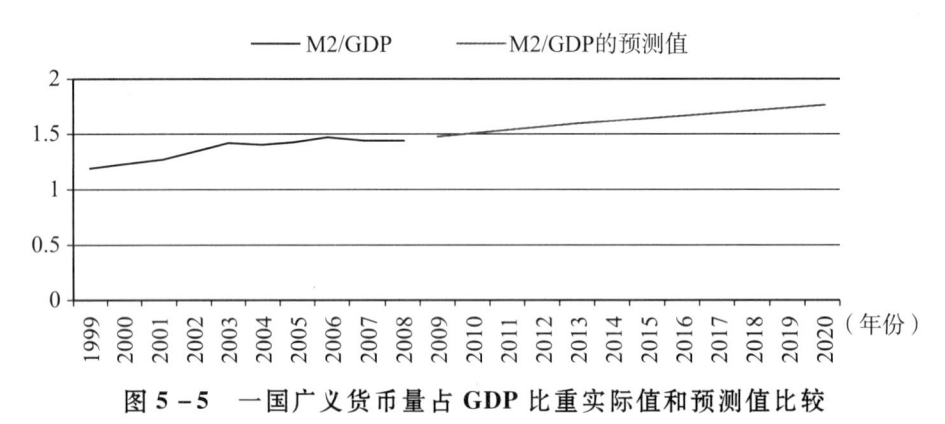

图 5-5 一国广义货币量占 GDP 比重实际值和预测值比较

资料来源：国际货币基金组织国际金融统计数据库数据整理。

汇率的波动性：汇率制度的安排对一国汇率的波动性有较强的影响，特别是在 2005 年汇率制度改革之前，我国的汇率基本上没有变动过，一直维持在 8.28 附近。在 2005 年汇率改革之后，由我国的汇率制度由单一盯住美元变成了盯住一篮子货币，同时也扩大了波动的区间，因此，汇率的波动有一个小幅的上升。由于金融市场还不够完善，金融产品的设计和发展相对滞后，我们预计未来 10 年中，我国的汇率将在一个较小的范围内合理波动，但波动幅度不断增大的过程。

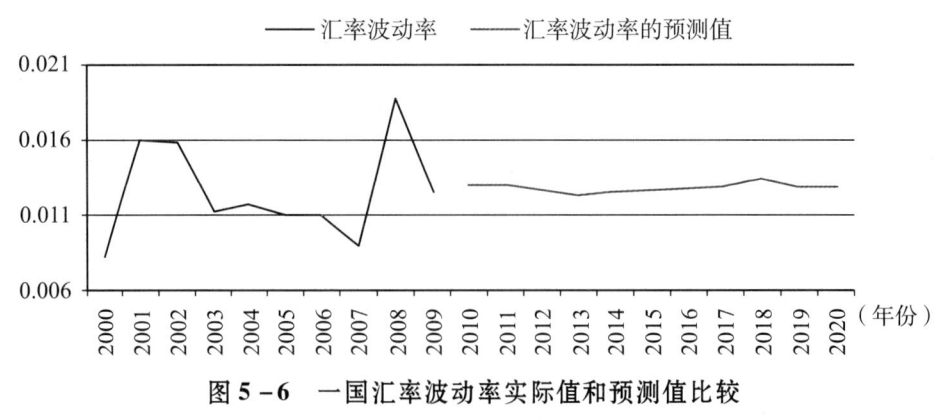

图 5-6 一国汇率波动率实际值和预测值比较

资料来源：国际货币基金组织国际金融统计数据库数据整理。

因此，我们考虑了用十年移动平均的方法来预测未来汇率的波动率。图 5-6 显示了当前和未来 10 年汇率的波动程度，根据我们的结果显示，由于汇率稳定对中国经济发展的重要性（出口企业），未来十年汇率将保持在 1.1% ~ 1.6% 这个小幅范围内波动。

汇率制度：经过改革开放以来的发展，我国的金融和资本市场已经初具规模，并且朝着国际化和市场化的方向不断深化，同时正在努力建设全球的金融中心。为了配合全球金融中心的建设，同时让人民币在国际金融和贸易市场上扮演更为重要的角色，我们国家正在不断地推动人民币国际化。对于一个国际金融市场而言，一国的货币需要较大的浮动空间才能繁荣市场的交易，同时促进衍生产品的设计和推出，从而推动国际金融中心的建设。事实证明，最近几年，我国已经在不断加大力度推进人民币国际化进程，推行对外贸易按人民币结算，结算总量也在不断攀升。人民币汇率改革以来，人民币累计升值达 22%，实现了更有浮动的汇率政策。因此，我们采取比较折中的一种估计，预计人民币在未来的十年中会逐渐地走向自由浮动，但是在前五年的过渡时期，汇率更可能保持盯住一篮子货币的管理制度。而在后五年中，中国的外汇管理制度极有可能变成有管理的浮动汇率。因此，在固定汇率这一虚拟变量的构建上，我们以 2015 年为分界线，假定之前为固定汇率制度的安排，而在这之后，实行的是浮动汇率制度的安排。

为了使得我们的研究更贴近于中国的真实情况，同时，将未来的不确定性考虑到外汇储备需求的决定中。我们对未来中国的经济发展情况进行了三种假定，来反映未来经济发展的不确定性，并分别对这三种情况：理性（平均增长速度）、悲观和乐观，进行预测。

在悲观预测时，把上面理性预测中各变量的预测结果分别调低 10%，乐观预测时，把上面理性预测中各变量的预测结果分别调高 10%。最终可以得出未来十年中国适度外汇储备规模的合理区间（见表 5-3）。

2. 预测结果

我们将参数的回归结果作为适度外汇储备需求的基本模型。以此为基础，将中国的宏观经济变量代入到模型中，在理性情况、乐观情况以及悲观情况下，通过我们的模型，分别预测 2010 ~ 2020 年中国适度外汇储备总量与 GDP 的占比（reserve/GDP）。

通过表 5-4 数据我们可以看出，未来十年我国外汇储备总量与 GDP 比值总体上呈现出一个下降的趋势，根据三种不同的对未来经济、社会、制度运行情况的预测，我们得出了一个未来最优外汇储备占比区间。

表 5-3 三种情况下的中国宏观经济走势

年	平均增长速度						乐观预测						悲观预测					
	Adv	Trade	M2	Exvol	openness	Peg	share	Adv	Trade	M2	Exvol	openness	Peg	share	Adv	Trade	M2	Exvol	openness	Peg	share

年	Adv	Trade	M2	Exvol	openness	Peg	share	Adv	Trade	M2	Exvol	openness	Peg	share	Adv	Trade	M2	Exvol	openness	Peg	share
2010	0	0.7051	1.5217	0.0130	-1.1294	1	0.0127	0	0.7756	1.6739	0.0117	-1.1294	1	0.0135	0	0.6346	1.3695	0.0143	-1.1294	1	0.0118
2011	0	0.7140	1.5528	0.0130	-1.1294	1	0.0141	0	0.7854	1.7081	0.0117	-1.1294	1	0.0153	0	0.6426	1.3975	0.0143	-1.1294	1	0.0128
2012	0	0.7176	1.5834	0.0127	-1.1294	1	0.0160	0	0.7894	1.7417	0.0115	-1.1294	1	0.0176	0	0.6458	1.4250	0.0140	-1.1294	1	0.0143
2013	0	0.7171	1.6078	0.0124	-1.1294	1	0.0185	0	0.7889	1.7686	0.0112	-1.1294	1	0.0207	0	0.6454	1.4470	0.0137	-1.1294	1	0.0163
2014	0	0.7196	1.6268	0.0125	-1.1294	1	0.0220	0	0.7915	1.7895	0.0113	-1.1294	1	0.0248	0	0.6476	1.4641	0.0138	-1.1294	1	0.0192
2015	0	0.7317	1.6492	0.0126	-1.1294	0	0.0266	0	0.8048	1.8141	0.0113	-1.1294	0	0.0303	0	0.6585	1.4843	0.0139	-1.1294	0	0.0229
2016	0	0.7399	1.6722	0.0128	-1.1294	0	0.0324	0	0.8139	1.8395	0.0115	-1.1294	0	0.0372	0	0.6659	1.5050	0.0140	-1.1294	0	0.0276
2017	0	0.7458	1.6923	0.0129	-1.1294	0	0.0398	0	0.8204	1.8615	0.0116	-1.1294	0	0.0461	0	0.6712	1.5231	0.0142	-1.1294	0	0.0336
2018	0	0.7512	1.7178	0.0133	-1.1294	0	0.0494	0	0.8264	1.8896	0.0120	-1.1294	0	0.0576	0	0.6761	1.5460	0.0147	-1.1294	0	0.0413
2019	0	0.7570	1.7456	0.0128	-1.1294	0	0.0612	0	0.8327	1.9202	0.0115	-1.1294	0	0.0719	0	0.6813	1.5711	0.0141	-1.1294	0	0.0509
2020	0	0.7638	1.7731	0.0128	-1.1294	0	0.0766	0	0.8402	1.9504	0.0115	-1.1294	0	0.0904	0	0.6874	1.5958	0.0141	-1.1294	0	0.0633

表 5-4　　　　　未来十年适度外汇储备占 GDP 比例预测

年度	平均增长速度	乐观预测	悲观预测
2010	0.15666	0.18225	0.133352
2011	0.15902	0.18460	0.135646
2012	0.16020	0.18549	0.136986
2013	0.15952	0.18412	0.136822
2014	0.15287	0.17571	0.131619
2015	0.15213	0.17395	0.13166
2016	0.14958	0.16990	0.130288
2017	0.14497	0.16324	0.127334
2018	0.13868	0.15440	0.123128
2019	0.13193	0.14478	0.118744
2020	0.12249	0.13190	0.112214

虽然，外汇储备占 GDP 的比例在逐渐地下降，但是由于我国未来十年经济前景依旧乐观，经济可以保持在一个较高的水平下平稳增长。我们预测 2010~2020 年中国 GDP 年平均增速为 8%，我们根据前面预测的外汇储备占 GDP 的比例和 GDP 总量值可以算出我国当前以及未来十年最优外汇储备总量的区间。图 5-7 比较分析了我国过去十年的实际和适度外汇储备规模。

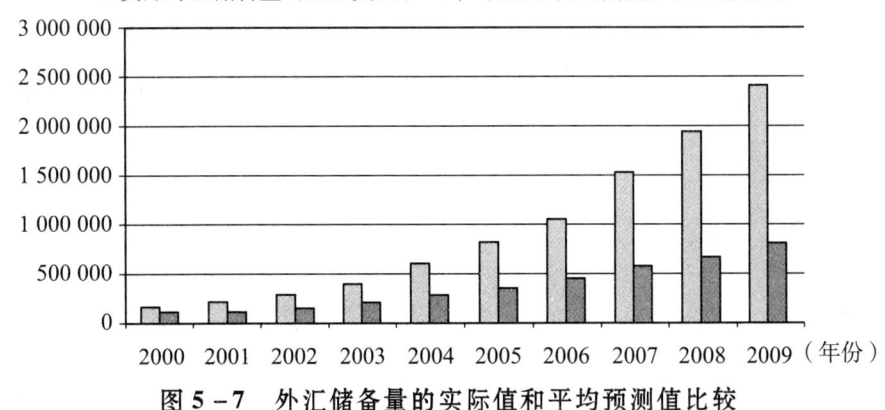

图 5-7　外汇储备量的实际值和平均预测值比较

从外汇储备总量上来分析，21 世纪初的前几年，我国超额外汇储备总量变化较为平缓，从 2004 年开始，我国的外汇储备规模出现了快速增长的趋势，使得超额外汇储备的总量①也从 2004 年的 0.32 万亿美元上升到了 2009 年的近 1.6 万亿美元，呈现出了一种高速增长的趋势。而根据理论模型测算的我国最优外汇储备在 2009 年只有 0.82 万亿美元。2009 年超额外汇总量是我国需要的最有外汇储备总量的 2 倍，可见我国拥有太多的超额外汇储备，由此导致的机会成本和管理成本越来越大。图 5-8 预测了未来十年我国的适度外汇储备规模。

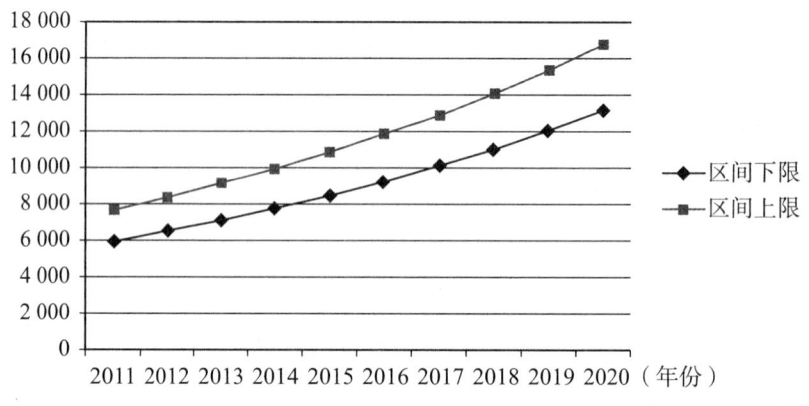

图 5-8　最适外汇储备规模估计

由上面分析可以看出，由于我国的经济还保持在一个较高增长水平，所以适度的外汇储备规模大体上保持一个缓慢的增长过程。根据我们模型的预测显示，到 2020 年，我国最优外汇储备总量应该保持在 1.32 万亿~1.65 万亿美元之间。这表明我国现存的外汇储备总量依旧存在大量超额外储，如何管理这笔巨额的超额外汇储备财富，是以后很长一段时间内重要而艰巨的任务。

附表 1　　样本国家列表：其中包括 21 个发达国家和 47 个发展中国家

发达国家
澳大利亚、奥地利、比利时、加拿大、丹麦、芬兰、法国、德国、希腊、爱尔兰、意大利、日本、荷兰、新西兰、挪威、葡萄牙、西班牙、瑞典、瑞士、英国、美国
发展中国家
阿根廷、巴西、智利、中国、哥伦比亚、埃及、印度、印度尼西亚、以色列、约旦、韩国、马来西亚、墨西哥、巴基斯坦、秘鲁、菲律宾、南非、泰国、土耳其、委内瑞拉

---

①　超额外储备量是由中国的实际外汇储备余额减去模型预测的适度外汇储备规模。

续表

新兴市场国家
阿尔及利亚、玻利维亚、喀麦隆、哥斯达黎加、科特迪瓦、多米尼加共和国、厄瓜多尔、萨尔瓦多、斐济、加蓬、加纳、危地马拉、海地、洪都拉斯、伊朗、牙买加、毛里求斯、尼加拉瓜、巴布亚新几内亚、巴拉圭、塞内加尔、斯里兰卡、多哥、特立尼达和多巴哥、突尼斯、乌拉圭、津巴布韦

资料来源：M. Ayhan Dose, Eswar S. Prasad and Mapco E. Terrones. How Does Financial Globalization Affect Risk Sharing? Patterns and Channels, IMF Working Paper, 2007.

目前，社会各界关于中国适度外汇储备的规模争议较大。为了验证模型的估计结果，我们也采用了传统的估计方法，从满足应急性需求的角度，对未来十年外汇储备的适度规模进行了估计。

按照传统的外汇储备需求理论，外汇储备要满足进口用汇的支付、偿付外债、外商直接投资的利润汇出以及外汇市场干预四个方面的需求。因此，最直接有效的办法就是将四项外汇储备的需求分别进行预测，然后再进行加权平均，从而得到了适度外汇储备水平的粗略估计。适度外汇储备的估计模型如下：

$$ADF = \alpha_1 IMPORT + \alpha_2 DEBT + \alpha_3 FDI + INTERVENTION$$

其中 ADF 表示适度的外汇储备规模，IMPORT 表示全年的贸易进口额，按照国际惯例，外汇储备要满足 3~4 个月的进口需求，因此 α_1 设定为 0.25~0.3；DEBT 表示累积的外债余额，根据 Guidotti - Greenspan 法则，一国的外汇储备必须能够完全满足短期外债的支付，结合中国短期外债的占比和国际经验，我们将这一比例设定为 20%~30%；FDI 是我国外商直接投资的存量，外商投资的利润大概在 10%~15% 之间，因此 α_3 设定为 10%~15%；INTERVENTION 代表了中央银行维持汇率市场稳定所需的外汇储备规模，根据国际经验，我们将 3 个月外汇市场的交易量作为中央银行进行外汇市场干预所需外汇的底线，将 6 个月的交易量作为市场的上限。我们采用 ARIMA 模型对 IMPORT/GDP, DEBT/GDP, FDI/GDP, INTERVENTION/GDP 这四个比例，预测未来十年的走势，再通过预测的 GDP 数值进行换算，从而得到了未来十年外汇储备需求的数值。

采用传统的预测方法，我们的结果显示（见图 5-9），未来 10 年我国外汇储备的适度规模大概在 1.17 万亿~1.76 万亿美元之间。不管采用哪种估计方法，我国目前都存在大量的超额外汇储备。不过与金融稳定的外汇储备需求模型相比，传统模型预测存在较大的误差，降低了预测的精度和准备。

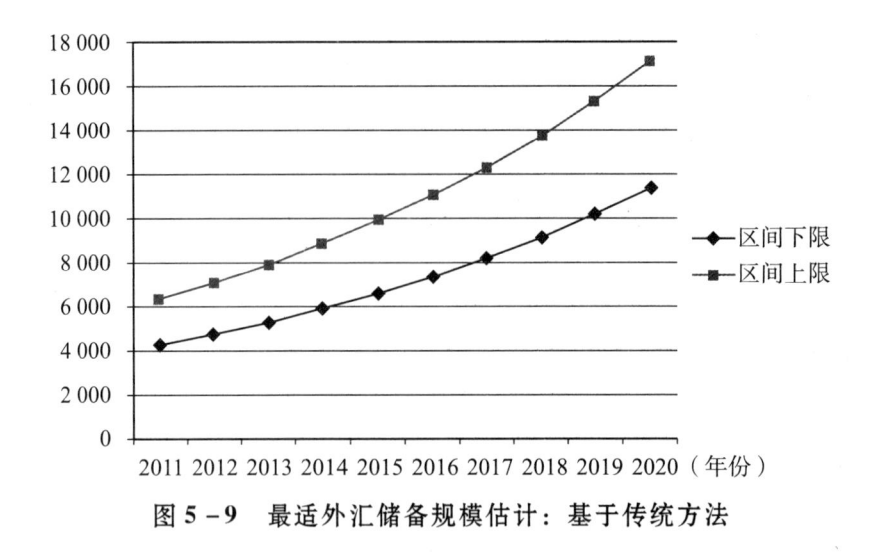

图 5-9　最适外汇储备规模估计：基于传统方法

5.3　金融稳定与外汇储备的动态管理：门限自回归模型

外汇储备指标的设定目的在于预防货币危机，同时在危机产生之前采取有效地措施，减少危机发生的可能性。大量的学者和经济学家投入到了经济危机模型的预测和研发工作中。克鲁格曼（Krugman，1979）开发了第一代货币危机预测模型，该模型指出，当一国的财政赤字很高时，发生货币危机的可能性通常较高。第二代货币危机模型（Obstfeld，1986）则认为，货币危机发生之前国内的利率水平通常会大幅地上升，同时投资者对本国经济发展丧失信心，使得资本大量的流出本国，从而导致了固定汇率制度的崩溃和货币危机的产生艾肯格林等（Eichengreen et al.，1996）、萨克斯等（Sachs et al.，1996）、弗兰克尔和罗斯克鲁格曼（Frankel and Rose，1996）以及卡明斯基和莱因哈特（Kaminsky and Reinhart，1999）。亚洲金融危机产生之后，克鲁格曼（1999），指出，第一代和第二代经济危机模型都不能有效地解释经济危机的产生。在前两代经济模型的基础上，他提出了本国国际资金流动性的不足，是引发货币危机的先决条件。当一国的外汇储备规模小于本国的短期负债水平时，那么国际资产的流动性就出现了不足的情况。一国没有足够的外汇储备资产，那么它的金融系统就极易受到投机冲击的影响。麦金农和皮尔（McKinnon and Pill，1997）也指出，外汇储备余额不足（国际流动性的不足）是引发货币危机的一个关键指标。

虽然，适度外汇储备的指标已经被广泛地研究，并应用于实际的外汇储备管理工作，但仍不能对货币危机进行有效地预测。其原因在于，这些指标都是反映外汇储备管理的静态指标，不能反映投资者的心态对货币危机的影响。伯德和拉詹（Bird and Rajan，2003）指出，一个国家如果外汇储备规模较小，但没有出现外汇储备大幅流失的情况，那么它发生货币危机的可能性，要远远小于外汇储备规模较大而外汇储备流失速度很快的国家。因此，一个反映外汇储备流失速度的动态指标，将能有效地对货币危机进行管理，可以使得中央银行提前采取措施，应对货币危机的产生（Miller，2000）。那么对于中国而言，我们不仅需要知道，适合我国经济发展的外汇储备规模是多少，同时，也应该对我国的外汇储备变动的情况进行监测，配合适度外汇储备的管理工作。在本节中，我们采用动态面板数据（Dyanmic Panle Data），并运用门限自回归模型（Threshold autoregression）的分析方法，将货币危机发生的可能性与外汇储备流失的程度相联系，从而确定适合中国的外汇储备管理的动态指标。

5.3.1 模型的设定与数据

这一节中，我们将介绍门限自回归模型，并将他应用到货币危机的预测中。门限自回归模型（TAR）是由汤家豪于1983年首先提出，现已经被广泛地应用到实证研究工作中①。最近德毓克等（Dueker et al.，2007）提出了同期门限自回归模型（contemporaneous TAR model）并成功地应用到了债券的定价中。为了研究货币危机和外汇储备流失速度的关系，我们在面板数据的基础上，采用固定效应的门限自回归模型：

$$y_{i,t} = \mu_i + \varphi' x_{i,t}(\lambda) + e_{i,t},$$

其中：

$$x_{i,t}(\lambda) = \begin{pmatrix} x_{i,t} 1_{(z_{i,t-1} \leq \lambda)} \\ x_{i,t} 1_{(z_{i,t-1} > \lambda)} \end{pmatrix},$$

$$x_{i,t} = (y_{i,t-1}, \cdots, y_{i,t-p})',$$

$$\varphi = (\alpha' \quad \beta')',$$

$$\alpha = (\alpha_1, \cdots, \alpha_p)$$

---

① 很多经济学家，将门限自回归模型的分析方法进行了扩展，如陈嵘和蔡瑞胸（Chen and Tsay，1993）提出了函数系数线性门限自回归（functional-coefficient autoregressive），阿斯塔克等（Astakie et al.，1997）则将这一方法扩展到了内嵌型的门限自回归模型。这些理论模型已经被广泛地应用到了实证分析中。比如：汉森（Hansen，1999）研究了融资约束如何影响企业的投资行为，亨利等（Henry et al.，2001）则研究了澳大利亚实际汇率的非线性。

$$\beta = (\beta_1, \cdots, \beta_p).$$

$z_{i,t}$ 是门限变量，$1_{(.)}$ 是指示函数①，λ 是门限值，p 是自回归模型的阶数。国家的不同影响因素 μ_i 通过面板回归模型均值估计方法，可以忽略不用估计，而模型参数的估计方法参照的是汉森（1999）提出的序列条件最小二乘估计方法（sequential conditional least squares method）。

为了得到外汇储备动态管理的一般规律，我们的样本模型中，包括了八个亚洲新兴市场国家②。分别是：中国、印度、印度尼西亚、韩国、马来西亚、菲律宾、新加坡和泰国。同时，我们选取了三个通常用来衡量一国外汇储备适度程度的指标：外汇储备与进口的比例，外汇储备与短期外债余额的比例，以及外汇储备与广义货币供给的比例。我们选取了 1990～2003 年的季度数据，同时，所有的变量都取对数。为了进行我们的非线性门限回归模型，我们首先估计四阶的向量面板自回归模型，在这个模型的基础上，我们假定一国的经济存在两种状态，一种是经济的平稳期，另一种是经济危机期，极易受到投机冲击的影响。由于外汇储备指标在两个不同的时期表现形式存在很大的差异，我们定义 $z_{i,t} = y_{i,t} - y_{i,t-2}$③，鉴于所有的变量都取了对数，因此门限变量的值就代表了两个季度中外汇储备的流失程度，那么这个模型就可以计算当外汇储备流失速度达到什么程度时货币危机容易产生。

5.3.2 门限变量

1. 外汇储备与进口的比例

外汇储备最早期的主要功能是用于满足日常国际收支的需要，因此，第一个反映外汇储备适度程度的指标就是外汇储备与进口的比例（Reserves-to-Imports）。一般而言，按照惯例，如果外汇储备余额低于 3～4 个月进口额（Fischer, 2001）则外汇储备规模认为是不足够的，也就是说，外汇储备不能满足一个季度的进口水平，图 5-10 显示了样本国家中，外汇储备占进口额的变化趋势。各个国家外汇储备占进口的比例显示，几乎所有国家的外汇储备规模都超过了一个季度的进口水平，但并没有抑制经济危机的产生，因此传统的用外汇储备与进口比例来反

---

① 非线性回归模型从本质上而言，与结构裂变模型（庄，2001；巴伊等，2008）原理上是一致的。$1_{(A)}$ 等于 1 如果事件 A 发生，在其他情况下则为零。

② 由于不同类型的国家，外汇储备的管理工作存在明显的差异。因此，我们选取了和中国经济发展模式类似的几个新兴市场国家。

③ 由于在 2000 年以前，短期外债的余额只有半年度。

映外汇储备的适度程度，已经失去了作用。我们进一步采用面板回归的门限自回归的分析方法，检验是否存在相应的门限值来反应外汇储备占进口比例的动态变动与货币危机的关系。

图 5-10　外汇储备占进口比例的变化趋势

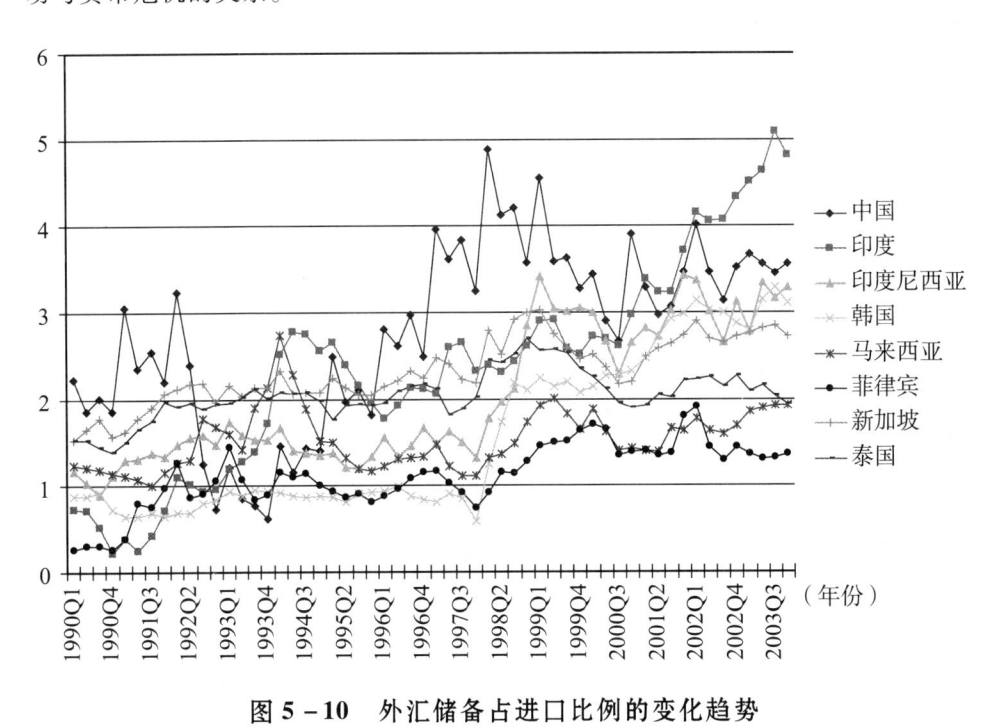

表 5-5 显示了门限自回归的分析结果，结果表明其 F 统计量对应的 p 值为 0.622，从而拒绝了存在门限效应的原假设。我们的分析结果表明，不存在一个动态变化的外汇储备占进口比例的指标，能预测货币危机的产生。因此，外汇储备占进口的比例，已经不适用于反应外汇储备的适度程度。

表 5-5　外汇储备与进口比例的门限自回归分析结果

门限值效应	
F	33.22
p-value	0.622
(10%, 5%, 1% critical values)	(93.23, 108.11, 119.06)

2. 外汇储备与短期外债的比例

过去 30 多年来经济危机的频繁发生，使人们认识到国际流动性的不足将在很大程度上影响到一国应付货币危机的能力。因此，国际金融机构和学术界采用了两个金融指标，外汇储备占短期外债的比例①，以及外汇储备占广义货币供给的比例两个指标来反应一国外国资产的流动性程度。图 5-11 显示了亚洲八国近 20 年以来，外汇储备与短期外债比例变化的趋势。

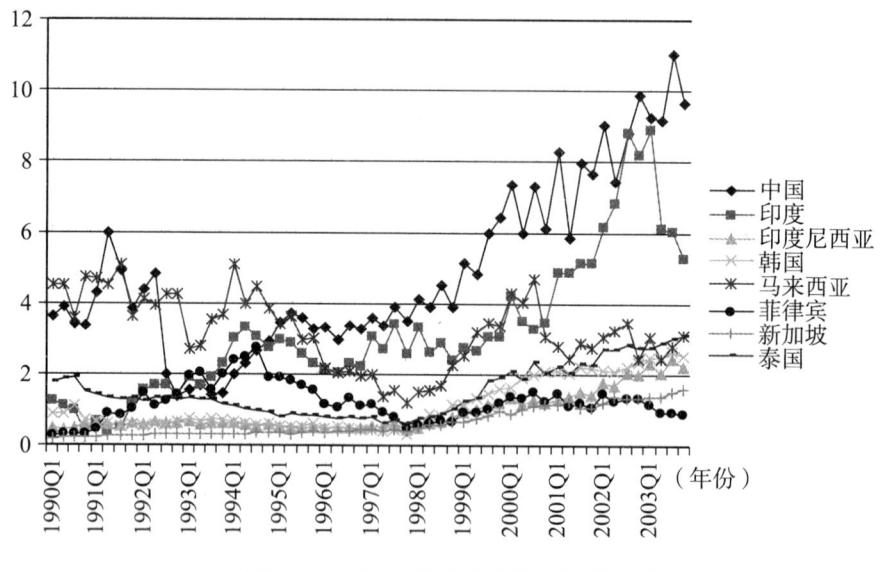

图 5-11 外汇储备占短期外债比例

在亚洲金融危机爆发之后，大量的金融机构和学者已经指出，短期负债水平能够有效地反映一国的国际资产的流动性能力，能够有效地预测金融危机（罗德里克和韦拉斯科，1999）。根据吉多蒂—格林斯潘法则，一国所持有的外汇储备水平应该至少能够偿付未来一年内到期的国外负债水平（韦侯兹和卡普坦，2001；伯德和拉詹，2003）。根据图 5-12 的显示结果，大部分亚洲新兴市场国家，在危机来临之前和危机之中，这一比例水平都明显低于一年内到期的国外负债水平。而那些拥有较高外汇储备占短期外债水平的国家，比如，中国和印度，则成功地避免了 1997 年的亚洲金融危机。因此，发生危机的可能性，与一国外汇储备占短期外债的比例负相关。利用我们的面板门限自回归模型，我们进一步检验了外汇储备占外债比例的动态变化指标与货币危机的关系。表 5-6 显示了门限自回归的估计值和相应的结果，而图 5-13 则显示了似然函数方程，以及相

---

① 参照韦侯兹和卡普坦（Wijnholds and Kapteyn，2001）的分析方法，我们所有的数据，都来自于国际货币基金组织的国际金融统计数据库，除了短期外债的指标。短期外债数据，衡量的是一国到期期限为一年以内的债务。该数据是根据 Joint BIS/IMF/OECD/World Bank Statistics on External Debt（line15 to line22），计算所得到。

应的门限值对应的置信区间,图 5-12 表明,在 95% 的置信度下,门限值估计的区间为(-0.306,-0.263),这一区间就是虚线之下的门限变量可能达到的值。

根据门限自回归模型的分析结果,我们发现,外汇储备占进口的比例存在明显的结构性裂变情况,而这种结构性的差异,依赖于门限变量——两个季度内外汇储备与短期外债下滑的速率,是否在 -29.1% 之上。由于在两个季度内,如果该比例下降超过了 29.1%,则认为外汇流失的速度过快,因此,这一段时期对应于经济的危机时期,而如果下滑速率没有超过 29.1%,我们则认为外汇储备流失的程度并不严重,经济处于平稳的时期。因此,通过外汇储备占短期外债的比例的门限自回归分析,我们得出结论,当该比例两个季度的下降幅度超过了 29.1%,则受到投机冲击的可能性很大,从而更可能发生货币危机。同时,我们的回归系数也显示,在危机时期的回归模型中,估计值的标准差远远大于平稳时期模型参数估计的标准差,因此,危机时期,外汇储备与短期外债比例的变化趋势更像随机游走过程,无法通过上一期的值对下一期的变动进行估计,而在平稳时期,该比例的变动较为平稳,因此,上一期变量的值可以作为本期变量值预测的参照。

表 5-6 外汇储备与短期外债比例的门限自回归结果

门限值效应						
	F			37.477		
	p-value			0.047		
(10%, 5%, 1% critical values)				(30.482, 36.671, 40.283)		
	Threshold estimate			95% confidence interval		
$\hat{\lambda}$	-0.291			[-0.306, -0.263]		
门限自回归估计						
		$Z_{t-1} < \hat{\lambda}$			$Z_{t-1} \geqslant \hat{\lambda}$	
Regressor	Estimate	OLS SE	White SE	Estimate	OLS SE	White SE
y_{t-1}	0.624	(0.108)	(0.194)	0.860	(0.056)	(0.063)
y_{t-1}	0.274	(0.127)	(0.284)	0.323	(0.069)	(0.091)
y_{t-2}	0.540	(0.200)	(0.318)	-0.236	(0.069)	(0.074)
y_{t-4}	-0.641	(0.199)	(0.340)	0.004	(0.049)	(0.054)

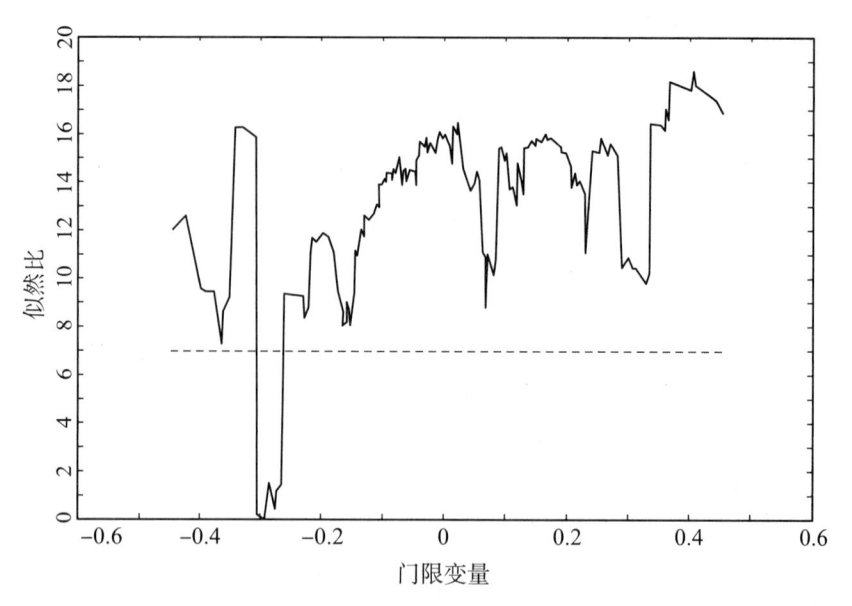

图 5-12 门限值的置信区间

3. 外汇储备与货币供给的比例

外汇储备与短期外债的比例，表明了一国短期偿债能力的脆弱性，从而较好地衡量了外汇储备偿付短期债务的能力。然后，这一指标并没有表明资本外逃对一国外汇储备支付能力的影响（Wijnholds and Kapateyn, 2001）。因此，我们选用了另外一个附加的指标，外汇储备与货币供给的比例（Reserve to M2），来反映一国的货币供给中，有多大的部分是由外国资产所支撑。这个比例越高，说明外国资产对本国信贷发放的支持程度越高。一个较低的，同时，逐渐下降的外汇储备与货币供给（Reserve to M2）比例，能较好地预测货币危机的发生（Kaminsky and Reinhart, 1999）。

图 5-13 显示了 R/M2 的比例变化范围从 0.01~0.98。所以，从静态的角度而言，没有一个国际范围内通用的指标，表明其相应的外汇储备适度程度。运用我们的门限自回归分析方法，我们首先检验了变量的变化是否存在结构性的裂变。估计结果表明，回归模型存在明显地门限值效应，其相应的门限值是 -0.243。图 5-14 则显示了门限值估计的置信区间，和外汇储备占短期外债比例的估计结果类似，虚线之下所对应的值，构成了门限值估计的置信区间。

表 5-7 显示，与外汇储备占短期外债的比例类似，外汇储备占货币供给的比例也存在明显地门限值效应。当 R/M2 这一比例，在两个季度内下降比例超过了 24.3%，则说明经济活动中，投机冲击的程度较高，因此，遭受货币危机的可能性也越大。而当下降的幅度保持在 24.3% 以内时，则认为本国经济遭受经

济冲击的程度较弱,经济仍可以保持在较高的平稳过程。特别值得一提的是,在危机时期的模型中,R/M2 这个比例的变动,基本上属于白噪声过程,只有残差项能够解释该比例当前的变动。而在经济的平稳时期,出现了明显的均值回归现象（mean reversion）,其可能的经济意义在于,R/M2 比例的变化非常平稳,因此,两期之前的数值变化不大。

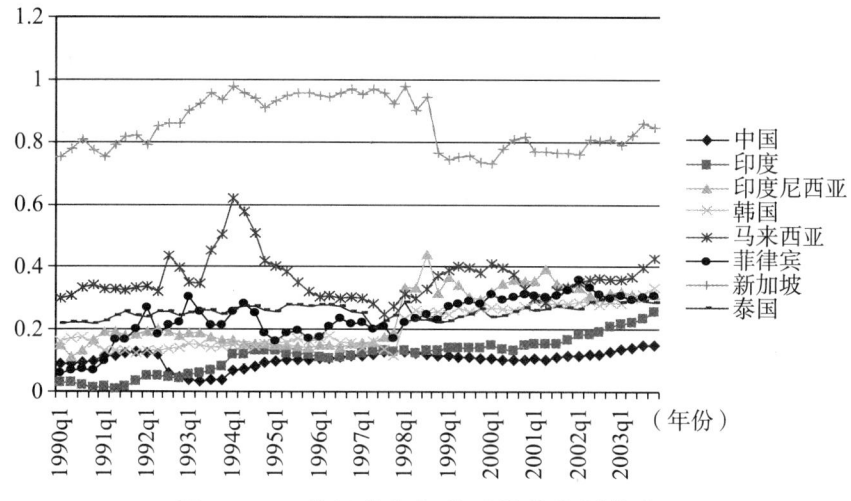

图 5-13 外汇储备与货币供给比例的变迁

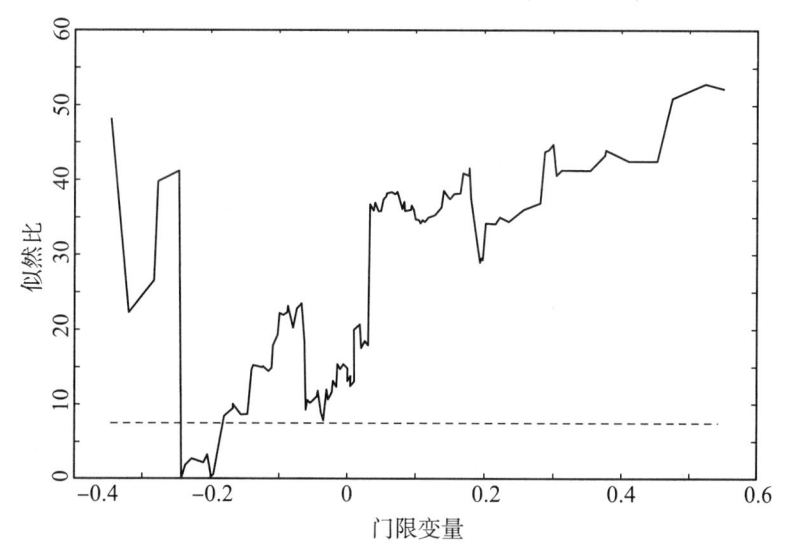

图 5-14 R/M2 置信区间

表 5－7　　外汇储备与货币供给比例的门限自回归结果

门限值效应		
F		54.819
p-value		0.034
(10%，5%，1% critical values)		(36.56，50.25，72.53)
Threshold estimate		95% confidence interval
λ　　－0.243		[－0.254，－0.196]

门限自回归估计

Regressor	$Z_{t-1} < \hat{\lambda}$			$Z_{t-1} \geq \hat{\lambda}$		
	Estimate	OLS SE	White SE	Estimate	OLS SE	White SE
y_{t-1}	0.547	(0.132)	(0.313)	0.931	(0.052)	(0.067)
y_{t-1}	0.743	(0.177)	(0.388)	－0.057	(0.067)	(0.101)
y_{t-2}	－0.056	(0.238)	(0.225)	－0.121	(0.064)	(0.087)
y_{t-4}	－0.350	(0.163)	(0.349)	0.098	(0.045)	(0.060)

5.3.3　模型的预测

通过前面章节的非线性门限自回归模型，我们得到了两个反映经济危机的门限值变量，对于 R/STED 这一比例而言，门限值是 －0.291，而对于 R/M2 这一比例而言，门限值是 －0.243。有了这两个门限值之后，我们来检验这两个值能在多大程度上，来预测货币危机的产生。我们采用外汇市场压力指数来划分八个亚洲新兴市场国家的经济危机时期（Eichengreen et al.，1996；Frankel and Rose，1996；Sachs et al.，1996；Goldstein et al.，2000）[①]。在表 5－8 中，我们汇报了市场压力指数划分的经济危机时期，和两个门限值所估计的经济危机时期。

---

① 经济危机时期的划分是按照传统方法进行，当市场压力指数高于其均值的两倍标准差时，则认为该国进入了经济危机时期。

表 5-8　　　　　　　　亚洲国家经济危机时期

国家	市场压力指数构建的经济危机时期	模型预测的外汇储备快速流失时期	
		R/STED	R/M2
中国	1992Q3-1993Q2	1991Q4，1992Q3-Q4，1993Q1	1992Q3-Q4，1993Q1-Q2
印度	1991Q1-Q2	1990Q4，1991Q1-Q3，2003Q2-Q3	1990Q3-Q4，1991Q2
印度尼西亚	1997Q3-1998Q2	1997Q3	1999Q3
韩国	1997Q4	1991Q1，1997Q4	1991Q1，1997Q4
马来西亚	1997Q3-Q4，1998Q2	1993Q1-Q2，1995Q1，1996Q1-Q2，1997Q2-Q3，2000Q4，2001Q1，2002Q4	1993Q1，1994Q3-Q4，1995Q1，2001Q1
菲律宾	1997Q3	1995Q1，1996Q1-Q2，1997Q3-Q4，1998Q1，2003Q2	1992Q3，1993Q3，1994Q4，1995Q1
新加坡	1997Q3-Q4，1998Q2		1999Q1
泰国	1997Q3-Q4	1991Q1	1997Q2，1998Q3

通过比较分析我们发现，门限值作为衡量外汇储备流失速度的指标很好地预测了货币危机的发生。一旦外汇储备的两个指标 R/STED，或者 R/M2 这两个指标两个季度内的下降速度超过了门限值，发生危机的可能性将会增大。在大多数情况下，当变量超过门限值时，货币危机确实发生了。比如，马来西亚的 R/STED 比例在 1997 年的第二季度，下降速度超过了门限值，在一个季度之后，马来西亚爆发了经济危机。而对于泰国而言，经济危机的爆发也是发生在 R/M2 比例下跌超过了门限值。值得注意的是，仅仅关注外汇储备占货币供给的比例，是远远不够的，我们的结果表明，R/M2 比例并没有预测到很多货币危机的产生，而同样地，外汇储备与短期外债的比例，也错过了很多货币危机的产生时期，因此，我们在实际工作中，因该将两个门限值结合在一起共同预警。

表 5-9 汇报了门限回归模型的预警能力。运用两个门限变量，我们可以正确地估计 86% 的危机时期，而同时产生了 36% 的错误预警时期。为了对门

限值回归方法做进一步的稳健性检验，我们使用 0.75 倍的门限值作为我们的另一个预警变量，检验是否可以得到更好的估计。我们的检验结果表明，即使用了 75% 的门限值标准，预测的精度并没有显著的提高，反而预报的错误率增加了。从预测的效果来看，使用模型的门限值估计，我们得到了不错的预测结果。

表 5-9　　　　　　　　　　预测能力检验

	门限值估计	75% 的门限值估计
正确预警比例	86	86
错误预警比例	36	51

5.3.4 结论性评价

我国的外汇储备管理，是一个系统的复杂管理工作。它不仅要求我们从规模总量上控制和管理，还需要我们对短期的外汇储备变动进行科学的监测，从动态的角度来管理外汇储备，防范货币危机。为了得到中国外汇储备管理的动态指标，我们利用了八个亚洲国家从 1990~2003 的面板数据，采用了门限自回归模型，分析了外汇储备与短期外债比例，外汇储备与货币供给比例的动态变化与货币危机的关系。我们的分析结果表明，这两个比例都存在明显的结构性裂变情况，当外汇储备与短期外债的比例在两个季度内减少了 29.1%，或者当外汇储备与货币供给比例在两个季度内减少了 24.3% 之后，发生货币危机的可能性都会很大。为了检验门限值对货币危机的预警作用，我们采用模型的估计值对货币危机进行预警，并与现实中的经济危机相比较。结果表明，门限值估计的方法，能较好地预测我国和其他亚洲国家的金融危机状况，因此，采用我们的门限值估计方法，可以在货币危机全面爆发之前，采取必要措施，做好防御货币危机的工作。对于人民币不断实现国际化的中国而言，这一动态监控系统的作用无疑更为重要。随着人民币的不断国际化，满足我国日常国际收支的外汇需求必然不断下降。然而，这一过程必然存在着诸多的困难和变数，稍有不慎就可能导致人民币国际化的失败，重蹈日元国际化的覆辙。因此，一个动态的监管系统将能对各种不利的经济冲击进行预测或提前做出反应，采取措施保证人民币国际化的平稳顺利进行。

5.4 从适度外汇储备规模到最优储备结构

2010年11月4日，美国联邦储备委员全面推行的第二轮量化宽松政策（Quantitative Easing），引起了世界各国的强烈反对①，再一次把美元为主导的国际储备货币体系推向了改革的风口浪尖。众所周知，自第二次世界大战结束以来，美国依靠强大的政治、经济和军事实力，逐渐形成了以美元为主导的国际货币体系。特别是在20世纪70年代，布雷顿森林体系瓦解之后，全球经济和金融市场进入了一体化的浪潮中，金融衍生产品的蓬勃发展和国际套利资本的大规模流动，使得新兴市场国家货币危机频繁发生。为了防御货币危机，越来越多的发展中国家采用增加外汇储备，特别是美元资产的方法来保证本国经济的稳定发展。鉴于美元的霸主地位，全球外汇储备规模的上升使得美元的国际储备货币地位日益突出。根据世界银行（World Bank）和国际货币基金组织（IMF）的统计，新兴市场国家外汇储备规模在最近20年内增长了四倍，占GDP的比例已经超过了25%②。相应地，美元资产在全球外汇储备总量中占比达到60%~70%，成为全球各国央行的主要储备资产（如图5-15所示）。

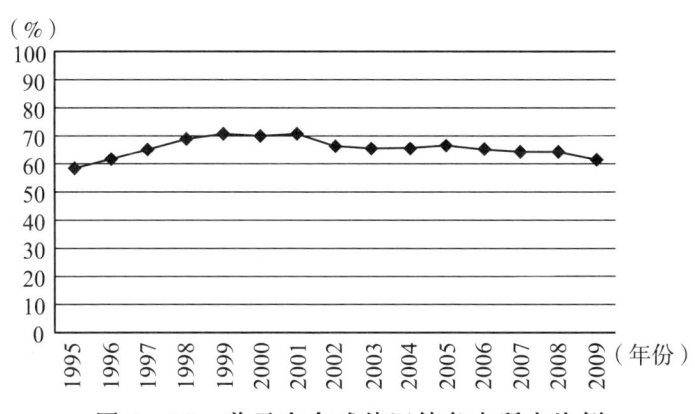

图5-15 美元在全球外汇储备中所占比例

资料来源：国际货币基金组织年报（2010年）。

---

① 中国人民银行行长周小川在2010年11月5日召开的财新峰会"中国与世界"中表示，美国新一轮量化宽松政策的实施虽然对美国本土是一个优化选择，但对于全球经济而言会产生副作用。

② 根据世界银行（World Bank）和国际货币基金组织（IMF）的统计，新兴市场国家外汇储备规模在最近20年内增长了四倍，占GDP的比例已经超过了25%，而在相同时间内，发达国家的外汇储备规模保持了相对的稳定，占GDP比例的规模一直保持在5%左右。

然而，巨额美元外汇储备资产在保卫国家金融安全的同时，却使得新兴市场国家与美国的经济发展紧密相连。2008年，源于美国的金融危机，不仅影响了美国，而且通过美元为主导的国际储备货币体系波及全球，给全世界各国都带来了极大的危害。危机也暴露出以美元为中心的国际货币体系的内在缺陷和系统性风险，让人们认识到美元无法独自担当起国际货币的职能。伴随着美国为了刺激经济增长所采取的持续宽松货币政策，各国持有的外汇储备资产，在美元的持续贬值中遭受巨额缩水。

作为世界上最大的外汇储备持有国，由于美元贬值所引发的中国外汇储备管理问题显得更加棘手。进入新世纪以来，我国经济持续高速增长，2009年以美元衡量的GDP总量，已经跃升为世界第二位。同时进出口贸易也不断攀升，成为继美国之后的第二大国贸易国。再加上大量外资涌入，我国外汇储备飞速地增长。根据国家统计局公布的数据，截至2010年9月，中国的外汇储备已经达到了26 483.03亿美元，而美元资产的占比则超过了65%[1]，伴随着每一次美元的贬值，我国外汇储备资产的缩水都显得触目惊心[2]。如何管理好这笔巨额外汇财富不仅具有迫切的现实意义，而且会对中国经济的长期稳定发展产生深远的影响。

特别是，在美国的次贷危机发生之后，发展中国家对于维持世界政治经济平衡的重要性凸显出来，以"金砖四国[3]"为代表的新兴国家吸引了全世界的眼球。随着新兴国家的兴起以及国际形势的日益多元化，仅靠美国等少数发达国家无法维持整个世界经济的稳定。有鉴于此，国际货币基金组织（IMF）和世界银行（World Bank）相继提高了新兴市场国家的份额[4]，从而提高了发展中国家在国际经济事务中的发言权，开启了发达国家与发展中国家共同改造国际经济秩序的新纪元。在这样的背景下，我国如何参与到国际货币体系的改革，使其与本国

---

[1] 数据来自《中国证券报》（2010年9月3日）"我国外汇储备币种结构中美元比重接近65%"。http：//www.chinadaily.com.cn/hqcj/zxqxb/2010-09-03/content_813185.html。

[2] 据中国国际广播电台主办媒体国际在线报道："从今年6月19日央行宣布重启人民币汇率形成机制改革以来，人民币对美元累计升值约3%。9月份美国掀起新一波促压人民币升值的浪潮后，人民币升值速度加快，对美元汇率已升值0.8%。截至今年9月末，中国外汇储备余额为2.6483万亿美元，其中美元资产占比达到65%，尤以美国国债为主。按照升值0.8%推算，在一个多月内，中国外储账面损失已达900亿元人民币"。

[3] 中国、俄罗斯、巴西、印度。

[4] 世界银行发展委员会2010年春季会议25号通过投票权的改革方案，将中国在世行的投票权从2.77%增加到4.42%。世界银行投票权结构调整之后，中国将成为美国与日本之后第三大股东国。2010年在韩国庆州举行的G20（二十国集团）财长和央行行长会议就国际货币基金组织（IMF）的份额改革问题达成共识，会议商定将在2012年之前向包括新兴国家在内代表性不足的国家转移6%以上的份额，而中国所占份额将从第六位升至第三位。

的外汇储备管理体系相互促进、相互补充，就显得尤为重要。

外汇储备的管理，总的来说，分为规模管理和结构管理。规模管理是指控制总量，决策持有适量的外汇储备以达到稳定汇率、维持进口、支付外债、应对可能发生的金融危机等目的；而结构管理是指外汇储备的币种构成，决定外汇储备的货币种类以及各种货币资产所占的比例。目前，已有大量国内外文献就外汇储备最优规模进行了系统的研究，例如，赫勒（Heller，1966）、阿格沃尔（Agaraual，1968）、马里希（Malixi，1990）、武剑（1998）、黄和佘（Huang and She，1999）等，李巍、张志超（2009）对此方面的文献进行了综述，本书将不再赘述。相比之下，却鲜有关于中国外汇储备币种结构的研究。在当前国际货币体系发生剧烈变化的形势下，本书对于外汇储备币种结构的讨论不仅具有深刻的理论意义，还对我国的外汇储备管理政策具有重大的参考意义。

5.4.1 影响外汇储备构成的因素

外汇储备的构成受到诸多因素的影响，并且随着本国经济条件的变化和国际货币体系的演变而相应地做出调整。早期，关于外汇储备结构的研究大多着重于成本收益分析。赫勒和奈特（Heller and Knight，1978）首先系统地研究外汇储备币种结构，并将分析的重点放在了币种结构的影响因素上。研究结果表明汇率安排和贸易收支结构是决定一国外汇储备的重要因素。然而早期外汇储备币种结构的研究大多采用传统的马科维茨资产组合模型，该模型将外汇储备资产当做财富的贮藏手段，中央银行作为投资者，采用资产分散化的投资策略，尽可能在降低风险的同时实现组合资产收益最大化。他们的研究结果认为交易成本决定了一国外汇储备币种构成，而汇率制度安排会影响其与贸易伙伴的交易成本，进而影响外汇储备的币种构成[1]。杜利（Dooley，1986）进一步指出外汇资产的流动性也会影响到交易成本，因此关于流动性的考量也应该加入到储备结构的决定中。进入20世纪80年代以来，国际间大范围的资本流动日益频繁，对各国的国际贸易和国际结算产生了极大的冲击，资本流动的因素逐渐成为影响储备结构的重要因素。霍里（1986）[2]

本-巴萨特（Ben-Bassat，1980，1984）从风险收益这一角度，探讨了

---

[1] 比如，若一国采取盯住美元的汇率制度，则他会多持有美元。他们的研究还表明一国会更多地持有其交易对手国的货币。

[2] 基于交易成本的讨论，不得不面临外部性（externality）的问题（Kiyotaki，Matsuyama and Matsui，1993）。艾肯格林（Eichengreen，2005）指出虽然基于交易成本的网络外部性理论分析表明只需要一种国际货币，但是由于各国中央银行分散风险的需求，国际储备货币不可能只有一种。

储备资产的最优构成,认为一国的外汇储备构成取决于三个因素:一是持有外汇的动机,二是持有一篮子外汇带来的风险与收益,三是维持国际货币稳定的意愿。决定最优外汇组合之前先要确定外汇组合的有效边界(即在给定收益下,风险最低的组合),然后再由货币当局选择有效边界上的某个组合。本—巴萨特还采用20世纪70年代的数据来进行检验,比较计算得出的理论最优外汇组合与实际中的外汇组合的差异,研究表明对发展中国家,理论上的最优外汇组合与实际的非常接近。帕帕约安努,波茨和希乌鲁纳斯(Papaioannou, Portes and Siourounis, 2006)在此基础上,采用动态均值—方差模型,分析了欧元诞生对世界各国储备结构的影响。杜利(Dooley, 1987)认为马科维茨资产组合模型的分析框架主要适用于对官方净国外资产的分析,对分析总的外汇储备并不适用,他通过采用93个发展中国家的数据进行了实证分析,表明外汇储备币种结构主要受交易动机而不是其他因素的影响。杜利、利仕多和马西森(Dooley、Lizondo and Mathieson, 1989)基于交易动机模型,利用1976~1985期间58个国家的外汇储备币种结构数据,进一步发现外汇储备币种结构主要受所盯住的货币、主要贸易伙伴和外债结构影响;而且交易动机对各国外汇储备币种管理的重要性是不同的。杜利、利仕多和马西森(1989)将交易成本分析框架与风险—收益分析框架结合起来,对决定外汇币种构成的影响因素进行分析。他们的研究表明在1976~1985年间,发展中国家倾向于持有本国汇率制度盯住的外汇资产,主要贸易伙伴国家的货币以及主要债权国家的货币;而对于发达国家,汇率制度仍是一个重要影响因素,这种影响对于加入多国合作性协议(例如,欧洲货币系统 EMS)的国家更加明显,另外,进出口状况对于外汇结构也有显著的影响。贸易模式、外债结构、汇率机制以及宏观经济环境等因素都会影响一国的外汇储备的币种构成。杜利、利仕多和马西森(1989)运用国际货币基金组织的数据分析了外汇储备的币种结构的决定因素,研究表明外汇储备的构成主要受到盯住货币的选择、贸易伙伴以及外债组成等因素的影响。

马之骉(1993)根据资产组合理论展开研究,利用美元、日元、德国马克、瑞士法郎、英镑与特别提款权的收益率数据,并计算出相应的波动率(风险),得出这五种货币在世界外汇储备中的理论比例与实际比例大相径庭的结论。罗杰(Roger, 1993)认为大多数工业化国家的外汇储备币种结构的变化主要与货币当局在外汇市场的公开市场干预有关,并且外汇储备的结构并不是资产组合决策的结果。艾肯格林(Eichengreen, 1998)针对各国国内生产总值和国际贸易相对规模对外汇储备币种结构的影响进行实证研究,发现长期内这两个因素对外汇储备结构确实存在显著影响,但是短期内则不存在。艾肯格林和马西森(2000)进一步验证了一国的贸易对象、外债结构、汇率安排、资本账户开放和储备货币之间的利差等五个因素对外汇储备币种结构的影响，研究结果表明各国的外汇储备币种结构具有一定的历史延续性，所有影响因素只能逐步渐进地发生作用，也即外汇储备的币种结构不会短时间内发生巨大的变化。许承明（2001）采用美元和日元的数据进行实证分析，认为随着国际交易系统的日趋完善，币种之间的互换越来越方便，储备货币的风险和收益水平将会对其在世界外汇储备中的比例产生越来越大的影响。王国林（2003）认为20世纪90年代以来，外汇储备结构币种份额的变化主要由以下三个因素导致：第一，美国经济的持续增长使得美元的地位逐步提高，其在外汇储备中的份额也不断增加；第二，日本泡沫经济破灭导致日元疲软，其国际储备货币地位相应受到削弱；第三，欧洲货币一体化使欧洲国家的货币不确定性上升，从而促使一部分外汇储备转向美元和其他货币。

针对我国外汇储备币种结构的实证研究，由于数据的不可获得性，相关的研究凤毛麟角。金艳平与唐国兴（1997）采用近似的方法对我国外汇储备币种结构进行估算，通过赋予国际贸易结构、外债结构、储备货币的国际地位和外币收益率因素不同的权重，估算出我国外汇储备比较合理的币种结构为55%～65%的美元、20%～25%的日元、10%～15%的德国马克、5%的英镑和5%的法国法郎。李振勤和孙瑜（2003）则采用与之不同的方法来进行估算，他们根据各种报道估算出我国外汇储备的可能结构。王国林（2005）在估算结果的基础上，进一步分析了主要国际货币汇率变动对我国外汇储备规模的影响，指出按照国际货币基金组织的特别提款权的币种构成比例来持有外汇储备是比较有利的策略。王国林、牛晓健（2006）利用国际货币基金组织（IMF）的数据分析了最近十年的外汇储备币种结构变化的规律，发现近年来美元、日元和瑞士法郎的份额在不断下降，而欧元和英镑的比重则在上升。

自1999年欧元诞生以来，外汇储备币种结构经历了巨大变化，上述大部分文献都在此之前发表，而且2005年国际货币基金组织对外汇储备币种结构的统计数据进行了调整，因此我们认为有必要结合目前的国际形势和最新数据对此问题进行重新考察。

综上所述，外汇储备管理总的目标就是追求外汇储备的安全性、流动性与营利性三者的平衡。具体来讲，影响一国外汇储备币种构成的因素主要可以概括为以下四个方面：

第一，汇率制度安排，一国的货币当局倾向于持有其汇率盯住货币，以保持汇率稳定；

第二，国际贸易和交易，货币当局愿意更多地持有主要贸易国家的货币；

第三，外债，一国中央银行将持有其债权国的货币，以保证定期归还利息或本金，防止债务危机；

第四，风险分散化，一国货币当局通常会采取投资组合策略，以分散外汇资产的风险。

以往文献大多重视外汇储备管理的风险分散问题，而针对一国持有外汇储备的风险承担能力的讨论十分少。事实上，风险分散与风险承担能力并不能完全等价。不同的经济体其风险承担能力也不尽相同，比如，发展中国家的风险承担能力相对于发达国家要弱一些。在风险承担能力的约束下，一国货币当局尽可能地采用资产多样化的策略分散风险。风险承担能力与风险分散的关系类似购买决策中的预算约束与效用最大化的关系。因此，将风险承担能力作为考察的第五个因素。

另外，结合金融危机后国际货币体系格局剧烈变动的现状，本书在前面五个因素的基础上加入第六个因素——国际货币体系格局。从世界货币体系的演进来看，外汇储备的构成、规模，以及管理形式直接受到了国际货币体系的影响。国际货币体系，首先确定了世界的主要货币，即能够广泛被其他国家接受的货币，在此基础上，储备货币的形式以及储备货币的发行国都会影响到国际支付的形式，以及国际资产的构成和标价。各国根据国际货币形势，制定符合本国国情的外汇储备管理策略，当国际货币体系格局发生变动时，一国的外汇管理也要相应地改变。在当前美元主导地位下降，新兴市场国家货币兴起的背景下，考察国际货币体系格局对外汇构成的影响至关重要。

5.4.2 外汇储备结构研究方法

大体上，基于交易成本分析框架的研究，大多采用回归等传统分析方法；而基于风险—收益框架的分析，则采用均值—方差最优化模型（张志超，2009）。

回归模型试图利用一国外汇储备中持有某外汇的比例对宏观经济、货币和金融层面的一系列因素进行回归，从而得出外汇结构的决定因素。这一方法的最大缺陷在于数据的可获得性，一般情况下，各国央行只会定期公布外汇储备总额的数据，而储备资产的结构并不公开。尽管国际货币基金组织年度报告会公布外汇结构的数据，但只公布总体上的储备资产构成比例，因此，若采用回归的方法，只能对全球、发展中国家、发达国家进行总量研究[①]。钦和弗兰克尔（Chinn and Frankel，2005）利用国际货币基金组织公布的 1973~1998 年 7 大主要货币[②]在

---

① 例外的是，杜利、利仕多和马西森（1989）和艾肯格林和马西森（2000），他们利用国际货币基金组织的内部数据库官方外汇储备币种构成，得到了各国的外汇储备币种构成数据。

② 美元、英镑、德国马克、法国法郎、瑞士法郎、日元、荷兰盾。

全球外汇储备中占比，来考察全球外汇储备构成的决定因素，研究结果表明前一期的币种结构影响了本期外币资产的构成①，但该研究并不能解释外汇结构稳定性的原因。

均值方差最优化模型是在既定风险下，获取外汇资产组合最大收益的方法。大多数国家的中央银行都明确地将外汇储备资产收益最大化列为主要的目标之一，比如，瑞士银行聘请了外部的外汇投资经理来获得更高的收益。其他的拥有大量外汇储备的发展中国家（韩国和新加坡）设立了专门机构来最大化外汇储备的收益。瑞迪（Reddy，2003）和利昂（De Leon，2003）分别对印度和加拿大中央银行的资产管理进行了考察，研究结果表明这两家中央银行在决策外汇储备结构时将风险分散作为首要目标。可见，在全球金融一体化的今天，各国央行越来越强调外币资产的收益性，从而提高了均值—方差模型在分析储备结构中的重要性。

贝法斯特（Benbast，1980）和哈里斯和钦（Harris and Chin，1991）进一步指出在单一制中央银行体制下，基于外汇的风险收益特征的均值—方差模型比较适用。帕帕约安努，波茨和希乌鲁纳斯（Papaionnou, Portes and Siourounis, 2006）采用动态均值—方差最优化模型（Dynamic mean-variance optimization）研究了欧元引入对于国际外汇储备构成的影响，动态均值—方差模型不仅可以考虑持有外汇的风险和收益，还可将一国的贸易、负债等各种因素纳入模型，使模型更贴近现实。基于以上原因，本书将采取均值—方差最优化模型对我国的最优外汇结构进行探究。

首先，介绍一下简单的均值—方差模型，在后面将会逐个引入其他因素。在每一期，中央银行都在控制风险一定的情况下追求收益最大化。r_f 为无风险资产，假设有 n 种外汇，它们相对于无风险资产的收益率分别为 r_1，r_2，…，r_n。下标 t 表示时间，以年为单位。V_t 表示第 t 期外汇组合的方差协方差矩阵，W_t 表示持有各种外汇资产的比例，因此 $W'_t V_{t+1} W_t$ 即为该外汇组合的总风险。

下面的最优化问题可表述为在第 t 期时，控制在 t+1 期组合的风险小于 σ^2 的条件下，使 t+1 期外汇组合的期望收益最大化。这里存在两个问题，一个是 t+1 期组合的风险的估计，另一个是 t+1 期组合的期望收益的估计。

$$\max_{w_i, w_f} E_t[R_{t+1}] = \sum_{i=1}^{n} w_{i,t} E_t(r_{i,t+1}) + w_{f,t} r_{f,t+1}$$

$$\begin{cases} W'_t V_{t+1} W_t \leq \sigma^2 \\ \sum_{i=1}^{n} w_{i,t} + w_{f,t} = 1, \quad \forall t \\ w_i \geq 0 \quad \forall t, i \end{cases}$$

---

① 回归系数达到 0.85~0.96。

关于无风险资产 r_f 的选择,即参照货币的选择,对本书的研究有关键性的影响,因为选作无风险资产的货币将不进入衡量风险的方差协方差矩阵。预期收益率和方差协方差矩阵的估计是此模型面临的两个难题。

外汇 i 在第 t+1 期的期望收益 $E_t(r_{i,t+1})$ 可以分解为两个部分,一部分是利息收入 $b_{i,t}$,另一部分是由汇率波动带来的收益 $E_t(\varepsilon_{i,t+1} - \varepsilon_{i,t})$。

$$E_t(r_{i,t+1}) = b_{i,t} + E_t(\varepsilon_{i,t+1} - \varepsilon_{i,t})$$

利息收入在期初是已知的,但是外汇在一年里的变动却难以估计。尽管非抛补利率平价理论表明,风险相似的资产产生相同的收益。但是大量文献表明,在短期,利率几乎服从随机游走难以预测,利率平价理论只在中期或长期(3~5年)才成立。因此,为了进行下面的估计,对于外汇的收益通常有以下三种假设。一、假设汇率服从随机游走,在此情况下 t+1 期的期望收益即为 $b_{i,t}$;二、假设中央银行完全预测到了外汇的变动,因此我们可用 t+1 期汇率的实际收变动来计算,则外汇组合的总收益率等于利率加上汇率的实际变动率;三、假设非抛补利率平价成立,即各种外汇产生相同的收益,此时,央行只需使组合的风险最小即可。考虑到第三种假设与现实的不相符,各种货币产生的差异并不相同,反而有很大的差异,本书主要选取第一种和第二种假设来估计持有外汇组合的收益。两种估计得到的结果相似,由于篇幅所限,在此只报告第二种假设下的实证结果。该假设具有一定的合理性,因为中央银行相对来说拥有更多的信息,而且国际经济形势在一般情况下是比较稳定的,能够较准确地预测持有外汇的收益。

方差协方差矩阵 V_{t+1} 是衡量外汇组合风险的关键,V_{t+1} 的估计是整个均值—方差最优化模型中最重要的环节。通常有三种方法可以用来估计方差协方差矩阵:历史方差协方差矩阵、广义自回归条件异方差 CCC-Garch 和 DCC-Garch。CCC-Garch 相对于历史数据替代,考虑了随时间变化的波动性,但假设相关系数固定;DCC-Garch 又在 CCC-Garch 的基础上考虑了随时间变化的相关系数。尽管多元自回归条件异方差的方法能更加准确地描绘波动性,但是在计算上相对于历史方差协方差法要复杂很多。并且也有文献表明,使用历史方法估计方差协方差矩阵的误差只是略微高于自回归条件异方差的方法,因此综合以上两点考虑,本书选择用历史方法来估计方差协方差矩阵。假设货币当局的风险偏好是年波动率 3.3%[①],之后我们会对此数值进行调整。

5.4.3 模型的预测

本书试图分析我国外汇储备中五种国际主要货币(美元、日元、英镑、欧

[①] 参照帕帕约安努,波茨和希乌鲁纳斯(Papaionnou, Portes and Siourounis, 2006)的研究。

元、瑞士法郎)的最优构成比例。采用每种货币的银行间存款利率用来衡量持有该货币的收益,并用该货币对美元的汇率来转换为相对于持有美元的收益。为了提高估计的准确性,本书选取日数据来进行估计。1999~2009年各种货币银行间存款利率以及汇率日数据来自彭博资讯终端。

1. 基准模型:以美元作为无风险货币,考虑国际贸易因素

在基准模型中,我们将美元作为无风险货币,即参照货币,并将其他货币的收益采用其与美元的汇率进行转换,得到各种货币以美元计算的收益率。在模型1中我们同时考虑国际贸易因素,为了能够保证进出口需求,本国外汇储备中某种外汇所占比例应高于该国在本国总贸易额中所占比例的50%(Papaionnou et al. ,2006)。表5-10和表5-11分别为按照假设二和假设一估计持有外汇的收益率得到的结果,比较两张表,不难发现,在两种假设下得到的外汇构成非常接近①。

表5-10　　　　　　　　假设二下的估计结果

时间	美元(%)	日元(%)	英镑(%)	欧元(%)	瑞士法郎(%)
1999年12月	62.94	9.16	18.23	9.43	0.23
2000年12月	61.57	8.77	20.34	9.09	0.23
2001年12月	66.66	8.61	14.92	9.58	0.23
2002年12月	60.27	8.21	22.42	8.88	0.22
2003年12月	61.59	7.84	21.09	9.27	0.21
2004年12月	65.93	7.27	17.42	9.16	0.22
2005年12月	83.30	6.46	0.86	9.18	0.20
2006年12月	61.65	5.86	22.96	9.34	0.19
2007年12月	53.50	5.38	31.16	9.75	0.22
2008年12月	74.13	5.15	4.96	15.54	0.22
2009年12月	70.84	5.19	6.11	17.65	0.22

---

① 基于此,本书之后的研究将针对假设二开展。若读者需要,可来函索取在假设一下最优外汇储备结构的估计结果。

表5-11　　　　　　　　　假设一下的估计结果

时间	美元（%）	日元（%）	英镑（%）	欧元（%）	瑞士法郎（%）
1999年12月	61.19	9.16	19.99	9.43	0.23
2000年12月	65.98	8.69	15.86	9.25	0.23
2001年12月	68.43	8.61	13.15	9.58	0.23
2002年12月	60.93	8.41	21.21	9.23	0.22
2003年12月	57.72	8.22	24.60	9.24	0.22
2004年12月	62.66	6.87	21.10	9.17	0.21
2005年12月	83.30	6.46	0.86	9.18	0.20
2006年12月	61.53	5.90	22.95	9.42	0.20
2007年12月	58.83	5.26	20.86	14.84	0.22
2008年12月	73.83	5.15	0.88	19.93	0.22
2009年12月	71.55	5.17	5.38	17.69	0.22

总的来说，持有美元的比例都相对偏高，其中的原因在于使用美元为无风险资产，低估了美元的真实风险，从而根据风险收益最优化其最优持有比例会相对较高。这样的结果是符合我国实际的，在2005年汇率制度改革之前，人民币汇率长期盯住美元，美元资产在外汇储备中所占比例非常之高[①]，在一定程度上导致了目前美元贬值背景下外汇储备缩水的困境。另外，从表5-10还可以看出，在2005年前美元在外汇储备中的比例相对稳定（60%），而从2006年开始，该比例波动较大，笔者认为这与我国2005年汇改之后我国部分放开汇率管制，实行有管理的自由浮动汇率制度有关。其中，2007年美元的比例大幅下降，之后又上升，甚至高于原来的水平，这与2007年金融危机的爆发及扩散是息息相关的。金融危机的爆发撼动了美元的国际强势地位，美元指数持续下跌，各国开始寻求其他避险资产来替代美元。相关报道[②]表明我国曾在2007年3月至10月的半年多时间内，把持有的美国国债从历史峰值的4 211亿美元减少至3 881亿美元，日本此间也减持了194亿美元。然而随着金融危机向全球扩散，世界各国都受到不同程度的影响，发达国家无一幸免，国际会议（二十国集团峰会）的召

---

① 中国社保基金理事会前理事长戴相龙2010年在央行主管的《中国金融》上发表署名文章披露，在我国外汇资产中，美元资产可能超过60%。
② 参见《凤凰周刊》2009年第16期（总第329期）http://www.wyzxsx.com/Article/Class4/200906/87869.html。

开并没有为世界带来新的国际货币替代美元。买进美元似乎是中国的唯一选择，2008年中国替代日本成为美国最大债权国，截至2008年12月中国累计持有美国国债7 274亿美元[①]。可以看出，表5-10反映的趋势与我国实际外汇结构是相符的。

由于瑞士法郎的利率长期处于相对低的水平，因此在使用利率来衡量其持有的收益的风险—收益最优化模型中，其持有比例较低。事实上，各国持有日元和瑞士法郎的比例确实也不高，瑞士法郎只占全球总外汇储备的0.3%左右（数据来源：国际货币基金组织2005年年报）。虽然日本利率也很低，但由于日本与我国的进出口交易远远大于瑞士，因此日元在我国外汇储备中占有的地位相对较高。

此外，表5-10和表5-11还表现出欧元所占比例的上升，自从汇改之后，我国持有欧元的比例稳步上升，特别是在金融危机之后，增长速度迅速加快。以往很多文献都探讨了欧元是否会替代美元的国际货币地位的问题（Chinn and Frankel，2006），本书也对此问题有一定的解释力，我们的研究结果表明欧元在一定程度上正在部分替代美元作为主要国际储备货币的地位，但是并没有达到完全替代美元的地步。

2. 改变汇率参照货币

A. 采用欧元作为无风险货币

为验证参照货币对本书的研究具有重要的影响，我们在基准模型上进行修正，采用欧元作为无风险货币进行研究。

对比表5-12和表5-13的结果，可以看出参照货币的选择对于一国外汇储备结构具有决定性作用。若使本国汇率盯住美元，则美元所占比例就高；若是本国货币盯住欧元，则欧元所占比例就高。在过去，美元通常被当做参照货币，我国也曾经使汇率盯住美元，而这个的金融危机足以说明，盯住一种货币注定是风险集中的，因此我们接下来选择以SDR作为参照货币。

表5-12　　　　　　　　欧元作为参照货币的估计结果

时间	欧元（%）	美元（%）	日元（%）	英镑（%）	瑞士法郎（%）
1999年12月	68.55	9.16	1.09	20.97	0.23
2000年12月	71.78	11.87	1.04	15.07	0.23
2001年12月	77.19	8.61	1.01	12.96	0.23

---

① 凤凰网财经，http://finance.ifeng.com/news/hqcj/20100217/1834331.shtml。

续表

时间	欧元（%）	美元（%）	日元（%）	英镑（%）	瑞士法郎（%）
2002 年 12 月	59.84	8.21	0.92	30.81	0.22
2003 年 12 月	62.96	7.84	0.85	28.15	0.21
2004 年 12 月	56.99	7.27	0.85	34.66	0.22
2005 年 12 月	47.37	12.69	0.86	38.88	0.20
2006 年 12 月	44.72	13.67	0.87	40.55	0.19
2007 年 12 月	45.27	5.38	0.90	48.24	0.22
2008 年 12 月	83.88	5.15	0.88	9.87	0.22
2009 年 12 月	83.82	5.19	0.89	9.89	0.22

B. 用国际货币基金组织可特别提款权作为无风险货币

采用特别提款权（SDR）作为无风险货币，相对于前面两种具有更强的合理性。特别提款权是国际货币基金组织（IMF）创设的一种储备资产和记账单位，会员国在发生国际收支逆差时，可用它向基金组织指定的其他会员国换取外汇，以偿付国际收支逆差或偿还基金组织的贷款，还可与黄金、自由兑换货币一样充当国际储备。由于特别提款权的价值建立在由美元、欧元、英镑和日元等一篮子货币的加权平均基础上，而且其权重会根据各国的经济实力进行调整，因此以它作为参照货币更加合理。而且更为重要的是，随着人民币国际化的不断推进，人民币在特别提款权中的比重将不断提高，从而进一步影响了本国的储备资产结构。

表 5-13　　　　　　　　SDR 作为参照货币的估计结果

时间	特别提款权（%）	美元（%）	日元（%）	英镑（%）	欧元（%）	瑞士法郎（%）
2002 年 12 月	37.90	8.50	9.16	34.77	9.43	0.23
2003 年 12 月	38.61	7.85	8.77	35.46	9.09	0.23
2004 年 12 月	34.33	10.55	8.61	36.70	9.58	0.23
2005 年 12 月	8.03	20.76	8.21	53.91	8.88	0.22
2006 年 12 月	14.08	39.90	7.84	28.70	9.27	0.21
2007 年 12 月	4.88	34.28	7.27	39.42	13.93	0.22
2008 年 12 月	63.30	7.41	6.46	2.80	17.08	2.95
2009 年 12 月	61.66	7.43	5.86	11.65	13.21	0.19

尽管特别提款权并不是真正的货币，只是一种账面资产，但只需将特别提款

权换成它相应的权重①货币，即可得到外汇储备的最优结构。以特别提款权为参照货币，相当于盯住一篮子货币，避免了盯住一种货币而造成的风险过于集中。事实上，2009年4月，二十国集团在伦敦召开二十国集团会议，特别讨论了增加国际货币基金组织的权力的议题，增加特别提款权（Special Drawing Rights）在全球国际储备体系中的权重②，从而减少单一主权货币对全球储备系统的影响。虽然采用特别提款权作为参照货币能大大减少外汇储备集中于某一货币的风险，但是特别提款权的比例构成具有突变性，不利于一国保持外汇储备的稳定。

3. 不同的风险偏好

在前面的研究中我们假设货币当局对风险的承受能力为年波动3.3%，我们将把风险承担能力调整为4.3%和2.3%分别进行相同研究。表5-14、表5-15显示了在不同风险承担能力下的外汇储备币种结构。此结果仍以美元为参照货币，因此结果可以与表5-13进行对比。

表5-14　　不同风险承担能力下的外汇储备币种结构（年波动4.3%）

时间	美元（%）	日元（%）	英镑（%）	欧元（%）	瑞士法郎（%）
1999年12月	52.99	9.16	28.18	9.43	0.23
2000年12月	49.85	8.77	32.06	9.09	0.23
2001年12月	57.64	8.61	23.94	9.58	0.23
2002年12月	48.44	8.21	34.25	8.88	0.22
2003年12月	51.67	7.84	31.01	9.27	0.21
2004年12月	56.77	7.27	26.58	9.16	0.22
2005年12月	83.30	6.46	0.86	9.18	0.20
2006年12月	50.67	5.86	33.94	9.34	0.19
2007年12月	41.41	5.38	43.24	9.75	0.22
2008年12月	67.52	5.15	5.91	21.20	0.22
2009年12月	63.26	5.19	4.73	26.61	0.22

---

① 国际货币基金组织（IMF）2010年11月16日宣布，国际货币基金组织执行董事会于15日完成了对组成特别提款权（SDR）的一篮子货币的例行五年期审查，并对货币篮子权重进行调整，其中美元和日元的权重将下降，而欧元和英镑的权重将上升。新权重将于2011年1月1日生效。国际货币基金组织指出，特别提款权的价值将继续基于由美元、欧元、英镑和日元组成的一篮子货币价值的加权平均值。其中美元的权重将由2005年审查确定的44%下降至41.9%，欧元的权重将由34%上升为37.4%，英镑的权重将由11%上升至11.3%，日元的权重将由11%下降至9.4%。

② 经过会议的协商增加了2 500亿美元等职的特别提款权（SDRs）。

表 5-15　不同风险承担能力下的外汇储备币种结构（年波动 2.3%）

时间	美元（%）	日元（%）	英镑（%）	欧元（%）	瑞士法郎（%）
1999 年 12 月	73.92	9.16	7.25	9.43	0.23
2000 年 12 月	80.87	8.77	1.04	9.09	0.23
2001 年 12 月	76.37	8.61	5.21	9.58	0.23
2002 年 12 月	72.59	8.21	10.11	8.88	0.22
2003 年 12 月	72.04	7.84	10.64	9.27	0.21
2004 年 12 月	75.40	7.27	7.95	9.16	0.22
2005 年 12 月	83.30	6.46	0.86	9.18	0.20
2006 年 12 月	72.77	5.86	11.84	9.34	0.19
2007 年 12 月	65.90	5.38	18.76	9.75	0.22
2008 年 12 月	80.92	5.15	3.85	9.87	0.22
2009 年 12 月	78.84	5.19	3.16	12.60	0.22

将表 5-14、表 5-15 与表 5-13 进行对比，可以看出在不同风险偏好下，我国外汇储备在日元、欧元、瑞士法郎上并无很大变化，而美元和英镑的比例发生了明显变化。美元相对英镑风险更低，但英镑提供更高的收益率。因此这两种货币之间的替代可以解释为风险和收益见的均衡。在风险承担能力越强的情况下，货币当局更倾向于持有高风险高收益的货币，从而持有美元的比例相对下降；反之，在风险承担能力较弱的情况下，货币当局倾向于持有大量无风险货币。因此货币当局在选定最优外汇储备结构之前须确定其能承担的风险。

4. 加入新兴市场国家货币

在当今美元地位陨落，新兴市场国家崛起的大背景下，若仅仅将外汇储备的币种过程限定在传统的五大国际主要货币（美元、日元、英镑、欧元、瑞士法郎）的话，就丧失了进一步分散风险以及分享新兴经济体的高增长的机会了，因此有必要将新兴市场国家的货币纳入分析框架，同时将风险承担能力提高到 5.3%。由于新兴市场国家大多存在利率管制、资本管制等方面的限制，持有其货币的风险和收益并不能用期望收益和方差来很好地衡量，但本书只是试图对将新兴市场国家货币引入外汇储备进行一个初步的探讨，用来说明新兴市场国家对当今世界经济的重要性。限于数据的可获得性，本书选择了印度（INR）、马来西亚（MYR）和俄罗斯（RUB）2006~2009 年的数据来进行研究。结果如表 5-16 所示。

表 5-16　　　　　加入新兴市场国家货币后的估计结果　　　　单位：%

	2005 年 12 月	2006 年 12 月	2007 年 12 月	2008 年 12 月	2009 年 12 月
美元	32.68	59.75	39.21	69.87	71.33
日元	6.46	5.86	5.38	5.15	5.19
英镑	0.86	0.87	2.75	0.92	0.89
欧元	9.18	9.34	9.75	9.87	9.67
瑞士法郎	0.20	0.19	0.22	0.22	0.22
印度卢比	28.27	18.24	21.56	6.62	5.10
马来西亚吉特	1.08	1.05	1.06	6.25	6.73
俄罗斯卢布	21.27	4.71	20.08	1.10	0.88

从表 5-16 可以看出，美元的比例仍然处于高位，英镑的比例大幅下降，新兴市场国家货币在外汇储备中占有相当的比例。该结果与中国和印度、俄罗斯、马来西亚密切的国际贸易关系以及这些新兴市场国家的经济增长的事实是相关的。但表中的比例是存在高估的，因为新兴市场国家通常存在利率、汇率、资本流动这几方面的管制，通常导致利率偏高，且汇率相对稳定，使得基于风险—收益模型计算出的最优外汇比例会偏高。尽管表中比例是被高估的，但至少可以在一定程度说明新兴市场国家货币对于一国外汇储备的重要性。另外，从表中不难看出，各种货币的比例每年的波动较大，并且变动幅度明显大于前面各张表。这在一定程度上可以用新兴市场国家的经济波动以及其与中国的关系的波动来解释，但是更深层次的分析超出本书的研究框架。本书首次将新兴市场国家货币纳入了外汇储备结构的分析中，只提供了一个简单的分析框架，新兴市场国家的诸多特殊因素还待以后进一步考察。

5.4.4　结论性评价

近年来，我国外汇储备规模飞速增长，特别是在金融危机之后，关于巨额外汇储备缩水的担忧使得我国外汇储备的结构问题受到社会各界的关注。本书采用风险—收益模型对影响外汇储备管理的五个关键因素（汇率制度安排、国际贸易、风险分散、风险承担能力、国际货币体系格局）分别进行了探讨，试图在新的国际形势下为我国外汇储备管理提供一个全面的分析框架。外汇储备的最优币种结构是一个复杂的问题，需要综合考虑文中提及的六大因素，忽略其中任何一个都可能造成外汇储备风险过高或者收益过低。

国际支付作为外汇的最基本的职能，也是外汇结构的重要决定因素，对作为贸易大国的中国的意义更加重大。进出口是拉动我国经济长期高速发展的三驾马车之一，外汇储备的结构必须确保国际贸易的正常进行。除了美国、欧盟、日本这三大贸易伙伴之外，我国与韩国、俄罗斯等国也建立了密切的贸易关系，因此在进行外汇管理时不仅要考虑主要国际货币，主要贸易伙伴的货币也不能忽视。

对参照货币的研究，本书发现参照货币会成为一国外汇储备中占比最大的币种。我国长期以来使汇率盯住美元，使我国的进出口贸易得益于相对稳定的汇率形势而蓬勃发展，但同时也使美元成为我国外汇储备的单一参照货币。美元在外汇储备中占比偏高，让我们在此次金融危机中深受美元持续贬值的危害。本书认为以特别提款权（SDR）作为参照货币有利于分散我国外汇储备的风险，因为特别提款权是以一篮子货币为基础的，这样就不易导致风险过于集中，而且更能有效地在人民币国际化的背景下，推行最优的外汇储备管理。

对于风险承担能力的讨论，本书用具体数据说明了货币当局风险承受能力对于一国外汇储备结构的影响。风险承担能力越强的中央银行可持有高风险高收益的货币，而风险承担能力较弱的中央银行应持有大量无风险货币。因此货币当局在选定最优外汇储备结构之前须确定其能承担的风险。

当前，发展中国家兴起的国际背景下，新兴市场国家货币成为国际货币体系改革的一个重要推动力。然而，由于新兴国家通常存在的利率、汇率管制，使得对新兴市场国家货币在外汇储备中作用的研究具有很大的难度。本书将新兴市场国家货币引入风险—收益模型，认为新兴市场国家货币有利于平衡原本以五大主要国际货币为主的外汇储备的风险收益关系，能在控制一定风险下增大外汇储备的总收益。因此，笔者建议可以适当增持新兴市场国家的货币，分享其经济高增长的部分收益。然而由于各种金融管制的存在，持有新兴市场国家货币的风险和收益并不能用简单的均值、方差来度量，因此如何将五大主要国际货币和新兴市场国家货币纳入同一模型进行研究是今后的研究需要回答的问题。

另外，本部分的贡献还在于为决策者提供了一个全面合理的储备结构管理的方法，根据文中的动态均值—方差最优化模型可以计算出在不同情况下我国的最优外汇储备结构。例如，目前我国实行盯住一篮子货币的汇率制度，如果中国一篮子货币的结构可知，就可以以一篮子货币作为参照货币，其他的约束和分析都可以根据实际情况以及决策者的需求和偏好进行设定，从而实现决策者理想的储备结构。即使我国将来实行其他的汇率制度，动态均值—方差最优化模型总是适用的。

※本章基本结论※

1. 在经历了拉美和东亚金融危机之后，外汇储备在金融稳定方面的重要作用已经获得广泛共识。过去的经验表明，过低的外汇储备可能使一国在面临投机性冲击时丧失国家金融控制能力，最终导致本国的货币和金融危机。为有效抵御金融危机，新兴市场国家外汇储备规模在最近20年内增长了四倍，占GDP的比例超过25%，远高于发达国家5%左右的水平。

2. 金融危机拓宽了人们对外汇储备需求的理解，如何运用外汇储备防止金融危机，保证本国经济的平稳运行，成为外汇储备需求的重要决定因素。对于新兴市场国家而言，必须通过持有一定的外汇储备来满足自我保护的潜在需求，以有效应对资本流动"突然停止"或"急刹车"等行为对本国经济造成的不利影响。

3. 外汇储备大都由强势货币和币值稳定的资产组成，不仅能预防金融危机的爆发，还能够有效缓解金融危机对本国经济的不利影响，促进价格机制和信用体系的快速恢复，从而尽快走出危机。历史经验表明，拥有较多外汇储备的国家通常能较早地从金融危机中恢复，并在短时间内重新启动经济增长。

4. 高额的外汇储备起到了防范货币危机和经济调节器的作用，使中国成功地渡过了亚洲金融危机，并减小了美国次贷危机的冲击。但急速的外汇储备增长也使得中国的经济增长蕴含一些潜在风险。伴随着外汇储备的激增，大量热钱以各种渠道流入国内市场，推高了资产价格，使经济和金融稳定面临潜在威胁。

5. 对适度外汇储备规模的实证分析表明：发展中国家和新兴市场国家相对于发达国家而言需要更多的外汇储备；金融深化的程度越高，预防金融危机的外汇储备需求越大；贸易开放程度越高，受外来冲击的可能性越大，因而外汇储备需求会增加；固定汇率制和金融开放程度高的国家通常更容易遭受外来冲击，此时需要相对更多的外汇储备。

6. 从理论上看，外汇储备需求的分析和预测方法主要包括：成本收益分析方法、指标分析方法、动态指标分析方法、横截面回归模型等。通过将金融稳定要素纳入外汇储备需求模型，并对中国在不同条件下的最优外汇储备规模进行测算，实证结果显示，未来十年，中国的适度外汇储备需求规模约在1.3万亿~1.6万亿美元。

7. 近年来中国外汇储备出现了规模急速上涨和资产结构单一的现象，这不仅造成了本国实际财富的损失，也影响了经济的正常发展。根据最优外汇储备构成模型的测算结果，随着新兴市场国家特别是中国的崛起，应该逐步减少美元资产在中国外汇储备中的配置比例，逐渐实现外汇储备结构的多元化。在实践中，可考虑在盯住一篮子货币的基础上适当增持新兴市场国家货币，既防止风险过于集中，同时又分享新兴市场国家经济高增长的利益。

第 6 章

双稳定框架下的外汇储备战略Ⅲ：宏观审慎监管视角

6.1 系统性金融风险与金融危机：重建金融稳定的理论基础

金融体系的不稳定性突出表现为一次又一次的金融危机，而每一次金融危机几乎都是系统性风险的爆发。2008年国际金融危机以来，系统性风险监管已经成为国内外学术界和全球金融监管改革的一个最热门话题。国际货币基金组织、国际清算银行和欧美等国政府对此高度关注，将其列为金融监管改革的重要内容，二十国集团峰会也将防范系统性风险列为重要议题（国际货币基金组织，2009；二十国集团，2009）。要建立金融稳定的理论框架，就必须深刻认识系统性风险。

6.1.1 系统性金融风险概述

有部分观点误以为系统性风险是此次危机的"新发现"，事实上，系统性风险既不是一个新概念，也非新问题。早在1964年，美国斯坦福大学的威廉·夏普就定义了微观意义上的系统性风险（Systematic risk），即证券市场中不能通过分散投资加以消除的风险，也称不可分散风险或剩余风险。当前国际社会普遍关注的则是宏观意义上的系统性风险（Systemic risk①），国际清算银行在 20 世纪 70 年代就已经关注系统性风险并提出，仅加强单个金融机构的监管不足以维护金融稳定，应该关注整个金融体系的风险（Borio，2009）。美国纽约联邦储备银行行长科里根 1991 年指出，"系统性风险是银行不同于加油站和家具店的最重要特征"，金融体系发生系统性风险的可能性要显著高于其他经济和社会体系（Corrigan，1991）。

国际上研究金融危机的文献较为丰富，但专门针对系统性风险的研究却不多见，系统性风险往往被放在金融危机研究的大框架下加以讨论。近十多年来有代表性的研究主要有考夫曼（Kaufman，1995，1999）施瓦茨（Schwarcz，2008），国际清算银行（BIS，1994，2008，2009）等。总体而言，系统性风险研究迄今还没有形成一个独立完整的理论体系。

6.1.2 系统性金融风险的定义与特征

目前国际上对系统性金融风险并没有统一的、被普遍接受的定义。这一状况本身就表明系统性风险是一个复杂的课题，同时也说明相关研究还比较有限，有待进一步探索。具有代表性的定义大致有以下四类。一是从危害范围大小的角度定义为：威胁整个金融体系以及宏观经济经济而非一两个金融机构稳定性的事件。主要以美联储前主席伯南克等为代表（伯南克，2009）。二是从风险传染的角度定义为：单个事件通过影响一连串的机构和市场，引起多米诺骨牌效应损失扩散的可能性。主要以冈萨雷斯—埃莫西约（Gonzalez - Hermosill，1996）和考夫曼（1999）为代表。三是从金融功能的角度定义为：突发事件引发金融市场信息中断，从而导致金融功能丧失的或然性。主要以 Minsky（1995）为代表。四是从对实体经济影响的角度定义。十国集团（Group of Ten，2001）在德·邦特和哈特曼（De Bandt and Hattmann，2000）的研究基础上将系统性风险定义为：单个冲击事件导致部分金融体系信心崩溃、经济价值损失或不确定性增加，甚至对实体经济造成严重危害的风险。

总的来看，系统性金融风险中的"系统性"有两方面含义：一方面，是指一个事件影响了整个金融体系的功能；另一方面，一个事件让看似不相干的第三方也付出了一定的代价。本研究将系统性风险定义为：整个金融体系崩溃或丧失功能的或然性。与单个金融机构风险或个体风险相比，它具有复杂性、突发性、传染快、波及广、危害大五个基本特征。

---

① 尽管"systemic risk"与"systematic risk"两词的语言学含义相近，但金融学上的意义却明显不同。

系统性金融风险与金融危机、金融脆弱性等概念既有联系，又有区别。金融危机的经典定义源自戈德史密斯，是指全部或大部分金融指标——短期利率、资产（证券、房地产、土地）价格、商业破产数和金融机构倒闭数——的急剧、短暂和超周期的恶化（Goldsmith, 1982）。很明显，金融危机是一个取值非"是"即"否"的哑变量，而系统性风险是一个连续变量。系统性风险是一种或然性，而金融危机是这种或然性一种具体的实现。金融危机其实就是系统性风险的爆发，是系统性风险的一个特殊阶段和特殊状态。而金融脆弱性一般是指由于高负债经营的行业特点决定的金融体系更容易失败的内在属性，或指一种趋于高风险的金融状态[①]、金融脆弱性理论的提出始于阐释金融危机成因的需要[②]、它更多地从理论层面、制度层面研究金融体系的内在缺陷。系统性风险则是一种现实观察到的或然性，金融脆弱性则是导致或加大这种或然性的成因之一。尽管实务应用中二者的边界已较为模糊，但学术研究中的侧重点仍然相对清晰。

6.1.3 系统性金融风险的动态演进机制

系统性风险究竟是如何从繁荣中孕育，并一步步从看似不起眼的微小病灶，悄悄地演绎为惊涛骇浪的金融危机的？现有的研究尽管从多个方面进行了阐释，但系统性风险的演进过程十分复杂，仍然充满神秘。它通常会在经历较长的累积后突然爆发，迅速传染整个金融体系，引发灾难性的金融海啸。借鉴戴维斯和卡里姆（2009）对金融危机进程的研究，表6-1描述了系统性风险动态演进的一般过程。系统性风险的演进有三个关键阶段：累积—爆发—扩散。

表6-1　　　　　　　　系统性风险演进的一般过程

演进阶段		举例
正向初始冲击	为系统性风险的累积埋下"种子"	放松监管、宽松的货币政策或财政政策、创新、市场情绪的高涨
正向初始冲击的传播	系统性风险的累积	金融市场新的参与者、债务累积、资产价格膨胀、金融市场创新、风险低估、风险集中、银行资本充足率下降、不连贯的宏观政策

---

① 黄金老（2001）认为，通常所说的金融机构负债过多，安全性降低，承受不起市场波动的冲击，就是金融脆弱性的表现。
② 传统理论往往从外部宏观经济角度解释金融危机发生的原因，其说服力逐渐降低，学术界转而从金融体系自身出发来解释金融危机发生的根源，在这一背景下金融脆弱性概念应运而生。

续表

演进阶段		举例
负向二次冲击	系统性风险爆发的导火索	货币政策、财政政策或者监管政策的从紧，非对称的交易冲击
负向二次冲击的传播	系统性危机爆发	单个金融机构破产或由于持有共同的风险敞口而导致的较大规模的金融机构破产
	系统性危机的扩散	由于资产关联、杠杆交易、信心崩溃等原因导致的风险传染，其他不相关金融机构破产
政策应对	化解系统性危机的手段	存款保险、最后贷款人、普遍放松的货币政策
经济后果	系统性风险带来的损失	信贷紧缩和不确定性导致的产出和投资的下降，规模依系统性危机的严重程度和政策应对是否适当而定

1. 系统性风险的累积

系统性风险往往有较长的累积过程和"潜伏期"。系统性风险可以在较长时期内积累而不对金融体系产生明显影响，但往往会突然以灾难性的形式表现出来。在研究和政策领域，人们对金融危机爆发的关注度远胜于对系统性风险累积的关注。然而，系统性风险的累积过程远比引发危机的导火索和危机本身更重要。如果不能理解系统性风险随时间推进而不断累积的过程，就不可能理解金融危机（Borio，2003）。

促使风险累积的往往是一次正向的冲击事件，如一次技术创新、宽松的货币政策或财政政策等。一个典型的演进过程是：微观主体盈利预期乐观→风险偏好上升→增加投资头寸→风险敞口扩大→杠杆率高企→金融机构脆弱性上升→系统性风险不断发酵……金融体系越来越接近崩溃的边缘。系统性风险产生的主要标志性特征有：资产价格上升；政府债务负担加剧；经济增长率波动；经常账户赤字等。行为金融学的研究发现，"繁荣情绪的社会传染"是破解泡沫越吹越大和风险积聚的最关键因素（Shiller，2008）。支持资产价格上涨的观点会被大众传媒不断放大，紧接着乐观的看法和繁荣的情绪会成螺旋上升并在市场蔓延。

2. 系统性危机的爆发

当系统性风险不断累积到达一定的临界值时，社会、经济中某些突发事件，如某一家规模金融机构的倒闭，突然从紧的货币政策、财政政策或金融监管政策，资产价格泡沫的破裂等，便会成为系统性风险的导火索，导致系统性危机的爆发。这一时点被称作"明斯基时刻"，对于金融市场和广大投资者而言，这堪称是"天堂"和"地狱"的分界线。

传统的观点强调系统性危机始于单个金融机构倒闭，即金融机构具有期限错配、杠杆率高等内在脆弱性，个别偶发事件会触发某个金融机构出现偿付危机，进而传染给其他金融机构（Brunnermeier et.，2009）。这种观点认为风险爆发的最初冲击事件是外生的，而此次美国次贷危机则向我们展示了系统性危机的另一种触发机理，即由于金融体系内大部分机构均持有共同的金融工具（或风险敞口），一旦其出现问题，则金融体系中的绝大部分甚至整个金融体系都同时面临破产的风险（Borio，2009）。2007年之前美国金融机构全部大量持有次级债或相关衍生产品，次级债价格突然暴跌导致大部分机构资不抵债，面临各种经营困境。越来越多的研究强调，这种类型的系统性风险爆发引起的金融危机危害更严重，持续时间更长，更值得警惕。

3. 系统性危机的扩散

扩散机制是解释系统性金融危机从"小冲击"演变为"大危机"的核心所在。系统性风险的扩散渠道主要有以下三方面。

一是资产负债表效应。既作用于金融机构，也作用于非金融企业。系统性风险的冲击会使得金融机构资产大幅缩水，进而侵蚀利润和资本，加剧资产甩卖和价格下跌；在负债方，金融机构正常的融资渠道被切断。资金短时间内集中净流出导致大批金融机构陷入流动性危机和资不抵债，美国次贷危机中，雷曼公司这一类高杠杆机构首当其冲地被冲垮①。对于非金融企业，资产价格下跌和债务偿还压力加大会迫使其经营模式从"利润最大化"转为"负债最小化"，这时企业会将所有现金流首先用于债务偿还，以尽快走出"负债最小化"库（KOO，2008）。金融深化程度越高，金融市场越发达，微观主体之间的资产负债表关联度越高，系统性风险的扩散越剧烈。

二是盯市计价的交易计价规则。近年来，发达国家采用盯市计价的银行资产占比达到了30%~50%，金融机构交易账户的投资头寸则需要全部盯市计价。在系统性风险爆发时，尽管资产的市场价格已经不能反映实际价值，但持有这些资产的金融机构仍须根据严重低估的市价进行估值，形成：价格下跌→市值缩水→抛售→价格再跌→……的恶性循环，推动危机深化。

---

① 雷曼公司倒闭时杠杆率高达60倍。

三是心理的恐慌和信心的崩溃。随着危机的爆发，投资者和金融消费者对金融市场和金融机构的信心会一落千丈，加剧市场上的抛售行为和流动性兑付压力。随着信息科技的快速发展，信心和恐慌的传染极为迅速的，最终造成多个市场大面积的信心崩溃。信心的丧失最终演绎成典型的系统性危机"自我实现预言"（Shiller，2008）。此外，系统性风险的扩散中存在独特的"合成谬误"问题。即单个金融机构为控制风险或提高流动性而出售资产是审慎的，但一旦金融机构都这样做，就会导致资产价格崩溃，引发系统性危机。这就好比当电影院着火时，如果每个人都冲向出口，后果将惨不忍睹。

系统性危机还可能通过资本流动、国际贸易等渠道实现跨区域传染。对此，许多有关金融危机传染的研究已经进行了详细阐述[①]（Kaminsky and Reinhart，1998，2000）。诸多因素交织在一起，形成了系统性危机的自放大性，决定了其复杂性和危害性。系统性风险危机会迅速从一个机构传递到众多机构：从局部市场传递到全部市场。市场价格呈现自由落体式下降，流动性瞬间枯竭，市场信心丧失殆尽，金融机构纷纷倒闭，宏、微观经济形势急转直下，最终酿成全局性灾难。

综合国际上的研究和本书的研究看，近十年来有关系统性风险动态演进机制的研究取得了积极进展，如果把这些研究成果称为新型观点，则可以发现，它们与传统观点至少存在以下四个方面的不同（见表6-2）。与传统观点相比较，新型观点对近些年来的系统性风险和危机具有更强的解释力，更有助于加深对系统性风险的认知和干预。新型观点既反映了现实中全球金融体系结构的演进和变化，也反映了金融学理论研究的进步。

表6-2　　　　　系统性风险的传统观点与新型观点的比较

系统性风险的传统观点	系统性风险的新型观点
1. 金融体系具有与生俱来的脆弱性，并不存在系统性风险的累积过程	1. 系统性风险的累积过程远比引发危机的导火索更重要
2. 风险爆发始于单个金融机构倒闭	2. 风险爆发始于金融机构持有共同的风险敞口
3. 风险扩散机理是内生的，但初始冲击是外生的	3. 系统性风险本身就是内生的，包括冲击事件和扩散过程
4. 风险扩散的核心通道是金融机构资产负债表的高度关联	4. 风险扩散通过多种渠道

---

① 值得注意的是，国内外研究金融危机传染的文献更多聚焦于危机的跨国别扩散，而较少涉及危机在一国内部的跨机构、跨市场扩散。众多研究都将危机传染直接定义为，一个地区发生的危机增加了另一个地区发生危机的可能性（Kaminsky and Reinhart，2000）。

6.1.4 系统性金融风险的主要成因

系统性风险的成因十分复杂，也是研究的难点。从已发生的历次系统性风险看，既有金融市场失灵带来的问题，又有监管缺失的责任；既有金融机构脆弱性的内因，又有不利的宏观经济冲击等外因；既与公司治理失效等体制机制因素有关，又与人类贪婪和恐惧的本性密不可分。概括而言，大致可以归因于五个方面。

1. 金融市场存在根本缺陷

金融体系的正常运转和功能实现是建立在市场有效性和信息完备假设之上的，但现实中信息往往无法穷尽，金融交易的一方总是比另一方拥有更多信息。信息不对称既会产生逆向选择和道德风险，也会带来挤兑风险和传染效应。这从根本上带来了金融体系的风险，也是导致美国发生次贷危机的根源。美国堪萨斯州联储银行行长托马斯·霍因认为，过去20年金融发展和创新非但没有解决信息不对称问题，反而使其进一步恶化，是导致美国次贷危机发生的主要原因（Hoeing，2008）。此外，金融市场同质化也加剧了系统性风险。金融市场要维持稳定性，就要有大量的、风险偏好不同的市场主体参与。然而，近年来国际金融市场上出现的综合经营、风险转移、国际化等特征，导致市场参与者的投资理念、风险偏好、专业技术以及金融监管标准越来越趋同（伊特维尔，2007），市场很容易出现一致性预期行为，引发市场震荡和系统性风险。伊特韦尔认为，系统性风险是由金融市场的外部性所致①，不可能通过金融机构的内部程序来管理，也并不在市场所关注的范围之内。

2. 金融机构的内在脆弱性

金融机构具有期限错配、高杠杆等内在脆弱性，在管理上存在严重的委托—代理问题，这给整个金融体系带来了风险。明斯基认为，以商业银行为代表的信用创造机构和相关贷款人的内在特性使得金融体系具有天然的内在不稳定性，从而使得金融本身就是金融危机产生的一个重要原因（Minsky，1992）。一是过度使用高杠杆直接带来了金融机构的脆弱性，限制了整个金融体系吸收哪怕是很小冲击的能力，并在危机后导致了系统性风险的快速扩散。美国次贷危机发生时，

---

① 本轮金融危机以来，欧美一些政客和学术界部分人士认为，应该针对这种负外部性向大型融机构征收"污染税"以弥补崩盘带来的损失。

很多金融机构的杠杆率超过了 30 倍，有的甚至高达 60 倍。这种高杠杆运作被认为简直是"在刀尖上跳舞"。二是金融机构的收益与风险、责任严重不对称，加上政府对金融机构或明或暗的救助，加剧了委托—代理问题。这将诱使金融机构从事高风险业务，播下危机的种子。三是市场缺乏自律。很多金融机构只顾冒险追求利润，毫不顾忌股东和存款人权益。在美国次贷危机中，许多金融机构的公司治理和内控机制失灵，没有发挥制约制衡作用，加剧了风险管理失效。同时，金融机构内部的薪酬机制也在一定程度上助长了短期冒险行为和不负责任（De Larosière Group，2009）。

3. 金融监管放松和难度加大

一是欠审慎的金融自由化加剧了整个金融体系的风险。20 世纪 70 年代以来，美国、英国等率先发起了以放松金融管制为主要内容的金融自由化改革，随之而来的是金融危机频繁爆发。1945～1971 年全球仅发生 38 次小规模汇率和银行危机；而 1971 年至今，全球已发生了 150 多次金融危机。一方面，金融从业人员和金融监管人员缺乏在金融自由化环境中管理风险的经验和技巧，使得金融自由化增加了整个金融体系的脆弱性；另一方面，不成熟的利率市场化和放松资本管制导致了银行风险管理行为的扭曲，加大了金融体系的内在不稳定性。二是愈演愈烈的金融创新[①]和综合经营放大了系统性金融风险。1999 年美国《现代金融服务法案》的出台，打破了 20 世纪 30 年代以来对分业经营的限制。允许综合经营、拆除防火墙的措施，明显加剧了金融体系的风险，带来了"大而不能倒"、"太关联而不能倒"等一系列问题。三是金融监管无效。欧美等国监管当局长期信奉"最少的监管就是最好的监管"，对系统性风险重视不够，同时，金融监管过于依赖银行内部评级和评级机构的外部评级，被市场蒙上了眼睛。导致金融监管严重缺位，最终酿成大祸。四是监管制度等的顺周期性[②]。资本监管、会计准则、风险计量模型等的顺周期性，是近年来金融失衡加剧的重要原因。

4. 宏观经济周期和调控政策失误

经济危机通常都伴随着金融危机。实体经济的大幅下滑，一方面会恶化借款

[①] 卡特（Carter，1989）认为，金融创新实际上掩盖了金融系统日益增长的风险，是一种金融上的围堵政策，最终激励了投机性融资。

[②] 以公允价值会计为例，在经济上行阶段，资产价格持续上涨，以市值计算的银行资产、利润、资本均随之上升，使银行能够继续扩张信贷，从而推动经济进一步上涨；而在经济下行期，价格下跌会导致资产立即缩水，形成亏损并打击市场信心。对于经济的涨落起到了推波助澜的作用。

人的财务状况甚至出现破产，导致金融机构资产质量下降；另一方面，会导致存款人和投资者的信心不足，出现存款挤提或资产甩卖，最终引发金融体系崩溃。美国次贷危机也起源于美国房地产价格泡沫的破灭。宏观调控不当也往往是系统性危机的罪魁祸首。很多专家认为，美国的低利率政策和由此导致的流动性过剩，吹起了这轮房地产泡沫。随着风险的扩大，各国央行又迟迟不收紧货币政策，进一步加剧了金融市场风险（国际货币基金组织，2009）。弗里德曼等人认为，金融动荡的根源在于货币政策失误。货币政策的失误引发了金融风险的产生和积累，结果使得小范围的金融问题演变为剧烈的金融灾难。如果没有货币过度的供给，金融动荡不太可能发生或者至少不会太严重（Friedman and Schwartz, 1963）。

5. 市场主体的非理性

这是近年来日益新兴的研究领域。羊群效应、价格超调等许多金融市场现象很难单纯用经济学中的理性假设解释[①]，必须引入心理学、社会学的因素，将非理性的心理和行为（或称动物精神）纳入分析框架。凯恩斯（1933）将"动物精神"定义为一种非理性的心理和行为。他认为，由于对不确定的未来进行收益估计的知识基础没有意义，人们的投资决策只能"被看做是动物精神（Animal Spirit）使然"，它们来自于人们"想要采取行动的冲动"。凯恩斯认为，动物精神是导致宏观经济波动和经济危机的根本原因。阿克洛夫和希勒（2009）最新的研究表明，尽管人类大多数经济行为源自理性的经济动机，但也有许多经济行为受动物精神的支配，即人们总是有非经济方面的动机，在追求经济利益时，并非总是理性的。产生非理性行为的原因主要包括从众心理（羊群行为）、不同群体的理性程度差异以及合成谬误（金德尔伯格，2000）。金德尔伯格（2000）将整个金融危机的过程分为疯狂、恐惧和崩溃三个阶段，形象刻画了投资者心理跌宕起伏的历程。很多专家认为，只要人性贪婪和恐惧的弱点不消除，系统性风险就无法避免[②]。

上述成因之间存在密切联系，而非相互独立。在一次系统性危机中，上述成因既可能同时发挥作用，也可能部分发挥作用。在不同的危机中，不同成因所起的作用和重要性也不相同。对于不同的危机，要做具体分析。

---

① 1998年，默顿和斯科尔斯这两位诺贝尔经济学奖获得者和顶级期权专家所执掌的美国长期资本管理公司（LTCM）轰然倒闭，从另一个侧面反映了金融市场的复杂性和不可尽知性。
② 索罗斯从反身性理论出发，认为金融市场很容易走向狂热或是绝望的极端。

6.1.5 系统性金融风险的评估

1. 系统性金融风险评估综述

系统性风险的评估，是指基于对相关系统性风险数据和信息的分析，对系统性风险发生的概率和造成的损失进行定性、定量的分析和预测。简而言之，就是要逼近或识别出"明斯基时刻"。早期的系统性风险评估方法大多以一家机构破产倒闭推测系统内某一特定数量机构同时倒闭的可能性，来测度系统性金融风险。此类方法包括矩阵法、网络分析法、双元递归数法等。矩阵法首先估计银行间的双边风险敞口矩阵，其次给银行的损失率赋予不同的值，最后根据不良资产多于一级资本银行即倒闭的原则，确定倒闭银行数量。矩阵法是根据一家银行的倒闭所带来的其他银行倒闭的数目，来估计系统性风险传染的程度（Simon Wells，2000；Iman van Lelyveld，2002；Christian Upper，2002）。穆勒（Jeannette Muller，2003）首次将网络分析法应用于测算系统性风险，首先使用网络分析法识别出不同银行类型的不同网络结构，然后根据银行间市场网络形状，利用神经网络模拟法测算系统性风险。双元递归数法可以使模型不受变量变换的影响，增加引入定序的结构型变量的便利性。

此次国际金融危机爆发以后，从系统整体入手对系统性风险的测度成为研究的重点。其中，尤其以黄新、周浩和朱海斌（Huang，Zhou and Zhu，2009a，2009b）等的研究最为学术界所关注。他们的研究涉及两个问题：第一，如何设计一个系统性风险指标以测度由异质性银行组成的金融系统组合的风险程度；第二，如何测度系统性风险的来源，例如计算单个银行或单个银行集团对系统性风险的贡献程度。

关于第一个问题，他们构建了灾难保险费（distress insurance premium）这个指标。灾难保险费是指极端条件下金融系统遭受损失的条件期望值，需要计算四个参数即风险中性违约概率（risk-neutral PDs）、违约损失率（LGDs）、资产回报相关系数（asset return correlations）和权重。

风险中性违约概率的计算使用 Duffie（1999）的方法。即：

$$PD_{i,t} = \frac{a_t s_{i,t}}{a_t LGD_{i,t} + b_t s_{i,t}}$$

其中，$a_t = \int_t^{t+T} e^{-r\tau} d\tau$，$b_t = \int_t^{t+T} \tau e^{-r\tau} d\tau$，$s$ 为信用违约互换利差（CDS spread），r 为无风险利率。

计算违约损失率时，与其他研究将 LGD 恒定为常数的假设不同，他们使用信用违约互换的期望 LGDs 数据，以体现在信贷周期中 LGD 的变化。资产回报相关系数则使用 Engle（2002）的动态条件相关系数模型（dynamic conditional correlation model，DCC）计算各银行权益收益的相关系数。权重则使用个体银行资产规模占银行系统规模的比重。

最后，构建一个包含所有样本银行资产的资产组合（简称总组合），基于以上四个重要参数对这个组合的压力损失进行模拟，灾难保险费必须弥补这个组合的最大损失。

关于第二个问题，他们使用了边际贡献率这个指标：

$$\frac{\partial \text{DIP}}{\partial L_i} = E[\,L_i \mid L \geqslant L_{\min}\,]$$

其中，L 是上述总组合的损失，Li 是单个银行资产所形成的子组合（sub-portfolio）的损失，DIP 即灾难保险费。

随后他们则进一步运用该模型测算了由亚太 8 个地区 22 家银行组成的异质性银行系统的系统性风险（见图 6-1）。从图中可以看出，该指标较好地反映了美国次贷危机不同阶段系统性风险的变化。

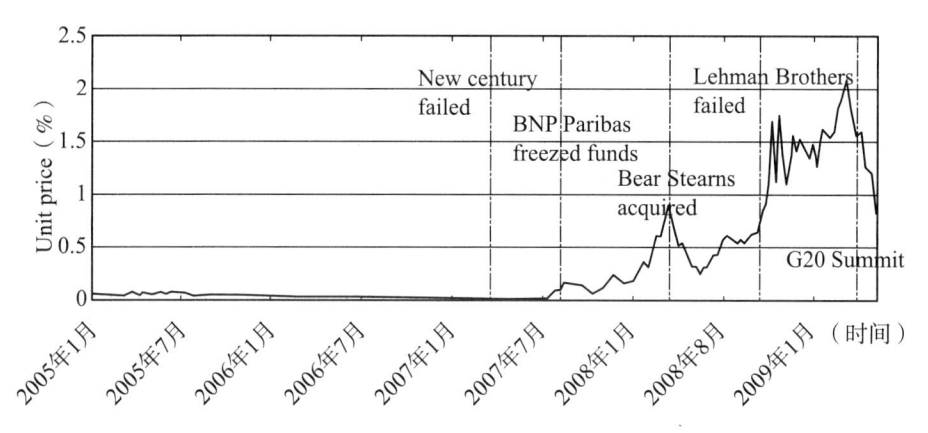

图 6-1　亚洲银行体系的系统性风险指标

资料来源：黄新、周浩和朱海斌（2009b）。

艾德里安和布伦纳梅耶尔（Adrian and Brunnermeie，2008）创造性地将条件在险价值法（CoVaR[①]）引入系统性风险研究，也引起了广泛关注。CoVaR 可以反映在目标金融机构以外的其他金融机构已经处于较高风险的条件下，目标机构所面临的风险。CoVaR 可捕捉一个机构系统性风险的（边际）贡献，并帮助监

[①] "Co" 同时具有三个含义，即联动（comovement）、传染（contagion）或条件（conditional）。

管机构进行逆周期调控。CoVaR 主要用于测度一个银行的倒闭给其他银行或银行体系带来的溢出效应，识别出有系统性重要影响的金融机构，但它不能加总得出整个系统性风险，而黄新、周浩和朱海斌（2009a，2009b）的研究可以测度出总的系统风险。

在监管实践中，国际监管机构也已经对系统性风险的评估方法进行了探索，并提出了一系列指导意见。早在1999年，国际货币基金组织和世界银行就启动了"金融部门评估计划"（FSAP），利用包括经济增长、通货膨胀、利率等在内的宏观经济变量，以及资本充足率、盈利性指标、资产质量指标等微观指标，评估一国金融体系的稳健性。欧洲中央银行用7个步骤进行系统性风险的评估：（1）确定金融脆弱性的来源；（2）将其设定为潜在的风险情景；（3）确定导致风险情景发生的冲击事件（导火索）；（4）计算情景的发生概率；（5）测算金融系统的损失；（6）衡量冲击的强度；（7）风险评级。

此次金融危机爆发以来，国际组织和各国监管当局均加强了对系统性风险评估的研究探索。国际货币基金组织先后开发了四种评估系统性风险的定量模型，包括：网络模型、CO－RISK 模型、危机依存度矩阵模型和违约强度模型。金融稳定理事会成立了金融脆弱性评估执委会，对全球金融体系的系统脆弱性进行评估。德国、英国、比利时等国也尝试评估和预警系统性风险，主要步骤包括：（1）使用网络分析法判断具有系统性影响的金融机构；（2）根据各机构的风险敞口和机构间交易活动推算全系统的敞口矩阵；（3）通过压力测试评估系统性风险。奥地利还设置了系统性风险预警线。

总体上看，目前还没有公认有效的系统性风险识别和评估的模型和方法。首先，学术界和监管机构真正对系统性风险进行严肃关注，时间并不长，相关探索和经验都还极其有限。其次，从这场国际金融危机看，目前金融风险管理技术远不够成熟，未知的风险领域远远大于已有的技术。最后，系统性风险并非微观层面风险的简单加总，而是要考虑到各种已知或未知的关联性，其评估难度远远高于后者。这好比要根据一个人的高矮、胖瘦、血压和血象等指标，去预测这个人何时生病甚至何时死亡，挑战可想而知。

2. 系统性金融风险评估框架初探——基于 BLISHER 的金融体系脆弱性评估

系统性风险的积聚往往是和金融体系的脆弱性分不开的，而通过分析金融体系的结构性特征，可以较好地刻画金融体系的脆弱性，进而反映整个金融体系系统性风险的水平。刘春航（2011）构建了一个评估金融体系脆弱性的工具："BLISHER"分析框架。即对一个特定的金融体系而言，其系统脆弱性程度主要取决于七个要素①：资产负债表（Balance Sheet）、杠杆率（Leverage）、相互依存度（Interdependence）、市场结构（Structure）、同质性（Homogeneity）、外部关联度（External Linkages）和纠错机制（Review and Correction）。下面我们分别从这七个方面对本次金融危机期间西方金融体系的脆弱性状况进行一个评估。

A. 资产负债表（Balance Sheet）：即实体经济主要部门（家庭、企业、政府等）资产负债情况。由于金融机构的主要职能就是为实体经济提供金融中介服务，实体部门的财务健康是金融体系稳定的前提和基础。明斯基（Minsky, 1986）将债务人按照资产负债和现金流状况分为三种类型：保值型融资、投机性融资和庞氏融资，敏锐地捕捉到了债务质量对金融脆弱性的影响。通常来说，实体部门作为金融机构的客户，其负债率过高容易产生财务风险，从而对金融机构造成损失，因而后者在借贷时会非常关注其客户的资产负债表的健康状况。但近年来西方市场中迅速兴起的"发起—分销"盈利模式深刻地改变了这一利益格局。金融机构将其发放的贷款"证券化"，打包上市，卖给投资者，从而赚取手续费。由于金融机构不再承担贷款人的违约风险，前者在放贷时为追求总量目标而放松借贷标准，使借贷人背上过多的超过其承担能力的负债。

1997~2007年间，美国非金融部门总债务占GDP比重从183%增长到了225%。其中家庭部门的债务增长速度最快，其规模占GDP的比重从66%上涨到98%，企业债务占GDP的比重从58%上升到75%。欧洲国家实体经济债务膨胀的速度更为惊人。1989~2009年间，英国非金融部门和家庭部门债务占GDP的比重从111%增长到213%，西班牙从132%增长到228%，爱尔兰从36%增长到325%，葡萄牙从96%增长到240%，冰岛则从1989年的47%增长到2006年的320%。

B. 杠杆率（Leverage）：在现代金融体系中，杠杆是金融机构得以有效发挥金融中介功能的关键。金融机构只需依靠少量的资本金，就可以从实体经济的资金盈余部门借入资金，同时向资金短缺部门融出资金。但另一方面，杠杆也是金融机构脆弱性的根本所在，因为它可以放大损失。杠杆率的高低决定了实际损失被放大的程度，以及金融机构吸收损失的能力②。虽然高杠杆也将成倍地放大损失，但金融机构的亏损是由资本来吸收的。这就产生了道德风险：金融机构的损失最多不能超过已经投入的股本，而盈利的可能性却是无穷的，所以金融机构为了实现股东利益的最大化，必将承担相对社会效益过多的风险。这种"损失封

---

① 当然还有其他一些因素会影响金融体系的脆弱性，但这七个要素是特征变量，它们对系统性风险的影响是最突出的或者其他因素的信息在这七个要素中已经得到反映。

② 对于系统脆弱性的分析来说，不仅要看整个金融体系的杠杆率，还要看单家机构的杠杆情况。因为系统性风险通常是先冲击金融体系中最薄弱的环节，然后再蔓延到整个体系。

底，利润不限"的利益格局就形成了金融机构利用高杠杆进行投机的根本激励机制。

1997~2007年间，美国金融机构的表内总负债从5.3万亿美元增长到16.2万亿美元，主要金融机构的平均杠杆率从25倍增长到44倍。同时，随着金融衍生工具的快速发展，金融机构表外资产负债规模的膨胀速度更为惊人。1997~2007年间，全球金融衍生产品的名义金额从不到100万亿增长到600万亿美元。其中信用衍生产品（CDS）的增长速度最快，2001年名义存量几乎为零，到2007年达到近50万亿美元。据统计，2007年美国五大投资银行的平均杠杆率约为40∶1，这意味着区区3%的资产损失，便可使这些投资银行不复存在。2007年年末，贝尔斯登的三级资产是剔除无形资产后股权净值的269%，也就是说，一旦这些三级资产的价值降低37%，公司就会一文不值。房地美和房利美堪称"杠杆之王"（king of leverage），它们的杠杆比率高达75∶1。如果将"报表粉饰"（window dressing）或表外业务等因素也考虑在内，花旗集团和美国国际集团（AIG）将会有更高的杠杆率。

C. 相互依存度（Interdependence）：即金融体系中，不同金融活动之间相互影响的程度①。金融体系内部的相互依存度从两个方面加大了系统性风险。其一，加大了金融体系内风险的传染性，金融体系局部出现的问题扩散到整个系统、乃至导致系统崩溃的可能性上升。其二，加大了金融体系的复杂性。一个金融系统越复杂，对于相关市场信息的获取、理解和分析的难度就越大，也就难以及时发现和应对金融体系内的风险问题②。金融机构可以通过不断扩大规模和跨业经营来实现规模效益和范围经济，从而能够以更低的成本提供效率和质量更高的金融服务。而对于整个金融体系来说，这将增加体系内的市场集中度和金融活动的相互依存度。

金融机构倾向于利用现有的企业资源开展多样化的金融业务，导致近年来跨业、跨境经营的大型金融集团不断涌现。花旗银行"金融超市"的业务模式一度成为全球效仿的典范。同时，金融创新层出不穷，使产品与产品之间、业务与业务之间、不同类别的金融机构之间形成了新的复杂联系。因此，金融市场的融合程度不断提高，银行与资本市场业务之间的关联度不断增加，金融体系内的相互依存度显著上升。

D. 市场结构（Structure）：即关键金融活动的市场集中度。市场结构与金融

---

① 比如说，商业银行的借贷与资本市场上的融资是两种不同的金融活动，如果直接与间接融资业务是通过同一机构完成的，这两种金融活动体现在同一张资产负债表上，它们之间相互依赖、相互影响的程度就大大上升了。

② 同时，复杂性还可能加大极端情况下"尾部事件"（tail event）的发生概率。

脆弱性之间并非是简单的线性相关关系。一方面，如果金融体系的市场集中度过于分散，金融机构由于规模太小而可能导致风险敞口过于集中、资金和管理成本过高等不稳定因素，同时也可能出现过度竞争所导致的市场混乱和系统脆弱性。另一方面，在关键领域的集中度过高同样容易导致系统脆弱性。比如说，借贷、存储、支付清算等均是直接影响到金融体系和实体经济正常运行的"系统重要性"活动。这些活动若是集中于极少数几家金融机构，那么一旦这些机构出现问题，就很可能危及整个金融体系的正常运转，并对实体经济的运行造成重大冲击。让这种机构破产倒闭的成本往往是不可接受的，因此政府便不得不进行救助。这种隐性的政府担保极易滋生"大而不能倒"（too-big-to-fail）的道德风险，使这类机构承担超出其管理和抵补能力的风险，以追求更高的利润。

1996~2006年间，全球金融行业的并购总规模增长超过11倍，从790亿美元增长到9 020亿美元（国际货币基金组织，2007）。在1996~2007年间，全球25家最大金融机构的资产总额从9.7万亿美元增长到42.5万亿美元，在全球前1 000家金融机构总资产中的份额从29.8%增长到47.1%。全球金融市场上的许多金融业务已经基本被少数大型金融机构所掌控（见表6-3）。

表6-3　　　　　　　部分金融服务的全球市场集中度

金融服务	所选全球最大企业数量	占全球市场份额（%）
资产管理	前4家企业	60
保险经纪业务	前3家企业	64
外汇交易	前10家企业	64
会计服务	前4家企业	53
证券承销	前10家企业	70
债券承销	前10家企业	62

资料来源：Nolan, Peter, Zhang Jin, Liu Chunhang. *The Global Business Revolution and the Cascade Effect: Systems Integration in the Aerospace, Beverages and Retail Industries*. 2007.

E. 同质性（Homogeneity）：人们之所以在金融市场上进行交易，是因为他们由于目标、理念、判断、手段和行为方式等方面的不同而产生了不同的需求，所以同一金融产品在同一个价格既有买方又有卖方。市场参与者的异质性是进行交易的关键，一个完全同质化的市场是不可能交易的，也是注定要崩溃的（伊特维尔，2007）。在其他条件相同的情况下，一个市场的同质化程度越高，它的波动性越大。在这种市场环境中，"羊群效应"是很普遍的现象，在经济繁荣时期助推资产泡沫,在经济萧条时期加剧流动性紧缩①。

在过去的 20 多年中,西方金融机构越来越多地采用相似的发展战略、相似的业务模式、相似的风险管理技术和手段、相似的组织架构与业务流程和相似的激励机制。全球金融市场的自由化和由此带来的国际化、综合化经营的趋势和市场集中度的提高、投资和风险管理的专业化和职业化以及风险管理的模型化都加深了全球金融体系的同质化程度。

F. 外部关联度(External Linkages):资本的跨境流动增加了不同国家金融体系之间的相关性,这种相关性就决定了金融风险跨国界蔓延的速度和程度。对于金融体系外部关联度的分析,应当注重考察两个方面:一是经济金融体系对境外资本,尤其是短期资本的依赖程度;二是该国金融资产受源于其他金融体系的风险影响的程度,其中一个重要的监测指标是该国金融机构在境外的资产占境内资产的比重。

在 1999~2007 年间,全球资本流动总规模从 1.9 万亿美元增长到 9.0 万亿美元,其中流向新兴市场和发展中国家的资本规模从 2 310 亿美元增长到 2 万亿美元(国际货币基金组织,2009)。到了 20 世纪末,西方大型金融机构均已通过并购和扩张等方式在全球建立了庞大的经营网络。在 1996~2006 年间,跨国并购案件的资金规模从 3 亿美元增长到 3 595 亿美元(IMF,2007)。金融机构的跨国经营使各国金融体系紧密相连,以欧洲为例,2009 年年末,德国和法国银行体系对希腊、葡萄牙、西班牙和爱尔兰的风险敞口巨大,分别占其 GDP 的 16% 和 15%。这种联系使金融风险能够很快从边缘国家蔓延至欧洲的核心国家。

G. 风险监测和纠正能力(Review and Correction):即金融体系中的风险管理能力。这种能力由两个层面的因素构成。一个是微观层面金融机构自身管理风险的能力以及微观审慎监管的有效性,另一个是宏观层面监管者对整个金融体系的系统性风险的监测和管控能力,即宏观审慎管理能力。微观和宏观层面的风险管控对于维护系统稳定同样重要,是不可相互替代的。有效的宏观审慎监管对金融体系的透明度(风险信息的可获取性)、监管的覆盖面、法治环境的健全程度、对系统重要性机构的处置能力等方面有很高的要求。宏观审慎监管的有效实施还必须有高效合理的组织架构和相应的法律授权。不同结构的金融体系中,有效宏观审慎监管的组织架构可能是不同的,这取决于如何将宏观审慎的视角与微观审慎的信息和工具最好地结合起来。

---

① 同质性的危害还表现在单家机构的风险管理行为加总后可能演变成整个金融体系的风险来源。英国金融服务局(2009)在一份讨论文稿中指出,全球范围内大量大型金融机构相似的风险分散模式正使全球金融体系变得更加脆弱,因为这导致所有的机构都面对同类的风险,金融市场一旦出现风吹草动,这些金融机构很可能采取同样的行为,从而导致市场信心的快速崩溃。

综上所述，金融体系的结构化特征不仅决定了系统稳定性，也对金融机构的效益水平起到决定性作用。由于单体金融机构的效益与宏观系统稳定性对金融体系的结构化特征要求相反，所以两者之间存在一种此消彼长的关系。这个关系可以用曲线 L_1 来表示（见图 6-2）。

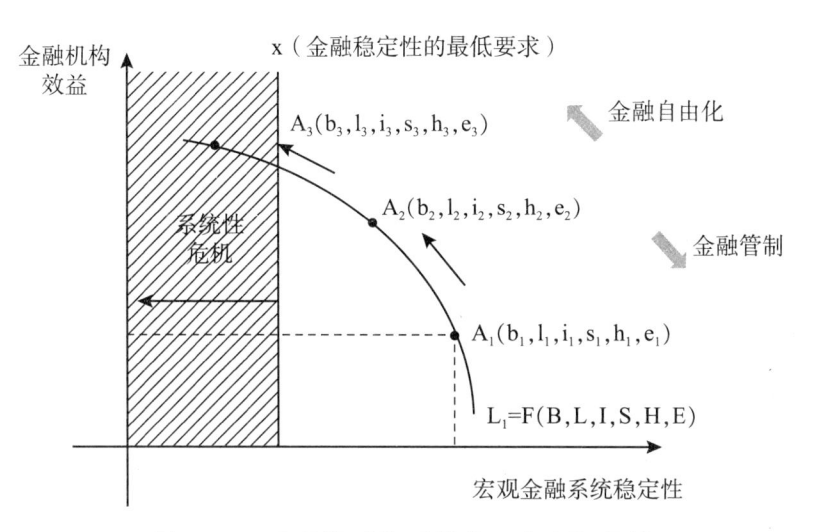

图 6-2 金融体系的"效益—稳定"曲线

曲线的形状向外突出，表明为增加个体机构效益而减少系统稳定性所做的结构性变化得到的边际效益是递减的，反之亦然。点 A_1 代表某个金融机构体系由于其特定的结构性特点（b_1，l_1，i_1，s_1，h_1，e_1）在 L_1 线上所处的位置，其中 b_1，l_1，i_1，s_1，h_1，e_1 分别代表该金融体系中六大要素的平均水平。直线 x 代表金融体系运行的最低稳定性要求，在 x 线之左的金融体系是不稳定的，容易出现系统性危机[①]。根据之前的分析，每一个由逐利机构所组成的金融体系都有逐步向 L_1 线左上方移动的内生倾向，也就是说，随着时间的推移，金融体系会由 A_1 移到 A_2，最终移到 A_3 的位置。在 A_3 点，金融机构的效益很好，但金融体系极不稳定，容易出现系统性危机[②]。

对于政策制定者来说，要增强系统稳定性似乎就必须加强金融管制（包括极大限度地降低杠杆率、相互依存度和对市场集中度设限等），使金融体系在

[①] 金融机构效益在系统性危机中将出现大幅下降甚至倒闭，但对危机下金融机构效益和存续的分析非本书重点，为简述起见未对"效益—稳定"曲线做出调整。

[②] 对于在没有外部管制和监管的约束下，金融体系在"效益—稳定"曲线上是否具有自我均衡能力是值得探讨的，即金融体系在达到曲线的某一个位置后，金融机构可能实现边际收益和成本的平衡，从而不再增加杠杆率、相互关联度等脆弱性因素。但从历史实证的角度来看，西方金融体系在缺乏外部管制和监管的条件下实现自我均衡的能力尚未体现。

"效益—稳定"曲线上的位置逐步向右下角移动。但问题并非如此简单,一个过度管制的金融体系通常是低效的,因为它无法从金融业巨大的规模效益和范围经济中获益。一方面,该金融体系无法最有效地服务实体经济,另一方面,受到过度管制的金融机构不可能在国际市场中具有竞争力。

一旦把金融行业的竞争力纳入政策考虑的范畴时,问题就更为复杂了。由于金融业对经济资源调配的巨大能力,它不可避免地被许多国家视为国民经济中的战略性行业,主导这个行业的能力对于掌控实体经济发展的路径至关重要。而金融业通常又是最国际化的行业之一,受国际市场竞争的影响巨大。本土金融行业的国际竞争力便自然成为了政策制定者关注的重点。强大的金融业必定是由强大的现代金融企业构成的,它们拥有全球性品牌、遍布全球的经营服务网络、世界一流的人才、技术和管理能力、先进的信息科技和价格低廉的融资渠道等优势,而没有规模效益和范围经济,这些优势是无法实现的。

如此说来,难道政策制定者除了在金融稳定与效率之间做出取舍之外就没有其他选择了吗?提高金融效率和竞争力就必须以金融稳定为代价吗?从中长期来看,政策制定者还拥有一个平衡效率与稳定的重要杠杆,就是 BLISHER 框架中的第七个因素:金融体系监测风险和纠错的能力(Review and Correction)。金融体系风险管理能力的加强,可以使金融稳定和效率在一个更高的层面上达到平衡。如果用图来表示,风险管理能力的增强可以使 L_1 曲线外移(见图 6-3)。也就是说,一个具有更高风险管理水平的金融体系可以在满足相同系统稳定性要求的情况下,达到一个效益和竞争力更高的体系结构 A'。

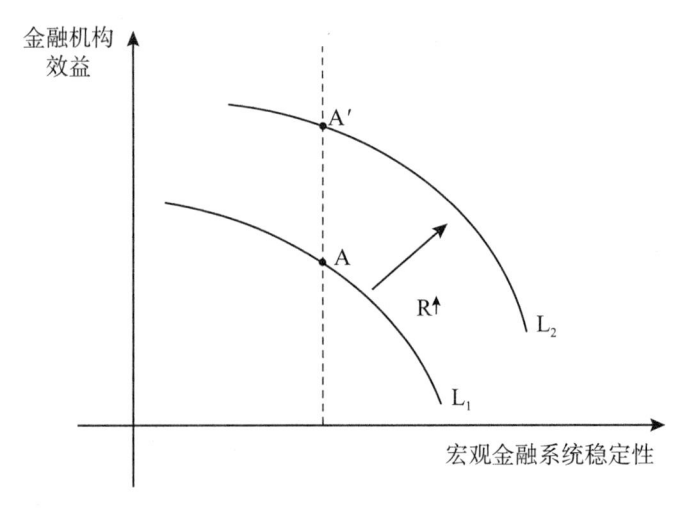

图 6-3 加入金融体系风险管理能力因素后的"效益—稳定"曲线

运用 BLISHER 框架对西方金融体系演进的分析表明,此次金融危机实际上是西方金融体系在自由化过程中脆弱性不断积聚的最终后果。在过去的 20 年中，西方金融利益集团推动金融体系在实体经济负债、杠杆率、相互依存度、市场集中度、同质化经营、风险跨境传递等方面发生了增加脆弱性的结构变化，同时金融监管遭到大幅削弱，最终导致了大萧条以来最严重的危机。

6.1.6 结论性评价

与单个金融机构的风险相比，系统性金融风险对整个金融体系和实体经济影响更广泛，更深刻，更具毁灭性。在前面分析的基础上，我们可以总结出关于系统性风险的相关结论。

第一，与金融危机相比，系统性风险是一个连续变量。从人类对金融危机的认知历程看，系统性风险概念的强化和应用将极大深化人类对金融危机的认识。这一转变使金融危机从一个突发的风险事件，演变为一个监管机构可以日常持续监控的对象，使得人们有可能通过关注和评估系统性风险的严重程度动态评估金融危机的发生概率，进而相应采取应对之策。这将具有里程碑意义。就此而言，这次国际金融危机有可能成为金融监管上的重要分水岭。

第二，系统性风险监管知难行更难。金融危机一再发生的历史告诉我们，系统性风险的识别难，果断采取措施去干预已经失去理性的金融市场更难。首先，从技术上讲，要识别出系统性风险就意味着可以准确找到"明斯基时刻"，这在目前还没有公认、有效的评估方法。国际清算银行甚至认为，人类的理解力是有限的，这决定了我们不可能彻底搞清系统性风险。在现实中，一方面，市场主体并没有足够的激励去寻找这个时点；另一方面，监管机构则往往会缺乏所必需的使命感和勇气（在市场处于非理性繁荣时，做出独立判断并劝导刺破泡沫，本身就需要冒各种风险）。其次，从监管实践上看，对系统性风险的判别很难达成一致。市场和监管机构之间会有分歧，监管机构内部也同样会有不同观点。再次，对付系统性风险这个强大的敌人，只靠传统武器远远不够。干预系统性风险意味着监管机构要能够在危机的关键时刻，把自己的判断强加于市场判断之上。要把这样的特殊授权和其他针对系统性风险的干预工具予以法律化，难度可想而知。作者认为，系统性风险监管将会经历一个不断试错的过程，包括将来可能再次发生的大大小小的金融危机。但无论怎样，系统性风险监管都将成为金融监管最基本、最重要的使命。

第三，尽管我国已有的不少监管实践确实可以纳入系统性风险监管的范畴，但与国际上类似，我国对于系统性风险的监管从整体上看仍然处于初级探索阶段。我们的研究表明，中国在系统性风险监管方面有一些独特的优势，如政府干预之手比西方更为有力,最高决策层和监管机构具有较强的危机和风险意识等,但同时也面临不少系统性金融风险隐患,包括:一是经济周期的下滑带来金融机构资产质量恶化,二是欠审慎的综合经营和贪大求全导致大型金融机构过度承担风险,三是房地产价格泡沫危及金融体系,四是不审慎的资本项目可兑换,五是新型金融机构或小额贷款公司等"影子银行"大面积爆发风险和破产关闭。从长远看,我国应在充分借鉴国际经验和教训的基础上,积极构建系统性风险防范长效机制,不断建立并完善系统性风险监管的法律制度、机构安排、技术工具等。

6.2 危机后的金融监管变革:从微观审慎到宏观审慎

本轮全球金融危机影响之大、范围之广以及持续时间之长堪比 1929~1933 年的经济大萧条,也引发了国际金融业界和学术界对危机孕育、爆发、传导和升级的原因进行深刻的探究和思考,众多专家把矛头指向了美国过度宽松的货币政策、住房抵押贷款以及证券化产品的过度创新、金融机构风险管理意识和水平的不足、信用评级机构的不负责任(Baily,2008;Goldstein,2008),与此同时,金融监管失效也饱受诟病。从金融危机的实际和国际社会对诸多监管问题反复审视的结果来看,金融风险和危机发生时,金融监管这一最后堡垒并没有有效发挥其作用,金融监管失效的确是引发本次金融危机的主要因素之一。尤其是在近年来"金融自由化"理念的支持下,忽视系统性风险的微观监管暴露出诸多不足,对本次危机的发展深化负有不可推卸的责任;危机之后,国际社会也对金融监管进行了深刻反思,并逐渐形成了以宏观审慎监管应对系统性金融风险的新的改革方向。

6.2.1 欠审慎的"金融自由化"监管理念

危机爆发后,"金融自由化"受到了国际经济金融各界的广泛质疑,保罗·萨缪尔森(Paul A Samuelson)认为:次贷危机表面上是由房地产泡沫引起的,但实际上是供给学派的放松管制政策的结果。约瑟夫·斯蒂格利茨(Joseph Stiglitz)在接受《商业周刊》专访时也表示:不仅仅是经济,经济学理论也正在"自由落体"。从市场层面看,金融自由化的核心理念是"使金融产业在公开竞争中受益,并使政府干预降到最小限度"(王进诚,2008)。美国过分地追求完全自由市场竞争的经济体制可以说是次贷危机的根本性原因之一,而居民储蓄率下降、债务负担率上升、房价的上涨、利率的降低、金融创新的泛滥都只是自由市场竞争体制下的产物而已（彭兴韵、吴洁，2009）。从监管层面看，金融自由化也称为金融规则放松（financial deregulation），指的是用市场机制来代替政府对金融机构、金融市场直接干预和管制的过程。世界各主要经济体过分崇尚"金融自由化"的监管理念是引发本轮全球金融危机的"罪魁祸首"之一。

为了彻查2007~2008年美国爆发金融危机的原因和真相，2009年美国国会授权成立了金融危机调查委员会（FCIC），该委员会在长期分析和调查的基础上公布了金融危机调查报告。报告认为，"金融市场的自我纠正特性和金融机构的自我约束机制，会使金融市场处于稳定状态"，是长期以来人们根深蒂固的信条，而正是这种不正确的理念使得监管者"在其位，不谋其政"。美联储前主席格林斯潘是这种信念的秉承者之一，他固执地相信，监管是不必要的，不管遇到多坏的情况，市场机制都会发挥作用。30多年来，在格林斯潘等人的大力主张和历任政府、国会的竭力支持下，在实力强大的金融业的怂恿下，"监管自由化"和"自律监管"摧毁了金融体系原有的保护屏障，并为规模高达数万亿美元的风险敞口，包括影子银行和场外衍生品市场等，打开了监管缺口。政府纵容金融企业自己选择监管机构，其后果是金融监管者竞相追逐做最弱的监管者。事实证明，传统的监管屏障恰恰对于避免金融巨灾的发生至关重要。

1."金融自由化"概述

金融自由化（Financial liberalization）理论最早是美国经济学家罗纳德·麦金农（R. J. Mckinnon）和爱德华·肖（E. S. Show）在20世纪70年代针对当时发展中国家普遍存在金融抑制（Financial Repression）而影响经济发展所提出的。他们认为政府对金融活动的干预抑制了金融业的发展，导致金融业效率低下，并进一步制约经济发展。因此，他们主张发展中国家以金融自由化的方式实现金融深化（Financial Deepening），并促进经济发展。

此后，金融自由化受到了发达国家和发展中国家的推崇，纷纷推行金融自由化改革。然而，20世纪80~90年代，在多个实行金融自由化的国家受到金融危机的强烈冲击后，诸多经济金融学者开始关注金融自由化的弊端，并对金融自由化与金融风险的关系进行了实证和理论研究。

世界银行（1987）以《金融自由化的风险：智利的教训》为题，对激进的金融自由化进行反思，认为智利的金融自由化改革存在的最严重问题是改革目标太长远，对金融部门缺乏有效的监管，特别是对银行业务几乎就没有监管。世界银行的《1998~1999年世界发展报告》认为导致银行危机频繁的原因之一就是这种自由化损害了特许权价值，而且自由化没有伴随着适度的谨慎监督。

德米古特·库特和德特拉格其（Demirguc - Kunt and Detraglache，1998）对1980~1995年间发生过金融危机的53个国家进行了实证分析，结果表明，金融自由化增加了金融危机发生的概率，尤其是在金融制度环境还不够完善的发展中国家，金融自由化更容易引发银行危机和金融脆化（Financial Fragility）。威廉姆森对1980~1997年间发生的35个系统性金融危机进行了研究，结果发现其中24个金融危机与金融自由化有关，金融自由化在相当程度上暴露了金融系统的不稳定性，加剧了金融风险。

巴斯·卡皮奥和莱文（Barth. Caprio and Levine）指出，截至1998年，共计有超过130个国家在过去20年中经历了损失巨大的金融危机，而这些爆发金融危机的大多数国家都实行了金融自由化，其经济的发展与国际资本市场有十分密切的联系。

卡明斯基和莱因哈特（Kaminskv and Reinhart）对5个发达工业国家和15个新兴工业国家的金融危机进行了实证分析，结果发现银行危机的前兆是金融自由化改革和信贷规模的大幅度扩张。

德米尔（Demir）指出，在信贷市场不完善的情况下，金融自由化使私人投资不是投向实业部门而是投向金融资产，从而滋生投机，进而加剧了金融部门的不稳定。同时，也不利于经济的增长。

赫尔曼，默多克和斯蒂格利茨（Hellmann，Murdock and Stiglitz，1994）对金融自由化引起金融脆化的内在原因进行研究，发现利率上限取消以及进入壁垒取消所带来的银行特许权价值①（Bank Franchise Values）的降低是重要原因之一。

2."金融自由化"风险分析

应该说，金融自由化理论的产生有其历史背景和适应性，金融自由化充分释放了金融发展的活力，促进了经济增长。然而，金融自由化具有明显的双面性，金融自由化加大了金融业的经营风险，金融自由化所倡导的价格自由化、业务经营范围自由化、市场准入自由化、资本流动自由化等，都有可能加剧金融脆弱性，从而诱发金融危机并引起经济衰退。

"价格自由化"风险隐患。价格自由化主要指利率自由化和汇率自由化。以利率自由化为例，金融监管当局取消利率限制将增加金融风险隐患。一是取消利率上限为银行留下冒险空间。在利率管制的银行体系中，监管当局人为为银行利率设置上限，这样银行将因为无法收取较高的风险溢价而主动放弃高风险贷款客

---

① 银行特许权价值是指设置利率上限和准入限制等为持有银行许可证的银行所创造的价值。

户。而在利率自由化背景下，利率上限不复存在，银行有给高风险贷款客户放贷从而收取较高风险溢价收益的冒险冲动。高风险性贷款本身的脆弱性及其风险管理的复杂性，加大了银行的风险，也增加了银行危机发生的可能性。二是利率自由化加大了利率风险。利率自由化后，利率受金融市场资金供给、需求等多因素影响，具有多变性和难以预测性，无疑加剧了利率风险。

"业务经营范围自由化"风险隐患。业务经营范围自由化主要是指不对金融机构的业务经营范围设置明显限制，即综合经营。综合经营的风险隐患主要表现在：一是金融机构同时经营具有不同特征的业务，增加了金融机构内部管理和外部监管的难度。二是综合经营加大了金融体系的风险传染性和脆弱度，孕育在金融集团内部大量的关联交易为金融风险在整个金融集团内部传递提供可能，并可能传播到整个金融体系，引发系统性风险和危机。

"市场准入自由化"风险隐患。市场准入自由化降低了银行进入门槛，使银行之间的竞争激烈化，引起银行垄断性利润的降低乃至消失，从而降低银行特许权价值。银行特许权价值的降低意味着银行丧失许可证的成本降低了，因此银行丧失了加强贷款风险管理的内在动力，尤其是一些处于资不抵债境地的银行将更倾向于选择风险高的贷款组合，加剧了金融风险隐患。因此，市场准入自由化所带来的特许权价值降低将导致银行风险管理行为的扭曲，增加金融体系内在不稳定性和金融脆弱化。

"资本流动自由化"风险隐患。资本流动自由化包括经常项目和资本项目下的资本自由流动两个层次。资本自由流动加快了资本的国际流动，不稳定的国际游资可能带来严重的资产泡沫并使泡沫破裂，对一国金融体系产生巨大冲击，导致金融不稳定甚至爆发危机，并可能将危机传导到他国，对国际金融市场产生巨大影响，引发更大范围的金融危机，1998年亚洲金融危机就是一个典例。

另外，金融市场有不自觉和不平衡的时候，银行的公司治理和内部控制在股东追逐短期利益、高管层追求短期报酬等因素的驱动下，也有忽略风险积累、放弃长期目标等不理性的时候（王兆星，2009）。

因此，不受监管的金融自由化是一种完全放任的自由，会增加金融风险和金融危机发生的几率。金融自由化并不是要完全取消政府监管，恰恰相反，金融自由化离不开金融监管，金融自由化的顺利推进是以审慎而有效的金融监管为基础条件的。

3. 金融监管失效的内因：过分崇尚"金融自由化"的监管理念

美国马萨诸塞州州立大学经济学教授大卫·科茨认为"这次金融危机是

1980 年以来新自由主义在全世界泛滥所导致的一个非常符合逻辑的结果"①。自 20 世纪 80 年代全球性金融自由化浪潮兴起后，一些国家的监管者以此为论据，放松了监管标准。

英国金融监管当局认为银行业机构具备控制风险的能力和技术，以原则监管取代规则监管。美联储（Fed）则长期奉行"最少的监管就是最好的监管"的信条，坚持"市场万能论"，认为金融机构具备有效识别风险和监控交易对手的能力，并能够在金融混乱中实现自我约束和自我保护，不仅取消了利率管制，还放松对金融机构混业经营行为和金融产品创新的监管。美联储前主席艾伦·格林斯潘（Alan Greenspan）则有"金融市场自我监管比政府监管更为有效"、"金融衍生产品最佳监管者②是市场参与者自己，而不是政府的机构和法规"等著名观点和言论。

以次贷危机的发源地美国为例，美联储没有对住房抵押贷款标准进行限制催生了掠夺性贷款（Predatory Lending），美国证券交易委员会（SEC）没有对评级机构的评级行为进行监控、没有对金融衍生品进行有效监管等等放松监管的行为都带有"金融自由化"监管理念的影子，而这些恰恰是次贷危机的重要诱因。同时，随着国际资本流动日益频繁，世界各国的外汇储备、游资大量投资于美国的金融市场和次贷产品，也使得爆发于美国的次贷危机迅速蔓延至全球主要经济体，升级为全球金融危机。因此，过分崇尚"金融自由化"的监管理念带来的金融监管的放松，对次贷危机的爆发、传导负有不可推卸的责任，其带来的监管缺位问题将在下文详细阐述。

6.2.2 微观审慎监管弊端之一：对影子银行系统的监管缺位

监管缺位问题由来已久，美国长期资本管理公司（LTCM）事件就是一个典型案例。LTCM 是一个广泛参与外汇、期货、货币和证券市场的金融机构，然而当 1998 年其突然濒临破产时，竟没有一个监管机构对它实施过监管。此次全球金融危机暴露出了更大范围的监管真空地带，最典型的是对"影子银行系统"（The Shadow Banking System）的监管缺位。为此，扩大监管覆盖面成为全球金融监管改革的迫切需求。例如，美国金融监管改革突出强调了全面监理念，力求弥补原本存在的监管死角，将场外市场、对冲基金、资产支持证券等全部纳入监

---

① ［美］大卫·科茨，《美国此次金融危机的根本原因是新自由主义的资本主义》，载《红旗文稿》，2008 年第 13 期。

② 掠夺性贷款是指以不了解信贷市场、信用记录较低的购房者或借款者为目标的一种有误导性或欺诈性的贷款行为。

管范围。英国、法国和日本的金融监管改革也都明显地体现了"全面覆盖"的监管理念。

1. 影子银行系统概述

20世纪70~80年代以来，在金融管制放松和金融创新发展的环境下，国际金融体系尤其是美国金融体系发生了较大的变革。国际金融机构的经营模式由传统的"发起—持有"模式逐渐转变为"发起—评级—销售"模式（蒋定之，2009），相应地，全球信贷融资体系由传统的银行信贷模式演变为证券化融资模式，传统的银行信贷关系也演变为隐藏在证券化中的信贷关系。

影子银行（Shadow Banking）就是将银行贷款证券化，通过证券市场获得信贷资金、实现信贷扩张的一种融资方式。影子银行的证券化产品主要包括住房按揭贷款支持证券、资产支持商业票据、结构化投资工具、拍卖利率优先证券、可选择偿还债券和活期可变利率票据等等。在影子银行中，金融机构的融资渠道主要是通过金融市场的证券化，而非传统的吸收存款。因此，尽管没有传统银行的组织结构，但影子银行实际上发挥着传统银行信贷运作的功能。

与传统银行相比，影子银行具有以下特征：一是交易模式采用批发模式，而非传统银行的零售模式；二是交易大都在场外进行，且因信息披露制度不完善而不透明；三是因没有传统银行的高额资本金而大都具有高杠杆率。因此，可以说，影子银行是对传统银行的一种颠覆，是对传统银行产品特征、经营模式的创新。

影子银行系统的概念最早是由美国太平洋投资管理公司执行董事麦卡利提出的。影子银行系统，又称为平行银行系统（The Parallel Banking System），包括对冲基金、私募基金、贷款公司、信用评级公司、债券保险公司等非银行金融机构以及由它们主导的大量表外业务和特别金融工具（SPV）。影子银行系统是所有影子银行相互作用，及其由此形成的信用和派生关系的集合。

2. 影子银行系统与次贷危机

从次贷市场的运作链条看，影子银行系统涉及次贷市场的众多参与主体。在次贷食物链中，具有政府背景的房地美公司（Freddie Mac）、房利美公司（Fannie Mae）为发放次级住房抵押贷款的机构提供担保，再由"两房"购买这些次级贷款或其证券化产品住房抵押贷款证券（Mortgage－Backed Securities，MBS），然后再将这些次级贷款或MBS融入资产池，用于发行担保债务凭证（Collateralized Debt Obligation，CDO）等各种衍生工具。之后，这些衍生工具被转卖给投资银行后，再由投资银行进行更高次方的金融创新，如信用违约互换（Credit Default Swap，CDS）等，并由不负责任的评级公司进行信用增级，最后再分销给保险公司、私募基金、对冲基金、社保基金和商业银行等机构。

在金融创新的刺激下，近年来影子银行系统发展迅猛。例如，2007年年初，资产支持商业票据、结构化投资工具、拍卖利率优先证券等资产规模达2.2万亿美元，通过第三方回购隔夜融资的资产达2.5万亿美元，对冲基金持有的资产达1.8万亿美元，五大投资银行的资产总规模达4万亿美元，整个影子银行系统的总资产则超过10万亿美元；而相比之下，美国最大的5家银行控股公司（Bank Holding Company）当时的总资产只有6万亿美元，影子银行系统的规模变得相当大（盖特纳，2008）。国际货币基金组织的研究表明，截至2007年底，世界十大投资银行控制的资产超过13万亿美元，平均杠杆率约为30.6，而其在2003年平均杠杆率还不到23。据国际清算银行的估计，截至2007年底，信用违约掉期（CDS）全球市值达到45万亿~62万亿美元。另有研究表明，截至2007年底，传统金融产品总值约为70万亿美元，1999~2007年间年均增长率为5.9%；衍生金融产品名义合约额已超过165万亿美元，其年均增长率达21.7%；而结构性产品发展更是迅速，总规模从2000年0.5万亿美元左右扩张至2007年的2.6万亿美元，年均增长率高达74%。

由此可知，影子银行系统与次贷危机有着千丝万缕的关系，而影子银行系统的过快扩张则是次贷危机乃至全球金融危机爆发的重要推手。究其本质，对影子银行系统的监管缺失是其盲目、无节制扩张的主要诱因，因而也是次贷危机爆发的重要成因之一。

3. 次贷危机爆发的重要成因：对影子银行系统的监管缺失

近年来，尽管影子银行系统发展迅猛，且广泛存在于各国金融体系中，并对各国金融市场和金融安全具有很大的影响力，但却一直游离于现有的金融监管体系之外。美国财政部长盖特纳（Geithner）在2010年5月美国国会调查"影子银行系统"对金融危机造成影响的听证会上明确表示，造成金融危机的一个根本原因是美国国会没有赋予金融监管者控制"影子银行系统"的权力，而危机的一大教训是如果"影子银行系统"免于强有力的监管，就无法保证经济安全。在过去20年中，由于缺乏有效监管，影子银行系统的盲目扩张累积了巨大的风险，并在危机爆发后重创金融市场。下面将从直接和间接两个角度，阐述对影子银行系统监管缺失的危害。

A. 对影子银行系统的监管缺位

影子银行系统实际上扮演着传统银行的角色，但却没有处于与传统银行相近的监管保护伞之下，这主要表现在：一是缺乏像传统银行资本充足率那样的约束。传统银行处于巴塞尔银行监管委员会（BCBS）的监管之下，巴塞尔协议规定传统银行的资本充足率不得低于8%,即杠杆率不能够超过12.5,使其扩张受到自有资金规模的限制。而影子银行却没有受到此类限制,其财务杠杆可能扩大到几十倍,潜在的风险自然也是非常大。二是缺乏严格的信息披露要求。影子银行的产品大都在柜台交易,且缺乏严格的信息披露制度。信息披露得很不充分,其隐藏的风险在暴露前难以被金融监管者有效识别。三是缺乏存款保险制度的保护。在大多数国家,传统银行一般置于存款保险制度的庇护之下,而影子银行并没有存款保险制度的保护。当房价下跌引起次级贷款违约率大幅上升时,存款保险制度缺失的劣势暴露无遗,投资者因恐慌而大量抛售次贷产品,影子银行遭遇"挤兑"进而发生流动性紧缩和次贷危机。

对影子银行系统监管缺位的原因主要有:一是监管职能重叠产生监管真空地带。原本为了强化对特定机构和业务监管的监管职能重叠,却因相互推辞而成为是产生监管真空地带的一个重要原因。实际上,很多国家都存在监管职能重叠的问题。以花旗集团为例,根据美国审计署对花旗集团的调查,花旗集团不但要受到美联储(FRB)、联邦存款保险机构(FDIC)、财政部货币监理署(OCC)以及证券交易委员会(SEC)等的监管,还要受到50个州政府层的监管。二是监管职责不清带来监管死角。监管职责不清主要是由金融监管模式与金融经营模式的不相适应引起的,这点问题将在下面论述。三是对信用评级机构监管的缺失。在缺乏有效监管的环境下,信用评级机构不负责任的评级结果对投资者和金融市场形成了明显的误导。

B. 对过度金融创新的监管缺位

影子银行系统的产生和快速膨胀实际上是金融创新的产物,因此,从间接的角度来看,对过度金融创新的监管缺失是次贷危机爆发的重要原因。回顾世界金融发展史,毋庸置疑,科学有效的创新是金融改革发展的不竭动力。然而,历史也不断证明着缺乏有效监督的金融创新具有扭曲市场、催生泡沫、放大风险、引发危机的破坏力。有关机构的研究结果显示,自16世纪以来,所有金融危机都与金融创新有着千丝万缕的关系。次贷危机也不例外,缺乏有效规范和监管的金融创新是导致金融杠杆失控、诱发次贷危机、引起金融风险蔓延的直接原因。

在本轮金融危机中,除了盲目创新的金融专家外,对过度金融创新的监管缺位也难辞其咎。一方面,金融全球化带来了金融市场的相互开放和渗透,在促进金融业共同进步的同时也直接引发竞争升级,各国金融监管机构出于维护自身利益或支持金融业提高自身竞争力的需要考虑,往往存在放松金融创新管制的冲动,这也给次级抵押贷款的产生开启绿灯。另一方面,随着金融创新的不断推进,尤其是资产证券化趋势的加强,出现了担保债务凭证、担保债务凭证平方乃至担保债务凭证立方等等,基于复杂数学模型设计各种新型的金融衍生品通常都隐含着多个市场特征的风险,具有风险识别难度大、风险监测技术难、风险控制要求高的特征,往往超出了监管者的认知能力,监管协助金融机构有效控制风险的职责成为空谈。

影子银行是 1929 年大萧条的产物,其兴起表现为投资银行以及各类金融机构的迅速发展。最为典型的是投资银行,它们受到的金融监管少之又少。发放了相当比例次级贷款的按揭贷款公司,危机前几乎不受任何监管。在美联储看来,如果影子银行系统出现了问题,运营良好的大型商业银行可以给予必要的帮助;如果单单靠市场力量不能解决问题,美联储可以及时出手来维护市场的稳定。这种不作为,放大了影子银行的危害。影子银行的发展也同时给原本占主导地位的传统商业银行造成了巨大的竞争压力,商业银行于是纷纷摒弃传统的盈利模式,转为依靠短期资金来源从事高风险高收益业务。正是影子银行的过度扩张和监管缺位,放大了系统性风险,成为本次次贷危机爆发的重要原因。

6.2.3 微观审慎监管弊端之二:顺周期性的监管制度

虽然顺周期效应是银行体系重要的内在特征,但现行监管制度也一定程度上扩大了银行体系与实体经济之间的正反馈效应,推动银行在经济上行期过度承担风险,埋下了危机的种子(中国银监会课题组,2010)。针对次贷危机暴露出的金融监管存在顺周期性,国际经济金融组织和主要经济体监管机构进行了深刻反思,并就逆周期监管的实施进行积极探索。巴塞尔委员会 2009 年 12 月发布的《增强银行体系稳健性》(征求意见稿)确立了逆周期资本监管的整体框架,主要包括缓解最低资本要求的周期性波动、建立前瞻性的贷款损失准备金、建立高于最低资本要求的超额资本留存、建立与信贷超常增长挂钩的超额资本要求等相互联系的四个模块。英国金融服务局(FSA)认为可以通过运用转换标准(scalar)将银行违约概率模型的输出值转变成跨周期的估计值来实现违约概率周期性波动的降低。

1. "顺周期性"概述

顺周期性(Procyclicality)是指金融部门与实体经济之间动态的相互作用(正向反馈机制),这种互相依存的作用关系会扩大经济周期性的波动程度,并造成或加剧金融部门的不稳定性(金融稳定理事会 FSB,2009)。尽管次贷危机突出反映了金融监管制度存在的顺周期性,而实际上,国际学术界在几年前就已经注意到金融监管的顺周期性问题。

理论研究方面。伯南克、盖特勒和吉尔克里斯特(Bernanke, Gertler and

Gilchrist,1999)提出,巴塞尔资本监管体系会在经济高涨时低估风险,在经济衰退时高估风险,这可能导致"顺经济周期"现象。得出该结论的依据主要有三点:一是银行的杠杆比率依赖于资产市场价值,如果资产市场价值不能准确反映未来现金流,顺经济周期的行为就会产生;二是银行风险度量是时点性的,而非对整个经济周期的综合度量,因此,相应的信贷政策在经济繁荣期会较松,而在衰退期将变得较紧;三是利润评价体系使银行偏好短期风险,故银行不可能针对整个经济周期来平衡风险。马切勒·卡瓦略和乔凡尼·马依诺丽(Michele Cavallo and Giovanni Majnoni,2001)指出,银行资本的周期性波动主要来自于两个方面:一是由基于风险而设计的银行资本监管制度;二是由于缺乏对银行贷款损失拨备计提行为的风险监管,银行资本的不足很大程度又是计提贷款损失拨备不足的表现。桑德斯(Saunders,2001)对新资本协议中内部评级法(IRB)的研究发现,违约概率与经济走势高度相关。当经济处于衰退阶段,违约概率高,相应的监管资本要求也多,致使信贷紧缩和经济紧缩,而经济繁荣时则相反。

实证研究方面。尤帝斯提拉(Yudistira,2003)通过对印度尼西亚等国家金融危机后经济复苏过程的实证研究,认为正是严格的资本监管加剧了拉美和东南亚国家金融危机冲击之后的经济衰退。巴斯、卡皮奥和莱文(Barth,Caprio and Levine,2004)通过世界范围内50个国家的银行数据的面板数据回归分析发现,1988年巴塞尔协议最低资本要求的实施与这些国家银行危机经济波动高度相关。

2. 金融监管制度"顺周期性"的主要内容

银行经营的顺周期性兼具内生性和外生性,既受到自身追求利润和风险管理需要的影响,又受到满足金融监管要求的影响。金融监管制度的顺周期性主要表现在以下三个方面:

(1)资本监管的顺周期性。当前国际资本监管制度的主要依据是1988年的巴塞尔资本协议(Basel Ⅰ)和2004年的巴塞尔新资本协议(Basel Ⅱ)。1988年的巴塞尔协议要求银行的资本与风险加权资产之比不得低于8%,当银行资本对风险资产的比率低至无法满足监管要求时,银行将通过减少信贷供给来提高该比率,从而对经济周期产生影响。而相比之下,巴塞尔新资本协议的顺周期性更为明显。新资本协议要求资本监管制度具有高度的风险敏感性,即要求银行在经济下行期配置更多的资本,而在经济上升期配置较少的资本,使经济紧缩期的信贷更加紧缩,而在经济上升期的信贷更加宽松,进一步加剧了经济周期的波动。以新巴塞尔协议关于信用风险的计量为例,其标准法和内部评级法分别采用外部评级公司和银行内部评级体系评估的违约概率、违约损失率等来确定风险权重,而不论是外部评级还是内部评级,都是与经济形势相挂钩的。在经济上升阶段,评级的风险权重较低，计算出的风险值也较低，对资本的要求就相应下降；而在经济下行阶段，评级的风险权重和计算出的风险值均较高，对资本的要求也就相应提高。

（2）贷款损失准备金计提的顺周期性。贷款损失准备金（loan loss reserves）是银行用来抵御贷款预期损失而从利润中提取的用于弥补贷款损失的准备金。贷款损失准备金具有补充银行资本的特性，其计提充分与否直接影响银行资本吸收损失的能力，影响银行的信贷行为，进而影响经济周期的波动。在经济上升期，贷款违约率和贷款损失较少，银行计提的准备金也相应减少，盈利能力相应提升，高利润率将提高放贷的积极性，支持经济进一步繁荣；而在经济下行期，贷款违约率和贷款损失增大，银行需要计提更多的准备金，贷款损失侵蚀了银行的利润和资本，盈利能力相应下降，放款能力和意愿相应降低，推动经济进一步萧条。博里奥、弗发恩和洛维（Borio, Furfine and Lowe）以 1980 ~ 1990 年 10 个发达国家为样本的研究表明，银行信贷风险拨备显示出很强的顺周期性，银行的拨备数量与经济周期呈很强的负相关性。

（3）公允价值会计记账法的顺周期性。公允价值（Fair Value）是指计量日市场参与者在有序交易中出售资产所获得的或转移负债所支付的价格（美国财务会计准则委员会 FASB，2007）。公允价值是以市场价值或未来现金流量的现值作为资产和负债的主要计量依据的会计记账法，是目前国际会计用于计量金融产品价格的主流方法，被认为是可以准确反映资产负债真实价值的会计记账法。正是出于人们对公允价值记账法的信任，公允价值记账法加剧了资产和负债的价格变化，具有顺周期性。在市场行情低迷时，资产价格相应下跌，公允价值记账法要求不断对资产进行重新计价，账面价值出现缩水，投资者信心受损引起资产价格进一步下跌；而在市场行情向好时，资产价格相应上涨，公允价值记账法的重新计价优化了账面价值，看好的投资预期推动资产价格进一步上涨。

另外，长期以来，国际金融组织和各国监管机构在制定监管政策时，对所制定的监管政策可能带来的顺周期性意识不足，也在一定程度上放大了金融监管制度的顺周期效应，加剧了经济的波动和金融的不稳定。

3. 次贷危机加剧的重要外因：监管制度的顺周期性

美国次贷危机产生、发展、升级为全球性金融危机，并由金融系统波及实体经济，实体经济衰退又反过来冲击金融系统。这一过程体现出明显的顺周期效应，而金融监管制度的顺周期性起了推波助澜的作用。

A. 经济上升期，即危机潜伏阶段

2001 年美国网络经济泡沫破灭后，为维持经济增长，美联储在 3 年间连续

13次降息，促进了房地产、证券等资产价格上涨。美国银行业在内部评级法、贷款损失准备金计提、公允价值会计记账法"顺周期效应"的共同作用下，放贷意愿和能力不断增强，尤其是不断加大房地产贷款的投放力度，推动房地产市场和经济的进一步繁荣。而另一方面，放贷机构据此放松贷款准入标准发放次贷，并通过资产证券化将次贷资产出售给投资银行，为危机的爆发埋下伏笔。

B. 经济下行期，即危机爆发、升级阶段

从2004年6月开始，美联储在2年内连续17次加息，基准利率从1%上调至5.25%。一方面，由于大部分次级贷款属于浮动利率贷款，不断增高的利率导致次级借款人融资成本和还款压力激增。另一方面，利率的上调也使房地产价格趋于回落，使次级借款人申请房屋重新贷款来避免违约的能力迅速下降（张明，2008）。

在此双重影响下，次贷违约率出现大幅上升，信用评级机构据此大幅调低次贷衍生产品（如抵押支持债券担保债务凭证、担保债务凭证等）的评级，致使其价格大幅下跌，引起资本市场恐慌，而金融监管制度的"顺周期性"则进一步加剧了经济金融形势的恶化。一是大量的不良资产及持有的次贷衍生产品使放贷机构的资本充足率显著下降，放贷机构不得不通过收缩信贷规模及出售次贷及其衍生产品来满足监管要求。二是根据贷款损失准备金计提要求，银行不得不加大贷款损失准备金的计提力度，银行放款能力也相应下降。三是按照公允价值会计记账法的要求，大批金融机构因持有的次贷衍生产品遭受巨额资产减记（见表6-4）和账面亏损，普遍陷入流动性短缺的境地。

表6-4　　　　次贷危机中金融机构资产减记前十位

机构	机构类型	资产减记余额（亿美元）
花旗集团	商业银行	391
瑞银	商业银行	377
美林	投资银行	291
汇丰	商业银行	172
苏格兰皇家银行	商业银行	152
摩根士丹利	投资银行	115
德意志银行	商业银行	112
美国国际集团	投资银行	111
瑞信	商业银行	90
美洲银行	商业银行	80

资料来源：维基百科，次级贷款危机词条。

由此可知，这场由美国次贷风险引发的金融危机很快传播到世界各国升级为全球金融危机，并进一步波及世界各国实体经济，演变为全球经济危机的过程中，金融监管制度产生的顺周期效应起了推波助澜的作用。

6.2.4 从微观审慎监管到宏观审慎监管

次贷危机发生后，更加关注系统性风险和宏观审慎监管成为国际经济组织和世界主要经济体推行金融监管改革的一大主线，如美国2009年6月公布的《金融监管改革——新基础：重建金融监管》赋权美联储成为改革后美国金融监管体系中的系统性风险监管者（SSR）；欧盟理事会2009年6月通过的《欧盟金融监管体系改革》决定成立欧盟系统风险委员会（ERSB）作为宏观监管部门，负责宏观审慎监管，控制系统性风险；英国2009年7月公布的《改革金融市场》白皮书提出建立一个由英格兰银行、英国金融服务局和财政部共同组成的新的金融稳定理事会（CFS），全面负责监控金融业的风险和稳定，并通过每年定期召开会议讨论系统性风险的评估并考虑需要采取的行动。

1. 宏观审慎监管概述

金融监管可以分为限制性监管和审慎性监管两类。审慎性监管是指为了维护金融系统的安全稳定，以比率监管、内部控制等作为运营条件，以风险高低作为筛选标准的一种监管理念与做法。审慎性监管包括宏观审慎监管和微观审慎监管。

"宏观审慎"（macro-prudential）最早由国际清算银行（BIS）在20世纪70年代末提出，其核心观点是：如果一国金融监管当局仅关注单个金融机构的风险问题，并不能确保整个金融体系的稳定，一国金融市场的稳定需要该国监管当局具有系统性的宏观视野。随后，宏观审慎监管逐渐被经济金融界认识和认可，尤其是次贷危机发生后，宏观审慎监管受到充分重视，对其的研究和认识也日渐科学。

宏观审慎监管与微观审慎监管相对应，是指通过对风险相关性的分析、对系统重要性机构的监管来防范和化解系统性风险，是保障整个金融体系良好运作，避免经济经历重大损失的一种审慎监管模式。宏观审慎关注整个金融系统和金融机构集体行为并将总体风险视为内生变量的金融监管政策，其目的在于通过审慎监管防止系统性危机的发生，避免由金融不稳定带来的产出损失（Davis and Karim，2009）。与微观审慎监管针对信用风险、市场风险和流动性风险等个体风险不同，宏观审慎监管关注的是系统性风险（systemic risk），两者有着不同的特征。

也许十几年前没有多少人能说出宏观审慎的明确含义，在经历了2007年以来的金融危机之后,目前宏观审慎已经成为全球政策制定者和学者研究的焦点。事实上,宏观审慎并非最近才提出。国际清算银行(BIS)对宏观审慎的使用最早可以追溯到20世纪70年代。他们指出应该考虑监管框架与宏观经济的联系,强调金融监管框架的系统性定位。当时,BIS的研究者已经意识到仅仅从微观维度关注单个金融机构的监管理念在确保金融体系稳定性方面并不全面,忽略了宏观维度。但之后对宏观审慎的研究并没有持续下去。直到21世纪初,国际清算银行前行长安德鲁·克劳科特首次尝试定义宏观审慎这一概念并主张将宏观审慎与微观审慎结合以强化金融监管(Crockett, 2000)。随后的研究(如IMF, 2000; Borio, 2003; Knight, 2006; White, 2006)使得宏观审慎的监管视角得到完善并被广泛接受。

波里奥在其2003年有关宏观审慎的权威文献中,以克劳科特(Crockett, 2000)的观点为基础,通过对比微观审慎(micro prudential)和宏观审慎,总结了宏观审慎的特征。该对比如表6-5所示。

表6-5　　　　　　宏观审慎监管和微观审慎监管的区别

	宏观审慎监管	微观审慎监管
直接目标	减少系统性金融危机的发生	减少个体金融机构出现问题
最终目标	避免产出(GDP)损失	保护消费者(投资者/储蓄者)
风险模型	(部分)内生	外生
金融风险相关性以及金融机构的共同风险敞口	重要	不相关
审慎监管的度量标准	考虑系统性风险,自上而下实行	考虑个体金融机构的风险,自下而上实行

注:引自Borio C. (2003), "Towards a macroprudential framework for financial supervision and regulation?", BIS Working Paper No. 128, p. 2.

可以看出,宏观审慎监管与微观审慎监管的区别主要体现在两个方面:

第一,监管目标不同。微观审慎监管的目标是避免单一金融机构的倒闭和保护金融消费者,而宏观审慎监管的目标则是避免系统性的金融风险及其对经济产出的负面影响。

第二,关注的风险不同。微观审慎监管主要考虑单个机构的风险,而宏观审慎监管的目标则关注风险的相关性和金融机构的共同风险敞口,以此分析金融机构同时倒闭的可能性及其给整个金融体系带来的风险。

戴维斯和卡里姆(Davis and Karim, 2009)在博里奥(Borio, 2003)的基础

上进行总结，将宏观审慎（macro prudential）定义为：关注整个金融系统和金融机构集体行为并将总体风险视为内生变量的金融监管政策，其目的在于通过审慎监管防止系统性危机的发生，避免由金融不稳定带来的产出损失。

2. 微观审慎监管的不足性分析

微观审慎监管体现的是金融稳定政策模式的传统理念：如果每个个体金融机构都实现了稳健经营，那么作为所有金融机构集合的金融体系就同样应该是稳定的，故金融监管只需关注如何实现微观层面的稳健运行（白川方明，2010）。然而，仅仅关注个体风险的微观审慎监管存在内在的不足，对个体金融机构安全和稳健的监管并不能充分保证整个金融体系的稳定，这主要表现在以下三个方面。

无法有效监管现实存在的系统性风险。金融系统与实体经济通过信贷供给和资产价格两个渠道的相互作用产生系统性风险，且随着金融的不断发展，金融市场中蕴藏的系统性风险也不断增大。一方面，为分散风险，各金融机构采取兼营不同地域、行业或类型业务的综合经营模式，这样从单个金融机构来看是审慎理性的风险分散行为，可能因很多金融机构采取一致行动产生类似的风险敞口而导致系统性风险。国际货币基金组织（2008）和罗切特（Rochet，2008）认为，综合经营可能给金融体系和经济增长带来更大的外部冲击和系统性风险。另一方面，金融一体化使金融系统内金融机构间的关联性大大加强，系统性将被放大，传播得更加迅速且难以监控，单一机构的交易对手范围越广，其个体风险发生时传播的范围就越大。微观审慎监管只关注个体金融机构的风险控制，缺乏对整体金融系统风险的全面判断，无法对系统性风险进行有效衡量，无法隔离风险在虚拟经济与实体经济之间的传导。

无法有效监管顺周期性。出于追求盈利、满足风险控制和监管要求，银行的信贷行为、公允价值会计记账法，以及宏观经济因素对借款人违约概率的影响等因素都会引起银行的顺周期性行为。以银行信贷行为为例，在经济景气时期，银行往往对未来经济发展充满信心，倾向于为经济发展增加贷款供给从而支持经济进一步繁荣；而在经济衰退时期，银行出于风险控制的考虑收缩贷款而导致经济进一步恶化。按照微观审慎监管的思路，监管者无法有效监测这些顺周期性行为，其无法从个体金融机构的资产负债表、满足8%监管要求的资本充足率等中看出潜在风险，银行的顺周期性，尤其是银行整体的顺周期性行为将带来风险的积聚，并加剧宏观经济的波动和损失。

无法有效监管流动性风险。在传统的监管方式中，通常以个体金融机构拥有的资产为基础来确定流动性。而流动性是个市场的概念，一方面，流动性常常受到市场预期及市场参与者信心的影响，处于不断变化当中；另一方面，金融机构购买流动性的能力也受到当时市场状况的影响。通过个体金融机构的资产比率、贷款比率难以发现流动性风险，微观审慎监管无法有效监管流动性风险。

3. 次贷危机的重要诱因：轻宏观审慎监管，对系统性风险监管无效

全球金融危机表明，全球对系统性风险的关注不够（李伏安，2009）。长期以来，各国的金融监管主要关注个体金融机构的风险状况，都以防范个体金融机构因经营不审慎、严重违规或过度承担风险而破产倒闭从而保护金融消费者为主要目标。概括地讲，这是微观审慎监管的监管取向。作为世界各国广泛认可和国际通行的银行监管标准，巴塞尔协议就带有明显轻视宏观审慎监管的色彩，其重点监管个体金融机构，对个体机构正常情况下的信用、市场和流动性风险等三大主要风险分别作了明确规定，但缺乏对系统性风险的指导和要求，忽视了对系统性风险的防范和控制。

次贷危机恰恰验证了"轻宏观审慎监管"监管取向的片面性。次贷危机爆发的原因不仅有个别个体机构因不审慎经营和风险管理失效而使风险不断积累，也有国际经济不平衡、货币政策失当、资产价格泡沫失控，以及整个银行业过度金融创新等等。对宏观风险、整个金融系统稳定性、系统性风险以及顺周期性行为的关注不足，即忽视宏观审慎监管，使得金融监管无法有效应对不同金融产品间的相互作用、不同金融市场间风险的相互传导、不同金融机构间风险的相互渗透，降低了金融监管效能，并成为诱发次贷危机的一大因素。

次贷危机突出反映了系统性风险的复杂性、多变性和破坏性，金融监管在关注资本充足率等指标体现的个体风险的同时，也应当关注金融系统面临的系统性风险，强化宏观审慎监管，对金融系统的整体风险进行全面判断，通过宏观审慎监管和微观审慎监管的有机结合，有效防范流动性风险。

6.3 宏观审慎监管的实施：目标、工具与制度安排

国际金融危机爆发后，重微观审慎、轻宏观审慎的监管取向饱受诟病，加强宏观审慎监管、防范系统性风险成为世界主要国家在金融领域改革的主要内容。中国正处于融入金融全球化的进程中，如何构建一个适合中国国情并与主要发达国家接轨的宏观审慎监管框架，是中国金融体系面临的一个重要议题。在宏观审慎概念的基础上，梳理宏观审慎分析、宏观审慎监管政策工具和组织安排的理论框架，借鉴国际金融监管改革的有关经验，对我国构建宏观审慎监管的新框架具

有十分重要的意义。

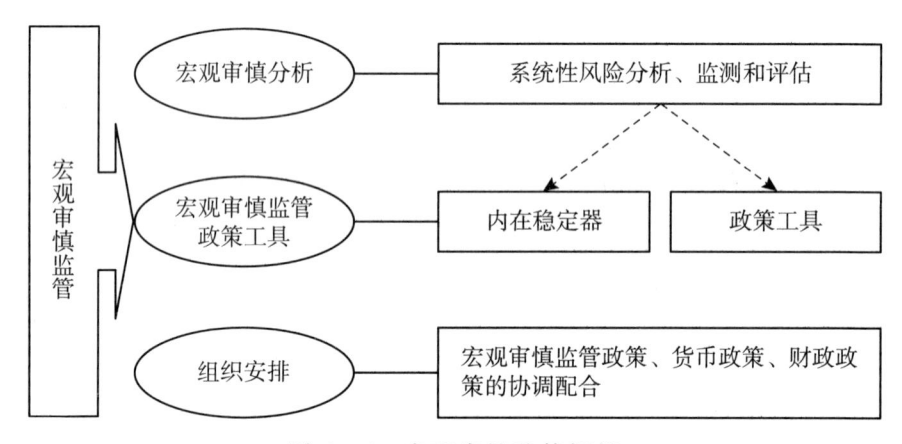

6.3.1 宏观审慎监管框架

宏观审慎监管框架主要包括三大要素：一是宏观审慎分析，分析、监测和评估系统性风险及其潜在影响，该部分已在 6.1 节详细阐述；二是宏观审慎监管政策工具，侧重于研发相关政策工具以干预系统性风险；三是宏观审慎监管的组织安排，建立监管主体间的分工合作机制。具体如图 6-4 所示。

图 6-4 宏观审慎监管框架

1. 宏观审慎监管政策工具

如果说宏观审慎分析是对金融体系内系统性风险的"病情诊断"过程的话，那么制定宏观审慎监管政策则是"治病下方"的阶段。

对宏观审慎政策工具，可以从不同角度进行划分。近期三十人集团（G30）的研究则将宏观审慎工具划分为四类，一是杠杆管理，包括满足基于宏观审慎考虑的资本充足要求，如建立逆周期资本缓冲，使用能反映系统重要性、信贷增长和期限错配情况的货币乘数等，此外还推荐使用总资本杠杆率等工具；二是加强流动性管理和监督的手段，如运用核心融资比率，增加流动性的资本额外要求等；三是采用可调整的贷款按揭成数（LTV）抑制房地产信贷的过度发放；四是对具有系统重要性的市场设施（如支付、清算和结算系统）加强监管。

当前比较趋于一致的看法是，应该从两个维度实施系统性风险监管（BIS，2008）。一是跨行业维度（cross-sectional dimension），重点关注在金融机构相互关联并面临共同风险敞口的情景下，风险在不同机构和不同市场间的分布，进而针对有系统性重要影响的金融机构制定更高的监管标准,提高监管的覆盖范围等。二是时间维度(time dimension),主要关注系统总风险(system-wide risk)如何随着时间的变化而演进,即金融体系的顺周期性(pro-cyclicality)和反馈效应(feedback effects)。

A. 跨行业维度

跨行业维度的核心原则是针对个体金融机构对系统风险的边际贡献制定审慎监管标准。当今的金融体系已经形成一个由资产负债表相互关联的网络。每个金融机构对系统性风险的贡献程度均不相同,大型金融机构处于支付的中心环节,一旦出现问题,会自然产生某种溢出效应,给其他金融机构带来冲击。随着金融业务的相互渗透和交叉,不仅存在"太大而不能倒"的机构,还存在"太关联而不能倒"的机构。由于金融机构可能直接暴露于相同或类似的资产类别或间接地暴露于与这些资产类别相关的其他资产,因此跨行业维度对单个金融机构的投资组合和与其他金融机构投资组合的关联性特别关注。比如,即使单个金融机构没有将全部风险敞口暴露于某特定行业,而是部分集中在此行业,但如果众多金融机构都部分地持有相似的风险敞口,则整个金融体系同样面临着巨大的风险。

另外,金融机构中存在一些异质性的个体,例如一些更易于受"羊群行为"影响的银行,即使某些行为对于系统内其他金融机构来说是正常行为,某种程度的风险对于其他机构来说是可接受的,但是当该异质性个体采取这些行为或承担这些风险时,监管者应该对其采取高资本充足要求的措施。因此一些高"危险性"的业务,例如房地产贷款,也应该受到更严格的监管控制,因为在资产价格下跌过程中,房地产贷款相关资产会遭受更为严重的损失。

总的来说,针对跨行业维度的系统性风险,在政策选择过程中有两个步骤:

a. 判断哪些金融机构具有系统重要性,风险在金融体系中的分布情况、具有系统重要性金融机构的风险主要暴露于哪些行业。目前,对"系统重要性"金融机构的识别方法尚未达成一致。金融稳定理事会(FSB)对SIFIs的划分标准进行了深入研究,并将其划为两个档次:全球系统重要性金融机构(Global Systemically Important Financial Institutions,G-SIFIs)和国内系统重要性金融机构(Domestic Systemically Important Financial Institutions,D-SIFIs)。国际货币基金组织、国际清算银行和金融稳定理事会根据二十国集团峰会的要求,共同制定并发布了《系统重要性金融机构、市场和工具的评估指引》,提出从规模大小、替代性、关联性三方面评估金融机构等的系统性重要性;国际货币基金组织、国际清算银行和金融稳定理事会(2009)提供了一个评估系统重要性的指导意见,主要标准是对金融体系和实体经济产生较大负面影响的可能性,具体指标包括规模、替代程度、相关度,还包括杠杆率、流动性风险和期限错配、复杂性等。

针对这个问题，美国的监管改革已经先行一步。财政部颁布的《金融监管改革——新基础：重建金融监管》（简称金融监管改革报告）中强调了对大型金融机构特别是银行控股公司的监管改革。金融监管改革报告给出了一个崭新的定义：一级金融控股公司（Tier 1 FHC）。金融机构如果符合以下特征：大型；高关联度；高杠杆化；一旦出现严重问题，对整个金融体系和经济会造成严重冲击，那么将这样的金融机构称为一级金融控股公司。

b. 对系统重要性金融机构实施更为严格审慎的监管以提高其抵抗风险的能力，降低风险的积聚和蔓延。在明确系统重要性金融机构之后，应对其给予更严格的监管，甚至可对其提出更高的资本充足要求可根据金融机构对系统性风险的贡献，增加一项与其系统地位相应的附加资本要求。国际清算银行；布伦纳梅耶尔；英格兰银行；斯夸姆·雷克，阿查里亚和理查森（BIS, 2009; Brunnermeier et al., 2009; Bank of England, 2009; Squam Lake, 2009; Acharya and Richardson, 2009）这样，既可为整个金融系统提供保险，也可激励单个金融机构限制系统范围损失；国际货币基金组织认为监管机构对待具有系统重要性机构的态度可能远比对其他机构更为宽容，有必要考虑采取更加直接的方法来解决系统性风险，例如根据机构带来的系统性风险大小征收额外资本，或者适当限制金融机构规模和业务范围，在银行主营业务与高杠杆、高风险交易之间建立隔离，以降低杠杆率和风险敞口，减少风险跨行业传播，防范"大而不倒"问题。

美国2010年7月通过金融监管改革法案[①]，加强了对"大而不能倒"金融机构的监管，主要包括：一是经2/3委员以及主席投票表决通过，美联储有权强制严重威胁金融稳定的大型和复杂的金融公司剥离子公司。二是对大型金融机构制定更严格的资本、杠杆率、流动性、风险管理等要求。三是根据"沃克尔规则"，要求商业银行及其分支机构、控股公司削减自营交易规模，不得从事复杂衍生品交易。对商业银行投资对冲基金和私募股权基金的规模进行限制。四是业务复杂的大型金融机构必须定期提交"葬礼计划"，或称为"生前遗嘱"，即机构必须给出自己一旦倒闭如何处置的方案。该方案能够帮助监管者了解金融机构的业务结构，在极端情况下可将其迅速有序地关闭、拆分或出售，降低消费者和市场的损失和风险，减少系统性影响。

B. 时间维度

时间维度的宏观审慎监管政策实际是指逆周期监管，金融体系具有与生俱来

---

① 美国2010年7月21日颁布《多德—弗兰克华尔街改革和消费者保护法案》，简称《多德—弗兰克法案》。

的顺周期性（pro-cyclicality），金融危机的典型特点之一就是市场参与者以顺周期的方式通过各种渠道放大金融冲击对整个金融体系的影响。近年来顺周期性的显著提高是金融失衡加剧、金融脆弱性明显，并最终导致此次全球性金融危机的重要原因。因此，巴塞尔委员会、二十国集团等国际组织提出一系列缓解顺周期性、建立逆周期监管机制的建议，期望能够缓解顺周期性问题。

陈雨露（2009）总结性地提出了金融监管、银行信贷与资产价格的三周期理论。他指出，对全球范围内具有代表性的66个主要国家和经济体的实证分析表明，信贷周期、资产价格周期和金融监管周期的顺周期性是绝大部分金融危机背后共同存在的基本机制。在这种机制下，不仅金融风险实现了自我累积和放大，而且整个金融体系的风险分布也凸显系统性失衡。而强化金融体系顺周期性的主要包括资本监管（特别是巴塞尔新资本协议）、贷款损失计提、公允价值会计准则等方面。事实上，只要新资本协议和会计准则还在实施，那么其所具有的内在顺周期性目前就只能缓解，不能完全消除。资本监管和银行信贷的顺周期可以通过建立逆周期的资本要求来缓解，而会计准则的顺周期性可以通过逆周期的拨备要求来解决。

a. 资本监管的顺周期性。经济繁荣阶段，由于资本约束相应放松，商业银行愿意也有能力扩张信贷规模，反过来推动经济的进一步高涨；衰退阶段，商业银行紧缩信贷，则加剧经济的衰退。这就是资本监管的顺周期性。1988年的巴塞尔协议即Basel Ⅰ表现的顺周期性已经引起了关注，而对于新资本协议即Basel Ⅱ的顺周期性的讨论则更为广泛。原因在于，新资本协议允许银行选用标准法和内部评级法评测信用风险。标准法是根据外部评级确定风险权重，内部评级法则允许商业银行采用其内部模型计量违约概率（PD）、违约损失率（LGD）、风险敞口（EAD）和期限（M）等参数计算本银行的资本监管要求。在内部评级法（IRB）框架下，资本要求对风险更加敏感，对银行的信贷行为影响更为强烈，对繁荣或衰退的放大作用更明显，也就体现了更严重的所谓顺周期性。

新协议的顺周期性主要体现在各风险参数随经济周期变化的波动性。经济上升时，借款人财务状况改善，评级上调，导致PD降低；抵押品价格上升，导致贷款的LGD降低；同时，贷款承诺的提取比例降低，信用转换系数（CCF）减少，导致EAD下降。经济下行时，情况则相反。在内部评级法下，由于上述风险参数是风险权重函数的输入变量，因此这些风险参数的顺周期性自然就转换为风险权重和监管资本要求的顺周期性。由此上述资本监管的顺周期机理得以实现并由于风险敏感性的提高而加强。而且，各风险参数之间的相关关系也是导致资本监管产生顺周期性的重要因素。大量的实证研究表明，PD和LGD具有一定程度的正相关关系。例如，经济步入下行阶段时，借款人 PD 和贷款款项的 LGD 会同时增加，这就进一步加剧了监管资本要求的顺周期性。据 BIS 研究局初步测算，采用内部评级法计算的监管资本的顺周期性比老资本协议增加了 30%。内部评级法包括初级内部评级法和高级内部评级法。在初级内部评级法下，银行只使用自己计算的 PD 值，其他的风险参数均由监管当局给定；在高级内部评级法下，银行可以自己计算所有的风险参数。因此，高级内部评级法比初级内部评级法具有更强的顺周期性。

内部评级法顺周期的强弱还取决于银行是采用时点评级法（PIT：point-in-time）还是跨周期评级法（TTC：through-the-cycle）。时点评级法运用借款人的当前信息进行评级，所使用的评级时间跨度（time horizon）大多不超过 1 年，意味着所得出的 PD 只是借款人在未来 1 年以内发生违约的可能性。根据这种评级方法所计量的信用风险水平与经济周期呈现负相关关系，即在经济扩张时下降，在经济衰退时增加。跨周期评级法则是运用借款人在一个经济周期中的信息进行评价，使用的评级时间跨度较长，所得出的 PD 是借款人在今后一个经济周期中的违约可能性，因此评级结果随着经济周期的波动性较小，所得出的资本要求能够覆盖经济周期各个阶段的信贷损失。由于新资本协议允许银行在设计评级体系时自行选择时点评级法或跨周期评级法，因此运用时点评级法所计算的资本要求比跨周期评级法具有更强的顺周期性。

新资本协议作为微观审慎监管层面的资本监管规则，只考虑了个体机构的风险，并没有将系统性风险纳入其中。二十国集团于 2008 年 11 月召开的华盛顿会议就将顺周期问题列为"华盛顿行动计划"中要解决的五大问题之一，并要求金融稳定论坛和巴塞尔委员会成立联合工作组，具体研究解决新协议的顺周期问题。目前以巴塞尔委员会为主的世界性组织和各国监管当局已经达成共识，应当引入针对系统性风险的逆周期资本要求，即在经济上行时增加资本要求，以应对经济下行时期的损失。在逆周期资本监管的设计中需要解决两方面问题：第一，如何将逆周期资本乘数与经济周期有效挂钩，找到具有普适性和可行性的挂钩变量；第二，由于不同国家可能处于不同的经济周期阶段，同一宏观经济变量在不同国家的变动规律也可能存在差异，因此如何在经济周期、挂钩变量的国别差异与跨境银行的公平竞争之间寻求平衡，也是一个难题。

b. 贷款损失准备计提规则的顺周期性。大量的实证研究表明，银行的贷款损失准备具有很强的顺周期性。世界上许多国家的贷款损失准备金都呈现出较强的周期性。灾难短视（disaster myopia）、羊群效应（herding behavior）、不正当激励（perverse incentives）、代理人问题（principal-agent problems）等都会使得银行经理的信贷政策出现失误。在经济繁荣时期，银行大量发放贷款，从而意味着较大的潜在风险，这些风险在经济萧条时会暴露成为不良贷款。所以，对不良贷款计提的专项准备金就随着经济周期和不良贷款的周期变化呈现出周期波动的特征。西班牙的贷款损失准备金就呈现出较强的周期性：准备金对总贷款的比例在经济上升时期下降，在经济下降时期上升（见图6-5）。

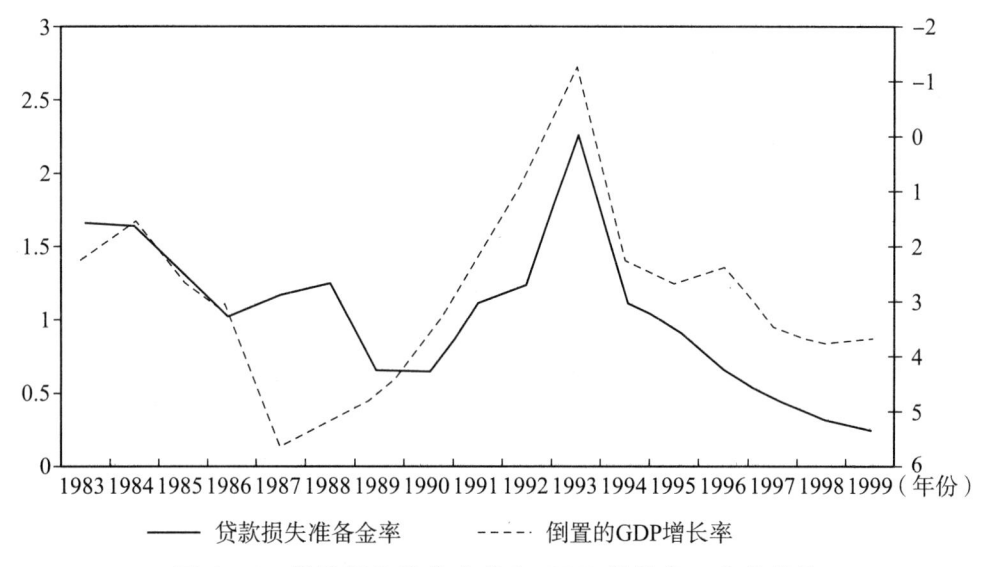

图6-5 贷款损失准备金率和GDP增长率：存款机构

会计准则中的拨备计提规则是导致其具有顺周期性的主要原因。现行会计准则所遵循的基本原则是，企业只能以实际发生的交易或者事项，而不能以未发生的事项为依据进行会计确认、计量和报告，从而防止管理层采取非公开透明的方式调整资产负债表或操纵利润。所以，银行只能对引致损失（incurred losses），即由已经发生的损失事件等客观、确切的证据表明未来可能发生并能有效估计的损失计提拨备，导致拨备集体具有明显的滞后性（backward-looking）。这样，在经济繁荣时期，银行贷款违约率和损失率降低，银行计提的拨备相应减少，利润增加，促使其扩大信贷活动，进一步推动宏观经济的上涨；在经济紧缩时期，贷款违约率和损失率上升，银行不得不大量增提拨备，导致其缩减信贷规模，从而进一步加剧经济的衰退。此次国际金融危机发生以后，经济环境持续恶化，企业信用等级下降，违约率增加，各金融机构根据现行的会计准则，只能大幅增提拨备，造成巨额资产缩水。这些"账面损失"极大地制约了银行的放贷能力，也严重影响了投资者信心，对危机的深化起了推波助澜的作用。

现行的会计准则采用已发生损失模型计提拨备，具有明显的滞后性和顺周期性。金融稳定理事会认为，在经济上行期金融机构应当多提取拨备，以应对经济下行周期弥补损失的需要，并提出三点建议。第一，提倡金融机构更多的使用主观判断计提准备，充分估计未来可能产生的损失。第二，会计准则制定者应当改进拨备计提的规则，如预期损失和动态拨备模型等，使得拨备能够充分反映信用信息，更早的识别贷款损失。第三，巴塞尔委员会应消除新资本协议中不利于多提拨备的相关规定。

c. 公允价值会计准则的顺周期性。现行的国际会计准则（IAS 与 IFRS）和美国的公认会计准则（GAAP）都要求对交易类和可供出售类资产按照公允价值计价，对持有到期的投资、贷款和应收款按照历史成本计价。这两种会计准则都将公允价值定义为在按市场原则进行的交易中，熟悉情况的市场参与者自愿进行资产交易或者负债清偿所形成的价格，并提供了分层次的公允价值计量方法：第一层为有活跃市场交易的金融工具，其公允价值按照活跃市场的报价确定，也成盯市原则；第二层为不活跃市场交易的金融工具，其公允价值参考同类产品的近期交易价格或者采用可观察输入参数的估值模型确定；第三层为没有市场或者市场流动性严重不足的金融工具，其公允价值也由估值模型确定，但使用的是不可观察的输入参数和模型假设。公允价值的优势在于能及时反映因市场变化而产生的收益或损失，近年来得到了日益广泛的应用，发达国家采用公允价值的银行资产占比达到了 30%~50%。

但是，公允价值的运用也产生了一些问题。一是增加了金融机构资产和负债的波动性，并因交易类资产的公允价值变动直接计入损益、可供出售类资产的公允价值变动计入所有者权益而增加了收益和资本的波动性。现行会计准则采用混合计价方法（mixed attributes model），根据资产负债的不同特征和持有意图而对不同的项目采用公允价值或历史成本计价，更进一步增加了财务报表的波动性。而是加剧了金融体现的顺周期性，这是此次危机将公允价值拖入争辩漩涡的主要原因。在经济上行阶段，资产价格持续上涨，以市值假设的银行资产、收益、利润、奖金和资本均随之增长，使银行能够继续扩张信贷，从而推动经济进一步上涨；而在经济下行时期，价格下跌会导致资产立即缩水，形成亏损并打击市场信心。2007 年下半年以来，随着住房抵押贷款违约率的不断上升，以房贷为基础的各类抵押证券的价格持续下跌，按照公允价值计价导致金融机构出现高额账面损失。直接影响到盈利水平和资本充足状况。由于会计准则缺乏对不活跃市场运用公允价值的指引。在市场持续下滑的情况下，对流动性不足的复杂结构性产品估值又尤为困难。因此，虽然在大量机构被迫变现资产的情况下，形成的价格并不能反映资产的实际价值而更多是市场的恐慌心理，但持有类似金融工具的机构还是不得不根据这些极低的市场价格来估值，所形成的"账面损失"进一步打击了投资者的信心，加剧了市场的恐慌性抛售和流动性紧缺局面，形成"价格下跌—市值缩水—资本减少—抛售—价格继续下跌—流动性短缺与信贷紧缩"的恶性循环，推动了危机的进一步蔓延和深化。

国际货币基金组织（2008）采用16家美国、欧洲大型金融机构2006年年底资产负债表数据所做的模拟分析，进一步证实了公允价值准则的顺周期性。如果说此次危机前对公允价值的顺周期性尚有争议的话，那么当前，理论和实务界已一致认为，公允价值的运用，对此次危机前的信贷过度增长和金融失衡扩大，以及危机发生后市场的急剧下跌、流动性短缺和信贷紧缩，都起到了一定的推动作用。因此，从单个机构在正常的经济金融环境中运行时看来非常合理的公允价值原则，从宏观审慎的角度来看，其顺周期效应可能不利于维护金融体系的稳定。

在危机不断恶化的情况下，为了改变市场价格下跌与资产大量减值之间的恶性循环，2008年9月30日和10月10日，美国证监会和财务会计准则委员会分别发布了关于在不活跃市场情况下确定金融资产公允价值的指导意见，强调不能简单依赖不活跃市场的交易价格，允许金融机构更多地通过对价格下跌时间长短、跌幅和市场流动性的判断，并借助内部估值模型和假定条件，来确定金融资产的公允价值。2009年4月2日，美国财务会计准则委员会决定放宽公允价值计价原则，在市场流动性不足，价格不合理的情况下，给予金融机构在资产计价方面更大的自由判断空间和灵活性。

2008年10月13日，国际会计准则委员会也宣布修改会计准则的相关条款，允许会计主体在异常情况下对衍生产品之外的金融工具重新进行分类。其中，将划为交易类的债券重新分类，意味着如果金融机构有意愿且有能力持有到期，可以按分类当天的市价入账而不必随波动的市值计算盈亏，也就是可以将亏损滞后反映。在市场持续下跌的情况下，这有助于改善金融机构的业绩，也能减轻补充资本的压力。2008年10月15日，欧洲议会和欧盟成员国政府也决定修改欧盟的市值计价规则，以避免资产价值在市场动荡中被严重低估，帮助金融机构更好地度过当前的金融危机。

总的来说，针对时间维度系统性风险的政策工具，一是完善现行会计准则，降低其具有的顺周期倾向，包括进一步明确在不活跃市场运用公允价值准则的指引（特别是明确对流动性不足的复杂金融产品的估值方法）、合理恰当地使用公允价值、对使用公允价值存在困难的金融工具建立估值储备或进行估值调整以及增强信息披露和透明度等；二是提高金融机构的资本质量和资本充足率，在微观审慎监管的最低资本要求基础上，建立逆周期的资本缓冲，并开展前瞻性拨备管理，即根据预期损失而不是既有损失计提拨备，以增强金融体系抵御周期变化风险的能力，平滑跨周期的贷款投放和经济波动，提升金融持续支持经济发展的能力（张晓慧，2010），英国金融服务管理局（2009）建议在信贷扩张期的顶峰增加相当于风险加权资产2%~3%的缓冲储备，作为监管资本的一部分或独立于监管资本；三是证券融资和场外交易的折扣率和保证金做法。

可以看出，目前国际监管机构和各国监管当局对系统性风管的监管仍然处在起步探索阶段。主要的系统性风险监管措施包括：一是强化对具有系统性重要影响的大型、关联性强的金融机构的监管，如提高资本充足率要求、强化公司治理、加强并表监管等；二是引入逆周期监管的政策工具，一方面通过修订新资本协议、国际会计准则等减少外部规则的顺周期性，另一方面通过实行逆周期的资本、拨备、杠杆率等监管要求，在金融体系中设置"内在稳定器"，释放系统性风险；三是将金融监管范围拓展至覆盖所有重要的金融市场、金融产品、金融机构，不但监管商业银行、投资银行等传统金融机构，也监管对冲基金、影子银行等非传统机构，不但监管信用违约互换等衍生产品，也监管场外市场、支付清算体系等。

2. 宏观审慎监管的组织安排

宏观审慎监管组织安排需要建立中央银行、监管机构、财政部门的信息交流机制，并在此基础上进行宏观审慎监管政策、货币政策、财政政策的协调配合。

A. 央行、监管机构、财政部等部门信息交流

构建有效的系统性风险评估体系，不仅需要宏观经济和金融体系层面的信息，还需要各金融行业及机构和市场层面的信息。这要求中央银行与监管当局之间进一步加强沟通与协调，将各自掌握的宏观、中观和微观层面的情况进行对接和汇总，通过深入分析、经验判断和讨论，研判金融机构在风险暴露方面的共性特征与相关性、经营模式的可持续性以及整个金融行业的发展趋势、风险水平与特征，及时发现可能产生的系统性风险隐患并提出相应的政策建议。（李文泓，2010）

B. 宏观审慎监管政策、货币政策、财政政策的协调配合

宏观审慎监管政策与货币政策、微观审慎监管之间存在密切联系，但又有差异。宏观审慎政策的确会运用一些类似微观审慎监管的工具，如对资本、拨备等提出要求，但其本质上采用的是宏观的、逆周期的视角，以防范系统性风险为主要目标，不同于仅盯单个机构稳健与合规的微观审慎监管。货币政策和宏观审慎政策都有逆周期的特征，但比较而言，货币政策主要针对整体经济状况和总量问题，而宏观审慎政策则直接作用于金融体系的顺周期波动和风险传播，主要目标是维护金融体系的安全和稳定。也就是说，货币政策和宏观审慎政策都是逆周期

的宏观管理工具，但在作用范围和着力点上又有差异，恰好相互补充、互相强化（张晓慧，2010）。正如国际货币基金组织首席经济学家布兰查德所言，宏观审慎管理是对货币政策传统工具的补充，能够发挥利率等总量手段所难以起到的功能；但从另一个方面看，则又如国际清算银行总裁卡罗阿纳所指出的，仅有宏观审慎管理是不够的，货币政策在防范系统性风险中也要发挥支持性作用。概而言之，宏观审慎政策是对金融宏观调控手段的重要补充和完善，货币政策与宏观审慎政策之间的有效协调和配合，则是反思金融危机教训、进一步完善金融宏观调控体系最为重要的内容。考虑到宏观审慎政策本质上是宏观管理和金融稳定的有机组成部分，负责制定宏观审慎政策的机构应当对宏观经济及其风险变化相当敏感，在货币信贷管理以及宏观经济判断的经验、手段、数据、人才等方面均具有优势。建立宏观审慎政策与货币政策的有效协同机制需要考虑金融失衡是否对货币政策造成重大影响，且由于货币政策和宏观审慎政策均会影响实际经济变量，因此其协调也将与货币和财政政策一样面临政策优先选择问题。研究发现，给定短期利率情况下，由于宏观审慎政策决策周期长于货币政策，因此货币政策应根据宏观审慎政策相应确定。

另外，维护金融稳定是一项系统工程，需要各相关部门的共同努力。在金融危机时，中央银行与财政必须联手救助具有系统重要性的金融机构。在金融机构资能抵债但出现流动性问题时，一般中央银行会提供短期流动性支持。如果某些银行丧失清偿能力，在中央银行不注资的情况下，财政部门一般会根据其他标准参与注资，尽可能避免其破产。

C. 宏观审慎机构的设置和管理问题

宏观审慎机构的设置和管理问题即宏观审慎政策委员会成员的确定。通常而言，宏观审慎政策机构成员与央行货币和金融稳定委员会的成员资格有所不同但部分重叠。斯拉夫（2006）研究了集体决策和政府委派对于政策委员会独立决策的潜在影响后指出，出于实现政策目标及进行独立判断的考虑，宏观审慎政策委员会只应负责政策制定，不执行具体监督监管。

目前，成立宏观审慎监管机构是美、欧等国当前强化系统性风险监管的重要着力点（见表6-6）。美国众议院通过的"华尔街改革与消费者保护法案"提出，成立跨部门的金融服务监督委员会，欧盟拟成立系统风险委员会，英国将建立金融稳定委员会等等。值得注意的是，上述机构本质上都属于一种协调机制的安排，而不是独立的法定监管机构。笔者将这种框架下的系统性风险监管概括为："统一监测、分头实施、协调行动"。可以看出，这只是对现行金融监管架构的修补，远不是彻底改革。

表 6-6　　欧盟、美国、英国计划成立的宏观审慎监管机构

	欧盟系统风险委员会（ESRC）	美国金融服务监督委员会（FSOC）	英国金融稳定委员会（CFS）
主席	欧洲中央银行行长	财政部部长	财政大臣
组成	欧洲中央银行行长、副行长；27家欧盟成员国中央银行行长；欧洲银行监管当局局长、欧洲保险和养老金监管当局局长、欧洲证券市场监管当局局长和欧盟委员会的一名代表	财政部部长、美联储（Fed）主席、国家银行监督局（NBS）局长、消费者金融保护局（CFPA）局长、证券交易委员会（SEC）主席、商品期货交易委员会（CFTC）主席、联邦存款保险公司（FDIC）主席、联邦住房金融局（FHFA）局长	财政部、英格兰银行、金融服务局负责人
职责	(1) 识别欧洲层面的系统性风险，并分析系统性风险与单个金融机构的联系； (2) 在识别出系统性风险的情况下，有权向欧洲金融监管当局和各国金融监管当局提供建议或警告并督促其采取监管措施； (3) 有义务将识别的系统性风险向国际金融组织如国际货币基金组织（IMF）和金融稳定理事会（FSB）通报	(1) 为主要金融监管机构提供交流平台以商讨跨领域监管问题； (2) 识别监管漏洞，并向国会递交关于市场发展和潜在突出风险的年报； (3) 协助美联储设定一级金融控股公司（Tier 1 FHC）的标准，并为系统重要性的支付、清算和结算体系设定风险管理标准。 (4) 为美联储提供咨询，协助美联储识别对金融体系具有巨大影响的系统重要性金融机构，使其能够接受美联储的统一监管	(1) 定期会晤，通过对一些关键性报告（如《银行金融稳定报告》和《金融风险展望》）的讨论来评估系统性风险，并提出应对方案； (2) 定期对会议纪要进行出版，以增加公众透明度和问责制； (3) 为财政部、金融服务局和英格兰银行之间的信息沟通提供平台并负责协调三个部门之间对风险的评估和管理

6.3.2　构建宏观审慎监管框架的国际经验

国际金融危机后，二十国集团、三十人集团等国际组织或论坛以及美国、英国、欧盟等国家和地区相继提出了金融监管建议和改革方案。从中可以看出，加强宏观审慎、防范系统性风险已成为本轮金融监管体制改革的核心内容。

1. G20

2008年11月15日,二十国集团成员国领导人在华盛顿举行峰会,以应对本次金融危机。2009年4月2日在伦敦召开的第二次峰会上,发布了《加强金融系统宣言》(Declaration on Strengthening the Financial System),其中围绕"金融监管的系统性方法"的前四条建议分别是:

第一,各国金融监管机构、中央银行和管理当局以及所有国际金融组织和标准制定机构的法定职责都应包括促进金融体系的稳定;

第二,各国都应建立有效机制,使国内有关当局能够联合评估系统性风险,并采取联合行动防止系统性风险的累积;

第三,金融监管当局应当拥有适当的应对金融脆弱性的宏观审慎工具;

第四,扩员后的金融稳定理事会(Financial Stability Board)(与国际货币基金组织一起)应为每个国家的金融监管当局建立一套有效机制,定期举行会议,共同评估全球金融体系的系统性风险,并协调政策应对。

2. G30

2009年1月15日,由民间、政府部门及学界人士组成的三十人集团(G30)发布了《金融改革—促进金融稳定的框架》(Financial reform: A Framework for Financial Stability),提出审慎监管的根本目标应是维护稳健的金融体系,防范系统性风险。为此:

第一,重新定义审慎性监管的范围和边界,必须消除审慎监管的漏洞和缺陷;

第二,进一步提高审慎监管的质量和有效性,包括重塑中央银行的角色,加强国际监管合作;

第三,加强监管政策和标准的有效性,特别是应提高对公司治理、风险管理、资本及流动性方面的监管标准;

第四,金融市场和金融产品必须具有更高的透明度,确保风险和审慎激励协调一致,并优化金融市场基础设施。

3. 其他国际性组织

国际货币基金组织(IMF)、金融稳定委员会(FSB)以及国际清算银行(BIS)的监管改革行动主要集中在加强对发达国家的监督、加强系统性风险和逆周期监管研究以及启动早期预警机制的相互合作等方面。其中最为突出的是IMF对金融稳定模型的引入(Standardized risk-assessment matrix(RAM))。该模型的主要特点是从宏观审慎的角度将主要的风险来源（如家庭过度负债、银行资产不足等）、引发危机的驱动因素（宏观经济的严重衰退、系统重要性机构的倒闭）和传导机制以及监管和危机的管理框架、压力测试的结果等各项内容纳入综合评估，同时该模型还给出风险引发危机概率的计算以及相关风险事件发生对金融稳定和宏观经济影响的模拟等。

4. 美国

2009年6月17日，奥巴马政府正式向国会提交了名为《金融监管改革——新基础：重建金融监管》的金融监管改革报告。报告主要内容包括：

第一，强调业务复杂的大型金融集团特别是银行控股公司是引发系统性风险的重要原因。如何有效评估和管理这些机构对于宏观审慎监管工作至关重要。报告建议，作为目前对银行控股公司实施审慎监管的主体，美联储应继续担负监管包括当前主要商业银行和投资银行在内的一级金融控股公司的责任。因此，美联储需要对其监管框架和监管理念作一定的调整，以适应新的监管责任。例如，对银行控股公司的监管不应仅仅局限于子银行的安全和稳健，而要将该公司作为一个整体考量其给金融体系带来的风险；使用一些新的监管方法等，并强调一级金融控股公司应该受到比普通金融机构更严格、更审慎的监管。

第二，设立金融服务监督委员会（Financial Services Oversight Council），以促进信息共享和合作。金融服务监督委员会是金融监管改革报告建议设立的一个全新的监管机构，其职责是填补监管漏洞，促进政策合作，解决纠纷，识别企业和市场行为中新出现的风险等。其成员包括（1）财政部官员，作为委员会主席；（2）美联储主席；（3）国家银行监管局主管（National Bank Supervisor，新设）；（4）金融消费者保护局主管（Consumer Financial Protection Agency，新设）；（5）证监会（SEC）主席；（6）商品期货交易委员会（CFTC）主席；（7）联邦存款保险公司（FDIC）主席；（8）联邦住房金融局（FHFA）主席。对一级金融控股公司监管工作中，美联储可以就一级金融控股公司鉴定标准及审慎监管标准等问题向金融服务监督委员会征求意见。

第三，为填补银行监管漏洞，成立国家银行监管局（NBS），负责对全部联邦存款机构、全部外资银行的联邦分支机构和分理处实施审慎监管。

第四，保护消费者和投资者免受金融滥用的损害，设立新的消费者金融保护局（Consumer Financial Protection Agency），以保护消费者在金融业免受不公平、欺诈和违规操作（abusive practices）的损害。制定更有力的规定，以促进透明和公平，并使消费者和投资者获得合理的产品和服务。

第五，加强监管的国际合作。主要内容包括：加强国际资本监管框架；加强全球金融市场监管；强化国际金融公司监管；改革危机预防和管理的机构和程序；强化金融稳定委员会职能；强化审慎监管；扩充监管范围；引入更好的薪酬制度；提升审慎监管、洗钱、恐怖融资和税收信息交换领域的标准；改进会计准则；加强信贷评级机构的监管。

5. 英国

2009 年 7 月 11 日，英国财政部发布了《金融市场改革》白皮书（Reforming Financial Markets）。白皮书包括微调金融监管结构、防范大型金融机构倒闭、保护金融消费者和加强国际合作等方面内容：

第一，设立所谓的"超级监管者（super regulator）"金融稳定理事会（Council for Financial Stability），直接对议会负责。金融稳定理事会由财政部、英格兰银行和金融服务管理局这三个机构的代表组成。其主要职责是评估系统性风险，而其他三个部门各司其职，出现重大风险时由理事会协调负责。

第二，增加金融服务管理局（FSA）的权力，使之拥有一个应对银行业危机的新的监管组织结构。新组织结构包括一个强化后的金融稳定部门，专门负责发现威胁金融体系的问题，以及另一个负责与其他国家监管机构联络的新国际部门。

第三，其他改革内容，如设立新的薪酬监督体系；增加对消费者的保护计划以及促进金融知识普及教育。

6. 欧盟

欧盟层面原有的金融监管协调架构在危机中暴露出明显缺陷，导致金融体系信心骤减、严重削弱了欧洲金融的竞争力，这促使欧盟决定建立一个全新的金融监管框架。在《欧洲金融监管》计划中，未来欧洲金融监管框架由宏观和微观两大支柱组成，如图 6-6 所示。

宏观方面，设立欧洲系统性风险委员会（European Systematic Risk Council, ESRC）。ESRC 作为系统性风险监管组织，负责监测评估欧洲金融市场的整体性风险。欧洲系统性风险委员会的主要监管目标是建立泛欧层面的系统性风险评估系统，完善早期风险预警机制，并敦促成员国对已识别风险进行跟踪监控，培育可持续发展的单一欧洲市场。其具体职责是收集并处理有关宏观经济、金融稳定和金融监管等信息，监测和评估宏观经济与金融体系发展中产生的金融稳定潜在威胁，着重关注金融体系对行业风险以及跨行业风险转移的敏感性问题，识别这些风险并对这些风险进行排序；在风险趋于严重时发出风险预警；必要时对如何应对已识别风险提出建议；监督有关方对预警和建议的后续落实；与国际货币基金组织、金融稳定委员会和第三方参与国建立有效联系。

微观方面，建立一个由三家新欧洲监管机构组成的欧洲金融监管者体系（European System of Financial Supervision，ESFS）。ESFS 与各国监管机构一起制定能够覆盖所有金融机构的统一监管措施，以保护金融服务领域的消费者，并推动形成协调一致的统一监管规则。ESFS 还应制定有助于确保欧盟法律一致实施、解决监管机构间争端的相关技术标准。ESRC 和 ESFS 之间必须加强互动，包括共享与宏观审慎监管分析相关的微观审慎监管信息，针对风险预警或建议共同采取行动，加强与国际机构（特别是金融稳定委员会和国际货币基金组织）间的沟通。

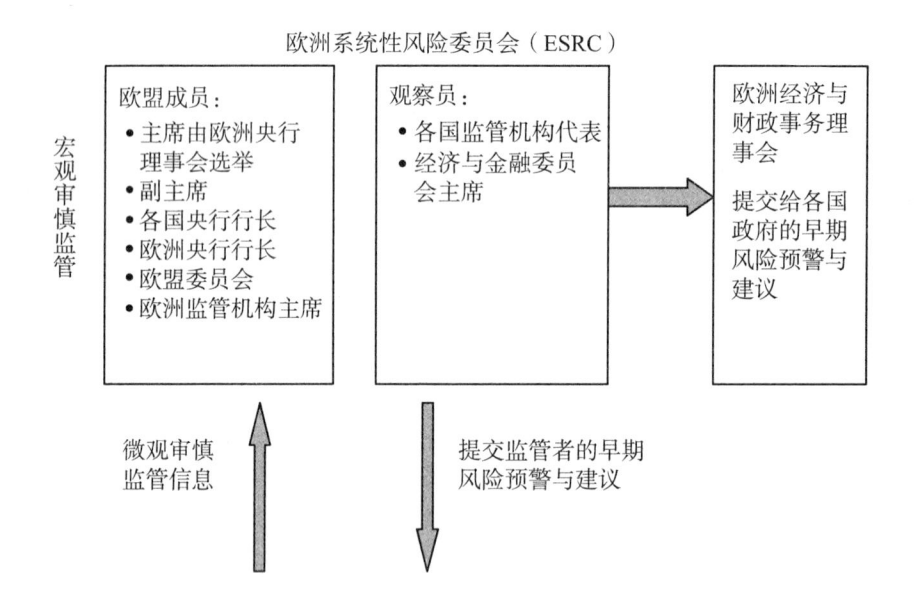

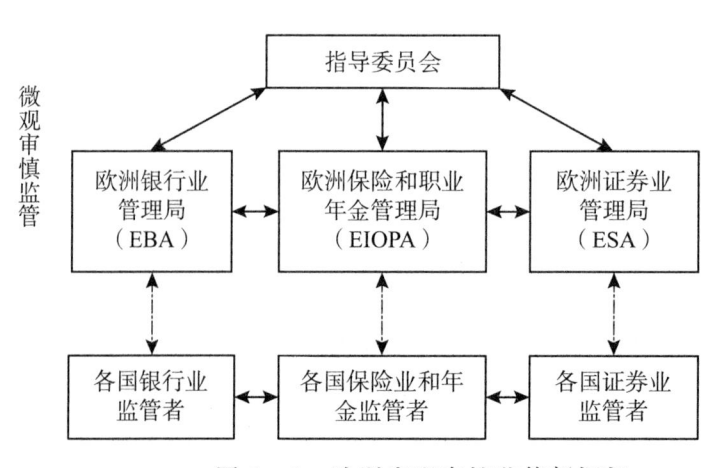

图 6-6 欧洲宏观审慎监管新框架

6.3.3 悬而未决的一些关键问题

国际金融危机发生以来，国际金融组织和各国监管当局对宏观审慎监管的目标、工具、组织机构、监测技术等进行广泛探索，取得了积极进展，但仍面临不少执行和技术层面的困难。

一是大机构的道德风险问题。大型金融机构一旦认定政府在危机发生时不会也不敢让它倒闭，就会过度冒风险获取高收益。当潜在的高风险转变为实际损失时，政府必然面临道德风险与系统风险的两难抉择，被迫救助这些大型机构。

二是如何准确识别"系统重要性"机构？是应该更多地使用模型，还是更多地依靠主观判断？目前对"系统重要性"金融机构的识别方法尚未达成一致。随着金融业务的相互渗透和交叉，不仅存在"太大而不能倒"的机构，还存在"太关联而不能倒"的机构，如金融集团公司。国际货币基金组织等提出的"三性"标准是一个定性原则，如何对"系统重要性"机构进行量化评定，以及如何评估业务多元化的金融控股公司的整体风险，在实际操作中需要制定更加细致的规则。

三是监管的边界并非固定不变。要准确拿捏对"系统重要性"机构的监管力度，难度不小。既要对"系统重要性"机构进行有效监管，又不能阻碍合理的金融创新。同时，"系统重要性"机构规模大、组织和业务架构复杂，透明度较低，各国的考量方法也不同，目前对这类机构还难以做到表层面上的监管。

四是从深层次看，"大而不能倒"事关自由市场竞争。美国自19世纪末颁布第一部反垄断法律——《谢尔曼法》以来，就将自由竞争作为维护美国经济长远发展和消费者利益的重要保障，出现了将摩根财团一分为三、拆解洛克菲勒"石油王国"、拆分美国电话电报公司等一系列著名案例。有效解决金融企业"大而不能倒"问题，将直接影响金融市场能否真正实现自由竞争。

五是如何找到系统性风险的恰当干预试点或时段，也就是所谓的"明斯基时刻"？从系统性风险的计量技术看，系统性风险并非微观层面的简单加总，其计量难度远高于后者。无论理论还是应用，现有的方法都难以令人满意。

六是今后那些被赋予宏观审慎监管权的机构，是否能有足够的使命感以及必需的能力、勇气果敢地在事前阻止危机？在市场出现非理性繁荣时，克服乐观情绪的干扰，做出独立判断并出手刺破泡沫，本身就需要冒各种风险，承担来自政治、市场、利益集团等多方面压力。以这场危机为例，美欧等国多家监管机构其实已经看到了房地产市场泡沫中蕴藏的金融风险，但并未及时采取实质性行动。

七是从组织机构上看，不论是美国的金融稳定监管委员会，还是欧盟拟成立的系统风险委员会，本质上都属于一种协调机制。这种"统一监测、分头实施、协调行动"的决策执行机制，能否真正奏效？美国 2/3 多数票通过的金融监管规则是否会导致议而不决，延误宝贵的危机干预时机？如果系统性风险真的被公认为是整个经济社会面临的一类最严重风险，那么在现实中最高政治层的介入将既有必要，也义不容辞。

八是如何协调宏观审慎监管与货币政策？一方面，长期低利率的政策会助长资产价格泡沫；另一方面，逆周期的资本监管、动态拨备等宏观审慎工具会影响到货币政策的实施和有效性。

九是宏观审慎工具的设计和运用，应该是以规则为导向，还是实行相机抉择？采取规则导向的优点是透明、可预期，免受各种利益集团的游说压力；缺点是可能产生监管套利和规避。相机抉择的优点是针对性强、威慑力大，缺点是对监管当局的分析判断能力要求高，容易受外部力量左右，同时频繁调整监管标准不利于微观主体形成稳定的监管预期，反而可能会损害监管机构的公信力，这在新兴市场国家尤其需要关注。

十是改革后，目前的监管制度能否克服资本监管、会计准则、风险计量模型等具有的顺周期属性？随着金融市场的发展，仅仅依靠过去的历史信息做静态评估已不能准确预期未来的金融风险，必须把未来的不确定因素纳入风险评估模型。

6.3.4 构建宏观审慎监管框架的建议

近年来，我国银行监管当局在系统性风险监管的制度安排和技术手段方面也进行了一些有益尝试（刘明康，2008；王兆星，2010）。主要包括：审慎推进银行业金融创新，防止盲目参与高风险业务；有序推进商业银行综合经营，建立有效的防火墙安排，防止不同性质的风险传染；尝试性地采用动态资本、动态拨备实施逆周期监管；严格控制信贷资金进入高波动性的资本市场和房地产市场，抑制过度投机，防止跨市场风险传染；央行对金融稳定状况进行监测等。

对于宏观审慎监管框架的建立，既面对进一步的理论攻坚，也亟待实践操作经验的积累。系统性风险的识别、测量，如何定量地判断金融机构的系统重要性和其在金融体系中的风险分布情况就是理论上有待研究的课题。而解决金融体系的顺周期性和宏观审慎组织安排则更多是操作层面的问题。目前，我国在宏观审慎监管方面虽有尝试，但完整的宏观审慎监管框架尚未建立，在增强宏观审慎意识、加强系统性风险的分析和评估、建立相关政策机制和完善组织框架、加强协调配合等方面都还有很多工作要做。

1. 增强宏观审慎意识，实现微观审慎监管与宏观审慎监管的有机结合。这次全球性金融危机表明，维护金融稳定需要微观审慎监管与宏观审慎监管的有机结合。我国监管部门应当增强宏观审慎意识，加强对个体金融机构监管的同时，注重从系统性风险的角度考虑监管问题，通过微观审慎监管与宏观审慎监管的结合实现金融稳定。金融稳定的总体框架如图6-7所示。

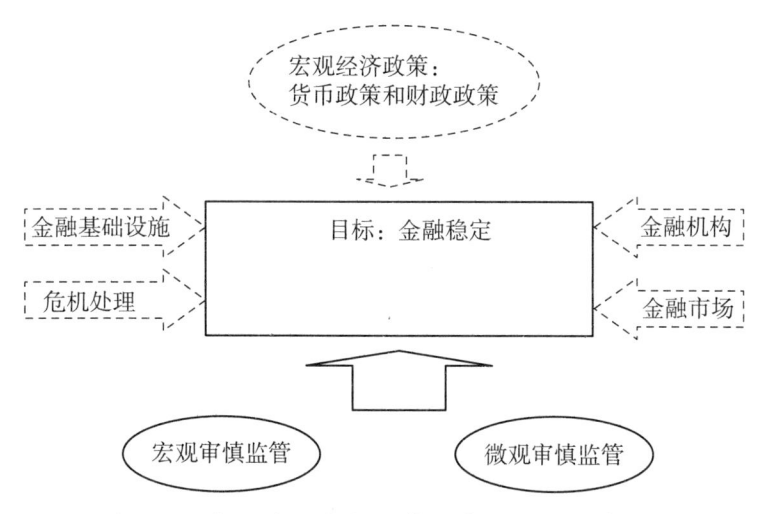

图6-7　加入宏观审慎监管的金融稳定总体框架

2. 加强对系统性风险的分析、评估和预警。建立科学的系统性风险的分析、评估和预警体系是防范系统性风险的重要环节。我们应当做到：第一，加强对系统性风险相关信息的收集和整理，特别注意宏观经济数据和微观监管数据的对接；第二，分别从金融体系和银行、证券、保险等行业层面构建系统性风险评估体系，行业层面的风险评估为金融体系的风险评估提供支持；第三，加强系统性风险的预警。根据系统性风险的评估状况，建立相应的风险预警机制，设计多层次的应急措施和处置方案。

3. 建立双维度的宏观审慎监管机制。系统性风险的跨行业维度和时间维度均是其固有属性，必须同时从两个维度建立宏观审慎监管机制，既对具有系统重要性的单个机构实现重点监管，又强化逆周期的监管政策。

4. 加强监管机构的信息沟通与协调。中央银行与各监管机构均有各自的专长和信息优势，中央银行对整个经济和金融体系的运行状况比较熟悉，而监管机构对个体机构和相关行业的情况比较熟悉，但对系统性风险的分析和判断很难由一家机构独立完成，因此在实施监管的过程中，应从不同角度发挥各自的作用，更应该实现中央银行与监管机构之间的相互合作，信息共通，以实现对金融经济体系宏观和微观层面的全面把握和监督。

5. 考虑建立更高层面的金融稳定委员会，加强信息沟通和对系统性风险的监测、分析和评估,对涉及我国金融体系的系统性风险重大问题进行商讨、做出决策,强化宏观审慎监管政策工具与货币政策和财政政策的协调配合,并监督和评价中央银行、各监管机构的实施情况与效果。彭刚(2010)建议设立金融稳定办公室,为中国人民银行、银监会、证监会、保监会和财政部、发改委搭建一个交流平台,以商讨关于宏观经济和金融体系的风险状况;建立宏观审慎监管数据库,以便权威、准确、跨部门地对系统性风险进行监测和评估,在识别出系统性风险的情况下有权向各部门提供建议或指导。

6. 中央银行应承担更多的宏观审慎监管职责,央行应更好利用其全局视角的优势,承担部分金融稳定职能。而赋予其对系统性影响的金融机构监管权是必要的,便于央行建立金融机构早期预警体系、金融稳定指标体系,在宏观稳定基础上进行压力测试。长期以来,我国央行的政策目标并非单一的价格稳定,相当程度上经济增长也是央行的政策目标,金融稳定的职责必然使得央行面临更复杂的政策目标选择。因此,亟须在制度上明确央行的政策目标。

7. 积极参与国际金融监管改革,在维护我国利益的同时,借鉴国际组织在宏观审慎监管方面的新进展,率先实现这些标准和框架中的重要条款,对缩小中国与国际差异,推动金融监管尽快改革,建立我国的宏观审慎监管框架有重要意义。彭刚(2010)认为要构建中国与世界其他国家宏观审慎监管的协调机制,包括两条途径:配合国际货币基金组织和世界银行积极启动金融部门评估规划,提升国内监管标准,向国际监管标准靠拢。

8. 借鉴国际监管经验的同时要结合我国的实情,如从系统性风险的角度来看,欧美国家的风险来源主要是由于高杠杆率和关联交易以及影子银行体系等带来的风险传染,而当前中国金融业主要从事传统金融业务,更多的系统性风险体现在微观个体商业模式上的同质化风险和宏观经济大幅波动、宏观政策短期内大幅变动带来的风险。因此,与次贷危机后欧美国家关注的杠杆率指标、前瞻的拨备指标等方向不同,我国的宏观审慎监管更应当关注如何引导银行业乃至整个金融业的深化和异化,关注宏观经济大幅波动可能对金融体系的冲击,加强与财政部等其他宏观经济管理部门的政策协调和联系等。

6.4 宏观审慎框架下的外汇储备战略运用

外汇储备是重要的战略资源,它不仅关乎国家金融的命脉,而且在一定程度上决定了一国能否抵御外部冲击,保持经济安全平稳发展。本次国际金融危机爆发以来，学术界在重新反思如何加强宏观审慎监管、防范系统性风险等问题的同时，将如何利用外汇储备来保障金融与实体经济"双稳定"这一课题置于"案头"。中国是外汇储备持有规模第一大国，截至2011年6月底，中国外汇储备总额已达3.2万亿美元，且仍处于年增长额逾4 000亿美元的持续高速增长轨道当中。但是，现行的外汇管理模式"结构单一、收益不高、风险集中、管理低效"，与飞速累积的外汇储备规模[①]并不匹配，亟待"彻底大修"。因此，在充分考虑现阶段中国经济发展的历史背景与阶段特征的基础上，尝试建立具有中国特色的储备管理新模式，不仅具有必要性而且具有紧迫性。从宏观审慎的视角考虑，外汇储备除了满足基本国际收支和清偿能力等目标外，更应该在"以丰补歉"的理念下予以特殊安排，以克服储备的顺周期性所带来的潜在风险。亚洲金融危机以及我国国有银行改革的历史实践已经证明，外汇储备能够在危机时期对整个金融市场或重要金融机构予以支持，维护金融体系的稳定。未来我们应该制定清晰的外汇储备管理战略，有效运用外汇储备维持我国金融体系和实体经济的"双稳定"。

6.4.1 外汇储备在抵御我国外部危机冲击中的运用

在当前经济金融全球化的背景下，金融市场之间、金融与实体经济之间的网络效应都日益强化，金融危机的传导效应与速度早已超出人们的反应能力与驾驭能力，即使一国经济基本面比较稳定，市场投资者预期和认识的突然转向也可能给该国经济形成冲击。（沈联涛，2009；张志超，2009）在这种情况下，从宏观审慎的视角出发，充足的外汇储备无疑可以为应对国际投机资本冲击和金融危机提供流动性支持，防范系统性风险的爆发。

本·巴萨特和戈特利布（Ben-Bassat and Gottlieb）通过建立模型把央行持有外汇储备的总成本分为两部分，一是持有零国际储备的成本，即发生负面经济冲击时因不拥有外汇来应对而不得不承受的损失；二是持有正国际储备的成本，

---

① 对于新世纪以来全球外汇储备的累积，传统文献有四种解释：其一，汇率制度。麦金农（Mckinnon，2005）将东亚各国自称的浮动汇率制度以及管理浮动汇率制度，概括为"没有信誉的固定汇率制度"。在这样的汇率制度下，货币当局持有大量的外汇储备对汇率进行频繁的干预。卡沃和莱因哈特（Calvo and Reinhart，2000），豪斯曼等（Hausman et al.，2000）也持有类似观点；其二，危机的自我预防动机。艾森曼和马里恩（Aizenman and Marion，2003、2004）；加西亚和索托（Garcia and Soto，2004）；李（Lee，2004）；艾森曼和李（Aizenman and Lee，2005）以及珍尼和朗西埃（Jeanne and Ranciere，2005）等认为，对可能发生危机的自我预防动机可以解释新世纪以来东亚地区高速的外汇储备增长；其三，现代重商主义。现代重商主义分成两类，即金融重商主义（Financial Mercantilism）和货币重商主义（Monetary Mercantilism）。前者是指依靠优惠融资策略以促进进出口增长的政策，从而导致外汇储备增加；后者是指囤积外汇储备的相关政策；其四，自然资源价格上涨。部分研究认为，新世纪以来俄罗斯、沙特阿拉伯等国外汇储备的迅速累积，是自然资源，特别是石油价格的上涨所致。

即因持有外汇储备而招致的机会成本。其中,第一项成本表明了外汇储备在应对危机冲击中具有重要作用。贝熙业和穆德(Bussiere and Mulder, 1999)利用国际货币基金组织早期预警系统的变量进行分析发现,当国内经济基本面不好并遭受外部冲击时,较高的流动性能够有效降低国家的经济脆弱性。费尔德斯坦(Feldstein, 1999)支持高额储备能够降低国家脆弱性的观点,并提出高额储备能增强本国货币信心。费雷(Fischer, 1999)的研究也得出了持有高额外汇储备的国家能够较好地应付近年来的金融危机的结论。

国内学者张志超(1999)在对国际外汇储备规模的理论进行梳理总结时指出,新近的理论强调了应当在成本与福利的综合考虑中决定最优的国际储备持有量,尤其应关注持有国际储备对抵御异常经济冲击的积极作用。在现有理论框架下,由持有和动用外汇储备来避免、减缓和应对经济危机(或其他形式的不利经济冲击),其所能获得的好处要远比持有储备的机会成本重要得多。因此,就中国情形而言,我们可以用好国际储备这个宏观经济稳定器,通过持有足够数量的外汇储备,避免经济发生危机或减轻宏观经济波动。

1997年席卷亚洲的金融危机中各国不同的遭遇更彰显了外汇储备在抵御投机资本冲击、保护国家经济利益中的重要性。亚洲金融危机期间,泰国的泰铢快速贬值,从1997年6月的1美元兑25泰铢跌至1998年6月的1美元兑50泰铢以上,这意味着泰国公司以美元计价的债务负担增长了1倍多;另一方面,泰铢贬值导致进口价格上升,国内生产商也跟随提价,通胀压力高企,泰国的消费者物价指数从1997年5月的4.2%迅速上升至1998年6月的10.6%,给国内生产和就业都造成了严重不利影响。费尔德斯坦(1999)认为,如果一个国家拥有充足的外汇储备作为流动性支撑,就可以通过购买本币维持甚至提升本币币值,减少本币的脆弱性并提升信心,惩罚投机者①。

亚洲金融危机期间,韩国的外汇储备短缺所揭示的问题同样严重。20世纪90年代初韩国放松金融系统管制之后,外债尤其是短期外债迅速增加,与外汇储备形成了鲜明的对比。1990~1997年,韩国短期外债从294亿美元增长到了638亿美元,增长了117%;而同期外汇储备从145亿美元增长到197亿美元,仅增长了36%②。最终,即使长期清偿能力不成问题,在所有外国债权人集中要求支付债务时,韩国还是遭遇了流动性危机③,如果韩国拥有充足的外汇储备作

---

① 对一国货币投机的成本是十分高的,因为做空一国货币时其利率一般显著高于美元或日元等国际储备货币,这使得该国货币不贬值时投机者的机会成本高企。(Feldstein, 1999)
② 沈联涛,2009,《十年轮回:从亚洲到全球的金融危机》。
③ 韩国流动性危机期间,政府甚至到了号召国民出卖手中金银饰品给国家,以便换取美元、帮国家度过难关的境地。(张志超,2009)

为缓冲，危机根本不会在韩国发生。（Feldstein，1999）

危机期间，关于人民币将会贬值和香港将会放弃联系汇率制度的谣言与日俱增，市场对危机蔓延至中国的悲观情绪逐步增加。但是，和泰国、韩国形成鲜明对比的是，中国当时拥有超过 1 400 亿美元的外汇储备，香港官方外汇储备也比较充裕，1997 年末达到 930 亿美元，仅次于当时的日本和中国。1997 年末，中国宣布"人民币不贬值"，次年香港政府也宣布入市干预，政府的积极应对使得局势得以迅速稳定，这其中充足外汇储备"弹药"的功能十分重要。1997 年，已是外储第二大国的中国"短期外债—外汇储备"比率为 24%，远低于泰国、印度尼西亚和韩国等高于 120% 的水平，相对充足的外汇储备给外汇市场人民币币值稳定提供了坚实的基础；当时港府于 1998 年 8 月宣布"根据《外汇基金条例》，动用外汇基金财力，在股票和期货市场上进行适当的反击"之后，投机者遭受重大打击，纷纷撤资，股市在较短时间内趋于平稳（沈联涛，2009）。正是因为有大量储备资产作为支撑，加之及时有效的应对政策，使得香港保卫战最终取得成功，很难想象如果没有充足的储备做后盾，香港会成功狙击国际投机资本的冲击，人民币会在周边国家普遍陷入金融危机的环境下独善其身、保持稳定。

此次席卷全球的金融危机爆发以后，美国、欧洲等国主导的全球金融体系遭受重创，政府救助行为使得发达国家公共部门也摇摇欲坠，在此背景下，我国巨额的外汇储备也发挥了不可忽视的稳定作用：一方面，通过注资金融机构和维护人民币汇率的平稳，保证了国内金融市场的稳健发展；另一方面，通过稳定持有美国、欧洲等发达国家政府债务，最大限度地减轻了相关国家主权债务市场的动荡，使中国成为全球金融稳定不可忽视的力量。

6.4.2　外汇储备在建立我国稳健金融体系中的运用

21 世纪初，国有独资商业银行积累了比较严重的风险，主要表现在财务状况十分严峻，历史包袱沉重，不良贷款比例过高，资产损失数额巨大，资本金严重缺乏，自我发展能力严重不足。截至 2002 年年底，四大国有商业银行不良贷款高达 1.7 万亿元，不良贷款率为 21.4%，远远高于国际标准；据检查测算，实际贷款损失约 1.4 万亿元，占全部贷款的 16.3%，加上非信贷资产损失约 8 150 亿元，资产损失总额达到 2.2 万亿元；平均本充足率为 4.4%，如果按照审慎监管标准，平均资本充足率实际为负数。而根据 2000 年的数据，世界前 20 大银行的坏账率仅 3.27%；即使亚洲金融危机时期，东南亚各个银行的不良贷款率也只有 6%；花旗银行和汇丰银行分别只有 2.7% 和 3%，四大国有商业银行不良贷款率大约是这些比较有效益的银行的不良资产率的 7 倍。四家国有商业银行事实上处于严重资不抵债的状态，这不仅制约了银行自身和经济社会发展，而且严重损害了我国的国际形象，对我国改革开放大局和银行业争取有利的国际环境产生了严重的负面影响。

最初为消化四家国有商业银行不良资产的改革计划，主要依靠财政资源，但是迫于"财源问题"，改革一直难以启动。而同期，我国外汇储备快速增长，给如何有效管理和运用外汇资源提出了严峻挑战。1996~2004 年末，中国外汇储备由 1 070 亿美元增加到 6 099 亿美元，增加 4.7 倍，占世界的比重由 6.4% 提高到 15.8%。

通过动用国家外汇储备实现注资的方案为银行业改革开辟了新的思路，既减轻了财政的负担，也发挥了外汇储备的积极作用。在"先易后难"的试点先行以及财政资金与外汇储备"组合操作"的思路下，国务院通过了以外汇储备形式为银行注资的改革方案。2003 年年底，国家外汇储备出资成立的中央汇金投资有限责任公司分别将 225 亿美元资本金注入中国银行和建设银行；2004 年 5 月，中央汇金公司又为工商银行注入 150 亿美元资本金。注资不仅增强了国有独资商业银行的资本实力，更主要的是通过注资、不良资产剥离以及其他资源支持，使国有独资商业银行彻底消化历史包袱，主要财务指标不仅符合巴塞尔协议的要求，也都达到了现代商业银行标准（见表 6-7）。

表 6-7　　　　　部分大型商业银行注资后资本充足情况

	核心资本净额	资本净额	核心资本充足率	资本充足率
建设银行 2004 年末	1 942 亿元	2 560 亿元	8.57%	11.29%
中国银行 2004 年末	2 284 亿元	2 705 亿元	8.48%	10.04%
工商银行 2005 年末	2 556 亿元	3 118 亿元	8.11%	9.89%

资料来源：刘明康：《中国银行业改革开放 30 年》，中国金融出版社 2009 年版。

注：除外汇储备注资之外，国有商业银行的不良贷款剥离与核销、次级债发行等也都是当时资本充足水平快速巩固提升的重要原因（刘明康，2009）。

当前国际宏观经济形势动荡加剧，国际金融体系的脆弱性、复杂性和不确定性进一步加大，而我国金融机构仍处于"走出去"的重要战略阶段，此时，充分的外汇储备有利于更好地支持金融机构的国际化战略，也对维持我国金融体系的信心、抵御新的外部冲击显得尤为重要。

6.4.3 基于宏观审慎视角的外汇储备管理战略

20世纪70年代以来，随着国际货币与金融环境的不断变化，全球范围内外汇储备管理实践经历了由消极管理（Passive Management），到谨慎管理（Conservative Management），再到积极管理（Active Management）三个阶段，现行的积极管理模式始于20世纪90年代末期。亚洲金融危机以后，为有效管理逐渐扩大的外汇储备规模，很多高储备国家开始进行积极的外汇储备管理改革。为此，IMF与世界银行通过发布"IMF指南"等方式，对各国的经验进行总结。2005年版的"IMF指南"①强调了外汇储备有效管理的重要性。它认为现今的外汇储备管理与传统模式并不相同，传统的模式仅仅在充分保障安全性和流动性原则的基础上，才去考虑收益性。而现今的管理模式重心已经发生转移，更强调收益的最大化与管理的有效性。

过去的研究很少系统地从宏观审慎和金融稳定的角度讨论外汇储备的战略，但已有的文献已经或多或少涉及了相关内容，例如，有些研究从维持充分的国际支付能力、防范货币危机的角度对外汇储备的规模和管理战略进行了分析（Triffin, 1960; Carbaugh and Fan, 1970; Greenspan and Torgerson, 2007），有些研究从维持汇率稳定的角度进行了剖析（IMF, 1965）。

从宏观审慎的视角看，即通过对外汇储备做出跨行业和时间维度的安排，可以更好应对外部冲击从而维护整个金融体系的稳定。具体地，外汇储备可以充当以下职能：维持充分的国际清偿能力；危机情况下和常态下的金融机构重组；通过建立区域性外汇储备机制维护区域金融稳定。

1. 维持充分的清偿能力

各国外汇储备存在的一个重要原因，就是在当前各国经济金融往来日益密切的同时，却缺少一个全球的最终贷款人（Global Lender of Last Resort），为避免国内以美元为主的国际交易结算货币不足引发支付危机，各国只能留存足够的流动性储备以维持清偿能力。虽然当前IMF部分履行了全球中央银行的职责，但其

---

① 2001年9月，IMF与世界银行共同制定并公布了《外汇储备管理指南（Guidelines for Foreign Exchange Reserve Management）》，简称"IMF指南"。该指南总结了对外汇储备管理的广泛认同的原则和做法。随后于2003年3月26日，发布了该指南的配套文件（Accompanying Document），通过考察澳大利亚、博茨瓦纳、巴西、加拿大等20个国家的外汇储备管理的个案，总结出一些国家的外汇储备管理的做法。2004年8月与2005年4月，IMF又先后两次修改"IMF指南"。"IMF指南"为各国加强储备管理提供了一个理论框架和实践借鉴。

毕竟只是 20 世纪布雷顿森林体系的理论构想，现实中该机构一直由欧美大国主导，尚缺乏实质的能力和权力，在充当全球（尤其是发展中国家）最终贷款人角色上的表现尤其难以让人满意。因此，保证充分清偿能力也成了各国外汇储备最基本的作用。

经典的外汇储备适度规模测度方法，很多都是以维持清偿能力为标准的。凯恩斯（1930）指出，在金本位制下估计一国所需的国际储备（主要是黄金）数量时，除了一国的贸易结构及贸易差额的波动性，还应理性地估计国际储备因外源因素招致耗竭的可能程度，这些因素包括如外国资金的突然抽回或出口收入的突然下降等。很显然，凯恩斯对储备规模的估计主要考虑的是一国的清偿支付能力。

特里芬（Triffin，1960）提出用经验比率（ratio）来判断一国储备的充分性，即一国拥有的国际储备数量，应大致等于该国 3~4 个月的进口量，Triffin 的这一研究开创了用特定的比率来作为判断储备充足性基准的方法，这一方法称为比率法①（the ratio approach），或基准法（the benchmark approach）。特里芬认为，判断一国储备水平是否充分，应根据该国是否有能力用自身的资源来为国际交易可预见的赤字进行融资。这种比率法所考虑的外汇储备规模是和进口量挂钩的，也即是和经常项目规模相联系的，反映了储备主要满足对外清偿的要求。

卡伯和凡（Carbaugh and Fan，1970）等提出了关于外汇储备规模的质量分析法，他们认为影响外汇储备需求理论的因素包括储备资产质量、各国经济政策的合作态度等六个方面，最终外汇储备规模的确定还是决定于一国的国际清偿力。

20 世纪 90 年代中期以来，中国的外汇储备相对充裕，维持足够清偿能力基本不存在问题，这一时期外汇储备在抵御外部冲击、维护经济金融稳定方面发挥了积极作用，也更引人关注。反过来看，80 年代我国外汇储备短缺，国际支付能力不足，汇率经常性贬值，加剧了金融的脆弱性。1978~1989 年的 12 年间，中国经常账户除了 1982 年和 1983 年有少量顺差外，其他 10 年均为贸易赤字，外汇储备最少时仅有不到 30 亿美元，面对国内不断增长的外汇需求，虽然在外汇管制下我国国际收支基本保持了平衡，但是与之伴生的是"外汇黑市"活跃和未能反映基本面的人民币汇率持续贬值，从 1985 年底至 1994 年完成"汇率并轨"，人民币汇率累计贬值达到 65% 以上，大幅波动的汇率给当时经济金融的平稳运行造成了较大冲击。外汇短缺的历史时刻警醒着我们：充足的外汇储备资产

---

① 在特里芬之后，其他研究者又开发出了其他多种比率来作为决策的基准，如储备对短期外债比率、储备对广义货币供应量比率、储备对 GDP 比率等等，也属于比率法的范畴。

十分重要，切不可因当前外汇储备相对充裕就大手大脚，丧失了基本的底线。

在当前西方国家主导国际金融体系的大环境下，维持充分的清偿能力对新兴经济大国显得更为重要，尤其中国的国家政治体制还不同于西方国家，相应的制度、文化等也不同于西方国家，在很多方面会受到西方发达国家的限制，相对较高的适度外汇储备规模就成了必然选择。随着中国国力日隆，中国经济总量跃居世界第二、出口额居世界第一、"超额外汇储备"高居世界第一以及人民币升值问题，都成为西方炒作"中国经济威胁"的噱头；同时，中国与其他新兴的发展中国家也处于激烈竞争关系之中，一旦中国受到冲击、出现问题，无论发达经济体或是新兴经济体，其救助意愿可能并不强烈。因此，中国应该更加重视"以丰补歉"的审慎观念，在有利的外部环境下保持足够的外汇储备规模，"以我为主"地应对未来可能出现的负面冲击。

2. 外汇储备跨业维度的战略运用：金融机构救助和实体经济转型发展

从宏观审慎跨业维度来看，未来一方面需要将外汇储备用于对受冲击的单个金融机构注资和救助来维持金融体系的稳定，另一方面也可以将超额外汇储备用于支持实体经济的战略转型和发展。

在 2003 年国有银行改革中，外汇储备注资发挥了十分重要的作用，不仅破解了当时银行的资本金来源问题[1]，也缓解了境外战略投资者的担忧，为之后国有银行股份制改革、商业化运作扫清了道路。针对外汇储备注资这种并不常见的特殊救助方式，学术界也提出了相应的质疑，主要集中在外汇储备注资的合法性和对央行资产负债表的影响两个方面。

一方面，质疑动用外汇储备注资银行的合法性。经济学家吴敬琏在九届全国政协二次会议上对注资行为的合规性表达了疑虑；常健、汪灏（2005）也对动用外汇储备的法律依据进行了深入分析，认为其与《中国人民银行法》中人民银行的非商业性[2]、《公司法》中股东资质与权责的规定[3]相冲突。

---

[1] 对国有银行注资的常规解决思路，应该是由财政部动用国家的财政收入或者发债筹得资金，虽然 1994 年税制改革之后中国的财政收入增长迅速，但是一直是赤字财政，2002 年、2003 年，分别支大于出 3 149.5 亿元、2 934.7 亿元，国家财力紧张。

[2] 《中国人民银行法》规定，中国人民银行及其所属的国家外汇管理局作为国务院直属机构应当具备"非商业化"性质，不具备投资经营企业的职能权限，不得以盈利为其价值追求；中国人民银行作为国家货币和金融规则的制订和监督执行者也应秉持"中立化"立场，一视同仁地对待市场中的每一个参与者，不得参与商业银行的经营管理，混淆"裁判员"与"运动员"的身份，扰乱市场竞争秩序。

[3] 汇金公司的注册资金均来源于人民银行和外汇管理局的外汇储备资金，但国务院却指定财政部为汇金公司的股东之一，并派员参与组成公司董事会与监事会，这与《公司法》中股东按出资享有相应份额权利不一致。

针对这些质疑，时任国家外汇管理局局长、中央汇金公司董事长郭树清做出了解释：即新成立的中央汇金公司是国务院特批成立的公司，专属于国家，新注入资本是国家的注资，因此银行获得的注资都是汇金公司所有的，只有汇金一个股东，而与人民银行、财政部无关。

另一方面，质疑注资会影响央行资产负债表的健康。贺力平（2004）指出外汇储备是由政府货币发行而形成的资产，货币发行是政府的负债，而在形成负债的时候也相应增加了资产，也就是说这种资产不是净资产，使用外汇储备会造成中央银行资产负债表的不平衡。

事实上，中央银行资产负债表具有一定的特殊性，有一部分负债（发行的现金、法定存款准备金等）在常态下并不必然发生实际兑付行为，这为央行适当有弹性地运用一部分资产入股国有金融机构（包括银行、保险、证券和其他金融机构）、促进金融体系的稳健性提供了空间。只要这种投资仍然在中央银行资产负债表的资产方，不是无偿划拨，就不会实质性损害央行资产负债表的健康性。银行业近十年来的运行实践也表明，审慎运用部分超额外汇储备支持金融体系稳健性建设不仅是可行的，而且是有效的：银行业保持稳健运行，汇金公司的注资通过国有银行上市也获得了丰厚的回报。

A. 对金融机构的注资和危机救助

20世纪70年代以来，以价格自由化、金融机构业务自由化、金融市场自由化以及资本流动自由化为基本特征的金融自由化席卷全球。从各国实践来看，金融自由化是一把"双刃剑"。一方面，金融自由化实现了金融资源在世界范围内有效配置，提高了全球金融市场的效率，促进了经济增长；另一方面，金融自由化增加了金融风险，加剧了金融脆弱性，导致金融危机频发[①]。对于金融发展相对滞后的发展中国家而言，在实现金融自由化的进程当中如何保障国家控制力，降低开放风险，保障金融安全显得尤为重要。

同时，具体到金融体系的微观机构层面，目前国际社会热议的"大而不能倒"问题在中国的潜在风险也不容忽视。一方面，在我国现有经济财政体制下，金融机构与经济发展、国家财政的权责关系仍不完全清晰，大量的政府隐性担保

---

① 马丁·沃尔夫（Martin Wolf, 2008）以及卡门 M. 莱因哈特，肯尼斯 S. 罗格夫（Carmen M. Reinhart and Kenneth S. Rogoff, 2009）的研究表明：1945～1971年全球仅发生38次小规模汇率和银行危机，而1971年至今，全球已发生了150多次金融危机，而且波及全球的金融危机就不下10次；格拉谢拉 L. 卡明斯基和卡门 M. 莱因哈特（Graciela L. Kaminsky and Carmen M. Reinhart）发现1970年以来，危机发生的频率不断增加。包括14个发展中国家在内的20个国家，在1970～1995年间发生了102次金融危机（76次货币危机、26次银行危机）；根据朗朗西埃，科奈尔和韦斯特曼（Ranciere, Tornell and Westermann, 2006）的统计数据，在金融自由化后的5年内，发生银行危机的概率高达60%，特别是在金融自由化后5年中的前3年，更是金融以及银行危机集中爆发的高峰期。

问题没有得到解决；另一方面，我国金融行业的集中问题仍然突出，截至2010年年末，大型商业银行（工商银行、农业银行、中国银行、建设银行和交通银行）占全部银行业金融机构①资产规模的将近50%，其分支机构遍布全国各地和我国对外往来的主要国家，对国家经济金融的影响力十分重大。因此，在未来金融危机来袭时，保留部分战略性外汇储备以对陷入困境的重要金融机构施以援手，仍将是必要而且有效的政策手段。

B. 支持实体经济的战略转型和发展

在未来的战略机遇期内，在中国经济更加市场化、更加开放的大背景下，能否转变经济发展方式，能否建立起在全球范围内有效配置资源以及防范风险的长期金融战略，将直接决定金融和实体经济的"双稳定"与"双发展"进程。在宏观审慎跨业维度视角下，中国的巨额外汇储备可以在支持国内经济发展，实现转变经济发展方式、调整经济结构等战略目标方面发挥重要作用。

首先，"以汇换需"，购买战略资源。作为制造业大国，中国不仅是战略资源的主要需求国，对外依赖程度高，而且中国在国际资源市场上缺乏定价能力，所以用外汇购买战略资源，建立石油、矿产、有色金属等战略资源的储备库极具有必要性和紧迫性。鉴于黄金在国际储备中的重要地位，应当逐步提高黄金在中国国际储备的比重。此外，中国要想实现产业升级，技术革新和建设创新型国家，离不开对发达国家先进的设备和尖端的技术的引进再创新，应当设法绕开发达国家对技术出口的管制，大量引进先进技术。

其次，继续实施"走出去"战略并在策略上进行调整。我们将目光更多的投向发展中国家（东南亚、中亚、西亚、东北亚、非洲和拉美等），充分利用中国与所在国在资源上的比较优势，寻求建立互利共赢的合作模式。

第三，向关乎国计民生或者具有技术创新优势的企业注资，支持企业发展。企业选择上偏向于生物技术、飞机制造、航天科技、节能环保等行业内具有长期投资价值，符合中国经济转型战略需要的大中小各类型企业。

最后，引进高水平人才。针对高水平专业技术人才缺乏的现状，利用外汇储备长期致力于国外高水平人才的引进。

3. 外汇储备跨时间维度的战略运用：成立危机储备金

从宏观审慎的时间维度来看，外汇储备实质上就是对流动性偿付能力进行

---

① 包括政策性银行、国家开发银行、大型商业银行、股份制商业银行、城市商业银行、农村商业银行、农村合作银行、城市信用社、农村信用社、非银行金融机构、外资银行、新型农村金融机构和邮政储蓄银行。

"逆周期"的安排，通过在经济金融顺利运转时期积累适度的储备，以应对内部或外部冲击时期的不利影响。具体到形式上，可以通过参与或推动建立周边国家的货币互换和区域性外汇储备库等，实现外汇储备对系统性风险的缓释作用。

A. 参与周边国家的货币互换

1997年爆发的亚洲金融危机给亚洲地区造成了不同程度的损害，而IMF等国际金融机构对危机的救助在及时性和效果上都不尽如人意，危机后亚洲各国开始探讨对策，期望通过区域联合维护金融稳定。2000年在泰国清迈举行的东盟和中日韩"10＋3"财长会议上，与会各国一致通过了关于建立货币互换协议的清迈倡议，决定扩大东盟原有货币互换网络的资金规模，并号召东盟国家及中日韩三国在自愿的基础上，根据共同达成的基本原则建立双边货币互换协议，以便在一国发生外汇流动性短缺或出现国际收支问题时，由其他成员集体提供应急外汇资金，稳定地区金融市场。

而自本次金融危机爆发以来，一些国际性金融机构轰然倒下，随着危机的进一步深化发展，一些国家的主权债务问题日益突出，全球金融体系愈发脆弱。中国的巨额外汇储备已经不仅是自身金融稳定的重要筹码，也成为许多国家和国际金融机构关注的目标。受危机冲击的国家或机构希望我国外汇储备的一部分能参与国际救市，但是，我国仍然是一个经济发展水平不高、尚不富裕的发展中国家，不具备对这些国家进行大规模出资救助的条件；同时，直接动用外汇储备出资救援还存在较大信用风险，不确定性较大，需要慎重决策。

在这种现实环境下，货币互换是相对较为安全且易操作的方式，应是我国参与国际金融救援的重要手段。截至2011年6月末，我国已与11个国家签署了货币互换协议，总的流动性额度超过了8 000亿元人民币，这些互换安排不仅能用于贸易和投资，成为由中国为贸易伙伴提供人民币流动性大方式，更重要的是建立起了各国间金融市场的信心。在当前美元受金融危机影响国际地位有所削弱的情况下，我国应该进一步积极与周边国家，以及一些具有重要战略资源的国家签订双边货币互换，作为我国支持国际社会共同应对金融危机的具体举措，加强两国关系、稳定金融市场、促进双边贸易，并作为我国参与国际金融救援的实际性举措。

B. 建立区域性外汇储备库

1997年亚洲金融危机时期，陷入危机的泰国、马来西亚等国在国际收支不平衡的条件下，由于外汇储备不足，只得听任货币自由流动，剧烈的汇率波动对这些国家的经济产生了较大伤害；当时，他们本可以向IMF寻求救援，但援助程序复杂烦琐，且一般会附有苛刻的援助条件，极有可能带来类似拉美国家对外资依附、丧失经济自主权等一系列问题，因此这一选项并未成行。尽早建立区域货币基金，实行区域内互救，也成为那次危机后亚洲各国的迫切愿望。

2009年，东盟10国与中日韩（"10+3"）成立了规模为1 200亿美元的亚洲区域外汇储备库，其中中、日、韩分别出资384亿美元、384亿美元、192亿美元，占总额的80%。作为区域紧急救援机制的制度安排，亚洲区域外汇储备库的建立对稳定亚洲区域金融市场有着极其深刻的意义，一方面，当区域内国际收支不平衡，部分国家短期流动资金出现困难时，储备库可以发挥调整作用；另一方面，在必要情况下，储备库还可以直接干预外汇市场，维护各国汇率水平的相对稳定。

4. 实现"无危机增长"的风险准备金：进一步的讨论

改革开放以来，中国经济保持了连续30多年的高增长态势，年均GDP增速接近10%。2010年，中国的名义GDP总量达到5.88万亿美元，成为全球第二大经济体，占到全球经济总量的9.48%。2012年，中国的人均GDP达到6 100美元，距离世界银行提出的高收入国家与中等收入国家的分界线12 000美元还差5 900美元，正处于典型的跨越"中等收入陷阱"的关键阶段。从国际经验来看，从低收入国家达到人均4 000~5 000美元的中等收入国家相对比较容易，但从5 000美元上升到12 000美元的水平却比较困难。在跨越"中等收入陷阱"的过程中，很多国家（包括阿根廷、智利、巴西、墨西哥和马来西亚等）不幸地经历了经济停滞、失业高企、贫富分化、腐败多发、社会动荡、信仰缺失等诸多社会乱象，一些国家陷入经济停滞的时间长达几十年甚至上百年。

对于中国而言，在跨越"中等收入陷阱"的过程中，除了要实现经济发展方式的转变之外，还必须充分考虑这一过程中的各种经济和金融风险，以实现无危机的平稳转型。从目前的情况来看，随着中国经济和金融体系的迅速发展，近年来中国经济的货币化比率（M2/GDP）不断上升，至2010年年底已达1.82，成为世界之最[①]。与高货币化比率相对应的是经济增长的就业弹性下降，货币对经济的推动力可能正在减弱（陈雨露、马勇，2011）。此外，中国经济和金融体系内所蕴含的各种潜在风险也值得警惕，主要表现在以下两个基本方面：一是民间借贷和影子银行大行其道，这些游离于正规金融体系之外的融资活动由于缺乏严格监管和规范运作，一旦遇到风吹草动，融资链条极易发生断裂；二是政府的实际债务水平可能逐渐超过国际警戒水平，特别是地方政府债务的迅猛发展，可能成为转型期潜在的重要系统性风险来源。

首先，从民间借贷和影子银行的潜在风险来看，早在2010年，沈联涛就估

---

① 2010年的广义货币供应量（M2）为72.59万亿元。

计当年中国的影子银行规模已达 20 万亿元以上。2012 年，惠誉的中资银行分析师朱夏莲（charjenechu）估计，到 2012 年年底，理财产品余额可能达到人民币 13 万亿元，相当于银行系统人民币存款规模的 145%，其中非保的产品大致占比 80%~90%，故银行表外影子规模在 10.4 万亿~11.7 万亿元。如果再加上私人直接持有信托①、企业债券，再加上未贴现的票据和民间借贷（央行调查估计在 3 万亿~4 万亿元）。如此，区别于正规信贷业务的其他债务融资方式，即所谓的中国式"影子银行"的规模估计在 25 万亿元以上。2013 年，在德意志银行举行的中国经济预测及投资策略会上，德意志银行大中华区首席经济学家马骏预测，目前国内影子银行提供的融资量存款在 20 万亿元左右，其中有 5%（约 1 万亿元）左右的存量风险较大。事实上，影子银行的大量资金最终流向了政府融资平台和房地产等项目，潜在风险很大。在中国当前的体制下，这些以银行表外业务面目出现的项目在遇到系统性的风险以后，最终都不可避免地会"回表"，并以银行表内不良资产的形式表现出来，因为这部分所谓"刚性兑付"的信托产品实质隐含的是政府和银行的担保，最后还是由银行兜底，而银行也是国家所有，所以归根结底还是中央政府信用兜底。

其次，从政府债务水平来看，至 2012 年底，中央财政发行的国债约 11.5 万亿元，占 GDP 的 22%；政策性银行发行的债券（主要为国家开发银行发行的债券）约为 8 万亿元，占 GDP 的 15%；铁道部发行债券约 3 万亿元，占 GDP 的 6%；地方政府债务约 12 万亿元，占 GDP 的 23%。上述各项合计，政府债券的总规模约为 34.5 万亿元，占 GDP 之比达到 66%，总债务占比已经超过 60% 的国际警戒线水平②。在上述政府债务中，近年来地方政府债务的增速和质量不容乐观。早在 2011 年 6 月，国家审计署公布的全国各地方政府的债务总额就达到了 10.7 万亿元。2011~2012 年，地方政府的债务总额不但没有减少，反而有增加的趋势。其间，地方政府在融资平台贷款被迫压缩规模之后，变相通过将地方债务转移至银行表外如通过城投债、信托等形式继续滚雪球，甚至有些地方政府违规采用集资、回购（BT）等方式举债建设公益性项目，违规向融资平台公司注资或提供担保，通过财务公司、信托公司、金融租赁公司等违规举借政府性债务等。有市场机构估计，至 2012 年末，地方政府债务总额已增长至约 12 万亿元，除了城投债以外，还有相当大一部分流向了银行理财产品和信托产品。特别

---

① 截至 2012 年 9 月，全行业信托资产规模已经扩张至 6.32 万亿元，其中 50% 属于通道业务，其他是直接对社会发售的产品。

② 欧盟《稳定与增长公约》规定，欧盟成员国财政赤字占当期 GDP 的比例不得超过 3%，公共债务总额占 GDP 的比例不得超过 60%。在 2008 年金融危机之前，政府债务占比达到 60% 一般被经济学家认为是危险水平。

是近两年来,很多地方基建项目的资金来源使用银行资金池或者信托资金的比重越来越大,这在一定程度上反映出地方债务风险问题正悄然向普通民众转移。综合而言,上述事实意味着,地方政府债务隐藏的财政风险和金融风险不容忽视,有可能成为未来中国经济和金融系统性风险的重要来源。

总体来看,在中国跨越"中等收入陷阱"的过程中,伴随经济转型的各种潜在经济和金融风险不容忽视。为确保平稳转型,中国的外汇储备应积极服务于转型过程中的"无危机增长"需要。特别是考虑到金融不稳定所可能引发的巨大经济和社会成本,转型期的适度外汇储备应在常规经济条件下的适度外汇储备规模(1.3万亿~1.6万亿美元,见第5章计算)的基础上再增加一部分,使其达到约2万亿美元左右的水平,新增加的4 000亿~7 000亿美元适度外汇储备作为中国跨越"中等收入陷阱"和实现"无危机增长"的风险准备金,可以覆盖12%~20%的影子银行资产损失或21%~36%的地方政府债务损失[①]。总体上看,通过保持2万亿美元左右的常规性外汇储备规模水平,不仅可以显著增加中国金融体系的危机应对能力,而且可以提升整个经济和金融体系运行的弹性。

※ 本章基本结论 ※

1. 系统性金融风险是指整个金融体系崩溃或丧失功能的或然性。与单个金融机构风险或个体风险相比,它具有复杂性、突发性、传染快、波及广、危害大五个基本特征。当系统性风险不断累积到达一定的临界值时,便会导致系统性危机的爆发。这一时点被称作"明斯基时刻"。

2. 系统性风险累积的典型的演进过程是:微观主体盈利预期乐观→风险偏好上升→增加投资头寸→风险敞口扩大→杠杆率高企→金融机构脆弱性上升→系统性风险不断发酵……金融体系越来越接近崩溃的边缘。系统性风险产生的主要标志性特征有:资产价格上升、政府债务负担加剧、经济增长率波动、经常账户赤字等。

3. 系统性风险的成因十分复杂,目前大致可以归因于五个方面:一是金融市场存在根本缺陷,二是金融机构的内在脆弱性,三是金融监管放松和难度加大,四是宏观经济周期和调控政策失误,五是市场主体的非理性。

4. 系统性风险的评估是指基于对相关系统性风险数据和信息的分析,对系

---

① 按2012年的相关数据计算覆盖水平。

统性风险发生的概率和造成的损失进行定性、定量的分析和预测。早期的系统性风险评估方法大多以一家机构破产倒闭推测系统内某一特定数量机构同时倒闭的可能性,来测度系统性金融风险。此类方法包括矩阵法、网络分析法、双元递归数法等。此次国际金融危机爆发以后,从系统整体入手对系统性风险的测度成为研究的重点,主要方法包括:网络模型、CO – RISK 模型、危机依存度矩阵模型和违约强度模型。

5. 次贷危机突出反映了系统性风险的复杂性、多变性和破坏性,金融监管在关注资本充足率等指标体现的个体风险的同时,也应当关注金融系统面临的系统性风险,强化宏观审慎监管,对金融系统的整体风险进行全面判断,通过宏观审慎监管和微观审慎监管的有机结合,有效防范流动性风险。

6. 宏观审慎监管应该从两个维度实施系统性风险监管:一是跨行业维度,重点关注在金融机构相互关联并面临共同风险敞口的情景下,风险在不同机构和不同市场间的分布,进而针对有系统性重要影响的金融机构制定更高的监管标准,提高监管的覆盖范围;二是时间维度,主要关注系统总风险如何随着时间的变化而演进,即金融体系的顺周期性和反馈效应。

7. 目前国际上主要的系统性风险监管措施包括:一是强化对具有系统性重要影响的大型、关联性强的金融机构的监管,如提高资本充足率要求、强化公司治理、加强并表监管等;二是引入逆周期监管的政策工具,一方面通过修订新资本协议、国际会计准则等减少外部规则的顺周期性,另一方面通过实行逆周期的资本、拨备、杠杆率等监管要求,在金融体系中设置"内在稳定器",释放系统性风险;三是将金融监管范围拓展至覆盖所有重要的金融市场、金融产品、金融机构,不但监管商业银行、投资银行等传统金融机构,也监管对冲基金、影子银行等非传统机构,不但监管CDS等衍生产品,也监管场外市场、支付清算体系等。

8. 宏观审慎监管组织安排需要建立中央银行、监管机构、财政部门的信息交流机制,并在此基础上进行宏观审慎监管政策、货币政策、财政政策的协调配合。

9. 从宏观审慎的视角考虑,外汇储备除了满足基本国际收支和清偿能力等目标外,更应该在"以丰补歉"的理念下予以特殊安排,以克服储备的顺周期性所带来的潜在风险。亚洲金融危机以及中国国有银行改革的历史实践证明,外汇储备能够在危机时期对整个金融市场或重要金融机构予以支持,维护金融体系的稳定。未来中国应该制定清晰的外汇储备管理战略,有效运用外汇储备维持我国金融体系和实体经济的"双稳定"。

10. 外汇储备在中国商业银行的股份制改革过程中发挥过重要作用。通过使用外汇储备实现注资的方案为银行业改革开辟了新的思路,既减轻了财政的负担,也发挥了外汇储备的积极作用。在"先易后难"的试点先行以及财政资金与外汇储备"组合操作"的思路下,外汇储备注资不仅增强了国有独资商业银行的资本实力,更主要的是通过注资、不良资产剥离等方式使国有独资商业银行彻底消化了历史包袱,为股份制改革扫清了障碍。

11. 此次国际金融危机爆发以后,美国、欧洲等国主导的全球金融体系遭受重创,政府救助行为使得发达国家公共部门也摇摇欲坠。在此背景下,中国的巨额外汇储备发挥了不可忽视的稳定作用:一是通过注资金融机构和维护人民币汇率的平稳,保证了国内金融市场的稳健发展;二是通过稳定持有美国、欧洲等发达国家政府债务,最大限度地减轻了相关国家主权债务市场的动荡,为全球金融体系的稳定贡献了力量。

12. 当前国际宏观经济形势动荡加剧,国际金融体系的脆弱性、复杂性和不确定性进一步加大,而我国金融机构仍处于"走出去"的重要战略阶段,此时,充分的外汇储备有利于更好地支持金融机构的国际化战略,也对维持我国金融体系的信心、抵御新的外部冲击显得尤为重要。

13. 从宏观审慎的视角看,即通过对外汇储备做出跨行业和时间维度的安排,可以更好应对外部冲击从而维护整个金融体系的稳定。具体地,外汇储备可以充当以下职能:维持充分的国际清偿能力;危机情况下和常态下的金融机构重组;通过建立区域性外汇储备机制维护区域金融稳定。

14. 在当前西方国家主导国际金融体系的大环境下,维持充分的清偿能力对新兴经济大国显得更为重要,尤其中国的国家政治体制还不同于西方国家,相应的制度、文化等也不同于西方国家,在很多方面会受到西方发达国家的限制,相对较高的适度外汇储备规模就成了必然选择。此外,由于中国与其他新兴发展中国家也处于激烈的竞争关系之中,一旦中国遭遇冲击,无论发达国家还是新兴市场国家,其救助意愿可能都并不强烈。因此,中国应特别重视"以丰补歉"的审慎观念,通过保持充足的外汇储备,增加危机应对的主动性能力。

15. 从宏观审慎跨业维度来看,未来一方面需要将外汇储备用于对受冲击的单个金融机构注资和救助来维持金融体系的稳定,另一方面也可以将超额外汇储备用于支持实体经济的战略转型和发展。

16. 从宏观审慎的时间维度来看,外汇储备实质上就是对流动性偿付能力进行"逆周期"的安排,通过在经济金融顺利运转时期积累适度的储备,以应对内部或外部冲击时期的不利影响。具体到形式上,可以通过参与或推动建立周边国家的货币互换和区域性外汇储备库等,实现外汇储备对系统性风险的缓释作用。

17. 在中国跨越"中等收入陷阱"的过程中,伴随经济转型的各种潜在经济和金融风险不容忽视。为确保平稳转型,中国的外汇储备应积极服务于转型过程中的无危机增长需要。特别是考虑到金融不稳定所可能引发的巨大经济和社会成本，转型期的适度外汇储备规模应在常规外汇储备的基础上再增加一部分作为跨越"中等收入陷阱"和实现"无危机增长"的风险准备金，从而使总的适度外汇储备规模维持在约 2 万亿美元左右的水平，以有效增强金融体系的危机应对能力。

第7章

管理中国的超额外汇储备：战略框架

7.1 中国的超额外汇储备管理：现状与问题

从理论上而言，外汇储备管理由总量管理和结构管理两个方面构成。总量和结构相互影响，任何单一因素的变动都会造成国际收支以及汇率市场的变动，直接影响到一国外汇市场的平稳运行。在本节，我们将从总量、结构以及运营模式三个方面剖析当前中国外汇储备管理的现状与问题。

7.1.1 总量管理的现状与问题

1. 现状

自改革开放以来，伴随着对外经济活动的增加，我国的外汇储备规模逐渐增加（见图7-1）。但在汇率改革之前相当长的时间内，我国的外汇储备规模较小，而且波动性非常明显。这一时期的外汇储备一直处于稀缺状态，外汇储备的波动主要受到经济波动、宏观调控以及对外政策的影响。通常情况下，当中央政府放松经济管制时，生产力得到释放，从而引致出口增加、资本流入和外汇储备增加；而当中央政府采取紧缩政策时，生产萎缩，出口下降，资本流入趋于谨慎，外汇储备增速开始下滑。在这一时期，由于外汇储备规模较小，总量管理无从谈起。

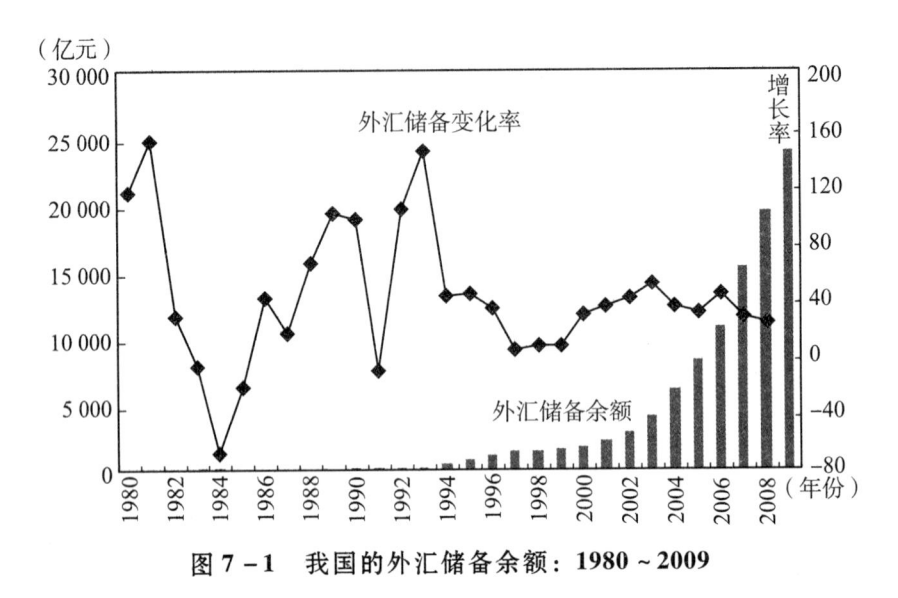

图 7-1　我国的外汇储备余额：1980～2009

1994 年至今，我国的外汇储备规模出现了持续上升。一方面，由于推行强制结售汇制度，居民和企业的外汇资产和对外支付能力全部集中到了中央银行手中；另一方面，人民币汇率长期保持高位，使得出口部门的增长远超于其他部门的增长，持续的贸易顺差推动了外汇节余的增加。更为重要的是，市场经济改革方向的确认和经济的持续向好，使得我国逐渐成为世界上最大的外来资本流入国。经常项目和资本项目的双顺差，造成了外汇储备的大幅上升和外汇市场上持续地供大于求的现象。在这一时期，外汇储备已达到一定规模，出现了比较平稳的增长态势。外汇储备的增长，使得如何对其规模进行管理成为一个重要问题。2001 年之前，对储备规模的管理着重于危机防御，相应地，外汇储备是越多越好。加入世界贸易组织之后，随着外汇储备余额不断上升，逐渐超过了危机防御的需求。表 7-1 给出了按照进口指标测度的外汇储备的适度规模。

表 7-1　　中国外汇储备与 6 个月、3 个月进口额对比情况　　单位：亿美元

年份	外汇储备	6 个月进口额	超额储备	3 个月进口额	超额储备
1979	8.4	78.4	-70	39.2	-30.8
1980	-12.96	97.8	-110.7	48.9	-61.86
1981	27.08	110.1	-83	55.05	-27.97
1982	69.86	96.5	-26.6	48.25	21.61

续表

年份	外汇储备	6个月进口额	超额储备	3个月进口额	超额储备
1983	89.01	107	-17.9	53.5	35.51
1984	82.2	137.1	-54.9	68.55	13.65
1985	26.44	211.3	-184.8	105.65	-79.21
1986	20.72	214.5	-193.8	107.25	-86.53
1987	29.23	216.1	-186.9	108.05	-78.82
1988	33.72	276.4	-242.6	138.2	-104.48
1989	55.5	295.7	-240.2	147.85	-92.35
1990	110.93	266.8	-155.8	133.4	-22.47
1991	217.12	319	-101.8	159.5	57.62
1992	194.43	403	-208.5	201.5	-7.07
1993	211.99	519.8	-307.8	259.9	-47.91
1994	516.2	578.1	-61.9	289.05	227.15
1995	735.97	660.4	75.6	330.2	405.77
1996	1 050.49	694.2	356.3	347.1	703.39
1997	1 398.9	711.9	687.1	355.95	1 042.95
1998	1 449.59	701.2	748.4	350.6	1 098.99
1999	1 546.75	828.5	718.3	414.25	1 132.5
2000	1 655.74	1 125.5	530.3	562.75	1 092.99
2001	2 121.65	1 217.8	903.9	608.9	1 512.75
2002	2 864.07	1 476	1 388.1	738	2 126.07
2003	4 032.51	2 064.2	1 968.3	1 032.1	3 000.41
2004	6 099.32	2 807.1	3 292.2	1 403.55	4 695.77
2005	8 188.72	3 300.6	4 888.1	1 650.3	6 538.42
2006	10 663.44	3 958.1	6 705.34	1 979.05	8 684.39
2007	15 282.49	4 779.1	10 503.39	2 389.55	12 892.94
2008	19 460.2	5 665.45	13 794.75	2 832.725	16 627.475
2009	23 991.52	5 028	18 963.52	2 514	21 477.52

通过将我国的外汇储备规模与6个月和3个月的进口额进行对比,我们发现,在汇改之前,按照储备与进口的适度规模的测算比例而言,外汇储备相对不足,无法满足基本的进口需求。但在1994年之后,无论以进口需求的任何指标进行测度,外汇储备都远远超过了满足进口需求。截至2009年底,以3个月的适度外汇储备规模测算,多余的外汇储备规模超过2万亿美元。而以外汇储备与外债的相关比例测度,由于我国外债的增长速度一直落后于储备余额的增长速度,因此,外汇储备完全可以应付各种形式地外债支付(见表7-2)。亚洲金融危机之后,我国对外债特别是短期外债的管理越来越谨慎,再加之外汇储备急剧上升,使得外汇储备与短期外债比例一直维持在高位。国际货币基金组织(IMF)的统计数据也显示,2009年年末,我国的外汇储备占全球外汇储备的30%,占新兴市场和发展中国家的外汇储备规模则超过了80%。

表7-2　　　　中国外汇储备与外债总额、短期外债比率　　　　单位:亿美元

年份	外汇储备	外债总额	外债储备/外债总额	短期外债	外汇储备/短期外债
1985	26.44	158.3	16.7	64.2	41.2
1986	20.72	214.8	9.6	47.7	43.4
1987	29.23	302	9.7	57.2	51.1
1988	33.72	400	8.4	73.1	46.1
1989	55.5	413	13.4	42.7	130
1990	110.93	525.5	21.1	67.7	163.9
1991	217.12	605.6	35.9	103	210.8
1992	194.43	693.2	28	108.5	179.2
1993	211.99	835.7	25.4	135.5	156.5
1994	516.2	928.1	55.6	104.2	495.4
1995	735.97	1 065.9	69.0	119.1	617.9
1996	1 050.49	1 162.8	90.3	141.1	744.5
1997	1 398.9	1 309.6	106.8	181.4	771.2
1998	1 449.59	1 460.4	99.3	173.4	836
1999	1 546.75	1 518.3	101.9	151.8	1 018.9
2000	1 655.74	1 457.3	113.6	130.8	1 265.9
2001	2 121.65	1 848	114.8	652.7	325.1
2002	2 864.07	1 863.3	153.7	707.8	404.6
2003	4 032.51	2 087.6	193.2	921.7	437.5

续表

年份	外汇储备	外债总额	外债储备/外债总额	短期外债	外汇储备/短期外债
2004	6 099.32	2 474.9	246.4	1 232.1	495
2005	8 188.72	2 810.5	291.4	1 561.4	524.4
2006	10 663.4	3 229.9	330.1	1 836.3	580.7
2007	15 282.4	3 736.2	409	2 200.8	694.4

2. 问题

根据对当前外汇储备规模的现状分析，我们发现自2001年开始，外汇储备余额一直在高位上运行。充足的外汇储备对保证国家金融安全和宏观经济的稳健运行起到了重要作用，但过多的外汇储备也使得我国宏观经济运行面临诸多问题和挑战。

首先，巨额的外汇储备造成了外汇市场上的外币供应大于需求，并逐步转化成人民币升值的压力。自2001年起，国际上要求人民币升值的言论此起彼伏，以美国为首的西方国家利用国际舆论，不断从经济上和政治上逼迫人民币升值，并不断强化了人民币升值的预期。国际游资也不断地涌入中国，豪赌人民币升值，更加剧了人民币升值的预期，使得我国人民币汇率形成机制的改革几乎无法在一个平等、有序的情况下进行，加大了汇率制度改革的风险[1]。

其次，在固定汇率制度下，外汇储备的增加直接转化成了基础货币投放。2010年第一季度的货币投放量显示，我国金融机构的外汇占款达到了7 477.61亿元人民币，约合1 096.48亿美元，而同期外汇储备的增量只有479亿美元，617.48亿美元的热钱以各种渠道流入到了中国市场。外汇占款的上升，不仅侵蚀了货币政策的独立性，而且吸引了大量游资进入国内金融市场。游资的进入不仅加速了金融和地产泡沫的形成[2]，而且导致了价格机制的扭曲和资源配置的无效。

最后，超额外汇储备的形成在一定程度上压缩了国内居民福利。超额外汇储备的形成在很大程度上源于长期以来实行的出口拉动型的经济增长战略，经济资源向出口部门倾斜。一方面，由于国家掌握了这笔外币资产，而国内居民并不能从中获益，外汇资产的累积越多，国内居民的福利损失也就越大。另一方面，外汇储备资产主要考虑安全性和流动性，导致收益率长期处于较低水平。大量的外汇储备造成了机会成本的损失和社会财富的浪费。更为重要的是，当储备货币国

---

[1] 日本1985年签订了广场协议，日元走上了被迫升值的道路。最终导致了日本90年代经济危机的爆发以及经济的长期低迷。

[2] 2009年我国房地产市场的大幅上涨，与宽松的货币政策和国际游资的投机行为存在直接的关系。

家增加货币供给时，由于储备资产的实际购买力下降，将造成本国居民福利的更大损失。

7.1.2 结构管理的现状与问题

1. 现状

外汇储备结构的管理依赖于外汇储备来源上的构成。从理论上讲，经常项目和资本项目的顺差都会导致外汇储备余额的增多。如果外汇余额的变动来自经常项目的顺差，则这部分增加额可以称为债权性的外汇储备；如果外汇储备余额的变动来自于资本项目的顺差时，则称为债务性的外汇储备，需要随时用于对外负债的支付。

表7-3显示，我国的外汇储备来源结构发生了很大变化。在2001年加入世界贸易组织之前，资本账户顺差对外汇储备余额的变化起到了决定性的作用，由

表7-3　　　　　　　中国外汇储备的来源结构　　　　　　单位：亿美元

年份	经常账户	资本账户	外汇储备变动额
1994	69.08	326.45	304.528
1995	16.1839	386.738	224.69
1996	72.43	399.66	317.05
1997	369.63	210.16	358.572
1998	314.72	-63.22	62.4815
1999	211.15	51.78	86.5245
2000	205.184	19.22657	106.931
2001	174.01	347.78	474.465
2002	354.22	322.9137	752.169
2003	458.748	527.2592	1 165.86
2004	686.592	1 106.597	2 061.53
2005	1 608.18	629.6389	2 073.42
2006	2 532.68	66.6203	2 468.55
2007	3 718.33	735.0927	4 616.91
2008	4 261.07	189.6485	4 189.93

资料来源：国际金融统计数据库。

于这一部分外汇储备具有债务性质,防范流动性风险成为外汇储备管理关注的重点。而在加入世界贸易组织之后,我国经常项目的顺差发生了井喷式地增长,伴随着经常项目余额的增多,我国的外汇储备规模也出现了相应的增长,特别是最近几年,外汇储备的变动额度基本反映了经常项目的顺差的变动。由于经常项目顺差带来外汇储备额度的增加,属于债权性的资产。相应地,在外汇储备的使用上,应该在保证流动性需求的情况下,关注资产的保值、增值以及服务于经济结构的改善和经济的长期稳定增长。

根据我国外汇储备来源的构成,不难发现,由于长期以来债务性的外汇储备增长是外汇储备的一个重要来源,这决定了流动性的资产在外汇储备的构成中占据了主导地位。根据央行所公布的信息,2010年底,我国的外汇储备中有超过8 000亿美元购买了美国国债[①]。由于央行并没有公布外汇资产的构成,我们借用国际货币基金组织,西南证券以及瑞银国际所发布的研究报告,对当前中国的外汇资产储备结构进行了简单的描述。

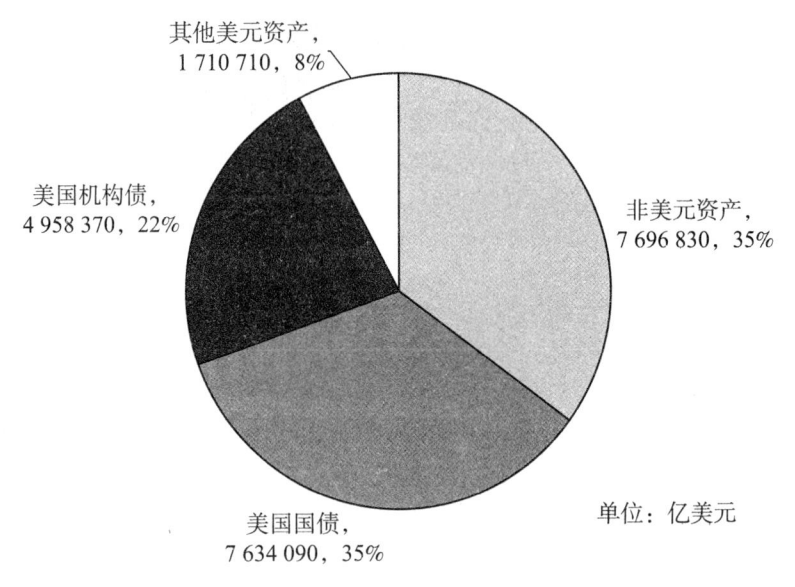

图7-2 瑞银国际关于中国外汇储备结构的估计

资料来源:环亚经济数据库,美国财政部,瑞银国际。

表7-4列出了用五种不同方法计算的外汇储备结构。第一种和第二种方法是国际货币基金组织根据国际官方外汇储备币种进行估计的,他们之间的区别在

---

① 根据美国财政部2010年2月16日和3月15日公布的数据显示,中国政府分别于2009年12月以及1月减持美债342亿和58亿,但持有的美国国债余额仍然超过了8 000亿美元,是美国最大的债权国。

于，由于很多发达国家自己的法币本身就是储备货币，所以他们持有的法币资产并不作为外汇储备统计，使得第一种方法在计算时有失偏颇，第二种方法更适合发展中国家储备结构的计量。第三种方法则直接通过中国与主要贸易国之间的贸易规模估计外汇储备的构成。第四种方法则在贸易关系的基础上，进一步考虑了外商直接投资、资本流动等资本账户因素和国际收支情况。图7-2则给出了瑞银国际关于中国外汇储备结构的估计。

表7-4　　　　　　2009年末中国外汇储备币种构成估算

（单位:%）	按国际货币基金组织全球数据	按国际货币基金组织新兴经济体数据	按贸易结构估算	国际收支流量估算	最终估算区间
美元	61.6	57.5	64.3	62.4	60~65
欧元	27.7	31.4	17.7	21.5	16~20
英镑	4.3	6.0	1.7	2.2	3~4
日元	3.2	1.9	16.3	13.9	12~17
其他货币	3.0	3.2	0	0	1~2

资料来源：国际货币基金组织，国际清算银行，万得资讯和西南证券，估计时，不包含黄金，特别提款权以及在国际货币基金组织的储备头寸。

综合各种方法，我们发现，中国的外汇储备中大约有2/3由美元资产构成，其中绝大部分由流动性很高的短期债券构成，而欧元资产的比重低于全球的平均水平，这与欧盟为我国的最大贸易国不一致，而日元资产由于地缘的关系，在我国外汇储备中所占比重较高，超过了10%。

相比巨额的外汇储备，我国的黄金和资源性储备却相对较少。图7-3和图7-4显示了中国当前持有黄金储备的情况。与其他发达国家相比，黄金储备在我国国际储备中的比例非常低，其所占比重不到2%，而发达国家中黄金储备所占的比重都约为70%。虽然在过去的几年中，我国连续增持了黄金储备[①]，但整个国际储备中仍以外汇储备为主，黄金储备所占比例很小。此外，与黄金储备类似，我国的国际储备中其他资源性的储备也都相对较小，如原油、铁矿石、铜矿等。其中，战略石油的储备不到3个月、铁矿石的储备不足5年，铜矿的储备不到两年。

---

① 国家外汇管理局资料显示，在过去的几年中，央行动用外汇储备以比较合理的价格增持了400多吨的黄金。

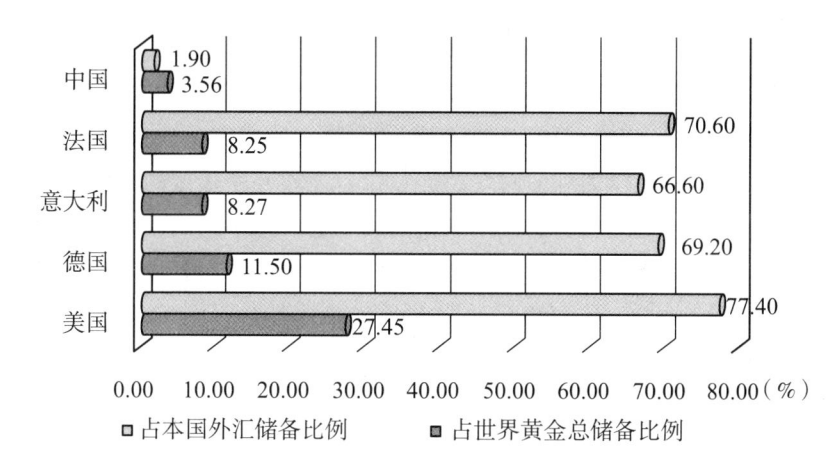

图7-3 2009年9月世界主要国家持有黄金储备占比

国家	占本国外汇储备比例	占世界黄金总储备比例
中国	1.90	3.56
法国	70.60	8.25
意大利	66.60	8.27
德国	69.20	11.50
美国	77.40	27.45

资料来源：国际货币基金组织。

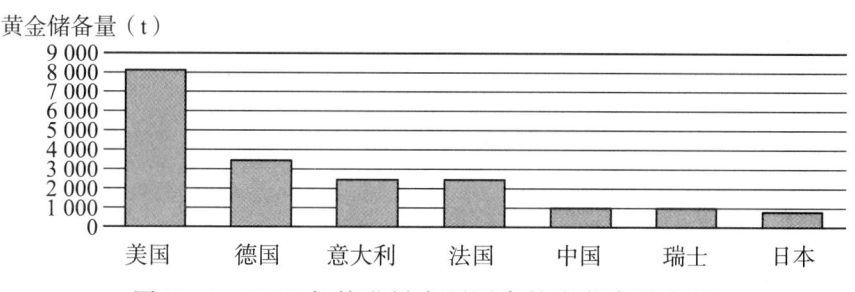

图7-4 2009年第世界主要国家持有黄金储备量

黄金储备量（t）：美国约8000，德国约3400，意大利约2400，法国约2400，中国约1000，瑞士约1000，日本约800。

资料来源：国际货币基金组织。

2. 问题

根据对我国当前外汇储备结构的分析，不难发现，随着外汇储备规模的不断上升，我国没有一个相应的结构化的管理办法对新增的净外汇流入进行合理的管理，往往只是简单地用于购买一些流动性很高的美元国债和机构债券，外汇储备结构的失衡程度日益加深。外汇储备结构的失衡主要表现在以下几个方面：

第一，外汇储备中美元资产占据了主导地位，其中尤以美国国债和机构债券为主。持有以美元为标的的资产，事实上相当于为美国提供了大量低息贷款，同时也使得我国的外汇储备风险深受美元影响。2008年，为降低次贷危机对美国经济的影响，美国政府采取了积极的货币政策，增加了美元资产的供给，美元利率也达到了历史低点。这一政策的后果是，美元资产在国际范围内大幅贬值，持有大量美元资产的中国则成为危机的间接受害者，外汇储备资产的实际缩水超过了 20%①。如何降低美元资产在外汇储备中的比重，分散外汇储备中的货币构成，成为当前外汇储备管理结构的面临的一个重大问题。

第二，由于外汇储备主要用于购买流动性较高的资产，收益性相对较低②。一方面，我国积累了大量的外汇财富，而只投资于收益率很低的美国债券，造成了机会成本的损失；另一方面，国内居民的人均收入水平依然较低，而地区之间的贫富差距仍处于扩大的趋势。中国改革开放以来的经济增长成果，大量以储蓄和外汇储备的形式出现，而国内居民福利的增长速度远远落后于经济增长的速度，造成了社会福利的极大浪费。

第三，外汇储备中黄金和资源性储备偏低，难以有效应对国际环境的突变和保证经济平稳较快发展。作为全球第二大能源消费国，中国经济的可持续发展越来越依赖于稳定安全的能源供应，但长期以来，我国并没有建立相应的战略资源储备管理机制，这使得短期内很难扩大战略性资源的储备，其结果是，当我们准备在国际市场上增加资源储备时，相应的资源价格应声上涨，不仅增加了资源储备的成本，而且面临资产价格下跌的风险③。

7.1.3 运营管理的现状与问题

1. 现状

随着我国外汇储备的大幅上升，对外汇储备保值、增值的管理逐渐提上日程。外汇储备的运营管理机构也逐渐由过去单一的由国家外汇管理局管理的模式，逐渐过渡到多个金融机构协同进行管理。为了配合积极主动的外汇储备管理政策，除国家外汇管理局之外，中央政府还先后相继成立了中国华安投资有限公司、中央汇金投资有限公司、中国投资有限责任公司等管理机构。

A. 中国华安投资有限公司

早在 1997 年，国家外汇管理局已经开始尝试对外汇储备进行保值、增值的

---

① 诺贝尔经济学奖得主克鲁格曼曾向媒体披露：美元贬值可能使中国美元标的的资产缩水达到 30%，然而由于中国持有过多的美元资产，使得每次中国调整外汇资产的结构都要遭受损失。

② 例如，中国外汇储备中大量的外汇资产用于购买美国国债，财政部的长期国债以及联邦政府的机构债券等，其名义收益率只有 4% ~5% 左右，在综合考虑通货膨胀率以及美元的贬值风险之后，实际收益率不到 1.5%。

③ 2006 年开始中国政府大幅增加石油资源的储备，而中国的大型国有企业也频繁地参与石油衍生产品和约的交易。无形中对原油价格的高涨起了推波助澜的作用，而当石油资产泡沫破灭的时候，政府承担资产价格下降造成的损失，而参与衍生产品交易的企业也因此蒙受巨大损失，利润大幅下降。

管理，并于同年 6 月在我国香港成立了国家外汇管理局的全资子公司——中国华安投资有限公司[①]，代理国家外汇管理局进行部分外汇储备的管理以及外汇管理局所批准的其他相关的外汇资产的配置。随着我国外汇管制的逐渐放开，其投资领域不断的扩展，几乎包括了所有证券、外汇以及商品的投资领域。

由于成立时间较早且在海外运营，中国华安投资有限公司的投资运营和公司管理较为充分地实现了市场化。华安公司投资范围灵活，习惯采取低比重的投资手法（不超过投资对象 1% 的投资比重）。截至 2009 年，中国国家外汇管理局通过华安公司持有了近 50 家上市公司的股票，而绝大多数的股票都为英国富时指数的成分股，且持股比例都低于 1%。由于资金管理较为灵活和市场化，中国华安投资有限公司管理的资产规模不断上升。根据美国主权财富基金研究所以及英国伦敦 Preqin 研究公司的报告，中国华安投资有限公司 2009 年管理的资产约为 3 116 亿美元，为全球第二大主权财富基金。

B. 中央汇金投资有限责任公司

为了更加高效地管理国家外汇储备，并代表国家对国有大中型金融企业行使权利，中央汇金投资有限责任公司（简称汇金公司）于 2003 年年底在北京正式成立。汇金公司是国家出资设立的国有独资公司，根据国务院授权对国有重点金融企业进行股权投资，以出资比例为限行使对重点金融企业出资人的权利和义务[②]。汇金公司目前控股参股的金融机构以国有大中型企业为主，具体持股比例如表 7-5 所示。

表 7-5 汇金公司持股比例

企业名称	与汇金关联关系	主营业务	汇金持股比例（%）
国家开发银行	持股	商业银行业务	48.7
中国工商银行	控股	商业银行业务	35.41
中国农业银行	控股	商业银行业务	50.00
中国银行	控股	商业银行业务	67.53
中国建设银行	控股	商业银行业务	48.32
中国光大银行	控股	商业银行业务	70.88
中国再保险（集团）股份有限公司	控股	再保险业务	85.5
中国建投	控股	投资业务	100.00

---

① 华安公司的注册资本为 1 亿港币发行了 1 亿股份，外管局局长胡晓炼持有 1 股的股份，剩下的股份完全由国家外汇管理局持有。

② 2007 年 9 月，随着中国投资责任有限公司成立并从中央银行购买中央汇金全部股权，中央汇金公司变成了中投公司的全资子公司。

续表

企业名称	与汇金关联关系	主营业务	汇金持股比例（%）
中国银河金融控股	控股	金融投资业务	78.57
申银万国证券股份有限公司	控股	证券业务	37.23
国泰君安证券	持股	证券业务	21.28

资料来源：中央汇金2009年6月30日公告。

为完成国有金融企业的股份制改造，弥补金融机构资本金不足的问题，中央汇金公司多次动用外汇储备向国有金融企业注资（见表7-6）。虽然一些学者认为动用外汇储备注资国有金融机构存在一定程度的法律冲突①，但注资所带来的经济效果和积极作用却是有目共睹的。一方面，注资使得国有大型金融机构完成了股份制改革，改善了经营管理模式，并通过上市达到了金融资产保值和增值的目的。另一方面，通过二级市场操作，中央汇金公司以合理的价格向境外投资者转让了部分国有金融机构股份，并一直控制着国有金融机构的分红政策。通过出售股权和分红，中央汇金公司累计收回了近千亿元，其中红利收入达到了近400亿元。目前，中央汇金公司所持有的金融机构市值已经远远超过了当初为股份制改造注资金融企业的投资。

表7-6 中央汇金外汇储备注资历程

企业名称	注资时间	注资金额
中国银行	2003年12月	225亿美元
中国建设银行	2003年12月	200亿美元
建银投资公司	2003年12月	25亿美元
中国工商银行	2005年4月	150亿美元
中国进出口银行	2005年7月	50亿美元
中国国家开发银行	2007年12月	200亿美元
中国农业银行	2008年11月	1 300亿元人民币等值美元
国有银行再融资	2010年	500亿美元

资料来源：各银行公告。

C. 中国投资有限责任公司

随着我国外汇储备规模的急剧上升，以及美元贬值造成的外汇储备价值损

---

① 一些学者认为，动用外汇储备注资国有金融企业的行为与《中国人民银行法》、《公司法》及其他法律法规存在直接的冲突。

失,如何实现外汇储备的保值增值成为各方关注的热点。为管理好这笔财富,中国投资有限责任公司于 2007 年在北京正式成立①。这是一个专门从事外汇资金管理业务的国有独资公司。中投公司以海外资本运作为主,虽然成立时间不长,但由于其政府背景和庞大的外汇资产管理规模,使得其在海外市场的一举一动都备受关注。截至 2009 年年底,中国投资责任有限公司共持有接近 100 亿美元的美国上市公司股票,其中最大的两笔投资分别是加拿大泰克资源(25.4 亿美元)和摩根士丹利(17.7 亿美元),其他的投资也主要集中在能源、钢铁、电子通讯、医药以及银行之类的股票。出于谨慎性的原则,现金管理在中投公司的全球资产配置中高达 87%。除了对海外企业进行股权投资之外,中投公司作为中国企业海外上市的战略投资者,参与了一些大型企业的海外并购活动②,为中国企业走向世界和实现中国经济的全球布局发挥了积极作用(见表 7-7)。

表 7-7　　　　　　　　中投公司海外投资列表

企业名称	投资时间	投资金额
摩根士丹利	2007 年 12 月 2008 年 6 月	分别投入 56 亿和 12 亿美元
泰克资源公司(Teck Resources Limited)	2009 年 7 月	15 亿美元
哈萨克斯坦石油天然气勘探开发股份有限公司(JSC KazMunaiGas Exploration Production)	2009 年 9 月	9.39 亿美元
俄罗斯石油公司诺贝鲁(Nobel Oil Group)	2009 年 10 月	3 亿美元
加拿大南戈壁能源有限公司(SouthGobi Energy Resources Limited)	2009 年 10 月	5 亿美元
印度尼西亚布密公司(PT. Bumi Resources Tbk)	2009 年 11 月	19 亿美元
来宝集团(Noble Group Limited)	2009 年 11 月	8.58 亿美元
美国爱依斯电力公司(AES Corporation)	2009 年 11 月	15.8 亿美元
保利协鑫能源控股有限公司	2009 年 11 月	55 亿港币
加拿大畔西能源信托公司(Penn West Energy Trust)	2010 年 5 月	12.52 亿加元

资料来源:中投公司年度报告。

①　通过发行 1.55 万亿元的特别国债,中国财政部购买了相当于 2 000 亿美元的外汇储备作为中投公司的注册资本金。

②　据不完全统计,中投先后参与了保利协鑫能源控股有限公司以及中国农业银行的上市工作。而在进行海外并购时,中投公司先后参与了哈萨克斯坦石油天然气勘探开发股份有限公司全球存托凭证、俄罗斯"诺贝鲁"项目、加拿大南戈壁能源有限公司、印度尼西亚布密公司、来宝集团、爱依斯电力公司、加拿大畔西能源信托公司等项目。

2. 问题

建立和健全积极外汇储备管理运营制度，是我国外汇储备管理水平提高和监控能力提高的重要标志，也是加强金融开放、增强和保持国际竞争力的重要保证。从目前的情况来看，积极的外汇储备管理模式仍处于探索阶段，尚存在以下一些问题：

首先，法律、法规和规章制度等都没有对各个外汇储备管理机构做出明确和系统的界定。从理论上来讲，外汇储备的管理包括安全性管理和投资性管理两个方面。按照我国当前外汇储备管理的机构设置而言，国家外汇管理局应该专注于外汇储备金融安全的管理，而外汇储备相关的投资公司应该关注于外汇储备的保值和增值。但在实际管理中，各个金融机构并没有对各自的投资领域、产品类别进行详细划分，造成了资源配置的低效。

其次，作为一个资源相对匮乏的发展中大国，我国外汇资产投资管理公司的大部分投资都着重于资源性行业，如中投和中国大型企业主要参与的几项海外资产投资都将重点放到了能源类行业。虽然能源行业的并购能够满足国家利益和长期经济发展的需要，但海外并购的目的性过于明显，容易受到东道国保护主义以及国际社会舆论的抵触和敌对情绪。另外，海外并购也推高了海外市场的资产价格，不利于我国外汇储备资产投资保值和增值的目的。

最后，由于我国的海外投资刚刚起步，发展历史较短，金融人才处于紧缺阶段。由于外汇储备的积极管理需要将外汇资产投资于国际和海外市场，而国际金融市场复杂多变，国与国之间的政策，法规、惯例之间都存在很大的差异，这就需要有一个经验丰富的海外投资团队。就中国目前的情况来看，一方面，海外归国人才并不熟悉国内的经济情况，而国内培养的人才又欠缺国际金融投资经验。人才方面的缺乏制约了国际投资的步伐和力度，比如华为中兴由于不熟悉印度市场，发生了战略性错误，在印度市场的投资处处碰壁，而中国石油公司在非洲的正常经营活动也被国际社会渲染为资源掠夺性的投资行为。

7.2 超额外汇储备管理的理论框架

一般而言，外汇储备的主要功能是应付日常的国际收支支付和贸易往来。在全球金融市场进一步开放的情况下，新兴市场国家由于自身金融体系的脆弱性，容易遭受投机资本的冲击，因此，自亚洲金融危机之后，发展中国家纷纷开始积累外汇储备，加强自我保护。特别在亚洲金融危机后，我国的外汇储备呈几何级数增长，外汇储备余额从1997年的1 000亿左右迅速增长到2011年的超过3万亿美元。由于外汇储备的规模已经远远超过了满足日常国际收支的需要，导致大量的超额外汇储备成为闲置资本。在上述背景下，如何对外汇储备进行更加积极有效的管理，成为一种客观和紧迫的需要。

7.2.1 超额外汇储备管理的必要性：理论前提

从理论的角度来看，对超额外汇储备管理必要性的解释主要集中在两个方面：一是超额外汇储备的机会成本；二是冲销困境。

1. 超额外汇储备的机会成本

持有外汇储备的主要目的在于防止金融危机以及其他不利金融事件对本国经济的冲击。然而过多的外汇储备也带了社会财富的极大损失。由于外汇储备管理以国家金融安全和流动性为首要目标，因此，资产的投资范围往往都局限在流动性较高的资产，相应的收益水平也比较差。对于发展中国家而言，资本是属于相对稀缺的资源，应该将有限的资本投资到国民经济建设中，或其他高收益的资产中。然而，由于大量的资本都以外汇储备的形式投资到了收益性差，流动性高的资产中，国内的经济建设则得不到相应的资源补充，资产的收益性也大打折扣，也造成了社会资源的极大浪费。罗德里克（Rodrik，2005）利用面板数据的回归方法，对发展中国家的外汇使用状况进行了成本分析，其研究结果表明，发展中国家超额持有外汇储备造成的机会成本的损失约占国民生产总值的1%。对于持有大量超额外汇储备的中国而言，2006年持有超额外汇储备造成的机会成本的损失已经达到了10 926.3亿美元，占到了当年GDP总量的5%，随着近年来我国外汇储备规模屡创新高，我国持有外汇储备的机会成本的损失也在不断地增加。

除了机会成本的损失外，由于大量的外汇储备都投资于主权国家货币的资产，随着主权货币国家货币的贬值，新兴市场国家外汇储备资产的实际购买力也在逐渐地下降，随着超额外汇储备规模的上升，这部分的损失也在不断地放大。特别是对于中国这样持有大量超额外汇储备的国家而言，由于绝大部分储备都投资到了美元资产中，美元的贬值造成了商品价格以及原材料价格的持续上涨。根据一些国内经济学家的计算，自2005年以来，由于美元贬值造成的财富损失超过了5 000亿美元。

2. 冲销困境

超额外汇储备急速增加的另外一个难题是，为了保持汇率的稳定，发展中国家不得不在外汇市场上进行干预,买入外币资产,同时为抑制外汇储备所导致的货币供给的增加以及通货膨胀的压力,央行不得不在国内市场进行冲销干预。随着超额外汇储备规模的进一步上升,外汇管制的放松,对外汇储备进行有效地冲销干预变得越来越困难(Prasad,2005;Prasad and Wei,2005;Xie,2006)。总体来看,冲销干预的困境主要表现在四个方面。

A. 冲销的财政成本

央行发行央票或政府债券来回购流动性时,为了吸引投资者认购政府债券,收益率的设定通常高于国际收益的水平。因此,一方面中央政府必须支付给国内认购者较高的利息,但同时这部分外汇储备资产只能投资于流动性较高、收益性较差的资产。因此,外汇储备产生的收益,不能完全支付央行冲销干预的成本,只能通过财政收入来弥补储备资产收益的不足。根据坎和莱因哈特(Khan and Reinhart,1994)对拉丁美洲国家的研究,1990年初伴随着资本的大量流入,冲销政策的成本已经占到了 GDP 总量的 0.5%,随着财政负担的不断增加,也对这些国家还本付息的能力、反通胀的能力产生了负面的影响。

此外,冲销干预也很容易受到汇率波动的影响。由于大量外来资本的流入,加大了本币升值的压力,因此,相对于较低收益的外币资产而言,本币升值意味着中央政府发行票据,要承担更重的还本付息能力。图 8-3 显示了各国由于本币升值所造成的 2000~2005 财富的损失①,不难发现:本币升值幅度较大的国家,其所遭受的外汇储备损失也较大,如阿根廷;而相对于那些储备资产规模较大而币值稳定的国家,外汇储备的损失则保持在较小的范围②。

对中国而言,自 2005 年人民币汇率改革以来,人民币汇率已经持续大幅升值。在强烈的升值预期下,大量的热钱涌入中国市场,为了对冲外汇占款的增加,央行发行票据回收流动性的规模日益增长。图 7-6 显示了 2000 年以来我国的货币供应增长情况,伴随着外汇储备规模的迅速增长,货币供应保持了平稳的增长速度③。而与此同时,中央银行票据的发行却出现了快速的增长。特别是最近 5 年以来,政府债券发行的频率以及负债的总额屡创新高。为对冲外汇储备的增加,利用央票和政府债券等公开市场工具已经成为常态。央票和政府债券等利率要高于外汇储备产生的收益,随着外汇储备规模的增加和人民币的不断升值,中央财政对外汇储备损失的补贴在不断扩大。从 2003 年 4 月发行第一笔央票到

---

① 根据 2000 年以来的国际货币基金组织披露的各国储备货币的构成,进行加权平均,估计出各个地区的外汇储备货币构成结构。根据各种货币在储备资产中的构成,计算出本币相对于外币的变化程度。

② 其根本原因在于,由于美元以及资产在大多数亚洲国家的储备构成中占主导地位,而这些亚洲国家都保持了和美元相对稳定的汇率关系。

③ 为了检验结果的稳定性,我们分别采用了基础货币(MB)、M1、M2 这几种不同的货币供应指标来反映。

2010 年年底，央行累计发行 833 期央票，央行需要支付的累计利息规模为 7 436.5 亿元（见图 7-7）。

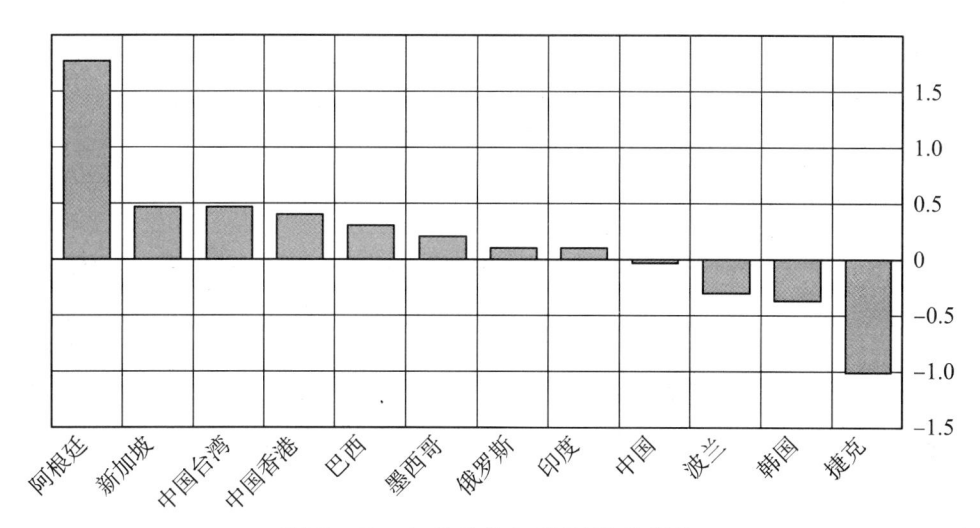

图 7-5 本币升值与外汇储备损失

资料来源：Mohanty and Turner, 2006, Foreign exchange reserve accumulation in emerging markets: what are the domestic implications? BIS Quarterly Reviews.

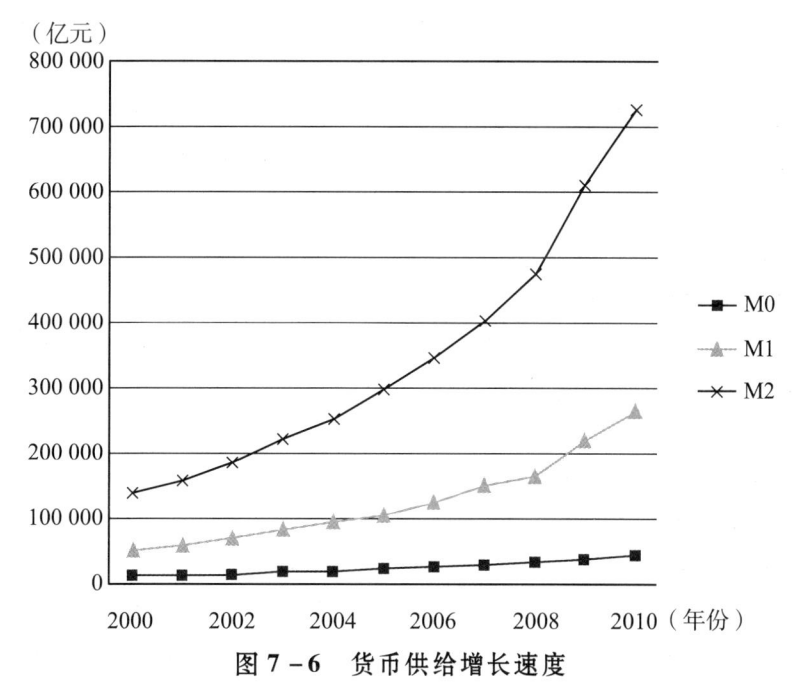

图 7-6 货币供给增长速度

资料来源：万德数据库。

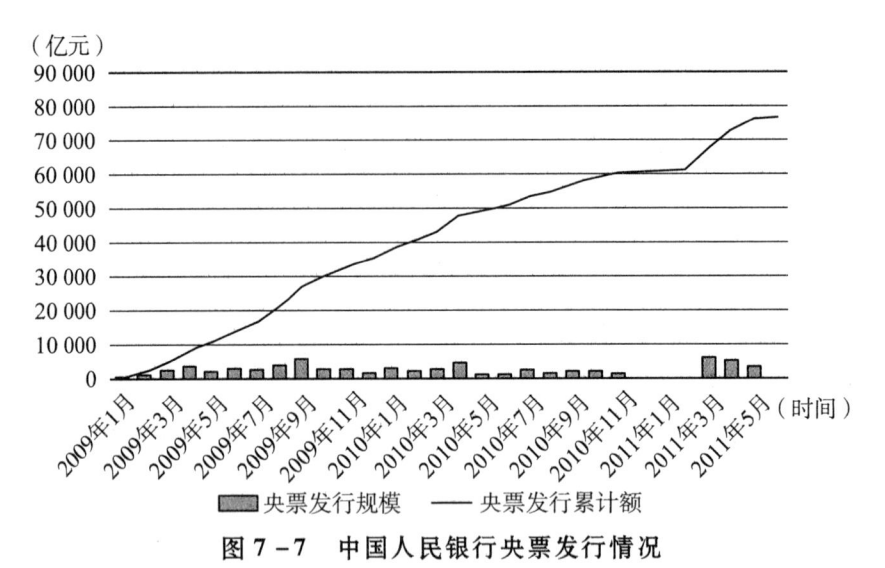

(亿元)
90 000
80 000
70 000
60 000
50 000
40 000
30 000
20 000
10 000

2009年1月 2009年3月 2009年5月 2009年7月 2009年9月 2009年11月 2010年1月 2010年3月 2010年5月 2010年7月 2010年9月 2010年11月 2011年1月 2011年3月 2011年5月（时间）

■ 央票发行规模　── 央票发行累计额

图 7-7　中国人民银行央票发行情况

资料来源：中国人民银行。

B. 货币市场的失衡

超额外汇储备规模的增加，导致了银行体系资金流动性的增加，为了吸收过剩的流动性，央行通常发行长期票据或政府债券来进行冲销。如果这些债券和央行票据主要由非金融机构和个人购买的话，那么冲销政策则达到了预期的目标：非金融机构和个人降低了货币资产的持有量而增加了长期政府债券的持有。然而，在过去十年中，外汇储备的剧增导致了很多国家的冲销规模逐渐增大①。为应对大规模的资本流入，大多中央银行增加了短期债券的发行力度，比如印度和中国央行发行的票据大多是不到一年的短期票据，韩国央行中 80% 的票据到期日不满三年。大量短期央行票据的发行，使得央行暴露在利率风险的波动中，增加了央行政策操作的难度。

此外，就各国冲销政策的实际操作来看，大部分的央行票据被银行等金融机构所吸收。比如，2004 年，印度的商业银行购买了 65% 的央票，而中国 2005 年商业银行持有了超过 80% 的央票发行。银行在持有这样流动性较高的资产之后，就会倾向于扩大信贷赚取更多的收益，从而使得央行控制货币供给的目标受到影响。

C. 金融资源配置的扭曲

央行的冲销干预也会导致金融资源配置的扭曲。首先，在银行参与央行债券的购买情况下，银行就会增加部分信贷资产的投放，特别是一些具有抵押产品的行业（如房地产业），从而推动相关资产的泡沫。其次，大量的外汇资产的累积，也加强

---

① 中国、韩国和中国台湾等，央行票据的发行规模已经分别占到了 GDP 总量的 15%、20% 和 30%。

了本币升值的预期，导致了更多短期资本的流入，从而进一步推高了资产价格。

实践表明，随着储备资产的大幅增加，即使采用冲销政策，也造成了很多国家金融体系流动性的扩张。如图 7-8 显示，外汇储备增加导致了私人信贷扩张，股票和房地产等资产价格急速上升。据不完全统计，由于储备的增长，房贷资产在银行贷款中的比重出现了显著增长，从 1999~2004 年，印度、韩国和泰国的这一比例都出现了超过 2 倍的增长。中国近年来也出现了类似的情况。

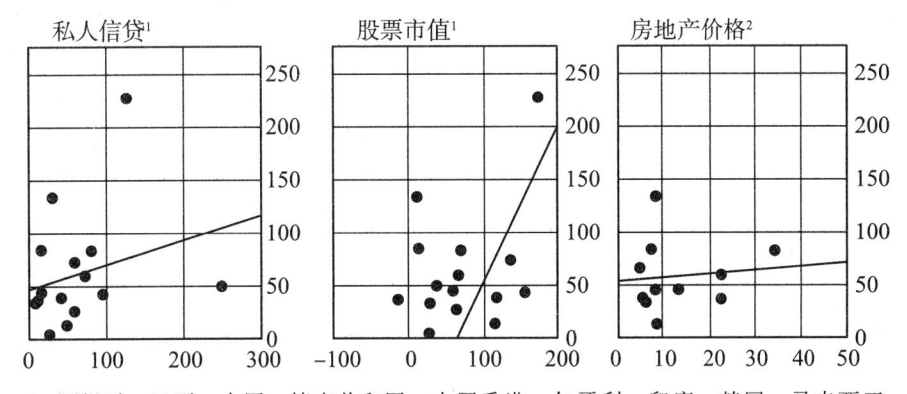

1. 阿根廷、巴西、中国、捷克共和国、中国香港、匈牙利、印度、韩国、马来西亚、墨西哥、波兰、沙特阿拉伯、新加坡、泰国、俄罗斯、委内瑞拉。2. 阿根廷、巴西、中国、捷克共和国、匈牙利、印度、韩国、马来西亚、墨西哥、波兰、沙特阿拉伯、新加坡、俄罗斯、委内瑞拉。

图 7-8 外汇储备累积与流动性

资料来源：Mohanty & Turner. Foreign exchange reserve accumulation in emerging markets: what are the domestic implications? BIS Quarterly Reviews. 2006.

D. 对金融中介的影响

当出现大量的资本流入时，央行采用冲销干预吸收过多流动性的方法，其相应的成本就会变得极其的高昂。因此，在面对巨额资本流入时，央行通常会借助一些非市场化的手段，来解决流动性过剩的问题。比如，在 20 世纪 90 年代初，为了解决流动性过剩的问题，采取了一些非市场化的手段和策略，使得商业银行的存款以低于市场利率的价格转让给了中央银行，从而减少了市场上的流动性供应。比如，马来西亚几次提高了银行的存款准备金要求，而印度尼西亚则对银行利息的支付征收 15% 的利息税，甚至采取了直接信贷控制的方法来控制流动性的扩张。面对巨额资本的流入，中国和印度的中央银行也采取了提高准备金率和控制行业信贷等方法，减少市场上的流动性。应该指出，虽然短期内非市场化的操作方法控制了流动性的扩散，但它也造成了资源配置的扭曲，影响了市场效率。长期的冲销干预以及非市场化的操作，会在一定程度上改变银行的经营模式，银行的盈利会越来越依赖于高息的中央票据，缺乏提高自身经营管理水平的动力。此外，大量无风险高收益的政府票据投放到金融市场，也会挤出私人和公司债券市场发展的空间，降低金融市场的融资能力。

7.2.2 超额外汇储备管理的基本要求

为规范各国的外汇储备管理行为，国际货币基金组织颁布了《外汇储备管理指导原则》（Guidelines for foreign exchange reserve management）。鉴于外汇储备管理对各国宏观经济政策的重要性，成员国基本参照了这一指引，确定了外汇储备管理的目标、范围和管理机构。根据该指引，适度外汇储备的主要管理目标是满足流动性需求和国家的金融安全，收益性不是其主要目标。这意味着，超额外汇储备可以在确保国家金融安全的基础上，追求收益性和其他经济目标。当然，超额外汇储备始终逃脱不了储备资产的范畴，超额外汇储备和适度储备之间也没有明显的界线，而是彼此之间相互影响。本节将参照国际货币基金组织的《外汇储备管理指导原则》，结合超额外汇储备管理的特性，从管理的目标、透明性、管理机构、风险管理以及金融市场五个方面，提出超额外汇储备管理的基本构想。

1. 管理目标和范围

超额外汇储备的管理有以下几个指导原则：（1）确定适度和超额外汇储备的规模，对其进行协调和管理；（2）建立良好的流动性风险、市场风险和流动性风险管理体系；（3）在既定的风险条件下，实现合理的回报；（4）服务于国家的中长期经济发展。

通常情况下，在进行超额外汇储备管理之前，需要管理机构确定外汇储备的适度规模，以及哪些因素能决定适度外汇储备的规模等。由于适度外汇储备规模会受到时间和不同经济环境的影响，如何决定适度外汇储备至今仍存在较大的争议。此外，适度和超额外汇储备之间并没有明确的界限，当超额外汇储备资产出现大幅下滑时，也会影响公众对本国债务偿付的信心，从而对国家的金融安全和流动性造成了不利影响。因此，在进行超额外汇储备管理之前，必须首先界定适度和超额储备之间的规模和投资范畴，同时强调超额外汇储备对适度外汇储备的补充作用，甚至可以从超额外汇储备中剥离一部分，形成次级适度外汇储备，作为适度外汇储备管理的后备资源。

在协调好适度和超额外汇后，管理机构应该将部分超额外汇储备剥离出来，投资于一些高收益产品。由于国家的金融安全已经不是这部分资产的主要考量，因此这部分资产与一般的金融资产从本质上讲并没有太大差异。因此，可以采用专业的投资管理技巧和技术，对不同的资产进行配置，以实现在一定风险水平下的收益最大化。但鉴于超额储备资产会对适度储备管理工作造成一定的外部性影响，因此，在资产的选择和投资组合上，要设定可投资资产风险的上限，以及投资组合风险暴露的上限，将市场风险、信用风险和流动性风险等限制在可控范围之内。同时，考虑到极端风险对一国经济的冲击，管理机构可以采用风险值（Value at Risk）的方法进行相应的管理。

对于一些超额外汇储备规模庞大的国家而言，部分超额外汇储备还可以用于满足其他经济建设目标。对于很多发展中国家而言，累积大量的外汇储备造成了社会财富的损失。一方面外汇储备的收益水平不高；另一方面，作为经济正在崛起的发展中国家，国内的经济建设尚需要大量的资本，大量闲置的外汇储备资产无疑造成了社会财富的浪费。此外，发展中国家在经济增长过程中，还会面临着各种困境和不足，如金融抑制、地区发展不平衡、贫富差距加大等，都需要大量的资本支持。更为重要的是，发展中国家在经济发展过程中，通常借鉴了外来的先进技术和管理经验，实现了经济的快速成长，但却忽视了技术的开发和积累，缺少长期稳定增长的动力。在这种情况下，发展中国家可以将部分超额储备资源投资于科技和新兴行业，增加经济增长的内生动力。

2. 管理的透明性

从本质上讲，超额外汇储备的管理，是国家委托相应的管理机构来管理全民的财富。因此，储备的管理牵涉多重的委托代理问题，需要加强公众以及相关政府机构的监督。作为公众和政府监督的重要环节，必须要求相应的超额储备管理机构公布管理流程，并定期公布管理和业绩报告，增加管理的透明性。

首先，一国应该制定相应的法律和规章制度，对超额外汇储备管理实体、监督机构和政府之间进行权责划分，明确各自的责任和义务，并对外界进行公告。

其次，由于超额外汇储备的管理通常是由独立的金融机构甚至委托私人投资公司进行管理，而这些机构在强调收益的时候可能会过多地投资于风险较高的行业，甚至可能从中谋取私人利益，因此，必须建立相应的规章制度，确保储备管理机构定期公布储备管理的状况和业绩。

最后，除了要求储备管理机构定期公布财务报告之外，还需建立相应的内部控制和内部监管体制，以确保财务报告的准确性和真实性。财务报告要交给专门的会计公司进行审计，并发表公开的审计意见。

3. 组织架构

良好的超额外汇储备管理依赖于合理的组织架构和治理结构安排。同时，为了确保组织结构的设立有法可依，一国还应该设立相应的法律和规章制度，明确超额外汇储备管理机构的责任和管理范畴。此外，超额外汇储备的管理还必须强调内部的监督和管理控制，并建立起良好的内部控制系统。

超额外汇储备管理的内部治理结构设立，必须能够清晰地界定管理过程各个环节中的权力和责任。为了实现超额外汇储备管理机构的内部治理，还必须通过经验丰富的专业人士，准确无误的信息收集和处理机制，来实现对整个投资管理业务的监管。

由于内部治理的实现，必须通过专业人士来实现。因此，人员的选择必须经过严格的挑选。为了避免内部治理过程中的人为错误，中央银行应该建立相应的内部治理管理手册和规章制度，明确管理中的责任和利益冲突，达到指引和规范专业人员进行内部治理活动的效果。

由于超额外汇储备的波动性，在极端情况下也会影响到适度外汇储备管理，加大了防御金融风险的难度。因此，在超额外汇储备管理的组织架构上也应该考虑应急机构的设立和危机管理，来应对灾难性的金融冲击以及其他意外事件。

4. 风险管理

由于超额外汇储备会从事风险较高资产的投资和组合管理，因而在进行投资之前，应该首先确定影响资产的风险程度以及投资组合所能承受的风险。从操作上来讲，应该建立超额外汇储备管理风险的认定和评估体系，确保各种风险指标在可接受的参数和风险水平之内。如果超额外汇储备的管理工作是由外部的私人机构负债，那么也应该把相应的风险管理框架应用到外部机构的管理工作中，并监督其实施过程和实施力度。

由于衍生产品的投资已经被广泛地应用到各种资产管理公司的日常经营业务中，并对公司的管理和业绩产生了极大的影响[①]。因此，必须设立专门的衍生产品管理部门，对衍生产品的风险水平进行监督和管理。此外，鉴于极端风险对一国经济的不利影响，储备管理机构必须定期进行压力测试和情景分析，确保在极端风险出现的情况下，超额外汇储备的管理也不会对国家的金融安全产生影响。

5. 金融市场

超额外汇储备管理的有效运行必须依赖一个完善有效的金融市场。然而，对于大多数发展中国家而言，金融外汇市场的发展尚处于起步阶段，金融外汇市场

---

① 美国2008年爆发的次级债务危机，就是因为大量的金融机构过多地参与了衍生产品业务。在面临极端风险的情况下，所有的问题和风险就集中地爆发出来，从而酿成了全球性的金融危机。

的深度和广度都不能提供相应的风险产品和投资组合,从而限制了超额外汇储备的投资范畴。另外,由于本国金融市场的落后,也很难找到适合外汇储备管理的本土人才[①]。更为重要的是,落后的金融外汇市场影响了价格发现机制的有效运行,造成了风险和收益的错配,加大了超额外汇储备管理工作的难度和效率。

7.2.3 超额外汇储备管理的实践与评价

近20年来,随着超额外汇储备规模的迅猛增长,新兴市场国家越来越关注超额外汇储备管理的问题。通过总结和归纳各国目前的超额外汇储备管理实践和经验,不难发现,超额外汇储备管理越来越注重以下的四个方面的内容:强调储备资产的收益性,加强风险管理,强调内部控制,增加管理工作的透明性。

1. 超额外汇储备的收益性

储备货币,特别是美元的持续贬值,使得新兴市场国家的外汇储备资产财富大幅度缩水,因此,各国相应的储备管理机构,越来越重视这部分资产的保值和增值。由于在过去很长的时间内,各国外汇储备的规模都较少,因此,外汇储备大都投资于流动性很高的资产,如银行存款、国债、政府和机构的短期债券等。而随着外汇储备规模的迅猛增长,各国超额外汇储备规模也出现了井喷,如何提高超额外汇储备的收益成为各国央行关注的热点。国际清算机构(BIS),摩根大通,普林格尔和卡弗(Pringle and Carver, 2003, 2005, 2006)对中央银行的外汇储备管理工作进行了问卷调查[②]。表7-8记录了各种资产是否是储备资产的投资品种。虽然流动性很高的资产(如短期政府债券以及存款等)仍然是各国储备资产的投资品种,但近年来,各国央行已经开始将超额部分的外汇储备投资于风险更高的投资产品。事实上,各国早在20世纪80年代末和90年代初时,已经开始将超额的外汇储备资产投资用于长期投资。图7-9显示,这一时期美国机构债券已经成为外汇储备资产的重要组成部分。

---

① 考虑到超额外汇储备管理的国家主权性质,一般情况下外汇储备的管理者都由本国的居民担任。

② 2007年3月,国际清算银行(BIS)组织了关于"外汇储备管理工作的挑战"的国际会议,并对与会各国的中央银行进行了问卷调查,了解各国的外汇储备管理状况。在此次调查中,有10个发达国家,8个亚洲新兴市场国家,和其他10个世界主要国家向国际清算银行汇报了他们的外汇储备管理工作。这28个国家的外汇储备规模已经占到了全球规模的80%。

表7-8　　　　　外汇储备资产投资种类（占样本国的比例）

资产和投资工具	2002年	2004年	2005年	2007年
超国家债		86		96
短期国债		89		100
存款		94		96
政府债券		80		100
低于AA级以下的政府债券		57	57	33
美国机构债券	81	65	67	93
按揭证券	37	28	25	59
资产抵押证券		29	25	48
公司债	23	17	21	41
低于BBB级之下的公司债		2	4	7
指数化债券			25	56
股票	12	6	8	19
对冲基金	2	2	0	4
衍生产品	52			89
黄金		57		81
其他	93	15	8	52

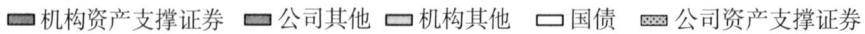

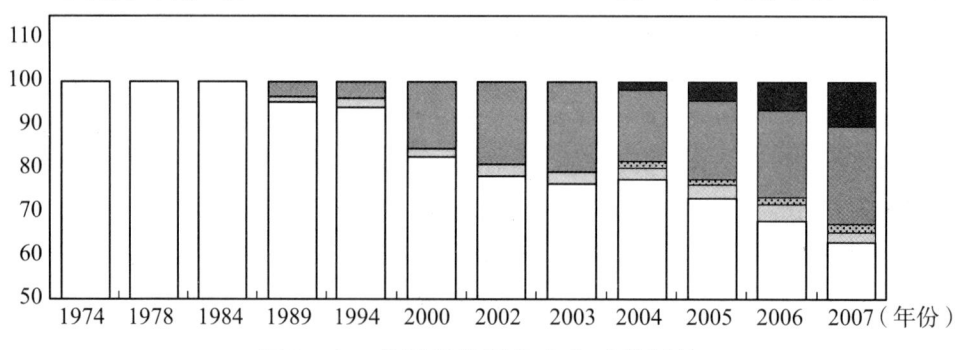

图7-9　美国长期证券占全球外汇储

资料来源：Borio, Galati and Heath (2009) "FX reserve management: trends and challenges"．其中，机构资产支撑证券，主要由按揭住房贷款作为抵押。公司资产支撑证券由各种各样的资产作为抵押，比如：汽车贷款，学生贷款，信用卡应收款，以及住房和商业贷款。

此外，各国的中央银行也逐渐地将超额外汇储备资产投资扩展到衍生产品领域，并根据本国的金融贸易情况，有选择性地扩展超额外汇储备的衍生产品投资。比如，一些国家投资货币和利率的衍生产品，不过对这一类产品的期限，总类和风险暴露情况进行了比较严格的限制。一些国家运用货币掉期和期货合约，对超额外汇储备进行管理。这些国家试图通过衍生产品，对超额外汇储备资产进行套期保值，从而达到财富保值和增值目的。

由于超额外汇储备作为一种资本，与私人资本在本质上没有太大差异，一些国家和政府也开始雇佣拥有丰富经验的专家对本国的储备资产进行管理。根据国际清算银行的一项统计，超过 2/3 的中央银行利用外部专业人士对储备资产进行管理。但鉴于外汇储备资产对本国金融安全的重要性，外部人士管理的储备资产一般都不会超额 5%，只有少数几个国家达到了 15% 的水平。

在强调收益性的情况下，各国中央银行也开始将储备资产的性质进行区分，确定相应的投资策略。首先，各国确定了满足国家金融安全的外汇储备需求，那么这部分储备资产和传统的管理方式一致，主要现金、短期政府债券等这一类流动性较高的资产构成。剩下的储备都纳入了超额外汇储备的范畴，这部分储备资产可以更加着重于资产的收益性，在一定风险的情况下，通过各种投资组合管理来实现收益的最大化。为了满足超额外汇储备收益性的需求，很多中央银行从外汇储备中剥离一部分资产成立了国家主权基金（Sovereign Wealth Funds），实现超额外汇储备的高收益需求。表 7-9 列举目前世界范围内主要国家（地区）的主权基金。截止到 2008 年 3 月，全球主权基金的规模已经达到了 3.2 万亿美元，成为影响全球金融市场的重要力量。虽然经历了 2008~2009 年的美国次级债危机，2010 年全球主权财富基金的规模仍然达到了 3.15 万亿美元。特别是近几年，以石油为代表的商品价格的上涨，使得越来越多的国家（地区）通过成立主权财富基金，来对冲商品价格上涨所导致的储备资产缩水的风险。

表 7-9　　　　　　国家（地区）主权基金　　　　　单位：10 亿美元

国家（地区）	主权基金	管理规模	成立年份	资金来源
阿拉伯联合酋长国	阿布扎比投资局	875	1976	商品财富
挪威	政府全球养老基金	380	1990	商品财富
新加坡	政府投资公司	330	1981	其他，包括外汇储备
科威特	科威特投资局	250	1953	商品财富
中国	国家投资公司	200	2007	外汇储备
中国香港	香港金融管理局投资组合	163	1998	外汇储备
新加坡	淡马锡控股公司	159	1974	其他
俄罗斯	石油稳定基金	125	2004	商品财富

续表

国家（地区）	主权基金	管理规模	成立年份	资金来源
澳大利亚	澳大利亚期货基金	61	2006	其他
卡塔尔	卡塔尔投资局	60	2000	商品财富
利比亚	阿拉伯利比亚国外投资公司	50	1981	商品财富
阿尔及利亚	收入调节基金	43	2000	商品财富
美国阿拉斯加	永久储备基金	40	1976	商品财富
俄罗斯	国家福利基金	32	2008	商品财富
文莱	文莱投资机构	30	1983	商品财富
韩国	韩国投资公司	30	2005	外汇储备
总额		3 200		

资料来源：Borio, Galati and Alexandra. FX reserve management: trends and challenges. 2008.

2. 风险管理

超额外汇储备管理的主要目的是为了提高资产的收益性，因此，资产的风险水平也相应地增加了。由于超额外汇储备的管理也会影响到适度外汇储备的管理工作以及国家的金融安全，很多国家在强调收益性的同时，采用了结构式的管理模式，并成立了相应的管理机构，加大风险管理的力度。就目前而言，超额外汇储备管理主要关注两个方面：一是金融风险，二是操作风险。

A. 金融风险

外汇储备管理首先要满足流动性和国家金融安全的需求，除此之外的超额外汇储备就和其他金融资产一样，面临市场风险和信用风险的影响。因此，中央银行外汇储备管理的决策层，就会首先剥离出部分资产投资于流动性较高的资产，用这部分资产满足流动性和防御金融危机的需求，在此基础上，将市场风险和信用风险考虑到超额储备资产的管理中。

一般而言，超额外汇储备管理面临的最大风险是市场风险，市场风险也称为系统性风险，在很多情况下是不可避免的，因此，作为市场风险管理的第一步，中央银行应该确定超额外汇储备管理的头寸已经投资品种的汇率风险。在此基础上，尽量将市场风险暴露管理在可控制范围以内。

近年来，超额外汇储备市场风险的管理工做出现了两个方面的进展。一是在超额储备资产的投资组合上，决策层对该投资期限内的市场风险进行了更加严格科学的度量，更多地采用了定量以及计算模拟的方式来估计，测算和管理市场风险。二是在超额外汇储备管理的实际操作上,要求实际投资组合要以决策层制定的投资组合作为标杆,同时要求偏差必须在一定范围之类。此外,实际投资组合的风险暴露必须在决策层制定的风险忍耐程度之内(Risk Tolerance)。

为了加强对市场风险的监控,越来越多的中央银行不断更新市场风险测度的方法和工具,除了传统的投资组合的风险测度之外,压力测试和情境分析等方法已经被广泛地应用到市场风险的管理中。国际清算银行(BIS)的调查问卷显示,风险值(Value at Risk)、久期分析(Duration analysis)和压力测试(Stress testing)等方法已经被超过80%的世界中央银行使用(见表7-10)。

表7-10　　　　　　　　中央银行市场风险管理方法

风险测度方法	占全球中央银行的比例(%)
风险值(Value at risk)	96
久期分析(Duration analysis)	89
压力测试(Stress testing)	71
其他	43

资料来源:国际清算银行,2007。

此外,信用风险也是外汇储备管理工作的重点。与其他单纯的金融资产的管理工作相比,中央银行的管理工作还包含更多的政策因素,中央银行的信誉对一国金融的安全和稳定起到了关键的作用。由于信用风险不仅影响到了超额外汇储备的投资收益管理,同时也会影响到中央银行的信誉和信用,因此,近年来,信用风险管理在超额外汇储备管理工作中得到了不断加强和完善。国际清算银行2008年的研究资料表明,信用风险评级是信用风险管理的重点,96%的中央银行对各种资产进行了信用评级,并要求只有达到最低信用评分标准的资产,才能纳入外汇储备的可投资范围内,从而在总体上控制了投资组合的风险暴露程度。

B. 操作风险

近30年以来,金融丑闻以及违规事件的频繁发生使得大家越来越意识到操作风险对资产收益和金融市场稳定性的重要影响。操作风险管理和控制已经成为风险管理的一个重要分支。随着超额外汇储备投资的规模、品种以及复杂程度的增加,各国央行也越来越重视对超额外汇储备投资的操作风险管理,采用了更加结构化和系统化的方法加以控制。

目前,中央银行关于超额外汇储备操作风险的管理,主要体现在以下几个方面。首先,更加注重了各部门之间的业务划分,避免利益冲突,保持各部门的相对独立性。其次，建立了详细的业务持续计划（Business continue plan）和灾难恢复计划（Disaster recovery plan）[①]，对突发和紧急情况下的事件提供全面系统的后备支持。另外，为应对操作风险，很多中央银行加强了员工风险意识的训练，在操作授权、文档保护以及科学管理方面加强了培训。特别是，为了减少人为错误造成的损失，很多中央银行投入了大量的资源加大了外汇储备操作自动化流程的设计。根据国际清算银行的统计，在大约50%的中央银行中，直接处理机制[②]（Straight Through Processing）处理的业务占到了整体业务量的90%。不过，在一些中央银行中，交易自动化的水平还较低，人为因素对操作的流程影响很大。

操作风险管理的另外一个难点是，相对于其他金融风险而言，操作风险很难进行定量化的测度。如何定量化评价操作风险，是当前中央银行超额外汇储备管理工作面临的一个重大难题。国际清算银行的统计资料表明，超过一半的中央银行采取了自我评价体系，确定了重点防范和需要改善的工作环节。此外，大多数的中央银行保留了操作风险管理的日志和突发事件的记录报告，为客观评价和测度操作风险提供了必要的历史数据参考。不过，由于操作风险在超额外汇储备管理工作中仍处于起步阶段，历史数据有限，定量化的管理仍处在探索中。

3. 超额外汇储备的内部控制管理

随着超额外汇储备的不断增加，以及对收益性的强调，超额外汇储备的管理也从过去的简单的放任自由的管理模式逐渐走向结构式收益导向型的管理模式。这种模式存在两个特点：一是自上而下的管理，也可以称为垂直管理，由一个决策管理委员会统一管理和协调下辖部门的运营工作；二是各个分支部门的工作相互独立，互不干涉，也称为平行管理（博里奥、加拉茨、希斯，2008）。

上述管理新模式的出现，极大地改变了原有的储备资产管理模式。中央银行从过去操作者的角色转换为为决策者的角色，主要从总体战略的角度来划分适度储备和超额外汇储备资产规模，并由此确定超额外汇储的投资组合规模以及可接受的风险收益水平。从具体情况来看，根据各国自身的情况，央行在制定投资组合的品种和规模以及风险的承受度上存在很大差异。比如，超额外汇储备较多的国家，相应的风险承受度就会较高，投资品种的选择也会比较多，而超额外汇储

[①] 业务持续计划，是为了防止正常外汇储备管理工作中断，而建立的临时计划。其目的在于减少，由于意外事件造成的损之成本最小化，保证关键业务的正常运行，这里的突发事件，并不包括自然灾害造成的影响，而指的是人为因素造成的疏忽或者损失。灾难恢复计划，是一种全面的拯救计划，包括了事前、事中和灾难对信息系统资源造成重大损失后采取的补救行动。灾难恢复计划，是对突发事件的应对过程，在事件发生造成业务中断的时候，提供后备的和补救的操作，进行恢复和抢救工作。

[②] 直接处理机制是一种点到点，端到端的处理机制，电子信息在最初的执行和处理地点相互传输。它为金融机构提供了一种不间断的电子流程处理体制，尽量减少人工干预，保证交易以电子消息的方式启动。

备较少的国家，则会更多地关注流动性风险。

虽然超额外汇储备的管理是一种自上而下的管理模式，然而决策层在制定政策时，也会参考从事实际外汇储备管理工作中专家和分析人员的意见，从而形成了相互反馈的决策，最终由决策层决定管理模式的机制。一旦决策层确定了投资的风险承受度和投资组合的标杆，那么实际操作和管理人员的工作就是在总的投资标杆的基础上，实现既定风险下的投资收益最大化。比如，澳大利亚的储备银行首先从决策层面上确定了较高的超额储备资产承受度，减少了对投资范围和规模的限制，因而在实际储备资产管理上，可选择的投资品种就会更多，管理者在资产的配置上也会获得更大的自由度。

近年来，外汇储备的管理模式又有了新的发展，在决策层和操作层之间出现了中间层的管理。中间层管理的目的是为了实现外汇储备管理的短期目标，协调决策层和操作层之间的关系。由于决策层更多地关注金融的安全性，在没有中间层面的情况下，决策层的短期目标就会过多的干预到操作层面的长期目标，从而影响了资产的收益情况。国际清算银行（BIS）2007年的统计资料显示，截至2007年，几乎50%的中央银行都设立了中间层管理，越来越多的中央银行也表示会把中间层管理加入外汇储备管理体系中。

在自上而下的管理体制下，实际外汇储备的管理工作和职责进行了更加明确、详细的部门分割，中央银行统一对各个部门进行平行管理。这种平行的管理模式，使得各个部门加强了管理的专业化水平，提高了管理效率。比如，一些国家根据功能对外汇储备管理工作进行了明确的部门划分，包括清算部门、资产管理部门、绩效评估部门和风险管理部门等。

总体来说，由于外汇储备资产规模的扩大，各国中央银行加大了对这笔资产的专业化管理，而管理的重点则放在了超额外汇储备上。除了保持原来的金融安全、贸易结算等外汇储备管理目标外，中央银行还采取了纵向和平行管理相结合的方法，将满足流动性和金融安全需求的外汇储备资产需求剥离出来，加强了对剩余外汇储备资产的收益管理。同时设立相应的管理机构，加强风险管理的控制，在一定风险的情况下，实现收益的最大化。

4. 信息披露

超额外汇储备管理从本质上来讲，是中央银行或相应的金融管理机构代表本国居民行使超额外汇储备的管理权力，因此，随着管理资产规模的不断扩大，超额外汇储备管理的委托代理问题越来越受到实业和学术界的重视。为了加强对超额外汇储备金融管理机构的监督，各国中央银行普遍加强了超额外汇储备管理工作，如管理的组织架构、管理工作的透明度以及投资组合和投资业绩的信息披露等。

虽然大体上各国逐渐加大了储备管理工作的信息披露力度,但在具体实践上,各国还存在较大的差异。表 7-11 列举了截至 2007 年底各国中央银行信息披露的范围。现有的各国央行的信息披露数据表明,大多数国家的中央银行都公布了管理的组织架构、风险承受度和年度报告等。大多数中央银行也公布了超额外汇储备资产可投资的范围以及可投资的资产等级。而对于资产的配置以及币种的配置,只有少数几个国家进行了详细的公布[①]。此外,几乎一半的中央银行对超额外汇储备资产的业绩进行了披露。

表 7-11　　　　各国(地区)中央银行信息披露情况

国家(地区)	管理架构	投资品种和范围	资产配置	币种配置	业绩
中国	公布	公布			公布
日本	公布	公布			公布
俄罗斯	公布	公布	公布	公布	公布
中国台湾					
印度	公布	公布			公布
韩国	公布	公布			
欧元区	公布	公布		公布	
巴西	公布	公布			
新加坡	公布	公布			
中国香港	公布	公布	公布		公布
阿尔及利亚					
马来西亚					
墨西哥	公布				
泰国	公布				
土耳其	公布	公布			
印度尼西亚		公布			
英国	公布	公布	公布	公布	公布
美国	公布	公布	公布	公布	
瑞士	公布	公布	公布	公布	公布
阿根廷	公布	公布	公布	公布	公布
加拿大	公布	公布	公布	公布	公布
沙特阿拉伯	公布				
南非	公布	公布			
澳大利亚	公布	公布	公布	公布	公布

资料来源:国际货币基金组织,各国中央银行和货币当局的年度报告。

---

① 澳大利亚储备银行、欧洲中央银行、英格兰银行以及俄罗斯联邦中央银行,它们提供了储备资产货币构成的详细信息。

7.3 超额外汇储备管理的国际经验

对于很多新兴经济国家而言,超额外汇储备是防御金融危机的一个产物。由于经济发展模式和经济类型差异,各国的超额外汇储备来源、使用和管理都存在较大差异。在本节中,我们将从资源型国家、新兴市场国家以及发达国家这三种类型来探讨超额外汇储备管理中的国际经验。

7.3.1 资源型国家——挪威

和其他中东石油国家类似,挪威也是一个资源密集型的国家,曾经是全球第三大石油净出口国。资源出口为挪威带来了巨大的外汇收入。为了管理好这笔财富,挪威从原有的外汇储备中剥离了部分资产,成立了政府石油基金,专门负责这笔资产的运营。从1996年开始,挪威政府将部分每年的财政盈余资金剥离到石油基金,并于1998年1月成立了挪威投资管理公司(NBIM),专门负责管理这部分资产。对于外汇资产的运营,挪威政府确定了三个目标:(1)资产的保值和增值,提高本国经济的活力和创造力;(2)作为宏观经济政策的缓冲,对冲宏观经济波动的风险[①];(3)平衡财富分配,同时为本国的养老体系提供资金。

为了保证在既定风险下的投资收益,挪威政府对投资的范围和策略进行了详细的界定:以世界主要国家(G3)的通货膨胀率作为业绩参考标准,以海外的资本市场作为主要投资对象。随着资产规模不断扩大,NBIM的投资品种和风险承受度也在加大,投资组合的产品也从过去单一的政府债券扩展到了股票、指数产品和固定收益债券等。经过多年实践,NBIM已经形成了充分多样化的投资组合。比如,在投资区域的选择上,NBIM将约30%和20%的资产投资到了北美和亚洲市场,余下的资金则投资于欧洲其他国家的金融市场。在资产的搭配上,股票和其他高风险资产[②]的投资已经达到了30%。

在管理架构上,NBIM的管理模式与一般的资产管理公司并无很大的差异,唯一的区别在于,储备管理机构的董事会必须得到挪威央行行长的管理授权,其

[①] 作为资源密集型的国家,国际市场上资源价格的变动会对本国的收入水平和宏观经济政策产生巨大的影响。而如果能够合理地利用外汇财富,则能有效地减缓不利冲击对本国经济的影响。

[②] 出于安全性和控制风险的考虑,挪威投资管理公司的股票投资中,主要是以成熟国家的指数化投资产品为主。

投资管理活动也必须按照央行的投资指引进行。为了使得央行的货币政策操作和资产管理的风险隔离，NBIM和央行的工作范围、职责相互独立，NBIM的执行董事不能参与央行的政策决策，而央行除了根据指引从总体上管理投资风险之外，也不能干涉储备管理机构的具体业务。由于NBIM主要负责资产的保值和增值，因此组织结构简单，其主要业务由三个投资部门构成：资产配置策略部门（Tactical Asset Allocation）、债券和固定收益部门以及股票投资部门[①]。根据央行的投资指引，NBIM的主管经理会对每一个投资部门设定投资限额和风险承受度。对于外部经理人的选择，NBIM设定了严格的挑选标准，从组织架构、历史业绩、风险控制能力以及客户关系管理等方面提出了明确的要求。为了对外部机构进行有效的监督，储备管理机构要求外部管理机构每日报送资产组合头寸和交易情况，并定期对外部管理机构的投资风险、成本和业绩等方面进行监督和评估。

为有效控制超额外汇储备的风险，《挪威政府石油基金投资指引》对风险管理的过程和目标做出了明确的要求：利用各种参数限制了市场风险、利率风险和信用风险等的风险暴露程度，要求投资组合与投资基准的偏离度不能超过1.5%，并规定了具体的投资范围。由于指引对超额外汇储备的管理设定了严格的限制，因此，挪威的投资组合主要集中在指数化产品，投资风险相对较小。

在治理结构和规章制度上，NBIM按照挪威的《公司法》进行日常业务管理，并制定了相应的挪威石油基金管理法案，严格限制超额外汇储备使用的范围和途径[②]。此外，《投资指引》对管理决策的各个部门均设立了明确责任和权力界线。法律法规部门负责日常的内部控制管理，投资支持部门负责对市场风险和信用风险进行评估和控制，前台部门负责对日常的运营工作进行管理和监督。为了加强对储备资产的监管，挪威央行对其管理的透明性做出了严格的规定。要求NBIM制定详细的分析报告，每个季度必须公布财务报告。

7.3.2 新兴市场国家——新加坡

在出口拉动型战略的带动下，新加坡出现了经济的高速增长。由于新加坡是一个倡导节俭和储蓄率高的国家，外汇储备也出现了高速增长。鉴于对外贸易和

[①] 大体上，挪威的108 357外汇储备资产由四部分组成，流动性组合，关注于国家的宏观经济政策和金融安全，中期投资组合，关注于更高的收益，同时，可以作为公开市场操作和国家金融安全的补充。偿债组合，满足政府的外债管理工作。

[②] 除了经过国家议会批准的中央政府预算资金使用外，储备资产不能用于任何其他目的，以及中央政府和私人部门使用。

对外支付的稳定，新加坡政府认为，现有的储备财富已经超过了满足日常支付和防范金融风险的要求，因为改变了投资策略，将部分储备资产剥离出来投资于期限较长、收益较高的资产。

1981年5月，新加坡成立了政府投资公司（GIC），主要负责储备资产的长期管理。随着 GIC 资产规模的扩张，股权投资和一些短期资产（如债券投资和外汇投资等）也纳入了可投资范畴。目前，GIC 已经成为资产规模超过 1 000 亿美元、投资领域广泛①的著名基金管理公司。此外，为促进经济的长期增长，新加坡政府还将另外一家公司淡马锡控股（Temasek）②也纳入了外汇储备的管理中。与 GIC 管理不同的是，淡马锡主要负责国际金融和高科技的产业投资，目前已成为一支具有影响力的主权财富基金。

新加坡对政府投资公司和淡马锡公司的投资目标进行了明确的划分。政府投资公司（GIC）的目标主要是保证外汇储备的安全，在既定的风险水平下实现投资收益的最大化③。此外，GIC 的投资管理需要兼顾国家宏观经济政策的稳定和金融市场的安全。而对于淡马锡公司，则主要着眼于国家经济增长的长期目标，旨在优化国内的产业结构，加强对高新技术企业的投资，进而提升新加坡经济的长期竞争力。

由于新加坡储备资产的构成不仅来自外汇储备，也来自新加坡政府历年的财政盈余，因此，新加坡形成了在财政部主导下，由新加坡货币管理局（MAS）、新加坡投资公司（GIC）和淡马锡公司共同管理储备财富的局面。MAS 主要负责货币资产的市场的投资，包括股票、债券以及货币市场工具等。新加坡不动产投资有限公司（The Government of Singapore Real Estate Pte. Ltd）专门负责不动产和相关行业的投资。新加坡特殊投资有限公司（GIC special Investments Pte. Ltd）主要负责高风险、高附加值行业的投资，如直接股权投资、创业风险投资、企业重组等。GIC 和淡马锡公司则负责了新加坡超额外汇储备管理的部分，但两者的分工也不尽相同。GIC 负责投资多元化的组合，达到既定风险下的收益最大化，因此，GIC 的组织结构较为复杂，其主要由三个子公司构成。淡马锡公司则是新加坡财政部 100% 控股的投资企业，根据新加坡的公司法建立，由公司的董事会负责决策和日常的经营活动业务，其控制的新加坡国内企业资产超过了整个市场价值的 40%。同时，淡马锡频繁地参与了亚洲和世界发达国家新兴市场的股权

---

① 除了投资于发达国家的政府债券之外，新加坡投资公司也投资于房地产、股票以及实业投资。近年来，随着新兴市场国家的崛起，新加坡投资公司加大了对新兴市场国家投资的力度，频繁地参与新兴市场国家的资本市场业务。

② 淡马锡公司原来的职能，主要是对新加坡的国有企业进行监督和管理。

③ 比如：新加坡政府也要求投资收益大于 G3 国家的平均通胀水平。

投资活动①。由于淡马锡公司更关注于长期的收益，因此，相比新加坡投资公司而言，政府允许淡马锡享受投资管理的更高自由度。

在投资策略上，和挪威投资管理公司一样，新加坡投资公司也设立了投资组合的标杆。新加坡投资公司的投资经理可以在授权可偏离的程度内，进行投资组合管理。同时，由于新加坡投资公司也主要投资于海外市场，新加坡投资公司于2004年成立了专门的外部基金管理部门，以各个市场指数的增长率作为参照，力图在风险控制的范围内达到超过标准市场指数的业绩。

在风险管理上，由于新加坡投资公司承担了部分宏观经济稳定的责任，因而制定了严格的风险管理机制，并建立了分层、相互交叉的风险控制网络。投资决策必须在相关资产的风险可以被识别、衡量、评估和控制的情况下才能进行。为了贯彻这一思路，新加坡投资公司分别设立了信用风险、市场风险以及运营风险委员会，由专门的风险评估部门为委员会提供技术支持。淡马锡公司则根据风险的不能类型制定了相应的风险管理策略，针对投资的政治风险设立战略风险管理部门，专门负责不同区域、国家和行业的投资组合；针对金融市场的资产配置、信用风险和市场风险设立了财务风险管理部门，进行每月的风险评估和日常检查；针对操作过程中的人力、制度、法律等因素造成的运营风险，设立内部审计和法律规范部门进行监督管理。

在治理结构和规章制度上，新加坡政府1991年修改了宪法，建立了外汇资产的管理制度，并于1999年7月对外汇资产管理的制度进行了详尽的解释。根据宪法，新加坡投资公司和淡马锡是政府全资拥有的按照商业原则运作的私人企业，因而都设立了董事会、管理层、业务部门以及内控部门等，并明确了彼此之间的职责。

在信息披露方面，由于新加坡政府的宪法豁免了国有企业的财务信息披露要求，新加坡投资公司直到2001年才部分披露财务信息，而淡马锡则从2004年起每年通过《淡马西评论》对其投资和收益情况进行粗略的描述。在新加坡政府的保护下，新加坡投资公司和淡马锡的运营管理一直保持较低的透明度。

7.3.3 发达国家——日本

随着日本经济的崛起，自20世纪80年代起，巨额的贸易和经济账户顺差使得日本的外汇储备出现了快速增长②。为了管理好这笔外汇资产，日本政府开始

---

① 如：美国通用电器、马来西亚电信、澳大利亚的新电信澳都斯，以及中国的国有商业银行。
② 自1999年10月以来，日本一直保持着外汇储备世界第一大国的地位，直到2006年才被中国取代。

尝试积极的外汇储备管理战略。与其他国家不同的是，日本并没有成立专门的储备机构，而是由日本中央银行从全局上考虑流动性、收益性以及安全性来配置资产。

由于日本并没有将外汇储备的管理进行区分，因此，其外汇储备管理的主要目标是在保证金融安全的情况下，实现收益的最大化。具体来说，外汇储备的主要目标是为了保持流动性和安全性，促进外汇市场的稳定和防止经济的波动。在此基础上，日本将部分外汇储备资产投资于海外市场，赚取较高的投资收益。

在储备管理的结构上，日本采取了双层管理体系。财务省负责外汇储备战略的制定和战略的制定，处于主导地位。日本中央银行则作为外汇储备管理的执行者，负责日常外汇储备的投资管理决策。为防止中央银行过度依赖外汇储备而影响货币政策实施，日本政府通过了《外汇资金特别预算法》，并在设立了"外汇资金特别预算账户"，当中央银行需要使用外汇时，所需的资金从该账户提出。

在外汇储备资产的投资运用上，日本财务省首先强调了外汇储备的主要目的是为了保证流动性和国家金融安全，因此采取较为保守的投资策略，主要以美元资产为主，而且大部分外汇储备购买了流动性较高的固定收益债券，如美国的政府债券和机构债券等[①]。由于外汇储备的持续增长，日本政府逐渐拓宽了外汇储备的投资范畴，将外汇储备资产投资到了海外证券市场。近7年以来，日本每年海外的证券红利收益均超过了500亿美元，成为日本财政收入的重要补充。此外，日本也积极推动本国企业的海外并购和海外直接投资，这使得日本企业的国际化程度和规模迅速得到提升，并造就了一批国际知名企业。此外，由于日本是资源高度缺乏的国家，日本还将一部分外汇储备投放在了资源和相关产品的储备上。目前，日本已经成为世界上较大的石油储备国。

在风险管理方面，日本建立了完善、严格的外汇储备风险管理体系。首先，日本制定了《外汇法》和《外汇储备资金特别预算法》，通过法律确定了外汇储备管理的制度和监管的安排，明确了管理机构的责任和义务。其次，为了限制流动性和其他相关的风险，日本采用了投资策略指引和内部监控共同作用的方法。日本财务省确定了外汇储备的投资组合标杆、风险模型的参数设定和忍受范围，并对投资经理人的选择采取严格标准。在这些标准的指引下，中央银行设立了内部控制体系，监控外汇储备管理活动的实施，并及时纠正投资计划，定期进行风险状况的评估，采取压力测试等方法，保证外汇储备管理在极端情况下也能正常地运作。

---

① 据美国财政部2010年公布的数据显示，日本持有的美国国债总额已经达到了8 210亿美元，成为美国国债的最大持有国。

为保证外汇储备管理的公正性和公开性，日本政府从多个渠道定期公布了外汇储备管理的关键指标。但是，由于并没有对储备的流动性和收益性进行区分，出于国家金融安全角度的考虑，日本采用了世界上对外汇储备管理信息披露的数据公布通用系统（GDDS），只对一些总量上的指标进行公布，而对于诸如资产的种类、构成、风险敞口以及授信等信息的公布则一直保持谨慎态度。

7.3.4 超额外汇储备管理的同一性和差异性

基于上文的分析，可以看出，虽然各国在外汇储备管理的目标、策略以及具体操作上并不完全相同，但也存在着一些共性，归纳起来主要包含以下几个基本方面：

（1）明确提出了对超额外汇储备收益率的要求。各国从自身外汇储备资金的来源、资金的规模等角度提出了积极的外汇储备管理策略，在保证国家金融安全和市场流动性的基础上，努力实现资产保值和增值的目标。

（2）为对外汇储备管理机构的投资行为进行监管，各国都建立了比较完善的监督管理体系，明确了监督管理的责任和义务。在宏观层面上，确定了中央政府、财政部、货币当局以及储备管理部门之间的职责，并做出明确具体的规定；在微观层面上，确定了各职能部门的相互协调和监督机制，避免了职能交叉和监督缺位。

（3）在投资策略上，各国均设立了相关的投资活动指引，要求建立分散化的投资组合，设立了证券投资组合的标杆，并对投资组合偏离标杆的程度做出了明确的界定。同时，对投资组合的投资区域、投资品种、风险承受度等做出明确规定，并由专门的管理部门监督投资组合的实施。

（4）为提高投资手段的技术性和专业性，各国普遍运用了高端的投资组合管理工具，聘请了专业的投资组合管理人才，借助高效的金融管理信息系统加速信息的收集、处理和资源共享，并通过建立数据库、采用先进的模型等方法对价格和资产波动等信息进行了准确估计。

（5）在风险管理上，各国都设立了风险管理委员会或风险管理部门，对市场风险、信用风险和操作风险等进行有效管理。同时，在各个部门之间设立了防火墙，防止风险在不同部门之间的扩散。此外，业务中断以及灾难恢复等应急计划也被广泛地采用，以应对突发事件对正常业务中断造成的风险。对涉及国家金融安全的那些敏感性投资，通常的做法是通过立法豁免向外界公告的义务。

从全球央行外汇储备管理的组织架构上来看，超额外汇储备管理的架构主要存在两种方式，即统一管理模式和独立管理模式。统一管理模式主要是指由单一金融机构统一负责日常外汇储备和超额外汇储备的管理，采用这种模式的国家主要包括日本、英国、美国等发达国家①。相比之下，独立管理模式指的是政府成立专门的储备管理机构，如国家主权基金、国有投资公司等，并将超额外汇储备的管理与外汇储备的日常管理分开。在此基础上，一般由中央银行或货币当局负责金融安全和流动性方面的外汇储备管理，而国有投资公司或相关机构则主要负责对风险和收益更高的长期储备资产进行管理。采用独立管理模式的典型国家是挪威和新加坡。上述两种管理模式的产生，与不同国家的经济状况和国际收支状况有着密切联系。除日本以外，发达国家一般都不会持有过多的外汇储备②，因而外汇储备的保值和增值不是这些国家管理工作的重点。但对于新兴市场国家而言，由于累积了超额的外汇储备，从而产生了保值增值的需要，因此，将部分外汇储备与日常的适度外汇储备管理工作分开，由专门的机构负责对其进行管理就成为一种自然的选择。

从全球超额外汇储备管理的发展趋势来看，主要存在两个方向，即强调收益性和加强风险管理。各国都普遍加强了对储备资产收益率的要求，外汇储备的投资品种也突破了原来固定收益产品的限制，广泛地投资于股票、房地产、能源和实业投资等高风险领域。由于超额储备投资涉足了更多的高风险领域，各国都加强了对市场风险、信用风险和操作风险的监督和管理。在统一管理模式下，由于外汇储备管理的首要目标是保证国家金融安全以及日常的流动性需求，因此，在投资产品的选择上仍然以流动性高、风险低的产品作为投资主体。而独立型的管理模式，通过将满足国家金融安全的储备与收益性需求的储备资产进行适当分离，并引入先进的投资组合管理技术，来实现风险收益的最大化。为了加强对风险的控制，在独立管理模式下，一般会形成以中央银行为核心，外部监管和储备机构内部监管协同合作的监管框架，以确保整个风险管理过程的有效性和监管当局对整个超额外汇储备风险的控制，这也有利于同时实现以下两个基本目标：适度外汇储备用于满足国家金融安全，而超额外汇储备用于获取更高的投资收益。

从实际情况来看，越来越多的新兴市场国家采取了独立管理模式，对超额外汇储备进行专业化的投资组合管理。随着发展中国家外汇储备资产的急速膨胀，截至 2009 年，全球 30 多个国家和地区设立了专门的超额外汇储备管理机构-主权投资资金（Sovereign Investment Funds），管理的资金规模达到了 2.5 万亿美元。在表 7-12 中，我们列举了世界上规模最大的几只国家（地区）主权基金。

---

① 美国的联邦储备委员会和财政部各自拥有美国外汇储备的一半资产，美联储的外汇储备主要用于公开市场操作和干预，而财政部主要通过外汇平准基金来实现对外汇储备的管理。美联储和财政部各自指定外汇储备管理策略，委托联邦储备银行代为执行。

② 大多数发达国家的货币在国际市场上都具备一定的支付能力。

表 7-12　　世界主要的国家（地区）主权投资基金

名称	管理资金规模（亿美元）	成立年份
阿联酋阿布扎比投资管理局	8 750	1976
新加坡政府投资公司	3 300	1981
挪威政府养老金	3 220	1990
中国投资有限责任公司	2 000	2007
中国香港金融管理局投资组合	1 400	1998
俄罗斯联邦稳定基金	1 270	2003
新加坡淡马锡控股有限公司	1 080	1974

资料来源：福布斯，2009 年 12 月。

当然，通过独立的储备管理机构追求收益最大化，虽然是目前新兴市场国家外汇储备管理的普遍做法，但这一过程并非一蹴而就。一国的管理模式不仅会受到特定时期社会、经济、政治、文化等因素的影响，而且有可能在既有的储备管理模式上形成一定程度的"路径依赖"特征①。因此，对于广大新兴市场国家而言，超额外汇储备管理在向专业化的投资组合管理过渡时，应该特别关注过渡的步骤和时间安排问题，并注意根据本国的国情和实际需要来确定适合自身的储备管理模式。

7.4　中国的超额外汇储备管理：目标、原则与结构

7.4.1　中国超额外汇储备管理的目标

1. 基本目标

从基本目标来看，中国的外汇储备在战略上应该实现两个功能（陈雨露，2009）：一是通过保持外汇储备的适度规模和结构，确保金融层面的稳定；二是在确保金融稳定的基础上，剩余的外汇储备用于支持经济结构转型和发展方式转变，促进实体经济发展。两个基本目标彼此关联，动态相依，最终的目标都是为

---

① 例如：日本虽然拥有了大量的外汇储备，但由于长期依赖谨慎的管理模式，日本并没有太多地追求外汇储备的收益性，也没有成立相应的金融机构进行专业化管理。

了实现持续稳定的经济增长。

从金融层面上看，外汇储备的首要功能是维护宏观金融稳定，筑起国家金融安全的第一道战略防线。从抵御外部冲击的角度来看，东亚和拉美的金融危机已经多次表明，当外国资本在对本国的货币或金融市场发起投机性攻击的时候，过低的外汇储备可能导致国家危机干预和宏观调控能力的丧失，进而在危机面前失去主动性和国家控制力。中国作为一个开放中的大国，只有保持比较充分的战略性外汇储备，才能随时从容应对各种潜在的国际投机资本的冲击。考虑到金融危机的经济和社会成本非常巨大，持有外汇储备的收益不仅简单地从各种显见的"利息"和"投资收益"等方面进行衡量，还应纳入作为危机干预准备金所带来的巨大社会正外部性收益。除了抵御外部冲击外，外汇储备在维护内部金融稳定方面也具有重要作用。外汇储备注资已经被证明在中国银行业改革过程中发挥了重要作用，下一步还可以探索通过建立危机干预机制和成立危机储备金等方案，多渠道发挥外汇储备在维护国内金融稳定方面的作用。此外，外汇储备还可以作为人民币国际化的准备金，支持国家货币崛起和国际金融战略的顺利实施。

从实体经济层面来看，外汇储备的主要功能是促进经济稳定增长和经济结构转型，并战略性地用于解决实体经济发展中的若干"瓶颈"问题。在经济高速增长的背景下，中国经济目前依然面临两个结构性失衡：一是国内经济过度依赖投资引发的内部失衡，二是由全球贸易结构不平衡引发的外部失衡。内外失衡彼此强化，既造成了中国经济结构的困境，也反向导致了外汇储备管理的难题（见图7-10）。如果不转变经济发展方式和调整经济增长的动力结构，中国双顺差模式下的宏观经济和外汇储备管理难题很难破解。在此背景下，外汇储备除了继续发挥对外支付清算方面的作用外，还应鼓励重要商品和服务的进口，并大力支持和推动企业"走出去"。中国艰巨的产业转型升级需要延伸产业链，实现从单纯的资源和技术进口走向海外资源能源产业并购，完成部分低端产业外迁和高技术企业并购，以及通过向海外企业和政府提供信贷促进其进口中国商品等，这些，都可以纳入外汇储备战略运用的总体框架内予以实施。

2. 长期目标

从一个较长时期对主要大国发展历程进行考察便会发现，有规律的周期性波动构成了经济运行的基本特征。自18世纪后期发生工业革命以来，世界经济大体上经历了五次长周期，每一个长周期都对应着一次科技革命的爆发和新兴产业发展，进而引发整个经济社会的结构性转变（佩雷丝，2007）。在上述转变过程中，往往会诞生集产业优势、综合经济优势和货币金融优势于一身的新兴超级大国。

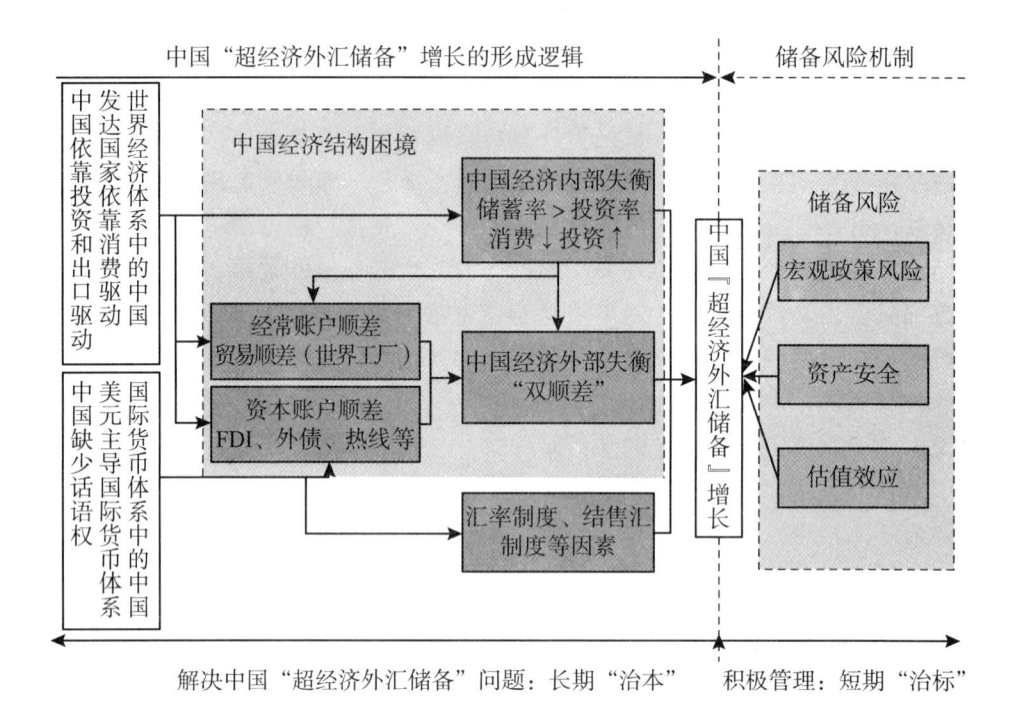

图 7-10 中国的经济结构困境和外汇储备管理困境

从更长期的视角来看待经济和金融发展的交替关系，可以发现，作为大国的金融和货币崛起总是与其经济崛起同步实现的。因此，中国的外汇储备运用应该充分体现其战略性和长期性，通过支持国家产业转型、经济增长和金融发展，

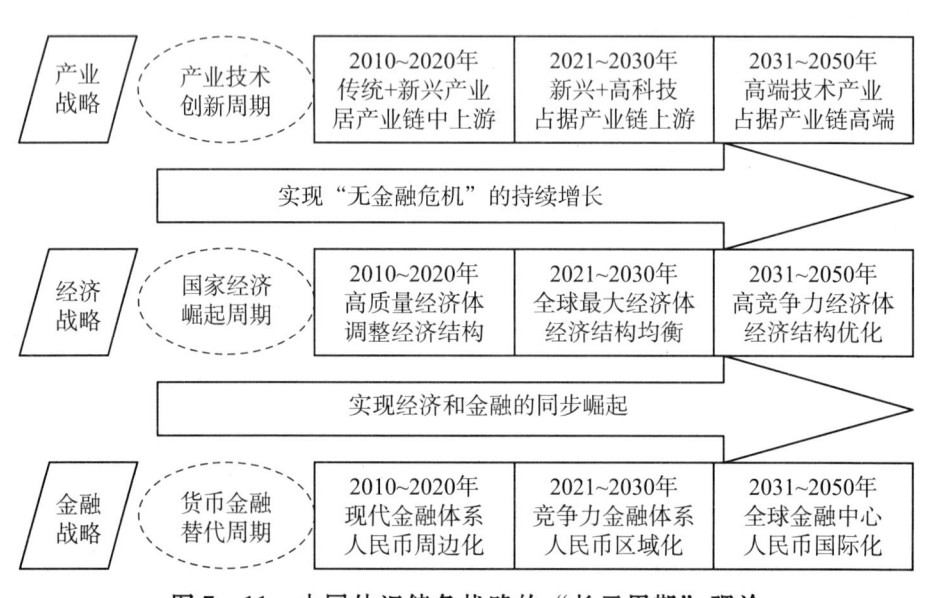

图 7-11 中国外汇储备战略的"长三周期"理论

全面服务于国家经济和金融崛起的战略需要。根据陈雨露（2009）提出的外汇储备与国家战略的"长三周期"理论框架（见图7-11），在未来40年，中国的外汇储备运用要结合"技术创新与产业结构周期"、"国家经济崛起周期"和"货币金融替代周期"，全面支持中国完成产业升级、经济复兴和货币金融崛起，成为下一轮全球经济长周期中的核心国家。

为完成上述目标，中国外汇储备的战略运用有三个基本定位：一是外汇储备必须服务于技术引进和产业振兴，体现发展功能；二是外汇储备必须作为"无金融危机增长"的风险准备金，体现稳定功能；三是外汇储备必须作为货币金融崛起的准备金，体现保障功能。

客观地看待大国经济发展的一般规律，可以认为，在经过30多年的高速经济增长之后，随着劳动力成本的提升，人口和制度红利的效应逐渐减弱，粗放型增长所带来的资源承载压力不断增大，加之全球金融危机后世界经济进入漫长的调整恢复期，中国在传统模式下的高增长态势很难长期延续，通过进一步转变经济发展方式来寻找新的经济增长动力和潜力，成为中国未来经济改革和发展的必由之路。从目前的情况来看，在未来的5~10年，中国将面临经济改革的关键机遇期，能否抓住机遇深入推进各项改革，完成经济增长方式的转型，事关中国未来经济和社会发展的大局。在上述过程中，外汇储备的运用应充分体现其战略导向。

7.4.2 中国超额外汇储备管理的原则

传统的外汇储备管理，采用类似于商业银行资产管理的"安全性、流动性和营利性"三原则。上述三原则作为适度外汇储备的管理原则具有合理性，但在应用于超额外汇储备管理时，却在一定程度上缺乏清晰的政策导向。只有进一步明确超额外汇储备管理的具体指导原则，才能逐渐摆脱目前超额外汇储备管理所面临的种种问题，如过分关注外汇储备价值的短期波动，投资缺乏长期视野，投资目标不明确和缺乏长期规划等。结合如前文所述的战略目标，中国的超额外汇储备管理应重点遵循"战略性"原则，这一原则可概括为三个基本方面：

一是在使用范围上，坚持全球性导向。前文已经指出，外汇储备如果直接投放国内，将难以避免"二次结汇"问题，最终加剧流动性过剩和货币政策困境，因此，外汇储备的使用范围应该主要锁定在国外。为推动外汇储备的海外运用，应进一步放宽中国企业海外投资的规模和范围，提高购汇用汇的便利化程度，完善海外投资结算网络，全力支持有意向、有能力的企业"走出去"。为防范潜在的自然和政治风险，可考虑使用外汇储备成立海外投资风险基金，帮助企业分散由各种不可抗力导致的投资风险。

二是在投资标的上,坚持核心价值导向。外汇储备并非免费资源,其战略运用必须考虑风险和收益的长期贴现关系。因此,从提高外汇储备使用效率的角度出发,外汇储备的运用必须体现核心价值和核心资源导向原则,即通过更多地进口一些海外重要的大宗商品,或者锁定一些核心资源,使外汇储备能够更好地为未来的可持续发展服务,从而提高外汇储备的长期收益贴现价值。尤其是在此轮全球金融危机之后,欧洲爆发债务危机,美国增长缓慢,在危机经济体急需外部资金注入的背景下,中国外汇储备的对外投资谈判变得更为有利。可充分利用这一契机,加快全球范围内的战略性资产购置和配置。

三是在投资结构上,坚持多元性导向。中国目前的外汇储备资产以证券类投资为主,直接投资的比重非常低。这种投资结构主要是在金融危机之前形成的,危机后这种结构亟待调整。可考虑减少高风险、低收益的债券类投资,加大对具有长期投资价值的战略性资产的直接投资。尤其是在危机后海外资产价格普遍下跌的背景下,可考虑把每年外汇储备的1/4或1/2拿来做直接投资,改变目前外汇储备投资过于集中于证券资产的现状。总体来看,通过将部分金融债券类外汇储备资产适时转化为具有长期投资价值的实物资产,既可以解决目前外汇储备管理的低收益问题,同时又可以解决中国经济发展战略的问题,可谓"一举两得"①。

此外,与上述超额外汇储备管理的战略性原则相适应,在评估周期上,也应建立新的"全周期视野"的评价机制。对于外汇储备管理者而言,建立适当的激励机制是外汇储备战略得以有效实施的关键。对于主要作为流动性准备的那部分外汇储备,可继续体现其安全性和流动性优先的原则;而对于那些作为战略性投资的超额外汇储备,则应充分考虑资产短期波动和长期战略收益之间的关系,对外汇储备管理者建立"全周期视野"的评价机制。只有充分考虑到了经济周期和市场波动对外汇储备资产价值波动的影响,才能正确地评估外汇储备投资的合理性和有效性,避免市场短期波动和评价机制短期化对外汇储备管理者的困扰。

7.4.3 中国超额外汇储备管理的结构

在未来四五十年,要实现经济发展的战略转型,中国最需要的是:核心的资源、核心的技术、核心的人才和核心的全球商业网络。因此,外汇储备的运用必

---

① 历史上,债务危机后债权人基本上都是受伤害的对象,因此,外国国债等证券类外汇资产虽然具有易于管理等特点,但收益率较低,管理被动,且在关键时候依然存在较大风险。相比之下,坚持实际资源导向的外汇储备直接投资则具备实用性、选择性和多样性等优势,且具有管理上的主动性和灵活性。直接投资分为很多类型,可以是公司股权,也可以是自然资源或基础设施。

须要服务于国家经济发展的整体战略,这需要在全球范围内获得核心资源并合理配置这些资源。资源的配置涉及结构问题,就战略性的外汇储备运用而言,主要包括两个方面:一是投资对象的结构,即投资目标地(目标经济体)的选择;二是投资产业的结构,即具体投资经济领域的选择。此外,外汇储备的运用还需要有相应的投资主体来予以实施,这涉及管理主体的结构问题。

1. 投资对象的结构:构建有效的全球资产组合

传统的外汇储备管理,基于对安全性和流动性的考虑,主要将投资标的锁定在欧、美、日等发达国家的高等级债券(如主权债务)上。根据 2009 年 9 月美国财政部公布的数据,中国巨额的外汇储备中约 60%～70% 是由美元资产构成的。这种以发达国家主权债务作为主要投资对象的组合结构,尽管具有流动性高、管理简单和收益相对稳定的好处,但这极大地局限了外汇储备的功能空间,并且相当于把外汇储备的"前途"完全系在了欧美的"裤腰带"上,在战略上具有被动性。尤其是在此轮金融危机后,随着发达国家次第陷入衰退,投资于发达国家的主权债务也面临很大的市场风险和违约风险,而且还可能受制于这些国家不负责任的宏观经济政策。

从长期来看,近年来以"金砖国家"为代表的新兴市场国家正在迅速崛起,并有可能在未来 20～50 年彻底改变全球经济格局①。作为积极的投资策略,中国的外汇储备管理必须关注并及时反映这种具有趋势性的动态变化。这就要求中国的外汇储备投资对象要从以发达国家为主的策略逐渐转变为发达国家和发展中国家并重的思路。总体来看,在后危机时代,中国主动性的外汇储备管理需要构建一个平衡和动态调整的全球主要国家的战略资产组合,把中国的外汇储备绑定在全球经济增长的列车上,远比绑定一两个单一的经济体更为稳妥。

从具体策略来看,针对欧美等发达国家的投资应该继续瞄准这些国家具备核心竞争力的高端产品,而针对新兴市场国家的投资则重在获取战略资源和建立市场网络。在这一思路下,长期投资组合调整的思路是减持债权工具,增加股权和资源组合。股权投资可以争取持有对全球金融和制造业具有系统性影响的跨国金融机构和制造业公司的股权,也可以锁定以"金砖国家"为代表的新兴市场国

---

① 近年来,"金砖四国"显示出强劲的发展活力,其经济增长在世界经济增长中所占的份额已经接近一半。据高盛公司预测,"金砖四国"将于 2050 年彻底改变全球经济格局,其中:巴西将于 2025 年取代意大利的经济位置,并于 2031 年超越法国;俄罗斯将于 2027 年超过英国,2028 年超越德国;中国可能会在 2041 年超过美国从而成为世界第一经济大国,印度可能在 2032 年超过日本;"金砖四国"合计的 GDP 可能在 2041 年超过西方六大工业国(G7 中除去加拿大)。到 2050 年,世界经济格局将会大洗牌,全球新的六大经济体将变成中国、美国、印度、日本、巴西和俄罗斯。

家的优秀成长性企业。

对于目前正处于转型期的中国而言，经济要实现从中等发达国家向发达国家的迁徙，既要继续学习和引进发达国家的核心技术，同时也要注意充分利用发展中国家的战略资源和市场潜力。由于技术限制和就业压力，中国产业结构的转型需要一个过程，这使得目前的过剩产业很难实现"一步到位"式的清理。但如果考虑到发展中国家的巨大市场潜力，部分以往主要靠国内和发达经济体消化的产能可转向主要由处于快速发展阶段的发展中国家吸收。这既可以为中国产业结构的调整和升级赢得更多的时间和空间，也可以平滑产业转型过程中的经济波动，并缓解就业压力。此外，由于危机后全球经济增长的动力逐渐从发达国家转向发展中国家，这使得中国主要向美国、欧盟等发达经济体输出制造业产品的传统出口模式很难延续过去几十年的持续高增长。在这一背景下，完全可以考虑在非洲和中东等地区实施数千亿美元的"马歇尔式"振兴计划，以金融输出的模式推动外汇储备的对外战略投资，同时推动人民币国际化和中国商品输出①。

从长远利益来看，中国外汇储备的海外战略运用主要包括两个核心思路：一是利用外汇储备购买各种战略资源，同时进行资源获取、储备和运转的渠道建设，通过金融资本推动建立中国的全球经济网络；二是将第三世界国家作为中国传统制造业产品新的目标市场，通过产品输出对象的转换（即从发达国家转向发展中国家）使中国已经建立的传统制造业优势可以继续维持相当长一段时间，减轻由削减过剩产能带来的经济和就业压力。人民币的国际化战略可在上述过程中同时推动实施。从具体操作来看，可考虑从以下几个方面入手：（1）采取多种方式，逐渐突破发达国家对中国的高科技产品的出口管制，加大高新技术产品的进口，也可以考虑在海外成立专门的研究机构和实验室，聘用海外的高科技人才进行相关技术研发；（2）加强资源导向型的资本输出和国际合作，可考虑与非洲、中东和拉美等资源丰富的国家合作开发矿产、石油资源，或采用对发展中

---

① 马歇尔计划又称欧洲复兴计划，是"二战"后美国对西欧各国通过经济援助协助重建的计划。该计划于1947年7月正式启动，持续了4个财政年度。在这段时期内，西欧各国通过参加经济合作发展组织（OECD）总共接受了美国包括金融、技术、设备等各种形式的援助合计130亿美元。马歇尔计划作为美国全球战略的重要组成部分，对欧洲国家的发展和世界政治格局产生了深远影响。美国今天的地位、美元今天的霸权都与"马歇尔计划"关系密切。在2011年的一个全球化研讨会上，亨利·基辛格将当今中国比作1947年的美国。他指出，1947年，英国这个处于没落时期的帝国的外交大臣欧内斯特·贝文迪不得已地对美国国务卿说："作为最大的债权国，美国现在必须在建立新秩序方面承担领导责任。"由此，美国发起了战后重建的"马歇尔计划"，在20世纪余下的岁月里，美国进入蒸蒸日上的轨道。作为世界最大债权国，中国现在相当于1947年的美国，处于下一个世界秩序建立的起点。基辛格表示，尽管这种从一种体制到另一种体制的转变可能需要30年，但是中国的作用只会扩大，因为从自身利益考虑，在改变全球体制的问题上，她责无旁贷。在基辛格看来，中国进入领导角色的步伐将加快，因为西方当下停滞不前，中国应该推出自己的"马歇尔计划"。

国家有偿贷款的模式签订以资源抵偿债务的协议，还可以通过国有公司或国有金融机构置换外汇资产，进行海外资源的合作开发；（3）推动劳动密集型的资本输出和国际合作，将中国的劳动密集型产业有序地向周边发展中国家（如老挝、缅甸、泰国等）转移，将当地的廉价劳动力和我国的资本及产业经验有效结合，维持和巩固我国劳动密集型产业的生产优势。

对于很多人担心的对外投资风险，一方面，基于全球的投资策略相当于构建了一个投资组合，本来就具有风险分散功能，因而可以有效地避免将投资集中于个别国家的特殊风险；另一方面，从长期来看，随着发达国家和发展中国家的经济实力对比发生动态变化，集中于发达国家的投资风险未必就小于新兴成长性经济体。因此，总体来看，随着全球经济一体化趋势的进一步强化，构建有效的全球资产组合不仅有利于分享全球经济增长的成果，而且有利于扩展中国在世界范围内的商业网络和经济影响力。

2. 投资产业的结构：占据产业周期的高端位置

总体来看，此轮金融危机正在引发全球经济格局进行重大调整，重建全球产业分工格局和资源配置体系毫无疑问会给世界经济的全球化竞争带来深远的影响，并由此加快世界各国经济和金融竞争力格局的变迁。历史经验也多次表明，危机往往与新科技革命相伴而生（见表7-13）。实际上，危机后由于很多传统型产业已然走到尽头，对新的经济增长路径的寻找也迫切要求各国转向加强对新兴产业的支持。可以认为，哪个国家能在全球经济调整中找准产业发展方向，就能在未来的经济竞争中占据核心优势。

表7-13　　　　　　　　技术创新长周期年表

	第一个长周期	第二个长周期	第三个长周期	第四个长周期	第五个长周期
各阶段起止时间	繁荣：1782~1802 衰退：1815~1825 萧条：1825~1836 复苏：1836~1892	繁荣：1845~1860 衰退：1866~1872 萧条：1872~1883 复苏：1883~1892	繁荣：1892~1913 衰退：1920~1929 萧条：1929~1937 复苏：1937~1948	繁荣：1948~1966 衰退：1966~1973 萧条：1973~1984 复苏：1984~1991	繁荣：1991~2000 衰退：2001~2002 萧条：— 复苏：2003~2007
诱发革命的技术创新	1784年亨利·科特发明"搅炼"工艺	1829年蒸汽动力车"火箭号"实验成功	1875年匹兹堡酸性转炉钢厂开工	1908年年底特律第一辆福特汽车出产	1971年美加州英特尔微处理器问世
显著性的技术特征	棉纺；铁；水力机械化	铁路；蒸汽动力机械化	钢；重型机器制造和电气化	石油；汽车；动化；大规模生产	信息与网络通信技术

续表

	第一个长周期	第二个长周期	第三个长周期	第四个长周期	第五个长周期
核心的投入要素	铁；煤；棉花	铁；煤	钢；铜；合金	石油；天然气；合成材料	芯片（集成电路）
经过技术改造的新产业	机械化的棉纺织业；冶铁业；建筑业	蒸汽机和机器制造；铁矿与煤矿业；铁路建设；火车生产	廉价钢铁；蒸汽动力钢制轮船；重工化民用工程；电力设备业	批量生产的汽车；廉价石油和燃料；失衡产品；家用电器	廉价电子产品；计算机和软件；手机；控制设备；生物技术

资料来源：杜因（1983）、弗里曼（2001）、佩雷斯（2002）。

从本轮金融危机爆发后全球产业发展的最新动向来看，全球绿色革命大潮渐起，低碳经济和节能环保技术拥有巨大的全球市场潜力，可能成为引领新一轮世界经济增长的主力引擎；信息及互联网技术的应用孕育着新的突破，智慧地球理念可能推动"物联化、互联化、智能化"等新一轮信息技术的广泛应用；生物医药、新材料等领域的技术创新也呈现出勃勃生机和不小的发展潜力。在此背景下，发达国家的研发投入继续增长，跨国公司更致力于通过技术创新增强其全球竞争力。同时，随着科技研发全球化不断推进，跨国技术贸易、技术合作与转移将加速发展，国际竞争将推动全球整体产业链的优化重组和重新布局①。在上述过程中，突破关键技术并使之产业化，将成为后危机时代各主要国家产业振兴的重要路径选择，而新科技革命的全球扩展极有可能促使出现新一轮的产业转移现象，并最终形成新的全球分工体系。可以预期，在巨额金融资本和新科技革命的彼此促进下，世界的经济结构和经济增长模式都可能发生巨大变化，并由此开创一个新的经济时代。

在上述背景下，中国外汇储备投资的产业结构一方面必须紧跟全球产业创新的总体趋势；另一方面还要服务于解决中国产业结构转型所面临的若干"瓶颈"问题。从产业周期的角度考虑，如果过多的外汇储备集中用于传统产业，势必会造成重复建设、经济过热和通胀，最终导致经济和产业顺周期性问题恶化；相反，如果将外汇储备主要用于新兴产业和创新投入，一方面为大量的超额外汇储备找到了出路；另一方面还可以满足实体经济向创新型经济转型的需要，可谓一

---

① 目前，全球主要大国都在进行抢占科技制高点的竞赛。美国提出将研发投入提高至 GDP 的 3%，力图在基础科学、新能源、航天和医学（如干细胞研究）等领域取得突破。欧盟宣布将在 2013 年以前投资 1 050 亿欧元发展绿色经济，以保持在绿色技术领域的世界领先地位。英国试图从高新科技特别是生物制药等方面加强产业竞争的优势。俄罗斯提出开发纳米和核能技术。日本则重点发展各种新型能源和环境技术。

举两得。此外，考虑到中国在转型期将持续面临资源约束和要素瓶颈，这意味着原油等主要大宗商品的价格波动将继续对中国的产业转型进程产生重要影响，并可能在全球资产价格顺周期效应下导致宏观经济的过度波动。为尽量降低资源约束对中国经济的负面影响，可考虑运用外汇储备建立一个可调节的资源储备库，用以缓解经济发展的资源"瓶颈"问题。

总体来看，中国外汇储备投资的目标产业结构应包括两个基本方面：一是瞄准趋势性的全球新兴产业，占据下一轮世界经济周期中的产业链高端位置；二是瞄准战略性资源产业，为转型中的经济发展奠定坚实的资源储备。上述两个方面相辅相成，其最终目标是要同时解决当前中国所面临的转型和发展两大基本问题（见图7-12）。

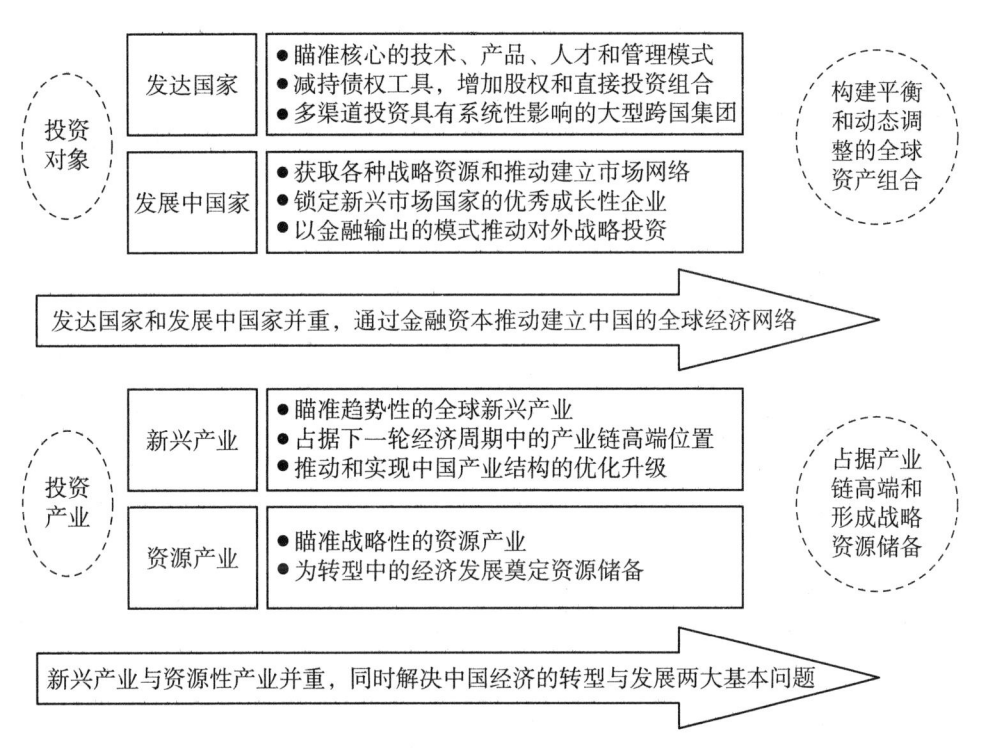

图7-12 中国外汇储备战略投资的结构与目标

3. 管理主体的结构：建立责权清晰的管理框架

中国的超额外汇储备管理是多目标、多层次的，这客观上需要建立一个结构分工明确、责权清晰的管理框架，这涉及宏观层面的机构设置和储备管理机构的内部设置。在一个统一合理的管理框架下，既能确保战略思路的一致性，又能对责权进行清晰地划分，从而保证外汇储备战略的顺利实施。

从宏观管理层次上讲，由于超额储备管理涉及国民经济发展的多个目标，因而在具体的管理过程中，也应相应地把具体的操作和实施交由相应的部门负责。但由于储备管理机构与其他经济管理部门不存在隶属关系，因此从总体上还需要建立一个由国务院统一领导的管理架构。在国务院牵头的管理模式下，国务院可以成立一个专门的储备管理监管委员会，全面负责对外汇储备各功能部门之间的部署和协调工作，统一行使各项监督管理职能。除总体监管之外，各个职能机构内部也应该按照国际惯例建立内控机制，建立完善的风险识别、评估和质量管理体系，保证内部管理机制的顺畅和有效。

根据中国目前的外汇储备管理资源的分布现状，进一步完善中国的外汇储备管理结构可从以下方面入手：

首先，由中国人民银行和外汇管理局负责对外汇储备来源和结构进行估算，确定可用于积极外汇储备管理的规模。由于外汇储备的首要功能是保证金融系统的稳定和国家的金融安全，因此在进行估算的时候，需要采用多种方法，并在多种可能性下估算适度外汇储备的规模。这部分外汇储备仍然实施的是传统的管理战略，其主要目标是保证流动性和国家金融安全。这部分资产仍交给原来的储备管理司负责。

其次，根据国民经济发展的不同目标，确定不同目标下外汇储备的可使用规模。对于超额外汇储备的安全性目标，鉴于金融安全的重要性和适度储备规模的不确定性，国家外汇管理局可考虑成立一个单独的机构或公司，专门负责流动性较高、资产回报合理的投资组合，作为适度外汇储备的有效补充，在较低的风险水平下获取合理回报。考虑到战略资源的重要性，可考虑由国家发改委和国家外汇管理局联合组建一个交叉部门，动用部分外汇储备建立能源、贵金属或粮食等战略资源的储备。这部分储备资产仍属国家外汇管理局。

第三，对于超额外汇储备的对外投资管理，可考虑由财政部发行债券，用募集的人民币购买外汇储备。发行债券的利率可作为投资收益的业绩标杆。目前的中投公司[①]可以继续推行商业化运作，专业管理，谋求高收益。具有政治背景的汇金公司应该从中剥离出来[②]，实现市场化的运作，提高管理透明度。此外，财政部也可将部分债券发行购买的外汇储备，通过国资委或中央汇金公司，进行国有企业和国有金融企业的整合以及海外扩张，通过提高企业绩效赚取高额回报（见图 7-13）。

[①] 曾有一些学者和专家建议，将所有的超额外汇储备交由中投公司管理。但一方面这样的数目过于庞大，影响了管理的效率；另一方面，中投公司将负责多重管理目标，可能导致管理的低效。

[②] 近年来，中投公司的海外投资活动屡屡碰壁。关键原因在于，中投公司的投资行为，被外界理解成为国家行为和达成某种政治目的的行为。使得中投公司原定的投资计划难以实现。

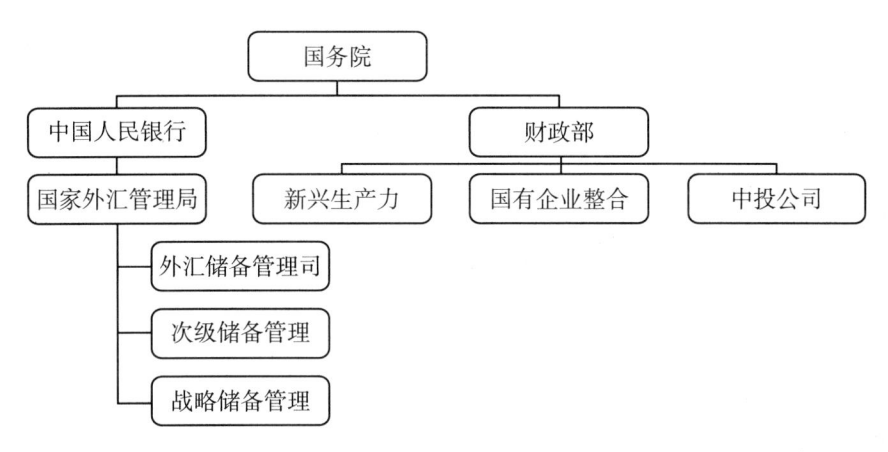

```
                    ┌─────────┐
                    │  国务院  │
                    └────┬────┘
              ┌──────────┴──────────┐
        ┌─────┴─────┐         ┌─────┴─────┐
        │中国人民银行│         │  财政部   │
        └─────┬─────┘         └─────┬─────┘
     ┌────────┴────┐       ┌────────┼────────┐
     │国家外汇管理局│   ┌───┴───┐┌───┴───┐┌───┴───┐
     └────┬────────┘   │新兴生产力││国有企业整合││中投公司│
          │            └───────┘└───────┘└───────┘
     ┌────┴──────┐
     │外汇储备管理司│
     ├───────────┤
     │次级储备管理 │
     ├───────────┤
     │战略储备管理 │
     └───────────┘
```

图 7 – 13　超额外汇储备的官方管理架构

※ 本章基本结论 ※

1. 自 2001 年开始，中国的外汇储备余额一直在高位上运行。充足的外汇储备对保证国家金融安全，和宏观经济的稳健运行起到了重要作用，但过多的外汇储备也使得宏观经济运行面临诸多问题和挑战：一是巨额的外汇储备造成了外汇市场上的外币供应大于需求，并逐步转化成人民币升值的压力；二是在固定汇率制度下，外汇储备的增加直接转化成了基础货币投放；三是超额外汇储备的形成在一定程度上挤压了国内居民福利。

2. 中国外汇储备结构的失衡主要表现在三个方面：一是外汇储备中美元资产占据了主导地位，其中尤以美国国债和机构债券为主；二是由于外汇储备主要用于购买流动性较高的资产，收益性相对较低；三是外汇储备中黄金和资源性储备偏低，难以有效应对国际环境的突变和保证经济平稳较快发展。

3. 从理论上看，超额外汇储备管理有四个基本原则：一是确定适度和超额外汇储备的规模，对其进行协调和管理；二是建立良好的流动性风险、市场风险和流动性风险管理体系；三是在既定的风险条件下，实现合理的汇报；四是服务于国家的中长期经济发展需要。

4. 近年来，随着超额外汇储备规模的迅猛增长，新兴市场国家越来越关注超额外汇储备管理的问题。各国超额外汇储备管理的实践和经验表明，超额外汇储备管理越来越注重以下的四个方面的内容：强调储备资产的收益性，加强风险管理，强调内部控制，增加管理工作的透明性。

5. 从全球央行外汇储备管理的组织架构上来看，超额外汇储备管理的架构主要存在两种方式，即统一管理模式和独立管理模式。统一管理模式主要是指由单一金融机构统一负责日常外汇储备和超额外汇储备的管理，采用这种模式的国家主要包括日本、英国、美国等发达国家。而独立管理模式指的是政府成立专门的储备管理机构，如国家主权基金、国有投资公司等，并将超额外汇储备的管理与外汇储备的日常管理分开，典型国家是挪威和新加坡。

6. 从全球超额外汇储备管理的发展趋势来看，越来越多的新兴市场国家采取了独立管理模式，对超额外汇储备进行专业化的投资组合管理。为了加强对风险的控制，在独立管理模式下，一般会形成以中央银行为核心，外部监管和储备机构内部监管协同合作的监管框架，以确保整个风险管理过程的有效性和监管当局对整个超额外汇储备风险的控制，这也有利于同时实现以下两个基本目标：适度外汇储备用于满足国家金融安全，而超额外汇储备用于获取更高的投资收益。

7. 从长期来看，中国的外汇储备在战略上应该实现两个功能：一是通过保持外汇储备的适度规模和结构，确保金融层面的稳定；二是在确保金融稳定的基础上，剩余的外汇储备用于支持经济结构转型和发展方式转变，促进实体经济发展。两个基本目标彼此关联，动态相依，最终的目标都是为了实现持续稳定的经济增长。

8. 在未来40年，中国的外汇储备运用要结合"技术创新与产业结构周期"、"国家经济崛起周期"和"货币金融替代周期"，全面支持中国完成产业升级、经济复兴和货币金融崛起，成为下一轮全球经济长周期中的核心国家。为完成上述目标，中国超额外汇储备的战略运用要体现"三个基本定位"：一是外汇储备必须服务于技术引进和产业振兴，体现发展功能；二是外汇储备必须作为"无金融危机增长"的风险准备金，体现稳定功能；三是外汇储备必须作为货币金融崛起的准备金，体现保障功能。

9. 中国的外汇储备战略在总体上应坚持"安全性、流动性、盈利性和战略性"相结合的四性原则，其中，常规外汇储备管理继续遵循"安全性、流动性和营利性"原则，而超额外汇储备的运用则应着重遵循"战略性"原则。

10. 中国超额外汇储备的战略运用应结合国家的中长期发展战略，坚持新兴产业与资源性产业并重、发达国家与发展中国家并重，通过构建有效的全球资产组合，利用金融资本推动建立中国的全球经济网络，同时解决中国经济的转型与发展两大基本问题。

11. 中国超额外汇储备的战略性原则可概括为三个基本方面：一是在使用范围上，通过将外汇储备投资锁定在海外市场，全力支持有意向和有能力的中国企业走出去，促进中国经济的国际化；二是在投资标的上，通过更多地进口一些海外重要的大宗商品，或者锁定一些核心资源，加快全球范围内的战略性资产购置和配置，使外汇储备能够更好地为未来的可持续发展服务，提高外汇储备的长期收益贴现价值；三是在投资结构上，通过投资对象、投资方式和投资工具的多样化，全面分享全球经济增长的收益，同时减少这一过程中的潜在风险。

第 8 章

人民币国际化与外汇储备战略调整：方向和路径

2008年美国次债危机在全球范围内的肆虐，再次暴露了以美元为主导的国际货币体系的内在缺陷。伴随着美国轮番推出量化宽松货币政策，各国持有的外汇储备资产在美元的持续贬值中不断缩水。在此背景下，作为世界上最大的外汇储备持有国，中国的外汇储备管理问题显得更加棘手。根据国家统计局公布的数据，截至2011年3月，中国的外汇储备已经超过3万亿美元，而美元资产的占比则超过了65%[1]。伴随着美元的每一次贬值，中国外汇储备资产的缩水都显得触目惊心[2]，而巨额外汇储备的累积也加剧了国内经济发展中的结构化矛盾[3]。

产生上述问题的根源在于，现行以美元为主导的国际货币体系带动了国际资本的非正常流动，从而引发了国际金融市场的动荡。要改变上述局面，在全球范围内推动国际货币体系的多元化就成为大势所趋。作为一个正在崛起的大国，中国应该通过推动人民币国际化，积极参与国际货币体系改革，逐渐摆脱现行美元

---

[1] 《中国证券报》（2010年9月3日）："我国外汇储备币种结构中美元比重接近65%"。

[2] 据中国国际广播电台主办媒体国际在线报道："从2010年6月19日央行宣布重启人民币汇率形成机制改革以来，人民币对美元累计升值约3%。9月份美国掀起新一波促压人民币升值的浪潮后，人民币升值速度加快，对美元汇率已升值0.8%。2009年末，中国外汇储备余额为2.6483万亿美元，其中美元资产占比达到65%，尤以美国国债为主。按照升值0.8%推算，在一个多月内，中国外储账面损失已达900亿元人民币"。

[3] 大量的外汇储备会增加货币当局的干预成本，外汇管理部门的管理难度，削弱中央银行货币政策的独立性，同时，也容易造成信贷市场和资本市场的过热以及资产泡沫的产生（Mohanty and Turner, 2006）。

独大的国际货币体系的制约。一方面，人民币的国际化能够使我国摆脱美元资产缩水的困扰，解决国内经济发展的矛盾。另一方面，人民币的国际化能够平衡国际货币体系，使其更好地发挥稳定和协调各国经济金融关系、促进世界经济稳定增长的作用。

本章第一节首先对次债危机后国际货币体系的发展状况以及人民币国际化的基本背景进行描述；第二节对人民币国际化的前景进行系统分析，并对 2011~2050 年人民币国际化的程度进行预测；第三节集中探讨在人民币不断走向国际化的进程中，中国的外汇储备战略应该如何做出相应的调整。

8.1 危机后的国际货币体系改革与人民币国际化：基本背景

8.1.1 危机后的国际货币体系改革

2008 年源于美国的次贷危机，不仅重创了全球经济和金融体系，而且通过以美元为主导的国际体系对新兴市场国家和其他发展中国家也产生了严重的负面影响。危机后，美国为恢复本国经济增长而采取的一系列宽松货币政策，不仅造成了全球范围内的流动性过剩，而且加剧了国际金融市场的波动。众所周知，国际货币体系的主要目的是繁荣国际贸易，稳定全球金融市场，进而促进世界经济的长期稳定发展，但在美元一股独大的现行国际货币体系下，上述目标很难实现。

自第二次世界大战以来，随着美国全球经济霸主地位的确立，以美元为核心的国际货币体系也随之形成和发展。布雷顿森林体系解体之后，国际货币体系最终从"美元金本位制"转向了"信用美元本位制"。其间，虽然出现了日元和德国马克的崛起，但最终都未能改变美元的霸主地位。直至 1999 年欧元面世，美元地位才开始受到一定程度的挑战。但此轮全球金融危机之后，随着欧元区多个国家陷入债务危机，欧元的国际前景也面临巨大的不确定性。就目前全球可区分收益币种的外汇储备来看，美元计价或清偿的外汇资产超过 60%。除官方储备外，美元在国际贸易、收支及各种金融活动中一直占据着主导地位。美元的强势地位对支持美国战后经济的长期稳定发展以及金融市场的繁荣起了重要作用，但这一体系在促进美国经济的同时，却牺牲了其他国家的经济利益，同时也降低了国际货币体系的稳定性（Aizenman and Lee，2007；Carvalho，2009）。首先，各国的经济发展受制于美国的经济和金融政策，美国在一定程度上掌握了全球的金融安全。特别是在2008年金融危机爆发后，美国利用其储备货币国的优势增发货币，使得美国的实际对外负债程度减少，从而减少了金融危机对本国经济的影响，但与此同时，其他经济体却遭受了比美国更为严重的货币贬值和经济下滑。其次，以美元为主导的货币体系使得全球的资产配置以美元资产为主体，风险的高度集中使得美国经济和金融市场的任何风吹草动都会波及全球金融市场，从而加剧了金融市场的不稳定性。

国际金融体系的上述缺陷造成了全球国际收支的不平衡和外汇储备体系的不稳定。当这种不平衡达到一定程度之后，只能以货币危机或金融危机的形式来纠正长期积累的不平衡。此外，储备货币发行国经常会面临政策选择的困境。一方面，他们在制定政策的时候，必须考虑同时考虑国内的货币政策需求以及如何满足其他国家的储备货币需求（国际政策目标）。但另一方面，国内货币政策和国际政策目标在很多情况下是冲突的，难以同时兼顾。鉴于本国经济的重要性，储备货币发行国往往把国内经济目标放到了首要位置，把储备货币的国际责任放到了次要位置。例如，为减缓国内通货膨胀的压力，储备货币的发行国可能就会忽略全球经济对储备货币流动性增加的需求，减少货币的供给；而为了刺激本国经济的增长，储备货币的发行国也可能过度地增加本国货币的供给，而很少考虑该刺激行为对全球金融市场流动性造成的影响。

为了改变国际金融体系的脆弱性，世界各国越来越意识到，必须建立一个稳定有序的储备货币供应系统，从全球金融和经济发展的角度对储备货币的供应和需求进行调解，彻底解决现行国际货币体系中的内在缺陷。为此，2009年4月，G20在伦敦召开20国集团会议，讨论增加国际货币基金组织的权力，增加特别提款权（Special Drawing Rights）在全球国际储备体系中的权重，从而减少单一主权货币对全球储备系统的影响①。同年，中国人民银行行长周小川提出了改革国际货币体系的理论构想和政策主张。联合国也在2009年在纽约举行了有关全球金融和经济危机对世界经济发展影响的国际大会，并对国际货币体系的改革进行了深入探讨。

综合现有的国际货币体系改革方案，一个普遍共识是：应该建立一个超越国家主权的储备货币制度。这一制度能够显著减少主权储备货币的信用风险，降低世界各国对单一货币的严重依赖，促进全球金融体系的内在平衡，从而确保国际金融市场的平稳运行。当然，建立一种新的被世界广泛接受的储备货币，通常都

---

① 经过会议的协商增加了2 500亿美元值的特别提款权（SDRs）

需要较长时间,因而必将是一个渐进的形成过程。但随着危机后发达经济体实力的逐渐衰弱和以中国为代表的新兴市场国家的不断崛起,国际货币体系的改革将朝着多元化发展的方向稳步前行。

8.1.2 人民币国际化:现状、可行性和现实意义

马克思认为,货币是能够充当一般等价物的商品,具有以下五大基本职能:价值尺度、流通手段、支付手段、储藏手段和世界货币①。世界货币执行一般支付手段的职能、一般购买手段的职能和一般财富的绝对社会化身的职能。当一国货币越出国内流通领域,在世界范围内执行前四种职能时,便成为了世界货币。科恩(Cohen)认为,当私人部门与官方机构出于各种各样的目的将一种货币的使用扩展到该货币发行国以外时,这种货币就发展到国际货币层次②。哈特曼(Hartmann)认为,当一国货币被该货币发行国之外的国家的个人或机构接受并用作交换媒介、记账单位和价值储藏手段时,该国货币的国际化就开始了③。总体来看,一般可将"货币国际化"定义为:一种货币的部分或全部职能由法定的流通区域扩大到周边区域乃至全世界,最终成为国际通用货币的过程。

当然,并不是每一个国家的货币都能够成为国际货币,而且在一国货币国际化的过程中,必然伴随着其他国家货币国际化程度的减弱。因此,在一国货币国际化的过程中,必然涉及各国的经济利益、政治利益以及权利再分配等问题,这使得货币国际化的客观进程充满了复杂性和不确定性。因此,对于新兴国家而言,不仅要审时度势地分析本国货币国际化的基础、条件、成本以及收益,还需要准确地把握国际化的时机和路径,使得国际化过程能在经济平稳的情况下完成,并顺利实现预期目标。

1. 本国货币国际化的基本条件

一国货币能否实现国际化,在客观上受到很多现实条件的制约。蒙代尔指出,一国货币要成为国际货币取决于对该货币稳定性的信心,而稳定性又取决于

---

① 马克思,《资本论》第一卷。
② Benjmin J. Cohen, "The Seigniorage Gain of an International Currency: An Empirical Test", The Quarterly Journal of Economics, 1971, 85 (3), pp. 494–507, 转引自姜波克、张青龙,《货币国际化:条件与影响的研究综述》,《新金融》2005 年第 8 期。
③ Phillip Hartmann, Currency Competition and Foreign Exchange Markets: The Dollar, the Yen and the Euro, Cambridge University Press, 1998, pp. 35–39, 转引自姜波克、张青龙,《货币国际化:条件与影响的研究综述》,《新金融》2005 年第 8 期。

流通或交易区域的规模、货币政策的稳定、资本管制程度、货币发行国的经济实力、历史上的交易习惯以及货币本身的还原价值[①]。综合理论研究和国际经验，货币国际化的基本条件可以概况为以下几个基本方面：

A. 经济规模和实力

一国的经济实力是其货币国际化的基础。现代货币都是信用货币，其在国内的流通靠的是政府强制，在国际范围得以接受则取决于持有人对该货币偿付能力的信心，而经济实力是最大的信心保证。从历史上看，英镑、美元、德国马克、日元乃至欧元背后都有其整体经济实力作为支撑。美国的国民生产总值于1872年超过了英国。第二次世界大战后，美国的GDP规模已经达到全球的60%。强大的经济实力使得美元成为世界最主要的储备货币。表8-1显示，虽然近年来美国的经济实力有所削弱，但在全球经济的比重中至今仍遥遥领先于其他国家和地区。基于强大的经济基础和全球经济地位，美元目前仍然是世界外汇市场的主要交易货币、定价货币，同时也是世界各国储备资产中最重要的构成部分。根据国际货币基金组织官方统计数据，截至2009年，美元资产在全球储备中的比重超过60%，欧元占25%，英国和日本仅分别占4%和3%。

表8-1　　　　中国与美国、欧元区、日本和英国的实际GDP占世界份额比较　　　　单位：%

地区	1990年	2000年	2005年	2006年	2007年	2008年	2009年
中国	1.64	3.75	4.94	5.43	6.16	7.14	8.00
美国	26.39	30.51	27.36	26.83	25.05	23.44	22.06
欧元区（16国）	26.07	19.52	22.40	21.89	22.37	22.39	19.40
英国	4.57	4.53	4.97	4.91	5.05	4.37	3.40
日本	13.84	14.58	10.06	8.94	7.99	8.10	7.85

资料来源：世界银行世界发展指数（World Development Indicator）数据库。

B. 贸易规模

贸易规模是衡量一个经济体对外开放程度的指标，同时也反映了该国在国际经济贸易体系中的地位。经济体开放程度越小，越倾向于自给自足，其货币就越

---

① 蒙代尔（Mundell, R. A.），《蒙代尔经济学文集》第五卷（《汇率与最优货币区》），pp.159-186，中国金融出版社，2003。

不可能国际化；而经济规模越大则说明该国参与国际经济活动的程度越高，用该国货币进行结算能更大程度地节约交易成本。货币国际化是国际贸易发展的客观要求，其实质是本国货币的对外供给，即与国际贸易相对应的货币转移过程。英镑国际化的时候，英国国际贸易约占世界贸易总额的 25%，美元、德国马克与日元国际化之初，各货币发行国的贸易总额占世界贸易总额的比例也分别达到 15%、10%、10%。从某种意义上而言，贸易规模比一国的经济实力更能影响到本国货币的国际化程度。例如，虽然美国 GDP 在 1872 年已经超过了英国，但直到 1915 年其贸易规模才成为世界第一位，而美元的国际化也随后出现了加速趋势。图 8-1 显示了目前各国的进出口贸易在世界范围内的比重。从图 8-1 可以清楚地看到，与美元的国际地位相称，美国在很长的时间内保持着最大贸易国的国际地位。

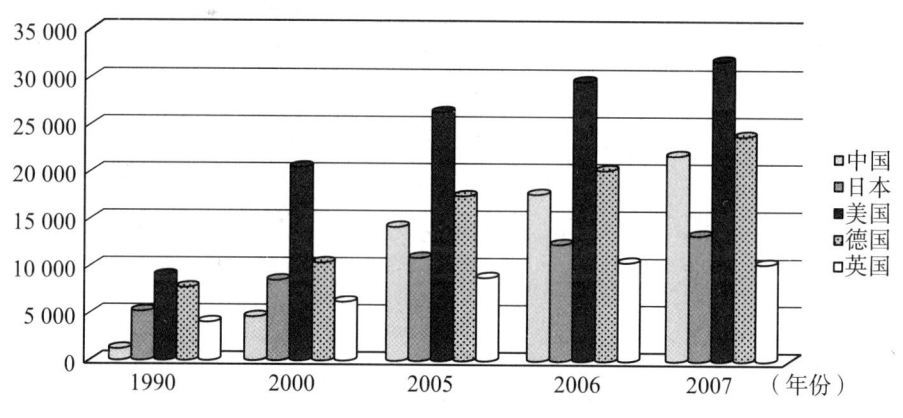

图 8-1 各国贸易规模比较

C. 金融体系

一国的货币要成为国际货币，必须具备完善的金融制度、发达的金融市场以及管理措施。首先，金融体系应该是开放的，不受外汇管制的约束，如市场化的利率、汇率以及本币的可自由兑换等。其次，金融市场应当具有一定的深度与广度，这将降低货币持有人的交易成本，提高安全性，并更好地满足支付结算外的保值增值需要。哈特曼（Hartmann, 1998）指出，一个深度完善的金融市场能够通过多种投资工具的组合降低资产的波动性，稳定市场信心，在减少交易成本的同时提高市场参与者的投资热情，从而推动本国货币的国际化进程。最后，金融体系应当具有规范的法律体制和完善的金融监管，从而为市场参与者提供一个公正、透明的环境。美国拥有世界上最先进、最深化的金融市场，纽约证券交易所、芝加哥期货交易中心、华尔街等金融结构和每天巨大的成交量巩固了美元作为世界第一储备货币的地位。在 19 世纪末到 20 世纪初，英镑曾是世界主要储备货币，这和伦敦作为当时世界重要金融中心的地位密不可分。欧元的诞生有助于欧元区金融市场的融合，同时也有利于欧元区债券市场的活跃。从外汇市场上的交易量来看，截止到 2010 年 4 月，全球日均外汇交易量达到了 4 万亿美元。从交易所的分布来看，英国伦敦交易所交易量占到了 36.7%，美国占到了 18%，日本占到了 6%。而从交易的币种分布上来看，美元的交易份额占了 84.9%，欧元占了 39.1%，日元占了 19%。由此可见，一国货币的国际化程度确实与一国金融市场的发达程度密切相关。

D. 政策稳定性

国际货币作为一种支付手段和储值方式，需要保持币值的稳定。因此，一国在推动本国的货币国际化的过程中，首先要保持货币政策的稳定，正如蒙代尔所说，"创造恶性通货膨胀的货币永远不可能成为国际货币。通货膨胀率越低，持有货币余额的成本就越低，愿意持有该货币的人就越多。除了通货膨胀率低以外，通货膨胀率稳定同样重要，因为通货膨胀与物价水平变动不停总是一对孪生兄弟"。其次，货币政策要有可预见性和连续性，也就是货币政策的透明度问题。只有保持货币政策的透明度，才能维持人们对该货币稳定的预期。最后，财政政策也要保持适度。若一国的财政赤字年年超标，政府债务余额巨大，通过税收等手段已无法改善政府收支，这时国外的该国货币持有人就会怀疑该国政府是否会通过增印货币向世界征收"铸币税"来解决财政问题，从而引发对该国货币的信心危机。

2. 国际化的利弊分析

A. 收益

（a）"铸币税"

铸币税是指政府从货币发行中获得的收益。铸币税的英文为 Seigniorage，是从法语 Seigneur（封建领主、君主、诸侯）演变而来的，又称铸币利差。《美国传统词典》进一步将其解释为通过铸造硬币所获得的收益或利润，通常是指所使用的贵金属内含值与硬币面值之差。因此，铸币税并不是国家通过权力征收的一种税赋，而是铸造货币所得到的特殊收益。在现代信用货币体系下，货币发行成本基本为零，中央银行甚至不用印刷纸币，仅仅通过基础货币的创造就能发行货币。许多经济学者都强调铸币税在政府融资中的作用，政府除了税收、国债和外债以外，更多地采用铸币税的手段来为政府融资，以下是部分国家在 1975 ~ 1985 年的铸币税水平（见表 8 - 2）。

表 8-2　　　　　1975～1985 年部分国家的铸币税　　　　　单位：%

国家	占政府非铸币税收入的百分比	占国民生产总值的百分比
美国	6.02	1.17
加拿大	6.61	1.26
英国	5.31	1.91
意大利	28.00	6.60
法国	7.19	2.73
德国	3.85	1.08
玻利维亚	139.50	5.00
巴西	18.36	4.13
智利	7.48	2.39
印度	14.30	1.81
韩国	10.70	1.84
墨西哥	18.70	2.71
菲律宾	7.79	0.99
泰国	7.06	0.94
土耳其	24.40	5.09
委内瑞拉	10.76	3.05
秘鲁	29.71	4.92
以色列	24.55	2.99

注：数据为观察期间年度平均值；玻利维亚的数据为 1977～1985 年期间；土耳其的数据不包含 1982 年。

资料来源：国际货币基金组织《国际金融统计》1975～1985 年各期，转引自杰弗里·萨克斯与费利普·拉雷恩，《全球视野的宏观经济学》，第 493 页，上海三联书店，1997 年版。

一国货币国际化之后，该国获得铸币税的范围也相应地从国内扩展到国际。其征收铸币税的一个重要表现就是为国际收支赤字融资。因为该国货币实际成为了他国的储备货币，其部分对外支付可以从本币代替，从而可以为国际收支逆差融资。这方面的典型国家是美国。自 21 世纪初以来，为减少巨额财政负担，美国采取了持续的宽松货币政策，通过货币贬值为美国的财政赤字融资。特别是在美国次债危机发生之后，为了刺激经济的增长，大规模的货币增发计划成为美国货币政策的常态。2010 年 11 月，随着美国推出量化宽松货币政策，美元应声贬值，全球的资源和农产品等价格也应声上涨。

（b）规避汇率风险和金融危机

自布雷顿森林体系解体以来，世界进入浮动汇率制时代，美元、欧元、英镑、日元等主要货币之间的比价时刻都处在剧烈的波动之中，这使得国际间债权债务的决算由于汇率的变动而事先难以预测，从而产生了汇率风险。汇率风险主要表现在两个方面：贸易性汇率风险和金融性汇率风险。在国际贸易活动中，商品和劳务的价格一般是用外汇或国际货币来计价。目前大约70%的国家用美元来计价。但在实行浮动汇率制的今天，由于汇率的频繁波动，生产者和经营者在进行国际贸易活动时，往往难以估算费用和盈利，由此产生的风险称之为贸易性风险。在国际金融市场上，借贷的都是外汇，如果借贷的外汇汇率上升，借款人就会遭受巨大损失，汇率的剧烈变化甚至可以吞噬整个企业。此外，外汇汇率的波动还直接影响一国外汇储备价值的增减，从而给各国央行的管理带来巨大风险，此种汇率风险称为金融性汇率风险。一国货币如果实现了国际化，其货币兑换会减少很多，该国居民或经济体面临的汇率风险也相应降低。

此外，国际货币会极大地减少本国经济遭受外来经济不利冲击的可能性。自20世纪80年代以来，汇率市场的波动程度加大，特别是新兴市场国家货币相对于发达国家汇率的波动幅度进一步加大，为很多国际投机资本提供了可乘之机。在新兴市场国家货币危机频繁发生的同时，而国际货币发行国则成为货币危机的避风港，保持了经济和金融的稳定。

B. 成本

（a）对宏观经济政策效力的影响

一国的货币国际化以后，必然会有大量非居民持有该国货币。该国宏观经济政策的变化将影响非居民对本币的需求，进而引起资本的流动，削弱政策效力。下面分别从货币政策、汇率政策及财政政策三方面予以阐述。

当一国执行扩张性货币政策时，本国利率下降，本币资产相对于外币资产的收益率下降，这可能导致非居民对本币资产的需求减少，引发资本流出，本币供应减少，通货紧缩的局面依然得不到改善；当一国实行紧缩性货币政策时，本国利率上升，本币资产相对于外币资产的收益率上升，这可能导致非居民对本币资产的需求增加，引发资本流入，本币供应增加，通货膨胀的局面还是得不得控制。关于独立的货币政策、稳定的汇率与资本自由流动之间的关系，有一个著名的"不可能三角"，即这三者不可兼得。对于国际化货币发行国来说，要维持非居民对本币的信心，那就需要保持资本自由流动并保证汇率稳定，从而就得放弃货币政策的独立性。

在汇率政策方面，若国际货币发行国寄希望于通过本币贬值来改善国际收支失衡，则非居民将抛售本币、改持更加稳定的其他货币，从而引发资本大量流出、本币的进一步贬值，同时，币值的不稳定也影响国际贸易以本币结算的几率，这些最终将威胁本币的国际化货币的地位。此外，国际货币发行国货币的主要贸易伙伴国不少采取盯住汇率制，本币的贬值将带来主要贸易伙伴国货币的同等幅度的贬值，该国的贸易条件无法改善，从而难以调解国际收支失衡。

非居民对国际化货币的信心还体现在该国稳健的财政政策上。一国如果过度运用扩张性财政政策，政府过度负债，也会引起非居民对该国货币稳定前景的担忧，从而造成资本流出，进一步打压经济。欧盟对于加入欧元区的国家就有两条重要标准，一是各国都必须将财政赤字控制在 GDP 的 3% 以下，并且把降低财政赤字作为目标。同时，各成员国必须将国债/GDP 占比保持在 60% 以下。2009 年 12 月 8 日全球三大评级机构之一的惠誉宣布，将希腊主权信用评级由 "A^-" 降为 "BBB^+"，前景展望为负面，这是希腊主权信用级别在过去 10 年中首次跌落到 A 级以下。惠誉称这一降级决定反映了"对希腊中期公共财政状况的担忧"，加上希腊金融机构的信誉不良和政策面的负面因素，难以确定希腊是否可获得"均衡、可持续的经济复苏"。受消息影响，欧元对美元比价大幅下滑。

(b) 对国内经济冲击

货币国际化后，外国资本的大量流入将推高本国的资产价格，并降低资产收益率。资产价格的上涨引发的财富效应会促进本国消费的增加，资产收益率的降低也会抑制储蓄、刺激消费；资产价格的上涨也将削弱投资、鼓励投机；资产收益率的降低将促使金融机构增加杠杆、从事风险更高的业务，以保持与之前相同的收益水平。由此可见，资本的持续流入很可能造成资产泡沫、居民过度负债及过度消费、企业减少投资转向投机、金融机构信用膨胀。一旦资本流动逆转，泡沫难免破裂，资产价格下跌、居民债务高企、金融机构资产质量恶化、信用紧缩，从而经济陷入衰退。

3. 人民币国际化的现状

前文已经指出，货币国际化是指某种货币突破国家或者区域界限，逐步在世界范围内承担交易媒介、价值尺度和贮藏手段的功能，并最终成为"国际货币"的动态过程。根据科恩（1971）的定义，从货币职能角度来看，国际货币是在世界市场上普遍接受并使用的货币，是广泛承担国际结算的计价标准、流通手段、支付手段和储藏手段等全部或部分货币职能的货币；从货币使用范围角度来看，国际货币不仅是能够在一国范围内投资的货币，而且是能够在国际区域乃至全球范围内进行各种投资的货币。哈特曼（1998）在此基础上，从官方部门和私人部门两个角度对国际货币所承担的不同职能进行了详细分类（见表 8-3）。

表 8-3 国际货币的职能分类

	官方部门	私人部门
价值尺度	确定汇率平价，作为汇率盯住的"驻锚"	充当商品贸易和金融交易的计价货币
交易媒介	对外汇市场实施干预以实现国际收支平衡	在商品贸易和资本交易中被用于直接的货币交换以及两个其他货币之间间接交换的媒介货币
贮藏手段	以国际货币本身及以其计价的金融资产作为储备资产	作为私人选择金融资产的投资货币

在金本位制时代，黄金作为国际货币，本身是具有一定价值的商品，能够在全球范围内进行流通和自由兑换，可以自发调节流通中的货币量。相比之下，在信用货币时代，受制于各国经济实力和综合国力的此消彼长，除历史上的英镑与美元等少数货币外，一国货币很难在国际范围内发挥如前文所述的全部六大职能。一般而言，如果一种货币能够跨越国界行使上述六大职能中的部分职能，即可被视为国际货币。

目前，人民币已经跨越国境，在中国的周边国家和地区不同程度的承担上述六大职能。尤其是在本轮金融危机之后，人民币的国际化进程出现了明显的加速趋势。

从官方部门来看，中国积极参与东亚地区的货币合作，建立流动性互助机制。一方面，在《清迈协议》框架下参与双边货币互换，先后与泰国、日本、韩国、马来西亚、菲律宾与印度尼西亚分别签订双边货币互换协议，总额高达 235 亿美元；另一方面，随着《清迈协议》由双边化转向多边化，中国积极出资建立区域外汇储备库，以完善区域多边资金救助机制。在 2009 年 12 月签订的多边化协议中，中国占了 1 200 亿美元总规模的 32%，与日本持平。此外，2008 年至今，中国人民银行先后与韩国、中国香港、马来西亚、白俄罗斯、印度尼西亚、阿根廷、冰岛和新加坡的中央银行或货币当局签署了 8 份双边货币互换协议，总额达 8 035 亿元人民币（见表 8-4）。2006 年 12 月，人民币首先被菲律宾确定成为储备货币，此后，马来西亚、韩国、柬埔寨的中央银行先后将人民币作为储备货币。

表 8-4　　　中国与其他国家或地区签订的双边
本币互换协议一览表　　　单位：亿元人民币

参与方	规模	签署时间
中国—韩国	1 800	2008 年 12 月
中国内地—中国香港特别行政区	2 000	2009 年 1 月
中国—马来西亚	800	2009 年 2 月
中国—白俄罗斯	200	2009 年 3 月
中国—印度尼西亚	1 000	2009 年 3 月
中国—阿根廷	700	2009 年 3 月
中国—冰岛	35	2010 年 6 月
中国—新加坡	1 500	2010 年 7 月
总计	8 035	

注：协议双方可以在协议有效期内，以本方货币为抵押，随时以商定的汇率水平换取对方货币，以解决短期融资困难和规避汇率风险。

从私人部门来看，旅游、贸易等方式促进了人民币在周边国家或地区流通和使用。2004 年，中国内地与香港、澳门签署"更紧密经贸关系"（CEPA），2010 年又与台湾签署了"两岸经济合作框架协议"（ECFA），人民币在中国的港澳台地区的流通和使用达到了一定规模。除中国港澳台地区之外，随着经贸往来的不断加深以及旅游人数的持续增加，人民币在其他周边国家或地区的流通量也不断增加。尤其是 2010 年上半年，受益于中国—东盟自贸区的全面建成，中国与东盟贸易额增长了 54.7%，东盟地区人民币流通量显著增加。

在跨境人民币贸易方面，2009 年 7 月，中国发布了《跨境贸易人民币结算试点管理办法》，标志着跨境贸易人民币结算试点正式启动。2010 年 6 月，跨境贸易人民币结算试点地区扩大到 20 个省区市，境外结算地扩至所有国家和地区。试点业务范围包括跨境货物贸易、服务贸易和其他经常项目人民币结算。

随着人民币跨境结算的开展，国际金融市场的人民币交易也日趋活跃。人民币无本金远期交割市场（Non-Deliverable Forward，NDF）发展迅速，其交易规模已经远远超过境内外汇市场。中国金融机构或外国企业的离岸金融市场人民币债券发行也逐渐增多，如内地金融机构在香港发行人民币债券，外国金融机构在中国国内发行人民币债券等。

4. 人民币国际化的制约条件

货币国际化是一个复杂渐进的过程，其实现受到多方面条件的综合影响。伯格斯腾（Bergsten，1975）将国际货币的条件归纳为政治和经济两方面：政治条件为本国具有强大的政治权力并得到国际合作的支持，经济条件包括经济增长、价格稳定、国际经济规模的相对优势、经济货币的独立性、发达的金融市场、货币可兑换信心、合理的流动性比率、健康的国际收支及其结构，等等。布林利（Brinley，1975）通过对英镑的观察，发现某种货币拥有国际货币的特权后会产生"历史继承性"。克鲁格曼 Krugman（1980）的研究也发现，有最低交易成本和最大交易量的货币会成为国际媒介货币，而且国际媒介货币会受到惯性的支持，即使发行国经济地位下降，其货币作为国际交换媒介也可能会继续发挥作用。Tavlas（1990）则从交易成本角度（获取信息，以及由不确定和计算产生的费用）论证了国际货币使用上的历史继承性或惯性。蒙代尔（2003）认为，一国货币能否成为国际货币主要取决于人们对该货币稳定的信心，而这又取决于以下因素：货币流通或交易区域的规模；货币政策的稳定；没有货币管制；货币发行国的强大和持久，货币本身的还原价值，等等。

对于人民币的国际化问题，马宇（2002）认为，人民币国际化存在三个根深蒂固的"隐忧"：一是人民币所植根的经济环境，二是人民币所生长的金融环境，三是人民币所依存的制度环境①。徐明棋（2005）认为，人民币的国际化需要满足以下条件：①人民币必须首先实现资本账户的自由兑换；②人民币必须保持价值的稳定；③人民币国际化需要有强大的经济实力做后盾；④金融体系的健全性和金融市场的规模；⑤货币国际化还要具备一定的政治基础。孙立、王东东（2005）认为，人民币国际化存在以下9个约束条件：①经济的发展规模和运行质量还不适应人民币国际化的需要；②在国际贸易和国际投资领域的影响力不足；③缺乏先进的全球性银行系统作支撑；④尚未给国外持有者设置相应的人民币"资产池"；⑤利率、汇率没有实现完全市场化；⑥政府防范金融风险能力薄弱；⑦财政体系脆弱；⑧微观经济主体发展还处于初级阶段；⑨人民币国际化还面临一定的政治阻碍②。

从现实情况来看，应该说，目前制约人民币国际化的主要因素主要集中在金融层面，而这种情况的出现是与中国金融改革的相对滞后性（经济体制改革在前，金融改革在后）相对应的。概括而言，目前制约人民币国际化的金融因素

---

① 马宇：人民币国际化还有多远，《南方周末》，2002年7月18日。
② 孙立，王东东：人民币国际化的约束条件分析，《当代经济研究》，2005年第8期。

主要包括以下几个基本方面：

一是资本项目尚未完全开放。资本项目下的可自由兑换是一国货币走向国际化的必要前提。对于货币持有者而言，一种无法自由兑换的货币天然具有高风险和不确定性，其国际接受范围将十分有限。反之，一国货币兑换的自由度越高，拥有该国货币的风险就越小，国外持有者获得和使用该货币的可能性就越大。从中国的实际情况来看，1996年中国实现了经常项目下的人民币完全可兑换，随后开始着手稳步开放资本项目，但目前约有半数项目仍处于比较严格的管制状态下。虽然目前很多周边国家已经开始使用人民币作为结算货币，但大都局限于经常项目交易。总体来看，人民币实现可自由兑换尚需时日。而在人民币实现可自由兑换之前，人民币的国际化很难出现突破性进展。

二是汇率和利率的形成机制尚需进一步市场化。货币的国际化最终是市场选择的结果。在市场体制下，利率和汇率作为货币的使用价格必须主要由市场供求关系来决定。利率市场化和相对自由的浮动汇率制是美元、欧元、日元等世界货币的共同特征。从利率市场化来看，中国的利率市场化的改革自1996年起实行，已取得一定进展，但仍未完全放开，对一般存款利率一直严格管制（见表8-5）。从汇率市场化来看，中国从1994年起建立了单一的、以市场供求为基础的、有管理的浮动汇率制度，实现了官方汇率与外汇调剂市场汇率的并轨。2005年，中国开始实行以市场供求为基础、参考一揽子货币进行调节、有管理的浮动汇率制度。总体来看，近年来人民币的汇率形成机制更富有弹性，但尚未完全市场化。

表8-5　　　　　　　　　中国利率管理体制的改革进程

时间	标志性事件	主要内容
1988年10月5日	➢ 中国人民银行发布《关于加强利率管理工作的暂行规定》	➢ 首次以部门规章的形式对利率管理进行了规范 ➢ 初步明确了人民银行利率管理的主体地位和管理范围
1990年	➢ 中国人民银行发布《利率管理暂行规定》	➢ 对人民银行利率管理的职责范围进行全面界定 ➢ 明确人民银行各级机构在利率管理中的职责 ➢ 适度扩大金融机构存、贷款利率浮动幅度和下放利率浮动权，对利率管理体制改革进行积极尝试
1996年	➢ 建立统一的银行间市场	➢ 金融机构间的批发业务利率逐步放开 ➢ 利率管理的范围不断缩小，种类不断简化 ➢ 差别利率政策逐步减少 ➢ 利率管理的财政职能弱化，宏观调控职能增强

续表

时间	标志性事件	主要内容
1998~1999年	➢ 中国人民银行调整利率浮动政策	➢ 连续三次扩大金融机构对中小企业贷款利率的浮动幅度 ➢ 统一了不同期限档次利率的浮动政策 ➢ 金融机构的定价权逐步扩大
1999年3月2日	➢ 人民银行修订并发布《人民币利率管理规定》	➢ 强调利率杠杆对国民经济的调节作用 ➢ 进一步简化利率管理的种类 ➢ 明确人民银行利率管理和金融机构自定利率的范围
2000年	➢ 改革外币利率管理体制	➢ 放开境内外币贷款利率和300万美元以上的大额存款利率 ➢ 300万美元以下的小额外币存款利率由中国人民银行对外公布
2002年3月	➢ 统一中外资金融机构外币利率管理政策	➢ 将境内外资金融机构对境内中国居民的小额外币存款纳入现行小额外币存款利率管理范围 ➢ 实现中外资金融机构在外币利率政策上的公平待遇

注：根据市场化程度的高低，目前中国的利率可分为三大类：第一类是被严格管制的利率，主要是针对居民和企业的人民币存款利率、美元小额存款利率；第二类是正在市场化的利率，主要是银行的贷款利率和企业债券的发行利率；第三类是已经基本市场化的利率，包括除企业债券发行利率以外的各种金融市场利率、人民币协议存款利率、以美元为主的外币大额存款利率和外币贷款利率等。

三是金融市场容量和金融产品创新尚不能满足人民币国际化的需求。金融市场的开放和效率水平，决定了一国货币自由流通的范围和速度，对一国货币国际化具有重要作用。只有高度发达、开放的金融市场体系才能为国际范围内的资产转移、资金流动提供低成本、高效率的服务，才能吸引更多的货币和资金到该市场上，从而为该国货币国际化创造条件。历史上纽约、伦敦发达的金融市场对树立美元、英镑的国际地位都起过巨大的推动作用。同样地，法兰克福成为欧元区的中心、东京国际金融市场的建立对欧元、日元的国际化也起到积极的作用[1]。

---

[1] 金融市场的发达程度可用广度、深度和弹性三方面来衡量。一是金融市场的广度，作为国际货币的发行国，为该货币的国际需求和供给提供便利，能够提供大量的、种类繁多的金融交易工具，满足持有者的高度安全性和营利性要求。二是金融市场的深度，拥有发达完整的二级市场，能够为海外提供以该种货币计值的金融资产，并且以该种货币为面值的金融资产也必须有着足够的数量和流动性很强的交易市场，才能满足在外拥有储备资产的需求。三是金融市场的弹性，是指应付大的突发事件和经济冲击的能力，即当市场上发生大规模的交易而后价格能迅速做出调整，对供求的突然改变和失衡能够迅速灵活地通过风险监管和应急机制使其恢复正常或均衡，从而不致引起市场上大的波动。

近年来，中国的货币市场和资本市场都得到很大发展，交易主体、交易品种和交易量迅速增长，但与发达国家的金融市场相比，中国的金融市场发展依然严重滞后，难以满足人民币国际化的现实需要：首先，金融市场资产总量和交易规模较小；其次，金融产品的品种、质量以及金融创新能力都还与发达市场存在很大差距；最后，尚未形成全国统一的市场，一级市场和二级市场之间、农村市场和城市市场之间、货币市场和资本市场等市场之间都存在不同程度的分割现象。

四是金融机构的服务水平和管理水平有待进一步提高。货币的供应、交易、回笼和风险调控主要是通过银行系统进行的。拥有一个先进的全球性银行系统，可以直接带动本国货币的境外输出、流通和兑换。因此，要实现一国货币的国际化，一定要有先进的全球性银行系统作为支撑。历史经验也表明，从来没有哪个国家的货币在其银行业尚未在国际上立足就成为了世界货币。对于中国而言，完善的金融机构体系是人民币国际化的重要保证，遍布世界各国的银行机构不仅是保证人民币在海外存放、流通和转换的经营主体，而且对促进对外贸易和境外投资具有重要作用。从目前的情况来看，中国虽然初步建立了包括国有商业银行、股份制商业银行、政策性银行、外资银行、农村信用联社以及非银行金融机构等在内的多元主体结构，商业银行的组织结构、经营管理、公司治理和内部控制也越发市场化并与国际接轨，但总体来看，大部分金融机构还存在着风险管理体系脆弱、核心竞争力匮乏和海外业务网络滞后的缺陷，这些都现实地制约着人民币的国际化进程。

从长期来看，人民币能否最终实现国际化，将取决于市场需求和相关制度安排的统一匹配程度。一国货币要实现国际化，关键在于其他国家对该国货币的需求，即该国货币在更为广大的市场范围具有普遍可接受性的程度。这主要取决于两个方面的基本因素：一是取决于市场主体自身发展的需要，即为了自身利益而不得不持有或依赖于某种货币；二是取决于发行国货币本身的质量和服务，即该国货币具有的优良属性或货币发行国能够保证货币的各项职能得到完美发挥。从上述意义上讲，人民币的国际化不仅需要有经济基础和金融条件，而且需要与之匹配的制度条件，以及基于政治、经济和文化的国家综合影响力。

8.1.3 人民币国际化和国际货币体系的稳定性

早在欧元问世之前，很多学者已经着手研究欧元成为国际货币的可能性，以及其对美元为基础的单一国际货币体系的影响（如 Mundell，1999；Mundell，2000）。在单一美元主导的货币体系下，美元的发行不但不受黄金储备的约束，也没有任何货币与其竞争，因此美国会为了增加国际货币收益而大量输出美元，削弱国际货币体系的稳定性。宋晓峰（2004）通过建立理论模型论证出欧元的出现可以加强国际货币之间的竞争和替代性，约束美元的发行，从而有助于稳定国际货币体系。在美元和欧元处于等同的国际货币地位以及货币发行国不合谋的假设下，熊爱宗和黄梅波（2010）也通过不同的理论模型得出与宋晓峰（2004）相同的结论，并指出在这个二元体制下，国际货币的供给将达到一个世界合意的水平；然而，若欧元的国际货币地位低于美元，熊爱宗和黄梅波（2010）则指出美元的供给仍会超过世界合意的水平，但这种国际货币体系仍比一元货币体系稳定。

根据中国现时的经济和贸易规模，人民币最有潜力成为与美元、欧元三足鼎立的强势货币。因此，近年来出现了不少利用计量模型预测人民币国际化程度的文献。基于钦和弗兰克尔（Chinn and Frankel, 2005）模型，李稻葵和刘霖霖（2008）利用 1967~2004 年的外汇储备份额、贸易结算货币比重和国际债券的货币结构作为货币国际化的指标，对影响货币国际化的基础条件因素进行了计量分析，其中显著因素包括发行国的国内总产值、实质利率、汇率升值幅度、汇率波动幅度和贸易顺差，其中，国内总产值为最重要的影响因素。在人民币可自由兑换和完善的金融体制的假设下，李稻葵和刘霖霖（2008）以其计量模型为基础，测度了在三个不同的中国经济发展情景下，2020 年各国货币的国际化程度。在三个不同的情景下，人民币在外汇储备中的比重均可能达至 15% 以上，成为第三大国际货币。陈弘毅，彭文生和舒畅（Chen, Peng and Shu, 2009）利用 1999~2006 年的外汇储备份额季度数据，建立了和钦和弗兰克尔（2005）类似的模型，并以股票市场总市值取代外汇成交量作为衡量发行国金融市场发展程度的变量，其计量分析结果与钦和弗兰克尔（2005）类似，即国内总产值是最重要的基础条件，并且外汇储备存在着很强的历史惯性。李（2010）通过在模型中加入资本项目开放程度的变量，指出资本项目限制是人民币成为国际货币的最大阻碍。在中国高增长和低增长的两个不同情景下，李（2010）的模型预测，人民币在外汇储备的比重均可能在 2035 年超越英镑和日元。然而，鉴于网络外部性和历史惯性，即使中国在世界生产值的比重有相当大的增长，其货币在外汇储备的份额亦不会在短期内相应地提高。

根据已有的文献和研究成果，引入一个能和美元相互替代的强势货币有助于加强国际货币体系的稳定性。然而，这一类文献没有对多元货币体系的稳定性进行严格的实证分析。另一类相关文献则通过建立计量模型分析影响一国货币国际化程度的主要因素，并测度出人民币在可自由兑换后，将成为第三大强势货币。但人民币的引入会否增加现行国际货币体系的稳定性，尚没有严谨而科学的分析。在本节中，我们将测度在不同情景假设下的理想外汇储备组合，并通过比较外汇储备组合的方差来判断不同货币体系的稳定性。

目前，人民币的不可自由兑换和中国金融市场有限的开放程度，都限制了人民币成为国际货币。然而，随着中国经济的不断发展和金融市场的逐步改革开放，人民币的国际化程度将逐渐提高。为测度出2020年在人民币可自由兑换及不可自由兑换情景下的理想外汇储备组合，本书首先做出以下假设：（1）中国国内总产值前2年的增速和2009年保持一致，后续9年增速为7%；美国及欧元国家在2010～2020年间的经济增速则为2005～2009年间的平均增速。各发行国的股票市场总市值增速与其经济增速一致；（2）各发行国在2010～2020年间的名义利率和通货膨胀率分别为该国前5年的平均名义利率和平均通货膨胀率；（3）各发行国在2010～2020年间的贸易总值在全球贸易总值所占的比重、货币汇率波动幅度、军事开支在国内总产值所占的比重及政治稳定指数与2009年保持一致。

在上述假设下，美国及欧元国家的国内总产值在世界总产值所占的比重将分别下降至2020年的25.06%及14.81%，但仍是全球两个最大的经济体；相反，中国的国内总产值比重将从2009年的7.39%提升至2020年的12.69%，与欧元国家的国内总产值比重不相伯仲。在金融市场方面，美国2020年的股票市场总市值比重仍远高于其他国家；而中国的股票市场总市值比重将超越欧元国家，并达至2020年的17.66%，成为第二大金融强国。

假设2010～2020年人民币尚未能自由兑换，图8-2及表8-6中情景一的预测结果显示，美元将会一直保持其主导地位，并于2020年在外汇储备中占66.85%；而欧元将继续保持其第二大国际货币的地位，并于2020年在外汇储备

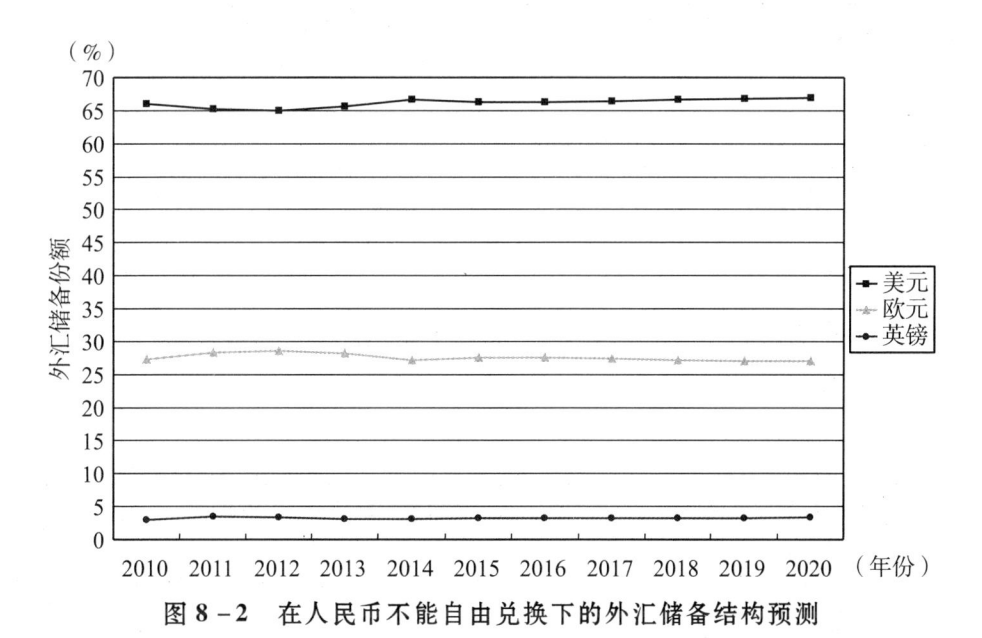

图8-2 在人民币不能自由兑换下的外汇储备结构预测

中占 26.96%。换言之，国际货币体系将继续维持二元主导的货币格局。另外，假设中国实施人民币自由兑换，图 8-3 的预测结果显示，人民币将成为第三大国际货币，并于 2020 年成为一种可与欧元相互抗衡的国际货币；虽然美元的外汇储备比重将会因为人民币的引入而下降至 2020 年的 53.32%，但仍能保持其世界第一大国际货币的地位。按照图 8-3 及表 8-6 中情景二的预测结果，人民币于 2020 年仍不足以和美元分庭抗礼，但其引入有助于改革现行的二元体系，使国际货币体系出现"三足鼎立"的态势。

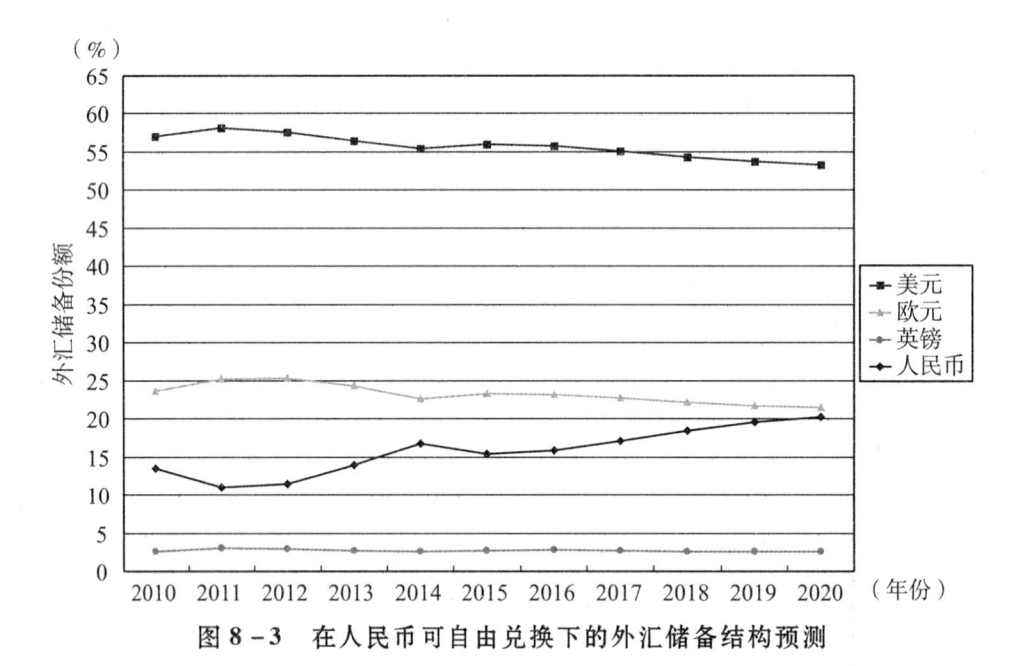

图 8-3　在人民币可自由兑换下的外汇储备结构预测

表 8-6　　　　　　　预测 2020 年外汇储备结构　　　　　　单位：%

类别	情景一	情景二
美元	66.85	53.32
欧元	26.96	21.50
人民币	—	20.24
英镑	3.29	2.63
日元	2.57	2.05
瑞士法郎	0.32	0.26

注：情景一假设人民币不可自由兑换，情景二假设人民币可自由兑换。

如前文所述，引入第三个强势货币的目的是增加国际货币体系的稳定性，而本书对稳定的定义是一国外汇储备的稳定，并以外汇储备组合的方差作为衡量稳定性的指标。通过方程（1），可计算出在不同情景下的外汇储备组合的方差：

$$\sigma_p = \sqrt{\sum_{i=1}^{n}\sum_{j=1}^{n}w_iw_j\rho_{i,j}\sigma_i\sigma_j} \quad (1)$$

方程（1）中，i 及 j 代表不同的国际货币，w、ρ 和 σ 则分别代表货币在外汇储备中的比重、i 和 j 货币的相关系数及用作衡量货币汇率波动幅度的汇率方差。其中，货币间的相关系数是由各货币相对 SDR 的月度汇率数据，取对数之后差值的 12 个月相关系数来衡量。

为分析人民币的引入能否增加外汇储备组合的稳定性，本书先假设各货币在 2010 年至 2020 年间的汇率波动幅度与 2009 年保持一致，并通过方程（1）计算出下列各个情景假设下的外汇储备组合的方差：

情景一：人民币于 2020 年尚未能自由兑换，外汇储备的结构如表 8-6 中情景一的预测结果。而货币间的相关系数则与 2009 年保持一致，如表 8-6 中情景一。

情景二：中国从 2010 年开始实行人民币自由兑换，2020 年的外汇储备结构将如表 8-6 中情景二的预测结果。另外，随着人民币成为一个可与美元相互替代的国际货币，两币间的相关系数将从 2009 年的 0.9994 下降至 2020 年的 0.5（见表 8-7）；其他货币间的相关系数则与 2009 年保持一致。

情景三：中国从 2010 年开始实行人民币自由兑换，2020 年的外汇储备结构将如表 8-6 中情景二的预测结果。人民币与美元间的相关系数将从 2009 年的 0.9994 下降至 2020 年的 0（见表 8-7）。其他货币间的相关系数则与 2009 年保持一致。

情景四：中国从 2010 年开始实行人民币自由兑换，2020 年的外汇储备结构将如表 8-6 中情景二的预测结果。人民币与美元从正的关系转为负的关系，相关系数将从 2009 年的 0.9994 转为 2020 年的 -0.5（见表 8-7）。其他货币间的相关系数则与 2009 年保持一致。

表 8-7　　　　　　货币的相关系数及汇率波动幅度假设

相关系数	美元	欧元	人民币				英镑	日元	瑞士法郎
美元	1	-0.6639	情景一	情景二	情景三	情景四	-0.0342	-0.2234	-0.5391
			0.9994	0.5	0	-0.5			
欧元	—	1	-0.6601				0.0864	-0.4534	0.9198
人民币	—	—	1				-0.0402	-0.2192	-0.5333
英镑	—	—	—				1	-0.5067	0.0068
日元	—	—	—				—	1	-0.4091
瑞士法郎	—	—	—				—	—	1
汇率波动幅度	1.83%	2.34%	1.84%				2.33%	2.96%	2.33%

表 8-8 显示，在各货币的汇率波动幅度保持不变及不同的情景假设下，人民币的引入都能增加外汇储备组合的稳定性。其中，在人民币和美元有着负的关系的假设下，外汇储备组合的稳定性是最高的。换言之，即使人民币于 2020 年仍未能成为一个能与美元匹敌的国际货币，其引入仍有助于改革现行的二元体系，使国际货币体系发展成为更稳定的三元体系。

表 8-8　　　　　　　　外汇储备组合的方差　　　　　　　　单位：%

	情景一	情景二	情景三	情景四
σ_p	0.89	0.86	0.61	0.097

总体来看，人民币成为世界主要货币后，有助于国际货币体系走向成为事实上的三元体系。人民币国际化不但可以促进国际货币体系的稳定以及世界经济的稳定增长，而且可以提升中国的国际地位，并促进其对外贸易及投资。因此，中国应该把握有利时机，积极推进人民币的国际化。

8.2　人民币国际化的前景预测：2011~2040

8.2.1　人民币国际化的影响因素

根据前文的分析，我们总结了国际货币的特性。我们从国际储备货币的各种特性中，挑选相应的解释变量，作为人民币国际化的决定因素。

（1）货币币值的保值性和稳定性：货币为发挥其价值尺度的作用，要求该货币具有币值稳定的特性。因此一国汇率的波动情况和该国通胀水平可以作为衡量该国货币能否很好的发挥价值尺度职能的标准。在本书中选取各国汇率的一阶对数变动率的年化方差和各国物价水平的一阶变动率作为衡量货币价值尺度职能的变量。

（2）经济和贸易规模：一国的经济规模在很大程度上决定了该国货币国际化的程度，即一国经济实力能很有利于发展一国货币的流通手段职能。如布雷顿森林体系下的美国，强大的国内经济能通过在更广阔的范围内使用该国货币以充分发挥该国经济的规模效应和范围效应。首先，一国强大的经济实力一般通过该国在国际贸易的份额表示出来。大规模的贸易活动通常催生活跃的外汇交易市场，而在一般情况下，经济体通常倾向于使用本国货币进行结算交易，主要原因是为了减少使用外币结算的成本和风险。因此，经济实力和贸易的繁荣程度对该国货币的国际化具有较大程度的影响。目前普遍使用的衡量一国经济实力的指标主要是 GDP 或者人均 GDP；使用一国贸易占该国 GDP 的比重来衡量一国贸易活动的活跃度。

（3）资本市场发达程度：在资本市场日益发展的今天，国际间资本流动和国际证券交易的日趋频繁。大规模和高度发达的金融市场能提供更多投资和融资的机会且能大大降低投机的交易成本。特别地，深度发展的、具有高度流动性的二级市场能吸引大量国际投资者，从各国中央银行到机构投资者的各式投资、投机者会根据自身风险偏好和投资组合在全球市场上进行投资。对中国来说，金融市场的发展落后于世界主要发达国家，究其原因，其一是国内金融市场仍受管制，如存贷款利率仍存在上下限；其二是资本市场并不完全开放，国外投资者仍不能随意进入和退出中国市场。但是，国内股票市场的高增长率和短期公司债的发展表明中国在不远的将来金融市场会有较快的发展。在对金融市场发展程度相关变量的选取上，由于金融市场规模、发展的深化程度和发达程度不易标准的定量，因此我们选取外汇市场的成交量为主要变量。

（4）外部性：外部性也就是某种形式上的路径依赖，即人们倾向于使用过去就作为国际货币的货币进行交易。这就包含如下假设：货币的内在决定因素的较小的变动至少在短期内不会影响该货币的使用量，该变动只会在较长的时滞后才会显现。最显著的一个例子就是英国在 20 世纪初就失去其世界经济霸主地位，但是英镑仍然作为主要货币进行交易。另一个能很好地解释网络外部性的原因就是货币使用的规模效应，交易者（如出口商、进口商、借款者、贷款者或者货币交易方等）更倾向于使用通用的货币进行交易。如果一国货币被广泛地用于贸易结算，它更易被用于金融交易的结算，更进一步说，一国货币被广泛用于贸易和金融领域的结算后，该国货币在世界范围内就被广泛地接受了，即该货币发挥了某种意义上的流通手段的职能，因此货币的国际化得以实现。通常我们选用储备货币的滞后项来衡量其网络外部性。

8.2.2 变量选择和模型构建

在模型的选取上我们发现储备货币的比例和相关变量间的关系并不是线性的，如图 8-4 所示。在对各变量取对数之后，我们发现拟合程度更好，见图 8-5，因此我们先各变量取对数，然后进行回归建模分析。

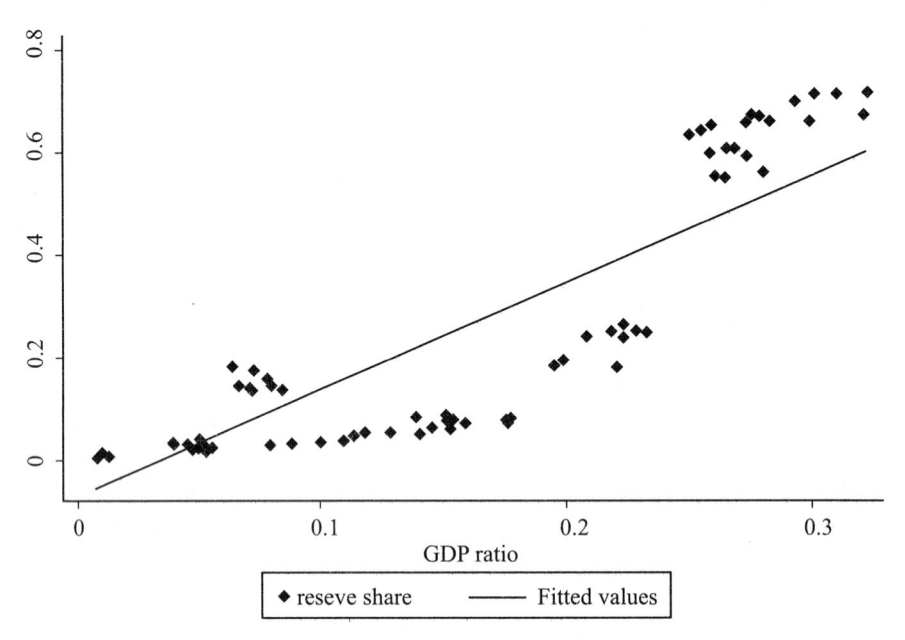

图 8-4　经济规模（GDP ratio）与外汇储备（reserve share）

资料来源：国际货币基金组织数据整理。

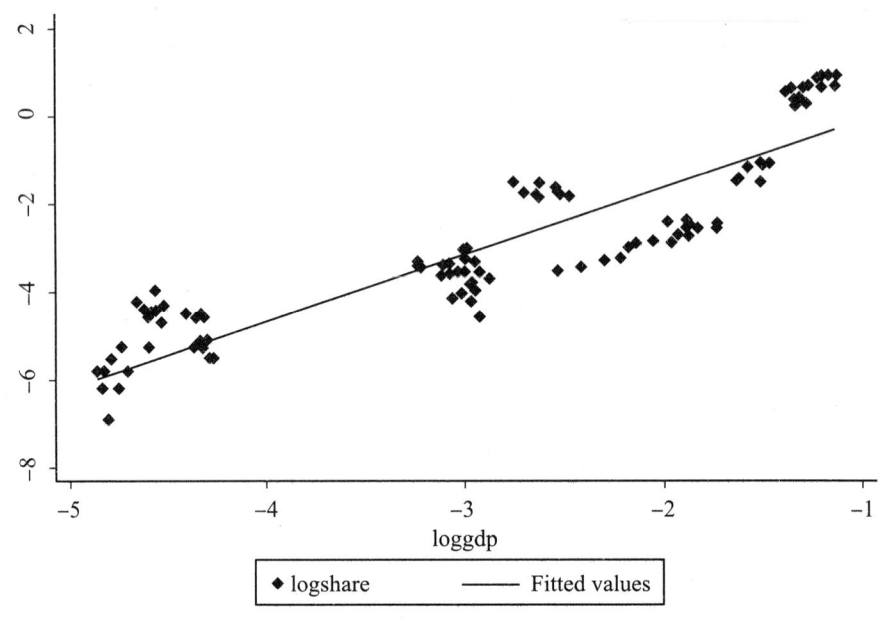

图 8-5　经济规模（loggdp）与外汇储备（取对数）（logshare）

资料来源：国际货币基金组织数据整理。

模型如下：
$$LSHARE_{it} = a_i + \beta_1 LGDP_{it} + \beta_2 LTRADE_{it} + \beta_3 LDEPRA_{it} + \beta_4 LEXRATEVAR_{it} + \beta_5 LINF_{it} + \beta_6 LFORTURNOVER_{it} + \beta_7 LEXPORT_{it}$$

为了找出本国货币国际化的决定因素，我们选取世界主要国家的 1987~2007 这 20 年的数据进行面板回归，得出回归系数和估计模型。然后带入中国数据对中国适度的外汇储备进行测算和预测。其中，具体的变量选取如表 8-9 所示：

表 8-9　　　　　　　　　　　变量定义

变量	定义
LGDP	各国 GDP 占世界 GDP 的比重（美元计价）
LDEPRA	各国货币对 SDR 汇兑比例的变化 log(exchange ratio(t)/exchange ratio(t-1))
LEXRATEVAR	Depreciation 的年化方差（以月度汇率波动数据）
LINF	通胀率（月度 CPI 变动率的年度均值） 变动率计算：(log(cpi(t)/cpi(t-1))
LFORTURNOVER	数据来源国际清算银行，各观测值之间的缺省值用对数线性插值法（log-linearly interpolated）计算
LEXPORT	各国出口总额（以美元计价）占世界出口总额的比重
LTRADE	各国贸易总额（以美元计价）占世界出口总额的比重
LSHARE	主要储备货币在国际储备总额中的占比（以美元计价）主要储备货币有美元、英镑、瑞士法郎、德国马克、法国法郎、日元、荷兰盾、欧元（1999 年以后）

注：1. 所有变量均为取对数后的值。
2. 国家：美国、日本、英国、法国、德国、荷兰、瑞士、欧元区。
3. 法国、德国、荷兰的有关变量为 1987~1998 年之间，1999~2007 的数据以欧元区的数据替代。
4. 数据来源国际金融统计数据库、世界银行数据库、国际清算银行统计年报和官方外汇储备的货币构成年报。

表 8-10　　　　　　　　　　　　回归结果

被解释变量：log（各国货币在储备货币中的占比）
样本区间（1987~2007）

VARIABLES	(1) LSHARE
LGDP	0.285*
	(0.169)
LEXPORT	0.566**
	(0.235)
L. LRESERVESHARE	0.759***
	(0.0557)
Constant	1.162**
	(0.733)
R-sq	within = 0.8082
	between = 0.9824
	overall = 0.9753
Observations	114
Number of Countries	8
R-squared	0.808

Standard errors in parentheses
*** $p<0.01$, ** $p<0.05$, * $p<0.1$

回归结果显示（见表 8-10），一国经济规模、出口量和滞后项对该国货币在储备货币中的占比有较好的解释能力。其中，各国货币在储备货币中占比的滞后项这一变量的系数高达 0.759，说明货币外部性对一国货币国际化有显著的解释作用，滞后项变化一个百分点储备占比就同向变动 0.759 个百分点；同时一国出口量和经济规模对该国货币储备占比也由正向的解释作用，系数分别为 0.566 和 0.285。而一国货币的稳定性指标如一国通货膨胀率、汇率波动率和贬值幅度等对该国货币在储备货币中的占比在统计上并不显著，主要原因可能是样本取值区间较短。

8.2.3　人民币国际化预测：2011~2040

为对人民币在储备货币中占比进行较好的预测，我们对经济形势采用分段讨论的方法，分为乐观、正常和悲观这三种情况进行动态的分析，这种情景分析的方式能很全面地反映人民币国际化的前景。考虑到中国经济发展的模式和结构正在变革中，不同的经济发展阶段对应的人民币国际化步伐必然存在较大的差异。我们将 2011~2040 年分为三个阶段，分别探讨人民币国际化的程度和步伐。

1. 周边化（2011~2020 年）

在这一阶段，中国经济要逐渐由过去的出口拉动型经济增长过渡到内需拉动的经济增长模型。由于经济发展模式的惯性，在这一转型过程中，出口和投资仍然是中国经济发展的重要驱动力。因此，我们按照 2000~2009 年过去十年各个解释变量的平均变化率，来对 2011~2020 年各个变量的变化情况进行预测见表 8-11。以此，作为经济发展的正常情况，从而估算出正常情况下，人民币国际

表 8-11　　　　RMBshare 预测——按照平均增长速度预测

年份	GDPratio	loggdp	logexport	log_reserveshare	Reserveshare
2007				-4.60517	0.01
2008	0.071454	-2.6387	-2.47518	-4.4863	0.011262
2009	0.075956	-2.57761	-2.44166	-4.3597	0.012782
2010	0.080741	-2.51651	-2.40815	-4.22723	0.014593
2011	0.085827	-2.45542	-2.37464	-4.09031	0.016734
2012	0.091235	-2.39432	-2.34113	-3.95001	0.019255
2013	0.096982	-2.33323	-2.30762	-3.80713	0.022212
2014	0.103092	-2.27213	-2.2741	-3.66231	0.025673
2015	0.109587	-2.21104	-2.24059	-3.51602	0.029718
2016	0.116491	-2.14994	-2.20708	-3.3686	0.034438
2017	0.12383	-2.08885	-2.17357	-3.22033	0.039942
2018	0.131631	-2.02775	-2.14006	-3.07141	0.046356
2019	0.139924	-1.96666	-2.10654	-2.922	0.053826
2020	0.148739	-1.90556	-2.07303	-2.77222	0.062523

注：

1. 以 2000~2009 年的平均变化率来预测未来（2010~2020）的 GDPratio loggdp = log（GDPratio）。

2. Logexport = log（exportratio）。

3. 初始的 reserveshare（2007 年）参照日本的数据，解释如下：比较两国的 GDP 和 TRADE 情况比较相似，并考虑到中国资本市场并未完全开放在日本 reserveshare 占比 0.03 的情况下，中国定为 0.01。

化的程度。由于这一段时间，我国仍然只是出口大国而非出口强国，人民币在全球范围内的使用仍比较有限。因此，人民币的国际化主要是通过贸易结算领域，加强中国进出口贸易人民币结算的比例，逐步推广人民币在地区和全球贸易中的结算作用，努力实现人民币在周边地区和国家的广泛使用。

人民币作为储备货币的比例预测——经济前景乐观的情况下

在经济发展情况乐观的情况下，我们 2000~2009 年 GDP ratio 的平均增长率上调 10%，export ratio 均值上调 10%，来预测未来 10 年的 GDP ratio 和 export ratio 变化情况。结果如表 8-12 所示：

表 8-12　　　　　　经济前景乐观的情况下的预测结果

年份	GDP ratio	loggdp	logexport	log_reserveshare	reserveshare
2007			-2.50869	-4.60517	0.01
2008	0.071454	-2.6387	-2.47188	-4.48444	0.011283
2009	0.076406	-2.5717	-2.43508	-4.35288	0.01287
2010	0.081701	-2.50469	-2.39827	-4.21309	0.014801
2011	0.087363	-2.43769	-2.36147	-4.06707	0.017128
2012	0.093417	-2.37068	-2.32466	-3.91631	0.019914
2013	0.099891	-2.30368	-2.28786	-3.76195	0.023238
2014	0.106813	-2.23668	-2.25105	-3.60487	0.027191
2015	0.114215	-2.16967	-2.21425	-3.44572	0.031882
2016	0.12213	-2.10267	-2.17744	-3.28499	0.037441
2017	0.130594	-2.03566	-2.14064	-3.12307	0.044022
2018	0.139644	-1.96866	-2.10383	-2.96025	0.051806
2019	0.149321	-1.90165	-2.06702	-2.79673	0.061009
2020	0.159669	-1.83465	-2.03022	-2.6327	0.071884

在经济形势悲观的情况下：

此种情况下，以 2000~2009 年 GDP ratio 的平均增长率下调 10%，export ratio 均值下调 10%，来预测未来的 GDP ratio 和 export ratio。结果如表 8-13 所示：

表 8-13　　　　　　　　经济前景悲观的情况下的预测结果

年份	GDP ratio	loggdp	logexport	log_reserveshare	reserveshare
2007			-2.50869	-4.60517	0.01
2008	0.071454	-2.6387	-2.47847	-4.48817	0.011241
2009	0.075505	-2.58355	-2.44826	-4.36655	0.012695
2010	0.079787	-2.5284	-2.41805	-4.24142	0.014387
2011	0.084311	-2.47325	-2.38784	-4.11363	0.016348
2012	0.089091	-2.4181	-2.35762	-3.98382	0.018614
2013	0.094142	-2.36295	-2.32741	-3.85247	0.021227
2014	0.09948	-2.3078	-2.2972	-3.71996	0.024235
2015	0.105121	-2.25265	-2.26698	-3.58657	0.027693
2016	0.111081	-2.19749	-2.23677	-3.4525	0.031666
2017	0.117379	-2.14234	-2.20656	-3.31793	0.036228
2018	0.124035	-2.08719	-2.17634	-3.18297	0.041462
2019	0.131068	-2.03204	-2.14613	-3.04771	0.047467
2020	0.138499	-1.97689	-2.11592	-2.91224	0.054354

根据三种不同情况下的假设，我们估算了未来十年人民币国际使用的程度。综合三种情况，到 2020 年人民币作为储备货币的比例在 5.25% ~ 7.2%，成为国际贸易结算的重要货币之一，并成为周边地区和国家广泛使用的货币。

2. 区域化（2021~2030 年）

在这一阶段中，中国成功地转型为内需拉动为主导的经济体，成为中等发达国家。随着本国经济不断走向成熟，在经济总量上中国将接近甚至超过美国，成为全球最大的经济体。中国的年均经济增长率将下降到 4% ~ 6%，因此 GDP 占世界总产出的比例的增长率能达到 2000~2008 年的 70%，出口水平也将保持在一个稳定的状态。这一时期，随着中国经济和金融活动的进一步国际化，中国的金融资产也将在国际金融市场占据重要地位，影响了全球金融市场的交易。在这一阶段，人民币将在贸易结算功能的基础上，逐步实现在国际投资领域中作为投资货币。但由于长期以来欧美国家的货币垄断了全球贸易和金融资产的定价权，人民币作为国际投资货币的功能主要体现在亚洲金融市场成为主要的投资货币。

表 8-14　　RMBshare 预测——正常、悲观和乐观情形下的估计

stage	year	GDP ratio	loggdp	logexport	log_reserveshare	reserve share
正常情况 GDP ratio 的增长率为 2.52%，Export ratio 的增长率为 1.36%	2021	0.152	-1.881	-2.059	-2.644	0.071
	2022	0.156	-1.856	-2.046	-2.532	0.08
	2023	0.16	-1.831	-2.032	-2.432	0.088
	2024	0.164	-1.806	-2.019	-2.341	0.096
	2025	0.168	-1.781	-2.005	-2.257	0.105
	2026	0.173	-1.756	-1.992	-2.179	0.113
	2027	0.177	-1.731	-1.978	-2.105	0.122
	2028	0.182	-1.706	-1.965	-2.034	0.131
	2029	0.186	-1.682	-1.951	-1.966	0.14
	2030	0.191	-1.657	-1.938	-1.899	0.15
乐观情况 GDP ratio 的增长率为 2.646%，Export ratio 的增长率为 0.4315%	2021	0.164	-1.809	-2.016	-2.493	0.083
	2022	0.168	-1.782	-2.002	-2.371	0.093
	2023	0.173	-1.756	-1.988	-2.263	0.104
	2024	0.177	-1.73	-1.973	-2.166	0.115
	2025	0.182	-1.704	-1.959	-2.076	0.125
	2026	0.187	-1.678	-1.945	-1.993	0.136
	2027	0.192	-1.652	-1.931	-1.914	0.147
	2028	0.197	-1.626	-1.917	-1.839	0.159
	2029	0.202	-1.6	-1.902	-1.766	0.171
	2030	0.207	-1.573	-1.888	-1.696	0.183
悲观情况 GDP ratio 的增长率为 0.394%，Export ratio 的增长率为 0.2951%	2021	0.142	-1.953	-2.103	-2.795	0.061
	2022	0.145	-1.93	-2.09	-2.693	0.068
	2023	0.149	-1.906	-2.077	-2.601	0.074
	2024	0.152	-1.882	-2.064	-2.517	0.081
	2025	0.156	-1.859	-2.052	-2.439	0.087
	2026	0.16	-1.835	-2.039	-2.366	0.094
	2027	0.163	-1.811	-2.026	-2.297	0.101
	2028	0.167	-1.788	-2.013	-2.23	0.108
	2029	0.171	-1.764	-2	-2.165	0.115
	2030	0.175	-1.74	-1.987	-2.102	0.122

注：loggdp = log（GDP ratio）　　logexport = log（export ratio）

按照我们的估计结果，虽然中国的经济增长速度逐渐放缓，但仍能保持较高的增长速度。在一般的情况下，相应的人民币储备货币占世界储备货币的份额也会在15%左右（见表8-14）成为区域性的结算货币。

3. 国际化阶段（2030~2040年）

这一阶段，中国经济改革和转型已经取得成功，成为成熟经济体，跻身发达国家行列，并长期保持经济规模全球第一的经济地位。随着经济发展走向均衡状态，中国的年均增长率将进一步下滑到1%~2%，基本上与世界经济同步增长，进口会进一步上升，甚至会保持一定的贸易赤字。为了能更准确地反映中国经济发展的前景，我们也分正常、乐观和悲观三种情况对人民币国际化的程度进行预测和分析（见表8-15，乐观的情况下，GDP增长速度调高10%，而悲观的情况下GDP增长速度调低10%）。在这一时期，人民币成为全球性的贸易结算和金融交易货币，在国际金融市场上广泛使用，并成为世界各国最重要的储备货币之一。

表8-15　正常、乐观和悲观三种情况下人民币国际化的程度的预测结果

stage	year	GDP ratio	loggdp	logexport	log_reserveshare	reserve share
正常	2031	0.196	-1.632	-1.924	-1.833	0.16
	2032	0.201	-1.607	-1.911	-1.769	0.171
	2033	0.206	-1.582	-1.897	-1.705	0.182
	2034	0.211	-1.557	-1.883	-1.642	0.194
GDP ratio 的增长率为 0.42%，Export ratio 的增长率为 0.23%	2035	0.216	-1.532	-1.87	-1.579	0.206
	2036	0.217	-1.528	-1.868	-1.529	0.217
	2037	0.218	-1.524	-1.865	-1.489	0.226
	2038	0.219	-1.52	-1.863	-1.456	0.233
	2039	0.22	-1.515	-1.861	-1.428	0.24
	2040	0.221	-1.511	-1.859	-1.405	0.245
乐观	2031	0.213	-1.547	-1.874	-1.627	0.197
	2032	0.218	-1.521	-1.86	-1.559	0.21
	2033	0.224	-1.495	-1.845	-1.492	0.225
	2034	0.23	-1.469	-1.831	-1.425	0.24
GDP ratio 的增长率为 0.4242%，Export ratio 的增长率为 0.35%	2035	0.236	-1.443	-1.817	-1.36	0.257
	2036	0.237	-1.439	-1.815	-1.307	0.271
	2037	0.238	-1.434	-1.812	-1.265	0.282
	2038	0.239	-1.43	-1.81	-1.23	0.292
	2039	0.24	-1.426	-1.808	-1.201	0.301
	2040	0.241	-1.422	-1.806	-1.177	0.308

续表

stage	year	GDP ratio	loggdp	logexport	log_reserveshare	reserve share
悲观 GDP ratio 的增长率为 0.4158%，Export ratio 的增长率为 0.2249%	2031	0.18	−1.717	−1.974	−2.04	0.13
	2032	0.184	−1.693	−1.962	−1.979	0.138
	2033	0.188	−1.669	−1.949	−1.919	0.147
	2034	0.193	−1.646	−1.936	−1.859	0.156
	2035	0.197	−1.622	−1.923	−1.8	0.163
	2036	0.198	−1.618	−1.921	−1.752	0.173
	2037	0.199	−1.614	−1.918	−1.714	0.18
	2038	0.2	−1.61	−1.916	−1.682	0.186
	2039	0.201	−1.605	−1.914	−1.655	0.191
	2040	0.202	−1.601	−1.912	−1.633	0.195

在人民币国际化的第三阶段，人民币占世界储备货币的比重将会在19.5%~30.8%，成为市场上最重要的储备货币之一。

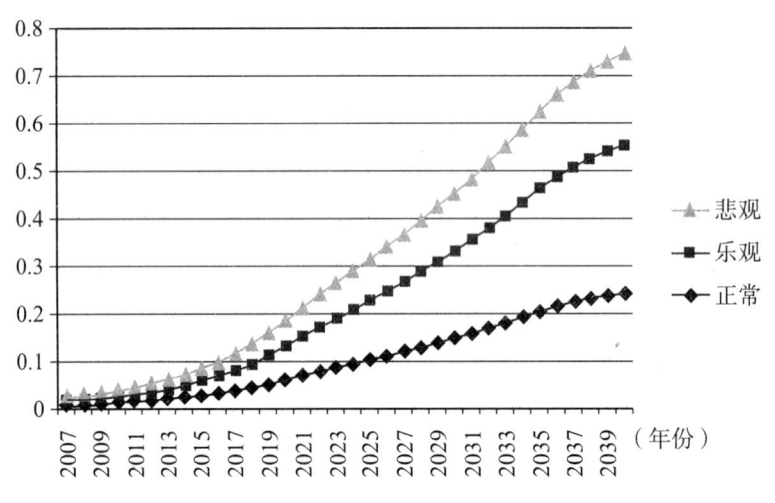

图8-6 人民币国际化程度趋势

根据我们的估计结果，人民币国际化呈现出三个阶段，总体趋势图见图8-6。在周边化阶段，由于世界经济发展的不稳定和中国自身经济结构正处于调整之中，众多的不确定性使得起步阶段的人民币国际化必然采取一个渐进过程。现在周边国家和广大的发展中国家推广使用，并部分成为他们的结算货币，因此，这一阶段的人民币实际上在实现逐步的区域化，逐渐成为广泛使用的区域性货币。在国际化第二阶段，随着中国经济转型的成功，中国的资本输出和大规模的海外扩张使得人民币在海外市场的使用有了广泛的空间。人民币国际化呈现出快速发展的趋势,并成为区域性的主要货币。在国际化的第三阶段,中国的经济增长逐步回落,与世界经济同步增长。人民币成为重要的储备货币,人民币的国际化也开始逐步挑战美元的国际地位,争夺金融市场,大宗商品市场的定价权等。由于交易习惯的惯性和美元长期的国际货币地位,使得这一阶段的人民币国际化呈现出缓慢的发展态势。

8.2.4 人民币国际化的路径选择

1. 世界主要货币的国际化：国际经验

A. 英镑的国际化

英镑是历史上第一种成为国际货币的信用货币。18 世纪,英国率先完成工业革命,建立起纺织、冶金和煤炭三大支柱产业。工业革命的直接成果是创造了一种空前巨大的生产力。到 19 世纪上半期,英国的煤、铁生产、棉纺织业和机器制造业在世界上都占绝对优势。1850 年,英国在世界工业总产值中占 39%,在世界贸易总额中占 21%[①]。英国成为世界各国工业品的主要供应者,不仅供应工业消费品,而且供应工业生产资料,英国成为"世界工厂"。

产品的极大丰富促使英国制造商主张废除贸易壁垒、实施自由贸易。1850 年左右,英国议会消除了重商主义对外贸控制的最后痕迹。当英国使贸易获得自由时,它的领导地位引发其他国家对经济政策的重新思考。1860 年,法国开始推行自由贸易。1871 年,德意志统一后在内部建立自由贸易区,随即向其他国家开放贸易。美洲国家也开始实行自由贸易。在 19 世纪,发达国家的贸易发展速度是它们经济发展速度的 2~3 倍,到 19 世纪末,贸易在世界经济中的份额是 19 世纪初的 7~8 倍[②]。

贸易的飞速发展对交易过程的一般等价物——货币提出了新的需求。当时常用的贵金属货币携带不便,而且相对于贸易量而言日益短缺。实际上在此之前,期票、银行券、支票以及汇票等形式的信用货币已经从货币作为支付手段的职能中产生出来。西欧商人的大额交易多采用信用工具,而小额交易还是使用金属铸币。但是发行信用工具的商人银行是不稳定的,不时遭到破产的厄运,不仅损害

---

① 宋则行、樊亢,《世界经济史》上卷,p152,经济科学出版社,1993 年 8 月第 1 版。
② [美] 杰弗里·弗里登,《20 世纪全球资本主义的兴衰》,p4,上海人民出版社,2009 年 11 月第 1 版。

了存款人利益，也损害了信用工具持有人利益。1844年，英国通过"银行法案"（Bank Charter Act），正式确立英格兰银行的中央银行地位。法案规定，从此以后不允许英格兰银行以外的其他银行发行银行券，原来发行的银行券以现有的流通数量为限。这样确定了英格兰银行为唯一发行银行券的银行，其银行券具有法定货币的地位。银行券可以代替金币流通，但是发行额受银行持有黄金准备的限制。银行券的集中发行，防止了信用货币的滥发，维持了金融的稳定。同时，英格兰银行也肩负起"最后贷款人"的责任，最终转变成"发行的银行、银行的银行、政府的银行"。第一个真正意义上的中央银行由此诞生。

金本位制是英镑成为国际化货币的另外一个关键因素。英国的金本位制开始于1717年，时任英国铸币厂厂长和铸币局局长的艾萨克·牛顿将英国货币标准化，并实际与黄金挂钩。自那时起，金本位制在英国就一直延续下来（期间只有一次，即拿破仑战争期间暂时有过偏离）。金本位制实际是以黄金储备量为英镑"背书"，进一步增强了货币持有者对英镑的信心。

发达的经济、开放的政策、稳定的货币以及幅员辽阔的殖民地，凭借以上有利因素，英国在19世纪成为"世界工厂"、贸易中心、金融中心，这些优势又反过来强化了英镑作为国际中心货币的地位。

随着各国经济的一体化，现代制造业从英国和西北欧有限的地区扩展到欧洲大陆，扩展到北美等地。1870年，英国、比利时和法国加共占世界工业产量近一半，而到1913年它们只占1/5，德国的工业产出超过了英国，美国的工业产出比英国高出一倍多。英镑的地位开始动摇。1914年第一次世界大战爆发，金本位制中断。战后，英国为了维护英镑的中心货币地位，强行将英镑的法定平价定在战前的水平。币值的高估迫使英格兰银行不得不实行紧缩性的货币政策以控制平价水平。由于战后的工资与物价水平不再具有弹性，英国的紧缩性货币政策付出了严重失业的代价。而此时，英美两国的经济实力对比发生了变化，适合美国国内经济的利率吸走了伦敦的资金，英格兰银行不得不把英镑的利率提到更高的水平来抗衡，结果导致英国的失业率攀升，20世纪20年代英国失业率一直在10%以上。另外，币值高估还打击了英国的经济与国际收支，导致大量黄金储备流失。1931年，英格兰银行无法保证英镑与黄金的兑换，宣布放弃金本位制，英镑作为中心货币主宰世界经济的时代宣告结束。

B. 美元的国际化

1880年前后，美国的GDP超过英国，成为世界第一。不过，直到第一次世界大战后美国才逐步取代英国成为国际金融中心，直到第二次世界大战即将结束时美元才成为国际中心货币。美元的国际化除了以经济实力为基础外，还有三个重要的因素：一是金本位制的解体，二是两次世界大战，三是美国社会主流思想及政策的转变。这三个因素互为因果,互相影响。

1880～1914年的这段时间,金本位制还占据着国际经济金融体系的统治地位。从理论上来讲,由于货币的发行要以黄金储备为基础,所有重要的货币都可以按固定汇率直接兑换成黄金,所以各工业国实质上使用着一种国际货币——黄金,只不过在不同的国家有不同的名称——英镑、马克、法郎、美元等,也就是说,在那时黄金才是真正的国际货币。从实际上看,由于英国长期实施金本位制及自由贸易政策,有效地维护了人们对英镑的信心,因而在国际贸易与投资中,交易各方乐于采用英镑进行交易,即使英国的国力逐渐衰落,但在惯性作用下英镑仍然保留了国际中心货币的地位。

美国国内一直存在反对金本位制的声音,这也削弱了外部持有者使用美元的信心。自建国之日起,美国社会中就存在两大不同的利益团体,即东北部的工厂主、商人和银行家,南部、中西部、大平原和西部的农场主和矿主,双方的矛盾引发了南北战争。从各自的利益出发,他们对金本位制也持截然不同的态度。与其他发达国家不同,美国除了出口工业品,还出口农产品与矿产品,等于说在国际贸易市场上与发达国家及发展中国家同时竞争。在19世纪末,大多数工业国实施金本位制,但是大多数发展中国家采用银本位或纸币本位。当银价或纸币相对金价贬值时,发展中国家的本币也贬值同样的幅度,农产品与矿产品价格的下降被银币和纸币币值的下降所抵消,所以发展中国家的农业与矿业人员的所得按本币计算并没有减少,另一方面,由于本币贬值,产品在国际市场上的销售将更多,贬值对发展中国家实际是有利的。但是,美国的农场主和矿主们则受到了此类贬值的冲击。所以,从19世纪80年代后期起,每当农产品价格下跌时,民粹主义的火焰就会燃起,农场主和矿主都努力要让美元与黄金脱钩。北方的银行家与商人则将他们的国际声誉押在恪守金本位制上。美国的金融信誉取决于它充分参与富国俱乐部的活动,而金本位制则是会员卡。

1914年,第一次世界大战爆发。其直接经济后果至少有以下三点:金本位制中断,黄金作为重要的战备资源被禁止流出;交战国被拖出世界经济,致力于战争;美国在世界经济中开始居于中心位置。

在国际贸易方面,自1914年宣布中立到1917年的短短三年中,美国的出口增长了1倍多,主要是军火与食品。美国的贸易顺差是战前的5倍,累计达64亿美元以上。当交战国从发展中国家甚至从自己的殖民地撤出时,美国迅速的占领了真空地带,比如南美洲在传统上是欧洲的势力范围,而从第一次世界大战开始后不到十年内,美国就掌控了当地的金融、工业和商业。

在国际金融方面,美元开始被越来越多国家所渴求。在战争初期,协约国还能通过销售商品和黄金支付海外采购,随后转向用变现对外投资来支付进口,但是战争的持续已经消耗了交战国几乎所有的国力，它们最后只能求助于美国，向美国借钱继续战争。借款的对象起初是私人，从1915年10月开始的一年半中，摩根及相关银行向华尔街募集了约26亿美元以支持协约国，这笔资金相当于美国政府债务余额的1倍。1917年4月，美国政府改变中立立场，为协约国提供将近100亿美元的政府间贷款。

第一次世界大战彻底破坏了欧洲，却使美国成为世界上首要的工业、金融和贸易大国。在战争年代，美国的工业生产将近翻了三番。1913年的英国、德国、法国和比利时的工业总产量远超美国，到20世纪20年代末，美国的工业产量比这些国家还高出50%。美国从世界最大的债务国变成最大的债权国。欧洲的战后重建工作也有赖于美国。

第一次世界大战后，欧洲试图恢复金本位制来重建国际货币秩序，世界重回金本位制时代——虽然是变形了的金本位。包括英国在内的发达国家陆续将本币与黄金挂钩，但它们多数都高估了本币的价值，这就导致黄金有流出本国的趋势，所以各国并不允许以本币直接兑换黄金。在这种情况下，币值稳定的美元更具有吸引力，国际经济越来越倾向于以美元计价，私人部门也倾向于持有美元资产以减少交易风险。

1929~1934年的经济危机及随后的第二次世界大战以摧枯拉朽之势摧毁了金本位制。跟第一次世界大战的情况类似，第二次世界大战削弱了欧洲的实力，却进一步壮大了美国。1944年，布雷顿森林体系——以美元为中心的国际金汇兑体系的确立，表明美元正式成为国际中心货币。

C. 德国马克的国际化

第二次世界大战以后，联邦德国致力于发展经济，迅速成为欧洲最大的经济体。德国的国际贸易与金融合作主要集中在欧洲，马克在该地区也相应成为中心货币。德国马克的国际化在很大程度上靠的是德国稳健的货币政策，它是马克信誉的重要背书。

德国在两次世界大战期间深受货币泛滥之害。在1923~1924年间，该国遭遇了最严重的恶性通货膨胀，1922年最高的货币面值为5万马克，而1923年最高的货币面值达到100万亿马克，最严重时800亿马克只等于1美元。战后的德国痛定思痛，决定赋予中央银行高度的独立性。1957年，德意志联邦银行法规定，中央银行执行法定权利可以独立于政府的指令。保持国内低通货膨胀水平几乎是德国中央银行唯一的任务，德国各阶段经济发展历史清楚地反映了这一特点。

在布雷顿森林体系期间，马克兑美元保持固定汇率。德国经济从20世纪50年代开始迅速复苏，对外贸易持续顺差，马克出现升值压力。一开始，为了保持与美元的固定汇率,德国中央银行采取干预外汇市场、对资本流入征税和缴纳无息存款准备金、抑制出口、扩大进口等方式来回避本币升值。但随着中央银行美元资产的不断增加和基础货币投放增多,威胁到国内物价稳定。这时德国中央银行放弃4马克兑1美元的固定比价,从1961年3月起对马克汇率多次重估,马克连续升值。1973年,美元危机再次爆发,德国放弃固定汇率制,转向浮动汇率制。从1974年起,德国的货币政策目标转向货币供应量,更加鲜明地表明德国中央银行将物价稳定作为首要任务。1987~1989年,德国中央银行四次提高利率,每年预先宣布次年的货币增长率指标,让公众相信物价水平和通货膨胀在可控范围内。总体来看,与其他发达国家相比,德国的通货膨胀率一直维持在较低的水平,波动也不大。从1960~1980年的20年间,德国的平均通货膨胀率为4%,而同期的美国、日本则超过了6%。

在汇率政策方面,德国中央银行在实行浮动汇率制后,对马克汇率基本不干预。自1973~1999年,马克对美累计升值78%。不过,一方面由于国内物价稳定,另一方面德国对外贸易以欧洲为主,因而多以马克结算,而不像日本对美国的出口集中度较高,所以,德国经常项目仍然能一直保持顺差。总体而言,正如德国中央银行总结的那样,马克之所以成为重要的国际货币,首先不能归因于德国国际收支地位的提高(这方面日本超过德国),也不能归因于国际政治相关因素(这方面主要是美国),而应该主要归结于马克价值的稳定。

有关马克的国际化进程,还有两点需要特别说明:一是马克的可自由兑换并非先于马克的国际化,德国有关资本输入的管制直到1971~1989年间才逐步取消;二是马克的国际化在很大程度上得益于欧洲共同市场,欧洲共同市场的存在使德国受马克升值的冲击较小。此外,1972年后,借助欧洲区域内的货币联动机制,德国马克汇率较少受到投机资本的冲击,欧洲其他国家在一定程度上分担了马克升值的压力。

D. 日元的国际化

总体上看[①],"日元国际化"是一个"被动的"过程。尤其是在亚洲金融危机之前的相当长的时间内,日本政府和企业对"日元国际化"基本上持消极态度,每一步的"日元国际化"措施或进程在很大程度上都是"被迫的"。按照日本政府或民间对"日元国际化"的态度的变化,可以将"日元国际化"进程划分为前后三个阶段:结算货币阶段、泡沫化阶段和积极阶段。

20世纪60年代末至70年代末的结算货币阶段:1960年7月,日本受西欧

---

① 本节内容参考了李晓、丁一兵,《亚洲的超越:构建东亚区域货币体系与"人民币亚洲化"》,当代中国出版社,2006年1月第1版;刘仁伍、刘华,《人民币国际化:风险评估与控制》,社会科学文献出版社,2009年6月第1版。

各国恢复货币的可兑换性的影响，创设了非居民日元存款自由结算制度。1964年，日本接受《国际货币基金组织协定》第八条的承诺，实现日元在经常项目下的自有兑换，成为第八条款国。20世纪60年代末至70年代初，日本成为资本主义世界第二大经济体，国际市场对日元的需求也相应增加。这时，布雷顿森林体系正逐渐瓦解，日元作为比较坚挺的货币获得了越来越多外汇持有者的青睐。随后发生的两次石油危机进一步强化了对日元的这种需求。1973年2月14日，日本无法维持1美元兑360日元的固定汇率，宣布实行完全浮动汇率制度。1970年11月，日本允许发行以日元计价的外债，1972年9月，允许非居民在日本国内发行以外币计价的债券。这一时期的日元国际化有以下几个特点：一是这一时期的日元国际化主要体现在日元作为结算货币在日本进出口贸易中比重的提升。由于美元不断的贬值，日本企业面临较大的汇率风险，特别是船舶和机械设备出口信贷比重较大，回收贷款很容易遭受损失，所以日本有很强的动力将出口贸易改为日元结算。据统计，20世纪70年代末比60年代末的进出口贸易中，按日元结算的比重分别从0.3%与0.9%提高到2.4%与29.4%。二是日元作为结算货币的职能与作为储备货币的职能被严格区分，1967年日本经济调查协议会在"关于日元国际地位委员会"的报告书中指出，"日元要做到像美元、英镑那样作为各国储备货币使用并非现实，但在贸易、资本交易方面作为结算货币被广泛使用的前景十分广阔，为此有必要进行环境整备"。三是日本经济与政策的主流仍然持"日元国际化将扰乱国内金融政策"的观点，对"日元国际化"持明显消极态度。这都与日本当时的经济地位不稳定有关，也反映出日本当局担心本币国际化对国内金融政策和外汇市场稳定的负面影响。不过，这时日本民间舆论却开始热议"日元国际化"，折射出新的经济大国的国民心理。

20世纪80年代初至90年代末的泡沫化阶段：日本自20世纪80年代开始积极推动日元国际化。1980年修订《外汇法》，金融机构的外汇交易原则上实现了自由化，增加了对外交易中使用日元的可能性。1981年2月，日本经济调查协议会发布《20世纪80年代日元的国际地位》的报告，对日元国际化提出政策建议。1983年11月，美日首脑会谈决定成立"日元—美元委员会"解决双方的金融与贸易争端。1984年5月，该委员会出具《日元—美元委员会报告书》，有三项主要内容：一是欧洲日元市场的扩充；二是金融、资本市场的自由化；三是外国金融机构对日本市场的进入问题。日本迅速放松了对欧洲日元贷款与欧洲日元债券的限制，并于1986年5月设立离岸金融市场，对居民与非居民原有的资本流动限制措施也被取消。这一变化为泡沫经济埋下了伏笔。1985年9月，以纠正美元汇率过高为目的的广场协议得以实施，拉开泡沫经济的序幕。日元兑美元急剧升值，由广场协议前的242∶1到1988年初的120∶1。一方面，日元升值给出口企业带来了极大的冲击，为降低成本，这些企业纷纷加大在海外投资生产，旧的产业迁出而新的替代产业未能跟上，导致日本本土产业的"空洞化"；另一方面，为应对经济不景气，日本央行在 1986 年开始五次降低贴现率并于 1987 年 2 月降低到世界最低水平的 2.5%，这一利率一直维持到 1989 年，宽松的货币政策加剧了日元升值背景下的资产价格膨胀，到 1989 年末，日本上市公司的市价总额已是 4 年前的 3 倍多，东京 23 个区的土地价格就可购买美国的全部国土。1989 年 5 月，日本央行开始提高贴现率，到 1990 年 8 月升至 6%，泡沫经济破灭。其后果是：股价与房价急剧下跌，银行不良贷款急剧上升并出现大量金融机构倒闭，经济呈现极低的增长率甚至负增长。为了恢复经济，日本央行又开始降低贴现率，自 1991 年 7 月开始下调直到 1995 年 9 月降至 0.5% 并基本维持在这个水平。这一时期的日元国际化有以下几个特点：第一，"日元国际化"在很大程度上是在美国压力下进行的，日本对日元国际化后可能出现的情况应对不足，过多的精力集中在如何确保国内金融秩序和税收体系不受影响，而忽视了对实体经济的可能冲击；第二，太早放开资本项目可自由兑换，人为地减少了一道"防火墙"，对泡沫的生成实际起到了推波助澜的作用；第三，日元升值过快加上货币政策失误是日本泡沫经济产生的源头，也是日元国际化受阻的基本原因。与 1980 年相比，1990 年日本的进出口结算中，以日元结算的比重为 14.5% 与 37.5%，上升了 12.1 与 8.1 个百分比；日元在各国外汇储备中的比重也上升至 8%。不过，泡沫经济的破灭与国内长时期低迷的经济严重影响了日元国际化的步伐。1997 年，日本的国内生产总值占世界经济的 14%，贸易额占世界贸易的 7%，是最大的债权国，而以日元结算的贸易比例及日元资产形式的外汇储备只有 5%，以日元发行的债券只占全球债券发行量的 4.5%。

20 世纪 90 年代末开始的重新推动阶段：1998 年，为改变日元地位与日本经济地位不符的状况，日本再次提出日元国际化，并采取措施推进这一战略，包括加快以放宽金融限制为核心的金融体制改革；通过对外援助和政策性贷款，扩大亚洲区日元资产的供给等等。不过，日元国际化的前景仍然十分黯淡。在实体经济方面，日本经济长期低迷，2009 年日本国内生产总值占全球生产总值的比率为 8.75%，比最高时的 17.9%（1994 年）减少了一半以上，日元国际化的物质基础受严重削弱；日本长期实施零利率的货币政策，日元汇率大幅波动过于频繁，1973～2009 年，日元兑美元汇率年均变动超过 10% 的情况出现 17 次，价值不稳定给持有者带来较大的汇率风险；在经济与贸易结构方面，日本内需不振，主要靠外需拉动经济，但是日本自然资源匮乏，大量生产所需的原材料都由海外进口，如 2008 年木材、铁矿石和原油等进口占其总进口的 42%，而这些商品占国际市场上多以美元计价，由此一来日本的进口贸易中美元结算的占比很大，至于出口方面，日本企业重视扩大市场份额，倾向于使用当地货币标价以稳定价格，所以日元在日本出口贸易中的结算比重也很难上升；在金融体系方面，日本比较缺乏透明度和应变能力，泡沫经济破灭留下了大量不良资产，加上银企关系紧密，影响了人们对日本银行乃至金融体系的信心；在政治方面，日本国内对第二次世界大战的历史态度屡有反复，导致周边国家对该国的戒备，也影响日元国际化的进程。

E. 欧元的国际化

欧元是第一个既不依赖黄金又不依赖单一国家的区域货币，自出现之日起就成为国际货币，其诞生是货币史上的一个里程碑。总体来说，欧元是第二次世界大战后欧洲一体化进程的自然产物。

欧洲一体化的最初动机是联合欧洲的力量进行战后重建，并在美苏两个超级大国间保持平衡。一体化的第一阶段从1951～1969年，这一阶段的主要任务是建立起共同市场，最开始是煤钢的联营，而后1957年的《罗马条约》约定建立经济共同体，加强成员国在经济上的联合，通过制定共同的经济政策，消除分隔各成员国的关税壁垒，逐步实现商品、人员、劳务及资本在共同体内的自由流动，以保证各成员国的经济与社会进步，为欧洲各国之间的更加密切的联合奠定基础。这一阶段处于布雷顿森林体系时期，各国维持固定汇率，所以在货币与金融方面的合作较少。

一体化的第二阶段从1970～1999年。固定汇率制度自20世纪70年代初开始崩溃，对欧洲的外汇市场乃至国际贸易带来冲击，汇率的不稳定性威胁到欧共体的基础——共同市场的建设与共同农业政策的实行。1970年，维尔纳报告出台，提出在欧共体内分阶段实现经济与货币联盟。1979年，欧洲货币体系正式生效，该体系由欧洲货币合作基金、欧洲货币单位（ECU）、欧洲汇率及信贷机制构成，其中心是欧洲货币单位。在欧洲货币体系成立之时，各成员国向欧洲货币合作基金提供国内20%的黄金储备与20%的美元及其他外汇储备，而后基金以互换形式向各国提供相应数量的ECU，用作欧共体内部的计价及支付。1987年《单一欧洲法令》生效，目标是在欧共体内部建成统一的市场，该法令赋予欧共体一定的货币职能，明确提出实行经济与货币政策合作。1989年，德洛尔委员会出台《欧洲共同体经济与货币联盟报告》，建议欧共体逐步走向单一货币，这也是维尔纳报告的后续。1992年，欧共体各成员国签署《欧洲联盟条约》（即《马斯特里赫特条约》），马约实际是在《德洛尔报告》的基础上规划了实现欧洲货币联盟的三个阶段：第一阶段从1990年7月至1993年底，促进金融市场一体化，强化货币政策的合作与协调，所有欧共体货币加入欧洲货币体系的汇率机制，取消外汇管制，由欧盟经济与财政部长会议统一安排实施多边年度计划以达到马约的标准。第二阶段从 1994 年年初到 1998 年底，建立欧洲货币机构，为第三阶段的开始准备条件。第三阶段从 1999 年初开始，采用单一货币，由欧洲中央银行实行共同货币政策并管理官方储备。

1999 年 1 月 1 日，欧元启动，欧洲经济与货币联盟正式进入第三阶段。自诞生至今，应该说欧元取得了比较大的成功，它迅速成为美元之后的第二大国际货币。根据国际货币基金组织的数据，截至 2010 年 1 季度末，各国际货币在全球外汇储备中的比重分别是美元 61.5%、欧元 27.2%、英镑 4.3%、日元 3.1%。根据欧洲央行的报告，以欧元发行的债券占国际债券发行总额的比重近两年一直保持在 30% 以上。

不过，欧元也存在着一个重大缺陷，这与它的特殊设计密切相关。欧元是各主权国家出让货币自主权与部分财政政策权，在合作基础上形成的区域货币。《马斯特里赫特条约》规定，条约成员国的预算赤字不得超过国内生产总值的 3%，负债率不得超过国内生产总值的 60%，通货膨胀率和利率要比较接近平均水平。这条规定看上去很好，但是对违反者却缺乏惩治措施。我们可以以近期的希腊债务危机为例说明这个问题。2001 年，希腊刚刚进入欧元区，但该国的两项指标距《马斯特里赫特条约》的标准相去甚远。这时希腊便求助于美国投资银行高盛。高盛为希腊设计出一套"货币掉期交易"方式，为希腊政府掩饰了一笔高达 10 亿欧元的公共债务，从而使希腊在账面上符合了欧元区成员国的标准。这一问题在 2009 年的金融危机中暴露出来。同样，债务危机也在葡萄牙、爱尔兰、意大利和西班牙蔓延，人们根据包括希腊在内的五国首字母，将它们称为"PIIGS"。主权债务危机让人们对欧元的前景提出了质疑。欧元区各国如果无法在财政政策方面保持一致，同时加强监督与违约惩罚，很难继续维护世界对欧元的信心。

F. 世界主要货币国际化的同一性和差异性

在上文中，我们对世界主要货币的国际化进程进行了系统考察，分析和描述了各种货币国际化的历程、经验和教训。表 8-16 列举了各国货币国际化的一些关键要点。

表 8-16　　　　　　　　各国货币国际化的关键因素

英国	1. 战争赢得了市场，通过和世界主要发达国家，如法国、西班牙、葡萄牙之间的战争，赢得了世界霸权，奠定了全球贸易中的重要地位 2. 经济实力，工业革命首先在英国产生，极大地促进了科技生产力，伴随着英国全球贸易霸主的地位，使得英镑在全球广泛地流通 3. 发达的金融、信用体系。保持了央行的独立性

续表

美元	1. 抓住了两次世界大战的契机。增强了国家经济实力，以及黄金储备 2. 通过贸易输出和贷款输出，适时地推动了美元的国际使用 3. 主动创造美元需求。通过自身大量的黄金储备，增加了各国对美国的黄金需求。即使是在美国经济最为困难的，通过政治和军事上的实力，保证了美元的国际需求
日元	1. 依托对外贸易和经济实力，将本国产品行销到全世界，推动日元的国际使用 2. 通过对外援助，积极创造日元的国际需求。1960年到20世纪末，日本向亚洲国家提供了几百亿美元的开发援助贷款，推动日元在亚洲区域的使用 3. 贸易顺差带来了日元高额外汇储备的困境，也推动了日元的不断升值。没有适时地推动日元的国际化，不仅造成了日本外汇储备的损失，也使得日本企业丧失了全球竞争力 4. 亚洲金融危机时期，日元采取贬值的策略，保护金融安全和经济增长，进一步减缓了本国货币国际化的进程
德国和欧元的国际化	1. 通过经济、政治一体化，提高整体的经济实力和政治能力，扩大了地区货币的影响力 2. 通过渐进的制度改革，减少了本币升值对本国经济的不利影响。同时，扩大了本国货币的国际影响力 3. 适时地利用了区域经济的一体化，减少了国际化的成本

总结各国货币国际化的经验和教训，我们不难发现，合理的货币国际化过程应该具备以下的特性：

（1）综合国力是货币国际化的基础。各国货币国际化的过程都建立在强大的综合国力基础之上。综合国力不仅包含了经济实力，也包含了该国的军事实力和政治影响力。例如，日本虽然在20世纪70年代末已经成为世界第二大经济体，但由于它的经济发展一直都依赖于美国，政治和经济上都缺乏独立性，使得在全球事务中的影响力大打折扣，也影响了日元的国际化进程。

（2）信心是一国货币国际化的重要支撑。从本质上来讲，纸币的发行是通过本国的信用作为支撑的。特别是国际货币，要让其他国家相信并使用本国的货币，就需要增强本国货币的币值稳定以及信誉。从历史上来看，英国通过英格兰银行的严格的信用体系，在对外贸易和对外战争不断胜利的情况下，建立了商业贸易的强势和英镑的强势。人们相信英镑能够代替黄金的价值，从而推动了英镑的国际使用。反观日本，由于历史因素和政治问题，其他国家同日本还存在一定的敌对情绪，从而减少了对日元的使用，此外，在亚洲金融危机时期，日元通过贬值刺激本国经济，也降低了其他国家对日元的信心。

（3）推动本国货币需求。国际化的过程意味着本国货币的国际使用程度上升。为吸引其他国家使用本国货币，应该通过制定一些政策和方针，加大本国货币的使用力度。例如，美国通过马歇尔计划援助欧洲经济，推动了美元在欧洲经济区的广泛使用，而日本则相应的，对东南亚国家，包括中国，进行贷款援助，推动了日元在亚洲的使用和区域化过程。

（4）正确处理升值的问题。伴随着经济实力的上升和对外贸易的扩张，一国国际化的过程通常伴随着贸易顺差和本币的升值。在英镑和美元成为国际货币的时期，大量的贸易顺差转化成了黄金储备，进一步增加了本国货币的信用度和国际化程度。而在第二次世界大战结束之后，大量的贸易顺差则转化成了相应的外汇储备，在一定程度上反而制约了本国货币的国际化过程。如果不能正确地处理好升值的问题，轻则影响到本国货币国际化程度，重则影响本国企业的竞争力和经济结构。

（5）对时机的把握。成功的国际化过程都抓住了历史赋予的契机，比如，英国在工业化革命时期，借助英国在全球的霸主地位，稳健地推动了英镑国际化的过程。而美国则利用了两次世界大战，积极地推动了美元的国际化，从而奠定了战后至今美元为主导的国际货币体系。相比之下，日本由于整个经济发展过程受制于美国，错过了货币国际化的良机，最终使得日元的国际化进程受阻。

（6）循序渐进的国际化。除了英国和美国是通过军事和政治上的极大优势，分别建立了英镑和美元为主导的国际货币体系之外，其他国家的国际化都遵循了从周边国家开始，逐步扩张成为世界货币的发展模式。比如，德国马克以及欧元都是先通过在欧洲地区的广泛使用，巩固其在地区经济贸易结算和金融活动中的主要货币作用，并以此作为后盾成功地实现了国际化。

2. 人民币国际化的选择：目标与路径

一般而言，一国货币要想逐步走出国门，成为国际储备货币，完成货币国际化进程，需要具备雄厚的经济基础和综合国力、统一而稳定的政治环境、规模巨大的国际贸易、极具广度和深度的金融市场以及稳定的对内与对外价值等条件。

从英镑、美元、欧元、马克以及日元等大国货币的国际化历程来看，货币的国际化大致需要经历三个阶段：一是从国内支付手段或交易货币上升为区域贸易和国际贸易结算货币；二是从贸易结算货币上升为金融交易货币和国际大宗商品计价货币；三是从金融交易货币提升为主要国际储备货币。英镑和美元成为国际主要储备货币分别用了55年和50年。

根据历史经验，人民币国际化将是一个渐进而长远的过程。从长期来看，中国应当在未来30年通过两个"三步走"战略来实现人民币国际化。在人民币崛起的使用范围上，第一个十年是"周边化"，即完成人民币在周边国家和地区的使用；第二个十年是"区域化"，即完成人民币在整个亚洲地区使用；第三个十年是"国际化"，使人民币成为全球范围内的关键货币。在人民币充当世界货币的功能上，第一步是"贸易结算化"，即人民币在贸易结算中充当国际结算货币；第二步是"金融投资化"，即人民币在国际投资领域中作为投资货币；第三步是"国际储备化"，即人民币成为国际最重要的储备货币之一（见图8-7）。

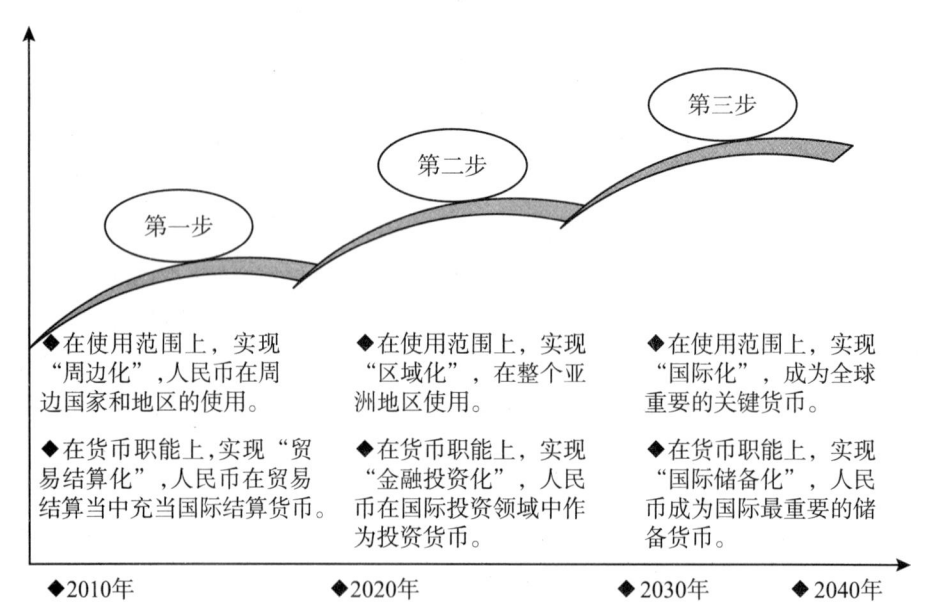

```
                                                            第三步
                                      第二步
              第一步

◆在使用范围上，实现        ◆在使用范围上，实现        ◆在使用范围上，实现
  "周边化"，人民币在周       "区域化"，在整个亚         "国际化"，成为全球
  边国家和地区的使用。       洲地区使用。              重要的关键货币。

◆在货币职能上，实现"贸    ◆在货币职能上，实现        ◆在货币职能上，实现
  易结算化"，人民币在贸     "金融投资化"，人民        "国际储备化"，人民
  易结算当中充当国际结算货币。 币在国际投资领域中作       币成为国际最重要的储
                           为投资货币。              备货币。

◆2010年                  ◆2020年                  ◆2030年         ◆2040年
```

注：每个步骤之间的10年之隔仅为约数，现实的国际化推进过程当中并不存在确切的时间划分，需要根据实际情况进行即时调整。

图8-7 人民币国际化的两个"三步走"战略

当然，在历史当中寻求规律，并不意味着重演历史，因为当前的国际货币体系第一次面临着发达国家与发展中国家之间差距巨大的、不平衡的调整，第一次面临着东西方文明的此消彼长。不通过激烈冲突与对抗的方式进行，就必然有一个思想认同和妥协的过程。这意味着在人民币崛起的过程中，必然存在着大国之间以及旧体系与新体系之间的长期博弈。

从现阶段人民币国际化具备的条件来和实际进程来看，尽管人民币早已开始了国际化的进程，并在周边国家或地区承担部分国际货币的职能，但无论是宏观经济环境还是微观市场基础，目前都存在着制约人民币国际化进程的因素。同时，人民币国际化还会带来货币政策效果弱化、国内经济独立性受损以及汇率不稳定性增强等诸多问题。这些都要求我们必须客观审慎地看待人民币的国际化。

8.3 人民币国际化背景下的外汇储备战略调整

随着人民币国际化的不断推进,将会改变现有的美元独大的国际货币体系格局,促使国际货币体系向多极化方向发展。这一变革过程无疑会对我国的外汇储备管理产生深远的影响:一方面,国际货币体系的变化改变了储备货币、结算货币以及交易货币的构成,一国必须对外汇储备的结构进行相应的调整;另一方面,随着人民币国际化的不断深入,人民币自然会更多地参与到国际贸易结算中,成为参与国际金融市场运作的重要币种,从而使得日常对外经济活动所需的外汇储备大幅减少,其管理规模和结构也会相应的发生变化。在本节中,我们将首先回顾在国际货币体系演变的过程中,一国的外汇储备管理如何进行相应的调整。紧接着,我们将分析的重点放在了人民币国际化下的外汇储备战略调整。

8.3.1 国际货币体系演进与外汇储备管理

国际货币体系大体上经历了金本位制时期(1870~1914年)、金汇兑本位制(1918~1939年)、布雷顿森林协议下的固定汇率时期(1944~1973年)、牙买加体系以及欧元区的建立(1974年至今)这四个时期。每一个时期,由于国际货币体系运行和特点存在较大的差异,因此对应的外汇储备管理形式也有较大的不同。

1. 金本位制度下的外汇储备管理

金本位制本质上是一种固定汇率制,各个国家通过黄金平价确定了彼此之间的汇率。中央银行的主要任务是在黄金与通货之间维持官方的平价关系,所以,中央银行要以黄金形式持有较大部分的国际储备,而且,它不以经常项目而是以官方储备(即黄金)的平衡作为中央政府的主要政策目标。

由于各国的货币供给,必须严格依赖于本国的黄金储备,在这一制度下,货币供给必须与黄金的供应速度同步增长。因此,金本位制天然地能够对中央银行通过扩张性货币政策引起国内物价水平上涨的做法予以限制。由此可见,金本位制是一种趋向通货紧缩的制度。当各国经济增长时,除非源源不断的发现新的黄金,否则中央银行无法增加其持有的国际储备,也就无法增加货币供给,各国价格都趋向紧缩,从而抑制了一国经济增长的速度。

由于黄金储备对本国经济增长和国际收支体系中的重要地位，各国把增加黄金储备作为了国民经济工作的重点。同时，由于各国资源禀赋的差异，金本位制给了主要的黄金生产国，如俄罗斯与南非，以通过出售黄金来影响世界宏观经济的巨大能力。

由此可见，在金本位制度下，由于黄金成为了国际收支的主要结算手段，黄金被广泛运用到国际收支和结算中，各国分别采取黄金平价的方式，将本国货币盯住黄金资产，因此，不断增加本国的黄金储备成为很多国家所追求的经济目标。由于黄金是硬通货，而且黄金的产量跟不上世界经济发展的速度，因此，这段时间，如何增加本国的黄金储备成为外汇储备管理工作的重点。此外，由于在金本位制度下，外汇储备与国民经济的发展存在一个自我调节的机制，且货币的发行严格依赖于本国的黄金储备量，因此，货币危机爆发的可能性较小，也不存在动用外汇储备防御货币危机的需求。

2. 金汇兑本位制下的外汇储备管理

金汇兑本位制与金本位制相同之处在于中央银行仍然应该遵循博弈规则来调节国际收支，各国仍将维持该国货币对黄金的法定平价，这同样能够抑制货币供给过度增长。

与金本位制不同的是：金汇兑本位制改变了国际储备的组成，允许储备含有黄金以外的资产，具有较强硬通货能力的货币。比如：世界主要国家的货币，或者广泛被其他国家接受的货币。这样一种新的制度安排，在一定程度上解决了黄金储备不能满足世界经济发展的状况，但无形中，却给予了强势货币的发行国家额外的收益。如果像英国这样的大国出现了国际收支逆差，它可以通过本国货币供给的增加，来弥补国际收支的不足。而那些国际收支顺差的国家获得了以英镑

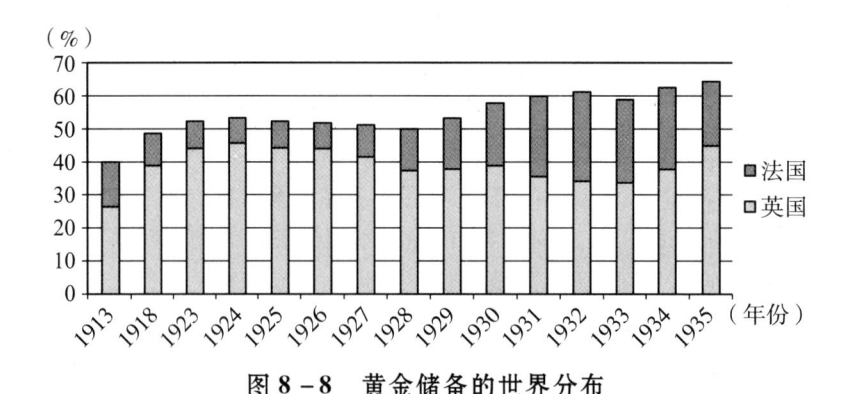

图 8-8 黄金储备的世界分布

资料来源：世界银行全球金融发展数据库。

计值的资产,则英国将不再遵循博弈规则,不减少其中央银行的未清偿负债。至于国际收支顺差国家仍将增加它们的货币储备,金本位制的自动调整趋势也依然存在,只是调整的方式比"一战"前不对称了,大国可以通过本国的货币弥补国际收支的不足,而小国只能通过持有黄金或大国的货币实现这一目标。图8-8显示了当时,黄金储备主要由英法两国持有。在这一时期,黄金储备仍然是国际储备中最重要的构成部分,与此同时,世界主要国家的货币也逐渐的成为国际储备中的一种,并扮演着越来越重要的角色。

3. 布雷顿森林体系下的外汇储备管理

第二次世界大战结束之后,由于美国在世界经济和贸易往来中的重要作用,逐渐形成了以美元为中心的国际货币体系,即布雷顿森林体系。布雷顿森林体系在第二次世界大战后建立一套新的国际货币秩序,提供了稳定的外部环境。具体来说,赋予美元等同于黄金的地位,解决了第二次世界大战后国际清偿能力不足的问题;实行固定汇率制,促进了国际贸易与投资的发展;为国际间货币金融合作提供了平台。这一体系对外汇储备的构成以及管理造成了深远的影响。

第一,布雷顿森林体系确立了美元—黄金本位制。

确定固定汇率制。基金组织会员国确认,每盎司黄金等于35美元的官价,未经美国政府同意,各国政府不能对金价任意变动;美国准许各国政府或中央银行按照这个官价随时用其所持有的美元向美国兑换黄金以维持黄金市价接近官价,也就是说,美元的地位等同黄金①。

其他国家货币与美元挂钩。虽然,其他国家货币也规定自己的含金量,主要目的是通过各国货币含金量的比来确定其他国家货币与美元的汇率,不能直接与黄金进行兑换,必须通过美元,在有限条件下和黄金兑换。各国货币含金量一经确定就不得随意变动,如要变动,必须获得基金组织的批准。各会员国外汇汇率波动幅度不得超过货币平价的上下1%的范围,如果超过,各国政府必须通过外汇买卖进行干预②。布雷顿森林体系是一种金汇兑本位制度,美元取得了等同于黄金的特殊地位,美国实际上有两个基本责任:一是保证美元按固定官价兑换黄金,维持各国对美元的信心;二是提供足够的国际清偿能力——美元。但这两方面是有矛盾的:美元供给太少会影响国际清偿;美元供给太多则有不能兑换黄金

---

① 但这不意味着恢复了金本位制,因为美元兑换黄金的可兑换性极为有限,外国居民与企业不能用美元兑换黄金,其他国家的货币不能兑换黄金。所以,布雷顿森林体系是一种金汇兑本位制。

② 1971年史密森协议后,汇率的波动幅度扩大为平价的上下2.25%,而且决定平价的标准由黄金改为特别提款权。美元可以有限地兑换黄金与各国实行固定汇率,是这种货币体系的两个支柱。

的风险。这一矛盾也就是著名的特里芬难题①，最终也导致了布雷顿森林体系的瓦解。

第二，改变了国际收支的支付机制。

金本位制度下，为了达到外部经济的均衡，一国必须通过牺牲国内经济的均衡，来满足国际收支的需求。20世纪30年代的经历表明，各国政府不愿意以牺牲国内就业为代价来维持固定汇率与自由贸易。在国际货币基金组织和世界银行成立的情况下，《国际货币基金组织协定》赋予了布雷顿森林体系一定的灵活性，为成员国提供两种方式调节其国际收支失衡。若成员国遇到短期的经常项目赤字，由国际货币基金组织提供外币贷款帮助解决。成员国有权用本国货币向国际货币基金组织购买与其缴纳的黄金等值的黄金或外国货币。成员国的借款也可超过这个额度，但必须接受国际货币基金组织对其宏观经济政策的监督。若成员国处于长期的国际收支失衡，即国际货币基金组织认为的"根本性失衡"，则可通过调整汇率平价来解决。

不过，由于布雷顿森林体系实行固定汇率制，汇率的波动幅度很小，对国际收支的调节有限。若一国到了国际收支根本性失衡而不得不调整汇率平价的时候，极易引发外汇投机，从而加剧汇率的不稳定，给经济稳定及国际收支平衡带来更大的冲击。而且，该体系的国际收支失衡调节责任不对称。在凯恩斯对货币体系的设计方案中，强调国际收支赤字和盈余国家都负有调节的责任并提出了具体措施。国际货币基金组织协定只提了"对称性"原则，而其措施并不符合对称性要求。对于国际收支盈余国来说，适用"货币稀缺"条款，当外汇市场上这些国家货币供应不足时，基金组织可以宣布这种货币稀缺，暂时限制稀缺货币的自由汇兑，盈余国实际不承担调节责任；对于国际收支赤字国来说，基金组织对这些国家相当严厉，这些国家向基金组织借款时必须按照基金组织要求实施紧缩性的调节措施。最后，国际收支调节引起国内国外经济目标的矛盾。对国际收支赤字国来说，为了调节国际收支，必须在外汇市场上卖出强币、买入弱币以维持固定汇率，并在国内实行紧缩性的货币政策，这将导致失业增加、经济增长放缓。

第三，取消外汇管制。

协定第八条规定，未经国际货币基金组织许可，任何成员国不得对经常性交易的支付实行限制，不得实行歧视性汇兑安排，有义务兑换其他成员国持有的本国货币。不过，有三种情况例外：经过国际货币基金组织同意，成员国可以实行

---

① 这一矛盾最早由耶鲁大学教授特里芬于1960年提出，故称为"特里芬之谜"。当时，美国的黄金储备还多过其对外国中央银行的美元债务。不过，随着外国中央银行对国际储备需求的增加，其所拥有的美元储备很可能会超过美国所拥有的黄金，由此引发对美元的信心问题。如果外国中央银行都将所持有的美元兑换成黄金，则可能导致整个布雷顿森林体系的崩溃。

过渡性措施，保留对经常账户的支付限制，不过一旦成员国具备了平衡国际收支的能力时，就必须取消这种限制；成员国可以对资本账户实行外汇管制以抵消投机资金对汇率体系的冲击；成员国有权对"稀缺货币"采取暂时性的汇兑限制，所谓"稀缺货币"，指当某成员国国际收支持续盈余且该国货币在国际货币基金组织的库存下降到其份额的75%以下时，国际货币基金组织可以将该国货币宣布为"稀缺货币"，允许成员国在与稀缺货币发行国的贸易中实行歧视。

第四，对外汇储备构成和使用的影响。

全世界黄金的数量是有限的，难以满足各国对储备的需要，所以美元取得了等同黄金的地位后，并逐渐成为各国最重要的储备资产。由于其他国家的美元储备供给来自美国的国际收支赤字，布雷顿森林的储备制度稳定就与美国国际收支构成一种矛盾，即全世界要获得充足的储备，美国的国际收支就必须有大量赤字，这样就会危及美国经济的稳定，如果美国国际收支良好，全世界就会面临储备的缺乏。

由此可见，在布雷顿森林体系下，由于美国在世界经济中占主导地位，同时世界经济的高速增长加大了各国对储备资产的需求。因此，越来越多的国家将美元以及其他强势货币纳入储备资产的构成中，改变了过去单一的由黄金构成的储备资产结构。在布雷顿森林体系的构架下，充当国际储备的资产包括了，黄金储备、外汇储备（主要是由美元构成）、国际货币基金组织的储备头存和国际货币基金组织的特别提款权。特别是，外汇储备逐渐成为国际储备资产，最重要的组成部分，时至今日，在发达国家中，外汇储备占国际储备的比例超过了60%，而发展中国家，由于缺少黄金储备，同时在国际货币基金组织中的弱形势地位，使得国际储备中，超过90%的部分由外汇储备构成。表8-17表明，即使是在美国，其国际储备资产的构成中，外汇储备所占的比例超过了60%。

表8-17　　　　美国国际储备构成（2007年12月）　　　　单位：百万美元

官方储备资产	70 565	100.00%
（1）外汇储备	45 804	64.91%
（2）国际货币基金组织（储备头寸）	4 244	6.01%
（3）特别提款权	9 476	13.43%
（4）黄金（包括黄金头寸即其他衍生品）	11 041	15.65%

资料来源：美国国家财政部。

在布雷顿森林体系发展初期，美国经济发展的强势地位，使得一方面美元能保持和黄金的平价地位，同时，也可以增加美元供给来满足世界经济发展的需求。但到了后期,随着美元经济实力的下滑,以及世界仍然对美元有着强劲的需求,使得美元的供给超过了,美国实体经济发展的速度,最终导致了美元长期弱势的趋势,只能不断地调低与黄金的平价,并最终与黄金平价脱钩,结束了布雷顿森林体系。

由于在布雷顿森体体系下,大多数国家都实行的是固定汇率制度,所有的国家都与美国挂钩,因此,也基本不存在货币危机的风险,对于各国而言外汇储备的管理工作,也就是简单地增加美元。与此同时,不同于黄金储备的是,外汇储备除了保持了黄金储备的支付功能之外,可以广泛地应用到投资领域,可以涉及地产,金融,以及实业的投资,随着外汇储备在世界各国的广泛使用,很多货币的离岸金融中心[①]也相继的建立,为之后金融市场的繁荣和发展打下了良好的基础。

4. 牙买加体系至今的外汇储备管理

与布雷顿森林体系下国际储备结构较为单一、美元地位十分突出的情形相比,在牙买加体系下,国际储备呈现多元化局面,美元虽然仍是主导的国际货币,但美元地位明显削弱了,由美元垄断外汇储备的情形不复存在。德国马克、日元随两国经济的恢复发展脱颖而出,以及随后产生的欧元,成为重要的国际储备货币。目前,国际储备货币已日趋多元化,随着欧元的崛起,欧元很可能成为与美元相抗衡的新的国际储备货币。

在牙买加体系下,黄金非货币化,以及黄金与美元脱钩,其他货币与美元脱钩,这就使得汇率制度安排出现了多样化的安排。对于主要的发达国家而言,由于国际贸易的支付和结算,一般都以本国的货币为主,所以,汇率的波动性对本国对外贸易的影响较弱。因此,大都实行浮动汇率制度,如美国、英国等。而新兴市场国家,特别是一些出口拉动型经济增长的国家,汇率的波动将对本国的经济和贸易产生很多的影响。因此,大都采用固定汇率制度的安排,即用本国货币盯住主要的贸易伙伴,或世界上的主要国家的货币。

牙买加体系下的另外一个特点是,随着浮动汇率在世界范围的广泛应用,以及离岸金融中心的产生,使得国际流动资本的规模大幅增加,繁荣了全球的金融市场。同时,随着避险需求的增加,大量的金融衍生产品被设计出来,对外汇使用和需求进行套期保值,从而衍生金融产品也得到了快速的发展,并成为影响全球金融市场的最重要的产品。

在牙买加体系成立的初期,由于大多数发展中国家仍然按照布雷顿森林体系

---

① 从事境外金融业务的离岸市场是国际金融市场的核心。

的模式管理，把外汇储备的主要功能也定位在国际收支上，因此，对外汇储备的管理，通常按照满足三个月进口的标准来执行。由于满足进口需求的外汇储备规模较小，而且，对于很多新兴市场国家而言，国内的经济发展需要大量的资本，特别是外来资本，因此，尽量缩减了外汇储备规模，将资本尽可能地用于国内的生产。并不关注于外汇储备的保值和增值目的。不过，对于一些石油国家和出口增长较快的国家而言，由于所积累的美元资产数目过于庞大，而美元的持续弱势地位，使得这些国家开始考虑如果积极管理外汇储备，使其保值增值的目的。早在1977年科威特由于石油出口赚取了大量的美元，于1976年建立"下一代储备基金"关注于海外资产的投资，并于1982年建立了科威特投资管理局（KIA）负责外汇储备基金的保值和增值目的。而一些出口拉动型增长的国家，比如新加坡，由于出口创造了大量的美元资产财富。新加坡成立了新加坡外汇管理局以及淡马锡公司，专门负责这笔资产的保值和增值目的。

对于大多数发展中国家而言，资本仍然是一种稀缺的资源，因此，外汇储备规模控制在较少，甚至出现了经常不足以支付的情况。而为了发展贸易，这些发展中国家通常将本国的货币与主要贸易国挂钩。在国内经济恶化以及外汇储备不足的情况下，固定汇率制度使得本币长期处于高估的状态。国际金融市场和衍生产品的发展，给予了国际资本大量的投机机会，通过卖空发展中国家的货币，迫使该国货币大幅贬值从中谋取利润。

至20世纪80年代起，货币危机成为新兴市场国家经济发展中的常态。先是20世纪80年代的国际债务危机。非石油发展中国家的债务规模水平，从1 031亿美元急增到了8 420亿美元，负债率超过了120%，每年发展中国家的还本付息超过了1 000亿美元。外债的危机使得国际收支迅速恶化，1981～1982年这两年，主要的债务国家动用了300亿美元外汇储备偿还债务，使得很多国家的外汇储备规模出现了不足，甚至低于2个月进口额这一最低标准。外汇储备的不足，最终导致了债务危机的爆发。而到了20世纪90年代，发达国家普遍存在资本过剩，本国投资机会不足的情况，形成了大量的"游资"（hot money），国际金融市场的发展这些资本可以大量的流入不同的国家和地区进行套利和套汇投机。国际短期游资不仅对发展中国家也对发达国家造成了极大的冲击，使得90年代的货币危机影响程度更深、更为广泛。造成了1992年欧洲货币危机、1994年墨西哥金融危机和1997年亚洲金融危机，2000年的俄罗斯经济危机，2001年的阿根廷货币危机。

货币危机的频繁爆发，使得发展中国家多年积累的财富在一夜之前毁于一旦，同时也使得发展中国家也意识到外汇储备在保证一国金融安全的重要性。因此，在亚洲金融危机之后，发展中国家加大了外汇储备积累的步伐，通过积累外汇储备来防范货币危机成为外汇储备管理工作的重点。一些国家甚至采取了更为极端的做法，采用货币局制度，有多少外汇储备，就发行相应的本国货币，而一些国家则直接放弃了本国货币，采用美元作为本国流动的货币。

发展中国家虽然通过累积外汇储备，防范和减缓了货币危机对本国经济的不利影响，但同时，出现了过去石油输出国家面临的问题，由于外汇储备的流动性较高，主要投资于短期政府债券等资产，收益性非常差，而且，在发行储备货币的国家货币贬值的情况下，外汇储备的实际购买力就会大打折扣。因此，越来越多的国家开始探讨并实施积极的外汇储备管理战略，在满足本国国际支付的流动性以及金融安全的情况下，将额外的外汇储备由专门成立的机构来管理，拓宽投资渠道，使其达到保值和增值的目的。

5. 欧洲货币体系的建立对外汇储备管理的影响

欧洲货币体系的建立，对世界外汇储备的管理模式产生了极大的冲击。它首先改变了国际货币体系的格局，从而影响了各国储备资产的规模和构成，而同时，欧元区的顺利运营也启发了其他区域型经济体，探讨在其他地区成立区域型的经济共同体的可能性，通过这种经济共同体，进行国际合作，防范金融危机，促进经济的长期稳定增长。鉴于欧元区货币体系的重要影响，在本节中，我们将从欧元对货币体系的影响，以及对区域经济体的影响两个角度来探讨，外汇储备管理方式的变迁。

(a) 货币体系的角度

欧元从其建立初期，就对国际货币体系的格局产生了极大的影响。图 8-9 显示了三个主要的世界货币在国际货币体系的比重。图中 USD 表示美元的比重，DEM 表示马克的比重，EUR 表示欧元的比重，JPY 表示日元的比重。我们不难发现至今美元在国际货币体系中仍然占有主导地位，占据了储备货币中的 60% 以上，而在欧元诞生之后，欧元在国际储备中的比重逐渐上升，从成立初期的 15% 上升到了 2007 年的 27%，相应的日元在国际货币体系中的权重逐年下降。

从债券交易和定价的角度来看，欧元也已经逐渐地被广泛应用到了公司债，政府债券、股票市场以及国际货币市场等。在欧洲市场以外，欧元的国际化也取得了较大的成功。哈特曼（Hartmann, 2000）研究发现，在欧元诞生后的一年，在欧元区之外的欧元资产的供给量已经超过了对欧元资产的需求。而雷（Rey, 2005）进一步指出，国际市场上以欧元定价的债券的发行量已经从欧元诞生之初的 20% 上升到了 2003 年的 30%。如图 8-10 显示，根据国际清算银行 2007 年的报告显示，欧元外汇的交易量已经占到了美元外汇交易两的 50%。从现货交易的角度，2004 年美元交易占了 89%（总量上是 200%），欧元占到了 37% 而日元占到了 20%①。而到了 2007 年，美元资产的交易出现了下滑，只占交易量的 86%，欧元的份额则逐渐上涨。国际清算银行 2007 年也报道，欧元正在逐渐侵蚀美元交易的市场份额。即使经历了 2008 年的次债危机，欧元外汇储备的市场份额仍然出现了小幅的增长。欧洲央行 2010 年 7 月 14 日报告，欧元在全球外汇储量中的份额在 2009 年仍然出现了小幅的增长。欧元计价的金融工具份额大约增长了 0.5 个百分点，以欧元计价的债券交易则达到了 30%。

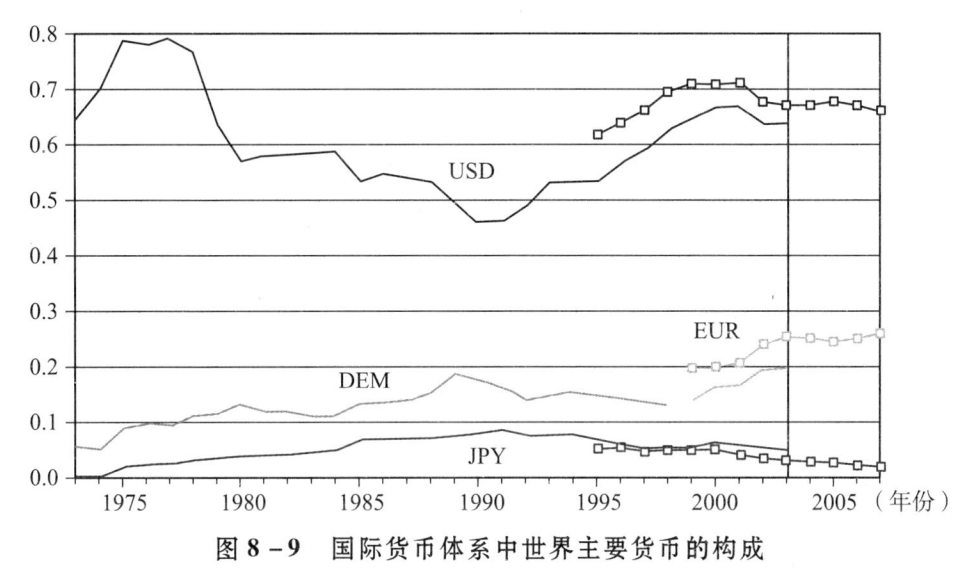

图 8-9　国际货币体系中世界主要货币的构成

资料来源：Why the Euro will rival the Dollar, Chinn and Frankel (2007).

由此可见，随着欧元在欧元区以及临近区域的广泛使用，欧元正逐渐从一个区域货币走向国际化的货币，欧元已经成为一种常见的外汇储备组成部分②。很多新兴市场国家，已经逐渐地将美元资产转化成以欧元为主体的其他货币资产。欧元的出现，逐渐改变了美元单一的国际货币体系，同时，也拓宽了一国外汇储备资产管理的渠道以及投资产品的选择。那么反映在外汇储备管理上，一国就可以根据本国的贸易需求和主要货币之间的相对强弱，来配置外汇储备资产。同时，由于储备货币之间相互存在竞争，使任何一个储备货币国都不能任意使用货币政策增加该储备货币的供应，满足本国进口的需要。因此，多种储备货币的存在和竞争，也减少了储备持有国的铸币损失。

---

① 即使加入了远期交易和掉期交易的数据之后，基本的份额并没有发生变化。
② 根据美国智库进步政策研究所的统计资料，2008 年全球的外汇储备已经增加到了 6.4 万亿美元，随着欧元区经济影响力的扩大，欧元在储备货币中的比重持续上升，而美元和日元的地盘逐渐被侵蚀。欧元从 1999~2007 年在外汇储备中的比重增加了 45%，等同于 1.7 万亿美元，而美元的比重则减少到了 65%。

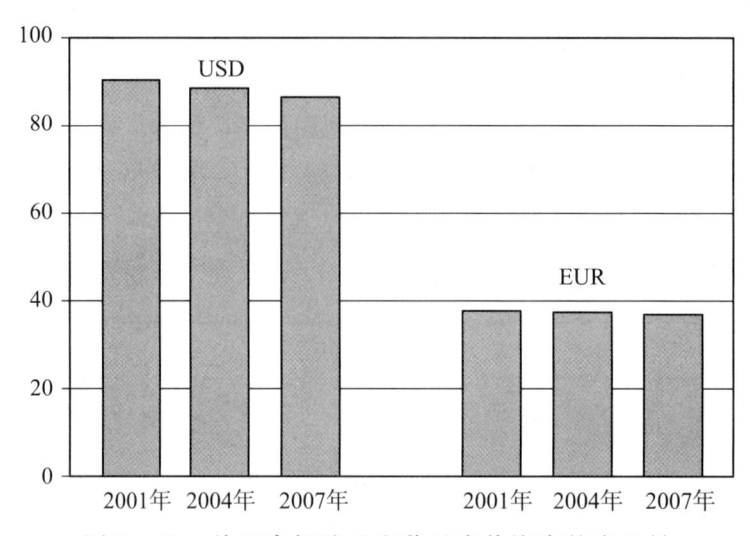

图 8 – 10　外汇市场欧元和美元定价资产的交易量

资料来源：Why the Euro will rival the Dollar, Chinn and Frankel (2007).

(b) 区域经济的角度

欧元区的成立以及欧元的诞生，不仅影响了国际货币体系的管理和构成，也为区域经济的发展和管理，提供了一个很好的参考和建议。在欧元区的管理中，欧元区内的各个国家，放弃了本国货币和相应的货币政策，由欧元区作为一个整体来实行统一的货币政策。各国不再承担货币危机的风险，由欧洲中央银行作为一个整体，对外汇市场进行统一的干预。这样一种制度安排，为欧元区国家带来了两种益处。第一，任何单一国家不再需要累积外汇储备，从而减少了外汇储备所造成的机会成本的损失，可以利用这些资本进行国内经济建设。第二，作为一个统一的经济体，欧元区的经济在全球占据着重要地位，随着欧元已经被广泛地用作世界各国的储备货币，欧元区本身遭受货币危机冲击的可能性就大幅下降，因此，也不需要累积大量的外汇储备，因而从总体上也减少了资本利用的损失。同时，在欧元区货币同盟的制度安排下，欧盟都可以利用统一的资源，组织任何单一国家经济危机的发生和扩散。因此，在欧元区范围的国家，可以在金融安全的情况下，集中发展本国经济。

由此可见，欧元货币同盟区的诞生，也为世界各国外汇储备资产的管理提供了有益的参考。很多地理位置相近的新兴市场国家，比如，东南亚地区的国家，以及拉丁美洲的国家都开始尝试建立相应的货币同盟，通过货币互换，以及统一的货币管理和协调政策来集中处理区域经贸活动。

8.3.2 人民币国际化与外汇储备管理

1. 人民币国际化与适度外汇储备需求

随着人民币逐渐走向国际化，满足我国日常国际收支需求所需的外汇储备规模将大幅下降。为了对外汇储备进行更有效的管理，我们将人民币国际化的因素考虑到外汇储备需求的决定模型中。根据上文关于人民币国际化的预测，我国人民币国际化的过程将经历探索期，成长期和质变期，相应的我们将对人民币国际化的三个不同阶段对外汇储备的适度规模分别进行预测。以此作为我国外汇储备调整战略的依据。

我们沿用了 5.2.2.2 小节中使用估计模型，将一国货币的国际化程度带入回归模型中。具体来说，我们第一个模型，是沿用传统的外汇储备规模预测模型，那么相应的时间选取是从 1970～2004 年，并采用面板数据的固定效应模型①；在传统外汇储备规模预测模型的基础上，我们的第二个模型考虑了一国货币的国际化程度，对外汇储备需求的影响。但是，由于国际货币基金组织关于国际储备货币结构公布年限的限制，各个国家货币的国际使用程度的数据，只有在 1988 年以后才能获得。因此，第二个模型估计的时间跨度只能从 1988～2004 年。在对两个模型进行回归分析，并得到相应参数的基础上，我们再将中国的宏观经济数据代入模型之中，对中国的适度外汇储备规模进行预测。

表 8-18 显示了两个面板模型的回归结果，回归结果表明，在加入了货币国际化这一变量之后，模型的拟合程度更好了，其相应的拟和优度从原来的 23.18% 上升到了 30.09%。

表 8-18　　　　　　　　外汇储备需求模型

类别	模型 1	模型 2
发达国家（虚拟变量）	-0.461**	-0.326
	(0.212)	(0.231)
金融深化程度（M2/GDP）	0.481***	0.582***
	(0.0498)	(0.0854)
贸易开放度	0.543***	0.922***
	(0.0571)	(0.100)

---

① 为了利于进行比较，我们也将第一个模型的回归结果列于表中。

续表

类别	模型 1	模型 2
国际化程度		-5.937**
		(2.720)
汇率制度（1 为固定汇率，0 为其他）	0.0627*	0.0310
	(0.0371)	(0.0547)
金融开放程度	0.0865***	0.0611***
	(0.0147)	(0.0207)
汇率波动程度	-0.0275	-0.104***
	(0.0201)	(0.0302)
常数项	-2.066***	-2.112***
	(0.145)	-0.191
观察值	1611	871
样本国家	56	55
调整后的 R^2	0.2318	0.3009

括号中的数值表示了相应参数的估计标准差（经过稳健性调整之后的），*** $p<0.01$，** $p<0.05$，* $p<0.1$，被解释变量为 Ln（reserves/GDP），外汇储备占一国 GDP 的比例

在模型 2 中，我们将一国货币国际化水平①放入我们的回归模型之中。我们发现一国货币的国际化水平，对本国外汇储备的需求有显著的影响。其回归系数表明，在其他因素保持不变的情况下，一国货币在国际货币储备体系中占比上升一个百分点，平均意义上来说，该国外汇储备的持有量占 GDP 的比重就会下降 5.937 个百分点。同时，我们发现在加入了一国货币的国际化程度之后，发达国家（ADV）这一虚拟变量，仍然会减弱一国对外汇储备的需求，但是在统计意义上变得不显著了，主要原因可能是因为发达国家与一国的货币的国际化程度高度相关，也就是说，发达国家的货币国际化程度要远远高于发展中国家，所以，国际化程度这一指标部分反映了发达国家这一变量的影响。

回归模型找出了影响一国外汇储备需求的一般决定因素。在完成对回归模型系数的参数估计后，我们将中国的宏观经济变量放入回归模型之中，对人民币国际化推进过程中的适度外汇储备规模进行估计。

---

① 关于一国货币的国际化程度，我们用在世界储备货币中所占的比重来表示。

A. 周边化（2011~2020年）

在这一阶段中，经济虽然在转型，但仍主要延续过去的经济增长模式。我将这一时期对人民币国际化程度的估计带入到外汇储备需求的决定模型（2）中，将中国的宏观经济变量代入到模型中，在理性情况，乐观情况，以及悲观情况下，通过我们的模型，分别预测2010~2020年中国适度外汇储备总量与GDP的占比（reserve/GDP）。预测结果如图8-11所示：

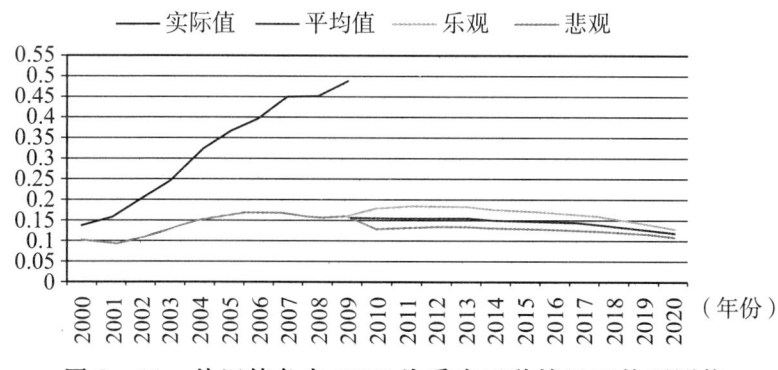

图8-11 外汇储备占GDP比重在三种情况下的预测值

图8-11的预测结果表明，我国目前的外汇储备占GDP的比例远远超过了适度外汇储备的规模。按照我们最优化模型，适度外汇储备占GDP的比例大概在10%~20%，而且，随着我国经济实力的不断增强，人民币国际化进程的加速，未来适度外汇储备占GDP的比例应该呈现逐渐下降的趋势，到2020年我国适度外汇储备占GDP的比例应该保持在10%左右。

为了有效地管理和指导我国外汇储备管理工作，我们通过构建的新型模型预测了我国未来10年的最优外汇储备需求量见图8-12，以便给现在和将来的外汇管理提供参考。

表8-19　　未来十年适度外汇储备占GDP比例预测

年份	平均增长速度	乐观预测	悲观预测
2010	0.15666	0.18225	0.133352
2011	0.15902	0.18460	0.135646
2012	0.16020	0.18549	0.136986
2013	0.15952	0.18412	0.136822
2014	0.15287	0.17571	0.131619
2015	0.15213	0.17395	0.13166

续表

年份	平均增长速度	乐观预测	悲观预测
2016	0.14958	0.16990	0.130288
2017	0.14497	0.16324	0.127334
2018	0.13868	0.15440	0.123128
2019	0.13193	0.14478	0.118744
2020	0.12249	0.13190	0.112214

通过前面的图 8-11 和表 8-19 数据我们可以看出，未来十年我国外汇储备总量与 GDP 比值总体上呈现出一个下降的趋势，根据三种不同的对未来经济、社会、制度运行情况的预测，我们得出了一个未来最优外汇储备占比区间（如表 8-19 所示），假定 2011~2020 年我国 GDP 年均增长率保持在 8% 的水平，我们得到了如图 8-12 所示的适度外汇储备规模的估计。

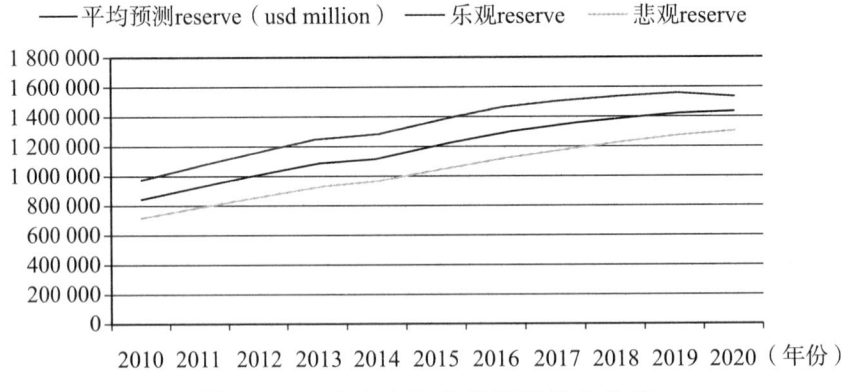

图 8-12 未来十年最优外汇储备总量

随着人民币国际使用的程度不断提高，我国外汇储备占 GDP 的比例总体上存在下降的趋势，但由于我国的经济还保持在一个较高的增长水平，所以适度的外汇储备规模大体上保持一个缓慢的增长过程。我们模型的预测显示，到 2020 年我国最优外汇储备总量应该保持在 1.3 万亿~1.53 万亿美元。特别需要关注的是，人民币国际化的探索过程存在着诸多的不确定性，中国经济转型过程中，也面临经济结构失衡的风险。因此，保持适度甚至部分超额外汇储备，将会对抵御各种经济风险起到关键作用。一方面，充足的外汇储备为人民币提供了信用担保，保证了人民币在全球范围内的支付和使用功能，有利于推动人民币的国际化。另一方面，充足的外汇储备也有利于维持国内金融体系的稳定，抵御外来经济的不利冲击，从而为人民币国际化提供坚实的经济基础。

B. 区域化（2021～2030 年）

在这一阶段，中国的经济转型基本成功，从出口拉动型的经济体转变成为内需拉动型的经济体，并初步建立了成熟的金融市场。伴随着这一时期人民币国际化程度的快速推进，人民币在世界范围内被广泛用于结算、交易以及作为区域性的金融交易货币，满足我国经济发展所需要的适度外汇储备规模相应地大幅减少。为了准确地反映这一阶段外汇储备的适度规模，我们分正常、乐观和悲观三种情况对适度规模进行测度。

在这一阶段，模型的预测变量需要进行一些相应的调整。

发达国家（虚拟变量）：发展中国家过渡到发达国家需要较长的时间，按照我国的经济增长速度以及经济结构，我们预测即使我国 GDP 增长速度能维持在当前的发展水平，但我国人均的 GDP 水平还离世界主要的发达国家还有不小的距离，因此对于发达国家这一变量而言，我们预计中国在 2030 年之前仍然是欠发达国家，"发达国家"这一虚拟变量的值为 0。

贸易占 GDP 的比例：作为世界主要的贸易国家，中国在加入世界贸易组织的近 10 年内，进出口贸易总额保持了快速增长态势，贸易额占 GDP 的比例，从 2001 年的 44.2% 上升到了 2006 年的最高点 72.1%，由于次贷危机的冲击，我国对外出口在 2008 年后半年和 2009 年初急剧下滑，贸易占 GDP 的比例在 2009 年回落到 68.4%。虽然受到了多次外部负面冲击的影响，最近这几年内贸易占 GDP 的比例年复合增长率为 5.6%。和其他几个贸易大国进行比较，中国现在对外贸易总额占 GDP 比重已经比较高，中国现在正在进行经济结构调整，重点扩大内需，逐渐降低 GDP 对出口的依存度，但这却是一个长久的过程。故而我们预测中国未来贸易占 GDP 的比值仍然会呈现出一个上升的趋势，但是上升速度会有所下降，因此我们用十年移动平均增长率来预测第一阶段的贸易占 GDP 的比例，而在第二阶段贸易占 GDP 的比例的增长率为十年移动平均增长率的 50%。

金融深化程度：货币供给占 GDP 的比例反映了一国金融市场的深化程度。过去十年中国 M2/GDP 呈现出稳步上升趋势，由于受到金融危机的影响，为了配合积极的宏观调控政策，2009 年银行体系释放了大量的货币，使得货币供应总量出现了一定的过剩。在近期虽然仍然体现出资金短缺问题，主要是由于投资者预期的不确定造成的。从较长期来看，反通货膨胀压力较为明显，这也决定了 M2 不可能出现大幅度的上升，但是为了维持整个国民经济平稳发展的需要，货币供给的增长速度，可能会配合经济增长而适度增长，所以我们未来 M2/GDP 会呈现出一种缓慢上升态势。故我们使用十年移动平均增长率来预测第一阶段 M2/GDP 值。而在第二阶段 M2/GDP 的增长率为十年移动平均增长率的 50%。

汇率的波动性：汇率制度的安排对一国汇率的波动性有较强的影响，特别是在 2005 年汇率制度改革之前，我国的汇率基本上没有变动过，一直维持在 8.28 附近。在 2005 年汇率改革之后，我国的汇率制度由单一盯住美元，变成了盯住一篮子货币，同时，也扩大了波动的区间，因此汇率的波动有一个小幅的上升。我们预计，由于金融市场还不够完善，金融产品的设计和发展相对滞后，我们预计未来 10 年中，我国的汇率将在一个较小的范围内合理波动，但从长期来看波动幅度应当有不断增大的过程。因此，我们考虑了用十年移动平均的方法来预测第一阶段汇率的波动率。从 2021 年起，我们假设人民币汇率的波动性在十年移动平均的基础上再上浮一定的比例，而这一比例在 2030 年之前从 0 开始以每年 1.5% 的速度增加，其后以同样的速度减少到 0。

汇率制度：经过改革开放以来的发展，我国的金融和资本市场已经初具规模，并且朝着国际化和市场化的方向不断深化，同时正在努力地建设全球的金融中心。为了配合全球金融中心的建设，同时让人民币在国际金融和贸易市场上扮演更为重要的角色，我国正在不断地推动人民币国际化，开放资本账户以及国内的金融市场。对于一个国际金融市场而言，一国的货币需要具有较大的浮动空间，才能繁荣市场的交易，同时促进衍生产品的设计和推出，从而推动金融中心的建设。事实证明，最近几年，我国已经在不断加大力度推进人民币国际化进程，推行对外贸易按人民币结算，结算总量也在不断攀升。人民币汇率改革以来，人民币累计升值达 22%，实现了更有浮动的汇率政策。因此，我们采取比较折中的一种估计，预计人民币在未来的十年中会逐渐地走向自由浮动，但是在前五年的过渡时期，汇率更可能保持盯住一篮子货币的管理制度。而在后五年中，中国的外汇管理制度极有可能变成有管理的浮动汇率。因此，在固定汇率这一虚拟变量的构建上，我们以 2015 年为分界线，假定之前为固定汇率制度的安排，而在这之后，实行的是浮动汇率制度的安排。

人民币的国际化程度：沿用前文中关于人民币国际化程度的估计。

金融市场开放程度：根据 2007 年资本项目开放度指数数据，中国的资本项目开放度指数为 -1.1294，在公布数据的 177 个国家中位于开放程度较低的前 69 个国家之中。随着中国改革开放的进一步深化，我们预计到 2020 年之后，我国的金融市场开放程度将达到世界中等水平，即取这 177 个国家 2007 年资本项目开放度指数的中位数 0.139949 作为第二阶段我国金融市场开放程度的预测（见表 8-20）。

表 8-20　　　　适度外汇储备规模估计（2021~2030）　　　单位：10 亿美元

年份	平均		乐观		悲观	
	reserve/GDP	reserve	reserve/GDP	reserve	reserve/GDP	reserve
2021	0.138	1 626.574	0.158	1 867.435	0.119	1 398.538
2022	0.132	1 649.561	0.153	1 914.583	0.112	1 399.402
2023	0.126	1 672.360	0.148	1 962.335	0.106	1 399.678
2024	0.121	1 694.898	0.143	2 010.692	0.100	1 399.283
2025	0.115	1 716.762	0.138	2 059.316	0.094	1 397.791
2026	0.110	1 735.959	0.134	2 105.982	0.088	1 393.484
2027	0.105	1 752.112	0.129	2 150.376	0.083	1 386.000
2028	0.100	1 764.549	0.124	2 191.808	0.078	1 374.760
2029	0.094	1 772.722	0.119	2 229.711	0.072	1 359.320
2030	0.089	1 774.561	0.114	2 261.540	0.067	1 338.134

C. 成熟阶段（2031~2040 年）

在这一阶段中国已经发展成为成熟经济体，中国的经济增长率和世界经济同步增长。反映中国经济基本面的经济变量也出现了相应的调整。

发达国家（虚拟变量）：进入第三阶段（2030~2040 年）后，随着中国经济实力的增强我们将合理预期中国将成为发达国家，故我们将"发达国家"这一变量在第三阶段的取值设定为 1。

贸易占 GDP 的比例：进入第三阶段，贸易不再是中国经济增长的决定因素。但随着中国经济稳步增长，对进出口贸易的需求也会同比例上升，因此，我们假定贸易占 GDP 的比例的增长率为 0。

金融深化程度：在这一阶段，中国金融市场深化程度与发达国家相似，M2 与 GDP 保持同步增长，因此 M2/GDP 比例的增长率为 0。

汇率的波动性：在第三阶段，人民币汇率的波动水平与发达国家相同，假定汇率的波动率为 2%~2.5%。

金融市场开放程度：在第三阶段，我国的金融市场的开放程度将进一步深化，达到较高水平，即取这 177 个国家 2007 年 KAOPEN 指数的上 75% 分位点 2.269346 作为第三阶段我国金融市场开放程度的预测（见表 8-21）。

表 8−21　　　　适度外汇储备规模估计（2036~2040）　　　单位：10亿美元

年份	平均		乐观		悲观	
	reserve/GDP	reserve	reserve/GDP	reserve	reserve/GDP	reserve
2031	0.084	1 769.848	0.108	2 286.987	0.062	1 311.159
2032	0.079	1 758.949	0.103	2 306.466	0.057	1 278.822
2033	0.073	1 741.424	0.098	2 319.302	0.052	1 240.990
2034	0.068	1 716.942	0.092	2 324.891	0.048	1 197.673
2035	0.063	1 685.260	0.087	2 322.663	0.043	1 149.004
2036	0.049	1 337.071	0.064	1 756.860	0.035	955.177
2037	0.046	1 303.024	0.061	1 733.899	0.032	915.722
2038	0.044	1 280.048	0.059	1 721.673	0.030	887.165
2039	0.042	1 265.635	0.057	1 717.938	0.029	866.837
2040	0.041	1 257.843	0.056	1 720.911	0.028	852.733

综合三个阶段的估计结果，我们预测了未来30年中国的适度外汇储备规模。按照我们的估计结果，在人民币国际化的周边化截断。国内金融体系的缺陷和外部经济发展的不确定性，使得人民币国际化的过程充满了不确定性，因此需要大量的外汇储备为人民币提供信用支持，同时防范各种潜在的不利经济冲击。因此，随着人民币国际化探索的深入，我国外汇储备的适度规模将出现较快地增长。在人民币国际化的第二阶段，中国的经济结构已基本转型，人民币已经成为区域性的金融交易和结算货币。随着人民币国际的进一步推进，外汇储备占GDP的比例将出现大幅下滑，但由于中国经济仍处于较快增长的阶段。经济规模扩张增加了对用于日常国际收支的外汇储备的需求，因此，外汇储备规模的绝对量并没有出现下滑，保持了一个较为平稳的增长态势。到2030年，我国外汇储备占GDP的比例大概在8.9%，相应的储备规模约为1.77万亿美元。进入人民币国际化的第三阶段，人民币已经成为世界范围内广泛使用的国际货币和国际重要的储备货币。外汇储备占GDP的比值以及外汇储备的绝对量都会出现明显的下降。到2040年，外汇储备占GDP的比例进一步下降到4.1%，外汇储备的绝对规模大概在1.26万亿美元。

2. 外汇储备战略调整

人民币国际化的过程必然伴随着外汇储备总量和结构上的调整。一方面，随着人民币国际化的推进与经济结构转型，贸易顺差增速将逐步放缓，以人民币结算的国际贸易份额将逐步增加，这使得可预见外汇储备的增量将逐步减少；另一方面，随着人民币的国际化，外汇储备中用于防御货币危机的需求也将大幅减少。

从总量的角度，根据国际货币基金组织的定义，外汇储备是货币当局控制并随时可利用的对外资产，其形式包括货币、银行存款、有价证券、股本证券等，主要用于直接弥补国际收支失衡，或通过干预外汇市场间接调节国际收支失衡等。除上述基本用途外，后来外汇储备还增加了以下职能：干预外汇市场、维护汇率稳定；应对突发事件、防范金融风险；配合货币政策的实施；促进国际金融合作；等等。哈特曼（Hartmann，2002）和泰乌拉斯（Tavlas，1997）指出，货币国际化是一国货币的职能从国内扩展到国外的过程，该货币在国际交易中充当交换手段、计算单位和保值手段。因此，伴随着人民币的不断国际化，人民币在区域甚至全球范围内的可接受性不断增加，必然会逐渐降低我国外汇储备管理的压力，避免积累过多的超额外汇储备，并有效降低外汇储备管理的成本。

从外汇储备的交易性需求来看，外汇储备的主要目的是为了满足日常的国际收支需求。居民需要足够的外汇用于购买所需的产品；进出口企业需要使用外汇来进行对外贸易结算和偿付应收应付款项；政府管理部门需要持有一定规模的外汇储备以稳定汇率，进而促进经济增长。从这个角度看，当一国所发行和流通的货币能在区域甚至全球范围内进行结算并被全球范围内的贸易商所接受时，该国从交易性动机角度需要持有的外币就会相应减少。

从持有外汇储备的预防性动机来看，根据吉多蒂－格林斯潘准则，一国持有的外汇储备规模至少需要满足该国短期外债的偿付，而伴随该国金融市场的开放和证券交易货币的本国化，会使得该国为满足偿付能力而被迫持有的外汇储备减少，从而降低持有多余外储的机会成本。此外，本国货币在国际资本市场交易和结算中的广泛使用从客观上要求本国的金融机构有良好的配套结算和支付系统来满足支付和结算的需要，同时也要求建立健全的风险管理机制以防止国外游资的冲击等外来风险。

最后，货币的国际化会大大降低外汇储备持有的成本。早在1966年，赫勒就指出一国持有的适度外汇储备规模是由外汇持有的成本和收益所决定的。持有外汇储备的成本主要表现为机会成本，即超额外汇储备的持有国会丧失将该笔资产投入其他领域所能获得更高投资回报的机会。在东南亚金融危机之后，大多数亚洲国家采用大量持有外汇储备的方式来防止国外游资的冲击，这使得超额外汇储备的机会成本越来越大。但随着一国货币的国际化和所需外汇储备持有的成本规模的缩小，外汇储备的持有成本也会相应降低。

从外汇储备的构成角度看，目前我国外汇储备中60%以上的资产由美国政府债券和机构债券构成，伴随着美元资产的不断贬值和收益率的下降①，中国的外汇储备面临资产缩水的风险。但在人民币国际化的情况下，我国的外汇储备结构可以进一步调整优化：（1）可以根据贸易对象以及资本流向，更加优化地配置本国的储备资产规模，比如，可以根据贸易伙伴国的规模确定相应的该国货币持有量，在规避金融风险的同时，实现预期收益的最大化；（2）借鉴发达国家经验，在货币国际化的过程中，逐渐减少外汇储备的比例和规模，同时增加黄金储备在国际储备中所占的比重，逐步实现去外汇化的储备战略；（3）加大资源性储备的构建力度，如增加铁矿石、石油以及部分农产品资源的储备，以有效地应对资产价格波动，增加服务于实体经济的能力。

中国是世界第二大经济体，也是全球最大的贸易国家，人民币有条件也应该成为国际结算的主要货币。回顾大国货币崛起的历史，不难发现，美元确立其霸权地位的关键步骤在金本位时代，其国际化的直接基础是庞大的黄金储备，而实质基础则是美国战后首屈一指的经济与军事实力。目前，人民币已经初步具备了国际化的经济基础，而庞大的外汇储备则可作为人民币国际化的信誉保证。在当前"美元本位"尚存的世界，一个可资借鉴的思路是，利用充足的美元储备推动人民币的海外扩张和国际化。具体而言，可通过以下几方面全面推进人民币的国际化战略：（1）从一些规模小、相对落后的经济体开始，分地域逐步放开资本管制，实施人民币自由兑换，首先在中国的邻近地区制造人民币自由兑换和流通的地区；（2）对债务危机国家提供人民币和美元混合的低息长期贷款，逐渐增加人民币贷款的比重，推动人民币的国际使用；（3）提供美元和人民币的捆绑资助，努力参与世界银行、国际货币基金组织以及亚洲开发银行等国际金融机构的日常事务，积极参与国际货币体系的重建；（4）以美元资产有序地推动中国企业的海外并购，努力扩大人民币结算和使用的范围，增加人民币的国际知名度和影响力；（5）大力发展人民币离岸金融市场，对外国机构有条件的开放银行间人民币资本市场，为人民币的国际化奠定坚实的货币金融基础。

在未来四五十年，要实现经济发展的战略转型，中国最需要的是：核心的资源、核心的技术、核心的人才和核心的全球商业网络（陈雨露，2009）。因此，外汇储备的运用必须要服务于国家经济发展的整体战略，这需要在全球范围内获得核心资源并合理配置这些资源。对于外汇储备的战略运用而言，如前文 7.4 节所述，在继续坚持常规外汇储备"安全性、流动性和营利性"三原则的基础上，超额外汇储备的战略运用应着重遵循战略性原则。在基于长远利益的国家战略框架下，中国外汇储备的海外运用应体现两个核心思路：一是利用外汇储备购买各

---

① 自 2008 年 10 月以来美国的 1 年期国库券利率持续走低，收益率降到了 0.39%。

种战略资源，同时进行资源获取、储备和运转的渠道建设，通过金融资本推动建立中国的全球经济网络；二是将第三世界国家作为中国传统制造业产品新的目标市场，通过产品输出对象的转换（即从发达国家转向发展中国家）使中国已经建立的传统制造业优势可以继续维持相当长一段时间，减轻由削减过剩产能带来的经济和就业压力。人民币的国际化战略可在上述过程中同时推动实施。

展望"十二五"及更长远的未来，在保持适度外汇储备规模的基础上，中国超额外汇储备管理的思路应该有所调整，不应单纯强调资产的保值增值，而应更加注重利用外汇储备为国家经济社会的总体发展服务，通过构建长期战略性的投资组合，建立外汇储备转化为国家发展资本的新机制，全面提高中国的国家竞争力。基于此，中国的外汇储备应该更多地被视为一种国家战略工具，而不仅仅只是一种资产。从具体操作来看，可考虑从以下几个方面入手：

（1）进一步加强外汇储备的海外投资力度，推动中国企业走出去。可考虑通过外汇储备注资国有或民营企业，鼓励和支持有实力的企业对外投资和跨国经营。建议由国资委成立一家类似中投的公司，以该公司作为投资平台，从央企或优秀民企的海外投资计划中筛选合适的项目，直接将外汇储备作为资本金注入获得股权，并将该笔外汇形式注入的资本金定向投入海外投资项目中去。在海外投资的过程中，可采取多种方式，逐渐突破发达国家对中国的高科技产品的出口管制，加大高新技术产品的进口，也可以考虑在海外成立专门的研究机构和实验室，聘用海外的高科技人才进行相关技术研发。

（2）利用外汇储备加强资源导向型的资本输出，加快实施全球资源配置战略。加大重要战略性资源的投资力度，做好关系国家经济命脉的国内紧缺矿产的储备，如石油、铜、铁矿石、铝、钾盐等，同时加强煤、钨、锡、稀土等优势矿产的资源储备。可考虑与非洲、中东和拉美等资源丰富的国家合作开发矿产、石油资源，或采用对发展中国家有偿贷款的模式签订以资源抵偿债务的协议，还可以通过国有公司或国有金融机构置换外汇资产，进行海外资源的合作开发。在海外收购资源时，中国企业可以考虑建立财团式的投资团体，注意加强与东道国财团的合作，以改变东道国态度，提高投资的成功率。

（3）利用外汇储备推动劳动密集型的资本输出，实现传统产业链向下游国家的延伸。由于技术限制和就业压力，中国产业结构的转型需要一个过程，这使得目前的过剩产业很难实现"一步到位"式的清理。但如果这部分产能能够转移至广大发展中国家，那么不仅可以为中国产业结构的调整和升级赢得更多的时间和空间，还可以平滑产业转型过程中的经济波动，并缓解就业压力。一方面，可考虑将中国的劳动密集型产业有序地向周边发展中国家（如老挝、缅甸、泰国等）转移，将当地的廉价劳动力和我国的资本及产业经验有效结合，维持和巩固我国劳动密集型产业的生产优势。另一方面，可考虑在非洲和中东等地区实施数千亿美元的"马歇尔式"振兴计划，以金融输出的模式推动外汇储备的对外战略投资，同时推动中国商品输出和人民币的国际化。

（4）创新外汇储备在国际金融合作中的应用。中国外汇储备在国际金融合作中的运用，不应仅仅局限于被动向国际货币基金组织注资，而应该直接转向兼具金融资本运作和实体投资功能的新型合作模式，并充分体现中国对这些机构的话语权和控制力。根据这一思路，在亚洲，可考虑发起设立亚洲基础设施投资银行和亚洲农业投资银行，加快建设覆盖整个亚洲的现代综合运输体系和现代大型农业生产基地；在非洲和拉美等其他地区，可考虑合资成立或者参股当地的金融机构，通过金融资本参与当地经济建设，在分享经济收益的同时推动国家货币金融战略的实现。

※本章基本结论※

1. 2008年的美国次贷危机不仅重创了全球经济和金融体系，而且还通过美元主导的国际体系对新兴市场国家和发展中国家产生了严重的负面影响。美元主导的国际货币体系使得全球的资产配置围绕美元资产展开，风险的高度集中使得美国经济和金融市场的任何风吹草动都有可能引发国际金融市场的不稳定性。危机后，随着发达经济体实力的逐渐衰弱和以中国为代表的新兴市场国家的不断崛起，国际货币体系的改革将朝着多元化发展的方向稳步前行，这为人民币的国际化提供了历史性契机。

2. 一国货币要想成为国际储备货币，完成货币国际化进程，需要具备雄厚的经济基础和综合国力、统一而稳定的政治环境、规模巨大的国际贸易、极具广度和深度的金融市场以及稳定的对内与对外价值等条件。从英镑、美元、欧元、马克等国货币的国际化历程来看，货币的国际化大致需要经历三个阶段：一是从国内支付手段或交易货币上升为区域贸易和国际贸易结算货币；二是从贸易结算货币上升为金融交易货币和国际大宗商品计价货币；三是从金融交易货币提升为主要国际储备货币。英镑和美元成为国际主要储备货币分别用了55年和50年。

3. 根据历史经验，人民币国际化将是一个渐进而长远的过程。从长期来看，中国应当在未来30年通过两个"三步走"战略来实现人民币国际化。在人民币崛起的使用范围上，第一个十年是"周边化"，即完成人民币在周边国家和地区的使用；第二个十年是"区域化"，即完成人民币在整个亚洲地区使用；第三个十年是"国际化",使人民币成为全球范围内的关键货币。在人民币充当世界货币的功能上,第一步是"贸易结算化",即人民币在贸易结算中充当国际结算货币;第二步是"金融投资化",即人民币在国际投资领域中作为投资货币;第三步是"国际储备化",即人民币成为国际最重要的储备货币之一。

4. 人民币国际化的不断推进将会逐渐改变现有的美元独大的国际货币体系格局,促使国际货币体系向多极化方向发展。这一变革过程会对中国的外汇储备管理产生深远的影响:一方面,国际货币体系的变化改变了储备货币、结算货币以及交易货币的构成,一国必须对外汇储备的结构进行相应的调整;另一方面,随着人民币国际化的不断深入,人民币自然会更多地参与到国际贸易结算中,成为参与国际金融市场运作的重要币种,从而使得日常对外经济活动所需的外汇储备大幅减少,其管理规模和结构也会相应的发生变化。

5. 通过对 2010~2040 年的数据进行测算,人民币国际化可分为三个阶段:2011~2020 年为第一阶段,2021~2030 年为第二阶段,2031~2040 年为第三阶段。对于人民币国际化进程中的外汇储备需求,本章的研究表明,在人民币国际化的前两个阶段,仍需要充足的外汇储备以应对国际化过程中的不确定性;但到了人民币国际化的第三阶段,随着人民币成为国际重要储备货币,对外汇储备的需求将逐渐降至 GDP 的 4% 左右。

6. 对于人民币国际化视野下的外汇储备战略而言,最核心的问题是如何充分利用庞大的外汇储备资源,以人民币国际化为契机和载体,推动实施中国的全球发展战略。目前可考虑从以下五个方面入手:一是从周边一些小型经济体开始,逐步放开资本管制,实现人民币自由兑换,形成区域性的人民币自由流通区;二是对债务危机国家提供人民币和美元混合的低息长期贷款,并通过逐渐增加人民币贷款的比重来推动人民币在欧美地区的使用;三是通过提供美元和人民币的"捆绑资助",努力参与世界银行、IMF 和亚洲开发银行等国际机构的改革,逐步提升人民币的国际话语权;四是大力推动中国企业海外并购,努力扩大人民币结算和使用的范围,为人民币国际化奠定坚实的经济基础;五是积极发展人民币离岸金融市场,增强人民币在国际金融市场的影响力。

参 考 文 献

中文部分：

[1] 陈雨露. 后危机时期货币金融稳定的新框架 [J]. 中国金融, 2009 (16).

[2] 陈雨露, 罗煜. 金融开放与经济增长: 一个述评 [J]. 管理世界, 2007 (4).

[3] 陈雨露, 马勇. 转轨经济中的银行监管代理关系与监管者自利 [J]. 经济理论与经济管理, 2007 (7).

[4] 陈雨露, 马勇. 现代金融体系下的中国金融业混业经营: 路径、风险与监管体系 [M]. 北京: 中国人民大学出版社, 2009.

[5] 陈雨露, 马勇. 社会信用文化、金融体系结构与金融业组织形式 [J]. 经济研究, 2008 (3).

[6] 陈雨露, 马勇. 混业经营与金融体系的稳定性: 基于银行危机的全球实证分析 [J]. 经济理论与经济管理, 2008 (3).

[7] 陈雨露, 马勇. 中国金融业混业经营中的开放保护与国家控制 [J]. 财贸经济, 2008 (3).

[8] 陈雨露, 马勇. 重新解读现代金融体系: 理论诠释及基于中国国家禀赋的现实选择 [J]. 货币金融评论, 2008 (4).

[9] 陈雨露, 马勇. 基于全球视角的金融服务业组织形式变迁与金融监管体系选择 [Z]. 载于《中国金融服务理论前沿 (5)》, 何德旭, 张军洲主编, 2008.

[10] 陈雨露, 马勇. 金融体系结构与金融危机 [J]. 金融评论, 2009 (1).

[11] 陈雨露, 马勇. 金融自由化、国家控制力与发展中国家的金融危机 [J]. 中国人民大学学报, 2009 (3).

[12] 陈雨露, 马勇. 金融危机应对政策的有效性: 基于40起事件的实证研究 [J]. 财贸经济, 2011 (1).

[13] 陈雨露, 马勇. 中国金融体系大趋势 [M]. 北京: 中国金融出版社,

2011.

[14] 陈雨露，马勇. 泡沫、实体经济与金融危机：一个周期分析框架 [J]. 金融监管研究，2012 (1).

[15] 陈雨露，马勇. 最优银行集中度之谜 [J]. 金融论坛，2012 (3).

[16] 陈雨露，马勇. 宏观审慎监管：目标、工具与相关制度安排 [J]. 经济理论与经济管理，2012 (3).

[17] 陈雨露，马勇. 中央银行的宏观监管职能：经济效果与影响因素分析 [J]. 财经研究，2012 (5).

[18] 陈雨露，马勇. 货币与财政政策后续效应评估：40次银行危机样本 [J]. 改革，2012 (5).

[19] 陈雨露，马勇，李濛. 金融危机中的信息机制：一个新的视角 [J]. 金融研究，2010 (3).

[20] 陈雨露，马勇，杨栋. 农户类型变迁中的资本机制：假说与实证 [J]. 金融研究，2009 (4).

[21] 陈雨露，马勇. 大金融论纲 [M]. 北京：中国人民大学出版社，2013.

[22] 陈雨露，吴施颖，马勇. 银行效率的决定因素：跨国实证 [J]. 当代经济科学，2012 (1).

[23] 陈雨露，张成思. 全球新型金融危机与中国外汇储备管理的战略调整 [J]. 国际金融研究，2008 (11).

[24] 戴志辉，滕昕. 中国外汇储备阶段性增长的理论分析 [J]. 北京航空航天大学学报（社会科学版），2006 (3).

[25] 窦祥胜. 国际收支调节与国际储备需求的经济分析 [J]. 财经研究，2002 (3).

[26] 范爱军. 金融危机的国际传导机制探析 [J]. 世界经济，2001 (6).

[27] 房永旭. 我国外汇储备过快增长的利弊分析 [J]. 现代商业，2008 (17).

[28] 高丰，于永达. 中国外汇储备对经济的影响及适度规模分析 [J]. 金融与经济，2003 (6).

[29] 郝洁. 资本流动对我国外汇储备的影响 [J]. 经济问题，2007 (1).

[30] 何德旭. 中国金融服务理论前沿 [M]. 北京：社会科学文献出版社，2008.

[31] 何德旭，张捷. 经济周期与金融危机：金融加速器理论的现实解释 [J]. 财经问题研究，2009 (10).

[32] 何帆，张明. 美国次贷危机是如何酿成的 [J]. 求是，2007 (20).

[33] 贺力平. 东亚经济体外汇储备与国际金融危机 [J]. 当代亚太, 2008 (6).

[34] 何玉斌. 浅谈近期我国通货膨胀的原因及对策 [J]. 科技情报开发与经济, 2008 (23).

[35] 胡援成. 经常项目逆差会导致货币危机吗 [J]. 当代财经, 2005 (3).

[36] 胡援成. 我国外汇储备适度规模的再探讨 [J]. 金融与保险, 1997 (7).

[37] 蒋序怀, 吴富佳, 金桩. 当前资本市场的风险传导机制——基于传染效应的实证分析 [J]. 财经科学, 2006 (2).

[38] 金艳平, 唐国兴: 我国外汇储备币种结构探讨 [J], 上海金融, 1997 (5).

[39] 金洪飞. 货币危机对产出的影响——一个货币危机的综合模型 [J]. 财经研究, 2004 (4).

[40] 金洪飞, 姜诚. 关于货币危机后经济衰退的经验分析 [J]. 财经研究, 2005 (10).

[41] 金洪飞, 李子奈. 资本流动与货币危机 [J]. 金融研究, 2001 (12).

[42] 孔立平. 对外汇储备适度规模的分析: 理论方法与中国实证 [J]. 重庆工商大学学报 (西部论坛), 2007 (1).

[43] 林毅夫, 孙希芳, 姜烨. 经济发展中的最适金融结构理论初探 [J]. CCER 研究论文, 2006 (6).

[44] 李心丹, 傅浩. 国外金融体系风险理论综述 [J]. 经济学动态, 1998 (1).

[45] 李振勤, 孙瑜. 中国外汇储备的组成与出路 [J]. 凤凰周刊, 2003 (125).

[46] 李巍, 张志超. 一个基于金融稳定的外汇储备分析框架——兼论中国外汇储备的适度规模 [J]. 经济研究, 2009 (8).

[47] 刘斌. 人民币自由兑换的外汇储备要求 [J]. 财经研究, 2000 (11).

[48] 刘力臻, 王立荣. 外汇储备适度规模探索 [J]. 东北师大学报 (哲学社会科学版), 2009 (3).

[49] 刘源清. 人民币升值对房地产市场的影响 [J]. 合作经济与科技, 2008 年 (12).

[50] 刘莉亚, 任若恩. 银行危机与货币危机共生性关系的实证研究 [J]. 经济研究, 2003 (10).

[51] 刘明兴, 罗俊伟. 金融危机理论综述 [J]. 经济科学, 2000 (4).

[52] 刘世定. 危机传导的社会机制 [J]. 社会学研究, 2009 (2).

[53] 刘海虹. 银行危机与商业银行流动性问题研究 [J]. 财贸经济, 1999 (1).

[54] 马勇. 金融结构、银行发展与经济增长 [J]. 财经科学, 2010 (2).

[55] 马勇. 现代金融危机的基本机制: 文献述评 [J]. 金融评论, 2010 (6).

[56] 马勇. 监管独立性、金融稳定与金融效率 [J]. 国际金融研究, 2010 (11).

[57] 马勇. 系统性金融风险: 一个经典注释 [J]. 金融评论, 2011 (4).

[58] 马勇. 究竟是什么决定了一国的金融体系结构 [J]. 财经研究, 2012 (1).

[59] 马勇. 宏观经济理论中的金融因素: 若干认识误区 [J]. 金融评论, 2012 (3).

[60] 马勇, 陈雨露. 农村金融中的政府角色: 理论诠释与中国的选择 [J]. 经济体制改革, 2009 (4).

[61] 马勇, 陈雨露. 作为"边际增量"的农村新型金融机构: 几个基本问题 [J]. 经济体制改革, 2010 (1).

[62] 马勇, 陈雨露. 资本账户开放与系统性金融危机 [J]. 当代经济科学, 2010 (1).

[63] 马勇, 陈雨露. 究竟是什么决定了一国银行业的发展 [J]. 财经研究, 2010 (8).

[64] 马勇, 杨栋, 陈雨露. 信贷扩张、监管错配与金融危机: 跨国实证 [J]. 经济研究, 2009 (12).

[65] 马杰, 任若恩. VaR方法在外汇风险管理中的应用 [J]. 北京航空航天大学学报 (社会科学版), 2000 (3).

[66] 马之騆. 发展中国家的国际储备需求研究 [M]. 上海: 华东师范大学出版社, 1993.

[67] 潘则均. 外汇储备、产业升级与海外产业投资基金——试论海外产业投资基金在外汇储备与产业升级间的桥梁作用 [J]. 北方经济, 2007 (3).

[68] 乔涤卓. 东南亚金融危机的贸易传染效应分析 [J]. 世界经济研究, 2005 (19).

[69] 奚君羊. 资本流动对人民币汇率的影响 [J]. 国际金融研究, 2008 (2).

[70] 秦朵. 外贸与金融传染效应在多大程度上导致了韩国1997年的货币

危机 [J]. 世界经济, 2000 (8).

［71］仇华飞. 对引发墨西哥金融危机原因的再认识 [J]. 世界经济研究, 2009 (7).

［72］曲昭光, 马宇. 银行危机的形成及引发货币危机的传递途径 [J]. 金融论坛, 2002 (3).

［73］宋丽莎. 外汇储备对我国经济发展的影响 [J]. 边疆经济与文化, 2006 (7).

［74］宋海燕. 金融渠道的危机传染及其防范机制 [J]. 南开经济研究, 2003 (4).

［75］唐鸣凤. 九十年代我国外汇储备增长的原因及影响 [J]. 鞍山钢铁学院学报, 1997 (4).

［76］陶长高. 银行业危机: 金融泡沫视角的分析 [J]. 金融论坛, 2005 (6).

［77］汪丁丁. 经济学理性主义的基础 [J]. 社会学研究, 1998 (2).

［78］王定芳, 缪谦. 金融危机对经济影响的文献综述 [J]. 金融经济, 2009 (12).

［79］王广谦. 二十世纪西方货币金融理论研究进展与述评 [M]. 北京: 经济科学出版社, 2003.

［80］王国林. 我国对外储备适度状况定量分析 [J]. 对外开放, 2001 (5).

［81］王国林. 外汇储备的国际比较分析 [J]. 国际金融研究, 2003 (7).

［82］王国林. 关键货币汇率变动对我国外汇储备规模的影响 [J]. 世界经济与政治论坛, 2005 (5).

［83］韦艳华, 齐树天. 亚洲新兴市场金融危机传染问题研究——基于Copula 理论的检验方法 [J]. 国际金融研究, 2008 (9).

［84］武剑. 我国外汇储备规模的分析与界定 [J]. 经济研究, 1998 (6): 24 - 28.

［85］吴航. 试论我国金融危机预警系统指标体系的建立 [J]. 上海金融, 2000 (1).

［86］吴丽华. 我国适度外汇储备量的模型与外汇储备的管理 [J]. 厦门大学学报, 1997 (4).

［87］韦森. 货币、货币哲学与货币数量论 [J]. 中国社会科学, 2004 (4).

［88］韦森. 经济学的性质与哲学视角审视下的经济学——一个基于经济思想史的理论回顾与展望 [J]. 经济学 (季刊), 2007 (6卷3期).

［89］肖德, 陈同和. 西方国际金融危机理论的比较研究 [J]. 世界经济,

2000（10）.

[90] 肖晓勇，徐俊武．人民币升值条件下的外汇储备管理——来自国际的经验[J]．北方经济，2007（07）.

[91] 邢大伟．影响我国外汇储备适度规模诸因素的实证研究[J]．商业研究，2006（20）.

[92] 许承明．世界外汇储备结构变化的原因分析[J]．世界经济文汇，2001（4）.

[93] 许承明．中国的外汇储备问题[M]．北京：中国统计出版社，2003.

[94] 许国林．论高关税政策与近代美国的崛起[J]．北京商学院学报，2001（03）.

[95] 徐永久．外汇储备持有量－适度量模型及其应用分析[J]．财经理论与实践，2002（06）.

[96] 于淑静．探析中国国际收支双顺差成因及对策[J]．北方经济，2007（02）.

[97] 袁江、张成思．强制性技术变迁、不平衡增长与中国经济周期模型[J]．经济研究，2009（12）.

[98] 曾康霖．金融危机理论及其研究方法[J]．财经科学，2000（4）.

[99] 张成思．随机波动与经济周期平稳化研究[J]．财贸经济，2010（1）.

[100] 张成思．中国宏观经济波动的结构性转变与启示[J]．经济理论与经济管理，2010（1）.

[101] 张成思．随机冲击、货币政策与经济周期波动[J]．中国人民大学学报，2010（8）.

[102] 张成思．货币政策传导机制研究新前沿[J]．国际经济评论，2010（5）.

[103] 张卫东，黄晓钢等．货币危机传染性与金融风险防范[J]．世界经济文汇，2000（1）.

[104] 张晓晶．主流宏观经济学的危机与未来[J]．经济学动态，2009（12）.

[105] 张永鹏，周木生．我国外汇储备合理规模的分析与界定[J]．重庆师范学院学报（自然科学版），2002（01）.

[106] 张志超．最优国际储备理论与测度：文献综述[J]．华东师范大学学报（哲学社会科学版），2009（2）.

[107] 朱波，范方志．金融危机理论与模型综述[J]．世界经济研究，2005（6）.

中译部分：

[1][英]约翰·梅纳德·凯恩斯（John Maynard Keynes, 1936）. 就业、利息与货币通论[M]. 高鸿业译, 北京：商务印书馆, 1999。

[2][英]阿尔弗雷德·马歇尔（Alfred Marshall, 1923）. 货币、信用与商业[M]. 叶元龙, 郭家麟译, 北京：商务印书馆, 1997。

[3][英]莱昂内尔·罗宾斯（Lionel Charles Robbins, 1935）. 经济科学的性质和意义[M]. 朱泱译, 北京：商务印书馆, 2007 年。

[4][英]莱昂内尔·罗宾斯（Lionel Charles Robbins, 1979）. 经济思想史：伦敦经济学院讲演录[M]. 杨玉生译, 北京：中国人民大学出版社, 2008。

[5][英]杰弗里·霍奇逊（Geoffrey M. Hodgson, 2001）. 经济学是如何忘记历史的：社会科学中的历史特性问题[M]. 高伟等译, 北京：中国人民大学出版社, 2009。

[6][英]卡萝塔·佩蕾丝（Carlota Perez, 2002）. 技术革命与金融资本[M]. 田方萌等译, 北京：中国人民大学出版社, 2007。

[7][美]查尔斯·金德尔伯格（Charles P. Kindleberger, 1978）. 疯狂、惊恐和崩溃：金融危机史[M]. 朱隽, 叶翔译, 北京：中国金融出版社, 2007。

[8][美]米尔顿·弗里德曼, 安娜·施瓦茨（Milton Friedman, Anna J. Schwartz, 1963）. 美国货币史（1867–1960）[M]. 巴曙松等译, 北京：北京大学出版社, 2009。

[9][美]约瑟夫·熊彼特（Joseph Schumpeter, 1939）. 经济周期循环论[M]. 叶华编译, 北京：中国长安出版社, 2009 年。

[10][美]海曼·明斯基（Hyman P. Minsky, 1986）. 稳定不稳定的经济——一种金融不稳定视角[M]. 石宝峰、张慧卉译, 北京：清华大学出版社, 2010。

[11][美]托马斯·谢林（Thomas C. Schelling, 1978）. 微观动机与宏观行为[M]. 谢静、邓子梁、李天有译, 北京：中国人民大学出版社, 2005。

[12][美]富兰克·奈特（Frank Hyneman Knight, 1921）. 风险、不确定性和利润[M]. 王宇、王文玉译, 北京：中国人民大学出版社, 2005。

[13][德]鲁道夫·希法亭（Rudolf Hilferding, 1910）. 金融资本[M]. 福民等译, 北京：商务印书馆, 2007。

[14][奥]路德维希·冯·米塞斯（Ludwig von Mises, 1922）. 社会主义：经济与社会学的分析[M]. 王建民等译, 北京：中国社会科学出版社, 2008。

[15][奥]路德维希·冯·米塞斯（Ludwig von Mises, 1990）. 货币、方法与市场过程[M]. 戴忠玉、刘亚平译, 北京：新星出版社, 2007。

［16］［奥］弗里德里希·冯·哈耶克（Friedrich von Hayek，1976）．货币的非国家化［M］．姚中秋译，北京：新星出版社，2007。

［17］［瑞典］克努特·维克塞尔（Knut Wicksell，1898）利息与价格，蔡受白、程伯为译，北京：商务印书馆，1997。

［18］［挪威］拉斯·特维德（Las Tvede，2002）．金融心理学［M］．周为群译，北京：中国人民大学出版社，2003。

英文部分：

［1］Abreu, D. 1988, On the theory of infinitely repeated games with discounting, Econometrica, (56)：383 – 396.

［2］Acharya V, 2001, A theory of systemic risk and design of prudential bank regulation, paper for conference on "Banks and systemic risk" held at the Bank of England, May, 23 – 25.

［3］Agénor, P. R. and R. P. Flood, 1994, Macroeconomic Policy, Speculative Attacks, and Balance of Payments Crises. in Handbook of International Macroeconomics, ed. by F. van der Ploeg (Oxford：Basil Blackwell), 224 – 250.

［4］Agénor, P. R., J. S. Bhandari and R. P. Flood, 1992, . Speculative Attacks and Models of Balance of Payments Crises., IMF Staff Papers, 39 (2), 357 – 394.

［5］Agénor, P. R., M. Miller, D. Vines and A. A. Weber (eds.), 1999, The Asian Financial Crisis：Causes, Contagion and Consequences. (Cambridge, UK：Cambridge University Press).

［6］Aghion, P., P. Bacchetta and A. Banerjee, 1999, Capital Markets and the Instability of Open Economies. in The Asian Financial Crisis：Causes, Contagion and Consequences, ed. by P. R. Agénor, M. Miller, D. Vines, A. A. Weber (Cambridge, UK：Cambridge University Press), 167 – 190.

［7］Aghion, P., P. Bolton and M. Dewatripont, 1999, Contagious Bank Failures, paper presented at the Centre for Financial Studies Conference . Systemic Risk and Lender of Last Resent Facilities. 11 – 12 June 1999, Frankfurt.

［8］Aglietta, M. and P. Moutot, 1993, Le risque de système et sa prévention. Cahiers Economiques et Monétaires (Banque de France), 41, 21 – 53.

［9］Aharony, J. and I. Swary, 1983, Contagion Effects of Bank Failures：Evidence from Capital Markets. Journal of Business, 56 (3), 305 – 317.

［10］Aigbe, Jef Madura., 2001, Why Do Contagion Effects Vary Among Bank Failure, Journal of Banking &Finance, 657 – 680.

[11] Aizenman. 2007, International Reserves, Princeton Encyclopedia of the World Economy, New Jersey: Princeton University Press.

[12] Aizenman. 2008, Large Hoarding of International Reserves and the Emerging Global Economic Architecture, The Manchester School, 76 (15).

[13] Aizenman, Lee, Rhee, 2007, International Reserves Management and Capital Mobility in a Volatile World: Policy Considerations and a Case Study of Korea, Journal of the Japanese and International Economies, 21 (1).

[14] Aizenman, Marion. 2004, International Reserve Holdings with Sovereign Risk and Costly Tax Collection, Economic Journal, (1): 114 - 497.

[15] Akerlof, G., 1970, The Market for Lemons: Quality Uncertainty and the Market Mechanism, Quarterly Journal of Economics, 84, 488 - 500.

[16] Allen, F. and D. Gale, 1998, Optimal Financial Crises, Journal of Finance, 53 (4), 1245 - 1284.

[17] Allen, F. and D. Gale, 2000a, Financial Contagion, Journal of Political Economy, 108 (1), 1 - 33.

[18] Allen, F. and D. Gale, 2000b, Bubbles and Crises, Economic Journal 110: 236 - 255.

[19] Allen, F. and D. Gale, 2004, Financial Intermediaries and Markets, Econometrica 72, 2004, 1023 - 1061.

[20] Angelini, P., 1998, An Analysis of Competitive Externalities in Gross Settlement Systems, Journal of Banking and Finance, 22, 1 - 18.

[21] Avery, C. and P. Zemsky, 1998, Multidimensional Uncertainty and Herd Behavior in Financial Markets, American Economic Review 88, 724 - 748.

[22] Avraham, Ben - Bassat. 1980, The Optimal Composition of Foreign Exchange Reserves, Journal of International Economics, (10): 285 - 295.

[23] Avraham, Ben - Bassat. 1984, Reserve - Currency Diversification and the Substitution Account, Princeton Studies in International Finance, (53).

[24] Bagehot, Wter., 1873, Lombard Street: A Description of the Money Market, London: H. S. King.

[25] Baig, T. and I. Goldfajn, 1998, Financial Market Contagion in the Asian Crisis. IMF Working Paper, WP/98/155 (Washington, DC: International Monetary Fund, November).

[26] Banerjee, A. V., 1992, A Simple Model of Herd Behaviour. Quarterly Journal of Economics, 107 (3), 797 - 811.

[27] Barth, James R; Caprio, G J. and Levine, R., 2000, Banking Systems Around the Globe: Do Regulation and Ownership Affect Performance and Stability? The World Bank Working Paper.

[28] Bartholomew, P. F. and G. G. Kaufman, eds., 1995, Banking, Financial Markets and Systemic Risk. Research in Financial Services: Private and Public Policy, 7 (Greenwich, CN: JAI Press).

[29] Bartholomew, P. F and G. W. Whalen, 1995, Fundamentals of Systemic Risk., in Banking, Financial Markets and Systemic Risk, Research in Financial Services: Private and Public Policy, 7 (Greenwich, CN: JAI Press), 3–17.

[30] Baumo W. 1952, The Transactions Demand for Cash: An Inventory Theoretic Approach, Quarterly Journal of Economics, (1) 66.

[31] Ben–Bassat A. and Gottlieb D. 1992, Optimal International Reserves and Sovereign Risk [J]. Journal of International Economics, 33.

[32] Ben–Bassat A. and Gottlieb D., 1992, On the Effect of Opportunity Cost on International Reserve Holdings, The Review of Economics and Statistics, 1 (74).

[33] Beck, Thorsten; Demirg–Kunt, Asli and Maksimovic, Vojislav., 2004, Bank Competition and Access to Finance: International Evidence, Journal of Money, Credit and Banking, June.

[34] Beeby M., Hall S., Henry S. and Marcet A. 2003, Expectations Formation and the 1990s ERM Crisis, mimeo, CIM Oxford University.

[35] Bennett, P. and J. Kelleher, 1988, The International Transmission of Stock Price Disruption in October 1987, Quarterly Review (Federal Reserve Bank of New York), Summer, 17–33.

[36] Bensaid, B. and O. Jeanne, 1997, The Instability of Fixed Exchange Rate Systems when Raising the Nominal Interest Rate is Costly. European Economic Review, 41, pp. 1461–1478.

[37] Benston, G. J., R. Eisenbeis, P. Horvitz, E. Kane and G. Kaufman, 1986, Perspectives on Safe and Sound Banking: Past, Present and Future. (Cambridge, MA: MIT Press).

[38] Bernanke, B. S., 1983, Nonmonetary Effects of the Financial Crisis in the Propagation of the Great Depression. American Economic Review, 73 (3), 257–276.

[39] Bernanke, B. S., 1990, Clearing and Settlement during the Crash. Review of Financial Studies, 3 (1), 133–151.

[40] Bernanke, B. S. and M. Gertler, 1990, Financial Fragility and Economic

Performance., Quarterly Journal of Economics, 105（1）, 87 – 114.

［41］Bernanke, B. S., and M. Gertler, 1989, Agency Costs, Net Worth, and Business Fluctuations. American Economic Review, 79, 14 – 31.

［42］Bernanke, B. S. and M. Gertler, 1999, Monetary Policy and Asset Price Volatility, Federal Reserve Bank of Kansas City Economic Review, Vol.84（4）, 17 – 51.

［43］Bernanke, B. S., M. Gertler and S. Gilchrist, 1996, The Financial Accelerator and the Flight to Quality. Review of Economics and Statistics, 78, 1 – 15.

［44］Bernanke, B. S., M. Gertler and S. Gilchrist, 1999, The Financial Accelerator in a Quantitative Business Cycle Framework. in Handbook of Macroeconomics, I, ed. by J. B. Taylor and M. Woodford（Amsterdam：Elsevier）.

［45］Bernardo, A E. and I Welch, 2004, Liquidity and Financial Market Runs, Quarterly Journal of Economics, 199（1）, 135 – 158.

［46］Bhagwati, Jagdish, 1998, The Capital Myth：The Difference between Trade in Widgets and Trade in Dollars, Foreign Affairs 77, pp. 7 – 12.

［47］Bhattacharya, S. and A. Thakor, 1993, Contemporary Banking Theory, Journal of Financial Intermediation, 3, 2 – 50.

［48］Bikhchandani, S. and Sharma. S., 2000, Herd Behavior in Financial Markets：A Review, Working Paper of IMF（WP/00/48）, 14 – 27.

［49］Binmore K. 1990, Essays on the foundations of game theory, Oxford：Basil Blackwell.

［50］Boot. A. and A V. Thakor, 1993a, Self-interested bank regulation, American Economic Review 83：206 – 212.

［51］Boot, A. and A. Thakor, 1993b, Bank Regulation, Reputation and Rents：Theory and Policy. in Capital Markets and Financial Intermediation, ed. by C. Mayer and X. Vives（Cambridge：Cambridge University Press）.

［52］Bordo, M. D., 1990, The Lender of Last Resort：Alternative Views and Historical Experience, Federal Reserve Bank of Richmond Economic Review, 76（1）, 18 – 29.

［53］Bordo, M. D., 2008, An historical perspective on the crisis of 2007 – 2008, NBER Working Paper, 14569.

［54］Bordo, M D. and Jeanne, Olivier. 2002, Monetary Policy and Asset Prices：Does "Benign Neglect" Make Sense, http：//econweb. rutgers. edu/bordo/Bordo Jeanne. pdf.

［55］Borio, C. E. V. and P. Van den Bergh, 1993, The Nature and Management of Payment System Risks: An International Perspective., BIS Economic Papers, no. 36 (Basle: Bank for International Settlements, February).

[56] Borio, C, Furfine, C. and P. Lowe, 2001. Procyclicality of the financial system and financial stability: issues and policy options, BIS Papers No. 1, March.

[57] Borio, C. E. V. and Philip Lowe., 2002, Asset Price, Financial and Monetary Stability: Exploring the Nexus, Bank for International Settlements, Working Paper, No. 114.

[58] Boyer, B., M. Gibson and M. Loretan, 1997, Pitfalls in Tests for Changes in Correlations, International Finance Discussion Paper, no. 5 – 97 (Washington, DC: Board of Governors of the Federal Reserve System, December).

[59] Boyer, Kumagai and Yuan, 2006, How do crises spread? Evidence from accessible and inaccessible stock indices, Journal of Finance 61 (2): 957 – 1003.

[60] Boyd, John, Gianni De Nicolò and Elena Loukoianova, 2009, Banking Crises and Crisis. Dating: Theory and Evidence, IMF Working Paper 09/141.

[61] Brenan, M., 1993, Agency and asset prices, Financial working paper, UCLA.

[62] Brunnermeier, M., 2009, Deciphering the liquidity and credit crunch 2007 – 2008, Journal of Economic Perspectives 23 (1): 77 – 100.

[63] Brunnermeier and Pedersen., 2009, Market liquidity and funding liquidity, Review of Financial Studies 22 (6): 2201 – 2238.

[64] Brusco and Castiglionesi, 2007, Liquidity coinsurance, moral hazard, and financial contagion, The Journal of Finance62 (5): 2275 – 2302.

[65] Buch, Chudia and Heinrich, Ralph, 1999, Twin Crisis and the Intermediary Role of Banks, International Journal of Finance and economics, October, 313 – 324.

[66] Burnside. Eichenbaum, 2000, On the Fundamentals of Self-fulfilling Speculative Attacks, Rochester Center for economic Research Working Paper, February, No. 468.

[67] Burnside, Craig, Martin Eichenbaum, and Sergio Rebelo., 2001, Prospective De. cits and the Asian Currency Crisis, Journal of Political Economy 109, 1155 – 1197.

[68] Bussire M., Mulder C.. 1999, External Vulnerability in Emerging Market Economies: How High Liquidity Can Offset Weak Fundamentals and the Effects of Contagion, IMF Working Paper.

[69] Calomiris, Charles and Gary Gorton, 1991, The Origin of Banking Pan-

ics: Models, Facts, and Bank Regulation, in Glenn Hubbard ed. Financial Markets and Financial Crises. The University of Chicago Press.

[70] Calomiris, C. W. and J. R. Mason, 1997, Contagion and Bank Failures During the Great Depression: The June 1932 Chicago Banking Panic. American Economic Review, 87 (5), 863 – 883.

[71] Calomiris, C. W. and J. R. Mason, 2000, Causes of U. S. Bank Distress During the Depression. NBER Working Paper, No. 7919 (Cambridge, MA: National Bureau of Economic Research, September).

[72] Calvo, G. A. , 1999, Contagion in Emerging Markets: When Wall Street is a Carrier, mimeo. , University of Maryland, May.

[73] Calvo, G. A. and E. G. Mendoza, 2000, Rational Contagion and the Globalization of Securities Markets. Journal of International Economics, 51 (1), 79 – 113.

[74] Calvo, S. and C. M. Reinhart, 1996, . Capital Flows to Latin America: Is there Evidence of Contagion Effects? in Private Capital Flows to Emerging Markets, ed. by G. Calvo, M. Goldstein and E. Hochreiter (Washington, DC: Institute for International Economics).

[75] Caprio, Gerard, Daniela Klingebiel, Luc Laeven, and Guillermo Noguera, 2005, "Banking Crises Database" in Patrick Honohan; Luc Laeven. Systemic financial crises: containment and resolution. Cambridge, U. K. ; New York, NY: Cambridge University Press.

[76] Cass, D. and K. Shell, 1983, Do Sunspots Matter? Journal of Political Economy, 91, 193 – 227.

[77] Chanda, Areendam, 2001, The Influence of Capital Controls on Long – Run Growth: Where and How Much? unpublished, Rhode Island: Brown University.

[78] Chang R and Velasco A. , 1998a, Financial Fragility and the Exchange-rate Regime, NBER Working Paper, No. 6469.

[79] Chang R and Velasco A. , 1998b, The Asian Liquidity Crisis, NBER Working Paper, No. 6796.

[80] Chang R and Velasco A. , 1999a, Financial Crises in Emerging Markets: A Canonical Model, NBER Working Paper No. 6606.

[81] Chang R and Velasco A, 1999b, The Asian Liquidity Crisis, NBER Working Paper, No. 6796.

[82] Chari, V. V. and R. Jagannathan, 1988, Banking Panics, Information, and Rational Expectations Equilibrium. Journal of Finance, 43, 749 – 761.

[83] Chari V. and P Kehoe, 2002, Financial Crises as Herds, Minneapolis, USA: Federal Reserve Bank of Minneapolis.

[84] Chen, Y., 1999, Banking Panics: The Role of the First-come, First-served Rule and Information Externalities, Journal of Political Economy, 107 (5), 946 – 968.

[85] Chen, Nan – Kuang, 2001, Bank Net Worth, Asset Prices and Economic Activity, Journal of Monetary Economics, Vol. 48, 415 – 436.

[86] Chordia, T., R. Roll, and A. Subrahmanyam, 2000, Commonality in Liquidity, Journal of Financial Economics 56 (1), 3 – 28.

[87] Chordia, Sarkar and Subrahmanyam, 2005, An empirical analysis of stock and bond market liquidity, Review of Financial Studies 18 (1), 85 – 129.

[88] Chinn, M., Frankel, J. 2005, Will the euro eventually surpass the dollar as leading international reserve currency? Chicago, University of Chicago Press.

[89] Cifuentes, Shin and Ferrucci, 2005, Liquidity risk and contagion, Journal of the European Economic Association 3 (23), 556 – 566.

[90] Clark, J. A. and S. B. Perfect, 1996, The Economic Effects of Client Losses on OTC Bank Derivative Dealers: Evidence from the Capital Markets. Journal of Money, Credit, and Banking, 28 (3), 527 – 545.

[91] Claassen E. M.. 1975, The Demand for International Reserves and the Optimum Mix and Speed of Adjustment Policies, American Economic Review, (65).

[92] Clark, P. B.. 1970, Optimum International Reserves and the Speed of Adjustment, The Journal of Political Economy, 78 (2).

[93] Clower R., Lipsey R.. 1968, International Liquidity: the Present State of International Liquidity Theory, American Economic Review, (58).

[94] Cohen B. J.. 1971, The future of sterling as an international currency, London: Macmillan.

[95] Cohen B. J.. 1975, International Reserves and Liquidity, in International Trade and Finance: Frontiers for Research, (Ed1) P. B. Kenen, New York: Cambridge University Press.

[96] Corsetti G, Pesenti P, Roubini N., 1998, What Caused the Asian Currency and Financial Crisis? Part: A macroeconomic overview [EB/OL]. NBER Working Paper No. 6833, http://www.nber.org. 1998.

[97] Corsetti, G., P. Pesenti and N. Roubini, 1999, Paper Tigers? A Model of the Asian Crisis. European Economic Review, 43 (7), 1211 – 1236.

[98] Corsetti G., Pesenti P., and Roubini N., 2000, Fundamental Determinants of the Asian Crisis: the Role of Financial Fragility and External Imbalances, the 10th NBER East Asian Seminar on Economics.

[99] Dasgupta A., 2000, Financial Contagion through Capital Connections: A Model of the Origin and Spread of Bank Panics, Yale University. Mimeo.

[100] Dasgupta A., 2004, Financial contagion through capital connections, Journal of the European Economic Association 2 (6): 1049 – 1084.

[101] Davis, E. P., 1993, Bank Credit Risk, Working Paper 8, Bank of England, London.

[102] Davis, E. P., 1994, Market Liquidity Risk, in The Competitiveness of Financial Institutions and Centres in Europe, ed. by D. Fair (Dordrecht: Kluwer Academic Publishers).

[103] Davis, E. P., 1995, Debt, Financial Fragility and Systemic Risk. (Oxford: Clarendon Press, 2nd. ed.).

[104] Day A.. 1954, The Future of Sterling, Oxford: Clarendon Press.

[105] De Bandt, O., 1995, Competition among Financial Intermediaries and the Risk of Contagious Failures, Notes d. Etudes et de Recherches, no. 30 (Paris: Banque de France).

[106] Dekle Rand Kletzer K, 2002a, Domestic Bank Regulation and Financial Crises: Theory and Empirical Evidence from East Asia, in Jeffery Frankel and Sebastian Edwards, eds., Preventing Currency Crises in Emerging Markets, Chicago: The University of Chicago Press.

[107] Dekle R and Kletzer K, 2002b, Financial Intermediation, Agency and Collateral and the Dynamics of Banking Crises: Theory and Evidence for the Japanese Banking Crisis, Federal Reserve Bank of San Francisco, Conference on Financial Issues in the Pacific Basin Region, September, 26 – 27.

[108] Dekle Rand Kletzer K, 2004, Deposit Insurance, Regulatory Forbearance and Economic Growth: Implications for the Japanese Banking Crisis, UC Santa Cruz Economics Working Paper.

[109] Demirgüc – Kunt, A. and E. Detragiache, 1998a, The Determinants of Banking Crises in Developing and Developed Countries., IMF Staff Papers, 45, 81 – 109.

[110] Demirguc – Kunt, A., and E. Detragiache, 1998b, Financial Liberalization and Financial Fragility, Working Paper 83, International Monetary Fund.

[111] Dermiguc – Kunt, Asli; Karacaovali, Baybars & Laeven, Luc. , 2005, Deposit Insurance Around the World: A Comprehensive Database, The World Bank Working Paper.

[112] Diamond, D. V. and P. Dybvig, 1983, Bank Runs, Deposit Insurance, and Liquidity, Journal of Political Economy, 91 (3), 401 – 419.

[113] Diamond, D. V. and R. R. Rajan, 2000a, Liquidity Risk, Liquidity Creation and Financial Fragility: A Theory of Banking, mimeo. University of Chicago, August.

[114] Diamond, D. V. and R. R. Rajan, 2000b, A Theory of Bank Capital, Journal of Finance, Vol. 55 (6), 2431 – 65.

[115] Diaz – Alejandro, C. , 1985, Good-bye financial repression, hello financial crash, Journal of Development Economics 19, 1 – 24.

[116] Domac, I. , Peria M. , 2003, Banking crises and exchange rate regimes: is there a link? Journal of International Economics 6, 41 – 72.

[117] Donaldson G. , 1992, Costly Liquidation, Interbank Trade, Bank Runs and Panics, Journal of Financial Intermediation 2: 59 – 82.

[118] Donald J. Mathieson, Michael P. Dooley, J. Saul Lizondo. 1989, The Currency Composition of Foreign Exchange Reserves, Staff Papers-International Monetary Fund, 36 (2): 385 – 434.

[119] Dooley, M P, 2000, Can Output Losses Following International Financial Crises Be Avoided? NBER Working Paper 7531, February.

[120] Dooley M. P. , Lizondo S. , Mathieson D. . 1989, The currency composition of foreign exchange reserves, International Monetary Fund Staff Pap, 36 (2): 385 – 434.

[121] Dooley, M. , Folkerts – Landau, D. , P. Garber. 2005, International Financial Stability: Asia, Interest Rates and the Dollar, Global Markets Research, Deutsche Bank.

[122] Durdu, C. , Mendoza, E. and M. Terrones. 2007, Precautionary Demand for Foreign Assets in Sudden Stop Economies: An Assessment of the New Mercantilism, IMF Working Paper, WP07 (146).

[123] Edison Hali, Michael Klein, Luca Ricci and Tomten Slok, 2002, Capital Account Liberalization and Economic Performance: A Review of the Literature, IMF Working Paper 02/120.

[124] Edward, Sebastian, 2001, Capital Flows and Economic Performance:

Are Emerging Economies Different? NBER Working Paper No. 8076 (January).

[125] Edwards S. . 1985, On the Interest rate Elasticity of the Demand for International Reserves: Some Evidence from Developing Countries, Journal of International Money and Finance, 4 (2).

[126] Eichengreen B., Mathieson D. . 2000, The currency composition of foreign exchange reserves: retrospect and prospect, International Monetary Fund, Working Paper 131.

[127] Eichengreen, B., A. Rose and C. Wyplosz, 1996, . Contagious Currency Crises: First Tests. , Scandinavian Journal of Economics, 98 (4), 463 – 484.

[128] Einarsson, Tor and Milton H. Marquis, 2001, Bank Intermediation Over the Business Cycle, Journal of Money, Credit and Banking, 33, 4, 876 – 899.

[129] Embrechts, P., C. Klüppelberg and T. Mikosch, 1997, . Modelling Extremal Events. (Berlin: Springer – Verlag).

[130] Eichengreen, B and C Arteta, 2000, Banking crises in emerging markets: presumptions and evidence, Center for International and Development Economics Research Working Paper, August.

[131] Eisenberg L. and T. Noe, 2001, Systemic Risk in Financial Systems, Management Science, 47, 236 – 249.

[132] Einarsson, T., Milton, H. M., 2001, Bank Intermediation over the Business Cycle, Journal of Money, Credit and Banking, 33 (4): 876 – 899.

[133] Estrella, Arturo, 2004, The Cyclical Behavior of Optimal Bank Capital, Journal of Banking and Finance, Vol28, 1469 – 98.

[134] Feldstein, Martin and Charles Horioka, 1980, Domestic Saving and International Capital Flows, Economic Journal V01. 90, No. 358, pp. 314 – 329.

[135] Fischer, I., 1933, The Debt Deflation Theory of Great Depressions, Econometrica, 1 (4), 337 – 357.

[136] Fischer, S., 1999, On the Need for an International Lender of Last Resort. , paper presented at the Centre for Financial Studies Conference. Systemic Risk and Lender of Last Resort Facilities. , 10 June – 11 June 1999, Frankfurt.

[137] Fisher, B. and H. Reisen, 1992, Towards Capital Account Convertibility, OECD Development Center Policy No. 4.

[138] Flannery, M. J., 1998, Using market information in prudential bank supervision: A review of U. S. empirical evidence, Journal of Money, Credit and Banking, Vol. 30, 273 – 305.

[139] Flood, R. and N. Marion, 1998, Self-fulfilling Risk Predictions: An Application to Speculative Attacks, IMF Working Paper, WP/98/124 (Washington, DC: IMF).

[140] Flood, R. and Peter M. Garber., 1980, Market Fundamentals versus Price-level Bubbles: the First tests, Journal of Political Economy, 88 (4), 754 – 70.

[141] Flood, R. and Peter M. Garber., 1984, Collapsing Exchange – Rate Regimes:Some Linear Examples, Journal of International Economics, 17, 1 – 13.

[142] Flood, R. and Marion, Nancy, 2001, A Model of the Joint Distribution of Banking an d Exchange-rate Crisis, IMF Working Paper, No. 213.

[143] Flood R. and Marion N. . 2002, Holding International Reserves in an Era of High Capital Mobility, IMF Working Paper, WP /02 (62).

[144] Folkerts – Landau, D., 1991, . Systemic Financial Risk in Payment Systems, in: Determinants and Systemic Consequences of International Capital Flows., IMF Occasional Paper, no. 77 (Washington, DC: IMF, March), 46 – 67. Fratzscher, Marrcel and Matthieu, Bussiere, 2004, Financial Openness and growth: Short-run Gain, Long-run Pain?, ECB Working Paper, No. 348, April.

[145] Freixas, X. and J. – C. Rochet, 1997, Microeconomics of Banking. (Cambridge, MA: MIT Press).

[146] Freixas X., Parigi B. and Rochet J., 2000, Systemic Risk, Inter bank Relations, and Liquidity Provision by the Central Bank, Journal of Money, Credit and Banking, 32 (3): 611 – 38.

[147] Frenke J., Jovanovic B. . 1980, On the Transactions and Precautionary Demand for Money, Quarterly Journal of Economics, (9).

[148] Frenke, J., Jovanovic, B. . 1981, Optimal International Reserves: A Stochastic Frame Work, The Economic Journal, (9): 362.

[149] Fudenberg D., Maskin E. . 1990, evolution and cooperation in noisy repeated games, American Economic Review, (80): 274 – 279.

[150] Furlong, F. T. and M. C. Keeley, 1989, Capital Regulation and Bank Risk – Taking: A Note., Journal of Banking and Finance, 13, 883 – 891.

[151] Gai and Kapadia, 2008, Contagion in financial networks, manuscript, Bank of England.

[152] Galindo, Arturo, Alejandro Micco and Guillermo Ordonezl, 2002, Financial Liberalization and Growth: Empirical Evidence, Inter – American Development Bank, May.

[153] Garber, P. M., V. U. Grilli, 1989, Bank Runs in Open Economies and the International Transmission of Panics, Journal of International Economics, 27, 165 – 175.

[154] Gerlach, S and F. Smets, 1995, Contagious Speculative Attacks, European Journal of Political Economy, 11, 5 – 63.

[155] Giancarlo Corsetti, Paolo Pesenti, NourielRoubini, 1999, Paper Tigers? A Model of Asian Crisis, European Economic Review, Vol 43, 1211 – 1236.

[156] Giddy, I. H., 1981, Risk and Return in the Eurocurrency Inter-bank Market, Greek Economic Review, 158 – 186.

[157] Glick, R. and M Hutchison, 1999, Banking and currency crises: How common are the twins? Working Papers from Hong Kong Institute for Monetary Research, 12, 1 – 16.

[158] Glick, R. and A. R. Rose, 1999, Contagion and Trade: Why Are Currency Crises Regional? Journal of International Money and Finance, 18 (4), 603 – 618.

[159] Goldstein, M., 1995, . International Financial Markets and Systemic Risk. , mimeo. , Institute of International Economics, Washington (DC), December.

[160] Goldstein, M., 1998, The Asian Financial Crisis: Causes, Cures, and Systemic Implications. , Policy Analyses in International Economics, no. 55 (Washington, DC: Institute for International Economics).

[161] Goodhart, C. A. E., 1969, The New York Money Market and the Finance of Trade, 1900 – 1913. Cambridge, MA: Harvard University Press.

[162] Goodhart, C. A. E., 1988, The Evolution of Central Banks. Cambridge, MA: MIT Press.

[163] Gorton, G., 1985, Bank Suspension of Convertibility, Journal of Monetary Economics, 5 (2), 177 – 193.

[164] Gorton, G., 1988, Banking Panics and Business Cycles. , Oxford Economic Papers, 40, 751 – 781.

[165] Gorton, G. and D. J. Mullineaux, 1987, The Joint Production of ConTdence: Endogenous Regulation and Nineteenth Century Commercial-bank Clearinghouses. , Journal of Money, Credit, and Banking, 19 (4), 457 – 468.

[166] Goetz yon Peter, 2004, Asset prices and banking distress: a macroeconomic approach, BIS Working Papers No. 167, Monetary and Economic Department, December.

[167] Godhard, C. E. A. and Huang, H. , 1999, A Model of the Lender of Last Resort, Financial Market Group Discussion Paper, no. 131.

［168］Goldstein I. and Pauzner A. , 2000, Demand Deposit Contracts and the Probability of Bank Runs, Tel Aviv University. Mimeo.

［169］Graham J R. , 1999, Herding among Investment Newsletters: Theory and Evidence, The Journal of Finance, Vol. LIV, NO. 1, 237 – 268.

［170］Green R. , Torgerson T. . 2007, Are High Foreign Exchange Reserves in Emerging Markets a Blessing or a Burden? United States: Occasional Paper, Office of International Affairs, Department of the Treasury.

［171］Grossman, S. J. , 1988, An Analysis of the Implications for Stock and Future Price Volatility of Program Trading and Dynamic Hedging Strategies, Journal of Business, 61 (3), pp 275 – 298.

［172］Grossman, S. J. and J. E. Stiglitz, 1980, On the Impossibility of Informationally Efficient Markets, American Economic Review, 70 (3), 393 – 408.

［173］Grube H. . 1971, The Demand for International Reserves: A Critical Review of the Literature, Journal of Economic Literature, 9 (4).

［174］Gupta A. . 2008, Cost of Holding Excess Reserves: The Indian Experience, Working Paper, Indian Council for Research on International Economic Relations.

［175］Guttentag, J. and Herring, R, 1993, Disaster Myopia in international Banking, Princeton University Essays in International Finance, 164, September.

［176］Hamada K. , Ueda K. . 1977, Random Walks and the Theory of the Optimal International Reserves, The Economic Journal, 87 (348).

［177］Hartmann, P. , S. T. M. Straetmans and C. G. de Vries, 2000, Asset Market Linkages in Crisis Periods. , paper presented at the Center for Financial Studies Conference . Liquidity Risk: Rethinking Risk Management, 30 June – 1 July 2000, Frankfurt.

［178］Hasan, I. and G. Dwyer, 1994, Bank Runs in the Free Banking Period, Journal of Money, Credit, and Banking, 26, 271 – 288.

［179］Hausken K. and Plumpler T. , 2002, Containing Contagious Financial Crises: The Political Economy of Joint Intervention into the Asian Crisis, Public Choice, Vol. 111, 209 – 236.

［180］Hellmann, Thomas F, Kevin Murdock, and Joseph E. Stiglitz, 2000, Liberalization, Moral Hazard in Banking, and Prudential Regulation: Are Capital Requirements Enough? The American Economic Review, 90 (1): 147 – 65.

［181］Hellwig, M. , 1994, Liquidity Provision, Banking, and the Allocation of Interest Rate Risk, European Economic Review, 38 (7), 1363 – 1389.

[182] Hellwig, M., 1998, Systemische Risiken im Finanzsektor., Zeitschrift für Wirtschafts-und Sozialwissenschaften, Beiheft 7, 123 – 151.

[183] Herdrickson J M. 2000, Impact of Bank Failures on Local Bank Pricing Decision, The Quarterly Review of Economics and Finance, 713 – 718.

[184] Herring, R. and Wachter S, 1999, Real Estate Booms and Banking Busts: An international perspective, The WllanorI School, Financial Institutions Center Working Paper 99 – 27.

[185] Heller H. R. . 1966, Optimal international reserves, The Economic Journal, 76: 296 – 311.

[186] Hiro Ito and Menzie Chinn, 2007, Notes on the Calculation of the Chinn-Ito Financial Openness Variable, Working Paper, February 28.

[187] Hunter, W. C., G. G. Kaufman and T. H. Krueger (eds.), 1999, The Asian Financial Crisis: Origins, Implications and Solutions, Proceedings of a joint Fed Chicago/IMF conference (Boston, MA: Kluwer Academic Publishers).

[188] Hunter, William; and George Kaufman, and Michael Pomerleano, 2003, Asset Price Bubbles: The Implications for Monetary, Regulatory and International Policies, Cambridge, MA: The MIT Press.

[189] Hutchison, Michael and Reuven Glick, 2001, "Banking and Currency Crises: How Common are Twins?" in Reuven Glick, Ramon Moreno, Mark M. Spiegel, ed. Financial crises in emerging markets. Cambridge; New York Cambridge University Press.

[190] International Monetary Fund, 2001, World Economic Outlook, October 2001, A Survey by the Staft of the International Monetary Fund, Wodd Economic and Financial Surveys, Chapter4 (62).

[191] Jacklin. Charles J. and Bhattacharya, Sudlpto, 1988, Distinguishing Panics an d Information-based Bank Runs: Welfare an d Policy Implications. Journal of Political Economy, 96 (3), 568 – 592.

[192] Jeanne O. . 2007, International Reserves in Emerging Market Countries: Too Much of a Good Thing? Brookings Papers on Economic Activity, 38 (1).

[193] Jeanne O., Ranciere R. . 2005, The Optimal Level of International Reserves for Emerging Market Countries: Formulas and Applications, IMF Working Paper.

[194] Jeanne O., Ranciere R. . 2008, The Optimal Level of International

Reserves for Emerging Market Countries: A New Formula and Some Applications, CEPR Discussion Paper, 67 (23).

[195] Jung C.. 1995, Optimal Management of International Reserves, Journal of Macroeconomics, 17 (4).

[196] Kameda, T. and Nakanishi, D., 2003, Does social/cultural learning increase human adaptability? Rogers' question revisited. Evolution and Human Behavior, 24, 242 - 260.

[197] Kaminsky, Graciela and Carmen M. Reinhart, 1999, The Twin Crises: The Causes of Banking and Balance of Payments Problems, American Economic Review, Vol. 89, No. 3 (June), pp. 473 - 500.

[198] Kaminsky, G. L. and C. M. Reinhart, 1999, Bank Lending and Contagion: Evidence from the Asian Crisis. , mimeo. , University of Maryland, September; forthcoming in Deregulation and Interdependence in the Asia - Pacific Region, ed. by T. Ito and A. Krueger (Chicago, IL: Chicago University Press).

[199] Kaminsky, G. L. and C. M. Reinhart, 2000, . On Crises, Contagion, and Confusion. , Journal of International Economics, 51 (1), 145 - 168.

[200] Kaminsky, Graciela and Sergio Schmukler, 2002, Short - Run Pain. Long-run Gain: The Effects of Financial Lberalization, World Bank Working Paper 2912.

[201] Kaminsky, Lyons and Schmukler, 2004, Managers, investors, and crises, Journal of International Economics 64 (1): 113 - 134.

[202] Kane, E. J. , 1985, The Gathering Crisis in Federal Deposit Insurance. (Cambridge, MA: MIT Press).

[203] Kane, E. J. , 1989, The S&L Mess: How Did It Happen? (Washington, DC: Urban Institute Press).

[204] Kanas, A . 1998, Volatility Spillovers across Equity Markets: European Evidence. Applied Financial Economics, 8, 245 - 256.

[205] Kaufman, G. G. , 1994, Bank Contagion: A Review of the Theory and Evidence. Journal of Financial Services Research, 7, 123 - 150.

[206] Keynes, J. M. 1936. The General Theory of Employment, Interest, and Money. Basingstoke, UK: Palgrave Macmillan.

[207] Keynes J. M. . 1913, Indian Currency and Finance, London: Macmillan.

[208] Keynes J. M. . 1930, A Treatise on Money, Vol. II, London: Macmillan.

[209] Kodres L and Pritsker M, 2002, A rational expectations model of financial contagion, Journal of Finance 52, 769 - 799.

[210] Kraay, Aart, 1998, In Search of the Macroeconomic Effect of Capital Account Liberalization, paper unpublished, Washington: World Bank.

[211] Krugman P. 1998, Bubble, Boom, Crash: theoretical notes on Asia's crisis, MIT Working Paper, Cambridge, Massachusetts.

[212] Krugman P., 1979, A model of Balance Payment Crises, Journal of Money, Credit and Banking, 11, 311–325.

[213] Kindleberger, C. P., 1978/1996 (3rd ed.), Manias, Panics and Crashes. A History of Financial Crises (London: Macmillan).

[214] Kindleberger, C. P., 1986 (2nd ed.), The World in Depression, 1929–1939. (Berkeley, CA: University of California Press).

[215] Kindleberger, C. P., 1995, Asset Inflation and Monetary Policy, BNL Quarterly Review, 192, 17–37.

[216] Kiyotaki, Matsuyama, Matsui. 1993, Toward a theory of international currency, The Review of Economic Studies, 60 (2): 283–307.

[217] Kiyotaki, N. and J. Moore, 1997, Credit Cycles, Journal of Political Economy, 105 (2), 211–248.

[218] Kiyotaki, Nobuhiro and John Moore, 2002, Balance – Sheet Contagion, The American Economic Review, 92, 2, 46–50.

[219] Lagunoff, R. et al., 2001, A model of financial fragility, Journal of Economic Theory 99 (1), 220–264.

[220] Lane, Philip and Gian Maria Milesi – Feretti, 2001, The External Wealth of Nations: Measures of Foreign Assets and Liabilities for Industrial and Developing Nations, Journal of International Economics, Vol. 55, No. 2, pp. 263–94.

[221] Latter, T., 1997, Causes and Man ~ nt of Banking Crises, New York, Basic Books.

[222] Lee I H., 1998, Market crashes and informational avalanches, Review of Economic Studies, 741–759.

[223] Lin, W. – L., R. F. Engle and T. Ito, 1994, Do Bulls and Bears Move across Borders? International Transmission of Stock Returns and Volatility., Review of Financial Studies, 7 (3), 507–538.

[224] Lin, W. – L. and T. Ito, 1995, Price Volatility and Volume Spillovers between the Tokyo and New York Stock Markets., in The Internationalisation of Equity Markets, edited by J. Frankel (Chicago, IL: Chicago University Press), 309–330.

[225] Lindgren, C. – J., G. Garcia and M. I. Saal, 1996, Bank Soundness

and Macroeconomic Policy. (Washington, DC: International Monetary Fund).

[226] Lucas R. E. JR. . 1986, Adaptive behavior and economic theory, Journal of Business, (59): 401 – 426.

[227] Mac Dougal D. . 1957, The World Dollar Problem: A Study in International Economics, London: Macmillan.

[228] Machup F. . 1966, The Need for Monetary Reserves, Banca Nazionaedel Lavore Quarterly Review, (19).

[229] Malixi M. M. . 1990, Dynamic reserve adjustment under exchange rate flexibility, Applied Economics, (22): 995 – 1005.

[230] Marimon R., Mcgratten E, Sargent T. J. . 1990, Money as a medium of exchange in an economy with artificially intelligent agents, Journal of Economic Dynamics and Control, (14): 329 – 374.

[231] Matsui A. . 1990, Best response dynamics and socially stable strategy, Journal of Economic Theory.

[232] Matsuyama K. 1991a, Increasing returns, industrialization and indeterminacy of equilibrium, Quarterly journal of economics, (106): 617 – 650.

[233] Matsuyama, K. 1991b, Custom versus fashion: hysteresis and limit cycles in a random matching game, Northwestern University: CMS – EMS discussion paper, No. 940.

[234] Mankiw, Gregory, 1986, The Allocation of Credit and Financial Collapse, The Quarterly Journal of Economics, 101 (3): 455 – 70.

[235] Masson, P., 1999a, Contagion: Macroeconomic Models with Multiple Equilibria. Journal of International Money and Finance, 18, 587 – 602.

[236] Masson, P., 1999b, Contagion: Monsoonal Effects, Spillovers, and Jumps between Multiple Equilibria. , in The Asian Financial Crisis: Causes, Contagion and Consequences, ed. by P. R. Agénor, M. Miller, D. Vines, A. A. Weber (Cambridge, UK: Cambridge University Press), 265 – 280.

[237] Maug E, Naik N, 1996, Herding and delegated porfolio management, Herding and delegated porfolio management, 143 – 197.

[238] Mendoza, Enrique and Terrones, Marco, 2008, An Anatomy of Credit Booms: Evidence From Macro Aggregates and Micro Data, IMF WP/08/226.

[239] McAndrews, J. J. and W. Roberds, 1995, Banks, Payments, and Coordination. Journal of Financial Intermediation, 4, 305 – 327.

[240] Mckinnon, R. I. . 1979, Money in international exchange: the converti-

ble currency system, Oxford: Oxford University Press.

[241] McKinnon, R., and H. Pill., 1997, Credible Economic Liberalization and Over borrowing, American Economic Review. 87.

[242] McKinnon, R., and H. Pill, 1999, Exchange-rate Regimes for Emerging Markets: Moral Hazard and International Over borrowing, Oxford Review of Economic Policy, 15.

[243] Merton, R. C., 1976, An Analytical Derivation of the Cost of Deposit Insurance and Loan Guarantees: An Application of Modern Option Pricing Theory, Journal of Banking and Finance, 1 (1), 3 – 11.

[244] Merton, R. C, 1978, On the Cost of Deposit Insurance When There Are Surveillance Costs, Journal of Business, 51 (3), 439 – 452.

[245] Michael, I., 1998, Financial Interlinkages and Systemic Risk, Financial Stability Review, 4, Spring, 26 – 33.

[246] Miller, V., 1996, Speculative Currency Attacks with Endogenously Induced Commercial Bank Crises., Journal of International Money and Finance, 15 (3), 383 – 403.

[247] Miller, V., 1998, Domestic Bank Runs and Speculative Attacks on Foreign Currencies., Journal of International Money and Finance, 17, 331 – 338.

[248] Minsky, H. P., 1975, John Maynard Keynes, Columbia University Press.

[249] Minsky, H. P., 1977, A Theory of Systemic Fragility, in Financial Crises, ed. by E. I. Altman and A. W. Sametz (New York, NY: Wiley).

[250] Minsky, H. P., 1982, The Financial-instability Hypothesis: Capitalist Processes and the Behaviour of the Economy. in Financial Crises: Theory, History, and Policy, ed. by C. P. Kindleberger and J. – P. Laffargue (Cambridge, UK: Cambridge University Press), 13 – 39.

[251] Minsky, H. P., 1986, Stabilizing an Unstable Economy, Yale University Press.

[252] Mishkin, Frederic, 1991, Asymmetric Information and Financial Crises: A Historical Perspective, in Glenn Hubbard ed. Financial Markets and Financial Crises. The University of Chicago Press.

[253] Mitchell, Pedersen and Pulvino., 2007, Slow moving capital, American Economic Review 97 (2): 215 – 220.

[254] Mishkin F S., 1997, Understanding Financial Crises: A Developing Country

Perspective [EB/OL] . NBER Working Paper. No. 5600. http：// www. nber. org. 1997.

[255] Mishkin F S. , 1999, Global Financial Instability: Framework, Events, Issues, Journal of Economic Perspectives, Vol. 13, 3 – 20.

[256] Minsky, H. P. et al, 1992, Financial instability hypothesis, The Jerome Levy Economics Institute, Working Paper, No. 74.

[257] Moel, A. , 2001, On American Depositary Receipts and Emerging Markets, Economica 2 (1), pp. 209 – 273.

[258] Morgenstern, O. , 1959, International Financial Transactions and the Business Cycle. (Princeton, NJ: Princeton University Press, National Bureau of Economic Research Studies in Business Cycles).

[259] Morris S. and Shin H. , 1998, The Theory of Currency Attacks, mimeo, Nuffield College, Oxford.

[260] Morris S. and Shin H. , 2000, Rethinking Multiple Equilibria in Macroeconomic Modelling, NBER Macroeconomics Annual.

[261] Mohanty M. , Turner P. . 2006, Foreign Exchange Reserve Accumulation in Emerging Markets: What are the Domestic Implications? BIS Quarterly Review, (4).

[262] Mundell R. A. . 1961, A theory of optimum currency area, American Economic Review, (51): 657 – 664.

[263] Muller, J. , 2006, Interbank credit lines as a ehannel of contagion, Journal of Financial Services Research 29 (1): 37 – 60.

[264] Naylor, Rose and Moyle, 2008, A network theory of financial cascades, SSRN e Library.

[265] Nier, E. et al, 2007, Network models and financial stability, Journal of Economic Dynamics and Control 3 1 (6): 2033 – 2060.

[266] Niehans J. . 1970, The Need for Reserves of a Single Country in International Reserves: Needs and Availability, Washington, D. C. : IMF.

[267] Noy, Ilan, 2004, "Financial liberalization, prudential supervision, and the onset of banking crises" Emerging Markets Review 5 (3): 341 – 59.

[268] Nurkse, R. . 1944, International Currency Experience, League of nations, Geneva.

[269] Obstfeld, M, 1986, Rational and Self-fulT lling Balance of Payments Crises. , American Economic Review, 76, 72 – 81.

[270] Obstfeld, M. , 1994, The Logic of Currency Crises. , Cahiers

Economiques et Monétaires (Banque de France), 43, 189 – 213.

［271］Obstfeld, M., 1996, Models of Currency Crises with Self-fulT lling Features. European Economic Review, 40, 1037 – 1047.

［272］Obstfeld, M., 1997, Destabilizing Effects of Exchange Rate Escape Clauses. Journal of International Economics, 43 (1 – 2), 61 – 77.

［273］Obstfeld M., Shambaugh J., A. Taylo R. 2008, Financial Stability, the Trilemma and International Reserves, NBER Working Paper, W14217.

［274］Ozdemir K.. 2004, Optimal International Reserves Behavior for Turkey, Research Department Working Paper, The Central Bank of the Republic of Turkey.

［275］Ozyildirim S., Yaman B. 2005, Optimal Versus Adequate Level of International Reserves: Evidence for Turkey, Applied Economics, (37).

［276］Papaioannou, Portes, Siourounis. 2006, Optimal currency shares in international reserves: The impact of the euro and the prospects for the dollar, Journal of the Japanese and International Economies, 20 (4): 508 – 547.

［277］Quinn, Dennis P, 1997, The Correlates of Change in International Financial Regulation, A Mricao Political Science Review 91 (September), pp. 531 – 551.

［278］Quinn, Dennis P, Toyoda A Maria and Carla Inclan, 2002, Does Capital Account Liberalization Lead to Economic Growth? mimeo, McDonough School of Business, Georgetown University.

［279］Reddy Y. V.. 2003, Reserve management at the reserve bank of India, London: Central Banking Publications.

［280］Reinhart and C. A. Vegh, 1995, Targeting the real exchange rate: Theory and evidence, Journal of Development Economics, 47, 97 – 133.

［281］Rochet, J. C. and J. Tirole, 1996, Controlling Risk in Payment Systems., Journal of Money, Credit, and Banking, 28 (4), 832 – 862.

［282］Roll, R., 1988, The International Crash of October 1987. Financial Analysts Journal, September October, 19 – 35.

［283］Roll, R., 1989, Price Volatility, International Market Links, and Their Implications for Regulatory Policies. Journal of Financial Services Research, 3, 211 – 246.

［284］Rolnick, A. J. and W. E. Weber, 1986, Inherent Instability in Banking: The Free Banking Experience., Cato Journal, 5 (3), 877 – 890.

［285］Rochet, Jean – Charles, 2004, Bank Runs and Financial Crises: A Discussion, in Sudipto Bhattacharya, Arnoud W. A. Boot, and Anjan V. Thakor, ed. Credit, Intermediation, and the Macroeconomy: Readings and Perspectives in Modern Financial Theory, Oxford University Press.

[286] Sachs, J., A. Tornell and A. Velasco, 1996, Financial Crises in Emerging Markets: The Lessons from 1995., NBER Working Paper, No. 5576 (Cambridge, MA: National Bureau of Economic Research, May).

[287] Salant W.. 1970, International Reserves: Needs and Availability, Washington, D. C. IMF.

[288] Sandroni, A., 1998, Learning, rare events, and recurrent market crashes in frictionless economies without intrinsic uncertainty, Journal of Economic Theory 82 (1), 1 – 18.

[289] Saunders, A. and B. Wilson, 1996, Contagious Bank Runs: Evidence from the 1929 – 33 Period., Journal of Financial Intermediation, 5 (4), 409 – 423.

[290] Scharfstein, D. and J. Stein, 1990, Herd Behavior and Investment, American Economic Review, 80, 465 – 480.

[291] Schoenmaker, D., 1996a, Contagion Risk in Banking., L. S. E. Financial Markets Group Discussion Paper, No. 239 (London: London School of Economics, March).

[292] Schoenmaker, D., 1996b, Central Banking and Financial Stability: The Central Bank's Role in Banking Supervision and Payment Systems., unpublished Ph. D. thesis (London: London School of Economics and Political Science, May).

[293] Scholes, M., 1996, Global Financial Markets, Derivative Securities and Systemic Risk. Journal of Risk and Uncertainty, 12, 2711 – 286.

[294] Shiller, R. J., 1989a, Comovements in Stock Prices and Comovements in Dividends, Journal of Finance, 44, 719 – 729.

[295] Simon, John., 2003, Three Australian Asset-price Bubbles, Reserve bank of Australia, www. rba. gov. au/PublicationsAndResearch/Conferences/2003/Simon. pdf.

[296] Slovin, M. B., M. E. Sushka and J. A. Polonchek, 1999, An Analysis of Contagion and Competitive Effects at Commercial Banks, Journal of Financial Economics, 54, 197 – 225.

[297] Smith, Bruce, 1984, Private Information, Deposit Interest Rates, and the "Stability" of the Banking System, Journal of Monetary Economics. 14 (3): 293 – 317.

[298] Solow, Robert M., 1992, On the Lender of last Resort, Cambridge Uni-

versity Press.

[299] Stiglitz, Joseph E., 2002, Globalization and its Discontents, New York: Norton.

[300] Stiglitz, J. E. and A. Weiss, 1981, Credit Rationing in Markets with Imperfect Information, American Economic Review, 71, 393 – 410.

[301] Summers, B. J., ed. 1994, The Payment System: Design, Management and Supervision. (Washington, DC: International Monetary Fund).

[302] Subrahmanyam, A., 2007, Liquidity, return, and order flow linkages between REITs and the stock market, Real Estate Economics 35 (3), 383 – 408.

[303] Temzelides, T., 1997, Evolution, Co-ordination and Banking Panics, Journal of Monetary Economics, 40, 163 – 183.

[304] Tietmeyer, H., 1999, International Cooperation and Coordination in the Area of Financial Market Supervision and Surveillance, Report to the G – 7 Finance Ministers and Central Bank Governors Meeting in Bonn, 20 February 1999.

[305] Tobin, J., 1958, Liquidity Preference as Behavior Towards Risk, Review of Economic Studies 25 (2): 65 – 86.

[306] Tobin, J., 1965, Money and Economic Growth, Economica 33: 671 – 684.

[307] Tobin, J., 1975, Keynesian Models of Recession and Depression, American Economic Review 65: 2 (May), 195 – 202.

[308] Tobin J.. 1958, Liquidity Preference as Behavior Towards Risk, Review of Economic Studies, 25 (1).

[309] Triffin R.. 1946, National Central Banking and the International Economy, Review of Economic Studies, (2).

[310] Triffin R.. 1960, Gold and the Dollar Crisis, New Haven, Connl: Yale University Press.

[311] Trichet Jean – Claude., 2002, Asset Price Bubbles and Their Implications for Monetary Policy and Financial Stability, Keynote address, Federal Reserve Bank of Chicago, April 23.

[312] Upper, C., 2007, Using counterfactual simulations to assess the danger of contagion in Interbank markets, SSRN e Library.

[313] Valdés, R. 1997, Emerging Market Contagion: Evidence and Theory, Documentos de Trabajo del Banco Central, Banco Central de Chile.

[314] Van Rijckeghem, C. and B. Weder, 1999, Financial Contagion: Spillo-

vers through Banking Centers, CFS Working Paper, No. 17 (Frankfurt: Centre for Financial Studies, November).

[315] Velasco, A., 1987, Financial Crises and Balance of Payments Crises, Journal of Development Economics, 27, 263 – 283.

[316] Vimolchalao S..2003, Optimal Level of International Reserves: The Case of Thailand, Presentation at the Bank of Thailand Monthly Work shop.

[317] Waldo, D. G., 1985, Bank Runs, the Deposit Currency Ratio and the Interest Rate., Journal of Monetary Economics, 15, 269 – 277.

[318] Whalen, C. J. 2008, Understanding the Credit Crunch as a Minsky Moment, Challenge 51 (1): 91 – 109.

[319] Wicker, E., 1996, The Banking Panics of the Great Depression. (Cambridge, UK: Cambridge University Press).

[320] Williamson J..1973, Surveys in Applied Economics: International Liquidity, The Economic Journal, 83 (331).

[321] Williamson, J.., 1997, Latin American Adjustment: How much has Happened? Journal of Economics Issues Vol. XXXI No. 2, 76 – 85.

[322] Williamson, J. and Z. Drabek, 1999, Whether and When to Liberalize Capital Account and Financial Services, WTO Staff Working Paper, ERAD – 99 – 03.

[323] Williamson, J. and M. Mahar, 1998, A Survey of Financial Liberalization, Princeton Essays in International Finance, No. 211.

[324] Wolf, H. C., 2000, Regional Contagion Effects, mimeo., George Washington University, Washington (DC), March.

[325] Working Party on Financial Stability in Emerging Markets, 1997, Financial Stability in Emerging Markets. (Basle: Bank for International Settlements, Secretariat of the Group of Ten, April).

[326] Wray, L. R. 1992., Alternative Theories of the Rate of Interest, Cambridge Journal of Economics 16 (1): 69 – 89.

[327] Wray, L. R. 2008, Lessons From the Subprime Meltdown, Challenge 51 (2): 40 – 68.

[328] Yamazaki, A., 1996, Foreign Exchange Netting and Systemic Risk., IMES Discussion Paper Series, no. 96 – E – 23 (Tokyo: Bank of Japan, June).

[329] Yeyat E. L..2008, The Cost of Reserves, Economic Letters, 10 (1).

[330] Yeager L. B..1976, International monetary relations: theory, history and policy, (2nd edition), New York: Harper & Row.

[331] Yi Wu. 2007, A Study on Foreign Reserve Management of China: Optimal Currency Shares in Reserve Assets, International Management Review, 3 (4).

[332] Yuan, K., 2005, Asymmetric price movements and borrowing constraints, Journal of Finance 60 (1), 379 – 411.

教育部哲学社会科学研究重大课题攻关项目成果出版列表

书　名	首席专家
《马克思主义基础理论若干重大问题研究》	陈先达
《马克思主义理论学科体系建构与建设研究》	张雷声
《马克思主义整体性研究》	逄锦聚
《改革开放以来马克思主义在中国的发展》	顾钰民
《新时期　新探索　新征程 ——当代资本主义国家共产党的理论与实践研究》	聂运麟
《当代中国人精神生活研究》	童世骏
《弘扬与培育民族精神研究》	杨叔子
《当代科学哲学的发展趋势》	郭贵春
《服务型政府建设规律研究》	朱光磊
《地方政府改革与深化行政管理体制改革研究》	沈荣华
《面向知识表示与推理的自然语言逻辑》	鞠实儿
《当代宗教冲突与对话研究》	张志刚
《马克思主义文艺理论中国化研究》	朱立元
《历史题材文学创作重大问题研究》	童庆炳
《现代中西高校公共艺术教育比较研究》	曾繁仁
《西方文论中国化与中国文论建设》	王一川
《楚地出土戰國簡册［十四種］》	陳偉
《近代中国的知识与制度转型》	桑兵
《中国抗战在世界反法西斯战争中的历史地位》	胡德坤
《京津冀都市圈的崛起与中国经济发展》	周立群
《金融市场全球化下的中国监管体系研究》	曹凤岐
《中国市场经济发展研究》	刘伟
《全球经济调整中的中国经济增长与宏观调控体系研究》	黄达
《中国特大都市圈与世界制造业中心研究》	李廉水
《中国产业竞争力研究》	赵彦云
《东北老工业基地资源型城市发展可持续产业问题研究》	宋冬林
《转型时期消费需求升级与产业发展研究》	臧旭恒
《中国金融国际化中的风险防范与金融安全研究》	刘锡良

书　名	首席专家
《全球新型金融危机与中国的外汇储备战略》	陈雨露
《中国民营经济制度创新与发展》	李维安
《中国现代服务经济理论与发展战略研究》	陈　宪
《中国转型期的社会风险及公共危机管理研究》	丁烈云
《人文社会科学研究成果评价体系研究》	刘大椿
《中国工业化、城镇化进程中的农村土地问题研究》	曲福田
《东北老工业基地改造与振兴研究》	程　伟
《全面建设小康社会进程中的我国就业发展战略研究》	曾湘泉
《自主创新战略与国际竞争力研究》	吴贵生
《转轨经济中的反行政性垄断与促进竞争政策研究》	于良春
《面向公共服务的电子政务管理体系研究》	孙宝文
《产权理论比较与中国产权制度变革》	黄少安
《中国企业集团成长与重组研究》	蓝海林
《我国资源、环境、人口与经济承载能力研究》	邱　东
《"病有所医"——目标、路径与战略选择》	高建民
《税收对国民收入分配调控作用研究》	郭庆旺
《多党合作与中国共产党执政能力建设研究》	周淑真
《规范收入分配秩序研究》	杨灿明
《中国加入区域经济一体化研究》	黄卫平
《金融体制改革和货币问题研究》	王广谦
《人民币均衡汇率问题研究》	姜波克
《我国土地制度与社会经济协调发展研究》	黄祖辉
《南水北调工程与中部地区经济社会可持续发展研究》	杨云彦
《产业集聚与区域经济协调发展研究》	王　珺
《我国民法典体系问题研究》	王利明
《中国司法制度的基础理论问题研究》	陈光中
《多元化纠纷解决机制与和谐社会的构建》	范　愉
《中国和平发展的重大前沿国际法律问题研究》	曾令良
《中国法制现代化的理论与实践》	徐显明
《农村土地问题立法研究》	陈小君
《知识产权制度变革与发展研究》	吴汉东

书 名	首席专家
《中国能源安全若干法律与政策问题研究》	黄　进
《城乡统筹视角下我国城乡双向商贸流通体系研究》	任保平
《产权强度、土地流转与农民权益保护》	罗必良
《矿产资源有偿使用制度与生态补偿机制》	李国平
《巨灾风险管理制度创新研究》	卓　志
《中国与全球油气资源重点区域合作研究》	王　震
《可持续发展的中国新型农村社会养老保险制度研究》	邓大松
《生活质量的指标构建与现状评价》	周长城
《中国公民人文素质研究》	石亚军
《城市化进程中的重大社会问题及其对策研究》	李　强
《中国农村与农民问题前沿研究》	徐　勇
《西部开发中的人口流动与族际交往研究》	马　戎
《现代农业发展战略研究》	周应恒
《综合交通运输体系研究——认知与建构》	荣朝和
《中国独生子女问题研究》	风笑天
《我国粮食安全保障体系研究》	胡小平
《城市新移民问题及其对策研究》	周大鸣
《新农村建设与城镇化推进中农村教育布局调整研究》	史宁中
《农村公共产品供给与农村和谐社会建设》	王国华
《中国边疆治理研究》	周　平
《边疆多民族地区构建社会主义和谐社会研究》	张先亮
《新疆民族文化、民族心理与社会长治久安》	高静文
《中国大众媒介的传播效果与公信力研究》	喻国明
《媒介素养：理念、认知、参与》	陆　晔
《创新型国家的知识信息服务体系研究》	胡昌平
《数字信息资源规划、管理与利用研究》	马费成
《新闻传媒发展与建构和谐社会关系研究》	罗以澄
《数字传播技术与媒体产业发展研究》	黄升民
《互联网等新媒体对社会舆论影响与利用研究》	谢新洲
《网络舆论监测与安全研究》	黄永林
《中国文化产业发展战略论》	胡惠林

书　名	首席专家
《教育投入、资源配置与人力资本收益》	闵维方
《创新人才与教育创新研究》	林崇德
《中国农村教育发展指标体系研究》	袁桂林
《高校思想政治理论课程建设研究》	顾海良
《网络思想政治教育研究》	张再兴
《高校招生考试制度改革研究》	刘海峰
《基础教育改革与中国教育学理论重建研究》	叶　澜
《公共财政框架下公共教育财政制度研究》	王善迈
《农民工子女问题研究》	袁振国
《当代大学生诚信制度建设及加强大学生思想政治工作研究》	黄蓉生
《从失衡走向平衡：素质教育课程评价体系研究》	钟启泉　崔允漷
《高校思想政治理论课教育教学质量监测体系研究》	张耀灿
《处境不利儿童的心理发展现状与教育对策研究》	申继亮
《学习过程与机制研究》	莫　雷
《青少年心理健康素质调查研究》	沈德立
《灾后中小学生心理疏导研究》	林崇德
《民族地区教育优先发展研究》	张诗亚
《WTO主要成员贸易政策体系与对策研究》	张汉林
《中国和平发展的国际环境分析》	叶自成
《冷战时期美国重大外交政策案例研究》	沈志华
*《中国政治文明与宪法建设》	谢庆奎
*《非传统安全合作与中俄关系》	冯绍雷
*《中国的中亚区域经济与能源合作战略研究》	安尼瓦尔·阿木提
……	

＊为即将出版图书